Engagierte Zärtlichkeit

Schwul-lesbisches Taschenbuch

AF284164

Andreas Frank

Engagierte Zärtlichkeit

**Das *schwul-lesbische* Handbuch
über Coming-Out, gleichgeschlechtliche Partnerschaften
und Homosexualität**

Impressum

Frank, Andreas: Engagierte Zärtlichkeit -
  Das *schwul-lesbische* Handbuch über Coming-Out,
  gleichgeschlechtliche Partnerschaften und Homosexualität,
  Nordersted, 2020. ISBN 9783752674163.

Taschenbuchausgabe
basierend auf der aktualisierten und edierten Hardcover-Ausgabe
(ISBN 9783752610628).

© 2020

Herstellung und Verlag:
BoD - Books on Demand, Norderstedt.
Weitere bibliographische Informationen unter: https://portal.dnb.de

GLIEDERUNG

Die Inhalte unseres Denkens und Glaubens
gestalten unsere Persönlichkeit, unser Leben,
unsere Zukunft!

Inhaltsverzeichnis

3. Die innerpsychische Bewußtwerdung einer Empfindung (Inning) 103

4. Coming-Out: Das fortwährende soziale Bekenntnis: "Ja, ich gehöre dazu!" 153

5. Die Suche nach dem Beginn einer wunderbaren Freundschaft: Lesbisch-Schwules Netzwerk - Wo und wie man sich einen Freundeskreis aufbaut 191

9. Makro-Perspektive: Sozio-politische Aspekte von Sexualität   *375*

Denen, die jemals eine Frage über gleichgeschlechtliche Paare gestellt haben oder stellen werden.

Denen, die uns bilden und lehren.

Und nicht zuletzt denen, die zu einem geliebten Menschen treu und zärtlich sein wollen.

Einleitung: "Deine Spuren im Sand ..." -
Man kann die Dinge ruhig beim Namen nennen:
Es geht um die Liebe von gleichgeschlechtlichen Paaren

"Du, unser Sohn hat jetzt übrigens einen festen Freund", - so oder ähnlich lautet der Satz einer Mutter, die bei Verwandten und Freunden über die gleichgeschlechtliche Liebe ihres Sohnes erzählt. Ein schwieriger Satz für die Eltern? Zunächst vielleicht: Wenn wir erfahren, daß ein Mensch *homosexuell* ist, sind wir zunächst etwas überrascht, wissen wir noch nicht, wie wir damit umgehen oder reagieren sollen. Das vorliegende Handbuch *"Engagierte Zärtlichkeit"* will daher seine Leserinnen und Leser einladen, etwas *mehr* über Schwule, Lesben und gleichgeschlechtliche Lebensgemeinschaften zu erfahren. Es ist ein verständlich geschriebenes und zusammenfassendes Sachbuch, das aber auch alle hier getroffenen Aussagen mit wissenschaftlichen Referenzen belegt.

Gleichgeschlechtliche Lebensgemeinschaften hat es immer gegeben und wird es immer geben. Viele, viele Männer lieben Männer. Nach Alfred Kinsey sind 13 Prozent der Bevölkerung homosexuell und 37 Prozent der Männer bisexuell: Lediglich jeder zweite Mann lebt also ausschließlich heterosexuell. Um zu diesem wissenschaftlichen Ergebnis zu kommen, muß man nicht einmal Anhänger Sigmund Freuds und der Psychoanalyse sein. Nach Sigmund Freud sind "alle Menschen der gleichgeschlechtlichen Objektwahl fähig": Jeder Mensch ist also bisexuell. Was Kinsey seinerzeit feststellte, wurde seitdem auch von anderen Forschern für andere Länder und die Jahre danach bestätigt.

Gleichgeschlechtliche Liebe hat seit Urbeginn der Geschichte im menschlichen Zusammenleben stets eine *bedeutende* Rolle gespielt, nicht nur in Kulturen des alten Griechenlands war sie sehr weit verbreitet. Homosexualität ist daher nicht nur im zeitgeschichtlichen Verlauf oder der empirisch-statistischen Forschung eine *natürliche* Sache - sondern auch besonders für Lesben und Schwule, da die sexuelle Orientierung - die nicht geändert, sondern nur *gelebt* werden kann - ihnen entspricht. Homosexualität ist sowohl für sie als auch für eine Gesellschaft *normal*. Unbehagen spürt beim Thema

Schwulsein bzw. Lesbischsein nur der, der wenig darüber weiß. Daher will dieses Buch fundierte Informationen liefern über das Leben von gleichgeschlechtlichen Liebespaaren.

Nochmal: Gleichgeschlechtliche Liebe wurde von vielen Paaren gelebt und wird von vielen gleichgeschlechtlich orientierten Menschen weitergelebt werden. Eine gleichgeschlechtliche sexuelle Orientierung ist natürlich, und Teil Gottes Schöpfung. So ist es de facto nunmal - ob wir Menschen *Gottes willentliche Schöpfung* begrüßen oder nicht: Lesben und Schwule haben ein Recht auf Zärtlichkeit, über Gottes Reichtum seiner Schöpfung kann sich kein Theologe ein Urteil erlauben, ohne Gott und seine Ausdrucksvielfalt zu reduzieren oder ihn zu verleugnen: "Gott sah alles an, was er gemacht hatte: *Es war sehr gut*" (Gen 1,31).

Homosexualität ist eine der Heterosexualität gleichwertige Spielart der *einen* menschlichen Sexualität: Es besteht nach einhelliger Auffassung der Forschung kein qualitativer Unterschied zwischen einem verschiedengeschlechtlichen oder gleichgeschlechtlichen Paar. Die Frage, ob Schwulsein angeboren ist, stellt sich in der heutigen Forschung daher kaum noch wie die Frage, ob Heterosexualität angeboren ist. Es hat sich ein *Betrachtungswechsel* dahin vollzogen, daß man erfahren will, wie Schwule und Lesben in gleichgeschlechtlichen Lebensgemeinschaften leben und lieben. Die Alltagsgestaltung des sozialen Lebens eines Paares interessiert.

Der sexuelle Aspekt ist daher auch nicht das Entscheidende in diesem Buch. Es geht um die *sozialen* Dimensionen von gleichgeschlechtlichen Lebensgemeinschaften: Wie lebt ein schwules oder lesbisches Paar ihre Liebe im Alltag, wie gestalten sie ihr Coming-Out bei den Eltern und Schwiegereltern, in der Schule, bei Freunden, am Arbeitsplatz. Warum wollen gleichgeschlechtliche Paare heiraten oder gar die Kirchliche Hochzeit? Wie werden Schwule und Lesben in den letzten Jahren in den Werbespots im Fernsehen dargestellt, die schwule oder lesbische Paare bewerben?

Heute werden gleichgeschlechtliche Lebensgemeinschaften umso bewußter wahrgenommen. Aber nicht nur die Medien interessieren sich für die sozialen Dimensionen von gleichgeschlechtlichen

Lebensgemeinschaften, sondern auch die Sozialforschung erstattet in einer zeitgemäßen Weise Bericht über die Lebensgemeinschaften in den verschiedenen Gesellschaftsbereichen: Ehe, Familie, Partnerschaft, Kirche, etc. .

Aufbauend auf einer umfangreichen Recherche wurden die Ergebnisse der Sozialforschung in einer Sekundäranalyse gesichtet, ausgewertet und in den wichtigsten Aussagen über Schwule, Lesben und deren Lebensgemeinschaften gebündelt. Viele, bislang nur der Fachöffentlichkeit zugängliche Erkenntnisse werden so auf verständliche Weise einem breiteren Publikum zugänglich gemacht:

Wer und wie sind Lesben, Schwule, (sowie: Bisexuelle, Transsexuelle oder Intersexuelle (LGBTI)) eigentlich? Wie sieht ihre Liebe aus? Wie gestalten sie ihre Lebensgemeinschaften? Welches Bild vermitteln die Medien und welche Verstellung hat man selbst von ihnen? Oft hören wir, wie berichtet wird, daß es der schwul-lesbischen Bewegung um die staatliche Ehe und kirchliche Trauung für gleichgeschlechtliche Paare sowie um die Medienintegration z.B. beim Marketing und in der Werbung, aber auch bei Film und Fernsehen gehe.

Dieses schwul-lesbische Handbuch will daher nicht nur ein Berater in Fragen des persönlichen Umgangs mit gleichgeschlechtlicher Liebe (z.B. für Eltern schwuler oder lesbischer Jugendlicher) sein - sondern auch auf die aktuelle Situation von Lesben und Schwulen und deren gesellschaftliche Integration eingehen und zunächsteinmal nur Informationen liefern.

Das vorliegende Buch ist also nicht provokativ. Es ist eine verständliche Darstellung von gleichgeschlechtlichen Paaren in der heutigen zeitgemäßen Weise, basierend auf einer umfangreichen Recherche. Es geht keineswegs darum, emanzipatorische Thesen zusammenzufassen. Vielmehr werden durch humanwissenschaftlich exakt belegte *Tatsachen* Ergebnisse dargestellt und Perspektiven eröffnet, wie der Stand der Integration von gleichgeschlechtlichen Lebensgemeinschaften Ende des 20. Jahrhunderts zu sehen ist.

Der Band richtet sich als Sachbuch daher nicht nur an Lesben, Schwule und ihre Lebensgemeinschaften mit ihren Kindern, sondern z.B. auch an die Eltern und Schwiegereltern einer lesbischen Tochter oder eines schwulen Sohnes. Aber auch die Fachöffentlichkeit wie Lehrer, Journalisten, Politiker etc. wird in den jedem Kapitel angefügten Informationsteilen weitere Literaturhinweise zum Weiterlesen finden.

Besonders auf folgende Bereiche wird sich eine weitere Integration zukünftig beziehen, hier besteht weiterer Dialogbedarf:

- **Ehe- und Familienpolitik** für gleichgeschlechtliche Paare (besonders: Ehe und Adoption sowie Sorgerecht für Kinder),

- **Jugendaufklärungspolitik** (Jugenadarbeitskonzepte, schwul-lesbische Didaktik-Konzepte / Schulbuchreform, Förderung von Jugend-Coming-Out-Gruppen, Sexualitätsleitfaden und besonders sehr frühzeitige Aufklärung von heterosexuellen Jugendlichen über gleichgeschlechtliche Paare),

- Entwicklung von Konzepten für ein **Neues Lehramt für die Kirchen** als Orientierungshilfe (Kirchliche Trauung und Hochzeit als öffentl. Rituale zur Festigung einer Beziehung),

- Perspektiven der **Zusammenarbeit von Lesben und Schwulen** (z.B. in Kommunikationszentren: gemeinsame schwul-lesbische Parties) sowie den (politischen) Strukturen der Frauen-Emanzipation (z.B. kommunale schwul-lesbische Gleichstellungsbeauftragte),

- Umsetzung von **Bildungs- & Medien-Politik** über gleichgeschlechtliche Paare (z.B. Bücherneuanschaffung in Stadtbibliotheken, Fernsehberichte, Multiplikatorenkonzepte etc.)

- **Werbung und Marketing** für gleichgeschlechtliche Paare: Portraits von schwulen bzw. lesbischen Paaren, wie sie ihren Alltag leben / gesellschaftliche Liberalisierung und Integration durch positive Öffentlichkeitsarbeit (auch der Wirtschaftsunternehmen)

- Optionen für die **Nutzung des Internets** durch und für Lesben und Schwule: Nicht nur um auf Informationen zuzugreifen, sondern auch, um Freunde über Dialogfunktionen und **Dating-Portale und Apps wie Gayromeo, Gayroyal oder Grindr** kennenlernen.

- **Kognitive Prozesse der Identitätsentfaltung** und der Potentiale von Unterstützungsleistungen von Eltern und zu bildender Familie (Coming-Out innerhalb und mit der Familie / Bewältigungsstrategien von Einsamkeit, Anderssein, Isolation und "nicht-den-richtigen-Partner-finden-können" / Kognitive Orientierung hin zur Option der eigenen Familienbildung: Vereinbarkeit von Schwulsein und Kinder

15

haben / Motivationsentwicklung nach dem Ende einer gleichgeschlechtlichen Beziehung),

- **Kommunikative Aspekte von** Zärtlichkeit (z.B. Thematisierung der Notwendigkeit des Kondomgebrauchs / "Beziehungsarbeit" bei Untreue und-oder Eifersucht).

In Zukunft wird es darum gehen, die *sozialen* Dimensionen von gleichgeschlechtlichen Lebensgemeinschaften in den genannten Bereichen weiter zu betrachten: Es geht um die Betrachtung von *"Integration"*, nicht um die Betrachtung von "Diskriminierung". Visionäre Perspektiven sind wichtiger als das immerwährende Fortführen und Verfestigen althergebrachter Klischees. Was z.B. in der Medienberichterstattung benötigt wird sind Portraits von gleichgeschlechtlichen Lebensgemeinschaften und Paaren - in ihren sozialen Dimensionen - und das hat wenig mit Sexualität zu tun: Dieter und Detlef beim Kochen, beim Gottesdienst, auf dem Standesamt und im Werbespot.

Andreas Frank

Kapitel 1

1. Geschlechtsrolle
als soziale Dimension unabhängig von sexueller Orientierung

Handbuch `Engagierte Zärtlichkeit´

Geschlecht als soziale Konstruktion

Die Neudefinition von Männlichkeit und Weiblichkeit

Crossdressing, Gender Switching
und die Auswirkungen auf den Neuen Mann

Begriffe

Informationsteil

17

Geschlecht als soziale Konstruktion

Mit aller Selbstverständlichkeit werden Menschen in Frauen und Männer eingeteilt. Die Existenz zweier Geschlechter gilt als nicht weiter erklärungsbedürftig, sie wird als scheinbar objektive Tatsache durch die Biologie gesetzt. Selbst dort, wo man das "Geschlecht" oder die "Geschlechtsrolle" als das Ergebnis der *sozialen* Prägung betrachtet, wird der Geschlechtsunterschied auf Grundlage des biologischen Unterschieds getroffen.

Dadurch tritt aber die Frage nach den von den Individuen *zu erwerbenden* "typischen" Handlungs- und Verhaltensformen, Fähigkeiten, Eigenschaften - eben das, was der Begriff männlicher oder weiblicher *"Sozialcharakter"* zu erfassen sucht - zurück. Umso wichtiger werden die Erkenntnisse, die von einer *kulturellen* Codierung der Ausprägungen von Geschlecht und der Geschlechterverhältnisse ausgehen:

Männlichkeit oder Weiblichkeit kann nicht auf das biologische Geschlecht(-steil) zurückgeführt werden und selbst die "geschlechtstypischen" (sozialen) Merkmale, die psychisch-soziale Geschlechterdifferenz (z.B.: aggressives Dominanzverhalten wird Männern zugeschrieben) differieren nach Auftretenshäufigkeit oder Intensität: "Die Variation von sozialen Geschlechtsmerkmalen sind *innerhalb eines* Geschlechts in fast allen Forschungen größer, als die Differenz zwischen den Mittelwerten für *jedes* Geschlecht" (siehe Gildemeister aaO:225).

Die Argumentation ernst zu nehmen, daß Menschen "von Natur aus" durch und durch *gesellschaftliche* Wesen sind, heißt auch, das "Geschlecht" einzubeziehen. Leiblichkeit und Geschlechtlichkeit sind Ergebnisse *sozialer, kultureller* Prozesse auf der Grundlage symbolvermittelter sozialer Interaktion und kultureller und institutioneller Ablagerung und Verfestigung. Das heißt: auch Zweigeschlechtlichkeit, deren Folgen und Deutungen sind Ergebnisse *sozialer Konstruktionen.* "Geschlecht" wird also im Alltag *sozial* und im Dialog mit anderen konstruiert.

Dabei geht es zunächst nicht darum, die biologische Grundlage des Menschen abzustreiten. Die Dialektik, das Wechselspiel von "Körpersein" und "Körperhaben" ist damit nicht ausgesetzt, sondern gerade grundlegend für die Aneignung von Identitätsfaktoren. Männer und Frauen sind Natur *und* Kultur - und in der wechselseitigen Verschränkung beider werden Frauen und Männer erst "hergestellt" oder: *geschaffen* (aaO).

Aber selbst Biologen trennen nicht scharf in eine Zweigeschlechtlichkeit und setzen auf ein gleitendendes *"Mehr-oder-Weniger"* statt auf ein rigoroses "Entweder-Oder", wie z.B. bei der Erkenntnis, daß bei Säugetieren das genetische Geschlecht nicht mit dem somatischen (körperlichen) Geschlecht übereinzustimmen braucht. Auch eine Sammlung aller Körpermerkmale, die bei biologischen Geschlechtsbestimmungen herangezogen werden, würde keinesfalls für alle Personen eine Geschlechtsdefinition ergeben, die eindeutig von Geburt an gilt und unverändert bleibt.

Gegensätzliche Zweigeschlechtlichkeit wird vielmehr erst im alltäglichen *sozialen* Leben zu einer Tatsache. Wesentliche Elemente unserer Kultur beruhen auf Alltagstheorien und Grundannahmen zur "natürlichen Selbstverständlichkeit" der Zweigeschlechtlichkeit des Sozialen. Dies beinhaltet die Unvermeidbarkeit der Zuordnung einer Person in das Kategoriensystem weiblich/männlich. Jeder wird geschlechtlich erfaßt, niemand kann sich der strikt "zweiwertigen Klassifikation", dem rigorosen "Entweder-Oder" entziehen. Es gilt die Regel der Unvereinbarkeit und Unveränderlichkeit: Jeder muß jederzeit männlich *oder* weiblich sein - eines von beidem, nicht beides gleichzeitig.

Alle kulturellen Verhaltensstandards / Konstanten lassen sich in der Form der jeweiligen Geschlechtskonformität erwerben, und das heißt für eine Gesellschaft, die auf der Polarisierung von Geschlechtsrollen und der Generalisierung von deren Effekten beruht: Es gibt keine Identität und Individualität *außerhalb* der Geschlechtszugehörigkeit (siehe Gildemeister aaO).

Diese soziale Codierung der zwei Kategorien wird in den gesellschaftlichen Handlungsabläufen nicht oder wenig reflektiert, es gehört zum zentralen Repertoire alltäglicher Routinewahrnehmung und sozialen Handelns. "Frau", "Mann", "weiblich", "männlich" werden als *Symbole* in der sozialen Interaktion erworben und sind darin zugleich Voraussetzung der Teilnahme an Kommunikationen: Soziale Interaktion ist mithin nicht Medium, in dem "Geschlecht" als handlungsbeeinflussender Faktor wirkt, sondern ein formender Prozeß eigener Art, in dem "Geschlecht" und "Geschlechsidentität" durch die Handelnden und die soziale Realität interpretierende Subjekte gelernt und *hergestellt* wird.

Anders ausgedrückt: Personen werden nicht zunächst dem einen oder anderen Geschlecht zugewiesen, weil sie dementsprechend handeln und entsprechende Merkmale aufweisen, sondern ihr Handeln und Verhalten wird eingeschätzt und bewertet auf der Grundlage einer *Zuordnung* zu *einer* Geschlechtskategorie, wobei, wie bei anderen Prozessen der Herstellung sozialer Ordnung auch, tagtäglich Ausnahmen, Ungereimtheiten und Brüche bewältigt werden müssen. Solche Verhaltens- und Eigenschaftszuweisungen sind immer auch fiktiv, gelten nicht "wörtlich".

Geschlechtsidentität ist daher nicht darauf zu beschränken, sich selbst als weiblich oder männlich zu definieren, sondern umfaßt komplexe Aneignungsprozesse nach der Geburt durch die Sozialisation: Wir werden zum Mann "gemacht" (aaO). Betrachtet man den einzelnen Menschen in seinem biologischen und sozialen Lebenslauf, so findet sich der Begriff "Geschlecht" auf verschiedenen Ebenen:

- das *chromosonale* Geschlecht, das auf das Geschlechtschromosom bezogen ist und sich bei der Zeugung, der Vereinigung der Keimzellen (Eizelle /Samenzelle) ergibt,
- das *genetische* Geschlecht, festgelegt nach dem Genotyp und den geschlechtsterminierenden Genen und normalerweise dem chromosonalen Geschlecht entsprechend,
- das *gonadale* Geschlecht, den Keimdrüsen oder Geschlechtsdrüsen. Ein Mensch mit Hoden (Testes) gilt als männlich, mit Eierstöcken (Ovarien) weiblich. Das gonadale Geschlecht entspricht in der Regel dem chromosonalen Geschlecht. Es gibt auch Ausnahmen, wie der XX-Mann, der zwar kein männliches Geschlechtschromosom (Y), aber einen Hoden aufweist,
- das *hormonale* Geschlecht ergibt sich aus den Anteilen von weiblichen und männlichen Sexualhormonen (Östrogenen und Gestagenen bzw. Androgenen),

- das *anatomische* Geschlecht, morphologische oder genitale Geschlecht, es bezieht sich auf die (äußeren) Geschlechtsorgane, also auf Scheide (Schamlippen und Kitzler) einerseits und Glied und Hodensack andererseits,
- das natale oder *Geburtsgeschlecht*, auch Bestimmungs- oder *Hebammengeschlecht* genannt; es wird unmittelbar nach der Geburt in Hinblick auf die sichtbaren Geschlechtsorgane festgelegt und in die Geburtsurkunde eingetragen: Wer ein Glied hat, gilt als ein Junge, wer Schamlippen hat, gilt als ein Mädchen. Aufgrund dieser Festlegung (bei der auch Irrtümer vorkommen können), beginnt die Sozialisation und die Erziehung als Junge oder Mädchen nach den für Männern und Frauen unterschiedlichen Kulturmustern, verbunden mit der Selbst- und Fremdwahrnehmung als männlich oder weiblich (Identitätsentwicklung). Wird ein Geschlecht auf den ersten Blick bei Geburt fälschlich deklariert, entstehen umso größere Probleme, je später die falsche Zuschreibung entdeckt wird, da die (geschlechtsspezifische) Sozialisation schon fortgeschritten ist (vgl. BTDS 13/5757). Hier wird die soziale Konstruktion von Geschlechtszugehörigkeit besonders deutlich;
- das *juristische* Geschlecht geht von der Eintragung des männlichen oder weiblichen Geschlechts in der Geburtsurkunde aus,
- das *psychologische* Geschlecht betrachtet psychische Eigenschaften des Geschlechtes: Frauen gelten als zärtlicher, Männer als aggressiver, viriler, etc.,
- das kulturelle oder *soziale* Geschlecht (vgl. aaO):

Das *soziale oder kulturelle* Geschlecht drückt sich aus in dem Geschlechtstypischen: den gesellschaftlichen Bedingungen und Geschlechtsrollen, in Männer- und Frauenleitbildern, in männlichen und weiblichen Verhaltensnormen, in Sitten, Gebräuchen und Vereinbarungen. Das soziale Geschlecht wird *erworben*, anerzogen, aufgezwungen, ansozialiert.

Wenn sich eine Person nicht ihrem sozialen Geschlecht entsprechend verhält, kommt es zu Komplikationen. Würde beispielseise ein Bräutigam im weißen Hochzeitskleid erscheinen oder ein Politiker in Rock und Bluse ans Rednerpult treten, empfänden es nicht wenige Menschen als unstimmig. Von herausragender Bedeutung für das soziale Geschlecht sind die Beziehungen zwischen und unter den Geschlechtern, das *Verhältnis der Geschlechter* zueinander. Dieses zeigt sich insbesondere in den unterschiedlichen Männer- und Frauenleitbildern (im geschichtlichen Vergleich oder im Vergleich zu anderen Kulturen), an dem, was z.B.

als typisch "weiblich" gilt, an *gewandelten* Geschlechtsrollen und an den Änderungen in den Verhältnissen der Geschlechter untereinander.

> **Während die deutsche Sprache nur das Wort "Geschlecht" kennt, hat sich in der englisch-amerikanischen Sprache die Unterscheidung "sex" und "gender" herausgebildet: Unter *"sex"* wird das biologische, körperliche Geschlecht verstanden, unter *"gender"* das soziale, kulturelle Geschlecht.**

Wir kennen die primären und auch sekundären Geschlechtsmerkmale von Frauen und Männern (so erfolgt auch die Geschlechtszuweisung bei der Geburt), aber wir wissen erst nach einer *sozialen* Untersuchung, was Frau-Sein und Mann-Sein in einer bestimmten Gesellschaft bedeutet. Es ist eine soziale *Konstruktion von Geschlecht*(lichkeit): danach kann die Geschlechterdifferenz nicht als gegeben betrachtet werden, sondern wird permanent und interaktiv hergestellt. So stellte schon Ursula Scheu mit ihrem gleichnamigen Buch 1977 die soziale Konstitution von Geschlecht mit den Worten fest: "Wir werden nicht als Mädchen bzw. Junge geboren, wir werden dazu gemacht" (aaO).

Geschlecht gilt nicht als biologische, sondern als soziale Konstruktion, also etwas, das gesellschaftlich "gemacht" und individuell nachvollzogen bzw. "mitgemacht" wird oder werden muß. Die Geschlechtszuscheibung (*doing gender*) ist also ein lebenslang, immer wieder stattfindender Prozeß. Dabei wird Geschlechtszuschreibung gerade häufig nicht an den primären oder sekundären Geschlechtsmerkmalen festgemacht, sondern an anderen Informationen wie Gang, Stimme, Gesichtsausdruck, Körperhaltung und Ausstrahlung. Insbesondere die Kleidung, die Mode der Gesellschaft (oder das Modediktat der Industrie) hat hier einen großes Sozialisationspotential: Nur Frauen tragen Röcke und die Knopfleiste links. Wenn Männer eine Brosche tragen gilt dieses fast schon als revolutionär.

Die *"Entweder-Oder-Kategorie"* ist der Rahmen unseres alltagsweltlichen Denkes: So werden Geschlechter identifiziert, gedacht - und: "geschaffen" (Gildemeister aaO:227). Der *"zweigeschlechtliche Erkennungsdienst"* (Tyrell aaO) in den alltäglichen gesellschaftlichen Abläufen ist daher angewiesen auf die "Herstellung" von Geschlechtlichkeit in der *Interaktion*, auf einer Schauseite, etwas, das permanent zur Darstellung gebracht werden muß: leibliche Erscheinung, Gestalt und Bewegung, Gestik und Mienenspiel, Kleidung, Frisur, Schmuck, Stimme, sogar die Schrift werden daraufhin ausgewertet: Ist es ein Mann oder ist es eine Frau? Eine zweigeteilte Kategorisierung ist jedoch - wenn genauer hingeschaut wird - brüchig und problemgeladen: Oftmals können wir Personen weder dem einen oder anderen Geschlecht zuordnen und fragen uns, ist es ein Mann oder eine Frau, wenn ein Mann z.B. lange Haare mit einem femininen Gesicht hat oder eine Frau männliche Büro-Mode trägt. Die soziale Konstruktion von Geschlecht ist also entscheidend, nicht so sehr der biologische Unterschied von "Ei-Trägern" und "Sperma-Trägern", der oftmals nicht ohne weiteres sofort einsichtig ist (vgl. aaO).

Bei den Amerikanern ist das Schema dergestalt: Als Frau wird nur der wahrgenommen, wer nicht als Mann wahrgenommen werden kann. Eine Person ist nur dann weiblich, wenn männliche Zeichen abwesend sind. Im Falle einer "Mann-zu-Frau-Transsexualität" müssen also alle Hinweise auf "männliche" Merkmale getilgt werden: Das betrifft nicht nur die Optik (z.B. Bartrasur) oder die Mode; es geht auch nicht nur einfach um die Regeln, die gelernt werden, Frauen von Männern zu unterscheiden, sondern es geht darum, wie die Regeln in ihren Beziehungen zu der sozialen Welt von zwei Geschlechtern *eingesetzt* und benutzt werden (müssen). Auch Kulturen, die Männlichkeit, Weiblichkeit und die Geschlechterdifferenz anders codieren, deuten und gewichten, zeigen die Brüchigkeit der Trennung von männlich und weiblich im Vergleich zu unserer Kultur (siehe aaO).

Das dritte Geschlecht ist mittlerweile auch in vielen Gesellschaften gesetzlich anerkannt: Es gibt: Frauen / Männer / Diverse (X) - auch Stellenanzeigen in Deutschland müssen laut

Gesetz von Unternehmen in dieser Dreifaltigkeit ausgeschrieben werden: WMD oder WMX: weiblich, männlich, divers bzw. cross X.

Schwule, Lesben und gleichgeschlechtliche Lebensgemeinschaften stehen ebenfalls vor dem Problem, von der Gesellschaft nicht eindeutigen Kategorien zugeordnet werden zu können: Die Kategorie "Geschlecht" und die Kategorie "sexuelle Orientierung" werden allzuoft miteinander verwechselt und die Ausprägungen der Kategorie Geschlecht (männlich / weiblich / Mischanteile) werden oft unstimmiger Weise mit den Ausprägungen der Kategorie sexuelle Orientierung (homo, hetero, bi, Zwischenstufen) verknüpft.

Die Gesellschaft attestiert Schwulen oftmals eine weibliche, feminine Art, was viele Schwule dann mit einer übertriebenen Männlichkeit zu kompensieren versuchen (was zugleich eine Unterdrückung ihrer Anima, ihrer weiblichen Energien bedeutet, wie es Carl Gustav Jung anmerken würde) - oder sie eignen sich gerade deshalb auch eine weibliche Art an. Auch kann es also sein, daß Schwule meinen, sich weiblich geben zu müssen, weil die Gesellschaft gleichgeschlechtliche Liebe zwischen Männern mit Weiblichkeit (fälschlicherweise) gleichsetzt: Es ist eine *Verinnerlichung* der gesellschaftlich *erwarteten* Rolle, wenn Schwule sich *dann* im Laufe ihrer Entfaltung und ihres Älterwerdens weiblicher geben. Von Lesben besteht analog das Vorurteil, sie hätten eine eher maskuline Art.

Dabei ist aber die sexuelle Orientierung von der sozialen Geschlechtsrolle zu differenzieren. Es gibt also etwas femininere oder aber konventionell männliche Schwule, wie es feminine und sehr männliche Hetero-Männer gibt. Ebenso bei Lesben: es gibt feminine wie eher etwas männlichere Lesben. Die sexuelle Orientierung muß von der Kategorie "Geschlecht" getrennt betrachtet werden: Schwule Männer sind nicht per sé weiblich.

Daß sich ein Schwuler, den die Gesellschaft ständig als feminin etikettiert, in seiner Entfaltung während des Älterwerdens dann auch etwas femininer gibt, in der Interaktion mit anderen Schwulen feminine Interaktionsrituale durchspielt und verinnerlicht, ist eine sich selbsterfüllende Prophezeihung, eine Verinnerlichung des

Etiketts. Die Tatsache, daß eine sexuelle Orientierung zum gleichen Geschlecht besteht, heißt nicht, daß man sich als weiblich definieren muß, gar als schwuler Mann Röcke trägt oder sich schminken müßte.

Schwule Männer sind in ihrer Geschlechtsrolle oft ganz konventionelle Männer. Sofern sie in ihren Geschlechtsrollen eine gewisse Verspieltheit entwicklen, hängt dies mit ihrer spezifischen Sozialisation nach dem Coming-Out zusammen, nämlich des Erlernens eines Perspektivenwechsels, einer anderen Codierung sozialer Denk- und Umgangsformen: Der sich schwul *Entfaltende* muß von einer verschiedengeschlechtlichen Deutung der Welt zu einer gleichgeschlechtlichen Deutung der Welt (z.B. beim Flirten) hinübertreten, was ihm letztlich die Fähigkeit gibt, Blickwinkel spielerisch zu verschieben, das Unkonventionelle, das den Ritualen Entgegenstehende auszuprobieren. Insofern wird der schwule Mann durch die gesellschaftliche Etikettierung von Weiblichkeit dazu genötigt, auch mal mit dem Gedanken zu spielen, sich mal zu schminken, damit zu experimentieren und es ggf. wieder zu verwerfen. Ebenso bei der Hochzeit von gleichgeschlechtlichen Lebensgemeinschaften: es wird von der Gesellschaft bei konventionellen Hochzeiten eine Person im weißen Brautkleid erwartet. Wie verläuft dieses Ritual bei gleichgeschlechtlichen Paaren? So sind Schwule darauf angewiesen, ihren Weg durch spielerisches Ausprobieren zwischen Konventionellem und Unkonventionellem zu finden - wie im genannten Beispiel bei schwulen Hochzeiten: Tritt ein Partner im Brautkleid auf, oder lieber nicht? Besonders wenn Traditionen und Rituale verblassen, sind sie hier Trendsetter und können durch ihren spielerischen Perspektivenwechsel Alternativen bieten.

In der Psychologie ist dabei schon länger klar, daß *jeder* Mensch weibliche wie männliche (soziale) Eigenschaften oder Attribute hat. Männer, besonders heterosexuelle, unterdrücken dabei oft ihre weiblichen Anteile, weil sie es sich als Schwäche eingestehen, Weiblichkeit zu zeigen: Jungen werden mit dem Satz "Ein Indianer weint doch nicht" erzogen. Diese Schwarz-Weiß-Kategorisierung in männlich und weiblich muß jedoch überwunden werden, damit ein Mensch - gleich welcher sexuellen Orientierung - zu einer *Ganzheit* reift. Auch Jungen dürfen weinen und Männer müssen Gefühle zeigen, wenn sie eine ganzheitliche Persönlichkeit bilden wollen. Der Mann muß seine weibliche Seite entfalten und die Frau muß ihre männliche Seite entfalten - dieses gilt, wie wir gesehen haben, ganz unabhängig von der sexuellen Orientierung: sowohl der heterosexuelle Mann wie der schwule Mann muß lernen, seine weibliche Seite zu entfalten.

Es wird daher für die Kategorie Geschlecht vorgeschlagen, in Begriffen männlicher und weiblicher *Energien*, statt in männlichen und weiblichen Eigenschaften zu denken. So kann auch auf das *Animus-Anima-Konzept* verwiesen werden, nach dem sowohl (weibliche) Anteile der Anima, als auch (männliche) Anteile des Animus in der Psyche von Männern *und* Frauen vorhanden sind. Carl-Gustav Jung (aaO) hat in der Psychologie hierzu das Konzept von "Anima" und "Animus" betrachtet: Diese jungianische Betrachtungsweise des Konstrukts schließt also die Auffassung ein, daß sowohl Männer wie Frauen eine Anima besitzen - so wie auch beide einen Animus haben. Für die soziale Kategorie "Geschlecht"(-sidentität) bedeutet diese Umsetzung zugleich eine Neudefinition von Männlichkeit und Weiblichkeit.

Die Neudefinition von Männlichkeit und Weiblichkeit

Wenn Carl Gustav Jung in seinem Männlichkeits- und Weiblichkeits-Konzept der "Anima" und des "Animus" auf *innere* weibliche und männliche Eigenschaften Bezug nimmt, dann müssen wir uns klarmachen, daß er nicht von Geschlecht als solchem sprach. Er meinte auch nicht die sozialen und kulturellen Klischees dieser Eigenschaften und die oft falschen Vorstellungen von dem, was es bedeutet, ein "richtiger" Mann oder eine "richtige" Frau zu sein.

Die gegenwärtigen sozialen Rollen definieren Männlichkeit und Weiblichkeit als geschlechtsspezifische Gegensätze: In der amerikanischen Gesellschaft wird das konventionelle männliche Ich noch immer häufig als zäh, stark, viril, unabhängig, realistisch, rational, gefühllos usw. dargestellt. Das weibliche Ego dagegen gilt als weich, zärtlich, schwach, passiv, abhängig, emotional und nährend. Die gegenwärtigen sozialen Rollen definieren Männlichkeit und Weiblichkeit als geschlechtsspezifische Gegensätze. Die Folge davon ist eine Tendenz zu Werturteilen. Wenn von einem Mann beispielsweise gesagt wird, er "verhalte sich feminin", dann wird er tatsächlich auf *zwei* Arten beschrieben, nicht auf eine. Das Wörterbuch definiert feminin als "Eigenschaften aufweisend, die allgemein Frauen zugeschrieben werden, wie Schwäche, Schüchternheit, Zartheit etc., unmännlich, nicht viril." Das angegebene Synonym lautet: weiblich. In der amerikanischen Kultur ist Weiblichkeit ein Zug, der traditionell Frauen zugeschrieben wird; feminin zu sein bedeutet also, sich "nicht wie ein Mann" bzw. "wie eine Frau" zu verhalten. Der feminine Mann wird aus der Klasse "männlich" entfernt und der Klasse "weiblich" zugeordnet, mit dem Ergebnis, daß der feminine Mann kein "richtiger" Mann mehr ist (vgl. Pedersen aaO:24f).

Unser kollektives Bewußtsein und unsere psychologischen Abwehrmechanismen sind augenscheinlich noch immer so stark, daß wir das Vorhandensein von zu viel *"Andersein" innerhalb des gleichen Geschlechts* nicht tolerieren können. Hierin liegt ein großes Dilemma für den heutigen Mann jeglicher sexueller Orientierung: Weiblichkeit wie Anderssein gehören in die psychosexuelle Ecke, oder man ist kein "richtiger" Mann. Unglücklicherweise entscheiden sich die meisten Männer auch noch dafür, den Weg einzuschlagen, der von ihnen *erwartet* wird, und schreiben diese Entscheidung für sich selbst und ggf. ihre Söhne fest. Wie wir noch sehen werden, leisten sie auf diese Weise einen signifikanten Beitrag zur Homophobie.

Männer, die sich weigern, mit anderen zu konkurrieren, und sich für die Erweiterung der Verhaltensbreite, für mehr Flexibilität in der Kleiderordnung und größere emotionale Offenheit entscheiden, werden daher oft auch einer sexuellen Orientierung zugerechnet: sie werden von der Gesellschaft oft als "schwul" bezeichnet. In der Tat ist für einige junge Männer Schwulsein nicht nur eine sexuelle Option, sondern eine klare Entscheidung, ein Leben nach einem weniger starken Reglement (der Geschlechterrollen) zu führen. Doch die Angst der meisten Jungen, als "schwul" bezeichnet zu werden, reicht aus, um zu gewährleisten, daß sie feminine Neigungen oder Züge, zumindest in der Öffentlichkeit, fest im Griff haben - obwohl Schwulsein nichts mit Femininsein zu tun hat, dieses wird nur in der Gesellschaft gleichgesetzt: Die Geschlechtsrolle ist sozial konstruiert und von der sexuellen Orientierung zu differenzieren.

Trotz individueller Variationen sind die kollektiven Stereotype von Männlichkeit einerseits, von Weiblichkeit andererseits, sowie der gesellschaftlichen Gleichsetzung von Schwulsein mit Weiblichkeit weiterhin so stark, daß sie sich in einem Großteil unserer kulturellen Ausdrucksformen wie Literatur, Werbung, Musik, Kunst etc. widerspiegeln. Solche "Eigenschaften" sind jedoch mit Vorsicht und einiger Zurückhaltung zu betrachten, denn sonst besteht die Gefahr, daß Begriffe von Männlichkeit und Weiblichkeit sich zu kulturellen Klischees entwickeln und das Konzept von Anima / Animus zunehmend verengt gesehen wird. Eine gegenwärtige jungianische Betrachtungsweise des Konstrukts der *Anima* schließt daher auch die Auffassung ein, daß sowohl Männer wie Frauen eine Anima, also weibliche Energien, besitzen - so wie auch beide einen Animus haben: Jeder Mensch hat also sowohl eine weibliche wie männliche Seite. Die Anima wird in wechselseitiger Durchdringung mit dem Animus als umfassende Dimension der menschlichen Erfahrung gesehen: dadurch entsteht ein *Paar* - ähnlich dem *Yin-Yang-Prinzip* (vgl. Pedersen aaO:26).

Wir dürfen nicht vergessen, daß wir hier von relativen *psychologischen* Eigenschaften sprechen und nicht von fixen oder unveränderlichen Attributen, die auf biologischen oder sexuellen Determinanten beruhen. Man kann also von jedem einzelnen Mann sagen, er verhalte sich und reagiere aufgrund einer *Kombination aus spezifischen Lebenserfahrungen, kulturell geförderten Rollenerwartungen sowie angeborenen archetypischen Mustern.*

Abbildung: Das Yin-Yang-Prinzip der Animus & Anima Integration

Wenn das Geschlecht im *metaphorischen* statt im streng biologischen Sinn definiert wird, dann haben beide - Frauen und Männer - Zugang zu den psychischen Welten sowohl der Männlichkeit als auch der Weiblichkeit. Beim Mann kann man die Anima dann als *Entwicklungspotential des "Andersseins"* betrachten, das in einseitigen Begriffen von Männlichkeit fehlt: Die Anima gestattet ihm vor allem den Zugang zu differenziertem Fühlen, zwischenmenschlicher Verbundenheit, Kreativität, Spiritualität und weitergehender Entwicklung seines Bewußtseins (Pedersen aaO:27).

Die *Generation X* zeigte uns zunehmend, daß die Jugend Männlichkeit und Weiblichkeit miteinander vermischen: Mädchen tragen dieselben Jeans mit Doc-Martens-Schuhen wie Jungen - und Männer werden etwas femininer: sie tragen lange Haare, gestatten sich mehr Gefühle und haben keine Angst vor weiblichen Zügen. Die Geschlechtsrollen verschränken sich (z.B. durch "gender switching") - nicht nur in der Mode, wo wir auch von "crossdressing" sprechen. Wenn heterosexuelle Männer sich nicht starr nur auf eine einseitige

29

männliche Geschlechtsidentität versteifen, selbst mit Geschlechtsrollen experimentierten (z.B. eine Brosche tragen würden) und die Rollen (nicht die sexuellen Orientierungen) spielerisch wechseln würden, würden sie auf die Verspieltheit anderer (z.B. schwuler) Männer mit sozialen Geschlechtsrollen weniger homophob reagieren und die Kategorie "Geschlecht" von der Kategorie "sexuelle Orientierung" besser unterscheiden.

Crossdressing, Gender Switching und die Auswirkungen auf den Neuen Mann

> *Cross-Dressing ist nicht nur akzeptabel für eine Person der neunziger Jahre, es ist essentiell.*
> The Guardian.

Die *androgyne Welle*, die in der Popkultur der achtziger Jahre eine große Rolle spielte, hat genau dazu beigetragen. Das Leitbild vom kernigen, höchstens nach Tabak und Schweiß riechenden Kerl wurde gekippt. Boy George wurde die Hitparade rauf und runter gespielt, und in den Discotheken tauchten auf einmal Burschen mit Lidstrich und Puder im Gesicht auf. Sie sahen aus, wie junge David Bowies - *aber sie waren keineswegs alle schwul.* Sie hatten nur genug von den starren Grenzen, die zwischen "dem Männlichen" und "dem Weiblichen" in der Kategorie Geschlecht gezogen wurden, und *fürchteten* sich auch nicht davor, als "weibisch" zu gelten (siehe Hurton aaO:122f).

Als Nachfolger der androgynen Burschen drängten allmählich die neuen Stars der Popkultur ins Rampenlicht: die Drag-Qeens, aufgekratzte Typen im glamourösen Frauenfummel. Sie nennen sich Barbie Q, DeAundra Peek oder RuPaul - und sind in den frühen Neunzigern die Königinnen des Entertainments.

In den USA haben sämtliche Massenmedien von BBC bis "USA Today" über den *neuen Stil des Geschlechter-Crossings* berichtet. Es hat die Grenzen des Subversiven längst überschritten und in der gesamten populären Kultur enormen Einfluß gewonnen. Wie der Erfolg der Kunstfigur Dame Edna beweist: Sie ist längst zu einer Kultfigur geworden. Das ist der Punk der neunziger Jahre. Ein paradoxes Kostüm, das *die Freiheit, Geschlechtergrenzen zu überschreiten*, bis zur grellen Karikatur steigert.

"The Drag" hieß ein Stück über gleichgeschlechtliche Lebensgemeinschaften, in dem Mae West in den 20er Jahren am Broadway gespielt hatte. Eine Szene stellte einen "Drag Ball" dar, einen Ball, wo vierzig Schwule sangen und tanzten. Das wirbelte damals am Anfang des Jahrhunderts einigen Staub auf, denn die Gay Community war auf derart schrille, direkte Weise am Broadway noch niemals dargestellt worden. Die Regisseurin Jenny Livingston hatte in ihrem Film "Paris is burning", dem bald Kultstatus zugebilligt wurde, Mitte der achtziger Jahre erstmals die New Yorker Drag-Undergoundszene gefilmt. Innerhalb kürzester Zeit war aus dem gesellschaftlichen Phänomen der letzte Schrei des Nachtlebens geworden. Bei diesem Stil geht es nicht darum, Frauen nachzuahmen, sondern darum, *Charaktere* zu *kreieren*, die so sind, daß ihre Existenz das Konzept "männlich *oder* weiblich" sprengen."

Gendercrossing ist ein Labor, wo ein hysterischer Geschlechtermix gebraut wird. Ein Symbol für das *Spiel* mit Männlichkeit und Weiblichkeit, das mehr Anhänger findet, als man meinen möchte. Denn wie sonst wäre es zu erklären, daß Drag zum absoluten Trendphänomen der frühen neunziger Jahre werden konnte. *Gender* - ein kleines unübersetzbares Wort, das nicht Geschlecht im biologischen Sinne meint, sondern ein zentraler Begriff der neuen feministischen Theorie ist - als Endpunkt der Vorstellung von einer Menschheit, sie sich sauber in Mann und Frau teilen läßt.

"Cross-Dressing" und *"Gender-Switching"* als Illusion - das sind wichtige Trends der neunziger Jahre. Männer in Frauenkleidern bevölkern mittlerweile auch die Kinoleinwände. Man denke etwa an Robin Williams als "Mrs. Doubtfire" (zit. n. Hurton aaO:122f).

Statistiken zufolge sind heute ein Drittel der Kundschaft von Kosmetiksalons männlichen Geschlechts. Etwa 5 Prozent der männlichen Besucher von Kosmetiksalons lassen sich sogar richtig schminken mit Rouge, Wimperntusche und allem drum und dran. Sein Bekenntnis, kosmetische Produkte zu verwenden, um sich "selber besser zu fühlen", belegte Michael Hopp, damals Chefredakteur der "Männer-Vogue", noch Ende der achtziger Jahre mit der Mode-Vokabel *"Outing"*.

31

Heute leben wir mit großzügigen Maßstäben, und Männer, die Wert auf Körperpflege legen, gelten längst *nicht* mehr automatisch als effeminiert oder schwul: Die Neugestaltung von männlichen und weiblichen Energien in der Kategorie Geschlecht ist nicht automatisch mit der sexuellen Orientierung beim Sexualverhalten vergemeinschaftet. Deutsche Hetero-Männer widmen dem Thema Körperpflege heute fast schon ebensoviel Zeit wie die Frauen. Katzenwäsche und einmal rasch durchkämmen - damit begnügen sich heute nur noch die wenigsten. 22 Minuten - nur fünf Minuten weniger als Frauen – verbringt *jeder* deutsche Mann nach einer Umfrage des Industrieverbands Körperpflege im Schnitt pro Tag im Badezimmer. Das Rasieren, der ungeliebte Fixpunkt männlicher Körperpflege hat einen Wertewandel durchlaufen. Von der lästigen Pflicht hat es sich für viele zum *Imagepflegeprogramm* entwickelt. (s. Hurton aaO:118ff).

"*Cross-Dressing*" heißt also das Zauberwort. Es bedeutet: sich kleiden, wie Männer und trotzdem Weiblichkeit betonen. Vor allem die Dessous-Mode für Frauen treibt bizarre Blüten. So kam ein Unterwäscheset in grauem Nadelstreifendesign mit Spitzenverzierung auf den Markt. "Dow Jones" nennt sich die Kombination. Eine britische Versandfirma wiederum bietet für Männer Spitzenbodies, Unterhemden und Seidenshorts an, in einem Stil, wie er normalerweise nur von Frauen getragen wird. Firmensprecher betonten gegenüber der Presse, bei ihren Kunden handle es sich nicht um *Trans-vestiten* (bzw. Trans-sexuelle - also Menschen, die sich ihr biologisches Geschlecht(steil) umoperieren ließen), sodern um glücklich verschiedengeschlechtlich-verheiratete Herren, die auch einmal Seidenunterwäsche auf ihrem Körper fühlen möchten. Sie fröhnen der *Tra-vestie*, dem Verkleiden in andere (Geschlechts)-Rollen, was wenig mit dem biologischen Geschlecht oder der sexuellen Orientierung zu tun haben muß. Umgekehrt hat die Sportswearmarke Chevignon die klassische Männer-Feinripp (ohne Eingriff) für sportliche Frauen auf den Markt gebracht (vgl. aaO:127f).

Wir befinden uns seit dem Ende der 90er Jahre im *fröhlichen Durcheinander der Postmoderne*, wo alle Stilrichtungen als

Flickenteppich eines Patchworkmusters nebeneinander ihre Berechtigung haben. Doch wird es dabei immer notwendiger, die einzelnen Begrifflichkeiten voneinander zu unterscheiden.

Die *Geschlechtsrolle* muß, wie wir gesehen haben, nicht mit dem biologischen Geschlecht (der weiblichen Vagina oder dem männlichen Penis) übereinstimmen. Ein "Mensch mit Penis" kann sich in einer fraulichen, effeminierten Geschlechtsrolle geben oder ein "Mensch mit einer Vagina" kann sich in einer eher männlich betonten Rolle geben - oder auch nicht. Diese Rollen nennen wir Geschlechtsrolle (Geschlechtsidentität) und die werden nach den kulturellen Bedingungen sozial geformt: Ob Männer Hosen tragen und Frauen Röcke oder nicht oder umgekehrt ist also eine anerzogene Sache, die kulturell überliefert wird und sozial konstruiert ist. Sich nicht in den (gesellschaftlich) üblichen (Geschlechts-)Rollen des biologischen Geschlechts zu "verkleiden" nennen wir *Tra*-Vestie. Travestie bezeichnet also eine Art des Schauspielens, eine Art Karneval (Drag), wo jeder in eine von ihm individuell auszugestaltende Rolle schlüpfen darf, die z.B. nicht seinem biologischem Geschlecht entsprechen muß oder oft auch eine Imitation z.B. eines gleich- oder andersgeschlechtlichen Stars sein kann.

Wenn sich einige Schwule daher z.B. etwas weiblich geben, ist dieses die Folge, daß man sie sozial konstruiert und ihnen dieses weibliche "Etikett" verpaßt, ihnen also immer wieder vorhält und attestiert, Schwule seien weiblich oder wie "Frauen". Dieses ist aber vollkommener Unsinn, denn Schwule sind und bleiben vom biologischen Geschlecht Männer - wie sie sich auch *gesellschaftlich* als *Männer* verstehen.

Wie sie die Geschlechts-Rolle ausformen - z.B. eine stärkere Ausprägung der weiblichen Seite durch ihre Kleidung, ihren Habitus (ihr Gehabe), oder umgekehrt aus Angst davor, in der Gesellschaft als weiblich zu gelten, eine Kompensation schaffen durch betont männliches Machoverhalten in Ripphemd, Lederkleidung, Dreitage-Bart oder Uniform etc. - ist eine soziale Konstruktion der Geschlechts-Rolle und auch der *Attitüde* ihres Schwulseins.

Wir müssen also lernen, die im Alltag bestehende soziale Geschlechtsrolle vom tatsächlichen biologischen Geschlecht trennen und unterscheiden zu lernen, gerade wenn die Mode Männer mit bisher weiblichen Attributen und Frauen mit bisher männlichen Attributen ausstattet: Die englische Sprache tennt hier wie gesehen zwischen den Begriffen "sex" (biologischem Geschlecht) und dem Begriff "gender", der sozialen Rolle im Alltag, wie wir unser Geschlecht in öffentlichen Situationen und in der Interaktion mit anderen Menschen darstellen. Gerade die Kleidung (Mode) spielt hier eine wichtige Rolle: Wir werden dazu erzogen, ob wir Hosen oder Röcke zu tragen haben, ob wir uns schminken oder nicht. In der Regel ist es so, daß Geschlechtsrolle und biologisches Geschlecht mehr oder weniger den kulturell vorgegebenen Mustern entsprechen, d.h. der "Mensch mit Vagina" wird Röcke tragen und so als "weiblich" gelten und der "Mensch mit Penis" wird Hosen tragen und so als "männlich" gelten. Die sexuelle Orientierung ist jedoch davon zu differenzieren.

Wir sollten daher die Begriffe nochmal klarstellen.

Begriffe: z.B. sexuelle Orientierung

- **Biologisches Geschlecht (engl.** "sex"): Das biologische Geschlecht orientiert sich am Bau der Geschlechtsorgane: Beim Menschen kennen wir weibliche Geschlechtsorgane (wie die Scham, Scheide, Eileiter Eierstock und Gebärmutter) bzw. männliche Geschlechtsorgane (Vorsteherdrüse, Hoden und Penis). [Zwittrige Lebewesen wie einige Pflanzen besitzen sowohl weibliche wie männliche Organe].

- **Soziale Geschlechts-Rolle des Alltags (engl.** "gender"): Die soziale Geschlechtsrolle haben wir durch Erziehung und unbewußte Sozialisation erlernt. Sie ist eine kulturelle Kodierung. Beispiele: Mädchen machen einen Knicks, Jungen einen Diener; Jungen knöpfen das Hemd rechts, Mädchen die Bluse links; Jungen weinen nicht, Mädchen dürfen Emotionen zeigen; Jungen dürfen mit Mädchen flirten, mit Männern aber nicht, dieses entspricht nicht ihrer kollektiv erwarteten Geschlechtsrolle.

- **Subjektives Geschlecht:** Das innere Geschlecht, wie wir uns fühlen. Psychologisch gesehen hat jeder Mensch weibliche und männliche Persönlichkeits-Züge bzw. männliche und weibliche Energien (Animus- / Anima-Energien).

- **Tra-vestie:** Travestie leitet sich aus dem italienischen "travestiere" ab, was soviel heißt wie "sich verkleiden". Es ist wie im Theater oder wie bei jedem verkleideten Menschen zu Karneval: es ist eine Rollen-Verkleidung. Männer, die gerne mal in eine Frauen-Rolle schlüpfen, spielen (= so tun, als ob) also eine weibliche Rolle, sie geben daher nicht wirklich ihre Identität auf und es hat oft nichts mit ihrer sexuellen Orientierung zu tun.

- **Tans-vestit:** Durch die Änderung von Kleidung und Verhaltensweisen wollen Transvestiten zum anderen Geschlecht "überwechseln" (lateinisch: "trans"), weil sie glauben, im falschen Körper zu sein: z.B. ein sich als Frau fühlender Mensch mit männlichem Körper. Dieses Erleben, im falschen Körper zu sein, kann oft eine seelische Belastung sein, da von anderen nicht erkannt wird, wie der oder die Betreffende sich innerlich fühlt. Wenn ein Mann daher durch einen medizinischen Eingriff und Hormongabe auch körperlich zu einer Frau werden möchte, weil er sich innerlich schon lange als Frau fühlt, findet hier also - anders als beim Rollenwechsel der Tra-vestie - die Aufgabe, Änderung bzw. Angleichung der körperlichen an die persönliche Identität statt. Oftmals erfolgt somit eine chirurgische Operation des Geschlecht-teils, um eine Angleichung zwischen innerem Empfinden und äußerem Körper zu erreichen. Die Mode der verschiedenen Generation mag manches in der kulturellen Definition neu vermischen, aber solange Verschiedenheit in der sozialen Definition von "männlich sein" und "weiblich sein" besteht, ist es z.B. in der Anerkennung von biologisch Geschlechtsumgewandelten - also Transsexuellen - ja

Voraussetzung, daß diese zuvor in der Rolle des hinüberzuwechselnden Geschlechtes gelebt haben. Eine Frau, die zum Mann werden will, muß also mehrere Jahre schon in einer männlichen Geschlechtsrolle gelebt haben, sozusagen die Hosen angehabt haben und im sozialen Alltag in ihrer interaktiven Konstruktion mit der Gesellschaft ihre Geschlechtsrolle gelebt und sich psychisch bewährt haben. Dieses ist notwendig, da der chirurgische Eingriff (z.B. Brustreduzierung) nicht wieder rückgängig zu machen ist, und die psychische Bewältigung der neuen Geschlechtsrolle vor einer Operation erprobt sein muß.

- *Sexuelle Orientierung:* Mit "sexueller Orientierung" ist gemeint, zu welchem Geschlecht sich jemand mit seinem Fühlen und Begehren hingezogen fühlt. Verschiedene Menschen haben verschiedene sexuelle Orientierungen, das ist ganz normal. Kein Mensch kann sich seine sexuelle Orientierung, sein erotisches Begehren und erotisches Hingezogenfühlen, aussuchen. Die sexuelle Orientierung ist grundlegend vorgegeben, man kann sie nicht ändern, sondern nur erkennen, entfalten und mit einem Partner leben. Grob eingeteilt kennen wir drei Grundorientierungen: "homo", "hetero" und "bi". Alfred Kinsey hat zwischen Homo und Hetero als Eckpunkte auf einer Skala zusätzlich noch fünf Zwischen-Schattierungen eingeteilt, insgesamt also sieben Differenzierungen. Die Mitte bezeichnet eine bisexuelle Orientierung (vgl. a. Grafik Kap. 2).

Mit einer Frau ins Bett zu gehen ist für den heterosexuellen Mann
die Heilung, pardon, die Erfüllung der Heterosexualität.
Norman Nominandum

- *Heterosexualität:* Das bedeutet, daß sich jemand von einer Person des anderen Geschlechts angezogen fühlt. Heterosexualität ist eine, anderen sexuellen Orientierungen gleichwertige Form der sexuellen Liebe.
- *Bisexualität:* Gemeint ist, daß sich jemand gleichermaßen von Personen beiderlei Geschlechts angezogen fühlt. Oft ist von "bi" die Rede. Es besteht die Überlegung, daß Bisexuelle nicht voll zur Homosexualität stehen hönnen bzw. daher auch keinen Partner für längere Zeit finden, so daß sie sich lieber durch den Begriff "bisexuell" als durch den Begriff "homosexuell" kennzeichen, da sie Homosexualität für sich noch nicht ganz annehmen können bzw. in früheren Lebensabschnitten (vor ihrem Coming-Out) mit einem verschiedengeschlechtlichen Partner gelebt haben.
- *Homosexualität:* Jemand fühlt sich von einer Person des eigenen Geschlechts angezogen und begehrt diese. Bei Männern hat sich im allgemeinen Sprachgebrauch der Ausdruck "schwul sein" durchgesetzt, bei Frauen der Begriff "lesbisch sein". Heterosexualität ist eine der Homosexualität gleichwertige Form des (sexuellen) Empfindens, Erlebens und der sexuellen Liebe. Bei Menschen, die sich vorwiegend für das gleiche Geschlecht

36

interessieren, sprechen wir von gleichgeschlechtlicher Orientierung (oder homosexuelle Orientierung). Der Sexualitätsaspekt ist nicht der entscheidende, sondern Homosexualität ist eine Liebes- und Lebens-Gemeinschaft mit all ihren Sozial-Dimensionen: So interessiert man sich heute nicht mehr für die Entstehung zur einen oder anderen sexuellen Orientierung, sondern für die sozialen Lebensumstände, in denen sie wie verwirklicht werden, wie z.B. (für lesbische bzw. schwule Paare) die partnerschaftlichen Dimensionen einer (gleichgeschlechtlichen) Lebensgemeinschaft in der Familien- und Ehepolitik.

Folgende Betrachtung gleichgeschlechtlicher Liebe ist anerkannt - sowohl in der einhelligen wissenschaftlichen Debatte als auch bei kirchlichen Vertretern: *"Homosexualität ist eine gleichberechtigte und gleichwertige Variante menschlicher Sexualität, eine der vielen Spielarten menschlichen Sexual- und Partnerverhaltens. Niemand kann über seine sexuelle Orientierung selbst bestimmen - damit entfallen auch alle moralischen Bewertungen an sich. Hetero-Sexualität ist also eine, anderen sexuellen Orientierungen gleichwertige Form der sexuellen Liebe. Schwulsein / Lesbischsein schließt wesentlich mehr ein als nur Sexuelles. Es umfaßt gleichgeschlechtliche Beziehungen, die Liebe innerhalb einer gleichgeschlechtlichen Lebensgemeinschaft, in der oftmals Kinder leben. Damit sind hohe menschliche Ansprüche und Werte verbunden. Das gelebte Sexualverhalten ist unverzichtbarer und integraler Bestandteil des Gesamtverhaltens einer Persönlichkeit. Verhinderung, Bekämpfung, Restriktion dieses Verhaltenselements stellen einen tiefen, schwerwiegenden Eingriff in die Persönlichkeit und Privatsphäre des Menschen dar und können zu erheblichen psychischen Störungen führen. Kriminalisierungen von gleichgeschlechtlicher Liebe haben keine Berechtigung und verletzen den Gleichheitsgrundsatz. Zur Gleichgeschlechtlichen Liebe kann man nicht verführt werden, diese These hat sich als wissenschaftlich unhaltbar und untauglich für gesellschaftliche Theorien erwiesen. Gleichgeschlechtliche Liebe bedarf keiner Behandlung: Jegliche Therapie oder Prophylaxe ist gegenstandslos. Die sexuelle Orientierung ist unabänderbar vorgegeben, es kommt darauf an, sie zu erkennen, sie zu entfalten und sie mit einem Menschen zu leben. Niemand kann von seiner sexuellen Orientierung "umgepolt" werden, auch nicht durch homosexuelle bzw. heterosexuelle*

Handlungen. Gleichgeschlechtliche Liebe ist als Variante des menschlichen Sexual- und Partnerverhaltens als Bereicherung der Formen und Möglichkeiten der Selbstverwirklichung und des menschlichen Zusammenlebens zu betrachten. Die Partner gleichgeschlechtlicher Lebensgemeinschaften sind voll zeugungsfähig und bringen oft Kinder aus anderen gegengeschlechtlichen Beziehungen in die gleichgeschlechtliche Lebensgemeinschaft (Familie) mit ein. Gleichgeschlechtliche Lebensgemeinschaften sind wie verschiedengeschlechtliche Lebensgemeinschaften zu behandeln: in den Medien, in der Werbung, in der Kirche, in der Politik, in der Rechtsprechung, am Arbeitsplatz und beim Kaufmann an der Ecke" (Zusammenstellung nach Lexikondefinitionen; sowie vgl. a. Bundeszentrale für gesundheitliche Aufklärung 1994).

Gesondert vom Begriff "Geschlecht" ist also die *sexuelle Orientierung* auf einen Partner oder eine Partnerin zu betrachten, mit dem oder der wir Zärtlichkeiten innerhalb einer sexuellen (körperlichen) Kommunikation austauschen möchten. Die Frage, wenn zwei Männer im Bett sind, ob einer dann die Frauenrolle oder die Männerrolle spielt, ist eine äußerst unzweckmäßige Frage, die auf dem falschen Verständnis der dualistischen Kategorien von (entweder) Mannsein und (oder ausschließlich) Frausein aufbaut. Liebe wird auf Sexualität reduziert und Sexualität wird auf ein Verständnis von "rein und raus" (Geschlechtsverkehr) reduziert und auf den Verkehr von zwei Männern projeziert. Gleichgeschlechtliche Sexualität muß jedoch als umfassender Austausch von Körperlichkeit und Zärtlichkeit verstanden werden (vgl. Kap. 6). Die Liebe und Lebensgemeinschaft eines Paares beinhalten noch wesentlich mehr, als diese reduzierte Betrachtung der Sexualität. Dies bedeutet auch für die soziale Konstruktion von Geschlecht: Schwule sind nicht "Frauen" oder "weiblich", sondern bleiben Männer.

Neben *dem biologischen Geschlecht* (1) und der *sozial* geprägten *Geschlechtsrolle / Geschlechtsidentität* (2) müssen wir also die *sexuelle Orientierung* (3) unterscheiden und entkoppeln bzw. differenziert betrachten:

- Es gibt also Männer, die eine schwule Attitüde im Alltag (der sozialen Geschlechtsrollen) haben, aber so was von heterosexuell sind!
- Es gibt Männer, die überhaupt keine schwule Attitüde im Alltag (der sozialen Geschlechtsrollen) haben, von denen man also nie gedacht hätte, daß sie homosexuell sind.
- Es gibt Männer, die eine schwule Attitüde im Alltag (soziale Geschlechtsrolle) haben und auch tatsächlich homosexuell sind.
- Es gibt Männer, die sich besonders weiblich geben, eine ausgeprägte Anima besitzen, aber gar nicht schwul sind.
- Es gibt Männer, die sich betont männlich-viril geben und dieses tun, weil sie schwul sind und Angst haben, als feminin verrufen zu sein.
- Es gibt Männer, die sind weiblich, haben eine ausgeprägte Anima und sind (aber) heterosexuell.
- Es gibt Männer, die in ihrer Ausformung der Geschlechtsrolle der gesellschaftlich erwarteten Rolle entsprechen, die wir aber nicht ohne weiteres einer bestimmten sexuellen Orientierung zurechnen können: Wir wissen nicht, ob sie schwul oder hetero sind, denn ihre soziale Geschlechtsidentität / Geschlechtsrolle gibt nicht immer Aufschluß über das tatsächliche sexuelle Verhalten...

Selbst wenn Männer sexuellen Kontakt mit einer Frau haben: Das sexuelle *Verhalten* gibt nicht immer Aufschluß über die sexuelle *Orientierung* und das *erotische Begehren*, die Sehnsucht und den Wunsch nach Nähe zu einem Geschlecht.

Wir lieben Menschen - und nicht (biologische) Geschlechter: Insofern hat das biologische Geschlecht(steil) im sozialen Umgang wenig Relevanz, z.B. besonders dann nicht, wenn zwei Menschen, die sich gernhaben, heiraten. Relevanz hat die sozial geschaffene Geschlechtsrolle, die interaktiv geschaffene (attestierte) Zugehörigkeit zu *einer* Geschlechtskategorie. Es wird deutlich: Das Geschlecht ist wie andere Rollen gesellschaftlich konstruiert. Die sexuelle Orientierung ist etwas anderes: Lesbische Frauen müssen nicht übermäßig männlich sein und Schwule müssen nicht weiblich sein. Schwule sind keine Frauen. Und Lesben keine Männer.

Die Verhältnisse können also derart sein, daß ein genetisch männliches Wesen die innere Identität einer Frau hat, deren Triebe (sexuelle Orientierung) auf das gleiche, in diesem Fall das weibliche Geschlecht gerichtet sind, so daß *scheinbar* ein Hetero-Paar zusammenkommt. Würde dieses Paar heiraten, dann würden in Wirklichkeit zwei Lesben heiraten: Die Ehe zweier (in diesem Fall weiblicher) Homosexueller ist also immer und überall möglich.

Auf diesen Fall kommen wir auch bei der Betrachtung, warum gleichgeschlechtlich Orientierte eine Ehe eingehen können, nochmal zurück.

Informationsteil 1
Geschlechtsrollen als soziale Konstruktion sind vom biologischen Geschlecht und von der sexuellen Orientierung zu unterscheiden

Bücher zum weiterlesen:

BILDEN, HELGA: Geschlechtsspezifische Sozialisation, in: Hurrelmann, Klaus / Uhlig, Dieter (HG): Neues Handbuch der Sozialisationsforschung, Weinheim und Basel 1991, S. 279-301

BUNDESZENTRALE FÜR GESUNDHEITLICHE AUFKLÄRUNG: Unser Kind fällt aus der Rolle - Über den Umgang mit sexuellen Orientierungen, Köln 1994

⊠DIETZEN, AGNES: Soziales Geschlecht, soziale, kulturelle und symbolische Dimensionen des Gender-Konzeptes, Opladen o.J.

⊠GILDEMEISTER, REGINE: Die soziale Konstruktion von Geschlechtlichkeit, in: Ostner, Illona / Lichtblau, Klaus (HG): Feministische Vernunftkritik, Frankfurt 1992, S. 220-239

GILMORE, DAVID: Mythos Mann - Wie Männer gemacht werden: Rollen, Rituale, Leitbilder, München 1993

GOFFMAN, ERVING: Geschlecht als Interaktion, Frankfurt am Main 1994

⊠HURTON, ANDREA: Kultobjekt Mann - Image, Typen, Medien, Bilder, Werbung, Styling, Symbole, Marketing, Frankfurt am Main 1995

JUNG, CARL GUSTAV: Die Archetypen und das kollektive Unbewußte, in: Gesammelte Werke, Bd. 9/1, Olten 1976

PEDERSEN, LOREN: Das Weibliche im Mann - Eine Psychologie des Mannes, München 1994

SCHEU, URSULA: Wir werden nicht als Mädchen geboren - wir werden dazu gemacht, Frankfurt 1977

STOLLER, ROBERT: Sex and Gender, New York 1968

Weiterhin verwendete Literatur:
siehe Anhang.

Didaktische Fragestellungen 1:

a) Das "Geschlecht" ist sozial konstruiert. Die Geschlechtsrole wird also durch den Dialog und interaktiven Austausch von Menschen hergestellt und geschaffen. Erkläre diesen Sachverhalt.

b) Während die deutsche Sprache nur das Wort "Geschlecht" kennt, hat sich in der englisch-amerikanischen Sprache die Unterscheidung "sex" und "gender" herausgebildet: Unter "sex" wird das biologische, körperliche Geschlecht verstanden, unter "gender" das soziale, kulturelle Geschlecht. Welcher Bedeutung hat das für einen Schwulen?

c) Was bedeutet die Trennung von Geschlechtsrolle und sexueller Orientierung für Homosexuelle?

d) Welche Effekte hat das Gender-Konzept auf die Werbung und die Darstellung von Persönlichkeitstypen?

e) Erkläre die Begriffe: Geschlecht, Gender, Travestie, Transvestit, Sexuelle Orientierung, Bisexualität, Homosexualität, Heterosexualität.

f) Warum sind Heterosexualität und Homosexualität gleichwertige sexuelle Orientierungen?

g) Wie sieht der "typische" Schwule (Lesbe) aus? Beschreibe dann auch dich selbst.

h) Wie gehen Schwule und Lesben mit Etikettierungen um? Was ist das? Und was bedeutet der Mechanismus der sich selbst-erfüllenden Prophezeihung?

i) Wie entsteht Heterosexualität?

Kapitel 2

2. *Perspektiven einer soziosexuellen Entfaltung:*
Homo, hetero, bi, oder was?

Handbuch `Engagierte Zärtlichkeit´

Der Verlust von Initiationsriten

Der wilde Mann - Eine Komponente der Männlichkeit?

Homophobie - Angst vor dem Unbekannten und Verdrängten abbauen

*Gegenseitige Anerkennung - Die eigene Subjektivität der Mutter
als Chance zur Eigenständigkeit des Sohnes?*

*Elternaustreibung -
Ein Weg aus dem innerpsychischen Normenzwang?*

Die sexuelle Orientierung kann nicht geändert werden

*"Die drei Variablen biologisches Geschlecht, Geschlechterrolle und sexuelle
Orientierung nicht verwechseln": Homosexualität als reife Spielart menschlichen
Sexualverhaltens*

*Sexstudie Alfred Kinsey: Hättest Du gedacht, dass es so viele gibt? ...
Nach Sigmund Freud ist jeder Mensch bisexuell*

*Homo, hetero, bi, oder was? -
Identität als Spiel: "Menschliche Dimensionen sind attraktiver als rein sexuelle"
"*

Informationsteil

43

Der Verlust von Initiationsriten

Jedes Kind muß lernen, sich aus dem engen Kontrollradius der Kindheit hinauszubewegen und Fuß in der Welt der Erwachsenen zu fassen. Dies gilt insbesondere für die soziosexuelle Entfaltung, sei sie nun schwul, lesbisch oder hetero. Auch hier muß der Jugendliche lernen, sich von der Erwartungen der Eltern unabhängig zu machen und sich zu emanzipieren, mit verschiedenen Vorstellungen zu spielen, um seine *eigene* zu finden. Meist gestatten wir es uns jedoch nicht, andere als die *erwarteten* Elemente von Männlichkeit auszuprobieren, da die psychische und emotionale Nähe zum Elternhaus noch nicht derart gelöst ist, daß sich der Jugendliche z.B. das Ausprobieren, wie Sexualität mit dem eigenen Geschlecht so ist, gestatten kann.

Insbesondere sind es die Mütter, die den zum erwachsenen jungen Mann reifenden Jugendlichen nicht in seinem *neuen Status* als nun erwachsenen Mann, der Verantwortung tragen kann und zum Sexualkontakt fähig ist, *anerkennen* können. Die Mutter muß akzeptieren, daß sie die Mutterrolle beim erwachsenwerdenden Jugendlichen *einschränken* muß, und der Sohn nun eigenständig entscheiden kann und für sein Leben selbst verantwortlich ist. Er ist zu einem *Mann* gereift, der die Bemutterung nicht mehr benötigt. Doch solange es keinen definierten Endpunkt der *überflüssigen* Bemutterung gibt, kann die Mutter ihre Bemutterung nicht beenden - geschweige denn reduzieren. Das "*Fade-Out* der Fürsorge" wird hinausgeschoben, da die Mutter ihren Jungen nicht loslassen will.

Die Anerkennung der eigenständigen Männlichkeit des Sohnes ist für sie ein Drahtseilakt (siehe Philipps aaO).

Manchmal bindet die Mutter bei dem Versuch, diesen Drahtseilakt zu bewältigen, den Sohn nicht nur eng oder enger, sondern *zu eng* an sich. Sie beginnt, ihn als Partnerersatz, als ihre emotionale Stütze zu betrachten. Sie kettet ihn an, um ihre eigenen Bedürfnisse zu befriedigen, statt loszulassen und ihm die Möglichkeit zu geben, seine Bestrebungen nach Eigenständigkeit (Autonomie) gelingen zu lassen. Der Wunsch der Mutter, den Sohn noch ein wenig länger an sich zu binden, ist nicht das einzige Motiv. Mütter beobachten auch, was die *Außenwelt* aus ihren Söhnen macht, und sie empfinden Angst.

Für ein Mädchen hingegen scheint der Individuations- und Sozialisationsprozeß zunächst problemlos und geradlinig zu verlaufen. Dem Mädchen ist sehr früh bewußt, daß es eines Tages eine Frau und Mutter sein wird, ähnlich der eigenen. Die Konturen seiner Zukunft sind bereits grob umrissen - es muß nur noch hineinwachsen.

Für einen Jungen ist der Weg, der vor ihm liegt, nicht ganz so einfach. (Es wird daher im Folgenden dieses Kapitels der Blickwinkel mehr auf die Jungen gelegt.) Der Junge wird nicht der Mutter ähneln, wenn er erwachsen ist. Für das Mädchen ist der Augenblick der Erkenntnis auch ein Augenblick der Macht; für den Jungen birgt er ein Element der *"Unsicherheit"* (vgl. a. Philipps aaO:49).

Doch was sind die *Komponenten der Männlichkeit*? Wird dem Jungen gestattet mit verschiedenen Komponenten und Orientierungen zu experimentieren, zu spielen? Was macht *seine* Männlichkeit aus? Wann wird er von anderen als eigenständiger Mann angesehen?

Für die jungen Männer gibt es heute keine *Übergangsriten* mehr, die einen Statuswechsel vom Jungen zum gereiften, eigenverantwortlichen und zum Sexualkontakt fähigen jungen Mann markieren, damit sich diese Wahrnehmung des Statuswechsels auch bei anderen, besonders der Mutter vollzieht. Initiationsriten, bei denen der Junge von der Mutter entrissen wird, an einem von ihr entfernten Ort unkonventionelle (normbrechende) Dinge erfährt, um dann als "Mann" zurückzukehren, gibt es im ursprünglichen mythischen Sinne in der Industriegesellschaft zunehmend weniger. Der Eintritt in die Arbeitswelt wäre heute einem Initiationsritus, der den Jungen in die Domäne der Männer einführt, vergleichbar, und seine erste Lohntüte entspricht einer Initiationszeremonie. Der Auszug des Jungen aus dem Elternhaus, die Zeit beim Ehrenamt, Zivildienst oder bei der Bundeswehr (fern dem Elternhaus), der Eintritt in ein weiteres Bildungssystem wie einer Hochschule an einem entfernten Ort könnten in der heutigen Zeit ebenfalls als Schnittstellen eines Übergangs zum erwachsenen Mann in der Biographie der männlichen Jugendlichen betrachtet werden; - doch sind sie rationaler, institutionalisierter Natur - und nicht mythischer.

Dieses Selbständigwerden hat dabei auch Auswirkungen auf die soziosexuelle *Entfaltung* und das Erkennen von verschiedenen möglichen sexuellen Orientierungen bzw. der Selbstreflexion über die eigene Natur. Zur Loslösung von der Mutter und vom Elternhaus gehört auch, als *sexuell* handlungsfähig in Bezug auf familienfremde Personen anerkannt zu werden. Um zu sehen, welche sexuelle Orientierung einem entspricht, muß man auch sexuelle Erfahrungen mit anderen Menschen machen (dürfen) - und dieses setzt den neuen Status der Jugendlichen voraus. Welcher Jugendliche hätte schon den Mut, sich ein (schwules) Magazin-Heft o.ä. zu kaufen, wenn er noch zuhause wohnt? Sexspielzeug zu kaufen gestatten wir uns doch erst, wenn wir von zuhause ausgezogen sind.

Selbständig werden bedeutet also, die sexuelle Dimension überhaupt erst zu *entdecken*, handlungsfähig zu werden und zweitens, sexuell zu lernen, sexuell zu experimentieren, sexuell zu spielen - um zu sehen, was für *Ausdrucksformen* man entwickeln kann, wenn die sexuelle Dimension als Verantwortungsdimension ersteinmal handlungsfähig geworden ist.

Handlungsfähigkeit setzt Autonomie und Abgrenzung voraus. Besonders das Spielen und Experimentieren in der Liebe sowie mit sexuellen Orientierungen in der Adoleszenzzeit ist kein privat-intimer Bereich - sondern beinhaltet immer auch eine Anknüpfung an gesellschaftliche Lebenszusammenhänge: für die einen ist es klar, daß sie heterosexuell sind, sie werden recht schnell handlungsfähig und wachsen automatisch in die heterosexuellen Strukturen der Gesellschaft hinein, andere sind sich sehr schnell bewußt, daß sie nur auf Männer stehen und sind sehr engagiert - trotz möglicher gesellschaftlicher oder familiärer Hindernisse - dieses auch handelnd umzusetzen. Wieder andere sind jedoch in die Zwangsheterosexualität der Gesellschaft, aber auch den Erwartungen der Eltern bzw. der Nähe zur Mutter "gefangen", verdrängen, daß es gilt, Sexualität zu leben, da sie noch nicht als reifer und erwachsener

Mensch von anderen (wie der Familie) angesehen werden. Die Initiation ihrer Männlichkeit ist noch nicht erfolgt. Um sexuell handlungsfähig zu werden, muß das Kind jedoch in seinem veränderten Status eines erwachsenen, *geschlechtsreifen* Mannes von anderen - besonders der Mutter - anerkannt werden.

Initiationsriten kennzeichnen dabei den Beginn der Selbst-Bewußtheit beim heranwachsenden Jungen. Erich Neumann weist auf die Bedeutung der Pubertät/Adoleszenz in dieser Hinsicht hin: "Die Tendenz eines sich selber bewußt werdenden Ich und Bewußtseins, das heißt eines Selbstbewußtseins und einer Selbstreflexion, sich im Spiegel zu sehen, ist ein notwendiger und wesentlicher Zug dieser Stufe. Die Entwicklung der Selbstgestaltung und Selbsterkenntnis als einer Bewußtwerdung des menschlichen Bewußtseins an sich selbst setzt *hier* entscheidend ein. Wir finden diesen Zug in der Jünglings- und Pubertätszeit der Menschheit ebenso wie in der Jünglings- und Pubertätszeit jedes menschlichen *Bewußtseins* und Individuums. Es ist eine *notwendige Phase der Erkenntnis*, die der Menschheit aufgegeben ist. Erst das Verharren auf dieser Stufe wirkt tödlich. Nicht Auto-Erotik, sondern Zentroversion stellt sie symbolisch dar in der entwicklungsgeschichtlich *notwendigen und richtigen Abwendung von der Fixierung an die Große Mutter*" (vgl. Neumann 1968:81).

In der modernen Welt wird die innere *Transformation des Mannes* dadurch erschwert, daß es nur noch wenige lebensfähige Übergangsriten für ihn gibt. Infolgedessen sieht man heute viele Jugendliche, die versuchen, ihre Macht und ihr rudimentäres Männlichkeitsgefühl auf mehr oder weniger geeignete Weise zu *behaupten*. Dieses *adoleszente Markieren von Stärke*, das häufig mit riskanten und sogar lebensgefährlichen Verhaltensweisen oder dem "Kampf" mit der Mutter einhergeht, drückt das unerfüllte Bedürfnis nach formelleren Übergangsriten aus.

Unangemessen verinnerlichte Männlichkeit kann sich auch als *zwanghafte* sexuelle Zurschaustellung manifestieren, als versuche jemand, sich zu vergewissern, daß er das hat, was ihm in Wirklichkeit fehlt. *Exhibitionismus*, so etwas wie das Gegenteil von

Selbstreflexion, ist ein weiteres archaisches Relikt einer Form von sexueller Zurschaustellung, bei der die eigenen Sexualorane in dem bewußten Versuch dargeboten werden, *der Macht des Weiblichen zu trotzen*. Obwohl es ein Versuch ist, die eigene Männlichkeit zu "beweisen", verrät exhibitionistisches Verhalten das Gefühl, kastriert zu sein, und eine sehr unreife Integrationsebene des Weiblichen. Unbewußt ist der Exhibitionist von der Reaktion des Betrachters abhängig, der ihm die Anwesenheit und die Macht seiner Genitalien (und damit die Niederlage der Mutter) bestätigen soll. Das verrät nicht nur Unsicherheit im Hinblick auf die eigene Männlichkeit, sondern auch eine tiefe *Befangenheit im Mutterarchetyp* und die *Unfähigkeit zur Selbstreflexion*. Bei jeder Form von Zurschaustellung versucht der Betreffende immer wieder, auf verschiede Art seine *Stärke* zu demonstrieren, als müsse er (sich) etwas beweisen, dessen er in Wirklichkeit gar nicht sicher ist. Manche Formen von Exhibitionismus sind Versuche, andere das eigene Selbst widerspiegeln zu lassen, das in Wirklichkeit aber nur durch *Selbstreflexion* bestätigt werden kann. Heutzutage müssen viele Männer das adoleszente Bedürfnis überwinden, die Welt möge sie widerspiegeln - in ihren Leistungen und heroischen Taten beispielsweise -, und ein erwachseneres Stadium von Selbstreflexion erreichen, das mit einem inneren Gefühl von Sinn, Wert und Stellung verbunden ist (vgl. a. Pedersen aaO:128).

Auch die *Rolle des Vaters* bei diesem initiatorischen Vorgang des Mannwerdens ist unentbehrlich, weil er für den Sohn ein *Modell von Männlichkeit* darstellt. Das häufige Defizit des Vaters in dieser Rolle kann zu einer Beeinträchtigung der männlichen Identifikation des Sohnes führen, was wiederum auch die Rolle prägt, die der Sohn später selbst als Mann, als Sexualwesen oder ggf. als Vater spielt.

Früher war der Vater ein wichtiges Element der Initiation des Sohnes, ihn dazu anzuhalten, im Gespräch mit ihm (und auch selbstreflexiv) über verschiedene mögliche sexuelle Dimensionen zu sprechen und nachzudenken - auch, um über die eigene, unter verschiedenen möglichen sexuellen Orientierungen eine Bewußtwerdung zu erreichen.

Das moderne Leben bietet weniger Gelegenheiten für diese Art der Erfahrung zwischen Vater und Sohn: Die alltäglichen Aktivitäten sind stärker reglementiert, der Kontakt zwischen Vätern und Söhnen ist geringer, und sie machen weniger gemeinsame Erfahrungen mit der (äußerlich vorgegebenen wie eigenen) Natur und den Lebenszyklen.

Rituale früherer Initiationen enthalten oft das *Opfer* durch einen *rituellen, symbolischen Tod* und eine *Wiedergeburt.* Es muß eine *wichtige Kindheitsbindung aufgeben* werden, um ein "Mann" zu werden, und um die *Verantwortung eines Erwachsenen* auf sich zu nehmen. Das Opfer bringt tatsächlich eine *Wandlung des Bewußtseins* mit sich, nicht nur die Ansammlung von neuen Informationen darüber, wie man sein Leben autonom und eigenverantwortlich (d.h. z.B. ohne "die Nabelschnur" zur Mutter bzw. ohne "Verschwörung" mit der Mutter) zu leben hat (aaO).

Bei Initiationsriten muß für Jungen die *Notwendigkeit betont werden, sich von der Mutter zu trennen und Teile des Weiblichen zu verinnerlichen, während die Jungen gleichzeitig eine positivere Identifikation mit der Vater anstreben müssen.*

Der zeitgenössische Verlust der Initiationsriten ist eine Gefahr für die *Trennungsbedürfnisse des Jungen*, weil es keine klar definierten Grenzen mehr gibt zwischen ihm und seiner *Mutter*. Das Fehlen eines Rituals kann ihn veranlassen, seine eigenen Methoden der Trennung zu entwickeln, und wenn diese zu weit getrieben werden, kann es zu einer defensiven Einstellung kommen, bei der der Mann sein Bedürfnis, Aspekte des Weiblichen zu verinnerlichen, *verleugnet.* Diese Form der Abspaltung wiederum führt oft dazu, daß der Mann seine eigenen *weiblichen Qualitäten* völlig verneint (vgl. Pedersen aaO:134).

Nichtinitiierte Männer laufen Gefahr, *Gefangene der Mutter* zu bleiben, entweder aufgrund der ständigen Hoffnung auf Bestätigung und Billigung durch die Eltern oder in Form von Protest, indem sie endlos den Heroismus des Krieger-Archetyps wiederholen, ohne sich innerlich zu wandeln. Vielleicht müssen die Männer für sich und ihre Söhne zeitgenössische Initiationsrituale entwickeln, um den Mangel an Übergangsriten auszugleichen und die *Bedeutung der Vater-Sohn-*

Beziehung wieder zu betonen, indem sie ein stärker persönlich orientiertes männliches Bewußtsein bilden.

Der Zweck der Rituale besteht dabei nicht darin, Informationen zu liefern, sondern darin, durch eine esoterische Erfahrung eine Bewußtseins*änderung* und -erweiterung einzuleiten. Der Logos geht mit einer reduktiven Methodologie an die Mythen heran - ein Versuch, den Sinn auf den kleinsten gemeinsamen Nenner zu bringen. Diese Versuche, Mythen aus der logischen Perspektive zu widerlegen, gehen am Ziel vorbei, weil Mythen weder historische Berichte noch wissenschaftliche Befunde sind; sie repräsentieren vielmehr in stilisierter Form symbolische kollektive Feststellungen unbewußter *Projektionen des Unbekannten*. Carl Gustav Jung hat wiederholt auf den Unterschied zwischen *Zeichen* und *Symbol* hingewiesen (aaO). Ein Zeichen weist auf ein Objekt oder eine Idee hin, die für etwas prinzipiell Bekanntes stehen, während das Symbol die bestmögliche Annäherung an etwas im Wesentlichen Unbekanntes darstellt. Anders als das Zeichen "stehen" Symbol und Mythos nicht "für" das, was sie repräsentieren - sie weisen vielmehr *in Richtung des Unbekannten*, noch nicht erfahrenen, ohne es mit irgendeiner Endgültigkeit zu definieren oder zu reduzieren (vgl. Pedersen aaO:136f). Doch wie können Vater, Mutter und der Jugendliche selbst dazu beitragen, das bislang dunkle Etwas namens Sexualität (und damit Selbstwerterleben) erkunden?

Der wilde Mann - Eine Komponente der Männlichkeit?

Robert Bly gibt auf metaphorischer Ebene der Interpretation von symbolischen Zusammenhängen aus dem bekannten Märchen "Eisenhans" eine eindrucksvolle Beschreibung, wie schwer es ist, sich mutig dem bisher Unbekanntem zu nähern, das Unkonforme, das "Wilde" zu tun, was der gesellschaftlichen Sanktionierung durch Normen und besonders den Erwartungen unserer Eltern, dem Wunsch nach Ordnung und Wohlerzogenheit, widerspricht:

Die Geschichte vom Eisenhans lehrt, wie wesentlich es ist, aus dem *Reich der Mutter* in das *Reich des Vaters* zu gelangen. Und wie in allen Initiationsgeschichten wird gezeigt, wie wichtig es ist, daß sich Kinder *von den Erwartungen der Eltern gänzlich lösen* und sich einen zweiten Vater oder zweiten "König" suchen. Es gibt eine *männliche* Initiation, eine *weibliche* Initiation und eine *menschliche* Initiation. Robert Bly betrachtet in seinem Buch "Eisenhans" die männliche Initiation (aaO, zit. nach aaO).

Die Mythologie, so wie sie Robert Bly begreift, macht *keinen* großen Unterschied zwischen homosexuellen und heterosexuellen Männern. Es wird bei Robert Bly von dem *Wilden* Mann gesprochen. Der Wilde Mann ist einer, der seine Wunde untersucht hat: Ein Teil des Kummers und der Ängste "weicher Männer" kommt also demnach aus der *Distanz zu ihrem Vater*. Sie haben oft gelernt, rezeptiv zu sein, doch diese Rezeptivität reichte nicht aus, um ihre Ehen durch schwierige Zeiten zu führen, denn jede Beziehung braucht hin und wieder *etwas Wildes*: Der Mann braucht es, und die Frau braucht es.

Robert Bly interpretiert nun das Märchen vom Eisenhans, das eine neue Seinsweise darlegt, wie mit dem Normenzwang der Gesellschaft und der Eltern umzugehen ist.

Zu Beginn der Geschichte vom Eisenhans erfährt man, daß in einer entlegenen Gegend des Waldes hinter dem Königsschloß merkwürdige Dinge geschehen. Wann immer Jäger dorthin gehen, verschwinden sie und kommen nie wieder. Eines Tages taucht ein unbekannter Jäger im Schloß auf und fragt: "Kann ich was für euch tun? Gibt's hier irgendwas Gefährliches zu erledigen?" Der König antwortet: "Tja, da wäre zum Beispiel der Wald, aber es gibt da ein Problem. Die Leute, die dorthin gehen, kommen nicht mehr zurück. Die Rückkehrquote ist alles andere als zufriedenstellend." "Das ist genau das Richtige für mich", sagt der junge Mann. Er geht also in den Wald, interessanterweise geht er allein und nimmt nur seinen Hund mit. Der junge Mann und der Hund streifen durch den Wald, und sie kommen an einem Tümpel vorbei. Plötzlich taucht eine Hand aus dem Wasser auf, packt den Hund und zieht ihn hinab. Er sagt sich nur: "Hier muß es sein." Die Geschichte besagt, daß man, nachdem der Hund "untergegangen" ist, mit dem Ausschöpfen beginnen muß. Es wird kein Riese vorbeikommen, der das Wasser für einem aus dem Tümpel saugt: Keine Zauberei wird dabei helfen. Auch nicht LSD, Schnüffelstoffe oder Kokain.

Schließlich wird auf dem Grund des Tümpels ein großer Mann gefunden, der vom Kopf bis zum Fuß mit Haaren bedeckt ist. Das Haar ist rötlich und sieht ein wenig aus wie rostiges Eisen. Sie nehmen den Mann *gefangen* und führen ihn zum Schloß, wo ihn der König im Hof in einen eisernen Käfig sperren läßt und ihm den Namen "Eisenhans" gibt (vgl. Bly aaO).

An dieser Stelle unterbricht Robert Bly die Geschichte für einen Moment und weist auf die symbolische Bedeutung hin, denn mythologische Systeme verbinden Haare mit dem Instinkthaften, mit dem *Sexuellen* und dem Primitiven. Was damit angedeutet wird, ist, daß jeder heutige männliche Mensch auf dem Grunde seiner Psyche ein großes, primitives *Etwas* liegen hat, von Kopf bis Fuß mit *Haaren* bedeckt. Mit diesem *Wilden* Mann Kontakt aufzunehmen sei ein Schritt, den der Mann der achtziger und neunziger Jahre noch vor sich habe. Wie die Geschichte vom Eisenhans sehr subtil andeutet, löst dieser haarige Mann also Furcht und Angst aus, wie dies bei allen Veränderungen und allem Unbekannten der Fall ist.

Homophobie - Angst vor dem Unbekannten und Verdrängten abbauen

Homophobie ist ein Ableger der Xenophobie, d.h. der gesteigerten Furcht vor allem, was anders, fremd oder nicht der Ordnung entsprechend (= wild) ist. Solange die gleichgeschlechtliche Liebe von Teilen der Gesellschaft als etwas Fremdes oder Anderes angesehen wird, werden wir immer wieder mit manifesten und latenten Erscheinungen der Homophobie zu tun haben. Es gibt zwei Formen der Homophobie, mit denen sich Jugendliche auseinandersetzen müssen: die externe und die interne Homophobie.

Die **externe Homophobie** ist die Angst *anderer* Menschen (Heteros) vor - in ihren Augen - der normbrechenden Liebe von Lesben oder Schwulen. Diese Angst vor dem "Wilden" paart sich manchmal mit latenten Tendenzen von eigenen gleichgeschlechtlichen Empfindungen oder der Angst, selbst schwul bzw. lesbisch zu sein, zu werden, oder diese Empfindungen zuzulassen oder so zu gelten. Genau wie die Xenophobie beruht auch die Homophobie auf Unwissenheit und beängstigenden Vorstellungen. Homophobe Menschen glauben oftmals nicht, persönlich mit jemandem bekannt zu sein, der oder die schwul bzw. lesbisch ist, denn ihre Vorstellungen von gleichgeschlechtlich empfindenden Menschen sind für gewöhnlich sehr übersteigert.

Das wirkungsvollste Heilmittel gegen die Homophobie ist "Erziehung", Aufklärung und die Zugangsmöglichkeit zu "Wissen" und Informationen über gleichgeschlechtliche Lebensgemeinschaften. Schwule und Lesben aus pädagogischen Berufen und Schwulen- sowie Lesbengruppen ermuntern unter anderem aus diesem Grund zum Coming-Out, so daß konstruktive Berichte über Lesben, Schwule und gleichgeschlechtliche Lebensgemeinschaften die Gesamtöffentlichkeit aufklären und helfen, solche Ängste zu zerstreuen. Wenn homophobe Menschen mehr über gleichgeschlechtliche Lebensgemeinschaften und deren Liebe und Leben erfahren und im Zuge dessen mitbekommen, daß Schwule und Lesben ganz normale Menschen sind und die Heteros selbst keine Gefahr laufen, von ihnen "umgedreht", angemacht, in ihrem Selbstkonzept, ihrer Identität beeinflußt zu werden - dann läßt auch ihre Angst nach…

Die **interne Homophobie** ist die Angst vor den *eigenen* gleichgeschlechtlichen Empfindungen. Es ist die Angst, durch schwule oder lesbische Orientierung die Anerkennung durch andere zu verlieren. Diese Fragen wirken sich unter Umständen auf Sie selbst aus, auf Freunde, Freundinnen, Liebhaber oder Geliebte, und sie stellen sich dem erfolgreichen Verlauf einer Beziehung häufig in den Weg. Um vor anderen zu seinem Schwulsein stehen zu können, muß erst die eigene innere Homophobie überwunden werden. Dies geschieht dadurch, daß man Homosexualität nicht als etwas Diskriminiertes kennenlernt, sondern als etwas Gleichberechtigtes erkennt, auf das man selbstbewußt stolz sein kann. Dazu sind Identifikationen, Vorbilder und sachliche Informationen über Lesben, Schwule und ihre gleichgeschlechtlichen Lebensgemeinschaften notwendig. Die interne Homophobie ist sehr viel subtiler als die externe.

Mit der offenen Ansprache darf jemand, dem man sich nähert und von dem man noch nicht weiß, ob er gleichgeschlechtlich empfindet, allerdings auch nicht in die Ecke gedrängt werden, wenn er noch nicht bereit ist, sich über das Thema - geschweige denn zu seinen eigenen Ansichten und Gefühlen dazu - zu äußern. Die Angst vor dem Feuer kann *nicht* mit einer direkten Konfrontation mit dem Feuer gelöst werden. Nur ein langsames Heranführen an das Thema und ein einfühlsames (empathisches) Ansprechen der Ängste des homophoben Schwulen im Coming-Out kann seine Abkapselung und Tendenzen des Nichtzulassenwollens ändern - hin zu einem zunächst sachverständigem (rationalen, wissensmäßigen) Umgang mit dem Thema - schließlich auch mit der eigenen Stellungnahme, möglicherweise dazu mit einer emotionalen Öffnung im Selbstbekenntnis. Man muß sich aber auch vor Augen halten, daß weder man selbst noch einem Beziehungs-Partner die "Schuld" an der Homophobie trifft.

Es ist die *Gesellschaft*, die dieses Problem erzeugt. Man sollte sich daher nicht gegenseitig Vorwürfe zu Fragen machen, warum der andere nicht offen zum Thema der gleichgeschlechtlichen Liebe spricht oder sprechen kann. Wir müssen, statt uns auf ein Subjekt zu richten, das Klima bereiten, daß der andere ohne Angst über gleichgeschlechtliche Lebensweisen lernen kann und seine eigene Position dazu mitteilen kann. Selbst unter Schwulen und Lesben, die glauben, ihre homophoben Ängste überwunden zu haben, können sich ganz unerwartet nicht bewältigte Aspekte bemerkbar machen. Wenn Ihnen auffällt, daß Sie sich im Hinblick auf Ihr Verhalten oder das Ihres Partners bzw. Ihrer Partnerin in irrationaler Weise schuldig, wütend oder unwohl fühlen, dann ist möglicherweise die interne Homophobie am Werk: Man kritisiert am Partner oder bei anderen Schwulen das, wovor man selbst Angst hat, wozu man selbst nicht stehen kann, was man selbst nicht für sich akzeptieren kann, womit man sich selbst (noch) nicht identifizieren kann - Wer also meint, sich mit einem femininen Schwulen nicht auf der Straße oder in der Öffentlichkeit `sehen lassen´ zu können, hat die interne Homophobie noch nicht überwunden.

Seit nunmehr Generationen warnt die Industriegesellschaft ihre jungen Geschäftsleute davor, dem wilden Eisenhans zu nahe zu kommen, und die christliche Kirche mag ihn auch nicht besonders. Der moralische Überbau des herkömmlichen Christentums duldet den Wilden Mann nicht - "obgleich einiges darauf hindeutet, daß Christus selbst *es* tat" (Bly aaO). Schließlich wurde er zu Beginn seiner Predigerzeit von einem *haarigen* Johannes *getauft*. Sigmund Freud, Carl Gustav Jung und Wilhelm Reich hatten als Sexual- und Seelenforscher den Mut, in den Tümpel hinabzusteigen und zu akzeptieren, was sie dort fanden. Aufgabe der heutigen Männer ist es, ihnen in die Tiefe zu folgen. Einige Männer haben diese Arbeit bereits geleistet, und der Haarige Mann ist vom Grunde ihrer Psyche nach oben geholt worden und lebt jetzt im Schloßhof. "Im Schloßhof" bedeutet nach Robert Bly, daß das Individuum oder das kulturelle Umfeld ihn an einen sonnenbeschienenen Platz gebracht hat, wo jeder ihn sehen kann. An sich ist das schon um einiges besser, als den Haarigen Mann im Keller zu *verstecken*, wo ihn viele Elemente in jeder Kultur gern sähen. Wenn ein Mann anfängt; seine rezeptive Seite zu entwickeln und seine anfängliche Scheu überwindet, stellt er meist fest, daß diese Erfahrung *etwas Wundervolles* ist. Aber natürlich ist der Wilde Mann - auch an jenem sonnenbeschienenen Platz im Königshof - noch immer *eingesperrt* im Käfig. Wir müssen also lernen, Schamgefühle zu überwinden, und Tabus ans Tageslicht zu bringen, um schließlich drittens mit eigenem Handeln das Tabu zu brechen.

Eines Tages *spielt* der Sohn des Königs mit seinem geliebten *goldenen Ball* im Schloßhof, und er rollt in den Käfig des Wilden Mannes. Wenn der Junge den Ball zurückhaben will, muß er sich dem Haarigen Mann nähern und ihn darum bitten. Der goldene Ball erinnert an die *einheitliche Persönlichkeit*, die Kinder haben - eine Art strahlender Glanz, eine Ganzheit, bevor sie sich in männlich und weiblich aufteilen, reich und arm, schlecht und gut, homo und hetero.

Der erste Schritt besteht darin, an den Käfig heranzutreten und den goldenen Ball zurückzuverlangen - um wieder *spielen* zu können. Einige Männer sind bereit, diesen Schritt zu wagen; andere dagegen haben noch nicht das Wasser aus dem Tümpel geschöpft - sie haben die *kollektive* männliche Identität noch nicht hinter sich gelassen und sind noch nicht allein, oder nur mit Ihrem Hund, in das unbekannte Gebiet vorgedrungen.

Der Wilde Mann ist bereit, die goldene Kugel zurückzugeben, wenn der Junge den Käfig öffnet. Der Junge, ganz offensichtlich verängstigt, läuft weg. Er läßt sich auf kein *Gespräch* ein. Robert Bly fragt: Ist es nicht wirklich so? Eltern, Pastoren und Lehrer haben so oft gesagt, wir dürften mit dem Wilden Mann nichts zu tun haben, daß wir, wenn er sagt: "Du bekommst den Ball zurück, wenn du mich aus dem Käfig läßt", nicht einmal *antworten*. Vielleicht vergehen jetzt *zehn* Jahre. Am "nächsten Tag" könnte der Mann fünfundzwanzig sein. Er geht wieder zu dem Wilden Mann und setzt die Unterhaltung fort. Er sagt: "Selbst, wenn ich es wollte, ich könnte dich nicht herauslassen, weil ich nicht weiß, wo der Schlüssel ist" (zit. n. aaO).

Wo also ist der Schlüssel?

Der Wilde Mann antwortet: "Er liegt unter dem Kopfkissen deiner *Mutter*" - genau da, wo Sigmund Freud ihn vermutet hätte. Das Kissen ist symbolisch gesprochen der Platz, an dem die Mutter alle *Erwartungen* hortet, die sie an das Kind knüpft. Sie träumt: "Mein Sohn der Arzt." "Mein Sohn, der Psychoanalytiker." "Mein Sohn, das

Finanzgenie." Doch nur sehr wenige Mütter träumen: "Mein Sohn, der Wilde Mann."

Die *Mutter anzugreifen*, sich ihr entgegenzustellen, sie anzuschreien, um den Schlüssel zu bekommen, wie es uns von manchen Freudianern bisweilen nahegelegt wird, habe nicht viel Aussicht auf Erfolg. *Keine* Mutter, die diesen Namen verdient, würde den Schlüssel herausgeben: Sie würden ihren kleinen Jungen *verlieren*. Der *Besitzanspruch*, den Mütter an ihre Söhne stellen darf nicht unterschätzt werden.

Die Mittel und Wege, den Schlüssel zurückzubekommen, sind bei jedem Mann verschieden, sie zeigen sich darin, daß eine Norm, ein elterliches Gebot überschritten wird. Es wird das getan, was nicht den Erwatungen der Eltern entspricht, was für das Kind selbst etwas Unkonventionelles, etwas Wildes, ein Tabu ist.

Jeder Mensch hat den Schlüssel viele Male zurückgelegt und es abgestritten. Also muß der einsame Jäger in uns noch einmal mit seinem Hund in den Wald gehen, und dann wird der Hund wieder unter Wasser gezogen. Mit der Zeit verlieren wir auf diese Art eine ganze Menge "Hunde". Als der Junge aber schließlich den Käfig öffnete, nimmt der Wilde Mann den Jungen auf seine Schultern, und zusammen machen sie sich auf in die Wälder. Der *endgültige Bruch mit Vater und Mutter*, den die alten Naturvölker als für die Initiation des Kindes dringend erforderlich betrachten, hat jetzt stattgefunden. Eisenhans hat *mehr Schätze, als man es sich je träumen läßt*, vermutet Robert Bly (zit. nach aaO).

Heutzutage findet man überall rüpelige Söhne, die sich unverschämt aufführen und ihren *Müttern* aggressiv begegnen, und Robert Bly glaubt, es handelt sich dabei um den Versuch, sich *unattraktiv* zu machen. Wenn es keine alten Männer mehr gibt, die die Mutter-Sohn-Einheit aufbrechen, was können die Jungen zur eigenen *Abgrenzung* dann sonst tun?

Selbst wenn der Vater mit im Haus lebt, kann trotzdem *ein starkes Geheimes, an Verschwörung grenzendes Band zwischen Mutter und Sohn* bestehen, *das den Vater ausgrenzt* - und Verschwörungen sind schwer zu durchbrechen. Eine *klare Ablösung von der Mutter ist wichtig*, aber sie findet einfach nicht statt. Das soll nicht heißen, daß die Frauen etwas falsch machen: Nach Robert Bly liegt das Problem eher darin, daß die *älteren* Männer (Großväter) ihre Aufgabe nicht mehr richtig erfüllen. Die Jungen haben ein anhaltendes Verlangen danach, in den männlichen Geist eingeweiht zu werden, doch im Allgemeinen gehen heute *die alten Männer* nicht darauf ein. Was geschieht aber, wenn diese Aufgabe nicht mehr bewußt von alten Männern übernommen wird? Carl Gustav Jung hat etwas Beunruhigendes über folgende Form der Verwicklung geäußert: "Wenn der Sohn seine eigenen Gefühle primär über die Mutter erfährt, dann, so meint Jung, wird er die weibliche Haltung zur Männlichkeit einnehmen und eine weibliche Sicht seines Vaters und seiner eigenen Männlichkeit entwickeln. Er wird seinen Vater mit den Augen der Mutter sehen: *Wenn der Sohn Gefühle hauptsächlich über die Mutter erfährt, dann wird er auch seine eigene Männlichkeit vom weiblichen Standpunkt aus betrachten. Er mag davon fasziniert sein, aber er wird davor Angst haben. Vielleicht bedauert er sie und will sie erneuern, oder er mißtraut ihr und will sie vernichten. Er mag sie bewundern, aber er wird sich nie damit rundherum wohl fühlen"* (Jung, zit. n. Bly & Petersen aaO:43).

Aber jetzt, wo so viele Männer ihr Leiden, ihre Sehnsucht nach dem (Groß-)Vater oder Mentor, auch empfinden, ist man eher bereit, den Wilden Mann zu sehen und den Begriff der Initiation neu zu überdenken, wie es Robert Bly tut. Seine Interpretation des Märchens Eisenhans, kann für schwule Leser sicherlich - individuell zu interpretierende - Bezugspunkte liefern: Ist die Annäherung an das "Wilde", an das "Unkonventionelle", an das "nicht-der-Norm-entsprechende" auch eine Annäherung an den *homosexuellen* Mann? Macht gerade diese übersteigerte Idealität der Eltern (und dadurch die überstark-verinnerlichten Normen der Gesellschaft im Über-Ich des Kindes) das Vorhandensein von Freiräumen zum Umgang mit dem "Unordentlichen", Nicht-der-Norm-Entsprechendem, Unkonventionellem, Wilden und Homosexuellem umso notwendiger? Wird Sexualität zu einem anderen Menschen überhaupt erst dann wirklich so entfaltet, wie es uns entspricht, wenn wir durch eine Initiation von der engen Beziehung zur Großen Mutter befreit (worden) sind?

Oder: Führt die Initiationserfahrung mit Ritualen des Kennenlernens von homosexuellen Männlichkeitskomponenten und möglichen gleichgeschlechtlich orientierten Verhaltensweisen zu einer sexuellen Handlungsfähigkeit des Jugendlichen, die die Homophobie integriert und Homosexualität als *eine* selbstverständliche Option unter anderen *möglichen* für das einzelne Subjekt als Lebensrealität nicht ausschließt - aber gleichzeitig auch homosexuellem Verhalten den Reiz des Verbotenem nimmt, um so eine Ritualisierung des Sexuellen in Richtung des Nicht-Wilden einzuleiten?

Brauchen wir zeitweilig "Spielwiesen" und Freiräume für "das Wilde", für das "*Spiel* mit dem Wilden" - um doch überwiegend "zahm" zu leben, so wie es sich die Eltern in übersteigerter Idealität vorgestellt haben?

Gegenseitige Anerkennung - Die eigene Subjektivität der Mutter als Chance zur Eigenständigkeit des Sohnes?

Am Beispiel des Sohnes mit seiner innigen Beziehung zur Mutter - Psychologen sprechen hier von einer "Dualunion" - betrachtet Robert Bly also die Aufgabe der älteren Männer (Onkel/Großvater ggf. der Vater), diese enge Beziehung des Sohnes zur Mutter zu trennen, damit der Sohn besser erkennen kann, was seine Werte, Ziele und Orientierungen sind; damit er auch zu seiner Männlichkeit finden kann. Früher (und heute noch in anderen Kulturen) wurde diese Trennung in Form von Ritualen durchgeführt, aus denen Jungen mit Eigenständigkeit und mutiger Selbstheit hervorgehen, wir sprechen dabei von einer Initiation (oder Initiationsritualen). Diese Initiationsrituale enthalten oft auch eine sexuelle Dimension: der Jugendliche wird (unter Ausschluß des Weiblichen) also auch an *Homosexualität* herangeführt.

Initiationsrituale bewirken eine Bewußtseinserfahrung, der Junge erfährt, daß die Nahrung *auch* von Männern kommen kann, eine *Abnabelung* von der Mutter ermöglicht wird, um eigenständig verantwortlich mit einem Partner (auch sexuell) leben zu können, den er findet und der ihm (und seiner sexuellen Orientierung) entspricht. In der heutigen Industriegesellschaft sind diese Rituale verwässert: der Junge muß regelrecht (selbst) darum kämpfen, von den anderen nicht mehr als Kind (Muttersohn), sondern als eigenständiger Mann angesehen zu werden. Die Initiationsrituale mit dem Ziel der Erfahrbarmachung der sexuellen Dimension zur Erreichung der Eigenständigkeit des Sohnes sind aufgrund ihres Verschwindens ein entscheidender Punkt für die heutige Homophobie der Männer. Nach Robert Bly erfüllen die "alten Männer" (also nicht so sehr der "Vater" mit seiner Familieneingebundenheit (Innenperspektive)) ihre Rolle nicht mehr: Großväter (Mentoren) sind früher *von außen* (als an der Kernfamilie Unbeteiligtere) an das System "Familie" herangetreten, um das Kind zu etwas "Wunderbarem" hinzu(ent)führen, es zu belehren, daß es auch noch andere Vorstellungen als die der Mutter gibt.

In der Entfaltung und Entwicklung des Kindes wird aber nicht nur die Aufgabe und das "Reich der alten Männer" betrachtet - auch das *Prinzip des "Mütterlichen"* selbst wird diskutiert: Mütter wollen behüten, bemuttern, ernähren und nicht loslassen. Das behindert den Sohn in der Entfaltung seiner Eigenständigkeit - und damit seines Selbstwertes!

Kann die Mutter nicht auch *selbst* dafür sorgen, daß sie "ihren" Sohn "losläßt" und ihn in seiner Eigenständigkeit und Selbstheit anerkennt? Nach Robert Bly wird die Mutter den Schlüssel zum Spiel mit dem Wilden, dem Unkonformen, den Normenverboten, dem Spiel mit dem Sexuellen und mit den verschiedenen sexuellen Orientierungen nicht freiwillig herausgeben: Nach ihm muß der "Schlüssel" *"gestohlen"* werden: Dieses hängt zusammen mit den Erwartungsvorstellungen der Eltern darüber, "wie das Kind sein soll."

Das Wissen um die Rolle, die einem Kind auf diese Weise durch *Projektionen und Erwartungshaltungen* zugedacht wird, erweist sich oft als Schlüsselrolle zum Verständnis von sozialen Entwicklungs- und Entfaltungsprozessen. Die Haltungen und Handlungen des Kindes - wie Trotzreaktionen (z.B. Magersucht / Brechsucht) oder Handlungsunfähigkeit aufgrund eines zu strengen Gewissens (Über-

Ichs) - erscheinen dann vielfach als eine direkte unbewußte Antwort auf eine unbewußte Frage oder Forderung von der Mutter, vom Vater oder von beiden gleich.

Bei der *narzißtischen Projektion der Eltern* "verwechseln" die Eltern das Kind mit der eigenen Person, indem sie ihm eine Rolle aufdrängen, die sie selbst als Idealzustand sehen: Sie erleben das Kind als positive Fortsetzung des eigenen Selbst und wollen sich durch Erfolge des Kindes für eigene Mißerfolge entschädigen (allerdings: Um Mißverständnissen vorzubeugen, muß betont werden, daß es nicht schon an sich bedenklich ist, wenn Eltern ihr Kind "nach ihrem Bilde zu formen" versuchen - nur irgendwann muß die Eigenständigkeit und Selbstverantwortlichkeit des Kindes (auch im sexuellen Bereich) aber anerkannt werden).

Die Mütter dieser z.T. oft auch überbehüteten Kinder wollen die Erfolge der Kinder als eigene erleben, nämlich als Nacherfüllung der enttäuschten eigenen Wünsche. Das Kind wird zum Substitut des idealen Selbst. In diesem Fall suchen die Eltern also das, was sie selbst sein möchten. Es ist eine narzißtische Wunschorientierung aufgrund eines eigenen geringen Selbstwertes. Oft ist bei einem solchen "leichten narzißtischen Kratzer" festzustellen, daß diese Menschen außengelenkt sind: Die schöne Seite oder Fassade wird für andere herausgekehrt: Es wird viel Wert auf das Urteil anderer gelegt, die Image-Stilisierung der schönen Fassade ist alles: Die narzißtische Abhängigkeit von der Bewertung anderer kann sich in der aufgetakelten (überstylten) Kleidung zeigen, in Versuchen, - symbolisch gesprochen - dem `Haus eine schöne Fassade zu geben´ - wörtlich verstanden z.B. aber auch durch übertriebene Gartenarbeit ("Garten der Überordnung"), oder in Versuchen, dem Besuch in der Wohnung Unordnung, die ein schlechtes Licht auf die "Hausfrau" und damit ihren Selbstwert als "ordentliche" Hausfrau) werfen könnte, zu verbergen: "Kommen Sie nicht in die Küche, ich habe nicht aufgeräumt!" - Mütter mit einem geringen Selbstwertgefühl, besonders solche, die ihr Frausein zusätzlich in der Rolle einer Nur-Hausfrau finden müssen, versuchen oft, das ihnen Unliebsame (bzw. das nicht den gesellschaftlichen Erwartungen Entsprechende) hinter einer Fassade zu verbergen, oder ein Mäntelchen um das zu hängen, was in ihren Augen als schamhaft bzw. unordentlich gilt oder nicht die Anerkennung der Nachbarn bekommt. Was für einen Selbstwert wird einer "Nur"-Hausfrau von der Gesellschaft auch zugeschrieben, wenn sie dazu noch eine "nicht-perfekte-nur-Hausfrau" ist und somit in den Ruf einer "Nicht-so-Ordentlichen" kommen könnte?

Die Mütter will aufgrund ihrer narzißtischen Wunschphantasien eine überperfekte Ordnung kultivieren - *ebenso beim Kind*, und damit es sich nicht - in Augen der Mutter - unordentlich verhält und damit es besser kontrolliert werden kann, bindet es die Mutter stark an sich.

Unordnung, Schlampigkeit, delinquentes Verhalten, das Herangehen an gesellschaftliche Tabus - das widerspricht dem Garten der Überordnung der Mutter und es versucht das Kind durch Kontrolle (=Einschränkung des Freiraums) davon abzuhalten. Die Mutter will ein "Wunderkind haben" - und nicht, wie im Abschnitt zuvor schon herausgestellt wurde, ein "wildes, unkonventionelles, der Ordnung - in Augen der Eltern - widersprechendes oder z.B. homosexuelles Kind".

Da das Kind aber autonom und selbständig werden will, sein eigenes Selbstwerterleben erreichen will, rebelliert es gegen die Mutter - es trotzt ihr, wo es nur kann, durch Worte, oder dadurch, daß es genau das tut, was die Mutter verboten hat, indem es nicht das will, was die Mutter anbietet (z.B. beim Schuhkauf: der Sohn will seine eigene Wahl treffen, um nicht die Wohl der Mutter nehmen zu müssen. Wieder Eins zu Null für das Selbstwerterleben des Sohnes, wenn er sich gegen die Mutter durchsetzen konnte.)

Ebenso wird delinquentes, abweichendes Verhalten (z.B. Ladendiebstähle im Pubertätsalter) von Psychologen oft als ein Akt gesehen, um der Mutter zu trotzen. Der Sohn führt den notwendigen Kampf um Eigenständigkeit - die "Nahrung" (symbolisch für Werte, Ideale, Orientierungen, Liebe, aber auch Kontrolle) sollen nicht mehr von der Mutter kommen.

Können daher auch Verhalten und sich manifestierende sexuelle (kognitive) Phantasien in der Sexualität als eine wichtige Möglichkeit verstanden werden, um der Mutter zu trotzen? Denn die sexuelle Phantasie ist der einzige Bereich des Sohnes, der der

Kontrolle und dem Garten der Überordnung der Mutter entzogen ist. Im Garten der Überordnung ist es für den Sohn - will er seinen Selbstwert erleben und sich eigenständig anerkannt fühlen - notwendig, in den Garten der Unordnung, der Wildheit, des abweichenden Verhaltens von der Überordnung zu wechseln, um dort mit Wildheit zu spielen und dem - vermeintlichen (im Auge der Mutter) - Tabu Homosexualität zu spielen. (Am Ende erlaubt die Mutter es, da beide beste Freunde sind, weil Sohn und Mutter eine versteckte Vereinigung haben, eine Verschwörungsbeziehung).

Würde die "ideale Ordnung" von der Mutter nicht überbewertet, dann wäre logischerweise die Unordnung nicht so verteufelt und ein so großes Tabu. Insofern muß der Sohn auch eine Einstellungsänderung vornehmen, um zu erkennen, daß das, was die Mutter immer verteufelt hat, weil es nicht ihren Idealen entsprach (die Unordnung, abweichendes Verhalten / Homosexualität), nicht unbedingt *seine* Ideale sein müssen.

Der Sohn muß lernen, sich von den Idealen der Mutter zu emanzipieren. Er muß erkennen, daß die Ideale der Mutter (die ihm jahrelang vertraut waren) auch anderen Idealen gleichberechtigt gegenüberstehen können; daß Unordnung und Ordnung gleichberechtigt sind, daß er seine eigenen Ideale finden muß, und daß diese im Kontrast zu denen der Mutter stehen können, aber vollkommen gleichwertig nebeneinander bestehen können - denn: die Ideale der Mutter kommen nicht einer Absolutsetzung gleich. Es gibt auch andere Vorstellungen vom Leben, wie es auch andere Vorstellungen des Zusammenlebens und der Sexualität gibt.

Um dieses aber überhaupt zu erkennen, ist es notwendig, daß die Mutter ihren Sohn losläßt, damit dieser "auf Erkundungsreise" gehen kann. Der Sohn braucht einen Freiraum von den Vorstellungen der Mutter, um herauszufinden, was er für sich an Orientierungen erfahren kann.

Die strenge, überbehütende Erwartungshaltung der Mutter bzw. der Eltern an das Kind hindern es jedoch, selbständig (autonom) zu werden, sich zu emanzipieren für einen *Freiraum*, in dem mit dem "Wilden" gespielt werden kann, wo auch die Annäherung an die gerade von seinen Eltern so tabuisierte Homosexualität (da sie *diesen* besonders überstrengen Idealvorstellungen der Eltern überhaupt nicht entspricht) geschehen kann.

Reizt das Unbekannte, Verbotene, nicht den übertriebenen Idealvorstellungen der Mutter entsprechende zur Wildheit und Unkonventionalität, weil das Kind aufgrund der übertriebenen Idealanforderungen der Mutter dieses nie leben durfte? - Bedeutet dies gekoppelt mit einer gleichzeitig einhergehenden und in der Sache liegenden engen Bindung zur Mutter einerseits den Verlust der Chance auf Autonomie des Kindes und Emanzipation des Kindes von der Mutter und andererseits die Manifestation der Unkonventionalität in der sexuellen Orientierung als letzten (kognitiven) Freiraum zum "Spielen", "Wildsein" und "Unkonventionalität denken, phantasieren und leben", um sich aus der erotischen Beziehung zur Mutter *selbst* zu befreien?: "Mutter, du hast mich immer so eng an Dich gebunden - die gleichgeschlechtlich-erotische Phantasie ist der einzige Spielraum, der *einer* Autonomie obliegt, den Du nicht durch deine hohen Idealanforderungen kontrollieren und reglementieren kannst, indem aber *durch mich* somit auch eine Distanzierung von Dir erfolgen kann.

Die gleichgeschlechtliche Phantasie als dem Zugriff der Mutter entzogener letzter Freiraum zum Wildsein, in dem man nicht auf die vorgegebenen Normen zu hören braucht, ist das Entscheidende in meiner kognitiven Entwicklung, was mich nun auch meine erotische Objektwahl nunmehr manifest bestimmen läßt - als selbstgewählten letzten Autonomiebereich, um eine Distanzierung von Dir und deinen Geboten und Idealen zu erreichen: In deinem Garten der Überordnung und übersteigerter Idealitätsanforderungen ist Homosexualität meine unkonventionelle Antwort auf diese Knebelung, um mich aus Deiner erotischen Fessel zu befreien"? Kann Homosexualität also als Trotzreaktion (als ein Versuch, sich unattraktiv zu machen) auf eine zu enge Bindung durch die Mutter verstanden werden, die niemand durchbricht?

Der Sohn soll sich - um eine autonome Identität zu entwickeln und handlungsfähig für die eigene Verantwortung zu werden - also von den Erwartungen der Mutter (der Eltern, der Gesellschaft) an ihn *befreien*.

Mechthild Rumpf (aaO) gibt eine Möglichkeit *von seiten der Mütterlichkeit* vor, wie es dem Sohn leichter gemacht werden kann, sich von der Mutter und ihren Erwartungen zu emanzipieren, indem - wieder auf der symbolischen Ebene gesprochen - die Mutter nicht soviel "abschließt" und die "Schlüssel" nicht "versteckt": Das sich entfaltende Kind soll nicht mit einer über-liebevollen, über-fürsorglichen Mutter ("Overprotection/Supervison"), sondern mit einer Mutter konfrontiert werden, die ihr *eigenes* Leben lebt, nicht ihre Anerkennung, ihr Selbstwertgefühl, ihre Subjektivität aus der Mutterrolle und "ihrem" Jungen zieht, damit der Sohn nicht zum verhätschelten "Sissy-boy" wird.

Die Mutter soll den Jungen nicht als "ihr Wunderkind" erziehen, sondern ein eher kollegiales Verhältnis mit *egoistischen Anteilen* im Erziehungsstil aufbauen. Das Prinzip der *"überfürsorglichen Mutter"* kann der (in der Gesellschaft sogenannten und negativ stigmatisierten) *"Raben-Mutter" idealtypisch* entgegengesetzt werden. Die Mutter muß erkennen, daß sie ihren Sohn irgendwann "loslassen" muß, damit er von ihr unabhängig seine Selbstheit finden kann, denn nur aus dieser Perspektive kann der Sohn die Mutter anerkennen und sich ihr *wieder annähern*:

"Solange das Kind sich nicht ent-identifiziert hat, d.h. die *innere Trennung* nicht vollzogen und seine gespaltenen Imagines nicht integriert hat, solange bleibt aber das Kind noch Opfer seiner inneren Phantasiewelt. Gäbe es nicht die enorme Differenz zwischen vorgestellter und realer Mutter, dann gäbe es auch *keine Anerkennungsproblematik: Die Mutter vor "der Trennung" ist eine andere als die Mutter nach der Trennung.* Aber auch wenn das Kind den Ambivalenzkonflikt der Wiederannäherungphase überstanden hat - ohne Spaltung und mit der erreichten Selbstbewußtheit eine Beziehung zur Mutter herstellt, die eine *neue Qualität* bekommt - es bleibt doch ein triebhaftes Wesen. Es bleibt objektiv abhängig und die ideale Wechselseitigkeit mit der Mutter ist strukturell gestört, weil nicht alle Bedürfnisse des Kindes befriedigt werden können. Nur wenn *sie sich* - die Mutter - in gewisser Weise rechtzeitig *ent-*

identifiziert, übersteht sie die aggressiven Impulse, den Frustrationshaß des Kindes, vor allem des männlichen. Sie muß das eigene Kind aus der Distanz betrachten können, um zu verstehen, daß die Wut des Kindes nicht sie als Mutter trifft; sondern eher als generalisierten Erwachsenen" (Rumpf aaO:68).

Die Mutter müßte fähig sein, die "Kindheit ihres Kindes zu lieben", d.h. sie müßte sich selbst auch von außen in einer bestimmten, fast unausweichlichen Funktion wahrnehmen können. Nun ist aber die Frage, wo letztendlich das Scheitern der "Anerkennung zwischen Sohn und Mutter" (Benjamin aaO) ihren Ursprung hat.

In der Beziehung zur Mutter können aber somit weiterhin neue, sublimiert-spielerische Formen entstehen oder bestehen bleiben, der Bruch ist nicht total. Solange die Frau-Mutter aber aus der Theorie des ödipalen Konflikts als nicht-aktive Person herausgehalten wird, solange erscheint auch das *Gesetz des Vaters* als unerbittliches, als Bruch, als Durchbrechung einer Kontinuität. Kontinuität könnte allerdings nur als gleichzeitige Veränderung gesehen werden. Nur wenn die Mutter der frühen Kindheit in dieser Rolle fest- und fortgeschrieben wird, wäre die These vom Bruch plausibel. Damit ist gemeint, daß die Mutter *selbst* ihre Beziehung zum Kind verändert, daß sie mit dem Älterwerden des Kindes auch *neue Interaktionsformen* erfindet (vgl. Rumpf 1989:68). Und der Verzicht der Mutter eröffnet neue Möglichkeiten. Keinem kommt es in den Sinn, daß die Verabschiedung der symbiotischen Position, der engen Beziehung zwischen Mutter und Sohn auch eine Entlastung (für beide, also auch für die Mutter) bedeutet.

Eine Mutter, die ihre Liebe zum Kind nur durch Liebkosungen und Fürsorge ausdrücken kann, bleibt fixiert auf ein Kind, das sie *verloren* hat. Die Bedeutung von *etwas "Drittem"* in der Mutter-Kind-Beziehung blieb bisher weitgehend ausgeblendet. Damit ist nicht der Vater gemeint, sondern eine *gemeinsame Aktivität zwischen Mutter und Kind*, die Gemeinsamkeit, die *Erfahrung von Kooperation* und die wechselseitige *Anerkennung der Kompetenz* von Mutter und Kind ermöglicht. Die Erfahrung einer nur fürsorglichen Mutter wird für das Kind auf die Dauer einfach beengend; darin drückt sich auch die Subjektivität der Mutter allein *nicht* aus. Diese Welt wird zu eng, weil sie ja auch nicht die ganze Welt ist. Ganz unpathetisch kann die so ganz und gar mütterliche Mutter ihren Zauber verlieren, wenn sie keinen neuen Zugang zur Objektwelt und keine neuen Interaktionsformen eröffnet. Die Prozeduren der häuslichen Arbeit verlieren ihren Glanz, nicht durch einfache Abwertung, sie sind *zu* vertraut. Es ist also nicht nur die kulturelle Abwertung der "Weiblichkeit", die ihre Spuren in der männlichen Identitätsbildung zurückläßt.

Eine nur mütterliche Mutter ist auf die Dankbarkeit und Liebe ihrer Kinder existentiell angewiesen. In dieser Weise bleibt das Kind *Besitz* und *Anerkennung* ist ausgeschlossen. Auf dieses Problem zielt auch Jessica Benjamin: "Offensichtlich ist das größte praktische Hindernis für die Entstehung eines solchen wechselseitigen Prozesses wechselseitiger Entdeckung und Anerkennung, *der Mangel an Subjektivität,* der die Mutter *in den Augen der Kinder* charakterisiert. Nur eine Mutter, die sich als Person mit eigener Daseinsberechtigung fühlt, kann jemals in den Augen ihres Kindes auch als solche wahrgenommen werden, und nur sie kann die kindlichen Anstrengungen, *unabhängig von ihr zu werden*, die unausweichlich von Aggression und Angst begleitet sind, wirklich begrüßen. Nur eine Mutter, die ihre eigene Subjektivität mit vollem Recht behauptet und der dies auch von der sozialen Umgebung zugestanden wird, - dieser Punkt wird besonders in der Adoleszenz sehr wichtig -, kann Zerstörung, Überleben und *Abgrenzung* (Identitätsentwicklung) des Kindes zulassen. Dieser Aspekt wurde bisher nicht nur von der psychoanalytischen Theorie vernachlässigt, sondern auch von Feministinnen, die Mütter werden. Der Gedanke, daß man seinem Kind einen Gefallen tut, wenn man sichere Bedingungen für seinen Abgrenzungsprozeß herstellt, die nicht nur aus der Anerkennung *seiner* Bedürfnisse, sondern auch aus den *eigenen* herrührt, scheint sich nur sehr schwer durchsetzen zu können: "Ich gehe jetzt zur Arbeit, komme aber später wieder, dann bin ich wieder für Dich da" oder "Dieser Krach geht mir auf die Nerven - im Moment hab ich Dich gar nicht lieb und wünschte, Du wärst mir gar nicht so nahe", oder "Ich rede gerade mit meiner

Freundin, und danach spreche ich mit dir" - die Möglichkeiten, eine Balance zwischen respektvoller Anerkennung der Bedürfnisse des Kindes mit einer ebenso respektvollen Bestätigung der eigenen Bedürfnisse und Subjektivität der Mutter, ist kaum je zum Bestandteil idealer Mütterlichkeit erklärt worden" (vgl. Benjamin zit. n. Rumpf aaO).

"Erziehung ist gelungene Frustration", sagt Sigmund Freud: Gehört zur idealen Mütterlichkeit also auch die "*Rabenmutter*", die bei Ihren Kindern wohlwollend und dosiert die übermäßige (an-sich-bindende) Liebe auf ein Normalmaß reduzieren kann und auch das *Prinzip der Aufopferung für die Kinder* gelegentlich gegen das *Prinzip des eigenen Egoismus* in der Mutterrolle eintauschen kann? Kann die Mutter die enge Mutter-Sohn-Beziehung wirklich selbst aufbrechen, damit der Junge selbständig und zum Mann wird, der selbstbestimmt seine Sexualität entdecken und leben kann, wie sie ihm entspricht?

Es geht dabei darum, daß das Kind eigenständig wird, aber ohne der Liebe vernachlässigt zu werden! - nur dann kann es sich selbst in Unabhängigkeit von der Mutter erleben, was für den Selbstwert des Kindes und seine Fähigkeit, die für ihn entsprechenden Orientierungen und Werte zu erkennen, entscheidend ist. Dieses muß jedoch im mittleren Kindesalter geschehen, nicht dann, wenn die Kinder in der Pubertät erwachsen werden.

Es muß ganz klar gesagt werden, daß Mütter keinesfalls die sexuelle Orientierung ihres Kindes beeinflussen oder ändern können, hier haben sie keine Verantwortung, da sich die sexuelle Orientierung nicht durch Erziehung herausbildet.

Aber Mütter können dazu beitragen, daß ihre Söhne mit einem gesunden Selbstvertrauen und Selbstwerterleben an unbekannte Dinge herangehen und diese erkunden. Es geht also darum, daß Mütter Kindern Freiraum oder die Erlaubnis gewähren, daß sie mit verschiedenen Orientierungen spielen und experimentieren dürfen - auch mit solchen, die die Mutter ängstigen können. Mütter können wesentlich dazu beitragen, daß der Sohn seine Homosexualität erkennt und diese als etwas Positives erlebt. Hier ist auch nicht der Rückzug der Mutter gefordert, sondern die aktive Unterstützung des Sohnes durch die Mutter, sobald die sexuelle Orientierung einmal erkannt ist. Sofern die sexuelle Orientierung aber noch nicht erkannt ist, können Mütter durch Gewährung von Freiraum, durch Loslassen des Kindes und durch die Erlaubnis, mit dem Tabu Homosexualität zu spielen und zu experimentieren, wesentlich dazu beitragen, daß der Sohn seine Orientierung erkunden und ausprobieren kann - nur so wird er erfahren, wie er sie leben kann. Dazu ist die gegenseitige Anerkennung zwischen Mutter und Sohn notwendig, eine gemeinschaftliche Symbiose behindert diesen Prozeß. Dabei sind der oft geringe Selbstwert der Mutter und ihre einhergehenden narzißtischen Wünsche ein Punkt, die sie hindern, ihr Kind loszulassen, was den Jungen aber nur hindert, loszuziehen, um Sexualität zu erkunden. Insofern war es Mechthild Rumpf und Jessica Benjamins Anliegen, daß die Mutter ihren Selbstwert weniger aus der Kindererziehung von Wunschkindern ziehen, sondern das Kind loslassen und sich beispielsweise mehr an der besten Freundin "festhalten" - Ist die Frage nach dem Vorhandensein einer besten Freundin der Mutter also eine zentrale Fragestellung beim Thema Homosexualität? Würde die Mutter ihre Aktivitäten irgendwann also mehr auf die beste Freundin lenken, hätte der Sohn dann mehr Freiraum, sein Selbstwerterleben durch die Chance auf Autonomie zu gestalten?

Nochmals: Mütter können die sexuelle Orientierung ihres Sohnes nicht ändern, sie trifft keine Schuld, wenn ihr Sohn sich ein Mädchen zur Freundin sucht, genausowenig, wenn er sich einen Jungen als Freund sucht. Homosexualität ist keine Trotzreaktion auf eine zu enge Mutterbindung. Mütter können ihren Sohn aber wesentlich unterstützen, wenn er Sexualität verdrängt, daß er einen Freiraum erhält, mit Sexualität zu experimentieren: Nur wenn die Mutter und ihre Gesetze nicht da sind, dann kauft sich der Sohn Bücher über Sexualität, geht möglicherweise mal ein in einen Erotic-Shop, um kennenzulernen, was man in der Sexualität für Spielarten entfalten kann, nur wenn die Mutter fern ist, traut er sich an ein anderes oder gleiches Geschlecht heran. - Und nur dann (wenn die Mutter fern ist) erkennt der Sohn, welche sexuelle Orientierung ihm entspricht. Nicht jeder "Muttersohn" wird automatisch schwul - aber es besteht die Option, daß wenn die Mutter in der Normenwelt im "Kopf" des Kindes zu sehr überrepräsentiert ist, kein Platz für eine andere Person da ist (sei sie männlich oder weiblich) und somit auch der sexuelle Aspekt sich nicht entfalten kann.

Als Fazit ist daher aus der Diskussion der genannten Autoren festzuhalten: Die Mutter könnte dem Sohn in der Pubertät auch durch ihr Zutun Freiraum gewähren, damit dieser sich auf das Spiel mit Sexualität einlassen kann. Ist die Sexuelle Orientierung aber alsbald erkannt - und die Mutter informiert ist, ist die Mutter mit ihrem ganzen Engagement gefordert, ihren Sohn in die *von ihm* erkannte Orientierung zu unterstützen. Hat der Sohn ersteinmal erkannt, was ihm schöne Gefühle macht, sollten die Eltern ihren Sohn genau darin unterstützen - auch wenn es möglicherweise auf den ersten Blick nicht *ihren* eigenen Idealvorstellungen entspricht, was schöne Gefühle machen kann. Dann sollte sich die Mutter weniger um ihre beste Freundin kümmern, als ihren Sohn so akzeptieren wie er ist und ihn in seinem Coming-Out mit all ihrer Liebe unterstützen.

Es lassen sich also drei Phasen in der Beziehung zur Mutter erkennen, die frühkindliche, die Phase der Abnabelung und die Wiederannäherungsphase der erwachsenen Kinder. Beziehungsmuster in der frühkindlichen Phase können nicht "modelliert" werden, weil die Kinder zu jung sind und auch im Nachhinein kann man die frühkindliche Phase nicht ändern. Bei der Abnabelungsphase ist es sinnvoll, daß es dem Jungen auch gelingt, eine Distanz und dadurch sich selbst zu finden. Sobald der Junge sich selbst gefunden hat, kann er auch in eine andere, positive und auch enge Beziehung zur Mutter treten, hier ist es schön, wenn die Liebe zwischen Mutter und Sohn auf gegenseitiger Anerkennung ruht. Mütter dürfen stolz auf ihren Sohn sein und ihn bemuttern: Die Zweisamkeit oder die Liebe ist ein hoher Wert, den man auch in der theoretischen Diskussion nicht vernachlässigen darf: Es ist schön eine Mutter zu haben, die einem ein bischen Wärme gibt in dieser rauhen Welt - und es ist für eine Mutter schön, einen Sohn zu haben, auf den sie stolz ist. Rudolph Moshammer, bekannter Mode-

Designer aus München und von der Boulevardpresse oft auf seine enge Beziehung zur Mutter angesprochen, sagte nach ihrem Tode: "Andere bringen die Blumen für ihre Mutter zum Grab - ich konnte sie ihr täglich in die warme Hand drücken!"

Recht hat er - eine enge Beziehung zur Mutter ist etwas wunderschönes - nur in der kurzen Abnabelungsphase mag der Sohn diese Erkenntnis nicht sehen wollen, dann mögen theoretische Untersuchungen überdenkenswert erscheinen, um Konflikte zu managen und um eine Wiederannäherung mit neuen Bedingungen vorzubereiten.

Elternaustreibung - Ein Weg aus dem innerpsychischen Normenzwang?

Wir konnten nun einerseits die Initiationsaufgabe der älteren Männer als auch die Stärkung der Subjektivität der Mutter selbst als zwei Prinzipien erkennen, die in ihrer Wirkungsweise bei besonders innigen Beziehungen zwischen Mutter und Sohn zur Durchbrechung genau dieser engen "Dualunion", "Symbiose" oder "Verschwörung" mit dem Ziel der *Selbstheit, Autonomie und Bildung von Selbstwertgefühl* bei dem Jungen* erkennen.

- Besonders der Aspekt der Bildung des Selbstwertgefühls ist zentral, denn wer nicht autonom von den Eltern geworden ist, hat keine eigene Identität und kein Selbstwertgefühl aufbauen können, wird sich also auch in seiner Männlichkeit nicht in einem soliden Selbstwertgefühl erleben. Entsteht hier nun auch die Identifikation mit dem Männlichen?: "Der andere, erotisch begehrte Mann hat genau das, was ich bei mir vermisse, was ich nie auf der Basis eines soliden Selbstwertgefühls mangels geringer Autonomwerdung als mir selbstverständlich habe erleben können" - kann nicht auch genau dieses gleichgeschlechtliche Identifikation sein? (Es würde zu der These führen, daß nicht nur diejenigen mit geringem Selbstwertgefühl bezügl. ihrer männlichen Subjektivität sich mit Männern identifizieren, die aufgrund der engen Mutterbindung das Selbstwertgefühl nicht in vollem Umfang haben entwickeln "dürfen", sondern z.B. auch von der Körpergröße her kleinere Männer sich öfters als andere gleichgeschlechtlich identifizieren, die nicht der vollen Körpergröße der Durchschnittsmänner entsprechen, da sie ja immer darunter leiden und ihr Selbstwertgefühl dadurch angekrazt ist, daß sie von anderen als kleiner und minderwertiger in ihrer Männlichkeit betrachtet werden.

Kleinwüchsige wissen ganz genau, daß sie nicht wie Arnold Schwarzenegger aussehen und identifizieren sich somit genau mit dieser Männlichkeit, die sie gerne hätten: Unter männlichen Bodybuildern im Fitnessstudio wäre eine erhöhte homosexuelle Latenz im Sinne einer erotischen Identifizierung mit dem, der noch mehr Muskeln hat als man selbst, festzustellen. Kann der Versuch, sich z.B. durch Body-Building einen "wertvolleren" Körper anzutrainieren, diese Selbstwertzweifel u.U. dadurch lösen und durch diesen "Selbstwertaufbau durch eine Körperstrategie" (um der Macht der Mutter zu trotzen) auch Perspektiven für die erotische Identifizierung mit dem nicht-männlichen eröffnen? Wenn wir das haben, was wir an anderen Männern bewundern - ihr vollständiges Selbstwerterleben -, dann sind wir autonom genug und müssen uns nicht mit dem anderen Mann identifizieren, der das hat, was der sich im Selbstwert Geringerlebende bisher nicht haben (durften). Dann ist nicht mehr das begehrenswert, was ein anderer Mann hat und wir nicht, sondern das Begehrenswerte / die Faszination einer Frau läßt das Begehrenswerte eines Mannes in den Hintergrund treten, da wir es ja selbst haben: Die Selbstheit und das vollständige Selbstwerterleben als Mann, das uns die enge Bindung zur Mutter aufgrund der Anerkennungsproblematik nicht ausbilden lies.

Neben der männlichen (alte Männer als Initiatoren) und der mütterlichen Seite soll nun eine dritte Perspektive angefügt werden, wie das Kind (der Sohn) sich *selbst* durch eine aktive *"Elternaustreibung"* (in diesem Begriff wären Väterlichkeit und Mütterlichkeit vereint) von den strengen Vorgaben / Erwartungen / (gesellschaftlichen) Normen etc. emanzipieren kann, um autonom zu werden. Selbstwert aufzubauen und handlungsfähig zu werden, aber besonders auch um zu spielen und experimentieren mit der *sexuellen* Dimension und mit verschiedenen sexuellen *Orientierungen*, um *auch* zu sehen, was und wie gleichgeschlechtliche Liebe ist, um Homophobie zu bewältigen.

Die Eigenwilligkeit des Sohnes, sich von den Vorstellungen der Eltern aktiv, z.B. in einer Trotzphase (z.B. in der Adoleszenzkrise) zu lösen, ist eine Aktivität, die vom *Kinde* ausgehen kann.

Wenn bei gleichgeschlechtlicher Orientierung die Verfangenheit in der Mutter als Symbol für gesellschaftliche Erwartungen und auch ihren überstrengen Normen und Erwartung an Anerkennung eine Rolle spielen, kann das *Kind* selbst aktiv werden, indem es sein "Recht auf Wildheit", auf Andersheit, auf Unkonformität, auf das

71

Spiel mit Orientierungen, die nicht erwartungsgemäß und normativ gebunden vorgegeben werden, einfordert und auslebt, um so Eigenständigkeit und Selbstheit zu trainieren, sich mit "Trotz" und "Recht" in einer aktiven "Elternaustreibung" einen "Raum", eine "Spielwiese" "einzuklagen", auf der es einen "Schonraum" vor den Erwartungen vorfindet, in dem auch die Annäherung an die gleichgeschlechtliche Liebe als eine Art der Wildheit, Andersheit und Unkonformität probeweise gelebt werden kann - um zu sehen, was es ist, um Homophobie abzubauen, die sexuellen Dimensionen auszuprobieren und kennenzulernen.

Die Zeit des Wartens bis zum Coming-Out (die vorschwule Phase / Pre-Coming-Out) des jungen Schwulen und der jungen Lesbe ist so per sé eine Zeit der aktiven Elternaustreibung mit den von ihnen gepflanzten Geboten/Verboten und Erwartungen. Oftmals können Jugendliche ein Coming-Out erst vollziehen, wenn sie sich von den Eltern unabhängig gemacht haben (auch daher ist das Coming-Out *innerhalb* der Familie ein anderes, als das, wenn man die Füße nicht mehr unter den Tisch der Eltern stellt).

Volker Elis Pilgrim hat den Begriff der *Elternaustreibung* in seinem gleichnamigen Roman geprägt, in dem er eigene und biographische Erlebnisse einfließen lassend den Weg der Emanzipation des Kindes von den Normen der Eltern beschreibt. Der Roman kann hier nicht weiter Berücksichtigung finden, interessant ist aber ein kurzer Teil aus der Einleitung, Volker Elis Pilgrim schreibt zum Begriff der "Elternaustreibung":

"Das Wort ist eine sprachliche Eigenwilligkeit. "Elternaustreibung" erinnert an "Teufelsaustreibung" und "Judenvertreibung". Es geht um den *Abschied von der Elternkultur*, die seit vielen Jahrtausenden das Leben der Menschen beherrscht. Mutter und Vater gelten mehr als das Kind, die Regierenden mehr als das Volk, Gott gilt mehr als der Mensch, der Mensch mehr als das Tier, der Geist mehr als der Körper. Von Moses über Luther zu Reagan wurde das Prinzip, das sich verbirgt hinter den Geboten "Du sollst deine Eltern ehren" und "Ich bin der Herr, dein Gott, du sollst nicht andere Götter haben neben mir", als Lebensregel propagiert und in der Gesellschaft durchgesetzt. Es wird bis heute im Staat durchgeführt und in den Familien durchgeprügelt. Hinter diesem Prinzip steht eine Tendenz, die am Ende des 20. Jahrhunderts direkt in den *Untergang der Menschen* hineinführt. Da die *Elternkultur* das Oben gegen das Unten, das Alte gegen das Junge, das Gestrige gegen das Heutige verteidigt, können die Menschen sich nicht verändern und ihr Leben nicht neu einrichten, keine Gesellschaft in die Zukunft hinein aufbauen.

Von diesem *todbringenden Prinzip* verabschiedete ich mich in meiner "Elternaustreibung". Erst danach wurde ich *fähig*, meinen *Nächsten* zu *lieben* wie mich selbst. Ich begann mit einer "Kinder-Bewegung". Die "Kinder"-Bewegung, wird erstmalig beide Geschlechter und Menschen aller Schichten und Altersstufen umfassen. Und sie wird die Verbindung zwischen dem Persönlichen und dem Gesellschaftlichen herstellen. Menschen von sieben bis siebzig werden ihr angehören, alle die, die sich *aus der körperlichen und seelischen Macht ihrer Mütter und Väter befreien* wollen, weil sie wissen und fühlen, daß diese Macht die Voraussetzung schafft für alle andere Macht.

Die "Kinder"-Befreiung knüpft an ein Naturprinzip an: *Aufbruch von den Eltern*, Trennung für immer, Wiederfremdwerden. Die Tiere verlassen ihre Eltern nach der Zeit der Aufzucht und kennen sie dann nicht mehr, so daß Eltern und Kinder frei werden, um sich den Erfordernissen des Lebens neu widmen zu können. So kommt es oft zutage, daß Partnerprobleme *verschleppte Eltern-Kind-Probleme* sind. Ich lebte und schrieb in der Angst, daß auch mich und mein Freund das Schicksal der zwei Königskinder aus dem deutschen Volkslied und der Tod Romeos und Julias treffen könnten, denn um uns scheiterten und starben Menschen, weil sie sich in den alten Normen verstrickten. Aber unsere Geschichte wurde zu einem Märchen. Märchen gehen gut aus. Sagen enden böse. Märchen und Sagen spiegeln Probleme der Zeit und sogenannte ewige Gesetze. Die Sagen stellen dar, wie Menschen von ihnen zerbrochen werden, die Märchen zeigen, wie Menschen die *Gesetze unterlaufen* und sich aus ihnen *befreien*!" (Pilgrim aaO:5).

Die sexuelle Orientierung kann nicht geändert werden

Um sich als Jugendlicher weiter zu entfalten - auch in der sexuellen Dimension und dem Ausprobieren von verschiedenen sexuellen Orientierungen, damit die eigene herausgefunden werden kann - muß der Junge von der Gruppe als eigenständiger und verantwortlicher Mann anerkannt werden. Dazu sind wie gesehen (drei) verschiedene Strategien möglich, von der Welt des Kindes in die Welt des Erwachsenen überzutreten.

Der Übergang ist zunächst von Orientierungslosigkeit gekennzeichnet und dem Erfahren von verschiedenen Optionen und Orientierungen, aus denen dann das eigene Selbstkonzept erkannt und entfaltet werden kann.

Die sexuelle Orientierung kann dabei nicht beeinflußt werden - sondern es geht darum, Selbstheit aufzubauen und überhaupt ersteinmal *handlungsfähig* durch eine Bewußtseinserweiterung zu werden: um zu sehen, was einem entspricht und welche Potentiale noch entfaltet werden können. *Die sexuelle Orientierung an sich ist unabhängig von der Erziehung.*

Die Erziehung - z.B. durch einen Initiationsprozeß - kann aber wesentlich dazu beitragen

a) daß der Jugendliche als sexuell verantwortlicher Mann angesehen wird: Loslösung von der Mutter und den Erwartungen der Familie,

b) daß gleichgeschlechtlich orientierte Jugendliche nicht ihre sexuelle Dimension verdrängen, sondern rituell darauf "gestoßen" werden, daß es auch (oder überhaupt) eine sexuelle (in diesem Fall gleichgeschlechtliche) Dimension gibt,

c) daß verschiedengeschlechtlich orientierte Jugendliche ihren Blickwinkel erweitern können und auch verschiedene Optionen in der sexuellen Dimension tatsächlich erfahren: Ihre Angst vor Andersheit (also dessen, was sie nicht durch die Eltern kennenlernten und nicht den Idealen der Eltern entspricht) wie auch ihre Homophobie wird integriert,

d) daß gelernt wird, die sexuelle Dimension in konkrete Handlungen umzusetzen,

e) daß durch dann gemachte sexuelle Erfahrungen und durch Experimentieren und Spielen mit verschiedenen Optionen jenes besser entfaltet werden kann, das dem jeweiligen Menschen entspricht: Das Sexualverhalten soll sich so entfalten können, daß es der sexuellen Orientiertheit entspricht.

Die sexuelle Orientierung ist nicht änderbar -
Die Erziehung der Eltern hat keinen Einfluß
auf die sexuelle Orientierung

Die spezifische Konstellation der Distanz des Vaters und der Nähe der Mutter sind nach Sigmund Freud besondere Bedingungen im Elternhaus von gleichgeschlechtlich empfindenden Menschen:

- eine dominierende oder besitzergreifende Mutter und /oder
- ein gefühlsmäßig distanzierter oder abwesender Vater (Freud 1919 / West aaO).

Gleichzeitig wird festgestellt, daß die (Homo-)Sexualität des Kindes unabhängig von der Persönlichkeitsstruktur der Eltern besteht und durch diese nicht direkt beeinflußt werden kann. So wurde später auch empirisch festgestellt, daß

- Mütter von Schwulen keineswegs besitzergreifender, überfürsorglicher oder bestimmender im Vergleich zu den Müttern von heterosexuellen Jugendlichen oder Männern sind (Bene aaO, Siegelmann aaO),
- Väter von Schwulen auch durchaus reges Interesse am Gefühlsleben ihrer Söhne nehmen (Apperson aaO, Greenstein aaO),
- die Abwesenheit eines Vaters in der Kindheit keineswegs zur Homosexualität prädestiniert (McCord aaO, Van Wyk aaO).

Mütter haben nichts "übertrieben" gemacht, wenn ihr Kind homosexuell ist. Das Kind ist halt so. Mütter machen nur dann einen Fehler, wenn sie das Kind nicht unterstützen, es nicht annehmen oder nicht akzeptieren - Das Kind braucht ihre Liebe gerade jetzt, wo es merkt, daß es schwul ist. Die sexuelle Orientierung ist *vorgegeben* und kann sich durch das Klima im Elternhaus lediglich schneller oder langsamer *entfalten.* Die sexuelle Orientierung ist nicht änderbar, sondern vorgegeben und entwickelt sich nicht durch Erziehung. (Schwule Sozialisation, schwule Entwicklung meint also die unabänderbare sexuelle Orientierung zu erkennen und sie zu *entfalten!*)

Die Erziehung der Mutter oder des Vaters hat also keinerlei Einfluß auf die Prädisposition der sexuellen Orientierung. Das Klima im Elternhaus hat lediglich auf das Erkennen und die Akzeptanz der sexuellen Orientierung Einfluß. Eltern können dabei helfen, daß der Sohn die sexuelle Orientierung erkennt, entfaltet und auch mit einem Partner lebt. Die sexuelle Orientierung selbst kann nicht geändert werden: Niemand käme bei einem Zebra auf die Idee, diese Streifen ändern zu wollen, oder zu fragen, warum ein Zebra gestreift ist. Soziosexuelle Entfaltung meint also, seine ganz individuelle und vorgegebene sexuelle Dimension *leben* zu lernen, und nicht: *ändern* zu können. Man kann einen Obstbaum nicht dazubringen, fremde Früchte zu tragen. Über das Entstehen der Heterosexualität liegt keine Theorie oder Ursachenforschung vor. Ursachenforschung der Sexualität wird heute nicht mehr betrieben, da es so viele Entstehungstheorien gibt, wie es Forscher gibt, die sich damit beschäftigt haben. Sexualität gibt es und ist bei jedem Menschen vorhanden. Stattdessen interessiert man sich für die Ausgestaltung des Alltags von Paaren, die eine sexuelle Verbindung eingehen.

"Die drei Variablen biologisches Geschlecht, Geschlechterrolle und sexuelle Orientierung nicht verwechseln": Homosexualität als reife Spielart menschlichen Sexualverhaltens

So hat es schon Carl Gustav Jung vermieden, sich auf die *Sexualität* als Grundelement der menschlichen Psyche und als *einzigen* Schlüssel für ein Verständnis der Psyche zu konzentrieren. Jede der vier Grundhaltungen Carl Gustav Jungs zur Homosexualität, nämlich soziale Toleranz, Betrachtung des Phänomens in seinem historischen und kulturellen Zusammenhang, die Unterscheidung zwischen der Sexualität eines Klienten und anderen Aspekten seiner oder ihrer Persönlichkeit und insbesondere die Annahme, daß gleichgeschlechtliches Empfinden eine individuelle Bedeutung hat, spricht dabei für ihn. Anstatt für alle anderen Aspekte eines schwulen Klienten blind zu sein, besaß Jung die Fähigkeit, die sozialen Vorurteile seiner Zeit hinter sich zu lassen und ein echtes Verständnis für die gesamte Psychologie eines Menschen zu entwickeln.

Die sexuelle Orientierung als ein vielschichtiges, archetypisches Phänomen zu begreifen, bedeutet, für Formen der sexuellen Orientierung und der erotischen Anziehung Raum zu schaffen, die nicht in die strengen, westlichen Kategorien von Homosexualität und Heterosexualität passen. Mit einer solchen Theorie kann man sich der Bisexualität auf einer ebenso soliden theoretischen Grundlage nähern wie der Heterosexualität und Homosexualität: "Wenn jede sexuelle Orientierung das Ergebnis des Zusammenspiels des Männlichen, Weiblichen und Androgynen ist, dann sind bisexuelle Männer und Frauen nicht länger merkwürdige Wesen, oder jeweilige Zaungäste, sondern Individuen, deren männliche, weibliche und androgyne Energien nach einem bestimmten *individuellen Muster*, das sich als Reaktion auf bestimmte archetypische und persönliche Erfahrungen gebildet hat, verschmelzen und fließen" (vgl. Hopke aaO:283). Jungs kluge Feststellung, daß Heterosexualität wie auch die Homosexualität *gleichberechtigte Spielarten menschlicher*

77

Sexualität sind, die es zu allen Zeiten und allen Kulturen gegeben hat, führt zu einem objektiveren nicht nur rein individualistischen Verständnis schwuler bzw. lesbischer Menschen.

Es hat sich ein Paradigmenwandel und Betrachtungswandel vollzogen. Einfacher gesagt:

Wir interessieren uns heute weniger dafür, wie jemand schwul wird, als vielmehr dafür, wie Schwule als Individuen, als Paare oder Gruppen sind.

Wenn man es als normal betrachtet, daß es in der Sexualität unterschiedliche Spielarten gibt, darunter zum Beispiel die Homosexualität, dann wird die Suche nach der Ursache bedeutungslos, und wir setzen unsere Energien sinnvoller ein, wenn wir uns mit dem *wirklichen Leben* von Schwulen und Lesbierinnen beschäftigen: Partnersuche, Beziehungsdynamik, staatliche Ehe- und Familienpolitik, Kirchliche Hochzeit und Trauung, gesellschaftspolitisches Engagement durch soziale Bewegungen und der Kooperation von Lesben mit Schwulen und nicht zuletzt besonders die Repräsentanz und Öffentlichkeitsarbeit in den Medien wie Fernsehen oder beispielsweise dem Internet.

So hat sich also der Schwerpunkt in den psychologischen Betrachtungen über gleichgeschlechtliche Liebe verlagert. Wenn behauptet wird, Homosexualität könne sowohl durch einen *abwesenden* Vater als auch durch einen zu präsenten, strengen und *abweisenden* Vater bedingt sein und Schwule suchten sowohl Verschmelzung mit Frauen als auch Verschmelzung mit Männern, wird wohl wenig zur Klärung der wirklichen Ursachen von gleichgeschlechtlichen Empfindungen beigetragen: "Mit Sicherheit wird nicht jeder Junge, der einen solchen Vater hat, schwul" (Hopke aaO:121). Wenn die Homosexualität bei Männern häufig von einer Identifikation mit der *Anima* herrührt, der ein *Mutterkomplex* zugrunde liegt, könnte man erwarten, daß Jung die Homosexualität bei Frauen aus einer Identifikation mit dem Animus erklärt, die auf einem Vaterkomplex beruht.

Psycho-Test: Wie heterosexuell bin ich?

Geben Sie in jedes der 21 Felder des Rasters die Nummer ein, die zum gewünschten Zeitpunkt gemäß der folgenden Unterteilung für Sie gültig ist:

+3 = nur gleichgeschlechtlich (homo-erotisch)
+2 = vorwiegend gleichgeschlechtlich (homo-erotisch)
+1 = etwas mehr gleich- als verschiedengeschlechtlich
0 = mit beiden Geschlechtern in gleichen Teilen (bisexuell)
-1 = etwas mehr verschieden- als gleichgeschlechtlich
-2 = vorwiegend verschiedengeschlechtlich (hetero-erotisch)
-3 = nur verschiedengeschlechtlich (hetero-erotisch)

Benutze zur Beantwortung die folgenden Fragen:

- **sexuelle Fantasien:** Wen stellen Sie sich in Ihren sexuellen Fantasien vor? Schauen Sie sich lieber Damen- oder Herrenunterwäsche im Online-Katalog an?
- **sich sexuell angezogen fühlen:** Wer reizt Sie? Welches Geschlecht mögen Sie für körperlichen Sex attraktiv finden? Mit welchem Körper möchten Sie ins Bett gehen: mit dem eines Bodybuilders oder einem mit einer weiblichen Brust?
- **sexuelles Verhalten:** Mit wem hatten oder hatten Sie tatsächlich Sex - oder mit wem möchten Sie Sex haben (wenn Sie sexuell unerfahren sind, überspringen Sie diese Frage gegebenenfalls).
- **emotionale Bedürfnisse:** Mit wem fühlen Sie sich emotional stark verbunden? (Hinweis: Schwule fühlen sich besonders bei Frauen "wohl", aber hier ist ein echtes "aufgeregtes Gefühl des Verliebens" gemeint, d.h. der Wunsch, der anderen Person "sexuell sehr nahe" zu sein.)
- **Selbstidentifikation:** Wie würden Sie Ihre sexuelle Orientierung selbst beschreiben?
- **soziales Umfeld:** Mit wem verbringen Sie Ihre Freizeit? Mit wem fühlen Sie sich im Alltag am wohlsten, mit Männern oder Frauen (Hinweis: siehe oben: Überlegen Sie, was es bedeutet, sich unter Frauen gut zu fühlen)? Wenn Sie bereits schwule oder lesbische Menschen kennen, werten Sie sie zweimal. Wenn Sie Ihre eigene Homophobie verspüren, bewerten Sie sie als gleichgeschlechtlich.
- **Lebensstil:** Bevorzugen Sie unabhängig von Ihrer Sexualität einen lesbischen oder schwulen (= gleichgeschlechtlichen) oder heterosexuellen (= verschiedengeschlechtlichen) Lebensstil?

	Vergangenheit	Gegenwart	Zukunft
Sexuelle Fantasien			
sexuell angezogen fühlen			
sexuelles Verhalten			
Emotionale Bedürfnisse			
Selbst-Identifikation			
Soziale Umgebung			
Mein „Lifestyle"			

Quelle: vgl. nach Klein aaO.

Um Ihre allgemeine sexuelle Orientierung zu bestimmen, addieren Sie die eingegebenen Zahlen - unter Berücksichtigung des Plus- oder Minuszeichens - und teilen Sie die Summe durch 21. Wenn Sie ein oder mehrere Felder leer gelassen haben, teilen Sie die Summe durch eine entsprechend niedrigere Zahl. Vergleichen Sie diesen Endwert mit der Position auf der Skala. Was meinen Sie nun? Bietet diese Reflexionsübung Hilfe bei der Bestimmung eines "Ergebnisses", beim Nachdenken über sich selbst oder ist es ein "Psychotest" wie jeder andere in einer Zeitschrift? Das Raster hat auch Nachteile: Eine Frau erreicht den Endwert 0, wenn sie alle Fragen mit Null beantwortet hat, eine andere hat auch den Endwert 0, weil sie alle drei Spalten mit der Zahlenfolge +2 / 0 / +1 / -2 / -3 / -1 / + 3 ausgefüllt hat. Wenn Sie sich nun ansehen, was mit diesen Zahlenwerten im Sinne der Fragen tatsächlich gemeint ist, werden Sie sofort feststellen, dass die beiden Frauen wirklich völlig unterschiedlich leben, fühlen und denken.

Zumindest sollten die Fragen Spaß gemacht haben und zum Nachdenken über sich selbst anregen.

Psychische Eigenständigkeit heißt dabei für den Jungen, der Welt der Mutter zu entwachsen und weder auf persönlicher noch auf kollektiver Ebene eine unlösbare Verbindung auszuagieren. Wenn ein Mann sich also mit seiner unbewußten weiblichen Seite identifiziert, führt das dazu, daß er seine *Persona*, d.h. seine äußere Männlichkeit auf einen anderen Mann projiziert. Die gleichgeschlechtliche Anziehung in der Homosexualität entsteht

80

demnach dadurch, daß - wie Jung hier sagt - die Männlichkeit projiziert wird, denn derjenige, der seine Männlichkeit projiziert, wird den, auf den er seine Männlichkeit projiziert hat, als jemanden erleben, der etwas Wesentliches und Unwiderstehliches besitzt, nämlich jenen Teil seiner äußeren männlichen Identität, den er wegen seiner Identifikation mit der inneren weiblichen Seite nicht aufbauen konnte oder durfte, also "weggeworfen hatte" (Hopke aaO:98,45).

Es ist bekannt, daß Jung und die Jungianer dazu neigten, Schwulsein mit Weiblichkeit gleichzusetzen und als Erklärungsmuster dafür fälschlicherweise einen Mutterkomplex, eine Animaidentifikation oder die matriarchale Psychologie heranzuziehen, so daß die Beziehungen schwuler Männer zu dem archetypisch Weiblichen verzerrt und pathologisiert wurde. Es ist bekannt, wie das Auftreten des Weiblichen in den Erfahrungen schwuler Männer bei Jung und den Jungianern zu der Vorstellung geführt hat, alle schwulen Männer litten unter einem Mutterkomplex, identifizierten sich deswegen mit der Anima und projizierten das Männliche in erotischer Zwanghaftigkeit, um ihm dann hinterherzujagen, wodurch sie in ihrer Entwicklung beeinflußt würden. Es muß daher festgehalten werden, daß für Jung und die Jungianer eine Verbindung zwischen der Homosexualität und einem Problem mit dem Weiblichen im Vordergrund steht: "Diese Ansicht bzw. jungianische Theorie über Homosexualität weist *gravierende Schwächen* auf" (Hopke aaO:210).

Robert Hopke fragt: "Ist es nicht auch durchaus vorstellbar, daß männliche Homosexualität das Ergebnis einer Identifikation mit dem Männlichen sein könnte und nicht einfach das Ergebnis einer Identifikation mit dem Weiblichen? Zum anderen ist diese Ansicht problematisch, weil man sich natürlich fragen muß, wie sich weibliche Homosexualität erklären läßt, wenn man sie im Rahmen dieser Theorie, die Homosexualität an ein Problem mit dem Weiblichen knüpft, verstehen will. An einigen Stellen sieht Jung offenbar keinen Widerspruch darin, Homosexualität bei Frauen mit einem Mutterproblem gleichzusetzen.

Jung erklärt also die weibliche Homosexualität entweder genauso wie männliche Homosexualität nämlich aus der Mutterbeziehung oder, gesellschaftlich gesehen, als eine psychologische Reaktion auf die veränderten Geschlechterrollen. Diese Theorie über die weibliche Homosexualität ist bestenfalls verwirrend. Ist weibliche Homosexualität ein psychisches oder ein kulturelles Phänomen oder beides oder keines von beiden?

Schlimmstenfalls widerspricht diese Theorie seiner eigenen Erklärung männlicher Homosexualität, die er als Ergebnis einer Identifikation mit der Anima sieht. Die Erklärungsansätze, die es heute in Bezug auf die Homosexualität aus einer jungianischen Perspektive gibt, bleiben unvollständig, wenn nicht gar bruchstückhaft. In vielen Diskussionsbeiträgen werden zwar verschiedene wichtige Fragen immer wieder angesprochen - ganz besonders das Problem, daß die konventionellen Definitionen von Männlichkeit und Weiblichkeit, die es innerhalb und außerhalb der analytischen Psychologie gibt, nicht mehr hinreichen, um psychische Erfahrungen von Männern und Frauen zu beschreiben" (Hopke aaO:98f,101,195).

Bekanntlich hat sich diese Vorstellung vom Weiblichen und vom Männlichen im Verlauf der weiteren Entwicklung in der Analytischen Psychologie gewandelt, so daß man heute von psychologischen Prinzipien ausgeht, die nicht zwangsläufig mit dem Geschlecht verbunden sind: Durch Studien konnte bewiesen werden, daß durch das anatomische Geschlecht weder die sexuelle Orientierung bestimmt wird (sonst gäbe es keine Homosexualität und keine Bisexualität), noch die Geschlechterrollen festgelegt werden (- darum darf vor dem Ehe-Gesetz weder das Geschlecht noch die sexuelle Orientierung eine Rolle bei der Eheschließung spielen) - "Hier unterscheidet Jung jedoch nicht zwischen (sozial konstruierter) Geschlechterrolle und (biologischem) Geschlecht", so der Jung-Forscher Robert Hopke in seiner fundamentalen Kritik an C.G. Jung (aaO:60).

Geschlechtsrollen sind im Wesentlichen sozial bedingt und keine psychologischen Imperative. Sexuelle Orientierung ist ein Phänomen mit fließenden Grenzen - Kinseys Skala ist Beweis und Ergebnis dieser Erkenntnis -, und: dementsprechend unterscheiden sich, im Gegensatz zur anatomischen Festlegung von Weiblichkeit, Männlichkeit und Divers, die Geschlechterrollen von Individuum zu Individuum, von Kultur zu Kultur.

Die Animusintegration als irrtümlicher Mythos

Der Film "Der Zauberer von Oos" erfreut sich seit seiner Premiere im Jahr 1939 - ähnlich der Eisenhans-Interpretation von Robert Bly - fast in der ganzen Welt großer Beliebtheit, und von der nordamerikanischen Schwulenszene wurde er mit besonderer Sympathie und Begeisterung aufgenommen. Es ist kaum verwunderlich, daß die Schwulenszene so intensiv und mit so positiven Gefühlen auf einen *Mythos über die Animusintegration* reagiert. In der westlichen Welt wird Homosexualität mit psychischer Weiblichkeit gleichgesetzt, diese gesellschaftliche Etikettierung und Attribuierung haben einige schwule Männer so weitgehend verinnerlicht, daß sie kaum noch ein Gefühl für ihre eigene Männlichkeit haben, und so ist "Der Zauberer von Oos" für schwule Männer zu einem Mythos über die Integration des Männlichen und die Erlösung des Weiblichen geworden. Es ist erstaunlich, wie gut sich Ulanovs Interpretation des Films auf die Individuation schwuler Männer anwenden läßt, wenn man erst einmal begriffen hat, daß die psychische Weiblichkeit schwuler Männer nicht aus einem der Homosexualität innewohnenden Prinzip oder einer Unreife erwächst, sondern vielmehr aus einer Verinnerlichung der sozial konstruierten Geschlechterrollen (Verinnerlichung der gesellschaftlich attribuierten Etikettierungen (Labels) als sich-selbst-erfüllende-Prophezeihung), so wie sie in der westlichen Welt gesellschaftlich definiert und kostruiert werden. Die lange von der Psychologie getätigte Annahme, Schwule müßten ihre Anima, ihre weibliche Seite "integrieren" wird somit als "irrtümlicher Mythos" (vgl. aaO:217) herausgestellt. Schwule Männer sind nicht weiblicher als heterosexuelle Männer, auch heterosexuelle Männer müssen ihre Anima integrieren.

Robert Hopke stellt weiter heraus: "Problematisch an Jungs Überlegungen zu dieser Frage ist, daß er drei vollkommen unabhängige Variablen sexueller Identität durcheinanderbringt: (biolog.) Geschlecht, sexuelle Orientierung und Geschlechterrolle" (aaO:100). Wenn diese völlig verschiedenen Merkmale unterschiedslos zusammengewürfelt werden, so ist die traditionelle Definition die Folge, wonach ein Mann ein anatomisch männliches Wesen und heterosexuell zu sein hat und den gesellschaftlichen Anforderungen an Männlichkeit entspricht. Wenn man diese drei Begriffe nicht sauber voneinander trennt, hat dies unweigerlich zur Folge, daß Homosexualität als eine kontroverse Entwicklung im Individuationsprozeß eines Mannes angesehen wird; per definitionem paßt dann die Homosexualität nicht zu einer Auffassung von Männlichkeit, die einseitig heterosexuell ausgerichtet sein soll.

**Die Jung-Forschung
kommt daher zu dem bahnbrechenden Ergebnis:
"Schließlich - und dies ist wichtig - muß eine jungianische Betrachtung zur sexuellen Orientierung den vielleicht schwerwiegendsten, theoretischen Fehler vermeiden, den Jung und seine Schüler gemacht haben, nämlich den, die drei Variablen der sexuellen Identität -** *anatomisches Geschlecht, soziokulturelle Geschlechterrolle und sexuelle Orientierung -* **miteinander zu verwechseln.“**
(vgl. z.B. Hopke aaO:201)

Schwule Männer sind durchaus dazu in der Lage, eine innere Beziehung zum archetypisch Weiblichen aufzubauen – *ohne* ihre Männlichkeit zu verlieren oder ihre *grundlegend* homosexuelle Orientierung aufzugeben. Da homosexuelle Männer das Weibliche in einer so einzigartigen Weise erleben, sollte der Erscheinungsform des Weiblichen in der Seele schwuler Männer vielleicht mehr Aufmerksamkeit geschenkt werden. Doch trotz dieser Einzigartigkeit könnte es sein, daß sich die Art, wie schwule Männer ihre Weiblichkeit erfahren, wenn sie als wirkliche, innere Präsenz gesehen oder gefühlt werden kann, gar nicht so stark davon unterscheidet, wie sich jeder andere (heterosexuelle) Mann mit seiner weiblichen Seite auseinandersetzt. Schwule sind allgemein nicht weiblicher als heterosexuelle Männer! – das wissen wir jetzt.

Doch ist die Frage der sexuellen Orientierung in der heutigen Psychologie nach dem Betrachtungswandel hin zu der Forschung über die sozialen Dimensionen von gleichgeschlechtlichen Lebensgemeinschaften eine untergeordnete: Wir interessieren uns heute weniger dafür, wie jemand schwul wird, als vielmehr dafür, wie Schwule als Individuen, als Paare oder Gruppen in den angesprochenen sozialen Dimensionen leben und zurechtkommen, welche alternativen Perspektiven der Durchsetzung von gesellschaftlicher Integration möglich sind. Die (Sozial-)Psychologie untersucht so z.B. das Engagement von Schwulen in der politischen Bewegung oder die symbolische Bedeutung von Hochzeits-Ritualen, besonders die Sozialwissenschaft ist neben anderen Geisteswissenschaften gefordert; die Medizin forscht nicht weiter nach "schwulen Genen", sondern konzentriert sich im wesentlichen auf die Aids-Forschung. Interessant ist, was Schwule und Lesben aus ihrem Leben machen wollen und wie sie leben.

Sexualstudie Alfred Kinsey:
Hättest Du gedacht, daß es so viele sind? ...

In diesem Kapitel der soziosexuellen Entfaltung geht es also darum, die sozialen Bedingungen zu untersuchen, die uns im Laufe des Älterwerdens handlungsfähig machen, um eine sexuelle Dimension zu erkunden.

Dabei ist natürlich die Frage interessant, wie handeln die Menschen denn tatsächlich, wenn sie handlungsfähig sind? Was ist zum Sexualverhalten des Menschen (zum Experiment "Sexualität" der Menschheit) zu sagen? Wieviele Menschen sind denn heterosexuell? Wieviele Männer haben denn nunmal erfahren, was ein Orgasmus in einer gleichgeschlechtlichen Beziehung ist? Ist nicht jeder Mensch bisexuell - Spielt man nicht nur in den sozialen Dimensionen des Sexuellen der bürgerlichen Gesellschaft immer ein heterosexuelles Interesse vor?

So untersuchten auch empirische Sozialforscher das tatsächliche Sexualverhalten der Bevölkerung. Als einer der ersten Forscher hat Alfred Kinsey 1948 eine umfangreiche empirische Umfrage-Studie veröffentlicht, die als eine der gründlichsten gilt.

Die Ergebnisse bestätigen, daß gleichgeschlechtliche Sexualbeziehungen gar nicht so selten vorkommen. Diese Ergebnisse wurden in späteren Jahren durch weitere Forschungsergebnisse bestätigt. Berücksichtigt man, daß damals zu Zeiten von Kinsey das gesellschaftliche Klima der gleichgeschlechtlichen Liebe gegenüber recht restriktiv in dem Sinne war, daß man einem Interviewer nicht ohne weiteres Auskunft darüber geben würde, sind die Ergebnisse beachtlich bzw. in den Folgeuntersuchungen ist nachzuweisen, daß die zunehmende gesellschaftliche Liberalität sich auch in einer positiveren Auskunftsbereitschaft der Bevölkerung zeigt. Die Gültigkeit der Ergebnisse wurde gesteigert, das Dunkelfeld, die verschwiegenen (nicht getätigten) Auskünfte zur gleichgeschlechtlichen Sexualität wurden geringer.

Natürlich differiert der Prozentsatz, wenn man nur diejenigen als schwul bezeichnet, die schon seit Jahrzehnten *ganz offen* in einer gleichgeschlechtlichen Lebensgemeinschaft leben oder diejenigen nicht erfaßt, die wohl schon schwul sind, aber weil sie keinen Partner haben, bei einer Befragung nicht richtig zugeben wollen, daß sie gleichgeschlechtlich orientiert sind. Wenn nachvollzogen wird, wie lange man ein Coming-Out des offenen Lebens aufschiebt und es sich durch Rationalisierung noch nicht einmal sich selbst eingestehen will, daß man schwul ist, dann wird man es auch nicht vor einem Interviewer offen sagen (können). Hier kommt es also auch auf einfühlsame Fragestellungen an, damit solch eine empirische Untersuchung zu gültigen Ergebnissen kommt.

Alfred Kinsey hat mit seinen Mitarbeitern in seiner Studie folgende Ergebnisse im Jahre 1948 festgestellt, die wissenschaftlich anerkannt sind: "

- **37 Prozent** der gesamten männlichen Bevölkerung haben einige bis mehrere körperliche Orgasmus-Erfahrungen mit einem anderen Mann" (aaO:600). Diese Gruppe der Bisexuellen geht also `**auch mit Männern**´ ins Bett (bzw. "auch" mit Frauen).

- **13 Prozent** der gesamten männlichen Bevölkerung haben *viele* homosexuelle Erfahrungen innerhalb ihres Lebenslaufes" (aaO:601). Bei dieser Gruppe der Homosexuellen ist - auch wenn manch einer von ihnen mal den Geschlechtsverkehr mit einer Frau versucht haben sollte - die dominante Orientierung die gleichgeschlechtliche: Diese Schwulen gehen `**meistens mit Männern**´ ins Bett, haben viele und regelmäßige homosexuelle Orgasmen mit ihrem Freund.

- **50 Prozent** aller Männer haben *keine* homosexuellen Erfahrungen mit einem anderen Mann" (aaO:601). Sie haben lediglich heterosexuellen Geschlechtsverkehr und gehen `**nur mit Frauen**´ ins Bett".

- Die Untersuchung von Ulrich Clement "Sexualität im Wandel bei Studenten" (1986) konnte für Studenten im Adoleszenzalter nachweisen, daß der Prozentsatz von schwulen Studenten, die meistens mit Männern ins Bett gehen, sogar bei **25 Prozent** liegt: Jeder 4. Student hat lieber Sex mit einem Freund.

- Betrachtet man die 50 Prozent Männer, die nie Interesse an einem Mann hatten, kommt man also zu dem Ergebnis, daß fast **jeder zweite Mann** eine gleichgeschlechtliche Lebensgemeinschaft leben will, leben könnte oder versucht hat, sie zu leben.

Abbildung: Sexualstudie Alfred Kinsey

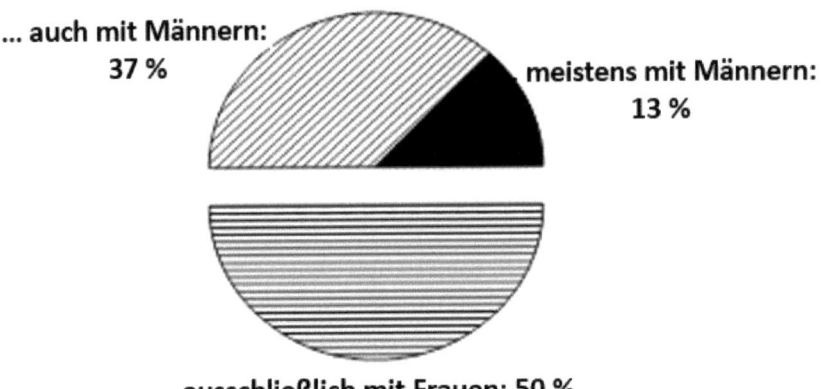

Kinsey, Alfred: Das sexuelle Verhalten des Mannes, Frankfurt am Main / Berlin 1948

- Alfred Kinsey überprüfte diese Ergebnisse nochmals und kommt zu dem Fazit: "Es kann keinen Zweifel geben, daß die tatsächliche Verbreitung der Homosexualität sich auf mindestens 37 bzw. 50 Prozent beläuft. Überprüfungen zeigen, daß die tatsächlichen Zahlen bis zu 5 Prozent oder noch höher über den angegebenen liegen können" (aaO:582).

Homosexualität ist also in der Bevökerung weit verbreitet, und noch mehr ist das Herantasten daran durch das Spiel mit der Homosexualität durch die Bisexuellen in der Bevökerung sehr weit verbreitet.

In den Jahrzehnten nach Kinsey - einschließlich der jahrzehntelangen Legalisierung gleichgeschlechtlicher Partnerschaften mit Gleichstellung und Familienpolitik sowie durch staatliche Ehen in vielen europäischen und anderen Ländern - ist nicht nur gendercrossing und genderswitching, also dem Spiel mit männlichen und weiblichen Rollen "essentiell", sondern auch bei der sexuellen Orientierung ist eine gesellschaftliche Liberalisierung vor allem bei den jüngeren Menschen eingetreten: Es gehört dazu, auch mal an Bisexualität gedacht zu haben, das Online-Dating mit dem gleichen Geschlecht, das Spiel des Flirts mit der anderen sexuelle Orientierung – das sind Erfahrungswerte, auf die junge Menschen heute im Leben nicht verzichten wollen.

Viele Sexualwissenschaftler - angefangen bei Sigmund Freud - vertreten daher die Auffassung, daß die sexuelle Orientierung irgendwie und irgendwo vorgegeben ist (grafisch z.B. ein Punkt auf der unten abgebildeten Skala von "homo" über "bi" bis "hetero"), diese individuelle Position dem Menschen aber

- mehr oder weniger "klar" sein kann,
- mehr oder weniger entfaltet und entdeckt worden sein kann,
- mehr oder weniger aufgrund gesellschaftlicher Hemmnisse gelebt werden kann
- und schließlich auch die sexuelle Orientierung nicht immer, sondern nur mehr oder weniger dem tatsächlichen Sexualverhalten entsprechen muß.

Nach Sigmund Freud ist jeder Mensch bisexuell

Nach Sigmund Freud ist daher z.B. jeder Mensch zum Geschlechtskontakt zu beiden Geschlechtern fähig: Zu einem der wichtigsten, die spätere (Sexual-)Objektwahl beeinflussenden Faktoren gehört nach Sigmund Freud die bei jedem Menschen anzunehmende ursprüngliche *Bisexualität.* (Ebenso gibt es nach Auffassung Freuds auch keine "reine" Männlichkeit oder Weiblichkeit in den Geschlechts*rollen.* Was als solche erscheint, dürfte weitgehend das Produkt der primären Sozialisation sein, die ihrerseits durch die Institutionalisierung der Geschlechterrollen gestützt und geschützt wird (vgl. Freud 1905a, Schelsky 1955)).

Ursprünglich kann jeder Mensch nach Freud in seiner sexuellen Orientierung *Objektwahlen nach beiden Richtungen* treffen, und er tut dies in der Regel - unter der Voraussetzung des Vorhandenseins beider Elternteile - auch. Dabei sind die Beziehungen zu beiden Elternteilen als libidinöse, d.h. sexuelle zu verstehen. Insbesondere die gleichgeschlechtliche Objektbeziehung verfällt dann aber im Regelfall der Verdrängung, soweit dies die explizit sinnliche Strömung anbelangt. Die reine Homosexualität wie die reine Heterosexualität des späteren Erwachsenen sind nach Ansicht Freuds Ausdruck einer erst erworbenen und sozial entwickelten "Monosexualität" (Freud 1905a:40).

Im Falle der Homosexualität liegt nach Ansicht Freuds u.a. eine Fixierung an eine spezifische Phase der Entwicklung der Psychosexualität vor bzw. eine Rückkehr zu dieser Stufe der Entwicklung. Dies kann etwa in Folge einer enttäuschenden heterosexuellen Objektbeziehung eintreten. Darüber hinaus ist Freuds Begriff der Homosexualität weniger orientiert am expliziten sexuellen Verhalten, entscheidend ist vielmehr die *emotionale Orientierung* des Betreffenden: Nicht die reale Betätigung, sondern die "*Einstellung des Gefühls* entscheidet für uns darüber" (aaO:156), ob wir irgend jemand schwul bzw. lesbisch nennen wollen. *Das sexuelle Verhalten muß also nicht identisch sein mit der sexuellen Orientierung.*

Die spätere Homosexualität des Erwachsenen ist also das Produkt einer durchlaufenen psychosexuellen Entwicklung; auch die spätere Heterosexualität des Erwachsenen ist das Produkt einer durchlaufenen psychosexuellen Entwicklung, in deren Verlauf die bei jedem Menschen anzunehmenden homosexuellen Strebungen einer *anderen* Verwendung zugeführt werden. "Sie treten nun mit Anteilen der Ichtriebe zusammen, um mit ihnen als angelehnte Komponenten die sozialen Triebe zu konstituieren, und stellen so den Beitrag der Erotik zur Freundschaft, Kameradschaft zum Gemeinsinn und zur allgemeinen Menschenliebe dar" (Freud 1911:297). Diesen Gedanken führt Freud in seiner Schrift "Massenpsychologie und Ich-Analyse" (1921) weiter aus. Die Herausbildung von Massen, d.h. von größeren, durchaus strukturell organisierten Gruppen, wie sie beispielsweise die *Kirche* oder das *Heer* darstellen, beruht zum Teil auf der Verwertung ursprünglich homosexueller Empfindungen und Strebungen. Dieser Gedanke ist auch grundlegend für die Annahmen Freuds über die Entstehung der menschlichen Gemeinschaft (Gesellschaft), wie Freud in seiner Arbeit "Totem und Tabu" (1913b) darstellt. Homosexualität ist ein *konstitutives* Element für die Gemeinschaft.

Sigmund Freud kommt zu dem Fazit: "Im Allgemeinen schwankt der Mensch sein Leben lang zwischen heterosexuellem und homosexuellem Fühlen, und Versagung oder Enttäuschung von der einen Seite pflegt ihn zur andern hinüberzudrängen" (1911:281). Also auch bei explizit heterosexueller Objektwahl besteht immer eine homosexuelle Tendenz latent. Sie kann im Falle von realen Enttäuschungen "manifest werden" (vgl. a. Nitschke aaO:304).

Auf der gleichen Seite sollte klar sein, dass die Verhinderung eines homosexuell orientierten Mannes von homosexuellem Verhalten mehr negative Auswirkungen auf die psycho-sexuelle Entwicklung hat als die Verhinderung eines heterosexuell orientierten Mannes von homosexuellem Verhalten, der dieses nur in einem „Spiel" erleben will oder es Ereignis eines Abenteuers in seinem Leben ist.

Sexualität muß somit losgelöst gedacht werden von Kategorien des Bezugs auf männlich oder weiblich und sozialen Definitionen, wer welche (soziale Geschlechts-)Rolle in der jeweiligen Kategorie auf verschiedene Subjekt-Orientierungen wahrnimmt. Kinseys Skala der Differenzierung von sexuellen Orientierungen ist ein wichtiger Schritt gewesen, aber sie enthält immer noch verschiedene Kategorien: Wir müssen lernen Sexualität als *freies* Spiel ohne Kategorien, als Geben und Nehmen von Zärtlichkeit, als Kommunikation zu denken, dann spielt es keine Rolle, ob wir den Rücken eines Mannes oder den Rücken einer Frau streicheln, welche Einteilung in sexuelle Orientierungen vorgenommen werden könnten. Gerade auch die Diskussion um Bisexualität als eigenständige Orientierung ist eine falsche, da sie die weit differenzierte Kinseyskala ja wieder auf drei Kategorien reduziert und durch die Schaffung der Identität "bisexuell" die Grenzen zwischen Homo- und Hetero-Orientierung gerade noch als Kategorie verfestigt werden.

Abbildung: Skala der sexuellen Orientierung

Skala der sexuellen Orientierungen: 7 Stufen und ihre Verteilung in der Bevölkerung

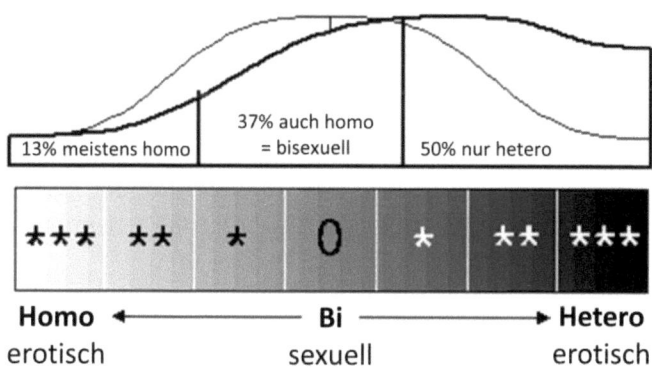

| 13% meistens homo | 37% auch homo = bisexuell | 50% nur hetero |

Homo ⟵ ——————— **Bi** ——————— ⟶ **Hetero**
erotisch sexuell erotisch

——————— = Normalverteilung bei der Geburt
Erotische Empfindung: "Jeder ist potentiell bisexuell."
Entfaltung von Null in die eine oder andere Richtung,
abhängig von der sexuellen Orientierung des Individuums,
was nicht geändert werden kann: es ist wichtig, es zu erkennen und zu entwickeln.

——————— = Tatsächliches Sexualverhalten der Bevölkerung
beeinflusst durch Sozialisation / soziale Kontrolle / Ritualisierung
Zahlen nach Alfred Kinsey

★★★ = sehr ausgeprägtes homoerotisches Gefühl / homosexuelles Verhalten
drei weiße Punkte: sehr ausgeprägtes heterosexuelles Verhalten

★★ = mittel ausgeprägtes homoerotisches Gefühl / homosexuelles Verhalten
zwei weiße Punkte: mäßig ausgeprägtes heterosexuelles Verhalten

★ = bisexuelle Empfindung / Verhalten mit einer besonderen Tendenz zur Homoerotik
ein weißer Punkt: bisexuell mit einer besonderen Tendenz zu heteroerotisch

0 = Bisexualität: "Jeder ist potenziell bisexuell."

> *„It doesn't matter if You are black or white."*
> Michael Jackson

Wenn Bisexuelle nicht länger "Zaungäste" oder "Weder-Fisch-noch-Fleisch" sein wollen, sollten sie sich ganz für die gleichgeschlechtliche Liebe entscheiden (da sie ja meist zuvor heterosexuell waren) und sich von der Zwangsheterosexualität und den Erwartungen der Gesellschaft vollständig emanzipieren: Gleichgeschlechtliche Lebensgemeinschaften sind lebbar.

Kann eine sexuelle Orientierung daher nicht nur für eine einzige dogmatische Richtung betrachtet werden, sondern ausgehend von den Ideen Freuds für *jeden* Menschen von einer *Identität des Bisexuellen* her gesehen werden, der sowohl mit der Orientierung "Heterosexualität" als auch mit der Orientierung "Homosexualität" *spielt*?

Homo, hetero, bi, oder was? - Identität als Spiel: "Menschliche Dimensionen sind attraktiver als rein sexuelle"

> *"Denn, ums endlich auf einmal herauszusagen, der Mensch spielt nur,*
> *wo er in voller Bedeutung des Wortes Mensch ist,*
> *und er ist nur da ganz Mensch, wo er spielt."*
> Friedrich Schiller,
> zit. n. Jürgen Belgrad, Identität als Spiel.

Sexuelle Partnerschaften und Affären ergeben sich heute nicht mehr nach dem kruden Merkmal Geschlecht, sondern nach Ausstrahlung und Faszination, die eine andere Persönlichkeit in einem auslöst. Das sind für die Forschung ganz neue Perspektiven: Die Sexualwissenschaft hat Weniges unerforscht gelassen, von den Genitalorganen bis zu sexuellen Techniken und Beziehungsdynamiken wurde geforscht, daß sich aber Menschen in ganz neuen sozialen Strukturen finden und sexuelle Orientierung nicht mehr am Geschlecht des Sexualpartners festgemacht wird, sind ganz neue Perspektiven, in denen es um viel mehr geht, als es mit dem Stichwort "bi" abtuen zu können. Viele Prominente, wie z.B. Wolfgang Joop machen sich stark für die Identität eines Bisexuellen. Dabei ist das Programm dienstags Damen, mittwochs Männer Unsinn. Viele sind dabei sehr treu und monogam: Wolfgang Joop erzählt: "Ich war meiner Frau in der Beziehung 15 Jahre lang treu und hatte die erste Begegnung mit einem Mann erst sehr spät. Das lief alles sehr kontrolliert ab, fast wie ein Forschungsprojekt. Ich hab´ häufig mit Männern geflirtet. Und eines Tages hab´ ich zu mir gesagt, nach all den Jahren des Nichtlieferns: Schluß jetzt mit dieser Zickerei. Genug geflirtet. Genug, allein nur mit dem Gedanken *gespielt* zu haben. Und ich muß sagen, ich bin für diese Erfahrungen sehr dankbar. Es hat mir sehr viel über mich mitgeteilt. Nach diesem Erlebnis habe ich Selbstverständlichkeiten hinterfragt, mein übliches männliches Verhalten, die Rechte, die ich mir gegenüber Frauen herausnahm. Ich habe danach eigentlich alles neu definiert. Ich brauche Zeit, um Vertrauen zu jemanden zu entwickeln. Ich bin preußisch erzogen und körperlich nicht besonders freizügig. Ich wollte immer für die Liebe zum eigenen Geschlecht werben, denn darin liegt eine Erweiterung des Horizonts. Männer wissen nichts über andere Männer, sie machen ihnen Angst. Sie wissen nicht, wie sich Nackenhaar oder eine harte Schulter anfühlt. Für mich bedeutet die Berührung von Haut zu Haut eine ganze Menge: Menschliche Dimensionen sind attraktiver als rein sexuelle. Die Einordnung in Schwule, Lesben und Heteros geht mir auf den Wecker, alle solche Kategorien sollten geschlossen werden. Die Erweiterung der *Sensualität*, zu der eben auch die Affinität zum eigenen Geschlecht gehört, ist eine Haltung, die modern und wichtig ist. Nicht nur in der Mode spielt die heutige Jugend mit sozialen Geschlechtrollen von Männlichkeit und Weiblichkeit. Auch das Spiel mit sexuellen Orientierungen ist universell und losgelöst von festen Kategorien: Diese neuen Typen, die überall auftauchen, verkörpern tatsächlich etwas Neues: das sind Menschen, die man gar nicht fragt, ob sie schwul oder lesbisch, hetero oder bi sind. Das wäre auch völlig anachronistisch, denn ihre Identität, ihre ganze Art ist *fließend* und *spielerisch*" (aaO:108).

Derjenige, der jugendlich ist, die Welt noch entdecken, verändern und revolutionieren will, der am Anfang seiner Entfaltung steht - der muß auf das *Spiel* setzen und anfangen, mit verschiedenen Vorstellungen zu experimentieren, um die eigene zu entdecken. Der Jugendliche, der mit verschiedenen Vorstellungen experimentiert, sollte dabei darauf achten, daß er andere nicht verletzt, wenn er spielerisch (mit ihnen) experimentiert, da enttäuschte Liebe aufgrund der Orientierungslosigkeit eines Partners sehr verletzen kann.

Spielerische Sexualität kann dabei in verschiedenster Hinsicht sinnvoll sein: Sexualität hat einen Identitätsaspekt, einen Beziehungsaspekt, einen Lustaspekt, einen Regenerationsaspekt für die Psyche und ggf. auch einen Fruchtbarkeitsaspekt. Die sogenannte Empfängnisverhütung bei verschiedengeschlechtlichen Paaren - die heute auch eine Aidsverhütung ist - dient auch als Möglichkeit des heterosexuellen *Lustgewinns.*

Qualitativ unterscheidet sich Homo- und Hetero-Sexualität nicht. Wie Sexualität ausgedrückt wird, wie sie gelebt wird, ist bei *jedem* Menschen verschieden. Und das, was wir tun ist nicht ausschließlich Zwängen unterworfen. Wir haben eine Grundausstattung, was unsere Erziehung, Gene, das Nervensystem, die Organe, Hormone und die Gesamtsteuerung des Organismus betrifft, doch wird Sexualität stets von vielen inneren und äußeren sowie psychologischen Faktoren beeinflußt, unterdrückt oder gefördert. Was uns sexuell anspricht, hängt von unserer Gesamtpersönlichkeit, dem Umfeld, in dem wir leben und konkreten Erfahrungen aus der eigenen Erziehung ab. Es ist also kein Widerspruch, wenn wir sagen "Der Mensch ist einerseits von Geburt an Sexualwesen, andererseits muß Sexualität als konkretes Verhalten gelernt und eingeübt werden" (BZgA1994:13). Manche Menschen meinen, Sexualität sei dasselbe wie Geschlechtsverkehr. Das ist eine sehr begrenzte Sichtweise, die besonders von jungen Schwulen und Lesben kritisiert wird. Sexualität hat zu tun mit Intimität, Zärtlichkeit, Streicheleinheiten, dem Erleben und Ausleben von Phantasien, hat zu tun mit Vertrauen und Sich-Öffnen, es gehört Lebensfreude dazu, bedeutet regenerative Gesundheit, persönliche Weiterentwicklung und Lust sowie tiefe menschliche Beziehung und Bindungen zu schaffen, fortzuführen und zu begleiten.

Es muß daher angestrebt werden, die falschen Klassifizierungen von homosexuell, bisexuell und heterosexuell zu überwinden: Auf die Frage, ob jemand homosexuell oder heterosexuell ist, sollte jeder antworten lernen: Ich bin *sexuell*. Homo- und Hetero-Sexualität in der jeweiligen Liebesbeziehung unterscheiden sich qualitativ nicht.

Derjenige aber, der in gefestigte Bahnen kommen will, ein Interesse an *Stabilität* hat, muß auf eine *Ritualisierung* seiner Verhaltensweisen setzen, auf die Ausformung einer relativ gefestigten Identität: Das *Spiel* zur Erkundung der sexuellen Dimension(en) läuft mit den nunmehr einmal etablierten und *gefestigten Regeln* ab. Die Frage ist zunehmend im Zuge des Älterwerdens (z.B. bei dem Eingehen einer Partnerschaft oder auch der Berufsrolle), wie groß darf mein Spiel-Raum sein, damit ich Stabilität wahren kann? Ist die sexuelle Orientierung ersteinmal durch das Spiel mit verschiedenen Optionen erkannt, muß sie anerkannt und gelebt werden.

Letztlich leben wir im Zuge des Älterwerdens mit einem *festen* Partner zusammen, spätenstens hier müssen wir uns zu *einer* Identität bekennen, in einer verschiedengeschlechtlichen oder gleichgeschlechtlichen Lebensgemeinschaft zu leben. Auch das ist eine neue Perspektive der Forschung, die sich aus oben geschilderten Sachverhalt ergibt: es kommt der Sexualwissenschaft zunehmend darauf an, daß es nicht so sehr um sexuelle Orientierungen geht, sondern darum, daß "Partnerschaften gelingen" und welche sozialen Bedingungen dazu beitragen.

Das Coming-Out bezeichnet dabei auch den Prozess, zu lernen, für sich und bei anderen zu sagen (sagen zu können), was man will. Das Spiel bedeutet auch immer Unsicherheit. Letztlich müssen wir uns zu *einer* sexuellen Orientierung bekennen, um Sicherheit in der Bewältigung des alltäglichen Lebenswelt zu erreichen. Der Bisexuelle befindet sich oft immer noch im Stadium des Erkundens der sexuellen Dimension: Er weiß noch nicht, was er sagen soll, was er lieber hat.

Es ist besser, zu seiner grundlegenden homosexuellen Orientierung zu stehen, sich dazu zu bekennen, als diese immer wieder zu verdrängen, oder sich eine spielerische Identität des Bisexuellen selbst vorzumachen, weil wir glauben, die Etikettierung "homosexuell" nicht ertragen, nicht aussprechen oder im Alltag durchsetzen zu können. Dem Bisexuellen haftet immer das Urteil an, nicht wirklich zu seiner Homosexualität stehen zu können.

Anders als bei dem Bisexuellen, der meint, noch mit beidem spielen zu müssen oder mit der Homosexualität als alleinige Orientierung noch nicht richtig spielen zu können - setzt dies, sich zu seiner grundlegenden Orientierung der Homosexualität zu bekennen, aber zunächst - in der Vorstellung des Coming-Out-ler - einen Umbau der persönlichen Identität voraus.

Die anderen müssen einen nun als Person sehen bzw. man selbst muß sich als Person in das Geschehen einbringen (können), die gleichgeschlechtlich und nicht verschiedengeschlechtlich flirtet, liebt und lebt.

Die heterosexuelle Persönlichkeit muß in ein gleichgeschlechtlich orientiertes Haus umgebaut werden - doch wie ist dies möglich, die *Säulen der Identität* umzubauen, alte Säulen einzureißen und neue Säulen aufzubauen, so daß das Dach der Persönlichkeit nicht auf das Fundament stürzt? Sieht die homosexuelle Heimat wirklich ganz anders aus als die heterosexuelle Heimat? (Um die Antwort vorgwegzunehmen: Am Ende nein, da sich gleichgeschlechtliche und verschiedengeschlechtliche Lebensgemeinschaften qualitativ nicht voneinander unterscheiden (müssen)).

Identitätsarbeit, die in den nächsten Kapiteln betrachtet wird, ist genau wie der innerpsychische Abbau von Homophobie, die Heranführung an die eigenen inneren Empfindungen - an den "Tümpel", wie Robert Bly sagt - ein jahrelanger Prozeß des Ausbauens dieser Entfaltung in der dialogischen Auseinandersetzung mit anderen Menschen. Eine *soziale* Identität entsteht nur, wenn wir mit anderen Menschen über uns und unsere Empfindungen sprechen. Wir bleiben ein Niemand, der die Welt sinnlos und depressiv erlebt, wenn wir den anderen nicht mitteilen, was wir sind, wer wir sind, oder was wir glauben, zu sein oder was wir lieber wollen.

Informationsteil 2
Bisexualität und sozio-sexuelle Entwicklung

Bücher zum weiterlesen:

Belgrad, Jürgen: Identität als Spiel, Westdeutscher Verlag 1994, S. 183-216

⊠**Bell, Ruth:** Wie wir werden, wie wir fühlen - Handbuch für Jugendliche über Körper, Sexualität und Beziehung, Reinbek 1990

⊠**Bly, Robert:** Eisenhans - ein [Kult-] Buch über Männer, München 1991, S. 9-47 (erster Abschnitt); auch abgedruckt in: Bly, Robert: Der Wilde Mann - Ein Modell der Männlichkeit; in: Psychologie heute, Juli 1991, S. 20-31

Bodenheimer, A.R.: Verstehen heißt antworten!, Frauenfeld 1987

Brokmann, Angela: Spielarten der Sexualität, Hamburg 1993

Dobrick, Barbara: Abschied von den Kindern - Loslassen und sich neu begegnen, München 1996

Goos, U.: Sexualwissenschaftliche Konzepte der Bisexualität von Männern, Enke Verlag 1995

Gutschke, Kerstin: Ich ahnungsloser Engel - Lesbenprotokolle, Berlin 1991

⊠**Haeberle, Erwin / Gindorf, Rolf (HG):** Bisexualitäten - Ideologie und Praxis des Sexualkontakts mit beiden Geschlechtern, Stuttgart 1994

⊠**Hentzelt, Frieder:** Hässliche Entlein: Die vorschwule Phase - Eine psychologische Untersuchung, gestützt auf Gespräche mit sechs schwulen Männern, MännerschwarmSkript, Hamburg 1994

⊠**Hopcke, Robert:** Carl Gustav Jung, Jungianer und Homosexualität, Olten 1993

Hüsers, Francis / König, Almut: Bisexualität, Stuttgart 1995

Huzinga, Johan: Homo Ludens, 1981

Kaminski, Ralf / u.a.: Eigentlich logisch: schwul! - Eine Coming-Out-Broschüre für junge Schwule, Initiative Schwule Jugend Schweiz, (ISBN 3-905035-02-2), o.J.

⊠**Kinsey, Alfred:** Das sexuelle Verhalten des Mannes (Sexual behavior in the human male), Berlin / Frankfurt am Main 1948

Klein, Fritz: Raster der sexuellen Orientierung nach Klein, abgedruckt in: Hüsers, Francis / König, Almut: Bisexualität, Kapitel: Von Kinsey zu Klein - die Entwicklung eines Paradigmas, Stuttgart 1995, S. 49ff

Kner, Anton / Abeln, Reinhard: Mut zur Begegnung - Wege aus der Einsamkeit, o.J.

⊠**Lowen, Alexander:** Narzißmus, München 1984

Miller, Alice: Am Anfang war Erziehung, Frankfurt am Main 1983

Mönch, Matthias: Elterngefangenschaft - Wege in die Freiheit, Arbeitstitel des bisher unveröfftl. Manuskripts, ca. 1990

Olivier, Christiane: Söhne des Orest - Ein Plädoyer für Väter, Düsseldorf 1994

Petersen, Loren: Das Weibliche im Mann, München 1994

Rich, Adrienne: Zwangsheterosexualität und lesbische Existenz, in: List / Studer: Denkverhältnisse - Feminismus und Kritik, Frankfurt am Main 1989

Richter, Horst-eberhardt: Eltern, Kind und Neurose - Die Rolle des Kindes in der Familie, Hamburg 1983, S. 71ff

Rumpf, Mechthild: Spuren des Mütterlichen - Die widersprüchliche Bedeutung der Mutterrolle für die männliche Identitätsbildung, Frankfurt am Main / Hannover, 1989

⊠>**Schellenbaum, Peter:** Homosexualität im Mann - Eine tiefenpsychologische Studie, München 1980

Schenk, Herrad: Wieviel Mutter braucht der Mensch? - Der Mythos von der guten Mutter, München 1996

⊠>**Tessina, Tina:** Homophobie, in: dies.: In guten wie in schlechten Tagen - Ratgeber für homosexuelle Paare, Reinbek 1991

Wardlaw, Carole: One In Every Family - Dispelling The Myths About Lesbians And Gay Men, 1995

Weiterhin verwendete Literatur:
siehe Anhang.

Didaktische Fragestellungen 2:
a) Welche Bedeutung haben Initiationsrituale für homosexuelle Jugendliche?
b) Erzählen Sie ein Beispiel, wo Sie mit interner (externer) Homophobie zu tun hatten und wie Sie sie gelöst haben?
c) Wie kann ein Vater sein Kind unterstützen, daß es schneller und besser zu seiner Sexualität findet?
d) Wie kann eine Mutter ihr Kind unterstützen, daß es schneller und besser zu seiner Sexualität findet?
e) Auch wenn Sie manche Werte der Eltern nicht teilen könne, in welchen Bereichen waren Ihre Eltern Ihnen ein besonderes Vorbild?
f) Wann haben Sie bemerkt, daß man (ihre Mutter) Sie als erwachsenen Mann und nicht mehr als Jugendlicher betrachtete? Was änderte sich, als man Sie als Erwachsen ansah? Was war die neue Komponente der Männlichkeit? Was befreite Sie aus der Gefangenschaft der Mutter?
g) Was haben Sie Normbrechendes in ihrer Biografie getan? In welchen Bereichen konnte man mit Ihnen "Pferde stehlen gehen"?
h) Die sexuelle Orientierung kann nicht geändert werden. Schreiben Sie einen Brief an ihre Tante, indem Sie erörtern, warum Sie auch gar nicht "umgepolt" werden wollen.
i) Die Erziehung der Eltern hat keinen Einfluß auf die sexuelle Orientierung, sie ist vorgegeben und kann sich durch das Klima im Elternhaus lediglich schneller oder langsamer entfalten. Schreiben Sie Vorschläge auf, wie Ihre Eltern Sie bei der Erkundung der schwul-lesbischen Welt Sie unterstützen können.
j) Da niemand über seine sexuelle Orientierung selbst bestimmen kann entfallen damit auch alle moralischen Bewertungen an sich. Schreiben Sie einmal nieder, was das Positive an der Beziehung einer gleichgeschlechtlichen Lebensgemeinschaft ist.
k) Die Ausprägungen der sexuellen Orientierung (homo, hetero, bi, Zwischenstufen) sind nicht zwangsläufig mit den Ausprägungen der Variablen Geschlecht (männlich, weiblich, Mischanteile) verknüpft. Was bedeutet das für die Geschlechtsrolle von Schwulen (Lesben)?

l)   Warum ist die Anima-Integration von Schwulen ein Mythos? Was läßt sich zum Anima-Animus-Konzept sagen?

m) Die Forschung kommt zu dem bahnbrechenden Ergebnis: die drei Variablen der sexuellen Identität - anatomisches (biologisches) Geschlecht, soziokulturelle Geschlechterrolle und sexuelle Orientierung - dürfen nicht miteinander verwechselt werden. Zeigen Sie, warum eine solche Trennung notwendig ist und was es für Schwule und Lesben bedeuten würde, wenn man eine solche Trennung nicht vornehmen würde.

n) Der Sexualitätsaspekt ist nicht mehr der entscheidende, sondern schwule bzw. lesbische Paare sind eine Liebes- und Lebens-Gemeinschaft mit all ihren Sozial-Dimensionen. Wofür genau interessiert sich heute die Forschung über Homosexualität und gleichgeschlechtliche Lebensgemeinschaften?

o) Welche Aspekte beinhaltet Sexualität?

p) Warum bedeuten Verhinderung, Bekämpfung, Restriktion des Persönlichkeitselements "Sexualität" einen tiefen, schwerwiegenden Eingriff in die Persönlichkeit und Privatsphäre des Menschen? Erklären Sie, warum es wichtig ist, homosexuelle Liebe auch körperlich zu erleben, und welche Bedeutung es für ihr Selbstverständnis hat.

q) Soziosexuelle Entfaltung meint, seine ganz individuelle und vorgegebene sexuelle Dimension leben zu lernen. Beschreiben Sie, was Sie selbst jahrelang davon abgehalten hat, sexuell zu experimentieren? Oder was den Reiz ausmachte, Sexualität zu erfahren?

r) Berechnen Sie den Anteil der Bisexuellen (Homosexuellen) auf der Grundlage von Kinsey für Ihre Stadt (bzw. Ihren Stadtteil).

s) "Nur 50 Prozent aller Männer haben keine homosexuellen Erfahrungen mit einem anderen Mann" und haben stattdessen heterosexuellen Geschlechtsverkehr; sie gehen `nur mit Frauen´ ins Bett. Lediglich jeder zweite Mann ist ausschließlich heterosexuell. Was meinen Sie, was entgeht diesen Menschen, die diese gleichgeschlechtliche Erfahrung nicht machen?

t) Erklären Sie, warum Sie meinen, (nicht) bisexuell zu sein.

Kapitel 3

3. Die innerpsychische Bewußtwerdung einer Empfindung (Inning)

Handbuch `Engagierte Zärtlichkeit´

Gedichtsinterpretation in der Schule: "Umschalten"

Identität als Stellungnahme zu sich selbst

Psychologische Aspekte der Adoleszenz

Coming-Out - Kein Punkt, sondern ein Prozeß

*Die soziosexuelle Entwicklung der Identität –
Perspektiven im Vergleich zwischen homo- und heterosexuellen Jugendlichen*

Ermutigung zu einem selbstbestimmten Leben - Und nun geh´ Deinen Weg...

Informationsteil

Gedichtsinterpretation in der Schule: "Umschalten"

„I don´t drink coffee - I drink tea, my dear!
I´m an Englishman in New York.
Be Yourself - no matter what they say."
Sting.

Umschalten

Umschalten steht auf dem Drucker. Umschalten. Wie eine Fernbedienung für die Glotze. Einfach den Sender wechseln. Den Moderator zum Schweigen bringen; das Fußballspiel, das der Heimatverein zu verlieren droht, abbrechen. Von MTV auf VH-1 wechseln.

Es geht nicht.

Es wird nicht funktionieren. Ich kann meine Situation nicht ändern und irgendwo ist es der Lebenswille, die Fähigkeit zu kämpfen, zu schreien, die anderen anzuflehen, zu sagen, daß es mir schlecht geht. Es ist Mai, Geburtstagsmonat, Frühlingsmonat und bald sind sie nun vorbei, die letzten 21 Jahre.
Ich fühle mich als würde ich von einer Beerdigung kommen, als wäre später Herbst, fast Winter. Eiseskälte in mir. Die Seele erfroren, das Herz eingeschrumpft. Nur die Seele ist größer geworden. Die Suche, die Sehnsucht gestiegen. Nicht auf Brechen und Biegen, aber um zu leben, zu lieben, will ich mich öffnen, viel weiter als bisher. Will Dich finden; will mich binden.
Doch wann werde ich lieben?
Mit Herz und Verstand und allen meinen Trieben? Kein Tag, an dem ich nicht an Dich denke, wer auch immer Du bist. Seit einer Ewigkeit habe ich Dich vermißt und noch nicht gefunden.
Dich zu küssen vom Kopf bis zum Fuß und dort, wo Du es am meisten spürst. Deine Haare zu durchwühlen, Dir die Kopfhaut zu kraulen; Dich zum Lachen zu bringen, mit Grimassen und Fratzen. Dich zu streicheln, zu berühren, wie einen Hauch schwüler Luft. Deinen Atem aufzusaugen. Deine Haut zu riechen, mich in Dich verkriechen, Dich zu berühren, zu verführen, Dir die Kleider vom Leib zu reißen, Dir ins Ohrläppchen zu beißen. Einfach Deine Nähe zu genießen, Dich im Schlaf atmen zu hören.
Das Vertrauen zu spüren.
Dir wortlos in die Augen zu schauen und Dich visuell zu verschlingen und vor allen Dingen: das Lächeln in deinen Augen zu finden.

Ich will Dich lieben, Dich an mich binden, doch wo werde ich Dich finden?

Quelle: Ohne Autor, aus der Zeitschrift Fliederlich Nürnberger Post, Nr. 114/95:7

Identität als Stellungnahme zu sich selbst

> *Befriedigende Identitätsarbeit ist nur möglich, wenn der andere `weiß´, wer ich bin. Dazu muß ich dem anderen deutlich machen, wer ich bin. Das kann ich nur, wenn ich `weiß´, wer ich bin, und das hängt wiederum davon ab, was ich bislang aus meiner Umwelt erfahren habe über mich und wie ich diese Erfahrung über mich selbst zu einem Bild über mich selbst zusammenfüge, von dem ich sage: `Das bin ich!´*
> H.P. Frey / K. Haußer in ihrem Buch `Identität´ (Stuttgart 1987:6)

Der Mensch ist in seinem sozialen Dasein mehr als die Summe seiner Teile. Diese hochkomplexe Ganzheit nennen wir *Persönlichkeit*, die wir aus unterschiedlichen Blickwinkeln betrachten können. So lassen sich verschiedene Eigenschaften erkennen, wie die Gefühle, der Antrieb, Formen des Denkens, der Werte und Auffassungen, Rollen im sozialen Feld, Erfahrungsinhalte und auch des Selbstbewußtseins. Diese Eigenschaften der Persönlichkeit sind untereinander verknüpft und Veränderungen einzelner Merkmale bewirken auch eine andere Konstellation der anderen Merkmale im Persönlichkeitsgefüge. Menschsein ist darüberhinaus an einen lebenslangen *Entwicklungsprozess* gebunden: "Identität kann also nicht auf der Ebene einzelner Eigenschaften oder einzelner Merkmale bestimmt werden!" (Schneider aaO:35f). Die Tatsache, daß sich jemand heterosexuell verhält, heißt also nicht, daß wir von einer Identität "der Heterosexuelle" sprechen können, gleiches gilt für "Homosexuelle": Die Identität "des Homosexuellen" gibt es nicht. Es gibt Menschen mit unterschiedlichen Persönlichkeiten, die Betrachtung ihrer Sexualität ist nur *ein* Bestandteil ihrers Lebens, ihrer Verhaltensweisen, ihrer Persönlichkeit, ihres Daseins.

Und dennoch gibt es im bewußten Erleben Zustände, in denen man *seiner selbst* gewiß ist, in denen man sich heute, wie in der Vergangenheit und Zukunft als *derselbe* fühlt. Andere Menschen können in verschiedenen Situationen behaupten: Das, was er äußert; das, was er tut; das, wie er fühlt; wie er sich verhält - das ist wieder typisch für ihn, er ist *derselbe*!

In Erlebnisreaktionen erkennen wir oft etwas als "uns zugehörig", ich reagiere, wie ich es für mich gewohnt bin - so scheint in diesen Erlebnisreaktionen so etwas wie *Identität* mitzuschwingen.

Holger Kurt Schneider arbeitet heraus, daß Identität - als sicheres Gefühl für uns selbst - durch eine *Stellungnahme zu sich selbst* entsteht: "Ein solches Gefühl im Sinne eines bewußten, gefühlhaften Wissens kommt zustande durch eine den Erlebnisakt gleichzeitig begleitende Stellungnahme zu sich selbst" (aaO:37). Indem ich diese bewußte Stellungnahme erfahre, erfahre ich Identität. Sie ist also nicht im Bereich spontaner, unreflektierter Erlebniswelten anzutreffen, auch läßt sie sich nicht durch einen einzelnen Vergleich spontaner Erfahrungen, die man aus dem Persönlichkeitszusammenhang herauslöst, realisieren.

Zur Identität gehört eine Lebens*geschichte*, die eine *ganzheitliche* Persönlichkeit erfahren hat. Das zeitliche Moment konstituiert u.a. die Identität eines jeden Menschen, die also nicht nur den `Augenblick´ umfaßt, sondern auch die Vergangenheit und, in gewisser Hinsicht, auch die Zukunft. Man ist, was man "heute" ist, was man "gestern" (nach dem Coming-Out) war und was man "morgen" sein wird.

Wenn wir einen Mann wegen seiner auf uns wirkenden erotischen Ausstrahlung bewundern, ist diese Erlebnisreaktion bei schwulen Menschen nicht nur auf einer schwulen Party, sondern in vielen Situationen gegeben, in der Geschichte des Individuums wird sich der einzelne nicht nur gestern und heute, sondern auch morgen von der Ausstrahlung eines Mannes begeistern lassen.

Im Laufe der Zeit nimmt man zur Kenntnis: "Ich finde Männer anziehend. Ja, ich finde Männer anziehend, so war es - nachdem ich es entdeckt habe - immer und es ist etwas, was mein Erleben bestimmt. Daß ich auf Männer `stehe´ - das ist etwas, was mich ausmacht. Es ist ein Teil meiner Wahrnehmungen, meiner Erlebnisreaktionen, meiner Persönlichkeit - aber eben nur ein Teil, aber ein integrierter Teil!"

Was ist Identität?
Flagge zeigen: Die Stellungnahme zu sich selbst
führt zu innerer Sicherheit

Identität ist den sogenannten verarbeitenden psychischen Funktionen zuzuordnen, wobei der Begriff der Identität nur dann angewendet werden kann, wenn es dem Menschen gelingt, aus sich herauszutreten, sich selbst zum Objekt zu werden; zum Objekt seiner reflektierenden und fühlenden Fähigkeiten. Identität kann subjektiv erfahren werden als ein *reflektierendes* Erfassen und/oder das Gefühl eines "mir zugehörig", "mit mir selbig sein". Wenn man in Betracht zieht, wie verunsichernd sich die Erfahrung auswirken kann, wenn eine Person eine Handlung oder ein Gefühl nicht mit dem (bisherigen) Bild in Einklang bringen kann, das sie von sich selbst hat, dann wird deutlich, daß Identität eine wichtige Grundlage für die *psychische Stabilität* ist. Psychische Stabilität aber verbindet sich häufig mit dem positiven Gefühl *innerer Sicherheit*. Unter diesen Voraussetzungen wird nun Identität gerade zu einem wichtigen Begriff im Hinblick auf die seelische Gesundheit und die seelische Belastbarkeit. Besitzt man eine unbeschädigte Identität, so ist man in der Lage, die persönliche Identität in der Interaktion mit anderen Personen einzubringen und darzustellen, d.h. die eigene Identität mit geeigneten Mitteln vorzutragen, zu seiner Identität Stellung zu nehmen (*Identitätspräsentation*). Ein Mensch muß Flagge zeigen. Er muß sich vor anderen "zu sich selbst" bekennen. In der Verinnerlichung wird Identität von dem einzelnen als das personale Kontinuum empfunden, in dem seine Erfahrungen, Handlungen und Zielsetzungen organisiert sind und in denen er sich als *sinnvolles* Ganzes in dieser Welt erlebt. Identität ist die Nahtstelle, an der sich die Erfordernisse einer psychosozialen Umwelt mit den primären, konstitutionell verankerten Antrieben und den Lernerfahrungen des Menschen zur Einheitlichkeit und Sinnhaftigkeit *eines* Lebens verdichten. Die *sozialpsychologische* Identitätsperspektve betrachtet das "Ich in der Gruppe" (während hingegen Soziologen die Gruppe betrachten und Psychologen das innerpsychische Geschehen *eines* Menschen). Unter Ich-Identität wird ein ständiger Balanceakt verstanden zwischen der Individualität einer Person ("personale Identität") und den von außen (von der Gruppe / Gesellschaft) an die Person herangetragenen Erwartungen ("soziale Identität"). Gelingt die Balance nicht, kommt es, wenn die Anpassung an die Erwartungen zu weit geht, zu einer Selbstentfremdung oder, wenn sie zu gering ist, zu der Wahrnehmung einer (tatsächlich oftmals gar nicht vorhandenen) Stigmatisierung und damit zu Leidensdruck im Selbstwertgefühl der Person. Soziale und persönliche Identität soll im interaktiven Dialog mit anderen unter einen Hut gebracht werden (*Bildung einer Ich-Synthese* zum Ende der Adoleszenz etwa mit Mitte zwanzig). Die Identität bleibt ein Leben lang krisenanfällig. In diesem Zusammenhang weist Identität auf einen hochkomplexen Zusammenhang hin, in dem sich Denken und Fühlen auf einem hohen Integrationsniveau verdichten. Kennzeichnend für Identität ist das Gefühl von *Kontinuität* und *Konsistenz*. Sein Fehlen weist auf eine *Identitätsdiffusion* hin. Der Sinn des Lebens besteht darin, "Spuren" zu hinterlassen, d.h. in seiner Identität greifbar zu sein, die sexuelle Identität nicht ausgeblendet zu lassen, sondern dazu zu stehen. Wer sich verhüllt, die Spuren im Sand wieder verwischt, nicht zu seiner Identität steht, wird sein Leben niemals als sinnvoll, sondern als sinnlos und deprimiert empfinden. Wenn die eigene Existenz nicht als brüchig erfahren wird, dann stellt sich die Sinnfrage zunehmend weniger. Der (Verfolgungs-)*Wahn* z.B. ist der Extremfall einer solchen Diffusion (Flucht vor dem (vorgestellten) "homosexuellen Verfolger" wie Sigmund Freud sagt, bei den Menschen, die noch nicht zu ihrem eigenen Schwulsein stehen können: Verfolgungswahn muß daher auch immer auf die Flucht vor den eigenen gleichgeschlechtlichen Empfindungen hin untersucht werden). Identität gipfelt daher in *der Stellungnahme des Individuums zu sich selbst*: Identität heißt, zu sich zu stehen und sich nicht immer wieder vor anderen auf die Flucht zu begeben, sich nicht durch andere verfolgt zu fühlen oder in andere Ersatzwelten (Theaterwelt, Computer, Sport, Wissenschaft) zu flüchten. Identität ist, sich im Dialog mit anderen selbst einzubringen, wer man ist (*Identitätspräsentation*), aber auch die Erwartungen der Anderen zu managen, um eine Synthese, einen Kompromiß beider Aspekte zu erreichen. Diese Anforderungen, soziale Situationen zu managen nennen wir *soziale Kompetenz*, in der Schwule und Lesben nach ihrer Coming-Out-Entfaltung oftmals bestens erprobt sind (vgl. aaO).

Identität ist daher als das Ergebnis eines *psychischen Verarbeitungsprozesses* aufzufassen, dem organische, psychische und soziale Muster ganzheitlich zugrunde liegen. In der erlebten und gewonnenen Identität haben besonders soziale Gesichtspunkte eine Bedeutung, weil der Mensch als ein "soziales Wesen" in einer ständigen, auf Austausch gerichteten (reziproken) Beziehung zu seiner Umwelt lebt.

Der einzelne übernimmt die Regeln der Gruppe, der er angehört. Er identifiziert sich mit den Normen und Vorstellungen. Die soziale Gemeinschaft verleiht auf diese Weise seinem Leben und Verhalten *Sinn* und Bedeutung. Ganz wichtig sind in diesem reziproken Prozeß die *Erwartungen,* die an einen Menschen von Seiten der sozialen Umwelt herangetragen werden und die ein Mensch an seine Umwelt stellt; denn das Bewußtsein des Individuums wird von den Gruppen, in denen es lebt, vermittelt: Jeder erfährt sein Sein wie in einem *Spiegel* zuerst durch die Reaktionen seines sozialen Gegenübers. Da sich die Identität im sozialen Kontakt bildet und die Art der Identität mit der Art des sozialen Kontaktes und der Gruppe variiert, besteht eine direkte Abhängigkeit zwischen der Art des Identitätsbewußtseins und der Art der Gruppe, in der man lebt. Die Gruppe, zu der das Individuum gehört, kennt nicht nur die Handlungsweise des Individuums, sondern sie hält sie ihm auch vor und rechnet sie ihm zu, d.h. das Handeln wird "eingebaut" und strahlt zurück, was wiederum als individueller Lernprozeß für jeden einzelnen zu betrachten ist. In ihm verinnerlicht der Handelnde das "sich-selbst-begreifen" und das "sich-selbst-zurechnen." So trägt die soziale Gruppe zur Definition, Abgrenzung und Fixierung der Rolle bei. Das Individuum erfährt, welche Rechte, Pflichten, Neigungen, Handlungsmöglichkeiten und Zuständigkeiten mit diesen Rollen verbunden sind (vgl. Terson de Paleville aaO). Wichtig ist dabei die Nachahmung (*Imitation*) von Vorbildern und die *Identifikation* mit Vorbildern sowie die *Ablösung* von diesen Vorbildern während der späteren Pubertät und Adoleszenz.

Aus diesen besonderen Reaktionen und Lernprozessen, die das Kind und der Jugendliche vor dem Hintergrund sich entwickelnder gedanklicher und affektiver Funktionen in der Auseinandersetzung mit der sozialen Umwelt zeigt, entsteht als zentraler Punkt jeglicher Persönlichkeitsausformung ein *Ich-Bewußtsein*. Identität (als integrativer Verarbeitungsprozess) erhöht die individuelle Besonderheit / Einzigartigkeit des einzelnen, hebt seine Person als eine Ganzheit vor dem Hintergrund seiner sozialen Umgebung ab.

Ich-Entwicklung und Identitätsfindung sind zusammenhängende und sich ergänzende Vorgänge in der Entwicklung. Unter *Ich* verstehen wir ein organisiertes System von Haltungen, Einstellungen und Motiven, das den Kernbereich der Persönlichkeit repräsentiert und ihr Einmaligkeit, Gleichheit und Unverwechselbarkeit verleiht. Dieses System unterliegt wie alles im psychischen Bereich einer Entwicklung. Nach psychoanalytischer Auffassung versteht man unter Ich also die Instanz des psychischen Apparates, die zwischen Individuum und Realität sowie zwischen *Es*

(Triebe) und *Über-Ich* (Normeninstanz) vermittelt. Sie ist verantwortlich für die intrapsychische Verarbeitung und Regulation aller Außenwahrnehmungen und damit für die Organisation der persönlichen Erfahrung. Verwandte Begriffe sind das *Selbst* als Inbegriff der individuellen Wahrnehmungen und Erinnerungen sowie weiterhin das *Selbstkonzept* (*Selbstbild*) als Abstraktion aller wesentlichen Kennzeichen des Selbst in der eigenen Sicht und in der Sicht der anderen (zit. n. s. Remschmidt aaO:111).

Der Jugendliche, der seine innerpsychische Welt von einer heterosexuellen Deutung der Lebenswelt zu einer homosexuellen Deutung umorientiert, muß Neues hinzulernen und es bedeutet zunächst zugleich eine grundlegende Umorientierung in seinem Identitätsentwurf. Die Identitätsentwicklung baut (dann in der Regel) auf der sexuellen Orientierung auf und ist nicht mit ihr zu verwechseln. Die neue Identität ist nach dem Coming-Out oft erst nach einigen Jahren stabil und gefestigt, zumal der Coming-Out-Prozeß selbst über Jahre dauern kann und mit der Identitätsentwicklung, der Herausbildung einer Persönlichkeit, die gleichgeschlechtlich liebt, einhergeht.

> *„Die Gene sind es nicht -*
> *Schwulsein, das hat man sich hart erarbeitet"*
> Leserbrief im Magazin „Der Spiegel"

Angeboren oder ansozialisiert?

Die menschliche Entwicklung wird entscheidend durch *soziale* Einflüsse und *soziale* Erfordernisse mitbestimmt. Identität entsteht in einem *Entwicklungsprozeß*: Erik Erikson (aaO) hat die Ich-Entwicklung in einem Entwicklungsgang in verschiedenen Phasen beschrieben: In dem Entwicklungsprozeß ist ein wesentlicher Bereich die Entwicklung des "Ich-Gefühls", des "Ich-Bewußtseins", oder des "Selbst". Von George Herbert Mead (aaO) wurde sehr anschaulich formuliert, daß sich die Erfahrungen an der Schnur der Identität zur Gestalt und Ganzheit unseres Lebens organisieren. Identität ist also eng mit der *Sinnhaftigkeit* unseres Lebens verknüpft. Sinnlos, leer und depressiv fühlen wir uns, wenn wir noch keine Identität ausgebildet haben, dieses aufschieben und z.B. nicht zum Schwulsein stehen wollen. Wenn wir Identität mit der Einmaligkeit und individuellen Besonderheit eines Menschen in Zusammenhang bringen, so stellt sich die Frage, ob Identität von

Geburt an vorhanden ist oder ob sich diese erst im Laufe eines Lebens entwickelt: "Es besteht Einigkeit darüber, daß der Mensch bei seiner Geburt *keine* Identität besitzt und daß sich diese erst im Laufe der Entwicklung bilden muß" (Schneider aaO:39).

Das Schwulsein selbst, die sexuelle Orientierung aber ist unabänderlich vorgegeben. Die Frage, ob es erbbedingt bzw. genetisch bedingt ist, wird und hat bisher keine ernsthaften Resultate gebracht und ist auch nicht mehr forschungsrelevant, da sich die Erkenntnisfrage geändert hat (vgl. Kap 2: Niemand würde fragen, warum ein schwarzer Mensch dunkle Haut hat, sondern interessant ist, wie er sich als Dunkelhäutiger in soziale Situationen einbringt. Selbst wenn früher argumentiert wurde, daß die sexuelle Orientierung möglicherweise anerzogen wäre, ist beim Coming-Out die bisherige Entwicklung des Jugendlichen nicht mehr umkehrbar, da man nicht die ganze Kindheit "umstülpen" kann - dann würde man von seiner gesamten bisherigen Persönlichkeit abweichen, seine Individualität aufgeben.

Der Forschungsstreit zwischen "anerzogen" bzw. "vererbt", ist daher am Ende keiner mehr: Weder die "Gene", noch die "Kindheit" können ausgelöscht werden, um Heterosexualität zu verhindern, darum ist diese Frage nach den Entstehungsgründen von Heterosexualität bzw. Homosexualität müßig, es ist einfach so und die Sexualität muß gelebt werden. Daher haben sich auch die Forschungsfragen in den 1970er Jahren von den Ursachen der Heterosexualität wie der Homosexualität abgewandt hin zu Fragen des gelebten Alltags, den sozialen Dimensionen von zärtlich handelnden Menschen.

Die sexuelle Orientierung ist vorgegeben, sie entwickelt sich nicht durch Erziehung oder Sozialisation. Die Entfaltung der Persönlichkeit hingegen - auf *Grundlage* der *unabänderbar vorgegebenen* sexuellen Orientierung - ist hingegen durch vielerlei Sozialisationserfahrungen beeinflußt, z.B. ob jemand sein Entdecken und Bejahen der sexuellen Orientierung überhaupt gestalten kann, sein Coming-Out gegen große oder kleine Widerstände im sozialen Milieu durchführen muß, wie er sich in das soziale Geschehen und den Dialog mit anderen einbringt, welche Werthaltungen, kognitive Repräsentationen und Wissensbestände er über Homosexualität ausbildet etc..

Die sexuelle Orientierung kann nur *gelebt* werden - dieses ohne große Hindernisse im sozialen Milieu umsetzen zu können, ist aber von den Mitmenschen abhängig, die das biografische Älterwerden des Menschen (seine Entwicklung), die die *Entfaltung* der Persönlichkeit (z.B. Coming-Out oder Stigma/Charisma-Management etc.) mitgestalten und die die Identität des Menschen und des Schwulen oder der Lesbe mit-prägen.

Die (soziale und psychische) Identität des Menschen wird durch die Umwelt entscheidend geprägt, die sexuelle Orientierung ist vorgegeben. Die sexuelle Identität hingegen meint, wie jemand es lernt, den Umgang mit seiner sexuellen Orientierung zu managen und diese in sozialen Situationen dialogisch einzubringen, um so eine Persönlichkeit zu sein.

In der Zeitperspektive des Lebensverlaufes verleiht Identität dem Individuum eine klare *Kontinuität*. So kommt Holger Kurt Schneider zu dem Schluß, daß "der Mensch, als Mitglied einer Gesellschaft, *eine* Identität hat, wobei sich diese Identität in Facetten aufsplittern kann. Facetten der Identität beziehen sich meist auf die unterschiedlichen sozialen Rollen, die eine Person innehat. So ist die berufliche Rolle eine andere als die Rolle, die man in der schwul-lesbischen Freundesgruppe oder der Familie hat. Trotz unterschiedlicher Rollen aber muß - das ist das Bedeutsame - das Ich, bzw. *das Selbst als eine übergreifende Einheit im Sein des Einzelnen* erhalten bleiben" (Schneider aaO:38f).

Formen der Identität: Schwule bzw. lesbische Identitätsentwicklung

Es werden verschiedene Formen der Identität unterschieden: Dabei können progressive, regressive und stagnierende Verläufe unterschieden werden. Progressive Verläufe erreichen über das Moratorium - eine Art Schonraum oder Rückzugsbereich (wie ihn z.B. die Geborgenheit in der Familie darstellt) - die erarbeitete Identität, regressive Verläufe enden bei einer diffusen Identität und stagnierende Verläufe verweilen entweder bei der übernommenen oder bei der diffusen Identität:

- *Diffuse Identität:* Bei der diffusen Identität geschieht keine Festlegung für Beruf, Werte, Einstellungen oder die sexuelle Orientiertheit. Alles ist im Unklaren. Das Selbstwertgefühl ist niedrig. Der kognitive Stil ist impulsiv und kennzeichnet sich durch eine extreme kognitive Komplexität. Die soziale Interaktion ist zurückgezogen, man fühlt sich von den Eltern nicht verstanden und hört auf Gleichaltrige und Autoritäten. Die diffuse Identität (wie auch die aufgeschobene Identität) tritt oft in der Adoleszenz bei der identifikatorischen Ablösung von den Werten der Eltern auf.

- *Zugeschriebene Identität:* Sie wird bestimmt durch Bedingungen, die der einzelne meist nicht selbst wählen kann. Die Zugehörigkeit zu einer bestimmten Rasse, einer Bevölkerungsgruppe, einer sozialen Schicht, einer Altersklasse, zum männlichen oder weiblichen Geschlecht führt dazu, daß wesentliche Elemente einer *Identitätsbildung durch Zuschreibung* festgelegt sind. Aber auch wenn zwei Männer eine besonders gute Freundschaft haben, kann ihnen die Identität von zwei Schwulen, unabhängig davon, ob es stimmt, von anderen zugeschrieben werden. Gegen diese Etikettierung und Attribuierung durch die Umwelt kann sich das Individuum kaum zur Wehr setzen. Oftmals konnte belegt werden, daß so angeheftete Etikette (label) sich wie eine Art selbsterfüllende Prophezeihung in die Wirklichkeit umsetzen: Der "Tänzer" oder der "Detlef", den alle seit seiner Kindheit immer irgendwo für schwul hielten, muß sich mit dieser gesellschaftlich zugeschriebenen Identität auseinandersetzen und nimmt diesen vorgehaltenen Spiegel möglicherweise - zumindest - fragend an sein Selbstkonzept an.

- *Aufgeschobene Identität - Moratorium:* Es findet eine gegenwärtige Auseinandersetzung in einem Rückzugsbereich (Moratorium) mit beruflichen, familiären, persönlichen und anderen Wertfragen statt sowie besonders auch die Auseinandersetzung mit der Frage nach der sexuellen Orientiertheit. Das Moratorium als Schonraum vor einer allzusehr fordernden Umwelt kann aber auch ein Aufschieben ohne Auseinandersetzung mit den anstehenden Fragen bedeuten, so daß die notwendige Identitätsentwicklung verdrängt wird. Im Intimitätsbereich werden daher z.B. keine sexuellen Beziehungen eingegngen. Der kognitive Stil ist reflexiv und komplex, zeitweilig können Depressionen auftreten.

- *Erworbene (mitgegebene) Identität:* Zu ihr gehören z.B. mit beruflichen Rollen verknüpfte Eigenschaften (Titel, Amtsbezeichnungen), aber auch frei gewählte Beziehungen und Mitgliedschaften. Es betrifft denjenigen, der unreflektiert bestimmte (z.B. schwule) Vorbilder sofort imitiert, ohne sich Alternativen zu überlegen oder zu suchen. Die erworbene Identität kennzeichnet auch die mitgegebene Identität, die man von zuhause aus oder aufgrund der Berufsrolle mitbekommt.

- *Übernommene (erstrebte) Identität:* darunter faßt man die Repräsentation jener Rollen zusammen, die im Laufe der Entwicklung aus unterschiedlichen Bedingungskonstellationen assimiliert werden. Die übernommene Identität impliziert daher einen etwas aktiveren Prozeß, einen Wunsch nach Übernahme einer unbewußt erstrebten Identität. Vielfach werden die Elemente der Identitätsbildung von einem *Vorbild* übernommen und *imitiert*. Sie werden nicht selten auch durch Erwartungen seitens der Umwelt bestimmt. Im Beruf oder bei den Einstellungen werden Werte übernommen, die von anderen wie den Eltern, z.B. dem schwulen Freund ausgewählt wurden. Allgemeine Beispiele sind in der Rolle des Helfers, des Büßers, des Überlegenen, des Unterdrückten, zu finden. Z.B. wird auch ein in der schwulen Diskoszene vorgefundenes schwules "Gehabe" als einzige Option des Schwulseins schnell imitiert. Der kognitive Stil ist bei der übernommenen Identität simpel und impulsiv.

- *Erarbeitete Identität:* Sie umfaßt die Elemente der Identitätsbildung, die man kraft *eigener* Bemühungen und Anstrengungen erlangt hat. Wer seine Art, schwul zu sein, durchdenkt und bewußter entscheidet, was und wie er sein will, bildet unter besonderen eigenen Anstrengungen seine Identität. Man legt sich auf Werte, Einstellungen, Verhaltensweisen und ein "Sich-Schwul-geben" nach eigenen Vorstellungen fest, die selbst aus einer breiteren Fülle ausgewählt wurden. Der kognitive Stil ist reflexiv und kognitiv sehr komplex. Im Intimitätsbereich besteht die Fähigkleit zu tiefen Beziehungen, nicht-defensive Stärke kann gezeigt werden und der Einsatz für andere ohne Eigennutz tritt verstärkt auf.

Ein "Doppelleben", die nicht gelungene Integration zweier oder mehrerer Rollenanforderungen hingegen, weist auf gespaltenes Handeln hin: Wenn ich mich aber vor Arbeitskollegen genauso gebe wie vor meinen Freunden oder in der Familie; wenn unterschiedliche Rollen zu *einer* Persönlichkeit, die in allen Situationen mit geeigneten Mitteln dargestellt wird, (konstant) vereinigt und (zeitlich langandauernd, kontinuierlich) integriert sind - dann erreichen wir die Unverwechselbarkeit des Einzelnen, sind wir unserer Identität als Person gewiß. Identität trägt so zur Konstanz und Kontinuität eines Verhaltens bei, wodurch der Einzelne für seine soziale Umgebung an Zuverlässigkeit, Verstehbarkeit und möglicherweise auch an Berechenbarkeit gewinnt. In diesem Zusammenhang begründet Identität die Einmaligkeit und Unverwechselbarkeit des Einzelnen gegenüber seiner Umwelt.

Identität ist also nicht im Wesentlichen ein Rollenproblem oder gar mit der Rollenübernahme umfassend zu erklären (vgl. f. a. die Kritik, Identität durch eine Rollentheorie aufzuspalten beispielsweise bei Bilden aaO). Rollen beeinflussen zwar die Identitätsbildung erheblich, die Kernbestandteile des Identitätsbegriffes - persönliche *Konstanz* und *Kontinuität* - lassen sich aber nicht auf die Rollenübernahme zurückführen.

Das Selbstkonzept entwickelt sich somit unter dem Einfluß primärer Sozialisationserfahrungen in der Familie; mit zunehmendem Lebensalter werden außerfamiliäre Einflüsse bedeutungsvoll. Es ist das Ergebnis einer Interaktion biologischer, psychologischer und psychosozialer Einflüsse im Verlaufe der Entwicklung. Es ist Grundlage für das *Selbstwertgefühl* (Gefühl des eigenen Wertes), das wiederum für das gesamte Verhalten eines Menschen und seine von ihm selbst erlebte Stellung in der Gemeinschaft von größter Bedeutung ist.

Identität umschreibt das persönliche Bewußtsein der Gleichheit, der zeitlichen Kontinuität und der damit verbundenen Wahrnehmung, daß andere diese anerkennen. Identität verkörpert einen Zustand, Identifikation bezeichnet den Vorgang (Prozeß) der Identitätsbildung. Letztere ist stets an andere Menschen gebunden, die vorübergehend oder dauerhaft als "Vorbild" dienen können. Identitätsbildung umfaßt also immer die Teilhabe an Gemeinschaften und kulturellen Gegebenheiten.

Die Entwicklung von Identifikationsverhalten und Identität ist ein kontinuierlicher Prozeß, der im frühen bzw. späten Kindesalter beginnt und zeitlebens nicht ganz abgeschlossen wird. Dennoch wird in der Adoleszenz eine gewisse *Konsolidierung* erreicht. Es vollzieht sich die Entwicklung der Geschlechtsrolle, die Übernahme anderer Rollen des Erwachsenenalters, die Entwicklung eines ausgeglichenen Verhältnisses zwischen Abhängigkeit und Unabhängigkeit und die Übernahme umschriebener Verhaltensweisen. Die Identifikation ereignet sich stets innerhalb sozialer Beziehungen. Darin nehmen die Eltern und elternähnlichen Bezugspersonen einen herausragenden Platz ein. Wichtig sind auch weitere Erwachsene mit Vorbildcharakter, soziale Bedingungen, konstitutionelle Eigenschaften und Persönlichkeits-Eigenschaften usw. *Ich-Entwicklung* und *Identitätsfindung* sind also zusammenhängende und sich ergänzende Vorgänge (vgl. Remschmidt aaO:112).

Mit zunehmender Reifung erfolgt eine realistischere Einschätzung der eigenen Person, wobei eine immer stärkere Unabhängigkeit von der Beurteilung durch andere wie Eltern oder Lehrer eintritt.

Das Coming-Out, das bewußte Bejahen der eigenen (schwulen bzw. lesbischen) Empfindungen, kommt somit einer "*zweiten Geburt*" oder einer neuen Zeitphase nahe, wo wieder nach Identifikationen gesucht und Neues gelernt wird: Nach dem Coming-Out bzw. im Zuge des Coming-Out-Prozesses wird eine "neue, zweite Sozialisation" gestartet, die mit der vorangegangenen integriert werden muß, aber auch einen Teil-Bruch mit der Kontinuität eines heterosexuellen Identitätsentwurfes bedeutet oder bedeuten kann.

Die Identität des Schwulen steht ferner im Spannungsfeld acht verschiedener Umwelten: a) der Familie, b) der Schule, c) dem Beruf, d) den (heterosexuellen) Peers, e) den schwulen bzw. lesbischen Peers, die man über eine Online-Dating-App oder in einem Kommunikationszentrum findet, f) der (intimeren) Partnerschaft, die sich aus den Peers (d und e) ergibt, g) die Medien (TV, Kino, Internet) über die Informationen über das Schwulsein transportiert werden sowie schließlich h) der alle bisherigen Punkte beeinflussende Horizont der jeweiligen Kultur (z.B. Tradition).

Psychologische Aspekte der Adoleszenz

Die Suche nach persönlicher Identität ist eine zentrale Aufgabe der *Adoleszenz*. Die körperliche und psychische Beunruhigung, die gesellschaftlichen Erwartungen und die Entwicklungsaufgaben der Adoleszenz stellen den Jugendlichen vor Probleme, die nicht einfach zu lösen sind. Das Finden einer eigenen Mitte als Übereinstimmung zwischen Selbsterleben, Fremderleben und Anpassung an soziale Normen wird ungemein erschwert. Im Zentrum der Suche nach Identität stehen die Fragen: "Wie bin ich? Wie möchte ich sein? Für wen hält man mich?" Sie können nicht beantwortet werden ohne Orientierung an Vorbildern im familiären und außerfamiliären Bereich, die allerdings gerade in dieser Altersphase fragwürdig geworden sind.

Die Bedeutung des eigenen *Körpers* und seiner Veränderungen für den Adoleszenten werden deutlich. Von großer Bedeutung für das Verständnis vieler Verhaltensweisen Jugendlicher ist aber auch die *kognitive Entwicklung* in dieser Lebensphase (vgl. Piaget aaO). Die Veränderungen im kognitiven Bereich sind eine wesentliche Grundlage für wichtige Entwicklungen der Persönlichkeit. Der Jugendliche erweitert z.B. sein Wissen durch Bildung. (Daher sollte man lesbischen bzw. schwulen Jugendlichen möglichst viel Informationsmaterial über das Schwul- bzw Lesbisch-sein z.B. in

Form von Büchern oder in Form von Austausch-Gesprächen mit gleichaltrigen Gleichgesinnten zukommen lassen oder zugänglich machen: Wichtig ist eine Bildungspolitik über gleichgeschlechtliche Lebensgemeinschaften für Jugendliche in allen Bereichen). Die kognitiven Entwicklungen führen zu einer verstärkten und umfassenden *Möglichkeit zur Introspektion* und erweitern dadurch das *Spektrum emotionaler Verhaltensweisen.*

Adoleszenz als Ablösung vom Elternhaus

Als *Adoleszenz* wird die Lebensphase bezeichnet, die den Übergang von der Kindheit zum Erwachsenenalter bezeichnet. Pubertät umschreibt vielmehr die biologischen und physiologischen Veränderungen, die mit der körperlichen und sexuellen Reifung verbunden sind. Adoleszenz bezieht sich im Unterschied dazu mehr auf die psychologische Bewältigung der körperlichen und sexuellen Reifung oder die "Anpassung der Persönlichkeit des Kindes an die Pubertät". Pubertät umfaßt also mehr den körperlichen Reifungsaspekt, Adoleszenz den psychologischen Entwicklungsaspekt. Da die körperlichen Reifungsvorgänge gewissermaßen den Anstoß für alle folgenden Wandlungen geben, läßt sich die Pubertät als Beginn der Adoleszenz auffassen.

Pubertät: Erste Phase: Geschlechtsreife und sexuelles Experimentieren, *Adoleszenz:* darauffolgende Phase des Erwachsenwerdens, Ablösung vom Elternhaus und Finden eigener Vorbilder und Ideale.

Die psychologischen Aspekte der Adoleszenz sind u.a. die Einstellung zum Körper und seinen Veränderungen, die kognitive und die Persönlichkeits-Entwicklung, die sexuelle Entwicklung und geschlechtsspezifische Aspekte sowie die (identifikatorische) Ablösung von der Familie in dieser Phase.

Vielleicht ist es somit sinnvoll, seine eigene Identität (seine Identitätspräsentation) etwas reflektierter zu bilden und nicht alles originalgetreu von anderen zu imitieren (clonen), sondern sich aus verschiedenen Vorbildern seine *eigene* Identität wie eine Art Flickenteppich bewußter zusammenzupuzzeln, um so aus einem größeren Spektrum des Schwulseins wählen zu können und um sich von den kollektiven Stereotypen zu emanzipieren. Oder: Schwulsein ist das, wie man bereits ist. Dieses herausgebildete eigene, neue, individuelle und integrierte Muster einer individuellen Ästhetik der eigenen Identität wird bei anderen mehr Beachtung finden und möglicherweise besondere Identifikationen als weiteres Vorbild schaffen. Dieses führt zu der Annahme, daß nicht das Aussehen, den Erfolg der Partnerwahl auf einer schwulen Party bestimmt, sondern die spezifische Art des Schwulseins (Identitätspräsentation) und des integrativen Umgangs mit dem Schwulsein, die Ästhetik einer schwulen Identität: Die Persönlichkeit (z.B. geprägt durch den Humor als ein Aspekt sozialer Kompetenz, seine Identität zu vermitteln) wird das ausmachen, was andere liebenswert finden (wie z.B. auch der Ausdruck von Lebensfreude), es sind also nicht so sehr Äußerlichkeiten wie die blonden Haare und blaue Augen.

Wenn Schwule und Lesben von der heterosexuellen Auslegung der Lebenswelt zu einer homosexuellen Auslegung der Welt "hinübertreten", lernen sie "Neues" und verändern ihre kognitiven Strukturen. Dabei können sie - wie die Pädagogen es ausdrücken - assimilieren oder auch akkomodieren. Unter der Annahme, daß Jugendliche, wenn sie in die "schwul-lesbische Welt" "eintauchen" und Neues aus ihr in ihr kognitives System integrieren müssen durch Assimilation und Akkomodation, könnte geschlossen werden, daß Schwule und Lesben eine differenziertere kognitive Struktur entwickeln (müssen) und besitzen, die ihnen mehr Kompetenzen ausweisen läßt als heterosexuelle Menschen.

Die Begriffe Akkommodation und Assimilation stammen aus der Psychologie und beschreiben den Prozess, bei dem die Menschen neue Erfahrungen in vorhandene Gedankenmuster aufnehmen. Sie bestimmen anschließend unser Verhalten, unsere Denkweise und unsere Taten. Während die Assimilation das neue Wissen in das bereits vorhandene Denkschema einordnet, entstehen durch die Akkommodation neue Erkenntnisse, neues Denken und neue Verhaltensmuster – kurz: Die persönliche Entwicklung schreitet stärker voran!

Da gleichgeschlechtlich empfindende Menschen reflexiv werden *müssen*, ereignet sich ein "erhöhtes kognitives Geschehen". Die Kompetenzen zeigen sich in vielfältigen Aspekten: der Fähigkeit zum Perspektivenwechsel, zum "Um-die-Ecke-denken", im Humor (der z.T darauf beruht), zu einer differenzierten Wahrnehmungsfähigkeit, zu Einfühlungsvermögen und Empathie, in Gelassenheit und genereller menschlicher Reife aufgrund ihrer Erfahrungen, die sie im Lauf ihrer Entwicklung gewinnen durften; schnelle Anpassungsfähigkeiten, soziale Kompetenz (wer es lernen muß, auf einer Party fremde Menschen sich vertraut zu machen oder sonst sein vermeintliches Stigma, keine Hetero-Familie zu haben, in sozialen Situationen „managen" muss, ist auch sonst im Alltag ein in sozialer Kompetenz ausgebildeter Mensch), usf..

Im Hinblick auf die oben beschriebene wichtige Bedeutung der Identitätssuche und des Entwicklungsganges von Identitätsentwürfen interessieren die Situationen, in denen es zu einer Einschränkung oder gar zu einem Zusammenbruch von Identität kommen kann: "Die Einschränkung oder der Zusammenbruch von Identität kommt immer einer *Lebenskrise* gleich. Während der normalen Entwicklung sind solche Krisen als notwendige Phasen zu bctrachten, um alte Vorbilder oder Rollen aufzugeben und neue Orientierungen zu entwickeln, um neue Rollen übernehmen zu können. Identitätskrisen können aber auch im Laufe eines Lebens ein bedrohliches Ausmaß annehmen. Erik Erikson spricht in diesem Zusammenhang von einer Identitäts-*Diffusion*. Drei Konstellationen sind es, unter denen es in und nach der Adoleszenz zu einer Identitätsdiffusion oder Identitätskrise kommen kann. Dann nämlich, wenn das Ich unfähig ist, eine neue Identität zu bilden oder eine alte aufrechtzuerhalten, wenn eine latente Schwäche der Identität vorhanden ist. Unfähigkeit des Ichs eine neue Identität zu bilden, bzw. eine alte aufrechtzuerhalten, wird manifest, wenn neue Situationen von einem jungen Menschen die gleichzeitige Umorientierung in mehreren, verschiedenen Lebensbereichen verlangen, wie z.B. die Verpflichtung zu physischer Intimität, zum Coming-Out, zur Berufswahl, zur energischen Teilnahme am Wettbewerb und zu einer psychosozialen Selbstdefinition: beispielhaft sei in diesem Zusammenhang der Student angeführt, der wohlbehütet in einem konservativen (bürgerlichen) Milieu aufgewachsen ist und während seiner Berufsausbildung auf Personen unterschiedlicher Herkunft trifft. Dieser Student kann konfrontiert sein mit neuen Moralvorstellungen, die besonders die Beziehung der Geschlechter zueinander betreffen mögen. Er muß sich anpassen oder diese ablehnen. Daneben steht er vor der Verpflichtung, Entscheidungen zu treffen, die ihn auf irreversible Rivalitätskämpfe oder vielleicht auch auf führende Rollen festlegen können. Weicht dieser junge Mann der Wahl aus, so kann das für ihn äußere Isolierung und vielleicht innere Leere bedeuten. Zu demselben Zeitpunkt muß er aber auch in dem neuen Umfeld seine Freunde wählen, wobei er weiß, daß in diesem Bereich auch Feinde sein werden. In einer derartigen Situation der gleichzeitigen Umorientierung in mehreren Bereichen kann es bei einer Unfähigkeit des Ichs zu einem Zurückweichen in frühere Kindheitsidentifikationen kommen" (Schneider aaO:42).

Nach Erikson durchlebt ein Mensch im Laufe seiner Identitätsentwicklung eine Reihe kritischer Phasen. In der Adoleszenz ist die Identitäts-*Bildung* (der Identitätsentwurf) das zentrale Problem und die Identitäts-*Diffusion*, also die Auflösung und Gefährdung der Identitätsbildung durch Orientierungslosigkeit, ein wesentlicher Krisenfaktor (siehe auch unten).

Zu den Entwicklungsaufgaben der Jugendlichen in unserer Gesellschaft gehört es auch, emotional und materiell von den Eltern zunehmend unabhängiger zu werden. Doch die *(identifikatorische) Ablösung vom Elternhaus* (was also nicht `Auszug´ aus dem Elternhaus bedeuten muß) bezieht sich nicht auf alle Haltungen, Einstellungen oder Verhaltensweisen, die Eltern treten keineswegs generell als Bezugspunkte für die Orientierung und Identifikation in den Hintergrund, sondern nur in bestimmten Bereichen. Trotz der Verringerung des familiären Einflusses in der Adoleszenz bleibt die Familie die wesentlichste Bezugsgruppe für die lesbischen und schwulen Adoleszenten.

Dieser Rückzug aus der Familie stellt nicht selten geringe Anforderungen an die Eltern. Sie erleben ihn vielfach als generelle Abwendung vom Elternhaus, was sich auf der normativen Ebene in einem verstärkten *Kontrollbedürfnis der Eltern* äußern kann, das eine Fülle von Konflikten heraufbeschwört. In vollem Umfang verstehbar wird der Ablösungsprozeß erst, wenn die *Familie als System* betrachtet wird. Diese Betrachtungsweise verdeutlicht, daß die Veränderung eines Systemteils das ganze System verändert. Der Ablösungsprozeß wird ausgelöst durch die Entwicklung des Adoleszenten, die ein starkes *Streben nach Selbständigkeit und Autonomie* einschließt.

Diese Veränderungen rufen bei den Eltern Reaktionen hervor wie verstärktes Kontrollbedürfnis, Trauer um den Rückzug der Jugendlichen, Verlustängste oder auch Gelassenheit und Verständnis. Dieses beeinflußt wiederum das Verhalten der Jugendlichen und umgekehrt. Der Prozeß der Auseinandersetzung konsolidiert sich gegen Ende der Adoleszenzphase, wobei verschiedene Wege möglich sind: "Es kann sich noch eine längere Trennung, eine ambivalente Bindung bei prolongiertem Ablösungsprozeß ergeben oder aber es kann zum Wiederaufbau einer stabilen und tragfähigen Bindung zu den Eltern kommen. Zwar ist der Ablösungsprozeß eine mit der Verselbständigung notwendigerweise verknüpfte Erscheinung, die Trennung von der Familie ist meist jedoch nur vorübergehend und partiell und wird nach der Erlangung von Selbständigkeit und Autonomie durch die Adoleszenten wieder aufgehoben" (vgl. Remschmidt aaO:128f).

Die Adoleszenzkrise als Orientierungskrise
Wichtige Konflikte in der Adoleszenz sind:

- *Identitätsdiffusion:* eine vorübergehende oder dauernde Unfähigkeit des Ichs zur Bildung einer Identität. Diese Jugendlichen können sich auf Werte, Ziele und Ideale nicht festlegen und sind angesichts der Konfrontation mit den Entwicklungsaufgaben der Adoleszenz nicht in der Lage, eine psychosoziale Selbstdefinition zu vollziehen. Sie weichen den adäquaten und alterstypischen Anforderungen aus und regredieren auf frühere Entwicklungsstufen, die ihnen eine gewisse Legitimation für ihr Verhalten geben.

- *Zeitdiffusion:* eine Störung des Zeiterlebens, die sich in zwei Richtungen äußern kann. Zum einen kann das Gefühl entstehen, sich in maximaler Zeitbedrängnis zu befinden, zum anderen kann es zu einem ambivalenten Gefühl hinsichtlich der Zeitauffassung kommen: die Betreffenden fühlen sich gleichzeitig sehr jung und uralt. Nicht selten sind mit den hier beschriebenen Zeitdiffusionen Todesbefürchtungen bzw. Todeswünsche verbunden.

121

- **Arbeitslähmung / Flucht in Arbeitseifer:** eine Störung der natürlichen Leistungsbereitschaft, die meist mit einer Identitätsdiffusion vergesellschaftet ist. Die Adoleszenten sind entweder unfähig, sich auf notwendige altersadäquate Aufgaben zu konzentrieren, oder sie beschäftigen sich in exzessiver Weise mit einseitigen und wegen der Vernachlässigung sämtlicher anderer Bereiche für ihre weitere Entwicklung nicht förderlichen Dingen.

- **Ideologieverfall:** Die Orientierungskrise in der Adoleszenzphase kann zur Folge haben, daß man sich einer ideologischen Orientierung anschließt, um so radikal seinem Leben einen neuen Halt zu geben.

- **Negative Identität:** Diese äußert sich zunächst in der Ablehnung aller Eigenschaften und Rollen, die normalerweise identitätsfördernd sind (familiäre Rollen und Gewohnheiten, Berufs- und Geschlechtsrollen, Nationalität usw.). Es kommt vielfach zu einer ausgesprochenen Verachtung dieser Werte. Eine subtilere Form ist die Wahl einer negativen Identität, d.h. die Festlegung auf Vorbilder, Rollen oder Eigenschaften, die den Betreffenden im Laufe ihrer Entwicklung als unerwünscht, gefährlich oder bedrohlich geschildert wurden.

- **Narzißtische Krisen:** Narzißtische Krisen sind unangemessene Überspitzungen der in der Adoleszenz physiologischerweise vorkommenden Ich-Bezogenheit (Egozentrizität). Die betroffenen Jugendlichen sind dadurch gekennzeichnet, daß sie sich in ihren Fähigkeiten und Möglichkeiten in grotesker Weise überschätzen, einen enormen Ehrgeiz an den Tag legen, übermäßige und ungerechtfertigte Erwartungen an ihre soziale Umgebung stellen (z.B. stets als Ausnahme behandelt zu werden), einen erheblichen Mangel an Einfühlungsvermögen zeigen, außerordentlich empfindlich auf Kritik regieren (z.B. mit Wut oder Depression) und sich stark mit Neidgefühlen gegenüber anderen, die erfolgreich sind, beschäftigen. Ihr Selbstwertgefühl ist durch häufige Fluktuation zwischen Selbstüberschätzung und Minderwertigkeitsempfinden gekennzeichnet. Narzißtische Krisen erklären sich wie alle Adoleszenzkrisen primär aus der Überspitzung normaler Entwicklungsvorgänge. Ausgangspunkt ist die mit dem Zuwachs neuer Fähigkeiten auftretende vermehrte Ich-Bezogenheit, die sich in verstärktem Selbstbewußtsein, im Gefühl der Einmaligkeit und in Selbstüberschätzung zeigt. Während diese Entwicklung bei den allermeisten Jugendlichen eine vorübergehende und keineswegs krisenhafte Erscheinung ist, spitzt sie sich bei manchen krisenhaft zu. Nur für diese sollte die Bezeichnung "narzißtisch" verwendet werden, um ein pathologisches Muster zu beschreiben. Für die physiologisch auftretende Ich-Bezogenheit sollte der Terminus "egozentrisch" gebraucht werden.

- **Suizidversuche:** Suizidversuche sind Handlungen, die die Beendigung des eigenen Lebens zum Ziel haben. Hinter einem Suizidversuch können sich sehr unterschiedliche Ursachen verbergen, die im Einzelfall zu klären sind. Im Alter von 15-25 erfährt die Quote der Suizidversuche, aber auch die der Suizide, bei denen die Handlungen zum Tode geführt haben, einen erheblichen Anstieg. Bei Jugendlichen stehen oft Identitätsprobleme und phasenspezifische Konflikte im Vordergrund. Suizid*gedanken* und Suizid*phantasien* sind in der Adoleszenz überaus häufig. Rund die Hälfte aller Jugendlichen in der Bevölkerung berichtet über solche. Selbstwertkonflikte, Isolation, Kontaktstörungen, Unzufriedenheit mit der körperlichen Gestalt, Enttäuschungen in den Beziehungen zum Partner, depressive Verstimmungen als Liebesmangel und auch schwerwiegendere psychiatrische Erkrankungen sind in der Adoleszenz häufige suizidverursachende oder -auslösende Faktoren. Dabei spielen vielfach Einflüsse eine Rolle, die nach 1-2 Jahren nicht mehr aktuell sind. Insofern kommt dem professionellen Helfer gerade in der Adoleszenz vielfach die Rolle eines Begleiters und psychologischen Betreuers zu, der dem Jugendlichen über seine kritische Entwicklungsphase hinweghilft.

Identitätsstörungen führen regelmäßig zu einer Beeinträchtigung der allgemeinen Leistungsfähigkeit in Form von Schwierigkeiten, sich auf eine Arbeit zu konzentrieren und / oder selbstzerstörerischer, einseitiger Konzentration auf eine Beschäftigung (z.B. wie exzessives Lesen). Der Verlust der Identität kann sich genauso in wütender oder prahlerischer Widersetzlichkeit ausdrücken gegen alles, was einem jungen Menschen von der Familie oder der Umgebung als Rollen oder Aufforderungen angeboten wird. Zu nennen sind in diesem Zusammenhang: Übertriebene Verachtung der eigenen Abstammung oder die Wahl einer negativen Rolle: Solche Mechanismen sind der mißlungene Versuch, mit einer äußeren Situation fertig zu werden. Nicht gelingen wollende Identitätskonstruktionen, zeigen sich oft in Orientierungslosigkeit oder in Fluchtendenzen in eine "bessere" Phantasie-Welt: Übersinnliches wie Okkultismus / Esoterik, Rauschzustände durch Drogen, Flucht in übermäßiges Fernsehschauen, übermäßiges Interesse für die Theaterwelt - wobei die äußere, rauhe Realität, die wichtige, aber nicht zu bewältigende Aufgaben an den Jugendlichen stellt, vergessen werden kann. Es wird ein *Schonraum* gesucht, um die anstehenden Aufgaben aufzuschieben. In Extremfällen von Krisen- und Konflikterscheinungen der Adoleszenz kann es daher ratsam sein, sich professionell beraten zu lassen, doch soll man dem Jugendlichen immer vermitteln, daß man die Beratung nicht wegen seiner Sexualität (die er oft ja noch gar nicht lebt) aufsucht, sondern um seine soziale Kompetenz, die soziale Ausgestaltung seiner Jugendentwicklung zu fördern (vgl. zit. n. Schneider aaO:44).

Der Jugendliche in der Adoleszenz, der seine eigene Identität ausformt, muß lernen, sich von der Umwelt abzugrenzen: z.B. von der Mutter, von den Eltern und der Familie, von den (heterosexuellen) Freunden. Er muß *sich selbst in Abgrenzung zu anderen definieren*: "Die anderen sind so, so bin ich nicht, ich bin soundso, das sind die anderen nicht." Das *Ausbalancieren von Gleichheit und Verschiedenheit* ist ein wichtiger Vorgang bei der Bestimmung von *Selbstheit*.

Die skizzierten Konfliktmöglichkeiten können im Extremfall zu psychischen Erkrankungen führen, sind jedoch normalerweise Durchgangsstadien der Entwicklung in der Adoleszenz. Angedeutete

Selbstötungsabsichten

sind jedoch sehr ernst zu nehmen, der Jugendliche benötigt umgehend

professionelle Beratung und psychologische Hilfe!

(vgl. Remschmidt aaO:115,287f, sowie Schneider aaO:43).

Den Abgrenzungsvorgängen kommt eine entscheidende Bedeutung zu, besonders dann, wenn er eine Beziehung zu einem anderen Menschen eingehen will: Eine Beziehung gelingt, wenn zwei sich abgegrenzte Persönlichkeiten aufeinandertreffen: "Will ein junger Mensch zu Beginn der Erwachsenenzeit eine Liebesbeziehung mit sexueller Intimität, also eine Bindung eingehen, so ist es notwendig, daß er sich zuvor selbst gegenüber seiner Umwelt *abgegrenzt* hat. In den Fällen, in denen eine solche Abgrenzung nicht gelang, besteht die Gefahr, in einer Partnerschaft die persönliche Identität zu verlieren. Aus dieser Gefahr folgt, daß sich der Betreffende innerlich zurückhält und Verpflichtungen vorsichtig vermeidet. Wird ein solcher Konflikt nicht überwunden, so bedeutet dies, daß sich der Betreffende innerlich isoliert und nur stereotype, oberflächliche Beziehungen zu anderen Menschen aufbauen kann. Aus dem Bestreben, tiefe innere Verpflichtungen zu vermeiden, kommt es häufig zu unangemessenen Partnerwahlen. Denn, wenn das sichere Gefühl der eigenen Identität fehlt, werden auch die Freundschaften nur zu verzweifelten Versuchen, die Umrisse der eigenen Identität durch *narzistisches Selbstbespiegeln* aufrechtzuerhalten" (vgl. Schneider aaO:43).

Schwule, die ihre Identität nicht abgegrenzt haben, suchen daher narzißtischer Weise oftmals ihr eigenes optisches Spiegelbild als Freund (Narzißmus = verliebt in sein eigenes Spiegelbild, oft einhergehend mit der Minderwertigkeitsphantasie, etwas besonders sein zu wollen (z.b. durch das Tragen von ausgefallener Mode) und fremdbestimmt von der Anerkennung und Zustimmung anderer abhängig zu sein (z.b. Imageprobleme)).

Unter sozialen und psychologischen Gesichtspunkten ist daher *Identität ein Integrationsprozeß* auf höchstem Differenzierungsniveau. Eine normale, d.h. gelungene und unbeschädigte Identität befähigt einen lesbischen bzw. schwulen Menschen dann dazu, "in sozialen Situationen die interpretierenden, kreativen und abwägenden Leistungen zu vollbringen, durch welche er seine persönlichen Erfahrungen und seine eigene Lebensgeschichte unter den Bedingungen der aktuellen Situation verarbeiten kann und ihm eine *angemessene Selbstdarstellung (Identitätspräsentation)* gelingt. Lothar Krappmann glaubte, daß Identität sich realisiert als eine in der Situation zu erbringende, interpretierende, kreative und balancierende Leistung, in welcher die Lebensgeschichte, die persönlichen Erfahrungen und die Erwartungen, die die Umwelt an den einzelnen heranträgt, integriert werden" (zit. n. Schneider aaO:44).

Um eine unbeschädigte Identität zu entwickeln, muß ein Mensch auch *Rollendistanz* erwerben: Er muß in der Lage sein, seine persönliche Rolle, aber auch die Normen der Gruppe, in der er lebt, zum Gegenstand seines Nachdenkens zu machen. Dieses Vermögen wird erleichtert, wenn ein Mensch viele soziale Rollen hat. Durch die Fähigkeit, über die unterschiedlichen Normen nachzudenken, die mit den verschiedenen Rollen verbunden sind, gewinnt er eine *Distanz zu sich selbst*. Er lernt, das eigene Wesen sachlicher zu erfassen. Er lernt, sich selbst zu verstehen und gegenüber der sozialen Umwelt zu beurteilen. Wenn ihm dieses gelingt, dann erst besitzt er ein "Ich".

Die Distanz, sich selbst und der eigenen Rolle gegenüber, muß einhergehen mit der Fähigkeit, sich in andere Menschen *einzufühlen*, diese zu verstehen und die Normen und Rollenbedürfnisse aus der Perspektive der anderen sozialen Partner zu betrachten (*Fähigkeit zur Empathie*). Affektive Faktoren, Gefühle der Sympathie, die für einen anderen empfunden werden, erleichtern natürlich ein solches Einfühlungsvermögen.

Notwendig zur Entwicklung der Identität ist weiterhin auch die sogenannte "*Ambiguitätstoleranz*": damit ist die Fähigkeit gemeint, Widersprüche im persönlichen Erleben zu ertragen. Widersprüchliche Rollen und Rollenbedürfnisse in sich selbst als auch an den Personen, zu denen man Kontakt hat, zu dulden. Wenn solche Widersprüchlichkeiten aber zu groß werden, so weist dieses auf eine tiefe Diskrepanz zwischen den persönlichen Erwartungen und den gesellschaftlichen Bedingungen hin. Ambiguitätstoleranz benötigen wir besonders bei falsch oder inkongruent zugeschriebener (etikettierter) Identität.

Wenn z.B. ein heterosexueller Jugendlicher von Freunden als schwul bezeichnet wird, so ist dieses ein Widerspruch zu seinem heterosexuellen Selbstbild. Kann er tolerant mit dieser falschen widersprüchlichen Attribuierung und Etikettierung umgehen, so hat er eine große Ambiguitätstoleranz. Die Tatsache, daß ihn ein Mensch für schwul hält, obwohl er sich selbst nicht für schwul hält - wirft ihn nicht aus dem Konzept, er bleibt derjenige, der er ist, es kratzt nicht an seiner Identität als Heterosexueller. Hat er eine geringere Toleranzschwelle, wird er vielleicht versuchen, korrektiv zu handeln: er wird es richtigstellen, nicht schwul zu sein, indem er seine Freundin (scheinbar beiläufig) erwähnt und so unbewußt die Botschaft aussendet: "Ich bin heterosexuell", oder direkt mitteilt: "Du hast mich aus einem falschen Blickwinkel betrachtet, denn ich bin nicht schwul." Derjenige, der dieses Etikett an sich haften lassen kann, ohne es richtigstellen zu müssen, wer er ist und wer er nicht ist, hat eine besonders große Ambiguitätstoleranz.

Andererseits müssen junge Schwule und Lesben, die im innersten Kern genau wissen und spüren, daß sie gleichgeschlechtlich empfinden, aufhören, sich gegen eine hin und wieder vorkommende

126

Zuschreibung als schwul bzw. lesbisch durch andere Freunde zu wehren, z.B. sich in Versuchen von Rationalisierungen gegen die zugeschriebene Identität zu emanzipieren, eine vermeintliche Ambiguitätstoleranz zu schaffen, die zum einen von vorneherein schon eine Kluft zwischen zugeschriebenem und wahrem Selbstbild (und somit auch Leidensdruck) birgt, aber zusätzlich noch eine Kluft schafft, indem man ja genau weiß und spürt, daß das zugeschriebene Bild in Teilen stimmen könnte, man es nur noch nicht annehmen kann, oder es anderen noch nicht bestätigen will, damit sie diese, für einen selbst noch als negativ bewertete Zuschreibung nicht fortführen: dieses schafft weiteren Leidensdruck und die eigene Entwicklung wird nur verzögert. Ein Eingestehen derart ist hilfreicher: "Ja, ich habe auch gleichgeschlechtliche Empfindungen; die Zuschreibung, die andere mir geben, ist vielleicht zutreffend, ich muß nicht mit Rationalisierungen eine künstliche Ambiguitätstoleranz erzeugen, im innersten weiß ich ja, daß ich (manchmal) (noch unklare) gleichgeschlechtliche Empfindungen habe. Wenn andere mich so sehen, kann ich das hinnehmen; ich reagiere auf diese Zuschreibung nicht mit einer Überkompensation der vehementen Verneinung ihres zugeschriebenen Bildes."

Da Lesben und Schwule von einer heterosexuellen Deutung und Auslegung (Hermeneutik) der Lebenswelt in eine homosexuelle Hermeneutik übertreten müssen, oder eine homosexuelle Auslegung der Welt in eine Welt integrieren müssen, die zu einer heterosexuelle Auslegung zwingt, stehen sie besonders unter dem strukturellen Zwang der Notwendigkeit, *reflexiv* zu werden, Ambiguitätstoleranzen ertragen zu müssen, reifen zu müssen, aber daher auch die Erwartungen des anderen durch ihre geübten Perspektivenwechsel besonders einfühlsam (empathisch) berücksichtigen zu können, so daß die Identitätsarbeit, die Konfliktlösungsprozesse und Integrationsbemühungen, denen sich schwul und lesbisch entfaltende Menschen ausgesetzt sind, etwas ist, daß sie, wenn die Entwicklung einer integrativen Persönlichkeit gelingt und sie nicht an den Aufgaben scheitern, zu besonders sozial kompetenten Menschen macht. Die sozialen Hürden, die Lesben und

Schwulen bei ihrer Entfaltung strukturell vorgegeben sind, sind - wenn sie ersteinmal übersprungen sind - Bausteine einer Laufbahn, die sie am Ende auf der Gewinnerseite der sozialen Kompetenz darstehen lassen.

Auch bei Autoren, Wissenschaftlern und Journalisten findet sich oft eine geringe Ambiguitätstoleranz: Einige Autoren wollen deshalb oft nicht über (Homo-)Sexualität schreiben, weil sie befürchten, daß die Leser über den Autor falsches denken könnten und ihm das Etikett der Homosexualität anheften oder nachsagen könnten ("Wenn er darüber schreibt (spricht, lehrt etc.), dann ist er bestimmt selbst schwul"). Kann ein Autor über gleichgeschlechtliche Lebensgemeinschaften schreiben, ohne selbst schwul zu sein? - Er kann.

Eine Frau, die in einem Rotlicht-Viertel wohnt, muß nicht zwangsläufig Prostituierte sein, ein Referent, der über Sozialhilfe referiert, muß nicht arm sein, und ein Lehrer, der über Drogen aufklärt, muß nicht süchtig kein. Sich gleichgeschlechtliche Lebensgemeinschaften als Thema zu wählen muß nicht aus einer persönlichen Identitätsperspektive betrachtet werden.

Das Beispiel der Homophobie, wie sehr Heterosexuelle den Umgang, das *Spiel* mit homosexuellen Etiketten, Sprüchen oder Identitätsattribuierungen scheuen, zeigt, wie wenig Ambiguitätstoleranz heterosexuelle Jugendliche oftmals haben. Der homophobe Heterosexuelle, der sich unsicher fühlt, die Sicherheit seiner Identität zu verlieren glaubt, wenn ein anderer Junge ihm mal schöne Augen macht, ist ein Beispiel dafür, wie wenig Ambiguitätstoleranz er hat, mit der zu seinem heterosexuellen Selbstkonzept im Widerspruch stehenden homosexuellen Etikettierung umzugehen. Der Wunsch nach Korrektur des fälschlich angehefteten Stigmas, eine genau aus diesen homophobischen Gründen ablehnende Haltung Schwulen und Lesben gegenüber oder gar eine aggressive körperliche Reaktion zeigen die Unfähigkeit und nicht ausgebildete soziale Kompetenz und innerpsychische Fähigkeit, die eigene Rolle als Heterosexueller, die eigene Identität in Distanz zu setzen und beispielsweise als eine Bewältigungsstrategie *tolerant* damit umzugehen, daß andere einen für schwul halten.

128

(Homosexualität ist dabei kein Stigma, aber der Homophobe wird es so empfinden. Der, der sich damit auseinanderzusetzen gelernt hat, eine integrative Persönlichkeit aus der Identität eines Menschen, der gleichgeschlechtlich empfindet, gewinnen kann, wird es hingegen eher als *Charisma* begreifen).

Der Schwule, der flexibel Perspektiven wechseln kann, aufgrund eigener Konflikt- und Leidenserfahrungen gereift ist und somit verschiedene Rezepte für integrative Bestrebungen (auch gesamtgesellschaftlicher Art) anbieten kann, ist oftmals in seiner Persönlichkeit facettenreicher, als ein heterosexueller Mensch, der andere Entwicklungsaufgaben auf andere Art bewältigte, da er z.B. vorgegebene Muster einfach imitieren konnte, ohne über sich und die Dingen nachdenken zu müssen, ohne auch Alternativen durchdacht, probiert oder integriert haben zu müssen.

Identität darf aber nicht als eine für alle Mal erworbene Persönlichkeitsstruktur verstanden werden, sondern so, daß sich persönliche Einmaligkeit in wechselnden sozialen Situationen immer *neu* zu bewähren und Identität sich in diesen Interaktionen zu konstituieren hat (diese Denktradition entspricht dem *Symbolischen Interaktionismus*).

Identität ist also streng an jeweilige *Interaktionsprozesse* gebunden. Es wird Einmaligkeit und Individualität vorausgesetzt, aber auch die Notwendigkeit, flexibel auf neue Erwartungen einzugehen, muß betont werden. Das schwule oder lesbische Individuum muß sich in Interaktionsprozessen mit seiner ihm zugedachten sozialen Identität und seiner ihm zugeschriebenen persönlichen Identität auseinandersetzen. Die verschiedenen, gleichzeitig an das Individuum herangetragenen Erwartungen konstituieren dabei seine *soziale* Identität. Es ist somit eine *doppelte Balance*: Es ist auf die *Erwartungen anderer* einzugehen und zugleich die *eigene Persönlichkeit* in die Interaktion einzubringen.

Dies alles setzt also eine Reihe von Kompetenzen voraus: wie gesehen sind *Interaktionsfähigkeit, angemessene Identitätspräsentation, Rollendistanz, Reflexion, Empathie und Ambiguitätstoleranz* notwendig.

Besser wäre es, von Identität*sentwürfen* zu reden, um die jeweilige Vorläufigkeit von Identitäten zu betonen. Identitätsentwürfe sind nicht von Interaktionsprozessen lösbar, insofern müssen sie auch immer neu konstruiert werden. Entwurf bzw. Identitätsentwicklung meint dabei nicht die Gestaltbarkeit der sexuellen Orientierung, denn die ist vorgegeben, sondern die Ausformung, den Umgang mit seiner Persönlichkeit, sich in soziale Situationen einzubringen, darzustellen, sich anderen als ein Jemand zu vermitteln; zu wissen, wer man ist.

Die Identitätsentwicklung des Adoleszenten und die Entwicklungsaufgaben, denen sich ein sich schwul bzw. lesbisch entfaltender junger Mensch zu stellen hat, sind Prozesse, die sich wechselseitig bedingen. Wenden wir uns daher nun den spezifischen Entwicklungsphasen des jungen Schwulen bzw. der jungen Lesbe zu.

Diese Entwicklungsaufgaben der Herausbildung der Geschlechtsrolle im Einklang mit der sexuellen Orientierung gehen also einerseits mit den Aufgaben des Heranwachsenden in der Adoleszenz einher, andererseits kommen sie zusätzlich hinzu. Berücksichtigt man, daß heterosexuelle Jugendliche ihre ersten sexuellen Erfahrungen in der Pubertät machen, sich homosexuell entfaltende diese oftmals bis in die späte Adoleszenz aufschieben, wird deutlich, welch ein Programm an Aufgaben sich schwul oder lesbisch entfaltende junge Menschen vor sich haben, das sie bewältigen müssen:

- Nachholen des sexuellen Experimentierens aus der Pubertät; in Verbindung mit der
- Bewältigung der Adoleszenz mit identifikatorischer Ablösung vom Elternhaus und Gewinnung von eigener Identität mit eigenen Idealen und Vorbildern im Rahmen einer integrativen Persönlichkeit; in Verbindung mit der
- bewußten Auseinandersetzung mit den für Lesben und Schwule typischen Phasen (z.B. der (engeren) Phase des Coming-Out), denen wir uns nun zuwenden.

Coming-Out: Kein Punkt, sondern ein Prozeß

Das Wort *Coming-Out* kommt aus der amerikanischen Umgangssprache und bedeutet so viel wie herauskommen, sich zeigen. Unter dem Titel *"Developmental Stages of the Coming-Out Process"* beschreibt Eli Coleman (1982) fünf Stufen der Identitätsentwicklung bei gleichgeschlechtlich empfindenden Frauen und Männern. Die Stufen sind:

1) Die vorschwule Phase (Pre-Coming-Out; vgl. a. Hentzelt aaO)
2) Coming-Out (z.B. in der Familie und bei Freunden)
3) Erforschung des Umfeldes und der anderen gleichgesinnten
4) Erste Beziehungen zu einem Freund
5) Integration / Reifung (auch: Coming-Out bei Arbeitskollegen)

In den meisten Studien wird die Entwicklung des Bewußtwerdens der gleichgeschlechtlichen Empfindungen anhand eines derartigen Phasen-Verlaufs interpretiert. Neben dem oben genannten Modell von Eli Coleman finden sich in der angelsächsischen Literatur einige weitere, die zwar untereinander variieren, aber im Kern folgende vier Phasen enthalten:

a) Die Erkenntnis, daß man für Personen des gleichen Geschlechts empfindet, führt zu der Erkenntnis, daß dieses von anderen als lesbisch bzw. schwul etikettiert wird,
b) das Erleiden innerer Konflikte; aber auch Versuche andere, ebenso Empfindende kennenzulernen,
c) die Akzeptanz der eigenen neuen Identität ("Ich will oder habe einen Freund") und Beginn der aktiven Suche nach einer festen Beziehung,
d) Beginn des Aufbaus einer dauerhaften gleichgeschlechtlichen Lebensgemeinschaft mit einem Netzwerk von weiteren lesbisch-schwulen Bekannten als soziales Unterstützungssystem sowie das offene Erkennenlassen, in einer gleichgeschlechtlichen Lebensgemeinschaft zu leben.

Im Folgenden wird nun das Phasen-Modell von Vivienne Cass (1979) besprochen, sowie auch das darauf aufbauende Phasen-Modell von Eli Coleman (1982). Aufgrund ihrer professionellen Hilfeleistung als Psychologin steht für Cass die Frage im Mittelpunkt: Wie kommt eine Person von einem kongruenten intrapersonellen System ("Ich bin heterosexuell" / " Ich werde als heterosexuell angesehen") zu einem anderen, ebenfalls kongruenten System ("Ich bin schwul")? Es ist also eine systemthoretische Betrachtung der innerpsychischen Konstruktion der Lebenswelt. Der Jugendliche ist darauf angewiesen, eine neue Interpretation der Lebenswelt zu finden, er muß "umschalten". Das Phasen-Modell ist weit ausgearbeitet, und zeigt neben der Dynamik der Entwicklung auch, wie die Entwicklung in jeder Phase stagnieren kann:

1. Pre-Coming Out:

Es gibt zahlreiche *Ersatz-Sinnwelten*, in die man sich flüchten kann, um sich nicht seiner Sexualität oder einer Beziehung zu stellen: Man beschäftigt sich mit Computern statt mit den eigenen Empfindungen, man macht Body-Building und findet hier eine Art Ersatz-Familie oder Sinnsystem, das die Beziehung ersetzt, man geht ins Tennisheim oder in die Tanzschule, findet im Milieu der Theaterwelt Zuflucht oder auch im zölibatären Glauben, so ist der Priesterberuf oft eine Schablone, die niemand zu verzerren oder zu hinterfragen wagt, so daß man hier in diesen und weiteren Bereichen zunächst Ruhe findet, um seinen Empfindungen keine Sprache geben zu müssen.

Coming-Out

Coming-Out bezeichnet den gesamten Prozeß der Selbstwahrnehmung der sexuellen Orientierung und das "Herauskommen" oder "Heraustreten" aus dem - unfreiwilligen - Schweigen, der Isolation und dem nur "inneren Geschehen".
Als **"inneres"** Coming-Out wird oft die erste Phase bezeichnet, in der jemand die eigenen Gefühle und Wünsche realistisch wahrnimmt und vor sich selbst anerkennt.
Das **"äußere"** Coming-Out ist die folgende Phase, in der das Schwul- oder Lesbischsein zunächst vertrauten Personen und später vielleicht auch einem weiteren Kreis von Menschen bekannt (gemacht) wird. Der Coming-Out-Prozeß beginnt häufig in der Pubertät oder der darauffolgenden Phase der frühen Adoleszenz und kann viele Jahre dauern, auch ein ganzes Leben lang. Manche Jugendliche, sogar Erwachsene, erleben nie ein Coming-Out in diesem Sinne; in jedem Fall sind der *Prozeß der Selbstannahme* und der mutige Schritt nach außen stark von den unterstützenden oder erschwerenden Reaktionen der Umgebung abhängig.

Outing

"Coming-Out" ist etwas ganz anderes als der neuerdings oft gehörte Begriff des "Outing". Damit ist gemeint, daß jemand die sexuelle Orientierung eines anderen Menschen "veröffentlicht". Besonders Prominente sollen dadurch genötigt werden, öffentlich zu ihrer Sexualität zu stehen, damit es auch anderen gleichgeschlechtlich empfindenden Menschen leichter fällt, zu ihrer sexuellen Orientierung der Homosexualität zu stehen. Dies ist aber ein schwerwiegender Eingriff in die Privatsphäre anderer Menschen und wird als sehr kritisch beurteilt. Andererseits ist es schön, Identifikationsmodelle in Persönlichkeiten des öffentlichen Lebens zu haben. Der wissende Blick der Öffentlichkeit kann in der Wahrnehmung des Geouteten zum verächtenden werden: eine psychisch gewaltsame Bloßstellung des wohlgehüteten Inneren. In der Umgangssprache meint "Outen" mittlerweile: eine private Vorliebe eines anderen zu verraten. Heute läßt sich an vielen geouteten Personen des öffentlichen Lebens zeigen, daß sie durch die Bekanntgabe ihrer sexuellen Orientierung in der gesellschaftlichen Bewertung davon unbeeinflußt waren, vielen Stars der Showbranche hat es vielleicht sogar genützt.

Das Sich-Bewußtwerden von gleichgeschlechtlichen Empfindungen ist daher ein langsamer und oft leidensvoller Prozeß aufgrund der notwendigen *kognitiven Umstrukturierungen*, die durch die gesellschaftlichen Reaktionen herausgefordert werden. Die eigenen Gefühle werden (noch) abgelehnt und unterdrückt. Die sichtbarste Folge des Sich-Bewußtwerdens ist oft ein negativer Angriff auf das Selbstbewußtsein und die folgende Selbsteinschränkung hervorgerufen durch die noch nicht genügende Unterstützung der Gesellschaft gegenüber gleichgeschlechtlichen Lebensgemeinschaften. Die Jugendlichen fühlen sich "indirekt" nicht genügend akzeptiert, wenn sie hören, daß in der Familie, Kirche etc. selten über gleichgeschlechtliche Lebensgemeinschaften gesprochen wird. Daher möchte man auch niemandem mitteilen, noch nicht einmal sich selbst eingestehen, daß man die Nähe zu einem Freund sucht und gerne eine gleichgeschlechtliche Lebensgemeinschaft führen möchte. In diesem Stadium sind die meisten überhaupt nicht bereit, sich selbst zu öffnen. Sie versuchen, Ihre gleichgeschlechtlichen Empfindungen sorgfältig mit jeglichen nur denkbaren Mitteln zu verstecken: Konflikte werden verdrängt, die natürliche sexuelle Identität schrumpft, die innerliche Unruhe wächst, eine Art Depression überdeckt die gesamte Persönlichkeit. Diese Depression kann sich so weit entwickeln, daß einige Selbstmord begehen, weil die Gesellschaft Ihnen kein offenes zu-ihren-Gefühlen-stehen ermöglicht.

Cass geht dabei nicht auf die allererste Phase in der Jugendperiode ein, sondern läßt die Entwicklung mit der "Identitäts-Verwirrung" beginnen, die entsteht, wenn der Jugendliche bei sich Empfindungen, Bedürfnisse und/oder Verhaltensweisen erkennt, die zu der Erkenntnis führen, daß sie von der Umwelt als nicht selbstverständlich verstanden werden. Dieses führt zu der Identitäts-Frage: "Wer oder was bin ich eigentlich?" Es drängt sich die dann oft gescheute Erkenntnis auf, daß die Gesellschaft die Empfindungen und Sehnsüchte des Jugendlichen als Homosexualität etikettiert, was meist zu einer Verwirrung und Beunruhigung führt (*Identitätsdiffusion*). Zusätzlich mag eine Orientierungskrise wegen der Adoleszenz und Ablösung vom Elternhaus hinzukommen. Der Jugendliche hat nun in Abhängigkeit von der Frage, in welchem Maße er mit seinen Empfindungen, Gefühlen und deren Benennung einverstanden ist, drei Wege:

a) Der Jugendliche erfährt keine großen Probleme, die Gesellschaft erlaubt ihm einen lockeren, ungezwungenen und spielerischen Umgang, Empfindungen, *Gefühle und Sexualität spielerisch zu "probieren"*. Der Jugendliche wird seine Energie darauf richten, mehr "Informationen" zu sammeln: d.h. seine Gefühlsqualitäten erweitern, aber auch ein rein wissensmäßig (kognitives) Ansammeln von Sachverhalten (z.B. aus Büchern, Zeitschriften) beginnt.

b) Wenn man aber Probleme erfährt, wird der Jugendliche versuchen, nicht schwul zu sein, oder sich so zu geben: Er stürzt sich in Kontakte zum anderen Geschlecht oder es entsteht eine Kontaktpause (*Latenzphase*): Sowohl heterosexuelle als auch gleichgeschlechtliche Beziehungen werden vermieden.

c) Der Jugendliche wird aber auch darauf achten, was andere sagen: Hier besteht die Gefahr der Entwicklung der kognitiven Kategorie "Homosexualität" über eine Außenlenkung / Fremdlenkung: z.B. wenn ein Jugendlicher zuallererst von einer möglichen negativen Auslegung der Homosexualität z.B. durch die (oder in der) Kirche oder auch durch die Eltern "hört", wird dieses seine weitere Entfaltung eher behindern: Gleichgeschlechtliche Liebe wurde nicht als Charisma, sondern als Stigma (kognitiv) kennengelernt. Die dritte Möglichkeit ist daher, daß der Jugendliche negative Einstellungen der Umgebung so verinnerlicht hat, daß er sich in der *Verleugnung seiner gleichgeschlechtlichen Gefühle* verbeißen muß. Mögliche bisherige Versuche, sich Gleichgesinnten zu nähern, werden als Spielchen, als Phase, als vorübergehende Dummheiten (durch Rationalisierungen) abgetan und die Entwicklung wird verdrängt. Sind die Normen zu heterosexuellem Verhalten (Zwangsheterosexualität) gar so stark, daß der Jugendliche bei gleichgeschlechtlichen Sehnsüchten und/oder Handlungen Schuldgefühle empfindet oder diese Normen-Hürde erst gar nicht übersprungen werden kann, kann der Normendruck einen enormen Leidensdruck erzeugen, bis hin zum Zusammenbruch der Identität und damit Handlungsfähigkeit - oder gar zu Suizidversuchen.

Welchen Weg der ersten inneren Auseinandersetzung der Jugendliche auch wählt, er wird in dieser Phase wenig mit anderen über seine Empfindungen, Gefühle und Bedürfnisse sprechen: Unruhe und Unklarheit, Angst und Unsicherheit und eigene Betroffenheit von den Gefühlen sind meist so groß, daß der Jugendliche weder die soziale Kompetenz, noch ein sprachliches Vokabular hat oder gar das Wort "schwul" bzw. "lesbisch" in den Mund nehmen würde, um über dieses ihn so sehr betreffende - bisher aber erst unbewußt und verdrängt wahrgenommene - Thema zu sprechen. Denn Wissbegierde oder allzudeutliche Detail-Informationen bedeuten immer auch Geständniszwang, warum man darüber etwas wissen will oder so genau Bescheid weiß.

2. Coming-Out:

Die Jugendlichen erkennen bzw. erfühlen unbewußt in dieser Vorstufe ihre sexuelle Identität, lehnen aber dieses Erkennen immer wieder ab. Sie identifizieren sich nicht als Schwuler oder als Lesbierin. Wenn der Jugendliche die Entwicklung nicht mit rigider Selbstverleugnung abgebrochen hat, befindet er sich in der Situation "vielleicht will ich die Nähe lieber zu einem Freund".

Damit ist zwar die Beunruhigung aus der vorangegangenen Phase, die vor allem aus der Unklarheit über sich selbst resultierte, verringert, aber dafür tritt jetzt eine andere auf: Die Inkonkruenz zwischen dem bisherigen Selbstverständnis und einem anderen Selbst, das von anderen als "schwul", "lesbisch" oder "homosexuell" bezeichnet werden kann, verursacht ein Gefühl der inneren

Entfremdung von den umgebenden Altersgenossen (peers) und Erwachsenen, etwa so: "Ich bin anders als ihr" bzw. "Eure Reaktionen auf mein Sosein zeigen, daß ihr es als etwas anderes betrachtet". Gefühle des Alleingestelltseins können vorherrschen.

Irgendwann hören Jugendliche auf, mit sich selbst zu kämpfen. Stattdessen müssen nun Bekanntschaften und Freundschaften zu anderen, ebenso Empfindenden gesucht werden, denen gegenüber man seine Gefühle äußern kann und von denen man Ratschläge bekommen kann. Das *Dazulernen*, wie und was gleichgeschlechtliche Lebensgemeinschaften sind, geht also weiter - es beginnt die *Phase der Beruhigung*, man macht Frieden mit der Aufgewühltheit über seine eigenen Empfindungen, da sonst der Leidensdruck ins Unermeßliche wachsen würde:

- Der erste Schritt ist, es vor sich selbst zuzugeben (Inning),
- Der zweite, es anderen zu sagen (Coming-Out im engeren Sinne).

Akzeptierung oder Ablehnung von außen ist in dieser Phase sehr ausschlaggebend. *Akzeptanz* hat einen starken positiven Einfluß auf den Jugendlichen. Der Jugendliche entwickelt ein positives Gefühl für sich selbst, vor allem, weil die früheren Unsicherheiten über ein "Andersein" jetzt einen Namen haben ("O.k. - ich will einen Freund - und keine Freundin. Das nennt man *schwul*"). Zum erstenmal erhalten sie *Zuspruch* für das, wie sie empfinden, für das was und wie sie sind (oder sein wollen) - Zuspruch zu ihrer umgebauten (neuen) Identität (bzw. Identität*sentwurf*). Die Folge davon ist dann eine positive Einschätzung von sich selbst mit steigendem Selbstwertgefühl, Selbstbewußtsein sowie die Fortführung der interaktiv gebildeten Indentitätsentwürfe. Dies führt dazu, daß man noch mehr Leuten von sich und seinen Gefühlen erzählt, sich anderen Menschen öffnet und das Selbstbewußtsein dadurch weiter steigert.

Ablehnung während des Prozesses kann sehr negative Folgen für die Persönlichkeit haben und das Selbstwertgefühl zerstören. Bei bisherigen Freunden, die einfach nichts verstehen, wird daher aus

Vorsicht meist weiterhin vorläufig eine behutsame Strategie gewählt: dafür sorgen, daß die möglicherweise ablehnend reagierenden Anderen nichts merken.

Mit fehlender positiver Unterstützung oder einer verweigerten Annahme durch die Umwelt oder gar einer Stigmatisierung verläuft die Situation anders und es werden Ausweichmöglichkeiten zur Reduzierung dieses etikettierten (kollektiven) Stigmas, von dem man sich noch nicht emanzipieren kann, entwickelt: "Ich fühle mich halt gerade zu *diesem* Mann bzw. *dieser* Frau sehr hingezogen, aber weiter ist es nichts", oder: "Ich glaube, daß ich leicht bi-sexuell bin", oder: "Dies ist einfach eine bestimmte Phase, die auch wieder vergehen kann". Eine andere Möglichkeit solcher *Rationalisierungen* ist, daß man seine sexuelle Orientierung von sich weist: "Vielleicht bin ich so, aber ich möchte nichts damit zu tun haben".

Der Jugendliche hält sich für heterosexuell, bisexuell oder asexuell und liebäugelt nur hin und wieder mit dem gleichen Geschlecht, da er nicht offen vor seiner Umwelt (z.B. im Freundeskreis oder Familie) und sich selbst und seinem strengen (Normen-) Über-Ich (bedingt durch die Gesellschaft) zur *Suche* nach dem gleichen Geschlecht stehen kann. Die doch getätigten gleichgeschlechtlichen Beziehungen können dann zu einem Doppelleben führen, was eine Verleugnung der eigenen Person darstellt und immer auch etwas Gespaltenes bedeutet, was dann im Gegensatz zu einer einheitlich-integrativen Identität steht.

Einige gehen auch zurück in die vorschwule Phase, wenn die gesellschaftliche Norm nicht übersprungen werden kann. Sie leugnen alles vor sich selbst, wollen nichts mehr mit der Sache zu tun haben, ziehen sich wie eine Schnecke in ihr Haus zurück, weil sie einmal falsch "angeeckt" sind. Dieses "Hin und Her" kann sich mehrfach wiederholen und mehrere Jahre die Biografie, Identitätsentwicklung und Persönlichkeitsbildung des Menschen prägen.

Der Leidensdruck ist damit jedoch nicht beseitigt: Daß sich bestimmte Jugendliche zurückziehen oder verharren kann damit erklärt werden, daß die gängigen Normen so zwingend (im Über-Ich) verinnerlicht sind, daß der Jugendliche sie nicht überwinden kann. Besonders Selbstmordversuche während der Adoleszenzkrise (s.o.), der Phase des Orientierens und Emanzipierens vom Elternhaus und den Erwartungen der Eltern, können auch durch eine nicht gefundene Strategie des Überspringens der gesellschaftlichen Verhaltensrichtlinien durch eine heterosexuelle Norm interpretiert werden. Wenn es dann heißt, "er hat(te), oder er tat es aus Liebeskummer...", muß nachgefragt werden, ob es sich um "schwulen Liebeskummer" handelt, inwieweit die soziale Umwelt es ihm nicht gestatte, ein Coming-Out seiner gleichgeschlechtlichen Empfindungen zu verwirklichen.

Wegen der leichten Verwundbarkeit in dieser Zeit ist es sehr wichtig, positive Antworten auf zaghafte Ansätze eines Coming-Outs zu bekommen. Der eigene Bezug zu der Person, der man sich öffnet, hat großen Einfluß darauf, ob man sich in der Selbst-Annahme ändert oder nicht. Z.B. bedeutet die positive Antwort eines engen Freundes mehr als die eines Fremden. Die Annahme bei Mutter und Vater ist wichtiger als die bei Schulfreunden. Es ist klar: Je bedeutender der Mensch für den Jugendlichen ist, um so stärker ist der Effekt, den eine positive oder negative Antwort haben kann. Die Meinung der Eltern und anderer Familienmitglieder kann eine sehr nachhaltige Wirkung haben.

Jugendliche im Coming-Out vergessen oft, wie lange es gedauert hat, bis sie sich selbst erkannt und akzeptiert hatten, um es anderen mitzuteilen. Ebenso braucht aber auch ein Familienmitglied (z.B. der Vater) eine *Zeit des Durchdenkens und Einfühlens*, wenn es erfahren hat, daß sein Sohn, Tochter, Bruder, Schwester etc. das gleiche Geschlecht begehrt und diese Tatsache akzeptiert wird.

Wichtig ist es, diesen schweren Prozeß *zusammen* mit der Familie zu machen - aber die Familie muß auch in der Lage sein, damit umzugehen zu lernen, was sie mit der Zeit durch die aktiven Mitteilungen und Aufklärungsarbeit *durch den Jugendlichen selbst* auch kann: Der Jugendliche muß seine Familie dann immer wieder darüber informieren, was er gerade tut, was er entdeckt hat, wo er Schwierigkeiten hat. Es liegt hier die große Chance für die Eltern, zu entdecken, daß die sozialen Dimensionen des Daseins und einer Beziehung (fast) gar nichts ausschließlich mit der sexuellen Identität zu tun haben: Die familiäre Kaffeetafel mit der heterosexuellen

Schwiegertochter wäre nicht unbedingt schöner als der Plausch mit dem schwulen Schwiegersohn in spé, den man aufgrund seines Charmes und seines Humors doch längst liebgewonnen hat.

3. Erforschung des Umfeldes:

Wenn man nicht die Entwicklung durch Verleugnung und Rationalisierung und Verdrängung abgebrochen hat, erreicht man jene Phase, in der man versteht, daß es eine *persönliche Identität des gleichgeschlechtlichen Empfindens* gibt, ohne aber die kollektive (vorgestellte oder wahrgenommene) Identität "der" Schwulen bzw. Aspekte davon als die eigene akzeptieren zu können. Cass spricht von einer "identity tolerance": Man erkennt zwar, daß man so ist, aber man kann sich selbst mit dem, was man selbst ist, noch nicht wirklich einverstanden erklären und erst recht nicht mit der kollektiven Identität, die z.B. die Medien über "den" Schwulen oder "die" Schwulen berichten - oder die auch "die" Schwulen z.T. selbst auf Partys vermitteln. Es ist vielleicht sinnvoll, Schwulsein als das zu begreifen, was man selbst daraus macht bzw. wie man selbst *ist*. Man muß sich also nicht an vorgegebene Ideale anpassen, sondern kann auch so bleiben, wie man ist. Meist sucht man sich aber aus allen gegebenen und vorgefundenen Identitäts-Vorstellungen einen zusammengezimmerten, eigenen Patchwork-Identitäts-Entwurf zusammen, bei dem man das behält, was einem für die eigene Persönlichkeit und für den Kontext, in dem man lebt und eingebettet ist, als "passend" und machbar erscheint.

In dieser Phase wird daher mit der neuen Identität *experimentiert*, es wird probiert, was "geht" und was nicht "geht"; es werden Kontakte zu anderen Schwulen oder Lesben, zu gleichgeschlechtlichen Lebensgemeinschaften oder (z.B. politischen) Gruppen hergestellt: Wo sind die "anderen", die ebenso fühlen wie man selbst?

Man lernt, andere zu treffen, und erwirbt neue Fähigkeiten, sich unter den anderen zu bewegen. Es ist die Zeit der (mehr) sozialen (spielerischen als sexuellen) Erforschung und Eroberung. Wenn man sich selbst "erlaubt", den ersten gleichgeschlechtlichen Schritt zu machen, beginnt die Zeit der Suche, man läßt die Jugend (wieder) aufleben. Dieses Stadium wird von den Erwachsenen und der Umwelt oft mißverstanden: Das *"Experimentieren"* muß als notwendiges *Spiel mit dem Neuen* angesehen werden. Erwachsene und Eltern sollten diese Entwicklung etwas zurückverfolgen und vergleichen mit der eigenen Jugend und Pubertät, sobald man diesen neuen Identitätsentwurf erkennt. Diese Zeit ist auch gekennzeichnet durch Verwirrung, Heftigkeit und Durcheinander - diese Stufe ist zu vergleichen und geht einher mit dem Erwachsenwerden in der Adoleszenz.

Es ist naheliegend, sich selbst zunehmend zunächsteinmal von der bis dahin vertrauten Umgebung, wie Familie oder ehemalige Schulfreunde, etwas zu emanzipieren oder zu lösen und sich ein Netzwerk aus gleichgesinnten Freunden aufzubauen. Dieses schafft dann Klarheit und bietet Hilfe für die weitere Entwicklung hin zu einer festen Beziehung. Ein soziales Unterstützungssystem bestehend aus anderen Schwulen, Lesben und gleichgeschlechtlichen Lebensgemeinschaften schafft also Vorbilder, bietet Informationen und Austausch sowie die Möglichkeit, Freundschaften und Beziehungen einzugehen. Eltern müssen das nicht als Verlust des Sohnes in für sie unbekannte Erlebnisbereiche erleben, sondern als Gewinn der Selbständigkeit des Kindes, das auch neue Freunde (z.B. den Schwiegersohn) in die Familie bringen will.

Schwul-lesbische Parties können aber unterschiedliche Auswirkungen auf Jugendliche haben: Für manche ist es eine Befreiung, die zur Selbstakzeptanz führt ("Ich hätte ja nicht gedacht, daß es so viele sind und die kommen doch auch alle ganz gut damit klar"). Für andere ist es ein Schlupfloch ins Doppelleben. Wieder andere sind von den schwulen Parties nicht begeistert, können die *Arten des Schwulseins* der anderen nicht teilen oder sind soweit davon entfernt, was man für sich selbst wünscht, daß man sich abwendet und andere Wege des Kennenlernens von Gleichgesinnten beschreitet, oder es gar manchmal zur erneuten Verleugnung der eigenen Sehnsüchte und damit zur Isolation kommt. Viele Jugendliche versuchen dann persönliche Beziehungen eher über eine Freundschaftsanzeige in einem Online-Stadtmagazin aufzubauen.

Man wird aber zu einem positiven Selbstverständnis kommen, wenn man sich an Gleichaltrige hält, die die gleichen Vorstellungen und Erwartungen an das Schwulsein haben, wie man selbst. Diese kann man nicht nur auf einer schwul-lesbischen Party, sondern besonders auch in Jugendgruppen / Coming-Out-Gruppen oder anderen Vereinen / (polit.) Arbeitsgemeinschaften finden (vgl. Kap. 5), wo man Gelegenheit hat, sich durch ein gemeinsames (Arbeits-) Ziel unverbindlicher näher zu kommen.

4. Erste Beziehungen:
Wenn Lesben und Schwule erkennen, daß sie in der Lage sind, zu lieben und geliebt zu werden, sind sie bereit für die nächste Stufe, nämlich einer *festen Beziehung.* Sie wollen eine gleichgeschlechtliche Lebensgemeinschaft möglicherweise in einer gemeinsamen Wohnung führen: 80 % der Schwulen wollen eine gemeinsame Wohnung mit dem Freund (Sanders aaO). Die Zeit des Experimentierens und Suchens auf schwul-lesbische Partys hat ihren Reiz verloren, man sucht nach einer verantwortlichen Beziehung. Jetzt wird man bewußt damit anfangen, sein Leben neu einzurichten. Man hat jetzt einen Sinn für die persönliche Attraktivität, ist sich derer bewußt und sieht sich selbst als jemanden, der für eine Beziehung ausgewählt werden kann. Intimität in einer vertrauensvollen Beziehung wird jetzt zur Notwendigkeit Nummer Eins, die erfüllt sein muß, denn eine reife Beziehung basiert auf Vertrauen und Liebe. Die nötige Reife wird durch einen Evolutionsprozeß erreicht, der durch eine fortwährende Formung und Weiterbildung der Identität und Selbstakzeptanz gekennzeichnet ist. Die Spannungen haben sich größtenteils gelöst und dort, wo es sie noch gibt, sind sie von der Außenwelt verursacht.

Aus dieser neuen Position heraus hat man auch genügend persönliche Sicherheit (Identität) aufgebaut, um Außenstehende (wie z.B. Arbeitskolleginnen) über die eigene gleichgeschlechtliche Lebensgemeinschaft zu informieren, zunächst meist sehr selektiv, aber allmählich umfassender, je nachdem was die Situationen in Familie, Freundeskreis und Arbeitswelt und dergleichen mehr erlauben - oder man sich selbst erlaubt!

Diese Ergebnisse scheinen zu bedeuten: Eine stabile Selbstakzeptanz kann häufig nur dann realisiert werden, wenn man gleichzeitig lernt, sich anderen zu offenbaren, denn das offene Eingestehen kann die Selbstakzeptanz verstärken und stabilisieren. Identität und Persönlichkeitsentwicklung reifen, wie wir gesehen haben, einerseits durch eine Stellungnahme zu sich selbst und weiterhin durch einen interaktiven *dialogischen Austausch* mit anderen Menschen, der aber ein Coming-Out, ein sich-vor-anderen-bekennen, voraussetzt.

5. Integration:

Menschen, die so ihre Integration erreicht haben, betrachten sich selbst als vollwertige Mitglieder ihrer Gesellschaft. Sie verhalten sich offen, warm, freundlich und hilfsbereit. In diesem Stadium sind die Beziehungen sehr erfolgreich und harmonisch, weil die Partner davon überzeugt sind, daß sie eine lang anhaltende, ernsthafte Beziehung aufbauen können. Es gibt weniger Besitzenwollen und Eifersucht, wodurch viele Beziehungen oftmals wie bei verschiedengeschlechtlichen Beziehungen auch negativ beeinflußt werden können. Unterschiedliche Interessen oder Konflikte werden im Zusammenhang gesehen, normal und nicht als Psychodramen abgehandelt. In dieser Phase verhält man sich wie Erwachsene mittleren und älteren Jahrgangs: mit gefestigter, stabiler Identität.

Lesben und Schwule haben Eltern, Geschwister, Verwandte und Nachbarn. Ihre Persönlichkeit, ihre Empfindungen und Sehnsüchte sowie ihr Lebenszusammenhang sind in *allen* Situationen präsent und können nicht abgekoppelt werden. Schwule und Lesben sind Menschen, die mit Ihrer Identität in den üblichen Alltags-Zusammenhang wie jeder andere integriert sind, d.h. sie sind Bäcker, Köche, Lastwagenfahrer, Ärzte oder Politiker, Lehrerinnen, Verkäuferinnen, Putzfrauen, Beamte. Es gibt also nicht nur den gutverdienenden Yuppie, sondern auch schwule Familienväter, schwule Arbeitslose oder Sozialhilfeempfänger.

Im weitesten Sinn bilden Schwule oder Lesben keine "soziale Gruppe", es sei denn in einer institutionalisierten Form eines Vereins oder einer politischen Arbeitsgemeinschaft - man spricht dann von einer "Sozialen Bewegung". Sie haben nur ein gemeinsames Merkmal: sie gehen mit einem Menschen des gleichen Geschlechts *einkaufen* und leben mit ihm zusammen. Die Gegensätze, die man noch sieht - besonders zwischen der jetzt als positiv empfundenen eigenen Identität und einer möglichen fehlenden Akzeptanz durch die Umwelt - können einerseits zu einem sozialen und politischen Aktivismus führen; sowie auch dazu, daß man öffentlich seine Lebensgemeinschaft zu seinem Freund besonders offen bekundet: Reagiert die Umwelt negativ, betrachtet man das als das Erwartete. Reagiert die Umgebung akzeptierend oder zustimmend, kann dies zu einer neuen Diskrepanz führen: zur Frage, ob man nicht teilweise übertrieben gehandelt hat (z.B. wie es der Fall ist, wenn radikale Lesben vehement auf den Ausschluß von (heterosexuellen) Männern plädieren. Seit einigen Jahren arbeiten Lesben jedoch mit Schwulen Hand in Hand, auch Schwule dürfen mit ihrem Freund zusammen Lesbenparties besuchen oder es wird gleich eine gemeinsame schwul-lesbische Party veranstaltet).

Dies kann zu einer weiteren Entwicklung führen:

6. Die sechste Phase: besondere menschliche Reifung
Man ist durch diese Entwicklungen nun etwas mehr (als zuvor und als andere) in der Lage, zu relativieren und besser zwischen verschiedenen Kategorien in der Gesellschaft zu unterscheiden (Fähigkeit zur Differenzierung, zum Hinterfragen, Vorurteile zu prüfen). Man kann auch eher einfühlsam erkennen, wo die eigenen Bedürfnisse und Bestrebungen mit denen von anderen übereinstimmen, die auch für soziale Veränderungen (insgesamt für Minderheiten) eintreten, wenn auch vielleicht auf eine ganz andere Art (ausgeprägte Toleranz, große Solidaritätspotentiale und Hilfebereitschaft). Gleichgeschlechtlich empfindende Menschen haben durch ihre kognitiven Prozesse durch Auseinandersetzungen und Überlegungen zu ihren Entwicklungsperspektiven, durch Überlegungen mit und zu der sozialen Umwelt Prozesse durchlaufen, so daß sie oftmals Lösungen und Erkenntnisse anbieten können, die integrativ sind, sowohl horizonterweiternd sind, als auch, daß sie für

andere von Nutzen sind. Die so durch diese Entwicklung geschaffte Beseitigung von etwaigen Spannungen kann auch ein *Weg zur Reife, Gelassenheit, Toleranz, Einfühlsamkeit, Solidarität und Gastfreundschaft* bedeuten und schafft auch die Möglichkeit, den Stellenwert der Sexualität, die Rolle der *eigenen* (Homo-)sexualität zu relativieren. Sie ist lediglich *ein* Aspekt des eigenen Lebens neben vielen anderen, die eigentlich viel wichtiger sind. Man lebt mit einem Freund zusammen und bildet eine gleichgeschlechtliche Lebensgemeinschaft, die sich in ihren *sozialen Dimensionen* wie einkaufen gehen, Möbel aussuchen, die Einladungskarte für die kirchliche Hochzeit gestalten, die Arbeitskollegen zum Polterabend einladen etc. wenig unterscheiden muß. Es kommt auf die sozialen Dimensionen und deren Ausformung von gleichgeschlechtlichen Lebensgemeinschaften an, nicht auf das sexuelle Verhalten, das von Jugendlichen am Beginn ihrer Entwicklung als ein Kardinalproblem gesehen wird. Paradoxe Erkenntnis, was? - Die Sexualität ist gar nicht das, was den Homosexuellen bestimmt. Sexualität ist lediglich *ein* Aspekt der Persönlichkeits- und Identitätsentwicklung, er ist in dieser Phase selbstverständlich integriert, nichts Besonderes. Die Summe der Teile einzelner gebildeter Aspekte von Identitätsentwürfen ist mehr als nur der eine *Aspekt* im Bereich der Sexualität. Der Zärtlichkeitsbereich ist zudem in großen Teilen identisch mit verschiedengeschlechtlichen Streicheleinheiten. Homosexualität ist also lediglich *ein* Aspekt im Aspekt der Zärtlichkeit zweier Menschen, und die Zärtlichkeit zweier Menschen ist wiederum nur ein Aspekt ihrer Persönlichkeit oder ihres gemeinsamen Identitätsentwurfes.

144

Die sozio-sexuelle Entwicklung der Identität - Perspektiven im Vergleich zwischen homo- und heterosexuellen Jugendlichen

Wie folgt läßt sich die Entwicklung von sich heterosexuell entfaltenden Jugendlichen mit sich homosexuell entfaltenden Jugendlichen in diesen Punkten vergleichen:

a) *Die stützende Rolle von Altersgenossen (peers)*:
Schwule und lesbische Jugendliche finden - sofern sie sich noch nicht erklärt haben und zum Dialog bereit sind - unter ihren Altersgenossen meist nur unzureichend Unterstützung. Zwar mögen heterosexuelle Freunde und Freundinnen in einer bestimmten Periode für sie als Potential fungieren, im allgemeinen fehlen ihnen aber die stützenden Funktionen, die die Altersgenossen sonst bieten, wie Angebot von Verhaltensmodellen und Handlungsanweisungen, eine gemeinsame Zukunftsperspektive und das tägliche Feedback von Erfahrungen. Im Allgemeinen müssen sich schwule oder lesbische Jugendliche meist größtenteils losgelöst von ihrer natürlichen Umwelt entwickeln und sich daher selbst neue, gleichgesinnte Freunde suchen, die sie tragen und unterstützen.

b) *Der Aufbau von neuen, selbstgewählten Freundschaften gegenüber den bisher (z.B. durch Schule und Nachbarschaft) vorgegebenen*:
Die Beziehung zu ebenso Empfindenden haben für schwule bzw. lesbische Jugendliche einen ganz wichtigen Stellenwert: Die Altersgenossen (in schwulen Jugendgruppen, auf Parties etc.) sind dabei wichtige Gesprächspartner, ebenso wie die persönliche Freundschaft (bester schwuler Freund, mit dem man was unternimmt) oder gar der erste feste Freund, mit dem nach einer Umfrage rund 80 Prozent eine feste Partnerbeziehung *mit gemeinsamer Wohnung* anstreben (vgl. Sanders aaO). Allgemein kann man sagen, daß die Jugendlichen es meist schaffen, sich ein

einigermaßen funktionierendes Unterstützungsnetz von gleichaltrigen Altersgenossen aufzubauen.

c) *Die Rolle der Zuflucht (z.B. bei Liebeskummer) bei Erwachsenen wie den Eltern*:
Die Unterstützung durch die Eltern spielt eine wichtige Rolle: schwule oder lesbisch Jungen bzw. Mädchen brauchen in den Phasen des Erkennens, Experimentierens (Spielens) und der Akzeptanz ihrer Empfindungen Erwachsene, von denen sie akzeptiert werden und die ihnen für eine eigene Entwicklung Raum lassen. Einige Jugendliche geben an, daß Gespräche mit den Eltern ihre Entwicklung positiv beeinflußt habe. Es stellt sich aber auch heraus, daß heterosexuelle Jugendliche ebenso eher wenig mit ihren Eltern über ihre Beziehungen oder ihre ersten sexuellen Erfahrungen sprechen wie schwule und lesbische Jugendliche. Auch die heterosexuelle Identitätsentwicklung muß selbst und im eigenen Kreis geleistet werden. Wohl aber fällt es sich schwul bzw. lesbisch entfaltenden Jugendlichen schwerer als den sich heterosexuell entfaltenden Jugendlichen, über die gewünschte Lebensweise mit den Eltern in allgemeiner Form zu sprechen. Insgesamt muß man sich aber vor der leichtfertigen Annahme hüten, daß die gleichgeschlechtlich orientierte Entfaltung in jeder Hinsicht schwieriger sei als die heterosexuelle. Auf das gute Klima im Elternhaus und die *Gesprächsbereitschaft der Eltern* kommt es an, wenn sie ihre Kinder fördern wollen.

d) *Das Lernen aus Interaktionserfahrungen*:
Offenbar haben homosexuelle und heterosexuelle Jugendliche gemeinsam, daß beide zunächst mit Verliebtheiten experimentieren (spielen) und dann die Suche nach sowie die Realisierung von einer längerdauernden Partnerbeziehung erfolgt. Die Entwicklung verläuft nicht sehr unterschiedlich - außer, wenn der Prozeß in der Phase des Erkennens und der Akzeptanz gleichgeschlechtlicher Empfindungen stark verzögert bzw. gehemmt wird, so daß der Jugendliche in unvollständiger Akzeptanz in einer Latenzphase steckenblieb. Dann kann es vorkommen, daß die Jugendlichen die Erfahrungen, die

andere schon in der Pubertät machen, erst nach einem Coming-Out in der Phase der späten Adoleszenz machen.

e) Die Erlebnisqualität der ersten Beziehungen:

Antworten auf Fragen nach einer emotional bedeutsamen Beziehung und dem Erleben dieser Beziehung zeigt keine Unterschiede zwischen der heterosexuellen Beziehung und der gleichgeschlechtlichen Beziehung. Verliebtsein ist Verliebtsein. 80 Prozent sowohl der homosexuellen, als auch heterosexuellen Jugendlichen hatten in den letzten eineinhalb Jahren einer Befragung zuvor eine emotional bedeutsame Beziehung gehabt (aaO). Auch in der Kommunikation mit dem Partner gibt es offenbar keine Unterschiede.

f) Die Entwicklungsdauer:

Wie bereits erwähnt kann das Festigen und Stabilisieren der Identität eines gleichgeschlechtlich empfindenden Menschen ein langwieriger Prozeß sein. Ohne hier Vergleiche anstellen zu können, brauchen schwule und lesbische Jugendliche aber mehr Zeit (vgl. a. Straver aaO).

Klima des Gedeihens: Die wichtige Rolle der Eltern...

Zusammenfassend läßt sich festhalten, daß sich schwule bzw. lesbische Jugendliche nicht in anderen Bahnen entfalten, sie benötigen nur mehr Zeit aufgrund der geschilderten relativen Verbesserungsbedürftigkeit in der Unterstützung durch ihre Umwelt. Selbstachtung ist sowohl für sich hetero- als auch homosexuell entfaltende Jugendliche ein wichtiger Faktor, um die Schwierigkeiten beim Festigen einer Identität und Persönlichkeit sowie dem Aufbauen einer befriedigenden Lebensweise zu bewältigen. Daß bestimmte Zusammenhänge bei sich schwul oder lesbisch entfaltenden Jugendlichen noch etwas bedeutsamer sind, zeigt, wie wichtig es ist, genügend Selbstvertrauen zu entwickeln.

Woher kommt die Selbstachtung? Es wird dabei die Erziehung in den Mittelpunkt gestellt und es werden einerseits allgemeine Bedingungen (wie die Wärme des Familienklimas) und andererseits die sexuelle Erziehung danach untersucht, ob sie eher rigide oder bestätigend und entgegenkommend war. Die Erfahrung eines warmherzigen (und weniger rigide reglementierenden) Elternhauses in der Kindheit geht einher mit höherer Selbstachtung, größerem

---

147

Selbstvertrauen in andere Menschen. Je mehr Eltern als offen gegenüber Körperlichkeit und Sexualität eingeschätzt werden, umso mehr wächst bei allen jugendlichen Untersuchungsgruppen ihre Zuneigung zu ihnen. Insbesondere zeigt sich, daß dann sich schwul bzw. lesbisch entfaltende Jugendliche ihre Eltern relativ häufiger in ihre Gefühle, Nöte und Erfahrungen einweihen (vgl. Straver aaO:193).

Insgesamt bedeutet dies, daß bestimmte Hintergrundfaktoren - vor allem im Elternhaus - eine bedeutende Rolle für die Erleichterung der Suche nach einer Identität spielen. Dies sowohl über das Erwerben von Selbstachtung als auch über das Erfahren eines unterstützenden Klimas während der Entwicklung. Hier bestehen im Prinzip die gleichen Zusammenhänge bei heterosexuellen wie homosexuellen Jugendlichen. Dies unterstreicht nochmals, daß sich die homosexuelle Entwicklung nicht wesentlich von der heterosexuellen Entwicklung unterscheidet und sie im Prinzip auch nicht soviel schwieriger sein müßte - wenn die Eltern und Freunde ein *Klima des Gedeihens'* bereiten.

Gleichgeschlechtliche Liebe ist eine natürliche, normale und selbstverständliche Variante menschlicher Sexualität. Schwule und Lesben sind in der Lage, völlig reife liebevolle und gesunde Beziehungen aufzubauen. Empirisch evident ist, daß eine *Änderung der sexuellen Orientierung unmöglich* ist. Sie kann verleugnet oder unterdrückt werden; sie kann in einer widersprüchlichen Weise ausgelebt werden; aber die Orientierung selber kann nicht geändert werden. Eltern von schwulen Söhnen oder lesbischen Töchtern sind *nicht verantwortlich* für die sexuelle Orientierung ihrer Kinder. Aber Eltern können zum Teil verantwortlich dafür sein, ob ihr schwuler Sohn oder ihre lesbische Tochter eine "seelisch gesunde und sich selbst akzeptierende Person ist oder ob sie ihr Leben mit Schuld, Scham und Selbsthaß fristet" (vgl. McNeill aaO:83,87).

Doch nicht nur die Eltern tragen ihren Teil zur Entwicklung des Jugendlichen bei, dieser muß sich zunächst *selbst* durch *Prozesse des bewußten Auseinandersetzens* mit sich und den Möglichkeiten, die Entwicklungsaufgaben zu bewältigen, Mut machen, seinen eigenen Weg zu finden, und diesen dann auch emanzipiert von anderen eigenständig und nicht fremdbestimmt zu gehen. Eltern können, wie wir noch weiter unten sehen werden, den Jugendlichen dabei ein *Klima des Gedeihens* schaffen - doch letztlich muß der Jugendliche den Mut finden, seinen Weg *selbst* zu gehen.

Ermutigung zu einem selbstbestimmten Leben - Und nun geh´ Deinen Weg ...

Nicht nur Wissen, Bildung, Geist und Seele muß der Jugendliche auf seinem Weg zu einem selbstbestimmten Leben entwickeln, sondern es gehört auch und gerade dazu, ein *Gefühl für das Körperliche* zu entwickeln: Körper, Geist und Seele bilden eine Einheit. Oftmals scheitern wir aber an den Verhaltenserwartungen, die andere an uns richten, uns selbst zu finden. Enthaltsamkeit oder eine asexuelle Latenzphase, wie es fatalerweise noch von manchen Kirchenvertretern empfohlen wird, sind keine Lösungen aus der philosophischen Sicht der integrierten Einheit von Körper, Geist und Seele. Ebenso ist die Flucht in andere kompensierende Körperstrategien (wie z.B. übermäßiges Body-Building) kein wirklicher Ersatz für Sexualität und Selbstwert.

So sind wir oft außengelenkt und durch andere fremdbestimmt oder gar handlungsgehemmt und es fehlt uns der Mut, den Weg - der aber doch der eigene ist - selbstbestimmt zu gehen: Identitätsarbeit an den gestellten Aufgaben wird aufgeschoben oder verleugnet, so daß wir auch manchmal daran zerbrechen wollen. Aber nur wer sich zeigt, ist frei von der Fremdbestimmung durch andere: Die Stellungnahme vor anderen zur eigenen Identität und das zärtliche Erleben von Körperlichkeit in der Beziehung gibt innere Sicherheit.

Viele tragen vor ihrem Coming-Out *Masken*, die sie fürchten abzulegen. Und keine davon sie sie. Sie machen den Eindruck, als seien sie umgänglich, als sei alles heiter in ihnen und als bräuchten sie niemanden - ihr Äußeres mag sicher erscheinen, aber es ist eine Maske, darunter sind sie *in Furcht und allein*. Aber das verbergen sie hinter einer verzweifelten Maske als lässige Fassade, die sie vor dem *wissenden* Blick sichert, der sie erkennt. *Dabei wäre gerade dieser Blick ihre Rettung.* Wenn es jemand wäre, der sie *annimmt* und sie *liebt*. Sie haben Angst davor, abgewiesen zu werden. Und so spielen sie ihr verzweifeltes Spiel, eine sichere Fassade außen und ein zitterndes Kind innen. Sie bitten: "Höre sorgfältig hin und versuche zu hören, was ich *nicht* sage, was ich gerne sagen möchte, was ich

149

aber nicht sagen kann" (Körner aaO). Sie möchten wirklich echt und spontan sein können. Jedesmal, wenn wir versuchen, sie zu verstehen, bekommt ihr Herz *Flügel*. Die *Kraft des Verstehens* gibt ihnen Leben, die Befreiung aus der Einsamkeit. Aber es sind oft dicke Mauern: Sie wehren sich gegen das, wonach sie schreien. Je näher wir ihnen kommen, desto blinder schlagen sie zurück.

Aber Liebe ist stärker als jeder Schutzwall, darauf müssen wir setzen. Heinz Körner (aaO) macht daher besonders im letzten Kapitel in seiner Erzählung `Johannes´ Mut, den *eigenen* Weg zu finden und zu beschreiten, um *Körper, Geist und Seele* miteinander zu integrieren. Nur diese "Dreieinigkeit" macht den Menschen stark, gesund, harmonisch und ausgeglichen: "So mancher scheitert an der Frage: Warum so und nicht anders? Warum ich und nicht der? Warum gerade jetzt und nicht ein anderes Mal? Laß Dir sagen, daß diese Fragen ohne Antwort sind. Denn wenn es einen *Sinn* gibt, so sind wir Menschen mit unseren geringen Mitteln niemals in der Lage, diesen Sinn zu verstehen. darum ist solch eine Frage müßig. Gehe Deinen Weg gut. Ein Mensch, der geht, ist unterwegs. Jeder andere bewegt sich nicht. Wer sich aber nicht bewegt, ist tot. Du bist allein wie jeder andere auf dieser Welt. Doch wenn Du Dich den anderen geöffnet hast, wirst Du Deine *Einsamkeit teilen*. Und sie ist nicht mehr eine Last, welche Dich zu erdrücken droht. Du hast nun die Wahl zwischen vielen Wegen. Doch welcher es auch immer sein mag, den Du gehst: gehe ihn mit deinem ganzen Herzen. Zu lange hast Du nun schon gesucht. Nun gib das Suchen auf und *lerne zu finden. Steh zu Dir*, denn Du bist das Wertvollste, das Du auf dieser Welt hast.

Und nun geht Deinen Weg!"

Informationsteil 3
Innerpsychische Bewußtwerdung von Identität

Bücher zum weiterlesen:

CASS, VIVIENNE: Homosexual identity formation: A theoretical model, Journal of Homosexuality 4, 1979, S. 219-235

CASS, VIVIENNE: The Implications of Homosexual Identity Formation for The Kinsey Model and Scale of Sexual Preference, in: McWhirter, David u.a. (HG), Kinsey Institut: Homosexuality / Heterosexuality - Concepts of sexual Orientation, Oxford University Press, New York, Oxford 1990

⊠**CHRISTOFF, NORBERT / GROSSMANN THOMAS:** Coming Out der Homosexualität, in: Pro Familia (HG): Sexualität in Deutschland, Holtzmeyer Verlag 1991, S.170-191

COLEMAN, ELI: Developmental Stages of the Coming Out Process; in: William, Paul u.a. (HG), Homosexuality, Sage Publications, Kap. 12, S. 149-158, Beverly Hills 1982, sowie in: Journal of Homosexuality, No. 7, S. 31-43

ERIKSON, ERIK: Identität und Lebenszyklus, Frankfurt am Main 1985 (1971)

ERNST, HEIKO: Psycho Trends - Das Ich im 21. Jahrhundert, München 1996

GARZ, DETLEF: Sozialpsychologische Entwicklungstheorien - von Mead, Piaget und Kohlberg bis zur Gegenwart, Opladen 1994

HABERMAS, JÜRGEN: Können komplexe Gesellschaften eine vernünftige Identität ausbilden?, in: ders.: Zur Rekonstruktion des historischen Materialismus, Frankfurt am Main 1976

⊠**HENTZELT, FRIEDER:** Hässliche Entlein, Die vorschwule Phase - Eine psychologische Untersuchung, gestützt auf Gespräche mit sechs schwulen Männern, Hamburg 1994

⊠**KOLBE, KARIN:** Lesbische Identität in der Adoleszenz, Diss., Braunschweig 1988

⊠**KÖRNER, HEINZ:** Johannes, Erzählung, Lucy Körner Verlag, Fellbach Erstauflage 1978

⊠**KRAPPMANN, LOTHAR:** Soziologische Dimensionen der Identität - Strukturelle Bedingungen für die Teilnahme an Interaktionsprozessen, Stuttgart 1993 (1969)

MEAD, GEORGE HERBERT: Geist, Identität und Gesellschaft, Frankfurt am Main 1968

PIAGET, JEAN: Gesammelte Werke, Stuttgart 1975

REDAKTION COMING-OUT (HG): Lesben und Coming-Out, Zürich 1993

⊠**REMSCHMIDT, HELMUT:** Adoleszenz - Entwicklung und Entwicklungskrisen im Jugendalter, Stuttgart 1992

⊠**SCHNEIDER, HOLGER KURT:** Psychiatrie & Identität, in: Kössler, Henning (HG): Identität, Verlag Universität Erlangen, Nürnberg 1989

SCHREURS, KARLEIN: Sozialwissenschaftliche Forschung zum Thema lesbische Identität und lesbische Partnerschaften, in: Referat für gleichgeschlechtliche Lebensweisen: Lesben, Schwule - Partnerschaften, Dokumente Nr. 9, Berlin 1994

⊠**STRAVER, CORNELIUS:** Perspektiven der Identität - Die soziosexuelle Entwicklung im Vergleich zwischen homo- und heterosexuellen Jungen und Mädchen, in: Gindorf, Rolf / Haeberle, Erwin (HG): Sexualitäten in unserer Gesellschaft, Sozialwiss. Sexualforschung 2, Walter de Gruyter Verlag, Berlin / New York 1989, S. 169-195

TERSON DE PALEVILLE, MARIA-ELENA: Coming-Out, in: Dunde, Siegfried (HG): Wenn ich nicht lieben darf - Vom Umgang der Männer mit sich und anderen, Reinbek 1987, S. 267-278

Weiterhin verwendete Literatur:
siehe Anhang.

Didaktische Fragestellungen 3:

a) Nennen Sie die Phasen des Coming-Outs und beschreiben Sie diese aus Ihrer eigenen Biografie, wie Sie diese durchlaufen haben und welche Bedingungen sich dabei positiv auswirkten.

b) Warum hat die Frage der Sexualität für Schwule und Lesben einen ganz anderen Stellenwert als für Heterosexuelle? Wie kann verhindert werden, daß sich Schwule und Lesben (zunächst) soviel Gedanken über ihre Sexualität machen (müssen)?

c) Welche Rolle spielen die (heterosexuellen wie homosexuellen) Altersgenossen bei dem Erkennen der eigenen sexuellen Orientierung (je für homosexuelle und heterosexuelle Jugendliche)?

d) Wie können Eltern ihr Kind unterstützen, daß es schneller und besser lernt, zu seiner Sexualität zu stehen?

e) Was ist die Adoleszenzkrise? Was meinen Sie, wie hat sie sich bei Ihnen gezeigt?

f) Was ist unter Ambiguitätstoleranz zu verstehen? Erklären Sie, indem Sie das Lesbischsein berücksichtigen.

g) Was ist schwule bzw. lesbische Identität?

h) Kann man mit seiner Identität spielen?

Kapitel 4

**4. Coming-Out: Das fortwährende soziale Bekenntnis:
"Ja, ich gehöre dazu!"**

Handbuch `Engagierte Zärtlichkeit´

Ja, ich gehöre dazu!

Es ist meine Chance, zu lieben und glücklich zu werden!

Und plötzlich weisst Du, Dein Sohn liebt einen Mann ...

Selbstbewußte Kinder - Selbstwertgefühl und wie Eltern dazu beitragen können

Jeder soll wissen, dass wir seine Eltern sind!

Nicht nur in der Familie: Offen leben - Coming-Out als lebenslanger Prozeß

Informationsteil

Ja, ich gehöre dazu!

*Ein Flügelschlag eines sich entpuppenden Schmetterlings
kann einen Umschwung des Wetters und Klimas auf dem ganzen Kontinent,
ja sogar einen Orkan bewirken.*
Erkenntnis der Wetter- und Chaosforschung.

Die theoretische Fundierung des Coming-Out und der Identitätsentfaltung - schön und gut, entscheidend und vor allen Dingen *konkret* und *persönlich* im Umgang mit bekannten Personen wird es, wenn es um das Gespräch der *eigenen* Empfindungen, sexuellen Wünsche und der sexuellen Orientierung geht.

Der *Weg aus der Sprachlosigkeit* ist wie zuvor beschrieben oft ein langer Weg des Aufschiebens. Jugendliche, die sich jemanden anvertrauen wollen, haben bis zu einem ersten Gespräch mit einer Vertrauensperson oft ein Hinauszögern und Aufschieben der Entfaltung aus Angst und Unsicherheit hinter sich, bis sie das erste Mal jemandem anvertrauen, daß sie gleichgeschlechtlich empfinden.

Diese Vertrauensperson ist dann in der Regel gut "ausgewählt", damit das entgegengebrachte Vertrauen auch nicht enttäuscht wird - hier will der Jugendliche relativ sichergehen, nicht vor den Kopf und ins Herz gestoßen zu werden. Diese Aussprache wird oftmals gemeinhin als Coming-Out bezeichnet, doch ist Coming-Out wie wir gesehen haben mehr: ein *Prozeß*, der sich viele Jahre in der Regel bis zum Ende der Adoleszenz mit etwa Mitte Zwanzig, oftmals aber auch länger, streckt - aber mehr noch: Coming-Out müssen wir als *lebenslangen Prozeß* verstehen, denn das Selbstbekenntnis (die Stellungnahme zur Identität / Identitätspräsentation) ist ja in jeder Situation gefordert, z.b. auch immer dann noch, wenn man als 40jähriger einen neuen (heterosexuellen) Bekannten (z.B. Arbeitskollegen) kennenlernt und eine Freundschaft eingeht. Dann kommt irgendwann unweigerlich der gegenseitige Einblick in die Lebenszusammenhänge: Wie und mit wem lebst Du denn eigentlich zusammen?

Öffentliche Bezugspersonen, mit denen man sich als ebenso Empfindender identifizieren kann, gibt es wenig. Das *Outing*, öffentliche Personen zum Coming-Out aufzufordern, ist dabei vom

Ziel her sinnvoll gedacht, aber die möglichen persönlichen Konflikte des in der Öffentlichkeit stehenden Menschen werden dabei keinesfalls berücksichtigt. *Ein Zwang zum Coming-Out darf es niemals geben.* Jeder hat diesen Schritt selbst abzuwägen. Trotzdem ist es schön und sehr sinnvoll, aus den Medien bekannte Prominente zu kennen, die sich zu ihrer Lebensgemeinschaft und dem was ihrem Leben Sinn gibt (wie z.B. der Freund) äußern (es geht also nicht darum, gleichgeschlechtlich empfindende Menschen immer wieder auf ihre Sexualität anzusprechen, sondern auf ihren *Lebenszusammenhang*).

Identifikationsfiguren in den Medien zu haben, setzt aber ein stetiges Erwähnen des gleichgeschlechtlichen Empfindens und dessen soziale Umsetzung in der gleichgeschlechtlichen Lebensgemeinschaft voraus - es genügt also nicht, wenn es einmal in der Bildzeitung bekanntgegeben wurde und dann weiter verschwiegen wird. Gerade Jugendliche, die sich öffentliche Identifikationspersonen suchen, wissen oft gar nicht, wer sich schon alles in der Öffentlichkeit zu seiner gleichgeschlechtlichen Lebensgemeinschaft geäußert hat. Die Frage "Wie geht es Ihrem Freund?" sollte bei einem Interview von schwulen Prominenten ebenso zur Selbstverständlichkeit gehören wie die Frage: "Wie geht es der Frau Gemahlin?" bei verschiedengeschlechtlichen Lebensgemeinschaften.

Einige öffentliche Bekenntnisse von lesbischen und schwulen Prominenten seien daher hier erwähnt, um jedem Mut zu machen, diesen entscheidenden Schritt, seinen Mitmenschen von seinem Verliebtsein, Schwärmen für jemanden, seinen Empfindungen zu erzählen. Dazu gehört aber auch, die damit verbundenen Ängste und Unsicherheiten kundzutun, denn dieses ist der einzige Weg: anderen Menschen, seinen Freunden, seiner Familie Freud und Leid mitzuteilen. Das vor anderen ausgesprochene *Bekenntnis zu den eigenen Empfindungen* ist der entscheidende Schritt. Auf folgende Art und Weise haben Prominente den Gesprächsanfang über ihre Empfindungen gefunden:

Heute abend stehe ich als Schwuler vor Ihnen - es war ein weiter Weg bis hierhin.
David Geffen, Film- und Musikmogul
bei einer Gala im Universal Amphitheater, 1992.

Ich habe Leute immer beneidet, die Geschichten von einem Lehrer erzählen, der ihnen beim Coming-Out geholfen hat, oder von dem spitzen Fußballer, der mit dem besten Freund Sex hatte. Bei meinem ersten Mal fand ich den anderen so unattraktiv, daß ich nachher erleichtert war, weil das Gefühl mich überzeugt hatte, daß ich nicht schwul sein konnte. Gegen zehn Uhr am nächsten Tag aber war ich wieder am Überlegen und wußte, daß ich bald wieder einen festen Freund suchen würde.
Armistead Maupin, Schriftsteller ("Stadtgeschichten" aus den 1970er Jahren).

Ich weiß, daß es viele Leute gibt, die neugierig sind, ob ich lesbisch bin. Ich glaube, das geht nur die etwas an, mit denen ich schlafe.
Dusty Springfield, Sängerin.

Einige Kinder können nicht nach Hause, weil ihre Familien sie nicht akzeptieren. Ich hoffe, ich kann durch mein Coming-Out und durch meine Person klar machen, daß dieser Lebensstil genau wie jeder andere ist!
Ru Paul, Sänger.

Ich bin als Lesbe alles andere als einsam, ich lebe als ganz normaler Mensch. Jetzt macht mich keiner mehr dumm an, ich komme mit meiner Freundin auf Parties und verleugne nichts. Das haben die endlich kapiert.
Amanda Bearse, Schauspielerin,
Nachbarin in "Eine schrecklich nette Familie".

Wer schwul ist, soll seine Freundschaft ausleben und sie genießen. Ich habe es gelebt, werde es weiter leben und mich von niemandem davon abbringen lassen.
Jürgen Marcus, Schlagersänger.

Es ist großartig, offen und selbstbewußt zu leben!
Olympiaden-Goldmedaillengewinner Greg Louganis,
bei den Gay Games New York 1994.

Meine Eltern knabbern manchmal noch daran, daß ich schwul bin. Erst als mein Vater bei meinem Geburtstag meinen Freund geküßt hat, dachte ich, Mensch, was für 'ne Arbeit!
Rio Reiser, Rocker und Schlagertexter.

Mit vierzehn kam er zu mir in die Küche und sagte treuestrahlend: "Mutti, ich bin schwul." Da dachte ich, jetzt muß er zum Psychologen, irgend etwas ist falschgelaufen. Ich konnte doch damals nicht wissen, daß jeder Mensch beides ist: Wir alle sind bisexuell! Es kommt nur darauf an, welchen Partner man findet. Der Rainer hatte einfach kein Glück bei Frauen.
Liselotte Eder, Mutter von Rainer Werner Fassbinder, Filmregisseur.

Ich singe für die Menschen, öffne mich für sie. Aber, das meine ich ehrlich, über meinen Zaun lasse ich mir nicht mehr schauen. Was ich dahinter treibe, geht verdammt noch mal niemanden was an.
Barry Manilow, Popschnulzen-Sänger.

Wenn ich mein Privates unter die Leute bringe, liefere ich mich in der Tat am meisten aus: nicht etwa, weil es zum Skandal kommen könnte, sondern weil ich dann mein Imaginarium in seiner stärksten Festigkeit präsentiere; und gerade über das Imaginarium bekommen die anderen leicht die Oberhand.
Roland Barthes, Philosoph.

Die folgenden Zitate widerlegen Aussagen, dass es eine Privatsache ist, lesbisch bzw. schwul zu sein:

Your closet ist your coffin. (Dein Schrank ist dein Sarg.)
Derek Jarman, Filmemacher und Maler.

Wie müde ich davon werde, eine Maske über meinem Anlitz zu halten.
Wie eng sie sitzt - sie schmerzt mich so.
William Beckford, Schriftsteller.

Der einzige Weg, Homophobie entgegenzuwirken, liegt darin, daß man es ablehnt, das Geheimnis der Homosexualität zu wahren - deine eigene sowie die der anderen!
Armistead Maupin, Schriftsteller.

Das werde ich kategorisch nicht leugnen.
Oliver Stone, Regisseur,
auf die Frage "Haben Sie je mit einem Mann Sex gehabt?".

Als K.D. Lang ihr Coming-Out hatte, wurde eine Riesengeschichte daraus gemacht, aber ihre Musik ist immer noch ihre Musik, und sie ist immer noch als wunderbare Sängerin bekannt. Ich habe gedacht, mein Coming-Out könnte auch eine gute Sache sein. Jetzt muß ich mir keine Sorgen mehr machen, ob man mir diese Frage wohl stellen wird.
Melissa Etheridge, Rocksängerin.

Ich habe sehr viel Post bekommen: von Schwulen, die mir geschrieben haben in welcher Angst sie leben, weil sie noch kein richtiges Coming-Out hatten und angenommen wurden. Und von Frauen, die mir Mut machen wollten, daß ich doch noch die Richtige finden kann. Unter all der Post waren nur freundliche Briefe.
Jürgen Marcus, Schlagersänger, über die Reaktionen,
nachdem die Boulevard-Presse über sein Schwulsein berichtet hatte.

Auch Schwule haben als Minderheit das Recht, verarscht zu werden!
Harald Schmidt, Parodist. Dazu Stephan Wald, in der Bild am Sonntag: Ein Parodist, der nicht schwul ist, ist kein guter Parodist - und ich gehöre zu den Guten!

Wir leben in unterschiedlichen Welten. Aber ich habe in Deine Augen geschaut, und sie waren freundlich ... Danke für das, was Du bist. Gott segne Dich.
Maximilian Schell, Schauspieler, in einer ganzseitigen Anzeige im "Hollywood Reporter" für Michael Jackson, King of Pop.

Ich weiß nur Eins: Ich lebe viel glücklicher seit ich offen lesbisch bin. Wenn man nicht offen lesbisch oder schwul lebt, versteckt man etwas, und man hat keine gute Beziehung zu sich selbst. Es ist ja nicht so, daß man sich ein Schild umhängen soll, auf dem lesbisch oder sonstwas steht, aber man sollte auch nicht lügen.
Martina Navratilova, Tennisspielerin.

Ja, ich bin schwul. Wo soll das Problem sein? Für mich ist es die normalste Sache der Welt. Ich habe nie ein Geheimnis daraus gemacht. Das wissen doch alle.
Alfred Biolek, Showmaster.

Outen kann man nur jemanden, der etwas verbirgt.
Tagesschau-Sprecher Wilhelm Wieben.

... till You can shout out: I am what I am!
Gloria Gaynor, Schlagertext.

Ja, ich bin einer von ihnen. Ich gehöre dazu.
George Michaels Coming-Out.

Add Your name to this Hall of Fame.
The answer ist clear: They're all of them queer.
Holly Johnson.

Weitere Persönlichkeiten

Alexander der Große / Alexander von Humboldt / André Gide / Andy Warhol / Aristoteles / Boy George / Cary Grant / Cäsar / Dirk Bach / Elton John / Francis Bacon / Freddy Mercury / Friedrich der Große / Friedrich II / Georgette Dee / Hanibal / Hans-Peter Kerkeling / Holly Johnson / Hubert Fichte / James Dean / Jean Cocteau / Jean Marais / Jean-Jacque Rousseau / Jean-Paul-Sartre / Jimmy Sommerville / John Maynard Keynes / Keith Haring / Klaus Mann / Klaus Schwarzkopf / Königin Elizabeth I von England / Leonard Bernstein / Leonardo da Vinci / Ludwig Wittgenstein / Ludwig XIII von Frankreich / Magnus Hirschfeld / Maximilien de Robespierre / Michealangelo Buonarroti / Michel Foucault / Nicoli Machiavelli / Oscar Wilde / Peter Tschaikowsky / Pier Paolo Pasolini / Platon / Richard Chamberlain / Richard Wagner / Rock Hudson / Siegfried Wagner / Thomas Mann / Walter Sedelmayr / Walther Rathenau / Wilhelm von Humboldt / Wiliam Shakespeare

Zitat- & Namens-Quellen: Schock 1995 / Castro 1996 / Huber 1991

Jugendliche, die das Gespräch über ihre Empfindungen suchen, wenden sich meist an jemanden, den sie gut kennen, ein guter Freund oder die beste Freundin, um halbwegs sicher zu gehen, daß sie auch angenommen werden, denn das ist das Entscheidende: Hier zeigt sich auch die Verantwortung, die jemand hat, wenn er von einem Freund mitgeteilt bekommt, er empfinde gleichgeschlechtlich - jemanden dann zurückzuweisen, ist eigentlich das Schlimmste, was man tun kann - auch wenn man selbst wenig darüber weiß, Vorurteile hat oder sich selbst unsicher fühlt, möglicherweise unreif ist und nicht damit umgehen kann, denn geschenktes Vertrauen sollte niemals zurückgewiesen werden, sondern der sich Anvertrauende sollte, wie immer man selbst dazu auch stehen mag, angenommen werden, wie er ist (- denn er bleibt der alte, so wie er ist und bisher war, nur mit neuen Möglichkeiten). Andernfalls ist es oftmals ein noch schwerer belastender psychischer Druck für den sich Mitteilenden - psychischer Druck, den der Jugendliche doch gerade mit einem "Darübersprechen" loswerden wollte.

Viele Jugendliche suchen daher den Rat bei Freunden, aber auch der Familie - Mutter, Vater, Schwester, Bruder kommt eine wichtige Bedeutung zu. Eltern müssen Ihr Kind annehmen wie es ist und Jugendliche müssen auch irgendwann mit ihren Eltern darüber sprechen, sie an ihren lesbischen oder schwulen Empfindungen und Leben beteiligen. Zumeist sondieren Jugendliche mögliche Reaktionen der Eltern. Wenn sie gar zu negative Reaktionen der Eltern erwarten, sollten sie es aber besser zunächst nicht sagen. Aber meist ist es ja sowieso so, daß Jugendliche warten, bis die Zeit dafür gekommen ist, z.b. dann, wenn sie selbständig sind und auf eigenen Füßen stehen, d.h. z.b., wenn sie eine eigene Wohnung haben oder finanziell unabhängig sind. Spätestens dann sollte man die Eltern aber über seine Freuden mit dem Freund informieren, denn sie haben ein Recht auf ihren Schwiegersohn und an der Freude durch das Verliebtsein ihres Kindes.

Oftmals wird den Müttern nachgesagt, daß sie meist schon etwas geahnt haben, wenn der Bub sich so gar nicht für die Mädchen interessiert. Wer sich dann mit Freunden trifft, mal einen schwulen Versandkatalog bestellt, schwule Bücher ins Regal stellt, kann es vor den Eltern oftmals sowieso nicht geheimhalten - wie der Zufall es immer so will, findet Mutter bei der Wäsche dann doch einen Info-Zettel über die nächste schwul-lesbische Party in der Hosentasche, den man auf irgendeiner Party mal eingesteckt hat. Auch schwule Bücher sollten daher offen ins Regal gestellt werden können. Es könnte dann auch mit den Eltern intensiver und immer wieder darüber gesprochen werden, wie man seinen Lebensweg gehen will.

Oftmals wissen die Eltern wenig darüber, wie gleichgeschlechtliche Lebensgemeinschaften sich finden, zusammen leben und lieben. Hier haben die Jugendlichen auch eine Aufklärungs- und Mitteilungspflicht *ihren Eltern gegenüber*, was sie so alles vorfinden, was in den gleichgeschlechtlichen Zusammenhang gehört - man muß sich ja nicht alles zu eigen machen, sondern nur das übernehmen, was einem gefällt: Schwulsein ist nicht das, was die Medien und ältere Lesben und Schwule vorgeben, sondern das, was man *selbst* daraus macht! Und die eigenen Vorstellungen kann man den Eltern ruhig vermitteln.

Es ist meine Chance, zu lieben und glücklich zu werden!

Doch oft wird das offene Gespräch in der Familie nur zu gern hinausgeschoben. Wer es nicht in Gesprächsform mitteilen will oder kann, hat auch schon mal eine schwule Zeitschrift oder ein schwules Buch offen in seinem Zimmer herumliegen lassen, damit die Eltern (zumeist ist es die Mutter), wenn sie es zufällig vorfinden, ein Gespräch ihrerseits anfangen. Einige Jugendliche schreiben ihren Eltern auch einen Brief, in dem sie mitteilen, was und wie sie empfinden. Ein anonymer Brief eines Jugendlichen (hier Tim genannt) in dem Infoblatt Hitline (2/94) legt die Situation eines Jungen im Coming-Out dar:

"Liebe Eltern! Ihr wißt, ich streite nicht gern und Meinungsverschiedenheiten zwischen uns sind auch für mich anstrengend und oft schmerzlich. Ich weiß, wie schwer es mir fällt, ruhig und vernünftig mit Euch über mich zu reden, deswegen *schreibe* ich. Ich möchte, daß wir uns besser verstehen lernen, denn ich bin Euer Kind und wir sind miteinander verbunden, auch wenn Ihr jetzt wißt, daß ich *schwul* bin.

Ich bin es nun mal. Es wäre nicht gut für mich, und ich würde bedrückt und krank, wenn ich anders leben sollte, als ich es möchte. Versucht bitte nicht, mir Gefühle einzureden, die ich nicht habe. Versucht auch nicht, mir Gefühle auszureden, die ich habe und die schön und aufrichtig sind. Ich kann einen Menschen finden, der so liebenswert, achtenswert, ehrlich, vertrauenswürdig und liebevoll ist, daß wir zusammen leben können in einer Partnerschaft, die auch Ihr respektieren könnt, weil sie ehrenhaft und liebevoll ist. Ihr werdet mich nicht verlieren, Ihr könnt ein neues Familienmitglied gewinnen, das Ihr mögen werdet. Vertraut darauf, daß ich die Werte hochhalte, die Ihr mir vermittelt habt. Ich bin schwul. Nehmt es hin, nehmt mich hin, wie ich *bin*.

Laßt mir meine Gefühle, meine Liebe, meine Sexualität. Ich fürchte, Ihr könntet mich weniger lieben, Euch von mir abwenden, weil ich *leben* möchte, was ich fühle. Versteht mich nicht falsch, denn ich will Euch nicht drängen. Ich bitte Euch nur, nicht die Augen zu verschließen und mir *zuzuhören*. Wir haben Zeit, uns einander zu nähern. Ich möchte, daß wir uns besser verstehen lernen und uns nicht unnötig weh tun. Ich kann mir vorstellen, daß Euch das Thema gleichgeschlechtliche Paare, jetzt wo es Euch und unsere Familie etwas angeht, vielleicht beunruhigt, weil es Euch beängstigt und Ihr unsicher seid, wie *Ihr* damit umgehen sollt. Ich sehe den Schmutz, der in den Zeitungen steht, die Sensationslust und ich höre das Mutmaßen der Nachbarn. Menschen wissen nur wenig über die gleichgeschlechtliche Liebe, obwohl es schon einige Bücher gibt, die mit Sachverstand und Fairneß darüber Auskunft geben. Ihr solltet besser auf Fachleute hören und Kontakt zu Schwulen und Lesben selbst und anderen Menschen suchen, die gut mit dem Anderssein ihrer Mitmenschen umgehen können. Wenn Bekannte sich nicht bemühen zu verstehen, wenn sie alles vergessen, was gut an mir war und weiterhin ist, dann gehören sie nicht zu den Menschen, mit denen ich gern persönlich bekannt bin. Ich wäre sehr enttäuscht, wenn Eure Angst vor dummem Gerede größer wäre als Eure Liebe zu mir.

Es ist meine Chance, zu lieben und glücklich zu werden! Sexualität ist für mich ein Feld, auf dem jeder Mensch seine persönliche Freiheit haben soll. Ich werde sie mir nehmen, auch wenn ich dafür von einigen möglicherweise Abneigung erfahre. Ich bin mir und meinen Gefühlen verpflichtet und es gibt ja auch genügend andere, die mich schätzen, wie ich bin und weil ich bin.

Ihr müßt Euch nicht nach Gründen fragen, warum ausgerechnet Euer Kind gleichgeschlechtlich empfindet und homosexuell liebt. Niemand kommt auf die Idee, über sein Schlafbedürfnis oder seine Lieblingsspeisen nachzudenken; oder zu fragen, warum ein Zebra gestreift ist. Ich denke, wir nehmen hin, was uns normal vorkommt, und überdenken eigentlich nur das an und in uns, was weniger uns, als vielmehr anderen nicht gefällt. Ich selbst leide nicht darunter, daß ich schwul bin. *Es ist meine Chance, zu lieben und glücklich zu werden.* Schwer machen es mir Mitmenschen, die sich unnötig durch mich verunsichert fühlen. Ich hänge mir nicht freiwillig ein Schild um den Hals und strapaziere nicht aus Spaß an der Freude das Gefühl anderer Leute, aber ich finde nichts Anstößiges daran, verliebte oder begehrliche Blicke zu tauschen oder in der Fußgängerzone spazierenzugehen oder auch Händchen zu halten und sich zu küssen. Alle tun das sogar zum Vergnügen derer, die es sehen. "Was für ein schönes Paar", sagen die Leute, dabei ist es immer schön, wenn Menschen sich lieben, sich begehren und das einander auch in Worten, Gesten und Gebärden ausdrücken.

Wenn ich in Euch einen Halt finden könnte, Eltern, die zu mir stehen und mich in meinem Selbstwertgefühl bestärken, würde mich das sehr freuen und unterstützen. Die kleinen Spitzen im Alltag könnten mich dann weniger treffen oder gar verletzen.

Ich kann von Euch natürlich nichts verlangen, sowenig wie Ihr von mir, denn wir haben alle unser *eigenes* Leben, für das wir vor uns selbst Verantwortung tragen und das wir nur selbst leben können. Ihr habt mir das Leben geschenkt und mich großgezogen. Es war eine Zeit, in der ich von Euch abhängig und auf Euch angewiesen war. Ihr habt die Pflicht, die Ihr mir gegenüber nach meiner Zeugung übernommen habt, hingebungsvoll erfüllt. Dafür bin ich Euch *dankbar*. Jetzt kommt die Zeit, da mein eigenes, unabhängiges, selbstbestimmtes Leben beginnt. Ich würde es gern auch *mit Euch teilen*. Aber wenn ich an Eurem Interesse und Eurer Liebe nicht zweifeln soll, dann dürft Ihr keine Bedingungen daran knüpfen, die ich nicht erfüllen kann, ohne mich selbst zu verstümmeln. Ich müßte Euch verlassen. Nehmt mir nicht das Leben, das Ihr mir einst geschenkt habt, und das dazugehörige Recht auf Selbstbestimmung und Zärtlichkeit. Ich will nicht undankbar sein und bin es auch nicht, denke ich.

Falls Ihr bestimmte Hoffnungen mit meiner Geburt und meiner Person verbunden habt, müßt Ihr bedenken, daß das nicht fair war und ist, denn Ihr konntet mich nicht fragen, ob ich Eure Erwartungen erfüllen möchte oder auch nur kann, und ich konnte Euch nicht antworten. Es muß Euch sehr enttäuschen, wenn ich Euch hier eine Illusion nehme. Ich kenne den Schmerz über sterbende Illusionen, aber ich weiß auch, wie befreiend und belebend es ist, wenn an ihre Stelle Träume treten, die sich verwirklichen lassen. Wir könnten einen dieser Träume zusammen träumen und verwirklichen, so gut wir es gemeinsam vermögen - Meint Ihr nicht?

Ihr habt nichts falsch gemacht oder Euch schuldig gemacht. Ihr seid auch nicht bloße Opfer. Wenn Euch ein Vorwurf zu machen ist, dann der, daß Ihr der Tradition gefolgt seid, Kinder hätten ihren Eltern gegenüber die Pflicht, zu gehorchen und ihren Wünschen zu entsprechen. Wünschen, die sie wiederum von ihren Eltern übernommen haben. Ich verstehe aus eigenem Erleben, wie unendlich schwer es ist, die *ewige Kette* zu durchbrechen: die Kette aus Geboten und Verboten, aus Züchtigung in Worten und Schlägen, aus Zwang und Gehorsamkeit und der Angst, nicht lieb und artig zu sein und jene scheinheilige Liebe zu verlieren, die nur so aussieht, als sei es eine und die offenbar an Folgsamkeit gebunden ist. Generationen vor uns lebten in dieser Tradition und noch Generationen nach uns werden es tun.

Ich fühle mich durch meine gleichgeschlechtlichen Empfindungen und mein darauf aufbauendes Sexualverhalten nicht unwohl. Ich habe keinen Grund zu klagen. Auch heterosexuelle Menschen erleben Enttäuschungen in der Liebe oder treffen durch ihre Eigenheiten auf Unverständnis seitens ihrer Umwelt. Ich finde, Ihr habt mir ein mustergültiges Bild einer Beziehung vorgelebt.

Ich bin schwul. Meine Geschwister sind es nicht. Ihr seid o.k. und ich bin o.k.. Ich kann keinen Unterschied zwischen mir und anderen Vertretern meines Geschlechts ausmachen. Abgesehen vom Objekt meines Begehrens, bin ich auch in meinem Sexualverhalten nicht geschlechtsuntypisch. Ich halte nichts davon, weibliche und männliche Arten psychologisch wesentlich voneinander zu unterscheiden, weil sie in solcher Reinheit gar nicht vorkommen. Es heißt, Frauen seien gefühlsbetonter, sensibler, intuitiver, beständiger in ihren Gefühlen, passiver in ihren Beziehungen. Männer seien entsprechend gegensätzlich. Ich teile diese Meinung so nicht. Was immer ich für betont männlich oder weiblich halte, ich finde es an mir, an Euch und anderen, egal ob hetero- oder homosexuell, mehr oder weniger ausgeprägt in Übereinstimmung mit ihrem biologischen Geschlecht. Es ist eine begrüßenswerte Voraussetzung dafür, daß Männer und Frauen einander verstehen und zueinander in Beziehung treten können (nicht müssen). In dem Maße, wie Ihr Euch bemüht, Eure andersgeschlechtlichen Anteile und Eure freundschaftlich innigen oder zärtlichen Gefühle für das eigene Geschlecht wahrzunehmen und zu akzeptieren, werdet Ihr Euch durch meine Sexualität nicht mehr in Eurem Frau- bzw. Mannsein angegriffen fühlen. Ihr seid in Ordnung in Eurem So-Sein. Ich bin es auch. *Ich lebe meiner Natur gemäß und bin dabei nicht gottlos.* Es ist zudem nicht ausreichend, die menschliche Sexualität nur in ihrer Fortpflanzungsfunktion zu sehen. Sie ist auch dazu da, Gefühle auszudrücken, die sich in Worten nicht mehr fassen lassen und sie dient der eigenen Lust und der Beglückung anderer. Es ist *Heuchelei,* wenn heutzutage jemand das mittelalterliche Argument der Fortpflanzungsfunktion gegen die gleichgeschlechtliche Liebe ins Feld führt, denn mittlerweile ist die Fortpflanzung des Menschen eher eine Nebenerscheinung der Lustempfindungen als umgekehrt. *Niemand wird unfruchtbaren heterosexuellen Frauen und Männern ernsthaft ihre Sexualität vorenthalten.* Wir können viel voneinander lernen. Auch als Schwuler kann ich ein Kind aufziehen.

Liebe Eltern! Ich bin schwul. Nehmt es hin, nehmt mich hin, wie ich bin. Laßt mir meine Sexualität, meine Gefühle, meine Liebe. Und seht auch alles andere an mir, denn ich bin ein Mensch mit vielen Seiten. Ich bitte Euch, nicht die Augen zu verschließen und mir zuzuhören. Wir haben Zeit, uns einander zu nähern. Ich möchte, daß wir uns besser verstehen lernen und nicht unnötig weh tun. Es gibt so viel für uns aneinander zu entdecken, voneinander zu lernen, miteinander zu erleben und miteinander zu teilen. Ich freue mich auf ein Leben mit Euch und in Eurer Nähe, Euer Tim".

Oftmals ist es auch ein guter Weg, den Freund einfach mit nach Hause zu nehmen, ihn den Eltern vorzustellen - wenn sie noch gar nicht wissen, daß der eigene Sohn eine gleichgeschlechtliche Lebensgemeinschaft führt. Der Freund kann einen dann mal mit dem Auto abholen oder bringen und noch auf einen Kaffee in der Küche bei Muttern mitkommen. Wenn es sich dann ergibt, die Eltern dann auch über die intime Beziehung zum Geliebten zu informieren, ist der Freund niemand Unbekanntes mehr, sondern der Freund, den man doch schon schätzen gelernt hat.

Ein ´eben mal mit Reinkommen´ und Vorstellen bei den Eltern ist möglicherweise auch angenehmer, als eine ´steife´ Kaffeetafel, bei der kein rechtes Gespräch aufkommt, weil man die Eltern des Freundes noch nicht so genau kennt, sich die Eltern eigentlich nur oder noch über die eigenen Vorurteile übers Schwulsein und gleichgeschlechtliche Lebensgemeinschaften ängstigen. Mit der alleinigen Bekanntgabe "Liebe Eltern, ich bin schwul" ist es allerdings auch nicht getan. Immer und immer wieder sollte ein Gespräch - das auch vom Jugendlichen ausgehen muß - mit den Eltern erfolgen - nicht als "Sitzung" einer "Grundsatzdiskussion", sondern als *alltägliches selbstverständliches Gespräch*, wie wenn die Mutter im vorbeigehen ruft: "Bringst Du Sonntag nachmittag Deine neue Bekanntschaft zum Tee mit?"
Coming-Out Ziel ist also auch immer eine *Familienintegration*.

Und auf einmal weißt Du, Dein Sohn liebt einen Mann ...

Wenn der Junge sagt, er sei schwul, ist es natürlich für die Eltern eine Erkenntnis, die nicht wie im Vorbeigehen verarbeitet wird. Hier müssen die Jugendlichen doch auch ihre Eltern verstehen. Es ist etwas, womit sich die Eltern möglicherweise noch nie persönlich mit beschäftigt haben und die öffentlichen Klischees kennt man ja selbst, die oft ein verzerrtes Bild vermitteln. So, wie Lesben, Schwule und gleichgeschlechtliche Lebensgemeinschaften in der Öffentlichkeit dargestellt werden (und zum Teil Lesben und Schwule sich auch selbst darstellen), ist man selbst doch gar nicht und will man doch gar nicht sein - genau dieses hat einen ja lange davon abgehalten, sich als lesbisch oder schwul zu bezeichnen. Die alten, nicht mehr zeitgemäßen Stereotype haben jedoch meist die Eltern verinnerlicht.
Hier müssen auch die Eltern einen *Weg der Erkenntnis* gehen und sich kundig machen: Mal schwul-lesbische Literatur lesen, versuchen, andere Eltern schwuler Söhne kennenzulernen, schwul-lesbische Kulturveranstaltungen besuchen, mal mit ihrem Sohn in eine Coming-Out-Gruppe gehen - oder sogar auf eine schwul-lesbische Party...? Auch die Frage der Verwandtschaft und Bekanntschaft ist oftmals ein viel größeres Problem für die Eltern,

wie sollen sie reagieren, wenn am Kaffeetisch beim nächsten Familientreffen Tante Hilde´s Mann fragt, ob der Junge denn immer noch keine Freundin habe? Hier beginnt auch für die Eltern ein *Prozeß des Dazulernens* und des *Umgangs mit der Freundschaft und Liebe* des Sohnes zu seinem Freund. Auch die Eltern müssen sich zunächst einmal ein Selbstbewußtsein erarbeiten, um dieses alles zunächst vor sich und dann auch vor anderen vertreten (mitteilen) zu können.

Möglicherweise ist dieses für die Eltern noch schwieriger als für die Kinder selbst, denn es ist etwas anderes, ob man sich selbst emanzipiert, oder ob man die in die Kinder gesetzten Erwartungen verändern muß und im Gegenteil für die Ideale der Kinder eintreten soll. So herrscht ja noch das Erziehungsbild der Eltern vor, daß *sie* es sind, die die Autorität haben, die Kinder erzogen zu haben: "Das dürfen sie und das andere dürfen sie nicht", so lautete bisher das Entscheidungsverfahren der Erziehung, wie Eltern ihre Ideale gegenüber den Kindern vertraten. Diesmal lassen sich die Wünsche und Empfindungen des Kindes allerdings nicht mit einem Wisch eines Gedankens "Es darf nicht sein, was nicht sein soll und dann wird auch so gehandelt" vom Tisch fegen. Hier ist das Kind zudem auch in einer gewissen *Machtposition*. Die *Eltern* sind es nun, die sich mit der Realität des Kindes beschäftigen müssen. Schön ist es, wenn sie sich über die Dinge, die das eigene Kind beschäftigt, *informieren, sich kümmern*, daraus erwächst dann zunächst ein Verständnis und ein positives Empfinden, ein *Klima der Unterstützung* den Kindern gegenüber, wenn ihre Ängste, Wünsche und Lebensvorstellungen bezüglich einer gleichgeschlechtlichen Lebensgemeinschaft den Eltern nicht mehr fremd sind.

Dorit Zinn beschreibt mit diesem ziterten Text, wie sie sich mit dem Thema der Freundschaft ihres Sohnes zu einem Mann auseinandersetzt und auch daraus ihren Stolz auf ihren Sohn und seinen Freund gewinnt, so daß sich ein Familienleben entwickelt, an dem neben der alten Oma, die viel mehr Verständnis als die Mutter zunächst selbst entwickelt, auch die weitere Verwandtschaft, Freunde und die Nachbarn beteiligt werden:

"Als er *es* sagt, will ich es nicht glauben. Er sagt es einfach in die Küche hinein, steht da in seinen weißen Shorts, braungebrannt, lächelt und sagt: Du, Mutti, ich bin *schwul*.

Der Junge soll es nicht an die große Glocke hängen. Aber der Junge *will* es an die große Glocke hängen. Jetzt, da die Eltern es wissen, soll es die *ganze Welt* wissen. Ich, Alex, bin schwul! Ich habe im Freundeskreis damit angefangen, wie im Vorbeigehen zu sagen: Unser Alex ist übrigens schwul. Entgeisterte Gesichter, mitleidige Gesichter. Das ist furchtbar, schrecklich, ach Gott, ihr Armen. Ihr kennt doch Barbara mit ihrer behinderten Tochter? Ich kämpfe, zeige die Krallen: Dem Alex geht's so gut wie nie. Er ist verliebt, nicht behindert! Es gibt die forschen Freunde, die behaupten, damit gar keine Probleme zu haben. Niemanden geht es was an, wer mit wem welche Art von Sex praktiziert! Aber eins müßt ihr zugeben: Hättet ihr den Alex härter angefaßt... . Ihr mit eurer antiautoritären Erziehung! Und es gibt die Freunde, die aufbauen wollen: Schwule sind die interessantesten Menschen: überhaupt, wundervoll, sensibel, denkt doch nur, wie viele berühmte Männer schwul waren, sind. Und unser bester Freund ist es doch auch. Ich atme tief durch. Wirklich, das wußte ich gar nicht, warum habt ihr nie von ihm erzählt?

Ja, etwas *Stolz* macht sich breit. Wenn doch nur nicht dieser tuntige Teeverkäufer oder mein hampliger Masseur mich so verunsichern würden. Und die Söhne von Müllers, Meiers, Schulzes? Alle verhalten sich ganz unauffällig. Sicher ist auch einer von ihnen schwul. Warum haben sie nicht gelernt, sich zu zeigen?

Alex hat seine Oma besucht. Er tauchte ohne Vorwarnung auf, mit seinem Freund Lukas. So eine Überraschung, sagt Mutter am Telefon, ihre Stimme klingt weich und herzlich. Stell dir vor, ich hatte noch mein Unterkleid an, da klingelt's, und die jungen Männer stehen in der Tür. Ich habe sie gleich zum Bäcker geschickt, zum Kuchenholen. Als sie wiederkamen, war der Kaffee fertig. Sie wirkt ganz atemlos. War das eine Überraschung! Der Freund ist ein sehr netter Mann und sehr gepflegt, schmales Gesicht, blendendweiße Zähne, sie lacht, so richtig appetitlich sah er aus, bis auf die ausgefransten kurzen Jeans. Ich lache mit. Und Alex? frage ich. Gut sieht er aus, weißes T-Shirt, kurze Haare. Wieder lacht sie. Und einen Hunger hatten die Jungs, du hättest sehen sollen, was die gefuttert haben, zwei Stunden haben wir uns unterhalten, es war hochinteressant. Und wo stecken sie jetzt? Ich bin fast eifersüchtig. In München, sagt Mutter, sie sind zum Stadtbummel gefahren. Stell dir vor, ich war noch nicht angezogen... . Ich bin beschämt - so wenig braucht's, um einen alten Menschen froh zu stimmen.

Wir haben einen schwulen Sohn. *Na und?* Und schwule Freunde haben wir auch. Unser Freundeskreis hat sich um zwei Frauen erweitert, wir mögen sie sehr. Schon lange kennen wir uns, wir wußten, daß sie zusammenleben. Vor einiger Zeit, bei einem Konzert, Alex war dabei, hatte eine von ihnen mich herzhaft umarmt - spröde ließ ich es mit mir geschehen, schaute mich unsicher um. Die beiden Frauen sind lesbisch, sagte ich zu Alex. Das habe ich sofort gemerkt, er lachte, Dein Unbehagen war weithin zu spüren. Inzwischen umarme ich herzhaft zurück.

Alex hat Weihnacht mit Lukas verbracht. Sie waren bei seinen Schwiegereltern zum Gänsebraten eingeladen. Wirklich nette Leute, sagt Alex am Telefon, es war sehr gemütlich. Wir müssen uns mit Alex' Weihnachtsgeschenk, einem Tuntenkalender, begnügen. Er schmückt jetzt unser Gästebad mit Fotomontagen und Blödeleien. Am Silvesterabend will meine fünfundachtzigjährige Mutter es genau wissen: Wie machen es denn die Schwulen wirklich? Mein Mann Konrad überlegt nicht lange. Mit dem Schwanz, wie sonst? Nun weiß ich's, sagt Mutter und lehnt sich entspannt im Sessel zurück" (zit. n. Zinn 1992:5,12,22,78,92).

Oftmals sind es die Großmütter, die mehr Verständnis und Gelassenheit der Entwicklung und den Sehnsüchten und Bedürfnissen ihrer Enkelkinder entgegenbringen als die Eltern, teils, weil sie im Alter eine größere Lebenserfahrung haben, aus dem Kleinkarrierten, Bürgerlichen heraus sind, den Lebensabend mit Weisheit und Großzügigkeit begegnen, z.T. auch aufgrund von *Einsamkeitserfahrungen*, die das Alter oft mitsichbringt, wenn z.B. der Partner verstorben ist oder man nicht mehr so mobil und beweglich ist. Sie sind viel sensibilisierter gegenüber

Aufmerksamkeiten und Vernachlässigungen, positiver eingestellt gegenüber von Zärtlichkeiten als Ausdruck von Achtung und Vertrauen zweier Menschen - egal von welcher Person welchen Geschlechts die Zuneigung kommt (andererseits gibt es aber auch die Großeltern, die noch in alten Ideologien und Stereotypen verhaftet sind).

Die Sozialforschung bestätigt so z.b. im Alter oder Altenheim eine zunehmende Tendenz z.b. zu lesbischen Beziehungen von alten Frauen, um im Alter nicht allein zu sein und um auch noch Formen von Zuneigung, Zärtlichkeit und auch Sexualität mit der besten Freundin zu erleben. Letztlich kommt es darauf an, nicht allein zu sein bzw. sich nicht einsam zu fühlen.

Hier haben auch die Eltern noch einen Entwicklungs- oder Reifungsschritt zu machen, um derart mit dem Thema umgehen zu können und so ihrem jugendlichen Kind ein größtmögliches Vertrauen und Klima der Unterstützung sowie emotionaler Geborgenheit zu vermitteln, damit sich ein positives Selbstwerterleben als gleichgeschlechtlich empfindender Mensch bei den Jugendlichen bilden kann, was Voraussetzung für ein Selbstbewußtsein ist, um auch in eine intime Beziehung zu einem anderen Menschen treten zu können.

Selbstbewußte Kinder – Selbstwertgefühl und wie Eltern dazu beitragen können

"Allgemeine Probleme mit Freundschaften resultieren für viele Menschen aus einem Gefühl des Mißtrauens, der Minderwertigkeit und der Entfremdung. Menschen, die sich im Vergleich zu anderen für minderwertig und nicht liebenswert halten, vermeiden enge Beziehungen. Die Angst, verlassen zu werden, bringt sie dazu, schon im Vorfeld einer möglichen Beziehung Distanz zu halten, während oberflächliche Verbindungen begrüßt werden. Diese besonders resistenten Ängste können ihren Grund in frühen Abweisungserlebnissen des Kindes haben. Freundschaft ist jedoch ohne ein Maß an grundlegendem Selbstwert schwer aufrechtzuerhalten."
Ursula Nötzoldt-Linden in ihrem Buch `Freundschaft' (1994:129).

Bildet sich ein Gefühl des positiven Selbsterlebens nicht aus und entsteht nicht die Annahme und Integration der Lebensvorstellungen

170

des Jugendlichen besonders durch die Eltern innerhalb eins selbstverständlichen Familienlebens, entsteht oftmals eine *Angst vor Nähe*, die psychisch für viele gleichgeschlechtlich Empfindende belastend sein kann und in Abkapselungstendenzen, Panzerungstendenzen und schließlich in Tendenzen emotionaler Verödung enden kann. Welcher Mensch kann schon ohne Liebe und Anerkennung leben? Den Eltern kommt also die entscheidende *Aufgabe der Unterstützung* zu, Ihren Kindern ein *positives Selbstwertgefühl* durch die *Integration in die Familie* zu ermöglichen. Denn prägende Erlebnisse und die Qualität der Beziehungen zu Bezugspersonen, dazu zählen besonders der Freundeskreis der Gleichaltrigen sowie die eigenen Eltern, haben einen entscheidenden Einfluß auf das Selbstwert*erleben* des Jugendlichen bei der Akzeptanz seines so und nicht anders Seins.

Nicht nur die Annahme des Jugendlichen mit seinen Empfindungen und seiner sexuellen Orientierung ist ein wichtiger Prozeß, sondern auch die darauf aufbauende Anerkennung und Gutachtung des Verhaltens einer *auszuformenden Lebensweise* in der gleichgeschlechtlichen Beziehung. Wer sich z.B. bei den Eltern zu seinen gleichgeschlechtlichen Empfindungen äußert, ist auf der Suche nach Liebe, was er durch das Sprechen über seine Empfindungen ja gerade mitteilt; wer also dieses nicht als eine Form des Vertrauens und der Zärtlichkeit wertet, daß sich ein Jugendlicher oftmals schweren Herzens öffnet, um seinen innersten Kern, seine gleichgeschlechtlichen Empfindungen jemandem anzuvertrauen, kann diesem Jugendlichen bei einer abweisenden Reaktion oder Unverständnis sehr in seinem Selbstwertgefühl schaden.

Ein Selbst*bewußtsein* hat man sich oftmals schneller erarbeitet, da man im alltäglichen Umgang mit "Spitzen" der Umwelt sich schon ein gewisses formales Selbstbewußtsein durch Interaktionsrituale und Schlagfertigkeit (soziale Interaktionskompetenz) erarbeiten hat und haben muß, aber das Selbst*wertgefühl* - was grundlegend für ein Selbstbewußtsein von innen heraus ist - muß durch die wohlwollende Anerkennung durch andere Menschen bestätigt werden. Hier spielen die elterlichen Bezugspersonen eine wichtige Rolle.

Jugendliche, die sich anderen Menschen mit ihren innersten und bisher wohlgehüteten Empfindungen anderen Menschen anvertrauen, wollen von ihnen *angenommen* werden. Und sie werden es meist auch: welche Mutter, welche Eltern würden ihr eigenes Kind verstoßen? Andernfalls ist sicherlich bei den Eltern ein größeres Problem zu lösen.

Selbstwertgefühl: Die vier Voraussetzungen

Das Selbstwertgefühl beruht auf einem *Gefühl der Zufriedenheit*, das erst dann zustande kommt, wenn bestimmte Voraussetzungen im Leben des Kindes erfüllt werden. Es sind vier Voraussetzungen, die von den Eltern im Elternhaus und der Familie geschaffen und gegeben sein müssen, damit sich ein ausreichendes Selbstwertgefühl und Selbstwerterleben der Kinder und Jugendlichen entwickeln kann:

Das Zugehörigkeitsgefühl: Es entsteht, wenn wichtige Beziehungen ein Gefühl der Zufriedenheit auslösen und wenn die Bedeutung solcher Beziehungen zu anderen bestätigt wird.

Das Individualitätsbewußtsein: Es kommt zustande, wenn ein Kind die Eigenschaften und Merkmale, die ihm einzigartig sind und die es als individuelle Persönlichkeit auszeichnen, als positiv akzeptiert und wenn er hierfür von Anderen Achtung und Anerkennung erhält.

Das Bewußtsein von Stärke: Es entsteht, wenn ein Kind die Mittel, die Gelegenheit und die Fähigkeit hat, bestimmte Bereiche seines Lebens selbst zu beeinflussen.

Soziale Orientierungsmuster: Solche Denk-, Werte- und Vorstellungsmuster spiegeln die Fähigkeit des Kindes wider, auf Vorbilder Bezug zu nehmen. Sie sind die Voraussetzung für die Herausbildung von sinnvollen Werten, Zielen und sämtlichen persönlichen Maßstäben beim Kind.

Der Prozeß der Integration der Kinder, so wie sie sind, in die Familie durch ein zu schaffendes Klima der Anerkennung, das ein "Gedeihen" ermöglicht, erfordert jedoch manchmal eine *Veränderung der Einstellungen* von Vater und Mutter im Elternhaus.

Diese Einstellungsänderung geschieht dadurch, daß sich Eltern aktiv über gleichgeschlechtliche Lebensweisen *informieren*. Jugendliche können dabei dadurch helfen, indem sie ihren Eltern Bücher oder andere Informationsmaterialien über gleichgeschlechtliche Lebensgemeinschaften zu lesen geben, damit sich das Klima im Elternhaus positiv auf die Entwicklung der Jugendlichen hin zu einer gleichgeschlechtlichen Beziehung auswirken kann, damit diese in das bestehende Familienleben der Eltern, Geschwister und Schwiegereltern integriert wird.

(A) Das *Zugehörigkeitsgefühl* ergibt sich dadurch, daß sich das Kind als aktives und wichtiges Mitglied einer Gruppe erlebt, wie der Familie oder als Mitglied unter Gleichaltrigen, um so eine echte, auf Kommunikation aufgebaute Beziehung mit gemeinsamen Gefühlen zu erleben.

Jugendliche brauchen das Gefühl, für andere wichtig zu sein. Wenn ihre Bedürfnisse ernst genommen werden und ihnen Aufmerksamkeit geschenkt wird, bekommen sie das Gefühl erwünscht und beachtet zu sein. Es wird eine Identifikation mit der Gruppe, ein Zugehörigkeitsgefühl ermöglicht.

Über eine Zeitperiode entwickelt sich auch eine *in der Gruppe verankerte Vergangenheit*, denn Identität oder *Heimat* ist auch immer das, was man gemacht hat, wo man dabeigewesen ist, sich zugehörig fühlte. (Dazu zählt übrigens auch die Vergangenheit mit dem eigenen Körper, denn auch zum eigenen Körper muß eine Beziehung aufgebaut werden, sonst haben Menschen es schwer, einen Zugang zur Körperlichkeit mit anderen Menschen zu finden).

Durch die Akzeptanz und Anerkennung zu einer Gruppe, besonders der Primärgruppe Familie, aber auch der Freundesgruppe der Gleichaltrigen oder der Coming-Out-Gruppe bekommen Jugendliche das Gefühl, daß sie jemandem zutraulich sind, irgendwo in einer gesellschaftlichen Gruppe verankert sind und *dazugehören*. Die wichtigste Gruppe ist die Familie - Jugendlichen darf also niemals vermittelt werden, daß sie nicht (mehr) zur Familie gehören (würden), sondern die Familie ist die Gruppe aus der sie hervorgegangen sind und die ihnen immer offensteht, besonders in schwierigen Zeiten, wenn sie nicht mehr weiterwissen.

(B) Die Anerkennung, die ein Zugehörigkeitsgefühl vermittelt, muß jedoch um die Möglichkeit erweitert werden, daß der jeweilige

Jugendliche die Gelegenheit bekommt, sein "Anderssein", seine Individualität *auszudrücken*. Erst dann bekommen sie ein Gefühl für die eigene *Individualität*. Jugendliche mit einem hohen Selbstwertgefühl erhalten viel Unterstützung und Anerkennung, weil sie "anders", "individuell" oder "besonders" im Sinne von einzigartig sind. Diese Einzigartigkeit drücken sie auf verschiedene Weisen aus, wodurch sie ein Gefühl haben, bestimmte Dinge zu beherrschen, die andere nicht können:

Indem sie Ihr *Andersein ausdrücken* können, lernen Jugendliche, daß sie von Eltern, Erwachsenen und ihrer Umwelt geachtet und ernstgenommen werden. Diese Erfahrung, gern anders bzw. individuell zu sein, bedeutet aber auch ein gleichzeitiges Lernen, andere dadurch nicht durcheinanderzubringen. Sich selbst annehmen muß nicht immer heißen, sich von anderen abzugrenzen in dem Sinne, daß man ihre Vorstellungen abwertet.

Zu seiner Identität der Zugehörigkeit zu gleichgeschlechtlich empfindenden Menschen zu finden, muß also nicht bedeuten, sich z.B. von den (heterosexuellen) bürgerlichen Werten abzugrenzen, was oftmals nur eine Trotzreaktion auf verweigerte Annahme der Eltern oder der Gesellschaft ist. Eine mögliche spätere Abgrenzung bei der homosexuellen Identitätsentwicklung von (heterosexuellen) Werten der Eltern (der Gesellschaft, des Bürgertums) mag also in der hier beschriebenen Entwicklung der mangelnden Angebote der Annahme und Zugehörigkeit *durch die bürgerliche Gesellschaft* einen Anfang haben. Es ist daher besonders wichtig, darauf hinzuweisen, Schwulen und Lesben den gleichen Zugang zu bürgerlichen Werten wie staatliche Ehe und besonders Kirchlicher Trauung und Hochzeit zu ermöglichen, da sie diese in dem Wertkontext der Gesellschaft ja wollen. Erst die Enttäuschung von Engagement schafft eine Distanzierung. Hier sollte es möglich sein, dem Jugendlichen durch Anerkennung seines Andersseins und der gleichgeschlechtlichen Liebe eine Integration in die bestehenden Verhältnisse zu ermöglichen: das kann z.B. für die Integration des heterosexuellen Familienideals in die Sichtweise von gleichgeschlechtlichen Lebensgemeinschaften gelten, um so soziale Orientierungsmuster zu ermöglichen.

Denn gerade das Ermöglichen von Bereichen, wo der Jugendliche sein Andersein ausdrücken kann, ist der Bereich, auf den die Eltern zumeist stolz auf ihr Kind sein können, denn die Phantasie, die Fähigkeit zum "Spiel(en)" und das zum Ausdruck gebrachte kreative Potential der Jugendlichen ist gerade das, was ihr *Charisma* ausmacht und ihnen ein Bewußtsein für die ureigenste Individualität verschafft, daß sie wer sind.

Doch beeinflussen die Ängste der Eltern, die sie mit dem "Andersein" ihrer Kinder verbinden, die Art und Weise, wie sie auf die *Individualitätsbestrebungen der Jugendlichen* reagieren. Eltern haben ein kollektives, gesellschaftlich geformtes und gewünschtes Ideal im Kopf, wie Kinder zu sein haben. Anerkannt werden muß aber die besondere, spezifische Situation des Kindes. Wie langweilig wäre das Menschsein, wenn alle gleich gut Klavierspielen könnten, alle dem gewünschten Ideal entsprächen – gerade, wenn dann jemand stattdessen gut Geige spielen kann und alle anderen nur Klavierspielen können, sind die Eltern besonders stolz auf ihr Kind. Mit der sexuellen Orientierung kann es nicht anders sein. Denn gerade das Gefühl der Individualität macht stolz auf eine bestimmte Eigenschaft oder Fähigkeit, die nur man selbst (oder in diesem Fall das Kind) kann oder hat. Jugendliche verbinden ihre Fähigkeiten mit den unterschiedlichsten Dingen, z.B. mit besonderem Können (Basteln, Organisieren), besonderen Begabungen (künstlerische, musikalische, akademische), mit dem, was sie tun (schnell laufen, laut schreien..), mit dem, woran sie glauben (religiöser Glaube, Durchsetzungswillen ihrer Ideen, Skepsis), mit ihrem Äußeren (groß, dick, hübsch, häßlich usw.), mit ihrem Wissen auf besonderen Wissensgebieten, ihren Hobbies oder Interessen (sammeln, zelten, radfahren), ihrer Herkunft (Geburtsort, Rasse, Vorfahren etc.), körperlichen Eigenschaften (Sport / Tanzen usw.), der Art wie sie denken (Phantasie, Humor, Kreativität) - aber auch an dem, wie sie *empfinden*, z.B. wenn sie sich zum eigenen Geschlecht hingezogen fühlen, ihrer Sexualität. Der eine jongliert mit Bällen, der andere spiel gut Klavier, der Dritte ist stolz auf seinen Freund...

(C) Bei einem *Bewußtsein von Stärke* spürt das Kind, daß es sein Leben und seinen Lebensweg selbst beeinflussen kann. Hier wird dem Jugendlichen durch die Eltern vermittelt, daß es für wichtige Dinge in seinem Leben *selbst verantwortlich* ist. Grundlegend war dabei bisher natürlich auch die Beratung der Jugendlichen durch die Eltern, wie Entscheidungen zu treffen und Probleme zu lösen sind ("Rezeptwissen" der Eltern). Eltern, die sich bisher jedoch nicht für die Lebensweise gleichgeschlechtlicher Lebensgemeinschaften interessiert haben, haben hier oftmals überhaupt kein *"Rezeptwissen"* (Schütz/Luckmann 1979), das sie ihren Kindern als Ratschlag oder Handlungsorientierung vermitteln können.

Wo finden Eltern (und Jugendliche) Informationen und Unterstützungshilfen?

- In vielen Städten bieten Beratungsstellen für Familienplanung, Sexualerziehung und Sexualberatung Informationen und Ratschläge an (siehe Online- oder Telefonbuch).
- In vielen größeren Städten bieten Schwulen- und Lesbenzentren auch Beratung und Informationen für Eltern an. Darüber hinaus bieten einige dieser Beratungsstellen oder Bildungseinrichtungen Informations- und Diskussionsabende oder Gruppen für Lesben, Schwule oder Eltern an.
- Viele Zeitungen oder Stadtzeitschriften veröffentlichen regelmäßig Adressen und Bürozeiten von Gruppen, Beratungsstellen und anderen Kontaktmöglichkeiten.
- Viele Universitäten oder Hochschulen haben lesbische oder schwule Referate, die ebenfalls helfen können. (Universitäts-) Bibliotheken bzw. Stadtbibliotheken haben sicherlich auch einige Bücher über gleichgeschlechtliche Partnerschaften – falls diese nicht aktuell sind, können Sie einen kurzen Brief verwenden, um dort zum Kauf aktuellerer Bücher zu ermutigen – oder Sie spenden ihre selbst erworbenen an eine Bibliothek: Für Ihre eigenen Einkäufe wenden Sie sich bitte an die schwul-lesbischen Buchhandlungen oder an Buchhandlungen für Frauen bzw. Männer.
- Viele regionale Schwulengruppen bieten telefonische Beratung an, z.B. abends an einem bestimmten Wochentag. Die Telefonnummern befinden sich häufig in Stadtzeitschriften, und ein Anrufbeantworter gibt normalerweise Auskunft darüber, wann das Beratungstelefon besetzt ist.
- Informationen und Hinweise erhalten Sie auch bei der regionalen Aids-Hilfe oder in einem der Online-Portale wie Planetromeo, Grindr oder Gayroyal.

Rezeptwissen meint, wie eine Situation "angepackt" werden kann, wie man mit den konkreten Anforderungen umgeht, welche Handlungsmöglichkeiten bestehen etc.. Dieses mag wahrscheinlich genau das sein, was die *Eltern* unsicher macht und ängstigt, sonst ihren Kindern immer Handlungsoptionen gegeben haben zu können, nun aber selbst ratlos zu sein. Welche Mutter oder welcher Vater würde dem Sohn schon genau sagen können, wie man eine schwule Freundschaftsanzeige online aufgibt, um andere Gleichgesinnte zu finden? Wie bei einem Date, dem Treffen eines noch Unbekannten nach einer Online-Freundschaftsanzeige am besten vorzugehen ist? Wie man mit gleichgeschlechtlicher Sexualität, der für den Vater bisher unbekannten Art der Zärtlichkeit, umgeht? Wie könnten Eltern ihr Kind auf ein Gebiet schicken, auf dem sie sich selbst nicht auskennen, auf dem sie es nur unzureichend unterstützen können, weil sie sich selbst dorthin nie vorgewagt haben? Hier zeigt sich also ein dringender *Weiterbildungsbedarf der Eltern* an, an dem die gesellschaftlichen Institutionen, z.B. auch die Schule und die Medien ansetzen müßten. Hin und wieder reagieren Eltern auf ihr Nichtwissen und fehlendes Rezeptwissen mit einem Verbot des Betretens dieses Bereiches, über den sie nichts wissen. Dieses ermöglicht jedoch nicht den Bereich, den Jugendliche benötigen, um dort zu erleben, daß sie *eigenständig* für Entscheidungen und Probleme *verantwortlich* sind, sie also ein Gefühl der Stärke und ein Selbstwerterleben bekommen: Ich weiss, was ich tue.

Andererseits, wenn Kinder erste Erfolge verzeichnen können, z.B. einen ersten Freund finden und mit nach Hause bringen, sollten diese ersten Erkenntnisse den Eltern auch vermittelt werden, damit sie sehen, daß Ihr Kind diese neuen Gebiete auch verantwortungsvoll selbst beeinflussen kann, Eltern also ihr Unbehagen verlieren. Wenn das Kind auf dem neuen Gebiet scheitert, z.B. Liebeskummer hat, müssen die Eltern verständnisvoll und mit einer emotionalen Wärme mit dieser Enttäuschung umgehen, um nicht ein negatives Bild der Machtlosigkeit und negativen Attribuierung mit dem Andersein zu verbinden, was dem Kind beim nächsten Versuch nur hinderlich sein würde (denn hinzufallen ist keine Schande, nur liegenbleiben!) Daß der Jugendliche wieder aufstehen kann, und nicht an seinem

Bewußtsein der Stärke und seinem Selbstwertgefühl zweifelt, ist somit Aufgabe der Eltern und der Familie, ihn nach einer Niederlage (wie z.B. bei Liebeskummer) wieder auf die Beine zu helfen.

Hier liegen auch die *Potentiale und Fähigkeiten der Eltern* - im emotionalen Klima und Beistand, wenn sie sich wissensmäßig noch nicht so sehr mit Themen gleichgeschlechtlicher Lebensgemeinschaften beschäftigt haben. Der Freund des Sohnes kann emotional angenommen werden, weil er einfach so lieb und sympathisch ist - plötzlich spielen die Denkstrukturen, was die Nachbarn über gleichgeschlechtliche Liebe sagen könnten, keine Rolle mehr. Und das *emotionale Klima zum Kind*, ob es nun mitgeteilt hat, gleichgeschlechtlich zu empfinden oder nicht, bleibt dasselbe, nachher wie vorher (der Junge bleibt wie er ist), was sich ändert sind meist nur die ängstigenden Vorstellungen und erodierten (vermeintlichen) Ideale der *Eltern*, die zeitweilig das Verhältnis emotional belasten können - eine Entwicklung, die aber von den Eltern ausgeht!

Im Elternhaus müssen, wenn die Kinder erwachsen werden, ja generell oft auch strukturelle Umorientierungen geduldet werden, wenn die jungen Erwachsenen "ihr eigenes" Leben zu leben beginnen: Heute mit Smartphone und Internet wissen die Eltern kaum mehr, wer sich am Telefon oder im Chat meldet oder welche Webseiten aufgerufen werden.

Doch die *Einbeziehung der Eltern* sollte immer ein übergeordnetes *Ziel einer Familienorientierung* bleiben, auch wenn man dieses Verständnis erst mit der Zeit aus der Erfahrung von Einsamkeit aufgrund Singledasein und mangelnder Familienbildung gewinnt und als Jugendlicher, der noch bei den Eltern wohnt, lieber alles vor ihnen geheimhalten möchte.

Hier zeigen sich auch die strukturellen Hindernisse, die ein Coming-Out verzögern können, die bislang wenig untersucht wurden (von der Angst vor Aids als Grund eines aufgeschobenen Coming-Outs mal abgesehen). Es sind daher auch viele strukturelle Details, die ein schwules Leben und Coming-Out *innerhalb* der Familie unterscheiden von einem schwulen Leben in eigener Wohnung mit Möglichkeit zur Distanz von der Familie: eigenes Einkommen, eigener Briefkasten, eigenes Telefon/Smartphone, ungestörte Möglichkeit, jemanden zu sich einladen zu können, falls eine eigene Wohnung vorhanden ist etc.. 20jährige Kinder, die noch zu Hause wohnen, können ein optimaleres Klima für ein Coming-Out und ihre ersten Gehversuche haben, wenn die Eltern ihre *Kontrollmechanismen zurücknehmen* und dem Jugendlichen oder Adoleszenten ein Klima ermöglichen, das dem der beschriebenen Eigenständigkeit entspricht. Das Coming-Out der "zuhause-wohnenden" und der "nicht-mehr-zuhause-wohnenden" Jugendlichen kann also grundlegend unterschieden werden - obwohl es so nicht sein sollte: Coming-Out ist auch in der Familie möglich - auch dann, wenn der Sohn die Füße noch unter den Tisch der Eltern stellt.

(D) Mit der Zeit der Annahme und Auseinandersetzung der Eltern mit den Vorstellungen des Kindes entwickeln sich bei beiden so *soziale Orientierungsmuster als Denkmuster*, die sich in den persönlichen Werten, Zielen und Idealen besonders des Jugendlichen widerspiegeln, sowie in der Fähigkeit, sich über seine eigenen Werte und Maßstäbe im Klaren zu sein und ihnen gerecht zu werden. Das zuvor erwähnte Rezeptwissen bildet sich aus, indem sich die Jugendlichen in der Welt der Schwulen bzw. Lesben - bzw. ihrer gemeinsamen Welt - zurechtzufinden gelernt haben, ohne dabei die Maßstäbe und Werte, die in der Familie und bei den Eltern gelten, zu verlieren. Eltern müssen sich somit auch für die Lebensweise gleichgeschlechtlicher Lebensgemeinschaften öffnen, was zunächst etwas Unbekanntes ist, aber letztlich auf dasselbe hinauslaufen kann: Auch gleichgeschlechtliche Lebensgemeinschaften haben ein ganz normales, mit den Eltern und Schwiegereltern auszugestaltendes *Familienleben*. Oftmals besteht der Wunsch, eine Ehe einzugehen, einerseits um eine öffentliche Anerkennung ihrer Zweierbeziehung zu haben, einen Statusübergang (*Rites de passage*) vom Singledasein zum Familienstatus zu markieren, als auch um mit heterosexuellen Paaren gesellschaftlich gleichgestellt zu sein, sowie inhaltlich auch um rechtlich abgesichert zu sein durch die Ehe mit all ihren Rechten und Pflichten dem geliebten Partner gegenüber.

Solche Orientierungsmuster wie sie beispielsweise für ein Familienbild zuvor beschrieben wurden, muß ein Jugendlicher sich aber erst durch Vorbilder erschließen. Hier kann man in die Fähigkeit vertrauen, gewolltes und nichtgewolltes zu unterschieden. Jugendliche lernen moralische und ethische Maßstäbe, indem sie wichtige *Bezugspersonen* beobachten und ihnen zuhören und indem sie diese Maßstäbe selbst ausprobieren. Bei diesen Vorbildern können wir unterscheiden zwischen menschlichen Vorbildern (Menschen, die sich zu Nachahmung eignen), philosophischen Vorbildern (Ideen, die als Richtlinien für das Verhalten und Einstellungen des Jugendlichen dienen) und operativen Vorbildern (es sind Denkstrukturen und Vorstellungen, die sich aus den Erfahrungen des Jugendlichen in der schwul-lesbischen Welt ergeben und die weitere Handlungen bestimmen).

Die Vorbilder sind dabei oft unbewußt und haben dann am meisten Einfluß, wenn sie mit gefühlsbetonten Umständen verknüpft werden. Die Nachahmung von Familienbildern oder Figuren, die einen prominenten Kultstatus in den Medien zugesprochen bekommen, dient als Mechanismus zur Verringerung von Unsicherheit, so daß es ermöglicht wird, durch die *Identifikation mit größeren Vorbildern* einerseits mit alternativen Problemlösungen zu experimentieren, andererseits aber genau in diesen Vorbildern einen Wegweiser zu finden: Wer kann den Komiker aus dem Fernsehen am besten imitieren?

Jeder soll wissen, daß wir seine Eltern sind!

Eltern können hier also einen Beitrag liefern, indem sie ihren Kindern einen Zugang zu *Vorbildern* einer gleichgeschlechtlichen Lebensgemeinschaft ermöglichen, z.B. indem sie Bücher über Themen von gleichgeschlechtlichen Lebensgemeinschaften (vgl. Liste in Anhang) für ihren Sohn bezahlen, wo sie Identifikationsangebote finden oder Eltern sich in ihrem *eigenen* Freundeskreis ein ihnen (den Eltern) gleichaltriges schwule oder lesbisches Freundespaar z.B. über eine regionale Freundschaftsanzeige *selbst* suchen, das im Elternhaus öfters zu Gast ist, um so den Jugendlichen einen selbstverständlichen Umgang mit lesbischen und schwulen Beziehungen im eigenen Elternhaus und alltäglichen Familienleben zu ermöglichen. Mit den Freunden kann man als Eltern dann auch gut in einen Erfahrungsaustausch treten. Heutzutage hat doch jeder einen Schwulen oder eine Lesbe zum Freund, warum gerade die Eltern nicht, dessen Kind gerade im Coming-Out steckt? Viele Eltern suchen daher auch eine Elterngruppe für Eltern gleichgeschlechtlich empfindender Jugendlicher auf, die meist von den örtlichen Beratungsinstitutionen oder gar Volkshochschulen angeboten wird.

Das *aktive Engagement der Eltern* ist also wichtig für ein optimales Erleben und Verarbeiten des eigenen Selbst, von Erlebnissen und übergreifenderen Lebenszusammenhängen des Jugendlichen, der sich innerhalb der Familie seinem gleichgeschlechtlichen Empfinden öffnet. Schwule bzw. lesbische Jugendliche brauchen ein elterliches Zuhause, das ihnen *Fürsorge und intellektuelle Anregungen* bietet, verwoben mit der ansteckenden Freude über ein Engagement, in dem zum Ausdruck gebracht wird, daß sie *"das Gelbe vom Ei"*, das *"Nonplusultra"* oder *"das Beste seit der Erfindung der Bratkartoffel"* sind.

Andrea Micus berichtet, wie Eltern sich schwul oder lesbisch entfaltender Jugendlicher nicht nur eine Akzeptanz der Gefühle ihrer Kinder erreichen und ein Familienleben gestalten, sondern wie sie sich *aktiv* für Möglichkeiten einer optimalen Lebenswelt und positiven Welterlebens ihrer Kinder engagieren - im Freundeskreis, bei den Nachbarn, im Ort, in der Lesben- und Schwulenbewegung sowie besonders in Kirche und Politik:

"Als Mathias sich dann mit Karin verlobte, passierte es. Mein Mann sprach an, worüber ich schon lange grübelte. Ich steckte gerade mitten in der Hausarbeit, räumte noch die Gläser vom Fest beiseite. Ihm sei aufgefallen, sagte er leise, daß Felix noch nie ein Mädchen mit nach Hause gebracht habe - nur immer Freunde! Ich verstand sofort, was er meinte. Ich hatte seine gleichgeschlechtlichen Empfindungen bisher verdrängt. Jetzt wurden meine Gedanken ausgesprochen.

Es vergingen zwei Wochen. Wochen, in denen ich Abend für Abend mit meinem Mann darüber diskutierte. Wir kauften uns Bücher über Schwule, Lesben und ihre Lebensgemeinschaften, versteckten sie vor unserem Sohn im Wäscheschrank. Dann konnte ich die Ungewißheit nicht mehr ertragen. Als ich allein mit Felix beim Abendessen saß, wollte ich endlich Gewißheit. Ich fragte ihn offen, ob er sich mehr zu Männern hingezogen fühle. Die Reaktion war fürchterlich. Felix starrte mich entsetzt an. Er hörte auf zu essen, rannte hinauf in sein Zimmer. Ich lief hinterher, rüttelte verzweifelt an der abgeschlossenen Zimmertür. Minuten später drehte sich der Schlüssel, und Felix stand mit verheulten Augen vor mir. Er stammelte nur, daß es ihm leidtäte, er nichts dafürkönne und er einfach nicht anders empfinde. Ich habe ihn in die Arme genommen, ihm den Kopf gestreichelt und immer wieder versichert, daß sich deshalb für uns nichts ändern würde. Er ist noch am selben Abend zu einem Freund in die Nachbarstadt gefahren. Mein Mann klopfte ihm zum Abschied auf die Schulter. Eine Geste, die zwischen beiden mehr aussagte als jedes Wort. Schon am nächsten Tag haben wir ihm einen langen Brief geschrieben, ihm erklärt, daß wir ihn weiterhin lieben, seine Neigung für uns kein Problem sei, wir auch seine Freunde achten und mögen werden. Als Felix zu uns zurückkam, war ich ruhiger und aufgeklärter. Ich hatte mich gut vorbereitet, konnte endlich ein vernünftiges Gespräch mit ihm führen.

Jetzt hat er einen Freund. Die beiden haben sich in einem *schwullesbischen Kommunikationszentrum* kennengelernt und ineinander verliebt. Marcel ist ein ganz goldiger Kerl. Er hat zu Hause große Schwierigkeiten. Seine Eltern dürfen von seinem Verliebtsein in einen Jungen nichts wissen. Man sieht es ihm an. Er ist spindeldürr und hat abgekaute Nägel. Er leidet offensichtlich sehr unter diesem Doppelleben. Ich merke ihm an, wie sehr er es genießt, mit der Mutter eines Freundes *sprechen* zu können. Diese Offenheit hat der Junge wohl noch nie erlebt. Mir tut es gut, einem fremden Jungen helfen zu können. Das ist für mich ein gutes Zeichen. Ich habe meine Schwierigkeiten bewältigt. Durch Marcel sehe ich aus einer anderen Perspektive, was man jungen Menschen antut, wenn man sie in dieser Situation allein läßt. Sie werden krank. Wer soll ihnen denn helfen, wenn nicht die eigenen Eltern? Bei seinen eigenen Kindern bemerkt man Fehler oft zuletzt. Dem Außenstehenden fällt sofort auf, wo etwas im Argen liegt. Seit ich Marcel kenne, weiß ich noch besser, daß mein Sohn mich braucht.

Ich mache auch keine Geheimnisse um seinen Freund und ihre Sexualität. Ich bin mit ihm sogar zum Christopher's Street Day, dem Familien-Tag der großen Lesben- und Schwulenbewegung, gegangen. Ich finde die schwul-lesbische Bewegung gut. Woher kommt denn die Distanz den Schwulen und Lesben gegenüber? Weil man sie nicht kennt. Würde man gleichgeschlechtliche Lebensgemeinschaften näher kennen, dächte man anders darüber. Schon deshalb müssen sich Lesben und Schwule zu ihrer Neigung bekennen. Wer sich versteckt, fördert die Diskriminierung. Das falsche Bild in der Öffentlichkeit bleibt, den schmutzigen Witzen und billigen Anzüglichkeiten sind weiter Tür und Tor geöffnet. Wenn jeder offen sagen würde: *Ja, ich bin schwul*, gäbe es kaum mehr Unverständnis Schwulen gegenüber. Dann würde man merken, daß es Menschen sind wie du und ich. Mit gleichen Empfindungen und Gefühlen.

Ich meine, man muß die Öffentlichkeit aufrütteln, darauf aufmerksam machen, was man diesen Menschen antut. Darum haben mein Mann und ich uns einer Elterninitiativgruppe angeschlossen. Gemeinsam wollen wir *informieren*, auf die Nöte und Ängste aufmerksam machen. Wir Eltern treffen uns jetzt einmal wöchentlich in einem Café, wo wir uns offen besprechen und Aktionen planen.

Auf dem letzten Weihnachtsmarkt haben wir sogar einen eigenen Stand gehabt. Wir haben *Aufklärungsmaterial* verteilt und mit den Passanten über *Perspektiven der weiteren Integration* diskutiert. Ich glaube, die Jungs waren richtig stolz auf uns. Demnächst wollen wir ein schwul-lesbisches Stadtfest für alle organisieren.

Im Nachhinein kann ich nur sagen, daß mich das Wissen um gleichgeschlechtliche Lebensgemeinschaften verändert hat. Mein Horizont ist wesentlich weiter geworden. Vor allen Dingen bin ich für sogenannte Minderheiten viel sensibler geworden. Ich stelle fest, daß gleichgeschlechtlich empfindende Menschen liebenswerte, tolerante und weitblickende Menschen sind. Für mich haben sich Welten geöffnet. Woran habe ich denn früher gedacht? Ich war voll in dieser Schiene Haushalt, Kinder, Nachbarn. Was hat mich beschäftigt? Was kochst du morgen? Haben wir alle Winterstiefel? Diese klein karierten Probleme. Das habe ich jetzt alles hinter mir gelassen.

Ich bin es jedenfalls leid, mich zu verstecken. Positive Erlebnisse erzählt man doch auch jedem! Wenn man eine Reise gemacht hat oder eine Prüfung bestanden hat, darf man das an jeder Straßenecke erzählen. Warum darf man dann nicht über Liebe, Zärtlichkeit und Sexualität sprechen? Wer schweigt, macht es doch nur zum Tabu. Würde er es für gut oder zumindest normal halten, würde er es doch offen leben. Oder? Also, ich glaube, daß die Lesben und Schwulen sich gemeinsam mehr zu ihrer Neigung bekennen müssen und sich nicht verstecken dürfen. Sonst sind sie selbst verantwortlich, wenn sie immer im Verborgenen leben. Ich will meinen Sohn in seiner Freiheit bestärken. Er soll nie ein Doppelleben führen müssen. Jeder soll wissen, wie er ist. Und jeder soll wissen, daß ich seine Mutter bin!" (zit. n. Micus 1992:16,21,167,184f).

In dem Spielfilm "Die Summe der Gefühle" (Australien 1989), der auf Grundlage des erfolgreichen Theaterstücks "The sum of us" von David Stevens im Rahmen des Sydney Film Festival zum beliebtesten Film 1994 gewählt wurde, erklärt der *Vater* Harry dem Freund seines Sohnes, wie er anfing damit umzugehen, daß sein Filius schwul ist: "Mit den Mädchen hat er's nicht so. Er ist um genau zu sein: *stockschwul*. Das trifft es doch am besten. Manche

werden jetzt sagen: na sowa - manche jedenfalls. Ich sehe das als
Vater anders. Er ist ein guter Junge. Er hat das Herz am rechten
Fleck. Und er ist für mich nicht nur ein Sohn, sondern auch ein
Freund. Aber es ist nicht immer leicht, mit ihm zusammenzuleben.
Was auch kommt, sicher ist, daß ich ihn liebe - und trotzdem kann er
mich manchmal auf die Palme bringen.

Den Freund meines Sohnes vor den Nachbarn verschweigen? -
Niemals. Ich bin auch nicht enttäuscht - meine Enkelkinder sind doch
gar nicht ausgeschlossen. Mein Sohn ist zeugungsfähig und er kann
mit seinem Freund ein Kind annehmen. Ein Kind aufzuziehen ist
etwas Wundervolles. Das muß er ja nicht verpassen, zuzusehen, wie
etwas aufwächst, ihm durch die Erziehung etwas mit auf den Weg zu
geben. Er kann das erleben.

Nicht daß man einen falschen Eidruck bekommt: Ich bin hetero.
Ich bin ein richtiger Frauenheld, war ich schon immer. Als ich so alt
war wie er konnte ich von den Frauen nicht genug kennen, dann
lernte ich seine Mutter kennen und dann war es aus mit den Späßen,
ich bin ihr von dem ersten Tag an treu gewesen - weil ich wußte, daß
sie etwas besonderes ist - ja, es war Liebe.

Ich war immer sehr dankbar dafür, daß unser Sohn ehrlich zu mir
war. Ich bin tolerant. Ich bemühe mich darum - und ich denke, daß
muß ich auch, weil mein Sohn muß wenigstens zuhause sein können,
wie er ist, wenn nicht hier, wo sonst?

Und ich möchte, daß sich auch seine Freunde hier wohl fühlen.
Sie sind immer willkommen. Wir haben hier keine Geheimnisse
voreinander. Es ist interessant, mit den Kindern etwas zu
unternehmen. Ich bin *stolz* auf ihn.

Ich habe mir ein paar Broschüren über Safer Sex und das
Schwulsein im Buchhandel bestellt. Ich selbst wollte mal sehen, wie
das so abläuft. Ich meine, eine grobe Vorstellung hatte ich natürlich.
Ich war etwas besorgt wegen Aids und so - wer ist das heute nicht.
Ich wollte wissen, ob er vorsichtig ist. Er ist mein Sohn. Ich dachte
ich lege sie ihm einfach mal zum Lesen hin, dann kann er sie sich
ansehen, aber er sagte mir, er mache bereits Safer Sex und wisse um
die Kondomanwendung, aber er hat die Bücher dankend
mitgenommen.

185

Ich bin auch mit ihm in schwul-lesbische Kneipen gegangen, um mal zu sehen, wie es dort so ist. Ich wußte gar nicht, daß es so viele davon gibt. In Sachen Liebe fehlt meinem Sohn ein wenig Selbstvertrauen. Er ist etwas schüchtern. Machmal versuche ich ihn daher auch mit potenziellen Beziehungspartnern zu verkuppeln. Ich möchte nicht, daß er einsam ist. Er soll jemanden haben, jemanden zum Reden, der zuhören kann, der mit ihm lacht, mit ihm ißt und trinkt, uns besucht, der ihn in den Arm nimmt. Das versteht sich doch von selbst. Nichts anderes wünscht man sich doch als Vater oder Mutter, als daß die Kinder mit einem geliebten Menschen ein glückliches Leben führen können" (aaO).

Nicht nur in der Familie:
Offen leben - Coming-Out als lebenslanger Prozeß

Diese beschriebene Entwicklung des Engagements von Eltern für ihre Kinder zeigt auf, daß sich Coming-Out nicht nur auf einen Zeitpunkt des Aussprechens des Satzes "Ich bin schwul" der Kinder beziehen kann, sondern Coming-Out sich auf ganze Lebensphasen des Engagements und der Auseinandersetzung mit der Umwelt einerseits, aber auch den Möglichkeiten der Integration durch die Umwelt selbst, z.B. der Eltern, bezieht. Der Begriff Coming-Out bezieht sich somit nicht nur auf Schwule und Lesben, sondern er bezeichnet den Prozeß der sozialen Orientierung und der Integration von gleichgeschlechtlich empfindenden Kindern in das (in ein) Familienleben. Coming-Out ist also auch eine Angelegenheit der Eltern.

Ein Coming-Out vollzieht sich nur im Felde eines sich gegenseitig aufbauenden wechselseitigen interaktiven Geschehens. Coming-Out ist somit auch auf den Umgang mit und der Einstellungen (besonders) der Eltern zu sozialen Dimensionen der Ausgestaltung von Sexualität als Lebensweise in der Familie zu beziehen. Das Ausbilden von sozialen Orientierungsmustern, Denkmustern und der Veränderung von Einstellungen und Idealen, der Integration von gleichgeschlechtlichen Lebensgemeinschaften innerhalb des

Familienlebens ist etwas, das sich inhaltlich unmittelbar zum Coming-Out gesellt.

Aber auch *zeitlich* ist das Coming-Out nicht nur auf eine kurze Phase der Jugend und Adoleszenz mit naher Familienanbindung zu beziehen, sondern Coming-Out muß sich auf das *ganze Leben* beziehen (hier wäre z.b. auch die Arbeitswelt zentral), wie die Kritik von Norbert Christoff und Thomas Grossmann am Coming-Out-Konzept als Phasenmodell herausarbeitet: "Coming-Out muß *als lebenslanger Prozeß* verstanden werden" (aaO:172). Wie gesehen tragen die Eltern hierzu entscheidend bei.

Dem *prozessualen Charakter des Coming-Outs* wird somit eine Bedeutung zugeschrieben, die dann später zu konsistenteren entwicklungstheoretischen Konzeptualisierungen führte. Auf der Basis erhobener Lebensgeschichten gleichgeschlechtlich liebender Menschen sind, in den USA einige theoretische Modelle schwuler Identitätsentwicklung entworfen worden (s.o.), die in der Anzahl unterscheidbarer Entwicklungsstufen, wie auch in deren Abfolge für den Erwerb einer schwulen Identität variieren.

Jedoch zeichnen sich auch entwicklungstheoretische Konzeptualisierungen durch Invarianzen aus, weil Konstrukte wie `Selbst´, `Selbst-Konzept´ oder `Identität´ die Möglichkeit einschließen, verschiedene Aspekte des Entwicklungsgeschehens abzubilden.

Es wird unter Coming-Out daher nicht die plötzliche Manifestation einer latenten Eigenschaft, sondern einen in der Regel *lebenslangen Entfaltungsprozeß* mit heterogenen Sozialisationserfahrungen verstanden. Die schwule bzw. lesbische Entfaltung - das Coming-Out - kann von daher nur aus der subjektiven Biographie des einzelnen Individuums begriffen werden, aus seiner prozessualen Auseinandersetzung mit der Umwelt. Dies weist auf die Bedeutung von Sozialisationsagenten für die Entfaltung der Persönlichkeit hin. Als wichtigste können Familie, Schule, Freunde und gleichgesinnte Freunde, sowie in gewissen Maße auch die Medien (z.B. schwule Zeitungen, Bücher, Online-Apps, Fernsehen) gelten, die Wissen und Information über gleichgeschlechtliche Partnerschaften bereitstellen.

187

Nach dem Entdecken der schwulen Identität und ihrer sozialen Erprobung geht es zunächst darum, sie im komplexen *Alltagsgeschehen* zu stabilisieren. Die Dominanz von Selbstbehauptungsstrategien, Distanzierungstendenzen und kognitiven Leistungen weisen darauf hin, sich ständig in *Verteidigungsbereitschaft* zu befinden, sich abzugrenzen von anderen und die soziale Situation zu *kontrollieren*. Die am stärksten ausgeprägte Reaktionsform ist jedoch die der *kritischen Reaktion*. Hierin zeigt sich in besonderem Maße die *Tendenz zur Reflexion* der bisherigen Entwicklung, wobei wichtige Personen, wie Familienmitglieder, hetero- wie homosexuelle Bekannte, vor allem aber eine mögliche stigmatisierende Umwelt Kritik erfahren (vgl. aaO:176).

Um es zusammenzufassen: Um eine Verlaufsbetrachtung anstellen zu können, werden also grob drei Phasen im Coming-Out-Prozeß unterschieden: Die Phase des Vor-Coming-Out, von der erstmaligen Wahrnehmung gleichgeschlechtlicher Empfindungen bis hin zur Phase der Selbstidentifikation und bis zum `going public´ in der schwulen Kultur und Bewegung sowie der (vermeintlich heterosexuellen) Gesellschaft; und schließlich die Phase des Post-Coming-Out als *alltägliche Lebensbewältigung* schwuler Männer: Das bedeutet, offen mit einem gleichgeschlechtlichen Freund zu leben, also das Eingehen einer langfristigen schwulen Beziehung und Freundschaft, die im gesamten Lebenszusammenhang - insbesondere vor der Familie und den Eltern - offen gelebt wird.

Infolge der bisher dargestellten verschiedenen Perspektiven setzt jedoch eine entwicklungstheoretisch fundierte Kritik an: Das Konzept von *Entwicklung als lebenslanger Prozeß* geht über die Entwicklungsbetrachtung in einzelnen Lebensabschnitten (Phasen) hinaus und umfaßt die *gesamte Lebensspanne*, die auch als solche theoretisch zu konzipieren ist. Das "enge" Coming-Out-Konzept hat zwar schwulenpolitische Funktion, beinhaltet andererseits aber den Verzicht auf das Forschungspotential der *Gesamtbiografien* lesbischer Frauen und schwuler Männer sowie von gleichgeschlechtlichen Lebensgemeinschaften als *Familien* (vgl.

Kap. 7). Die Biografie eines Menschen muß in der Postmoderne von pluralisierten und individualisierten Lebenstilen, Lebensläufen und sozialen Milieus reflexiv und aktiv erarbeitet (erbastelt) werden. (Man spricht auch von Bastelbiographie; dieser Sachverhalt trifft auch auf heterosexuelle Menschen zu).

Nach dem Coming-Out wird also angestrebt, eine erste gleichgeschlechtliche Beziehung zu führen, bzw. im Zuge des Älterwerdens auch einen *Partner fürs Leben* zu finden, um eine familienähnliche Lebensgemeinschaft zu führen, die in das Familienleben der eigenen Eltern integriert wird. Um eine gleichgeschlechtliche Beziehung führen zu können, muß jedoch zunächst einmal der Freund (bzw. die Freundin) gefunden werden. Wenden wir uns nun in folgenden Kapitel verschiedenen Möglichkeiten zu, auf gleichgesinnte Menschen zu treffen, um so hier den Mann bzw. die Frau für's Leben zu finden, mit der/dem man eine Familie bilden will - denn zuhause im Sessel oder lediglich durch Blättern und Wischen in den Online-Dating-Apps findet man sie/ihn ganz bestimmt nicht: Die Bildung einer Partnerschaft setzt eine aktive Suche sowie Bereitschaft und Fähigkeit voraus, sich mit jemandem und seinen Interessen zu beschäftigen.

Das *Lernziel Partnersuche* für Lesben und Schwule ist das Thema des nächsten Kapitels.

Informationsteil 4
Coming-Out: Ja, Ich gehöre dazu und bin eine(r) von ihnen...

Bücher zum weiterlesen:
BELL, RUTH: Wie wir werden, wie wir fühlen - Handbuch für Jugendliche über Körper, Sexualität und Beziehung, Reinbek 1990

☒**BUNDESZENTRALE FÜR GESUNDHEITLICHE AUFKLÄRUNG:** Unser Kind fällt aus der Rolle - Über den Umgang mit sexuellen Orientierungen, Köln 1995

DIABOLA, LISA: Was heißt hier lesbisch - oder: Wie sag ich´s meiner Mutter, Pfaffenweiler 1996

LOWEN, ALEXANDER: Narzißmus, München 1983

MEULENBELT, ANJA: Für uns selbst - Frauenbuch über das Lesbisch-Sein, Berlin 1989

RAZNOVICH, DIANA: Der Freund meines Sohnes, München 1994

ROS, ELENA: Meine Tochter liebt Lesben, 1995

SIMM, SUSANNA: Trau dich doch: Lesbisch ist schöner, 1997

☒**WINIARSKI, ROLF:** Coming Out Total - Der Ratgeber für ein selbstbewusstes Leben, Berlin 1995

☒**ZEMANN, ROLF:** Selbstbewusst schwul - Perspektiven eines selbstbestimmten Lebens als Homosexueller. Eine qualitative Studie über sechs Lebensläufe schwuler Männer, München 1991

☒**ZINN, DORIT:** Mein Sohn liebt Männer, Frankfurt am Main 1992

Weiterhin verwendete Literatur:
siehe Anhang.

Didaktische Fragestellungen 4:
a) Welche Schwulen und Lesben kenne sie aus dem Fernsehen? Welche sind für sie Vorbilder, welche schrecken Sie eher ab? Nennen Sie jeweils drei Personen und charakterisieren Sie diese mit dem, was ihnen gefällt bzw. mißfällt.

b) Was sind die Voraussetzungen von Selbstwertgefühl? Diskutieren Sie aus Ihrer Biografie heraus, wie man Ihnen in den einzelnen Aspekten größere Unterstützung hätte bieten können.

c) In welchen Phasen des Coming-Outs haben Schwule und Lesben welche typischen Probleme, wie kann man ihnen als Außenstehende(r) dabei helfen?

d) Stellen Sie sich vor, wie Sie Ihren Eltern von ihrem gleichgeschlechtlichen Freund (Freundin) erzählen - wie stellen Sie sich idealerweise die Reaktion Ihrer Eltern vor? Welche Reaktion der Eltern würde Sie einen riesigen Stein vom Herzen fallen lassen?

e) Stellen Sie sich vor, Ihr Sohn sagt Ihnen, er sei schwul und sie wissen wenig darüber. Wo würden Sie sich informieren? Welche Personen in der weiteren Familie würden Sie um Rat fragen?

f) Welchen Stellenwert hat Outing ihrer Meinung nach?

Kapitel 5

5. Die Suche nach dem Beginn einer wunderbaren Freundschaft:
Lesbisch-Schwules Netzwerk -
Wo und wie man sich einen Freundeskreis aufbaut

Handbuch `Engagierte Zärtlichkeit'

Nutze eine Online-Freundschaftsanzeige!

Freundschaften in und durch eine Coming-Out Gruppe

Lesbische und schwule Online-Dating-Apps - Ein Weg, andere kennen zu lernen

Im Club - Ich habe meinen Freund im schwulen Sportverein getroffen

Bars für Lesben und Schwule

Theory der Szene

Das erste Mal auf einer schwul-lesbischen (Disco) Party

Informationsteil

Nutze eine Online-Freundschaftsanzeige!

In zahlreichen Zeitschriften und Stadtmagazinen gibt es sie: *Freundschaftsanzeigen*, über die mann (bzw. frau) eine(n) gleichgesinnte(n) Freund - bzw. Freundin - finden kann. Schwule (bzw. lesbische) Zeitschriften haben meist immer einen Anzeigenteil zur Freundschaftssuche, der nach Regionen untergliedert ist; andere *Stadtmagazine und Veranstaltungskalender* für die jeweilige Stadt aus dem Supermarkt haben eine *Rubrik "Freundschaft: Er sucht ihn"* oder ähnliches, die Schwule (wie auch Lesben) zur engagierten Freundschaftsuche nutzen. Die Verfasser von Freundschaftsanzeigen sind in der Regel alles andere als Mauerblümchen, sondern ganz normale schwule Männer, die einen Freund suchen, diesen aber außerhalb einer lauten Diskothek finden möchten.

Die E-Mails und Messages auf eine Anzeige bzw. auch als Antwort auf ein Online-Profil hin ermöglichen es, einen ersten Eindruck über Stil und Persönlichkeit des Schreibers zu bekommen. So sucht man sich einen oder mehrere heraus, um mit ihnen zu telefonieren und - sofern man sich versteht und Gemeinsamkeiten entdeckt - auch bei einer Verabredung im Café zu treffen.

Allein der reine Akt, eine Anzeige bzw. die Texte für ein Online-Profil zu formulieren ist wertvoll, auch wenn man sie dann gar nicht aufgibt oder online stellt. So zwingt man sich nämlich, die gegenwärtigen und zukünftigen Ziele zu formulieren, was man überhaupt von einer Freundschaft und Partnerorientierung erwartet: gleich zusammenziehen oder zunächst getrennte Wohnungen - oder jemanden finden, mit dem man ausgehen kann und es von vornherein eine platonische Freundschaft sein soll oder nur ein sexuelles Safer-Sex-Erlebnis oder doch die große Liebe für immer?

Insbesondere für junge Leute im Coming-Out ist eine Freundschaftsanzeige oder eine Suche in einer Dating-App mit einem regionalen Filter eine gute Möglichkeit, gleichaltrige Freunde zu finden, um einen ersten (verbalen und freundlichen) Erfahrungsaustausch zu beginnen und ggf. z.B. gemeinsam eine schwul-lesbische Party zu besuchen, oder gar aus dieser aufkeimenden Freundschaft für Unternehmungen eine richtige Liebesbeziehung werden zu lassen.

In einem Online-Profil oder einer Anzeige sollte man alles möglichst deutlich sagen, was man für Erwartungen hat. So werden oft Hauptinteressen im und am Leben geschildert, was man gerne macht, was man für *Hobbies* hat etc.. Eine Freundschaft basiert immer auf gemeinsamen Interessen, und der Leser wird bei zu entdeckenden Gemeinsamkeiten eher antworten. Zur Person kann man noch Alter, Gewicht und Größe anfügen (etwa so: 25/70/180), damit man auch eine Orientierung über das Alter und eine ungefähre Vorstellung von der Person bekommt, denn zumeist wird ja eine *gleichaltrige* Person gesucht, da man sich so am ehesten gleiche Interessen verspricht. Darüber hinaus ist oft entscheidend, daß der Gesuchte nicht weit entfernt vom *Wohnort* lebt, um sich so öfters sehen zu können, damit es keine Wochenendbeziehung wird. Wie folgt sah beispielsweise eine Anzeige in einem Online-Stadtmagazin von Hamburg aus:

Entdecke gerade mein Schwulsein: Mann-O-Mann!

Ich bin ein toller Typ, weil ich endlich zu meinem Schwulsein stehen will. Hast Du Lust mit mir auf Safari zu gehen? Mit Dir Hand in Hand gehen, in Deine Augen sehen, mit Dir zusammen lächeln und Pläne für die Zukunft machen. Zärtlich Deinen Körper spüren, ausgedehnte Gespräche führen. Dich trösten, wenn Du traurig bist und hoffen, daß es nie zu Ende ist. Bitte melde Dich, wenn Du auf Freundschaft, Zärtlichkeit, miteinander lachen und rumalbern stehst. Ich, 21, suche den Mann-O-Mann, etwa gleichaltrig im Raum Hamburg, da auch ich hier wohne. Alle, denen es ähnlich geht, schreiben bitte, um auf diesem Wege einen Freund zum Aufbau einer intensiven Freundschaft für gemeinsame Unternehmungen und mehr zu finden. Falls auch Du die Antwort nach Liebe - Zärtlichkeit - Wärme und Geborgenheit suchst, dann höre auf zu grübeln, und schreibe, Foto wäre toll, jedoch im ersten Schritt kein Muß. Also bis bald!

Chiffre ******* / E-Mail

Wenn die Anzeige dann abgeschickt ist, bekommt sie von dem jeweiligen Stadtmagazin eine Chiffrenummer und wird veröffentlicht. Einige der Antwortenden berichten über ihre

Lebensgeschichte ausführlich, andere sind schreibfaul und übermitteln ihre Telefonnummer.

Andere chatten tage- oder wochenlang online mit einem Kontaktpartner aus einer Online-Dating-App für Lesben bzw. Schwule.

Ein *Gespräch über Hobbies und die eigene Lebensgeschichte* ist meist Inhalt eines ersten Telefongesprächs zwischen denjenigen, die sich kennenlernen wollen: Wissen es die Eltern schon?, Bist Du schon mal in dem schwul-lesbischen Lokal gewesen?, Was machst Du in Deiner Freizeit?, Woran scheiterte Deine letzte Beziehung?, Was machst Du beruflich? Wo und wie kaufst Du Kondome? Was hast Du gerade für Kleidung an? Hast du auch lesbische (bei Lesben: schwule) Freunde, warum nicht? Bist Du schwulenpolitisch engagiert? etc. ..

Wenn das Gespräch beiden gefallen und man noch ein oder zweimal telefoniert hat, trifft man sich an einem Treffpunkt, der nicht von allzuvielen Menschen besucht wird, denn schließlich weiß man noch nicht ganz genau, wie derjenige im wirklichen Leben aussieht, den man nun trifft, so daß es besser ist, sich z.B. an einer beiden bekannten Straßenecke oder einem Denkmal oder auch in einem nicht überfüllten Restaurant oder Café/Kneipe zu treffen, damit man sich nicht verfehlt.

Während der Zeit, in der man sich trifft, hat man Gelegenheit, sich gegenseitig zu beschnuppern. Man sollte vorher die Zeit auf eine Stunde oder "auf einen Kaffee" begrenzen, damit beide nicht unnötig herumsitzen, wenn der eine lieber gehen möchte. Ungeschriebene Regel ist es für Dates allerdings, daß man den anderen nicht sitzen oder derart auflaufen läßt, daß man ihm unverblümt einen Korb gibt. Hier sind sehr subtile Vermittlungen gefragt, um sich gegenseitig im Selbstwert nicht zu kränken, z.B. dann, wenn man sich verabschiedet und die Frage im Raum steht, ob man sich denn wiedersehen möchte. Den Satz "Wir telefonieren" sollte man daher grundsätzlich vermeiden, dann schon lieber: "Ruf *Du* mich an!". Aber es gilt, meistens klare Wege aufzuzeigen, ohne den anderen zurückzustoßen oder zu verletzen: *"Ja, ich möchte Dich gerne wiedersehen!"* - sofern es der Wahrheit entspricht.

Aber selbst nach ein paar unglücklichen Dates sollte man den Kopf nicht in den Sand stecken, wie berichtet wird, liegt die Quote seinen absoluten Traummann über ein Online-Dating zu finden angeblich bei 1 zu 9 Treffen (die restlichen Dates können dabei gute Freunde geworden sein!). Aus der *Unsicherheit*, wer denn nun eigentlich wen anrufen sollte, meint oft jeder, der andere möge ihn nicht, so daß beide nicht wieder anrufen. Hier muß man lernen, einfach über seinen Schatten zu springen und sich nach jedem Date nach etwa einer Woche zumindest noch mehrmals zu melden.

Oft ergeben sich so gute Freundschaften, denn es liegt an jedem selbst, den Kontakt und die Freundschaft aufrechtzuerhalten - und schließlich entsteht die Liebe auch durch die *Macht der Gewohnheit*: indem man sich öfters trifft, sich "vertraut" macht und gegenseitig "zähmt" (wie der kleine Prinz und der Fuchs, s.u.) lernt man die liebenswerten Eigenarten des neuen Freundes erst kennen. Den Traummann auf diese (schreibende bzw. chattende) Weise zu finden hat den Vorteil, ihn nicht in einer lauten Diskothek suchen zu müssen, jemanden nicht vor allen anderen Leuten anquatschen zu müssen, und schließlich kennt man in der Diskothek zwar die Optik, aber nicht Persönlichkeit und Interessen der Person, die man über ein Online-Dating mit einem anschließenden *persönlichen Gespräch* eher kennenlernt. Schließlich kann es auf einer Diskoparty auch ein schwerer Weg sein, besonders, wenn man schüchtern ist, die Telefonnummer des Traumtypens zu erfragen.

Die Online-Freundschafts-Anzeige über ein Dating-Portal erscheint dann als der geeignete Weg, sich mit einer einzigen Person intensiv auseinanderzusetzen, zu der man Vertrauen gewinnen kann, ohne die Sozialisations-Nebeneffekte der Diskoszene auf sich zu nehmen.

Wenn die These stimmt, daß man in der Diskoszene durch die dortigen Interaktionsrituale seine Persönlichkeit und Werte verändert, ist der Weg über eine Freundschaftsanzeige sinnvoller, da man hier nicht durch Cliquendynamiken und szenebedingte Sozialisationseffekte (Küsschen hier, Tratsch da, absichtliches Nichtbeachten und Ausgrenzen von Ex-Freundschaften, An-Sozialisierung von Männlichkeitsattributen oder gerade weiblichen

Attributen (z.B. in der Kleidung oder im "Gehabe") und anderen Queer-Proud-Symbols etc.) beeinflußt wird. In der Diskoszene bekommt man Telefonnummern, sofern man sie sich erfragen traut – ein *persönliches* Gespräch und Kennenlernen bietet aber nur ein *"Date"*, wie der Kneipenbummel mit einem bislang Unbekannten auf schwulen-neudeutsch heißt.

Ein Dating-Portal mit einem Online-Freundschafts-Profil bietet somit den Vorteil (ähnlich wie bei schwul-lesbischen Vereinen und Arbeitsgruppen), jemanden über seine Interessen kennenzulernen, die Adresse und Telefonnummer sodann erfragen zu können und über die Faszination an gemeinsamen Interessen, *eine Erwartung an ein optisches Erscheinungsbild in den Hintergrund treten lassen zu können*: denn eine Beziehung ist nicht nur auf optischer Attraktivität gegründet, sondern auf eine gemeinsame Freizeitgestaltung durch ähnliche Interessen.

Freundschaften in der und durch die Coming-Out-Gruppe

Wer keine Lust auf Online-Dates hat und lieber ersteinmal (einen) gute(n) Freund(e) für gemeinsame schwul-lesbische Entdeckungsreisen bei Freizeit-Unternehmungen finden will, kann sich in eine schwule Gruppe integrieren und z.B. an eine der regionalen Coming-Out-Gruppen wenden. Jugend-(Coming-Out)-Gruppen für Lesben und Schwule gibt es in vielen Städten: sie werden oft über regionale Beratungen angeboten, sind aber auch in den unten genannten, über den Buchhandel beziehbaren Kneipenführern nach Orten mit Gruppenleiter, Zeit und Räumlichkeiten aufgeführt. Adressen stehen auch in Stadtmagazinen oder auch in der schwul-lesbischen Presse (vgl. z.B. auch den Anhang bei Winiarski aaO:209ff).

Coming-Out-Jugend-Gruppen beziehen sich auf Jugendliche, die sich im Coming-Out befinden, aber auch ältere Menschen bis etwa Ende zwanzig nehmen daran teil. Die Hemmschwelle, eine solche Gruppe aufzusuchen, ist oft schwer zu überwinden, aber ein erstes *unverbindliches Telefongespräch mit dem Gruppenbetreuer* macht klar, daß man sich am Anfang ersteinmal einfach nur dazusetzt und zuhört, was die anderen so besprechen. Man wird ihnen vorgestellt und im Gruppengeschehen kommt man mit ihnen leicht ins Gespräch. Besonders weil dort Gleichaltrige sind, fühlt man sich gleich in der Gruppe aufgenommen. Nachdem man sich nach den ersten Gruppentreffen in das Gruppengeschehen eingefunden hat, ist man meist schon mitten in der Besprechung von Sachthemen (wie z.B. diesen, die das vorliegende Buch behandelt), eigenen Erlebnissen und in das pädagogische Handeln des Betreuers eingebunden.

Die *pädagogische Betreuung* durch einen qualifizierten Gruppenleiter ist dabei das A und O der Coming-Out-Gruppe. Im Mittelpunkt des pädagogischen Handelns steht das gemeinsame Miteinander-Handeln, die *Kommunikation und Interaktion* der Beteiligten. Für das Praxisfeld der Coming-Out-Gruppen ist dies das Miteinander-Handeln des Gruppenbegleiters und der Teilnehmer, die sich im Prozeß ihres Coming-Outs befinden. Das eigentlich Pädagogische drückt sich in der Bewältigung von Aufgaben aus: in den *inhaltlichen* Themen und Fragestellungen der Gruppendiskussionen.

Ein weiterer Schwerpunkt der pädagogischen Arbeit in Coming-Out-Gruppen ist es, den Teilnehmer auf seinem Weg *zu begleiten*, ihm Hilfestellungen zu geben, die ihn in der Gegenüberstellung mit seiner Lebensumwelt in seiner Person stärken, das heißt, ihn zu einer *Mündigkeit* zu führen, in der er seine individuell-spezifischen Antworten auf seine existentiellen Lebensfragen sowie seine sexuelle Orientierung leben lernen kann.

Im Coming-Out-Gruppen-Prozeß geht es um ein Lernen mittels eines praktischen Erfahrens, um ein In-Beziehung-Setzen unterschiedlicher Handlungspartner, in dem - bezogen auf das eigene gleichgeschlechtliche Empfinden und Erleben - ein *Dreischritt von Wahrnehmen, Urteilen und Handeln* beschrieben werden kann: Die Aufgabenstellung einer Coming-Out-Gruppe ist das *Erlernen von Problemlösungen* und das *Ändern von Einstellungen* auf der Grundlage der bisherigen *Erfahrungen.*

197

Die Subjekte des pädagogischen Handelns in Coming-Out-Gruppen lernen, sich selbst als Person mit ihren eigenen gleichgeschlechtlichen Empfindungen und der daraus resultierenden *Welt-Wahrnehmung* wahrzunehmen, sich darin *anzunehmen* und so zu einer Persönlichkeit zu werden. Das bekannte Fremde des eigenen Soseins (Individuellseins) zu erkennen, es kennenzulernen, aufzunehmen, anzueignen, bewahren, freizusetzen und daraus zu handeln, bezeichnet das Lernen in und mit einer Coming-Out-Gruppe in seinem Ziel, es zu befreien von der Last einer Unvollständigkeit, Anomalie, Schwierigkeit, Ungleichheit und des Widerspruchs (vgl. Gagné 1980:163; Chmielorz 1993; Mollenhauer 1971; f. Köllner 1993).

In der Coming-Out-Gruppe werden *Prozesse der Selbstwahrnehmung und Selbstakzeptanz* als gleichgeschlechtlich empfindender Mensch bewußtgemacht, von falschen, attribuierten und kollektiv übernommenen Wertungen befreit und mit positiven Identifikationen besetzt anhand konkreten lebensgeschichtlichen Situationen, die (im kognitiven Skript-Ablauf) *Schritt für Schritt* durchgespielt werden, um sich so übernommenen, möglicherweise negativen oder destruktiven Bildern zu entledigen und anderen Handlungs*alternativen* zu öffnen.

So nimmt das *Gespräch* in der Arbeit mit Coming-Out-Gruppen einen breiten Raum ein, angefangen beim Vorgespräch zwischen Begleiter und Teilnehmer bis zum Gespräch im Gruppengeschehen. Zu unterscheiden ist das herkömmliche *dialogische Sich-Mitteilen* von einem Gespräch, das über den Austausch von Erfahrungen und Inhalten hinaus auf immer intensiveren *Zugang zu den eigenen Gefühlen* und zum eigenen emotionalen Erleben gerichtet ist. Das *"Erzählen lassen"* ist dabei eine zentrale Methode, um unbewältigte Schwierigkeiten zu verarbeiten. Nicht zuletzt der Volksmund sagt: "Erzähltes Leid ist halbes Leid." Sprache in Form eines Erzählens wie auch das Rollenspiel mit dem Ziel des Wiedererlebens unter anderen Blickwinkeln nimmt *Handlungsdruck* und befreit zu einem anderen Zugang zu Wertungen, Identifikationen und Handlungsoptionen.

Die *Haltung der Achtung, Wärme und Akzeptanz* bezeichnet eine grundlegende positive Einstellung, mit der der Begleiter dem Teilnehmer begegnet: "Ich achte den anderen als eine ernstzunehmende Person, ich akzeptiere und respektiere ihn, wende mich ihm mit meiner *Aufmerksamkeit* zu." Verzichtet werden soll auf Bewertungen, weil sie einengen und ein Fortschreiten zu immer größerer Selbstverantwortung der Person erschweren.

Hilfreich ist die grundsätzliche Haltung des Betreuers, die ein *"Ich mag Dich"* ausdrücken kann. Die Achtung und Akzeptanz richten sich dabei auf die Gefühlsäußerungen und das emotionale Erleben. Die Wärme des Begleiters dem Teilnehmer gegenüber ist eine Gefühlsqualität, die danach fragt, *was ihm gut tut*, was für das Wachstum der Person notwendig ist. Die Aufmerksamkeit des Begleiters findet ihren Niederschlag vor allem in nonverbalem Verhalten: im Blickkontakt, in der Stimmlage, in der Mimik, Gestik, in der gesamten Körperhaltung oder auch in unterstützendem Körperkontakt (vgl. Chmielorz aaO:23f).

Die Goldene Richtlinie, daß Betreuer bzw. Therapeuten mit Ihrem Klienten keine "Affäre" anfangen, bleibt dabei gewahrt, denn schließlich soll der Betreuer keine Identifikationsfigur (bes. im erotischen Sinne) werden, in die man sich verlieben kann, sondern der Betreuer muß auch auf Distanz achten und diese herstellen, um so die Eigenständigkeit der Klienten zu fördern, daß sie fähig werden, allein - d.h. ohne den Betreuer - ihren Weg zu gehen. In der Auto-Fahrschule ist es ja auch so, daß man dort etwas lernt, ohne dabei die Absicht zu haben, ewig gemeinsam mit seinem Fahrlehrer Auto zu fahren. Für eine Coming-Out-Gruppe bleibt somit die sexuelle Beziehung zwischen Betreuer und seinen Gruppenmitgliedern tabu. Der Betreuer muß seinen Klienten Aufmerksamkeit und Akzeptanz entgegenbringen, nicht sexuelle Angebote.

Für den Prozeß des Coming-Out ist insofern eine Art der Wärme und Akzeptanz - die sich in der *Wertschätzung des Teilnehmers* ausdrückt - also eine wesentliche Voraussetzung. Indem der Begleiter Vertrauen schenkt, kann der Teilnehmer sich selbst immer mehr vertrauen lernen. Er lernt, daß das *eigene* emotionale Erleben einen Raum bekommt, angenommen wird und *da* sein darf, ohne daß es Sanktionen unterworfen ist.

Die *Haltung der Echtheit und Selbstkongruenz* bezieht sich auf den Umgang des Begleiters mit seinen eigenen Gefühlen in der Gruppe. Sie drückt aus, daß das, was der Betreuer sagt oder tut, tatsächlich übereinstimmt (*authentisch* ist) mit dem, was er fühlt.

Die *Haltung des einfühlenden Verstehens* ist eine weitere zentrale Haltung: Im einfühlenden (empathischen) Verstehen, im intensiven Zuhören des Begleiters drückt sich aus, inwieweit er fähig ist, den Teilnehmer in seiner Person und seinen Gefühlen wahrzunehmen, zu akzeptieren und zu respektieren.

Es geht um ein Nachempfinden des subjektiven Erlebens des Gegenübers in seinen Gedanken, Gefühlen und Empfindungen; gleichsam, um ein *Sich-Hineinversetzen* in die dem anderen eigene Erlebniswelt.

In einem zweiten Schritt teilt der Begleiter dann mit, was er von dieser Erlebniswelt verstanden hat. Dies geschieht durch Verbalisieren der emotionalen Erlebnisinhalte des Teilnehmers.

Um das eigene schwule Leben, die eigenen Fundamente zu entdecken, wurde das *"Konzept der biographischen Selbstreflexion"* entwickelt. Es hilft, das eigene Leben nicht mehr als passiv erlitten wahrzunehmen, stattdessen werden die gemachten Erfahrungen relevant für die Gegenwart sowie für das auf die Zukunft gerichtete Handeln. Aus der Frage nach dem "Woher" ergibt sich das "Wie", denn biographische Selbstreflexion dient einer dreifachen Zielsetzung: Sie fragt nach dem "Woher" der Person, nach dem "Wer bin ich?" und dem "Wohin gehe ich?". Es ist das, was in pädagogischen Bezügen *Identität* genannt wird (s.o.). Das Wissen um defizitär erlebte Handlungsmuster und das Eröffnen von Veränderungsmöglichkeiten ist eine Chance der Arbeit in Gruppen, die es ermöglichen, zu einer selbständigen und selbstverantwortlichen Person heranzuwachsen, der die Schritte des eigenen Coming-Outs mehr und mehr leichter fallen. Am Beginn einer Coming-Out-Gruppe steht oft das eher diffuse Gespräch des "Etwas muß sich ändern". Es besteht der Wunsch, zu erfahren, wie sich schwules Leben, wie sich das bisherige Coming-Out bei den anderen Teilnehmern gestaltet hat und gestaltet (Suche nach positiver Identifikation); motiviert durch den Wunsch, aus der Isolation herauszutreten, Ähnlichkeiten und Parallelen im Erleben und in der Geschichte anderer Teilnehmer zu entdecken, um so eigene Ängstlichkeiten überwinden zu können. In der Gruppe findet das eigene Schwulsein den Weg aus der Sprachlosigkeit heraus. Es geht darum, einen selbstverantwortlichen Umgang als gleichgeschlechtlich empfindender Mensch mit anderen Menschen zu gewinnen.

Einen wesentlichen Anteil der Arbeit in Coming-Out-Gruppen machen sodann die *thematischen Bausteine* aus. Die *themenzentrierte Interaktion* ermöglicht einen Zugang zu ihnen, indem sowohl die Arbeit an den *Sachaufgaben* als auch der zwischen den Teilnehmern entstehende *Kommunikationsprozeß* berücksichtigt werden. Sie bietet Aspekte, die die Coming-Out-Gruppenarbeit erklären und unterstützen können. In diesen Lehr-/Lernprozessen, die gemeinsam ausgehandelt werden, stellt der Begleiter (Sach-)Aufgaben zur Diskussion. (Diskussion meint dabei nicht nur unterschiedliche Meinungen haben, sondern vor allem (gedanklich) durchgespielte alternative Handlungsmöglichkeiten (Skripte): z.B. läßt sich ein Rollenspiel immer wieder neu durchspielen unter der Fragestellung: Wie hätten die Beteiligten ganz anderes agieren und reagieren können? Wie hätte die Situation anders bewertet werden können?).

Sich aus den Sachthemen heraus gedanklich *verschiedene Handlungsmuster und -möglichkeiten* zu überlegen, soll die Teilnehmer motivieren, sich neue Möglichkeiten des Umgangs mit sich selbst und der sie umgebenden Welt zu erschließen. Über die Vermittlung durch eine Aufgabe und in der Auseinandersetzung in der Gruppe soll im Teilnehmer eine selbständige Bewältigung angeregt werden, die *eigenes Handeln motiviert*. Ausgehend von Lebenssituationen werden kognitive Informationen zu bestimmten Sachthemen vermittelt (z.B.: Wie gehe ich mit Online-Dates vor, Umgang mit Liebe, Safer-Sex-Informationen, wie könnte eine kirchliche Hochzeit und schwule Trauung vor der Gemeinde Schritt für Schritt (im "Handlungsskript") im Gottesdienst ablaufen, wie sieht ein (kognitives) "Drehbuch" für die Beteiligten dazu aus? Nicht zuletzt sollen daher die einzelnen Kapitel dieses Buches auch als Grundlage für Diskussionen z.B. in Coming-Out-Gruppen für Jugendliche ihre Anwendung finden).

Es bilden sich aber auch *Partnerschaften innerhalb der Gruppe*: Als ein Beweggrund für die Teilnahme an einer Coming-Out-Gruppe kann auch der Wunsch genannt werden, einen Partner zu finden, mit dem eine dauerhafte Beziehung möglich ist. Die Erfahrungen mit Coming-Out-Gruppen hat immer wieder solche *Paarbildungen* gezeigt. Es kann aber nicht grundsätzlich davon ausgegangen werden, daß Partnerschaften in einer Gruppe negativ bewertet oder sanktioniert werden müßten. Sie bezeichnen lediglich eine besondere Lage für den Verlauf der Gruppe. Partnerschaften und das Erleben von Intimität gehören zu den *Grundbedürfnissen des Menschen* in seinem Wunsch nach Nähe, Vertrauen, Mitteilung, Körperlichkeit und Sexualität. Gerade für Schwule ist der Zugang zu solchem Erleben oft behindert oder versperrt. Hier kann die Coming-Out-Gruppe helfen, überhaupt einen *Zugang* zu solchen Bedürfnissen zu ermöglichen, sie kann helfen, unerfüllte Sehnsüchte nach Nähe *wahrzunehmen*. Partnerschaften entwickeln innerhalb der Gruppe ihre ganz eigene Dynamik, haben ihre eigenen Entwicklungsgesetze und lassen sich in ihrem Verlauf von außen nur schwer einschätzen, sie entfalten sich gegenüber den beiden Partnern immer wieder neu. In diesem Prozeß bleiben die übrigen Gruppenteilnehmer eher unbeteiligt. Es zeigt sich, daß sich die Aufmerksamkeit von der Gruppe zum Partner verlagert. Hieraus können Schwankungen für die Gruppe insgesamt entstehen, wenn das Interesse an den anderen Teilnehmern schwindet, die beiden Partner mehr mit sich als mit dem Gruppenprozeß beschäftigt sind. Es entsteht so etwas wie ein *qualitativer Sprung*: Die vormals von der Gruppe erfragten Hilfestellungen für das eigene Coming-Out können sich die Partner nun solidarisch selbst geben.

Eine Partnerschaft, die aus der Coming-Out-Gruppe entsteht, ist aber immer auch in sie eingebunden: Die einzelnen Partner bleiben ja weiter eingebunden in das Beziehungsgefüge der Gruppe, aller anderen Gruppenmitglieder. Markus Chmielorz konstatiert daher für

Partnerschaften, die sich aus Coming-Out-Gruppen herausbilden: "Partnerschaften können lebenspendende, befreiende beglückende Kräfte ebenso in der Gruppe freisetzen wie destruktive Kräfte" (aaO:48).

Die Coming-Out-Gruppe kann daher insgesamt auch als *Schonraum* (Moratorium) verstanden werden, der einen Rückzug aus den belastenden Normen und Verboten der Gesellschaft darstellt: manchmal benötigen Jugendliche eine Person, unter der sie die Legitimation bekommen, sich mit Zärtlichkeit und auch anderen Themen gleichgeschlechtlicher Liebe auseinandersetzen zu können.

Es wird dann ein Gespräch mit einem Coming-Out-Betreuer, manchmal auch das professionelle Betreuungsgespräch bei einer Psychologin gesucht (männliche Jugendliche im Coming-Out wollen oft lieber mit einer Frau sprechen), um so jemanden zu finden, der die Annahme des individuellen So-Seins der Empfindungen gegenüber der Gesellschaft und dem eigenen strengen Gewissen (Über-Ich) "erlaubt" (legitimiert) und positiv unterstützt. Aber auch die offenherzige Annahme in der Familie gibt wesentlichen Rückhalt: Eine intakte Familie ist per sé ein Schonraum der Jugendlichen, wo sie für das, was und wie sie sind, angenommen werden.

Andererseits ist die Coming-Out-Gruppe aber auch ein Schonraum vor der Schwulenszene und älteren, erfahreneren Schwulen selbst, mit der (und denen und ihrer anderen, gewachsenen und manchmal auch expressiven schwulen Identität) man sich (noch) nicht identifizieren kann, will (und ja auch nicht muß). So wird z.B. Diffamierung oder Imageverlust im schwulen Freundeskreis nach Beendigung der (ersten) Beziehung befürchtet, was die Angst vor Nähe bei Beginn einer aufzubauenden gleichgeschlechtlichen Beziehung vergrößern kann, weiterhin z.B. kann Feminines oder gar zu sehr männlich-markantes in der Schwulenszene noch nicht toleriert werden (und es muß ja für die eigene Identität auch nicht als zwingender Bestandteil verstanden werden); oder es können die Intimitätsvorstellungen mancher, durch Einsamkeit "Abgedrehter" nicht nachvollzogen werden.

Die *kollektive* Identität "der" Schwulen muß nicht die eigene sein oder werden, so muß man auch lernen, daß andere anderes mit ihrer gleichgeschlechtlich orientierten Identität verknüpfen, man Teile davon übernehmen könnte, aber nicht muß (unbewußt aber oft schnell zu imitieren lernt): Man wird auch feststellen, daß man sich mit Dingen identifiziert oder sie unbewußt imitiert, die man zuvor scheute oder gerade vehement ablehnte (- in der Sprache der Psychologen nennt man dieses *Identifikation mit dem Aggressor*, was sehr aufwendige kognitive Prozesse (Rückweisungsstrategien) bedeutet und oft mit einer Orientierungsschwäche (Apathie, Verharren im alten Zustand) und möglicherweise auch eine Änderung der eigenen Maßstäbe, ein Umbau der Mauern, die einen innerlich halten, beinhalten oder bedeuten kann: So ist Identitätsarbeit ein jahrelanger Umbau des "Hauses": Vor dem Coming-Out tragen die Mauern das Dach nicht mehr optimal, man kann sie aber noch nicht einreißen, da neue Säulen einer Seinsperspektive noch nicht tragen.

In der schwulen Welt findet man im Laufe seiner Entfaltung Dinge, die einen begeistern und andere Dinge, die einen davon abhalten, sich mit dem Schwulsein zu identifizieren. Viele Schwule lehnen sich untereinander oft auch gegenseitig ab, was zu der These führen kann, daß es nicht mehr die heterosexuelle Gesellschaft ist, die Schwule und Lesben bedrängt, sondern es heute die Schwulen selbst sind, die den einzelnen Schwulen nicht integrieren, sofern er anders ist, als sie: Bei vielen jungen Schwulen heißt Integration oftmals lediglich Nichtausgrenzung durch Konformität, alles, was anders ist, irritiert das eigene schwache Selbstkonzept - ältere, erfahrenere Schwule hingegen besitzen eine ausgeprägte Liberalität, Solidarität, Bereitschaft zur Hilfsbereitschaft und eine Haltung zum Multi-Pluralismus: ihre mit der Zeit erworbenen Erfahrungen führen sie zu der Haltung: "Jeder Mensch besteht gleichberechtigt und jeder soll nach seiner Fasson glücklich werden."

Die Andersheit des Anderen kann aus der Erfahrung der eigenen individuellen Identität solidarischer und einfühlsamer erfahren werden, als es bei der heterosexuellen Identitätsentwicklung oft der Fall ist.

Die Coming-Out-Gruppe ermöglicht es dabei, erste und - falls nötig - betreute *Zugangsperspektiven* im Umgang mit Zärtlichkeit zu bekommen und verschiedene *Identitätsmöglichkeiten* durchzuspielen, sie *ähnlich einem Puzzle* spielerisch einzupassen, sie wieder zu verwerfen oder auch zu integrieren und so eine *individuelle Ästhetik des Bildes der eigenen Person* zu basteln. Je gefestigter die so gebastelte Persönlichkeit (Identität) ist, desto eher kann sie sich auf ein Du, einen Partner in einer Beziehung, orientieren.

Die Coming-Out-Gruppe hilft, *Identitätsarbeit* zu leisten, um damit fähig zu werden, sich selbst von der Umwelt abzugrenzen durch das, wie man denkt oder nicht denkt, fühlt oder nicht fühlt, handelt oder nicht handelt - kurz: durch das, was man ist und was man nicht ist, um so eine Bindung eingehen zu können, ohne sich selbst zu verlieren.

Die Coming-Out-Gruppe trägt dazu bei, neuen *Säulen der Identität* auf einem soliden Fundament zu ziehen, mit dem eine durch eigenes Handeln motivierte Orientierung zur gleichgeschlechtlichen Zärtlichkeit Schritt für Schritt - gedanklich, emotional und schließlich zärtlich handelnd mit einem Beziehungspartner, der sich möglicherweise in der Gruppe findet, - umzusetzen *gelernt* werden kann.

Lesbische und schwule Online-Dating-Apps - Ein Weg des Kennenlernens und der Korrespondenz?

Das Internet ist ein globales Computernetzwerk. Mit einem Smartphone, einem Computer und einer Telefonleitung kann jeder im Wohnzimmer die „Welt ins Haus" bringen. Über diese Datenübertragung werden vielfältige Dienste und Anwendungen angeboten. So auch *lesbisch-schwule Dating-Apps* und Diskussionsforen.

Neben dem weltweiten Sammeln von Informationen für und über Einzelpersonen bietet das Internet viele wertvolle Dienste, zum Beispiel: Pressemitteilungen in der Community oder Kommentare über Twitter, Facebook und Instagram werden weltweit geteilt.

Es ist nicht die Zeit, technikfeindlich zu sein: NGLTF war die erste schwule Organisation, die ein eigenes Forum bei America Online (AOL) eingerichtet hat. Bildung und Technologietransfer für Schwule und Lesben sind ebenfalls ein wesentlicher Zweck - neben den Homepages der schwul-lesbischen Universitätsreferate als zentrale Startseiten für lesbische und schwule Studierende (z.B. "Schwung" Karlsruhe in Deutschland).

Viele schwule und lesbische Clubs und Institutionen sind mit ihren Informationen über ihre Projekte und ihr Angebot im Internet vertreten. Sie enthalten viele Referenzen zu anderen Webseiten auf der ganzen Welt, auf denen es etwas zu entdecken und zu lesen gibt, wenn man schwul bzw. lesbisch ist. So manch eine detaillierte Homepage einiger Organisationen, die gut mit anderen Ressourcen verknüpft ist, konnte auch schon zu neuen Kontakten, erweiterten Horizonten und einem gestärkten Selbstbewusstsein beitragen. Die Kultur der Toleranz im Internet ist ein weiterer wichtiger Grund, warum sich eine schwul-lesbische Kultur auf den Datenautobahnen etablieren konnte. Website-Betreiber, App-Systemadministratoren und Softwareentwickler gehören häufig zur schwulen Community.

Prävention und Aufklärung gegen AIDS durch interaktive Mittel sind ein weiteres Anliegen. In den Netzwerken geht es also nicht um Pornografie. Zum Beispiel entwickelte und präsentierte die Community ein interaktives Quiz zum Surfen mit Safer Sex auf einer Cyberparty mit einem regionalen Fernsehsender. Die Erfahrungen aus der Aufklärungs- und Präventionsarbeit zu AIDS haben gezeigt, dass völlig neue Wege erforderlich sind, um jungen Menschen auf spielerische Weise Wissen und Handlungsmuster zu vermitteln. Daher entstand der Versuch mit Multimedia und Interaktion über das Internet junge Menschen, z.B. auf Partys und im Internetcafé anzusprechen.

Jeder, der Literatur benötigt, kann im Internet in Bibliotheken umfangreiche Recherchen zu Themen wie Lesben, Schwule und gleichgeschlechtliche Partnerschaften durchführen - von zu Hause aus. Fast alle schwule und lesbische Beratungsinstitutionen und Versandhandelsunternehmen sind mit ihren Angeboten im Internet vertreten.

Renée Schauecker und Lukas Hauser bieten in ihrem Buch einen Überblick nicht nur für Lesben und Schwule: Queer Connections - Lesben und Schwule im Datennetz (aaO). Das Internet ist daher nicht nur eine übergroße Informationsquelle: In Zukunft wird die Nutzung des Internets durch Lesben und Schwule nicht nur von der Bereitstellung von Informationen abhängen, sondern auch von der Verbesserung der Dialogfunktionen des Internets: Chatten, Sprechen, regionale Kleinanzeigen, (besuchbare) Freunde online finden und Kontakte eines schwul-lesbischen Netzwerks besser pflegen können.

Im Verein - Meinen Freund hab´ ich im schwulen Sport-Verein kennengelernt

Fast in jeder Großstadt gibt es sie: *schwul-lesbische Sporttreffs*, mit einem breiten Angebot an Sportarten - da ist meist für jeden etwas dabei. Beim Sporttreff andere Lesben und Schwule kennenzulernen, ist besonders sinnvoll, da man sich hier regelmäßig trifft und sich so möglicherweise einem netten Freund langsam nähern kann, so daß man sich schließlich so gut kennt, um zu sagen: "Wir unternehmen nicht nur schon seit einiger Zeit auch außerhalb des Sporttreffs etwas, sondern wir wollen auch eine Beziehung starten." Andererseits findet man beim Sport einen körperlichen Ausgleich sowie eine Gruppe Gleichgesinnter, in der man sich aufgehoben und weniger einsam fühlt, falls man den Beziehungspartner noch nicht gefunden hat.

Das Klischee, Schwule oder Lesben hätten mit Sport wenig am Hut - zumindest keinen Fußball - ist brüchig und widerlegt. Manche haben allerdings zuerst eine Hemmschwelle zu überwinden, bis sie sich in der Gruppe wohl fühlen: Wie ist das, wenn anschließend "gemeinsam" geduscht wird? (Natürlich duscht sich jeder selbst). Ist in der Gruppe nicht jemand, der mich ablehnt, oder den ich ablehne, weil er auf eine Art und Weise sein Schwulsein ausdrückt, mit dem ich mich nicht identifizieren kann? Ja natürlich: es gibt in jeder Gruppe Menschen, mit denen man weniger zurechtkommt, aber es gibt auch einen Großteil der Gruppe, in dem man tolle Freunde gefunden hat. Die Ängste, sich einer schwul-lesbischen Clique anzuschließen, sind unbegründet und verfliegen, wenn man sich selbst angenommen hat, so daß der Sport eine gute Möglichkeit ist, sich einer Gruppe von zukünftigen Freunden anzuschließen.

Sport ist für jeden Menschen wichtig und fast jeder Mensch kann eine bestimmte Sportart, sei es Badminton, Schwimmen oder einfach die Teilnahme an einem Lauftreff:

Besonders wenn es keine Mannschaft ist, die immer vollzählig sein muß, ist ein lockerer Treff, wie z.b. ein *Lauftreff*, besonders geeignet für Leute, die sich körperlich fit halten wollen und Gleichgesinnten freundschaftlich anschließen möchten. Gemeinsam in einer Sportgruppe gegen andere Sportgruppen zu gewinnen gibt dem einzelnen weiterhin viel Selbstvertrauen, das sich gerade innerhalb einer Gruppe Gleichgesinnter entwickelt. Ebenso kann man auch private Probleme (z.b. mit dem Beziehungspartner) mit dem einen oder anderen Sportkollegen besprechen.

Sporttreffs gibt es nicht in jedem Dorf, aber die nächste regionale Stadt hat bestimmt eine Info-Telefonnummer oder Webseite, unter der man sich über das regionale Sportangebot für Lesben und Schwule informieren kann. Viele schwul-lesbische Sportvereine treffen sich daher besonders am Samstagnachmittag oder am Sonntagnachmittag, so daß diejenigen, die von weiter auswärts kommen, gut Zeit haben, sich 'ne Stunde ins Auto zu setzen, um "anzureisen".

Lesbisch-Schwule Sportvereine könnten also kommunalpolitisch auch viel mehr unterstützt werden, da sie neben den Kommunikationszentren für Lesben und Schwule eine besonders geeignete Form sind, sich gegenseitig kennenzulernen.

Aber neben der kommunalen Anerkennung der Sportinitiativen muß auch von den Vereinen selbst eine stärkere Institutionalisierung erfolgen: Überregionale Wettkämpfe wollen organisiert werden, der Eintrag als anerkannter Verein muß geregelt werden, die Sportarbeit wird in Verbänden vernetzt. Schließlich muß auch eine Mitgliederstrategie entworfen werden (z.B. durch Öffentlichkeitsarbeit), wie andere Schwule und Lesben über die Sportinitiativen überhaupt ersteinmal informiert, an sie ohne Hemmschwelle herangeführt werden und sich beteiligen können.

Viele Lesben und Schwule wissen meist gar nicht, daß es eine ausgeprägte schwul-lesbische Sportkultur gibt.

Unter dem Aspekt des Kennenlernens sind die Sportgruppen also besonders geeignet, wahrscheinlich sogar besser geeignet als eine schwul-lesbische Party, um jemanden kennenzulernen, da man sich regelmäßig sieht, die Freundschaftsbildung durch diese *"strukturelle Klammer" der Gruppe* stabilisiert und gefördert wird und durch die *Macht der Gewohnheit* vieles auf den zweiten Blick liebenswert erscheint, was man auf den ersten Blick nicht erkennen konnte.

Josef aus einer Sportgruppe erzählt: "So habe ich meinen Freund bei einem Lauftreff, der jeden Sonntagnachmittag stattfindet, kennengelernt. Er schaute, ich schaute und wir kamen in der Halle ins Gespräch, so daß uns unsere lesbische Trainerin und Übungsleiterin schon fast ermahnte, wir sollten zuhören, damit sie eine Stretching-Übung erklären könne. Seitdem bin ich regelmäßig zum Lauftreff gegangen, nur um Dietmar wiederzusehen. Wir verabredeten uns dann auch mal für ein Abendessen oder einen Kinobesuch und lernten uns so langsam kennen. Nun sind wir schon sieben Jahre miteinander "verheiratet" und - wenn wir nicht schon unsere Eltern und Schwiegereltern zum Kaffee eingeladen haben - fahren wir noch immer regelmäßig sonntags zum Sport-Lauf-Treff für Lesben und Schwule, um uns fit zu halten und den Anfängen unseres Kennenlernens zu gedenken, als wir uns dort das erste Mal trafen... ."

Eine Übersicht mit schwulen und lesbischen Sportvereinen finden sich häufig auf den Websites der Beratungsstellen.

Bars für Lesben, Schwule und Transgender

Für Lesben, Schwule und Transgender, die sich gleichgeschlechtlich orientierten Freunden anschließen möchten, ist es wichtig, zu wissen, wo es lesbisch-schwule Kneipen und Kommunikationszentren in der Stadt oder Region gibt, wo man gleichgesinnte Leute treffen kann: sei es in der Kneipe oder Disko, bei Veranstaltungsabenden, Diskussionsforen, Workshops etc. Für viele Städte und Regionen gibt es Kneipenführer, in denen Kneipen- und Kommunikationszentren usw. verzeichnet sind. Hier kann jeder nachschlagen, wo er eine schwul-lesbische Kneipe besuchen kann. Diese unterscheiden sich meist nicht von einer sonst üblichen Kneipe oder Diskothek. Wer das erstemal dorthin geht, wird sicherlich seine/n beste/n Freund/in mitnehmen oder jemanden, den er online kennengelernt hat - oder warum nicht auch seine bisherige Hetero-Clique mitnehmen, denn im Kreise seiner Freunde ist eine Abendgestaltung immer interessanter, als alleine auszugehen.

Einige Cityführer sind in jeder üblichen Buchhandlung bestellbar oder sie sind in gut sortierten Buchhandlungen auch im Präsenzbestand vorhanden. Die meisten Buchhandlungen haben ja nicht nur ein Regal mit Frauenliteratur, sondern im Zuge der Gleichberechtigung der Männer und Emanzipation der Schwulen oft auch schon ein Regal mit Männerliteratur bzw. mit schwuler Literatur. Daß sich diese verkaufen läßt, haben die Buchhandlungen seit den Comics von Ralf König begriffen, so daß schwule Literatur zunehmend auch in konventionellen Buchhandlungen im Präsenzbestand vorhanden ist, ja sogar die gleichgeschlechtlichen Freundespaare als Marketinggruppe des Buchhandels entdeckt sind.

Darüberhinaus gibt es aber auch ausdrücklich lesbisch-schwule Buchläden, die einen großen Schwerpunkt ihres Bestandes zu Themen von gleichgeschlechtlichen Lebensgemeinschaften bereithalten. Frauenbuchläden weisen heute jugendliche Schwule nicht mehr (wie noch in den 1970er Jahren vereinzelt geschehen) zurück. Wer ein Buch also nicht online, oder in der regulären Buchhandlung um die Ecke oft mit Wartezeit bestellen möchte, kann es hier neben anderen z.T. kostenlosen Informationen direkt mitnehmen.

So sind hier auch die Stadtführer für schwul-lesbische Kneipen und Café´s erhältlich. Darüberhinaus gibt es regionale Stadtmagazine und Veranstaltungskalender mit Hinweisen darauf, wann und wo z.B. eine schwul-lesbische Party mal wieder stattfindet. Immer mehr arbeiten Lesben mit Schwulen zusammen und bieten eine gemeinsame Party für ein gemischtes Publikum von Lesben und Schwule an (wie sie z.B. unter dem Motto "Romeo und Julia" oder

"Doppelherz" stattfinden). Aber auch reine Lesbenpartys sind zugänglich für Männer, die sich am Eingang als schwul - am besten mit dem Lebensgefährten - vorstellen.

Die Trennung von Lesben- und Schwulenarbeit ist wenig sinnvoll, hier könnte vielmehr zusammengearbeitet werden: d.h. z.B. Öffnung der Lesbenparties (wenn nicht für einzelne heterosexuelle Männer, dann doch für schwule Paare); denn viele Schwule könnten gerade in lesbischen Freundinnen ein wertvolles Netzwerk und gute Freundinnen (z.B. auch für Wohngemeinschaften) finden, ebenso die verbandsübergreifende Arbeit in Arbeitsgruppen profitiert von einer lesbisch-schwulen Kooperation, die nicht selten aus privaten, freundschaftlichen Beziehung entsteht: Auch in der Bildung können lesbische und schwule Gemeinschaften besonders Hand in Hand arbeiten. Ebenso bei staatlichen Themen, kirchlichen Hochzeiten und der Familienpolitik bestehen gemeinsame Interessen - daher sollten beide Gruppen den Kontakt untereinander viel stärker fördern.

Kommunikationszentren haben daher begonnen, nicht getrennte Arbeitsgruppen für Schwule und Lesben zu bilden. Und: Schwulenpartys öffnen sich auch für heterosexuelle Zuschauer. Die Organisatoren von Lesbenpartys lassen Männer auch herein, wenn sie schwul sind. Ob Partys mit einem schwulen und lesbischen Publikum immer noch das Format der Zukunft sind, wird die kommende Zeit zeigen, da die Generationen X, Y und Z sehr oft ausschließlich individuelles Online-Dating wählen.

Jedes Lokal hat meistens Stammgäste, ein bestimmtes Ambiente und auch ein entsprechendes Publikum, was einem zusagen kann oder nicht. Man sollte daher verschiedene Lokale besuchen, um zu wissen, wo man demnächst wieder Mal so hingehen will: Andere Kneipen sind unterschiedlich aufgemacht und gefallen einem entweder von der Einrichtung oder dem "Publikum" besser, welches dorthin geht.

Als Publikum wird dabei nach Gerhard Schulzes Theorie der Szene jede Personengruppe bezeichnet, das durch den gleichzeitigen Konsum eines bestimmten *Erlebnisangebots* abgegrenzt ist. Die Besucher einer Diskothek sind nicht nur einfach Diskothekenpublikum, sondern gleichzeitig Konsumenten von

Kleidung, Schmuck, Musik, Autos, Zigaretten, Getränken, Möbeln, Frisuren und anderem. Darauf bezieht sich der Begriff der Szene. Eine Szene ist ein Netzwerk von Publika, das aus drei Arten der Ähnlichkeit entsteht: partielle Identität von Personen, von Orten und von Inhalten.

Ein Beispiel: Das Kirchenkonzert als ästhetisches Zeichen wird durch Schweigen schon beim Betreten der Kirche, durch gemessene Bewegungen, ernsten Gesichtsausdruck und versunkene Haltung während der Darbietung dem Bezirk hochkultureller Kontemplation zugeordnet; das Rockkonzert wird durch Händeklatschen über dem Kopf, Abbrennen von Wunderkerzen und delirierenden Gesichtsausdruck zum Element des Spannungsschemas mit seinen oben beschriebenen Bedeutungsmustern erklärt. Fehlzuordnungen, etwa rockkonzertmäßiges Verhalten im Kirchenschiff, wirken peinlich und werden sofort unterdrückt (aaO:463).

Die Erfahrung des Publikums, zu dem man gerade gehört, wird dabei erst durch die Verbindung mit *anderen Publikumserfahrungen* soziologisch bedeutsam: Das ständige Zusammenströmen und Auseinanderlaufen der Menschen bliebe sozial folgenlos, wenn das Entstehen und Zerfallen von Publika nicht in übergreifenden Strukturen eingebettet wäre. Die Szene als Ghetto ist soziologisch uninteressant (weil redundant), interessant für sozialpsychologische Fragen wird es erst, wenn das Publikum einer Szene in einer anderen Szene auftaucht: wie z.B. das schwule Paar, daß in der Kirche heiraten will oder der Ledermann, der im Kostümchen am Arbeitsplatz in der Bank erscheint.

In diesem Zusammenhang stellt sich auch die Frage nach der persönlichen Identität. Wenn Identität ein "mit-sich-selbig-sein" in verschiedenen Situationen und Zeiten (Aspekt der Kontinuität) bedeutet, welche Auswirkungen hat das dann, wenn man z.B. auf eine Party geht und sich anders gibt, als es der Fall ist, wenn man zur Arbeit geht? Welche Bedeutung hat das dann für eine kontinuierliche Identität? Sollte man sich auf der Arbeit so verhalten - z.B. kleiden - wie man sich auf einer Diskoparty zurechtmacht bzw. gibt, um eine einheitliche Identität zu repräsentieren? Führt die Szene durch Anpassungsmechanismen dazu, Identitäten zu konstruieren, die in anderen Situationen nicht durchgängig verwendbar sind, so daß "Fehlzuordnungen" geschaffen werden, die kognitive Denkprozesse auslösen, die als dissonant, unbefriedigend, sinnlos oder als Doppelleben erlebt werden? Sind rollentheoretische Überlegungen für die Identitätskonstruktion sinnvoll? Welchen Einfluß haben Szenen auf die persönliche Identität als integratives Konstrukt?

Eine Szene hat daher ihr Stammpublikum, ihre festen Lokalitäten und ihr typisches Erlebnisangebot, das sich von Alltagssituationen z.B. des Arbeitsalltags grundlegend unterscheiden kann. Wenn umgangssprachlich etwa von "Discoszene", "Kneipenszene", "Kulturszene" oder auch nur "der Szene" die Rede ist, so ist in der Regel ein sozialer Sachverhalt gemeint, der besonders unter den oben definierten Begriff fällt.

Im Vergleich zum Fernsehen, dem am besten erforschten Bereich des Erlebnismarktes, steht die soziologische Analyse der schwul-lesbischen Szenen auf dem kommunalen Erlebnismarkt noch am Anfang. Lediglich einzelne Analysen von der *Kommunikationszentren- und Kulturladenszenen** sowie der *Kneipenszene** liegen vor. Es existiert aber bisher keine umfassende empirische Analyse von Szenen.

* *Kulturladenszene:* Wie eine Verheißung tauchte die Idee stadtteilbezogener Kommunikationszentren in der kulturpolitischen Diskussion der siebziger Jahre auf. Sie war eng verbunden mit der Alternativbewegung, die damals in Fahrt kam: alltagsbezogen, basisorientiert, bourgeoisie-skeptisch. Es ging um die Mobilisierung der kreativen Fähigkeiten des einzelnen, kulturhistorisch um die "Wiedergewinnung des Ästhetischen", sozialpolitisch um das klientennahe Angebot von Lebenshilfen, therapeutisch um die Überwindung sozialer Isolation, milieupolitisch um den Aufbau überschaubarer lokaler Öffentlichkeiten.

* *Kneipenszenen:* Im Netzwerk typischer Übergänge zwischen den einzelnen Szenen erscheint die Kneipenszene wie eine Umverteilungsinstanz. Die besondere Dynamik, mit der sich gerade die allgemeine Kneipenszene deutscher Großstädte in den letzten Jahrzehnten entwickelt hat, ist eine der vielen Erscheinungsformen der Ästhetisierung des Alltagslebens: durch Getränke, Speisen, Einrichtungen, Hintergrundmusik, Kleidung, Kommunikationsstile (vgl. aaO:483).

Theorie der (Online?) Szene

Woran soll sich die Beschreibung von Szenen orientieren?

(1) In erster Annäherung läßt sich eine Szene zunächst durch ihre Extension darstellen: die Gesamtheit der erlebnisanbietenden Einrichtungen, aus denen sich die Szene zusammensetzt.

(2) Als Ganzes weist dieses Ensemble einen bestimmten Grad von Kohärenz auf, der zwischen den beiden Extremen totaler Besucherfluktuation und völliger Konstanz eines bestimmten Besucherstammes variiert.

(3) Der Zusammenhang zwischen verschiedenen Szenen wird durch den Begriff der Affinität erfaßt. Die Affinität zwischen zwei Szenen ist umso größer, je wahrscheinlicher die Fluktuation von Personen zwischen den beiden Szenen ist.

(4) Reichweite ist definiert als der mit einer Szene in Kontakt stehende Anteil einer abgegrenzten Population.

(5) Das Konzept der Atmosphäre bezeichnet die in der Szene dominierenden Verhaltensstile, vor allem die manifesten Formen des Erlebens.

(6) Mit dem Begriff der Selektivität einer Szene ist die Gesamtheit der Personengruppen gemeint, für die der Besuch der Szene überzufällig wahrscheinlich ist: etwa Bewohner eines bestimmten Stadtteils, Angehörige eines bestimmten sozialen Milieus, Menschen mit einer bestimmten Persönlichkeitsstruktur usw..

(7) Davon zu unterscheiden ist der Begriff der Publikumszusammensetzung, der die relative Verteilung bestimmter Teilgruppen der Bevölkerung bei den Besuchern selbst zum Ausdruck bringt: Welcher Anteil der Besucher kommt aus Stadtteil X, gehört Milieu Y an, weist Persönlichkeitsstruktur Z auf? Quelle: Schulze 1993:469

Gerade in der Vielfalt der Kneipenszene dokumentiert sich die Vorherrschaft des *Selbstverwirklichungsmilieus*. Das Heruntergekommene konkurriert mit dem Aufpolierten, das Nostalgische mit dem Nüchternen, der Alternative mit dem Yuppie, Nonchalance mit stilistischer Intoleranz, laut mit leise, homo mit hetero, Massenauftrieb mit Intimität. Kneipen, Cafés und Diskotheken, Nachtlokale, Restaurants, all die Schauplätze scheinbar nebensächlicher Kommunikation, unverbindlicher Begegnungen und entbehrlichen Konsums, sind in Wahrheit ein wichtiger Schauplatz gesellschaftlicher Begegnung.

Im Small talk, im Seitenblick, im Kommen und Gehen werden *kollektive Muster von Subjektivität* ausgetauscht, stabilisiert, verändert, gelöscht oder neu erfunden. Hier zelebriert eine soziale Gruppe, deren Credo *Individualität* ist, ihre stilistischen Schattierungen (vgl. aaO:487f). Recht beliebt und gut besucht in der schwul-lesbischen Szene sind Kneipen und Tanzveranstaltungen. Sie unterscheiden sich grundsätzlich weder äußerlich noch innerlich von Café's und Discos im heterosexuellen Ambiente. Außer vielleicht, daß manchmal Bilder oder Statuen von athletischen Jünglingen darauf hinweisen, um was es hier geht.

Das erste Mal auf einer schwul-lesbischen (Disko-)Party

Wenn man dann seine Schwellenangst überwunden hat und hineingeht, fällt einem wohl in erster Linie auf, daß die Kundschaft bei rein schwulen Parties fast ausschließlich männlich ist. Und die Männer tun mal grundsätzlich das, was man in Bars eben tut: an der Theke sitzen oder rumstehen und an einem Bier oder einem idiotisch teuren Drink nippen. Dasselbe gilt auch für Discos, außer, daß dort eben noch laute Musik hinzukommt, und man die Möglichkeit hat, zu tanzen. Nach einer Weile wird man leicht feststellen können, daß die meisten nicht bloß zum Biertrinken oder Tanzen in ein schwules Lokal gehen. Man(n) hofft natürlich, den interessanten, schönen und attraktiven Mann kennenzulernen.

Und da gibt's eben das gewußt wie: Wenn man jung ist und zum ersten Mal in ein Lokal kommt, wird man mit den Tricks und Methoden des Aufreißens sehr bald in Berührung kommen. Ebenso mit den wahren Hintergedanken solcher Vorstöße. Die einen interessieren sich nämlich überhaupt nicht für die Persönlichkeit, sondern begehren nur den Körper. Sprich: Sie suchen jemanden fürs Bett. Vielleicht sagen sie das direkt und sind auch nicht beleidigt, wenn abgelehnt wird, oder sie quatschen stundenlang darum herum. Andere sind imstande, jemanden die ganze Nacht mit gierigen Augen zu mustern, ohne dabei ein Wort zu sagen. Vielleicht sind sie dazu zu scheu oder zu stolz.

Bevor man jedoch völlig enttäuscht die Diskothek wieder verläßt oder sich hinter einer undurchdringlichen Fassade von Arroganz versteckt (was neben Zynismus übrigens eine vielbeobachtete Reaktion von Jugendlichen in der Szene gegenüber gewissen Typen sein kann), sei jedoch gesagt, daß es nicht nur "Erlebnissucher" gibt. Tatsächlich bewegen sich auch Männer in Bars und Discos, die wirklich interessant sind und Niveau haben. Da sie sich meist auch entsprechend benehmen, wirken sie oft eher unauffällig. Mit ihnen kann die gleichgeschlechtliche Lebensgemeinschaft gelingen.

In der Szene ist nicht der anerkannt, der potentiell viele abschleppen könnte, sondern der, der eine verantwortungsbewußte und dauerhafte Beziehung zu einem Freund führen kann. Wenn einem nun jemand wirklich sympathisch ist, darf man ihn also selbstverständlich auch ansprechen, um ihn kennenzulernen, ob er zu einer Beziehung fähig ist und diese ebenfalls will, ob gleiche Hobbies und Interessen vorhanden sind etc.. Auf diese Art ergeben sich manchmal interessante Gespräche, sofern man nach Anschrift und Telefonnummer fragt auch eine bleibende Beziehung und vielleicht nach einigen gemeinsamen Freizeitunternehmungen ... die große Liebe.

Falls man hin und wieder am gleichen Ort einkehrt, trifft man auch immer wieder die gleichen Leute an. So lernt man auch über Freunde, die man bereits kennt, wieder deren Bekannten kennen, so daß man sich auch jemandem "vorstellen" lassen kann: Jemanden über einen Dritten kennenzulernen ist ratsam, wenn man schüchtern ist und den tollen Typen nicht selbst ansprechen will. Das *Kennenlernen über Dritte* hat jedoch den Haken, daß, wenn eine Beziehung scheitert, man auch den Freundeskreis des Freundes verlieren kann oder man diesen gar gegen sich gerichtet hat.

Man sollte daher auch immer (auch während der Beziehung) einen *eigenen* Freundeskreis haben oder sich einen "Reserve-Freundeskreis" aufbauen, mit dem man auch dann auf eine schwul-lesbische Party gehen kann, wenn der Freundeskreis des Ex-Freundes nach der Trennung nicht mehr so freundlich ist und zum Exfreund hält. Nichts ist unangenehmer, als nach einer gescheiterten Beziehung wieder allein auf eine schwul-lesbische Party gehen zu müssen oder online wieder von vorne anzufangen: Aus Angst, von den anderen (aus Genugtuung über ihren Neid auf die schöne Beziehung) verlacht oder intrigiert zu werden, kann man schlimmstenfalls das eigene Schwulsein in Frage stellen oder die schwul-lesbische Kneipenkultur meiden.

Ein Stammpublikum, Exfreunde oder den Freundeskreis des Exfreundes auf einer Party zu treffen kann also unter Umständen lästig sein, es entsteht aber in der Regel mit der Zeit auch das Gefühl, daß man sich in einer vertrauten Umgebung bewegt, und das kann auch vieles erleichtern. Man muß nur lernen, wie man reif damit umzugehen hat. Auf Parties, die gemeinsam von Lesben und Schwulen veranstaltet und besucht werden, ist, wie berichtet wird, die kommunikative Atmosphäre noch wesentlich positiver: Schwule finden in Lesben - und umgekehrt - einen wichtigen Halt.

Es gibt auch weniger eindeutige Etablissements, wie zum Beispiel Cafés. Zumeist sind diese mit Marmor, Spiegelglas und Kronleuchtern versehen und sollen einen lockeren *Savoir-Vivre*-Stil vermitteln. Interessant an den Cafés sind vor allem die verschiedenen Personengruppen, die hier einkehren. Man kann immer und überall etwa drei Hauptgruppen unterscheiden:

Da sind natürlich mal *schwule Männer und lesbische Frauen*, die hierherkommen, weil sie sich hier in einer Atmosphäre, wo auch durchaus jemand angesprochen werden kann, wohl fühlen. Zwar sind große Schmuseaktionen unter Männern seltener, doch stört es niemanden, wenn einmal dem Verlangen nach Zärtlichkeit nachgegeben wird... .

Die zweite Gruppe der Besucher ist *grundsätzlich* hetero, das heißt, man weiß das nicht so genau, und es spielt auch keine Rolle: Es sind vielfach *Künstlertypen*, kreative Naturen halt, meistens sind sie erkennbar an ausgefallenen, wenn auch bewußt ausgewählten Kleidungsstilen. Sie kommen in erster Linie wegen der *Ambiance* in die Cafés und tragen selber wiederum stark zu dieser Ambiance bei. *En vogue* ist, was Stil hat.

Die dritte Gruppe schließlich sind *zufällige Passanten*, die einfach so hereinschneien, um sich bei Kaffee und Kuchen zu entspannen oder Ansichtskarten zu schreiben. Sie ahnen meistens nicht einmal, daß ihr auserkorenes Lokal irgendwie speziell sein könnte, oder sie können zumindest nicht sagen, wieso.

Durch die gute *Durchmischung von Leuten aller Kategorien* und die dadurch entstehende Unverbindlichkeit sind schwul-lesbische *Cafés* ein guter Ort, um seine ersten Gehversuche in der Kneipenkultur zu machen. Nicht zuletzt ist es hier auch besser möglich, mit interessanten Leuten in nicht minder interessante Gespräche verwickelt zu werden, weil sich die Lautstärke der musikalischen Untermalung in erträglichen Grenzen hält.

Es gibt aber auch noch viel anderes: Wie beschrieben zum Beispiel spezielle Partnerschaftsagenturen für Schwule, Reisebüros, Reiseführer, Buchläden, Shops aller Art, und an den meisten größeren Kiosken finden sich auch schwule Zeitschriften und Magazine. Außerdem werden eine ganze Reihe kultureller Veranstaltungen von Schwulen und Lesben gemeinsam organisiert: Seien das nun Ausstellungen, Theater, Konzerte, Lesungen oder was immer. Und wenn man das Kino- und Fernsehprogramm aufmerksam durchblättert, findet sich auch immer mal wieder ein Film oder eine Diskussion mit schwul-lesbischen Thematiken über gleichgeschlechtliche Lebensgemeinschaften.

Frauen und Männer, die sich nicht nur ihrem eigenen Vergnügen widmen und dazu beitragen wollen, daß das Leben von Schwulen, Lesben und gleichgeschlechtlichen Lebensgemeinschaften im Alltag besser und einfacher wird, organisieren sich in Gruppen verschiedenster Art: Politgruppen, die auf politischer Ebene Anträge einbringen bzw. sich für oder gegen gewisse Gesetze stark machen; Studentengruppen, die an den Universitäten für Anliegen von gleichgeschlechtlichen Lebensgemeinschaften plädieren und versuchen, deren Thematisierung und wissenschaftliche Erforschung im Lehrplan stärker auszudehnen. Studentengruppen, die Coming-Out-Unterstützung bieten, und helfen wollen, sich im schwul-lesbischen Leben zurecht zu finden.

Alle diese Gruppen leisten auch *Öffentlichkeitsarbeit* unter anderem durch Informationsstände auf Stadtfesten oder samstags in der Fußgängerzone, durch das Verteilen von Prospekten oder durch das Organisieren von Demonstrationen, um die allgemeine

Bevölkerung ein wenig aufzuklären und zu sensibilisieren für eine breite Akzeptanz in der Gesellschaft. Es gibt auch Gruppen, die sich mehr aus Geselligkeit und aus Begeisterung für ein bestimmtes Thema zusammentun, wie die schwulen Manager, Ärzte, Religionslehrer, Sportler, Pädagogen, ältere Schwule etc., wobei auch hier oft der Erfahrungsaustausch und die gemeinsame engagierte Arbeit für Lesben, Schwule und gleichgeschlechtliche Lebensgemeinschaften mithineinspielt.

> *"Wir sind überall!"*
> Die Prinzen, Popgruppe

Dieses ist soweit eine Beschreibung von Orten und Möglichkeiten, wo und wie Lesben und Schwule sich treffen und wie sie das Bedürfnis nach Gemeinsamkeit ausleben. Thomas Trachsel gibt allgemein die Orientierung, sich daran zu beteiligen, was den eigenen Vorstellungen entspricht, denn Schwulsein ist das, was man selbst daraus macht: "Der Ball ist eigentlich bei Dir. Bestimme selbst, in welcher Art Du Dich woran beteiligen willst!" (aaO).

Informationsteil 5
Aufbau eines lesbisch-schwulen Netzwerkes

Bücher zum weiterlesen:

CALIFIA, PAT: Das schwule 1 x 1 - Tips & Tricks für alle Lebenslagen, Berlin 1994

✉CHMIELORZ, MARKUS: Schritt für Schritt - Ein Coming-Out-Handbuch für Begleiter, Hamburg 1993

✉HAGEMANN, STEFAN: Alles über schwule Kontaktanzeigen, Frankfurt am Main 1996

HAMM, PATRICK / HAKERT, ULMANN-MATTHIAS (HG): Bewegte Männer - Das schwule Buch zum Sport, 1995

KAMINSKI, RALF / TRACHSEL, THOMAS U.A.: Eigentlich logisch: schwul! - Eine Coming-Out-Broschüre für junge Schwule, Initiative Schwule Jugend Schweiz, Zürich 1992, ISBN 3-905035-02-2

LOULAN JOANN, NICHOLS (HG): Lesben, Liebe, Leidenschaft, o.O. 1992

NEUMANN, BABY: Das erste Mal - Schöne Neue Schwule Welt, Berlin 1993

PALZKILL, BIRGIT: Zwischen Turnschuh und Stöckelschuh - Die Entwicklung lesbischer Identität im Sport, 1990

REURTHMANNS, JÜRGEN: Nie mehr einsam - So finden Singles den richtigen Partner, Bergisch Gladbach 1994

✉STADTFÜHRER / SCHMEDING, PETER (HG): Gay German Guide - Der schwule Kneipenführer, Pink Rose Press, Hamburg 1995 (ISBN 3-927307-06-3)

⊠SCHAUECKER, RENÉE / HAUSER, LUKAS: Queerverbindungen - Schwule und Lesben im Datennetz, mit CD-Rom, die eine Startseite mit vielen Internet-Adressen enthält: ein erstes Standardwerk, Berlin 1996

SCHULZE, GERHARD: Die Erlebnisgesellschaft: Theorie der Szene, Frankfurt am Main 1993, S. 455ff

SCHWARZE, ACHIM: Mit Erfolg Kontaktanzeigen, Frankfurt am Main 1995

STEINMANN, BARBARA: Lesbische Sportlehrerin, 1997

⊠WEST, CELESTE: Lesben-Knigge - Ein Ratgeber für alle Liebeslagen: Wie Frau eine Beziehung anfängt, aufbaut, fortführt und notfalls wieder beenden kann, Frankfurt am Main 1992

WINIARSKI, ROLF: Traumprinz gesucht - Wie Mann an den Mann kommt, Berlin 1994

ZEMANN, ROLF: Selbstbewusst schwul - Perspektiven eines selbstbestimmten Lebens als Homosexueller: Eine qualitative Studie über sechs Lebensläufe schwuler Männer, München 1991

Weiterhin verwendete Literatur:
siehe Anhang.

Didaktische Fragestellungen 5:

a) Auf welche Weisen können sich Schwule kennenlernen? Erzählen sie ein konkretes Beispiel, wie sich mal ein Paar kennengelernt hat.

b) Was muß man beachten, wenn man eine Online-Dating-App installieren will?

c) Welche Möglichkeiten, Gleichgesinnte kennenzulernen, wären für sie die Richtigen?

d) In welchen Vereinen sind Sie? Können Sie sich vorstellen, regelmäßig an einem schwul-lesbischen Verein teilzunehmen und mitzuwirken?

e) Benennen Sie den Namen und Telefonnummer des Gruppenleiters der Coming-Out-Gruppe in Ihrer Stadt. Können Sie sich vorstellen, ihn einmal unverbindlich nach einen Beratungsgespäch zu befragen?

f) In welchen Bereichen könnten Sie sich als Eltern vorstellen, in der schwul-lesbischen Bewegung mitzuwirken? Haben Sie als Eltern schoneinmal darüber nachgedacht, eine Therapie zu machen, um Scham- oder Stigmatisierungsgefühle in den Griff zu bekommen, die sich einstellen würden, wenn Sie einen Aufklärungsstand in ihrer Innenstadt organisieren sollten?

g) Was ist der Vorteil beim Online-Dating gegenüber einem Diskothekenbesuch?

h) Schreiben Sie Gesprächsanfänge nieder, wie man jemanden in einer lauten Diskothek ansprechen könnte..?

i) Wann haben Sie zuletzt den Freund angerufen, der Ihnen beim Umgang mit dem Computer etwas helfen kann?

j) Wenn Sie auf eine schwul-lesbische Party gehen, glauben Sie, Sie als Gast verhalten sich ähnlich wie alle dort Anwesenden?

Kapitel 6

6. Erstes Gebot: "Handle so, daß Du zärtlich bist!"
Über Freundschaft, Liebe, Beziehung und Intimität

Handbuch `Engagierte Zärtlichkeit´

Sich gegenseitig vertraut machen -
Annäherung zwischen dem Kleinen Prinzen und dem Fuchs

Über den Umgang mit Liebe und Selbstbewußtsein

Tausendmal berührt, tausendmal ist nichts passiert

Intime Kommunikation: Laß uns miteinander reden -
Liebe auf den zweiten Blick

In Zeiten, wo die Liebe nicht mehr sicher ist, kann Vertrauen tödlich sein:
Der Schutz durch das Kondom ist unverzichtbar!

Die Folgen enttäuschter Liebe

Treue als Wert in schwulen Paarbeziehungen

Gleichgeschlechtliche Ehen sind wie die heterosexuelle Ehe
oft auf Dauer angelegt

Informationsteil

Sich gegenseitig vertraut machen - Annäherung zwischen dem Kleinen Prinzen und dem Fuchs

Antoine de Saint-Exupéry beschreibt in der Erzählung vom *Kleinen Prinzen* und seiner Begegnung mit dem Fuchs, wie man sich den Anderen, noch Unbekannten "zum Freund machen" kann, wie man sich gegenseitig *"zähmt"* und *"vertraut"* wird. Es ist ein *Handlungsmodell* dafür, wie sich zwei Unbekannte einander nähern können: indem man sich viel Zeit läßt, sich nach und nach - Schritt für Schritt - kennenzulernen.

Die *Macht der Gewohnheit* schafft Freunde. Für zwei gleichgeschlechtlich orientierte Menschen, die sich auf einer schwul-lesbischen Party kennengelernt haben und die Anschriften tauschen ist es ebenso ein *Modell des Kennenlernens* wie für zwei, die sich über eine Freundschaftsanzeige eines Online-Portals kennenlernen: Man muß sich immer wieder gegenseitig anrufen und auch für Unternehmungen treffen. Die Begegnung des Kleinen Prinzen mit dem Fuchs ist in diesem Zusammenhang unerläßlich und soll daher im Folgenden kurz erläutert werden:

„Der kleine Prinz kam zu einem Rosengarten und er war unglücklich: Seine Blume hatte ihm erzählt, sie sei auf der ganzen Welt einzigartig in ihrer Art. Und siehe da, da waren fünftausend davon. Er warf sich ins Gras und weinte. In diesem Augenblick erschien der Fuchs, und der kleine Prinz bat ihn darum, mit ihm zu *spielen*. Der Fuchs aber antwortete, er können nicht mit ihm spielen, weil er noch nicht *gezähmt* sei. Was *zähmen* bedeute, wollte der kleine Prinz wissen. Der Fuchs antwortet: "Zähmen, das ist eine in Vergessenheit geratene Sache. Es bedeutet, *sich vertraut machen*. (..) Und dann schau! Du siehst da drüben die Weizenfelder? Ich esse kein Brot. Für mich ist der Weizen zwecklos. Die Weizenfelder erinnern mich an nichts. Und das ist traurig. Aber du hast weizenblondes Haar. Oh, es wird wunderbar sein, wenn du mich einmal gezähmt hast. Das Gold der Weizenfelder wird mich an dich erinnern. Und ich werde das Rauschen des Windes im Getreide liebgewinnen. Bitte zähme mich!" (Saint-Exupéry 1956:52f).

Der kleine Prinz antwortet, daß er dies gerne möchte, aber nicht viel Zeit habe: er müsse Freunde finden und viele Dinge kennenlernen, woraufhin der Fuchs ihm erwidert, daß man nur die Dinge kennenlerne, die man zähme, für die man Zeit geopfert habe, sie kennenzulernen. Wenn man einen Freund wolle, so müsse man ihn mit viel Zeit zähmen.

So machte dann der kleine Prinz sich mit dem Fuchs vertraut, indem er sehr geduldig war: er setzte sich zuerst ein wenig abseits von ihm ins Gras, sah ihn verstohlen, so aus den Augenwinkeln an und sagte noch nichts. Aber jedesmal, wenn er ihn traf, konnte er sich ein wenig näher setzen, bis sie Freunde wurden.

Als die Stunde des Abschieds nahte, sagte der Fuchs, er werde weinen. Der kleine Prinz sagte, *er* habe es gewollt, daß er ihn zähme - und nun habe er *nichts* gewonnen. Der Fuchs sagte, er habe die Farbe des Weizens gewonnen. Er fügte hinzu, der kleine Prinz solle sich das Rosenbeet nocheinmal anschauen und er werde begreifen, daß *seine* Rose zuhause einzig in der Welt sei, die Rosen im Rosenbeet seien schön - aber leer, man könne für sie nicht sterben. Denn die Rose des Prinzen sei es, die ihn gezähmt habe. Es sei *seine* Rose.

So kam er zu dem Fuchs zurück und dieser schenkte ihm ein Geheimnis: "Es ist ganz einfach: *Man sieht nur mit dem Herzen gut. das Wesentliche ist für die Augen unsichtbar.* Die Zeit, die du für deine Rose verloren hast, sie macht Deine Rose so wichtig. Die Menschen haben diese Wahrheit vergessen. Aber Du darfst sie nicht vergessen. *Du bist zeitlebens für das verantwortlich, was du dir vertraut gemacht hast.* Du bist für deine Rose verantwortlich ...".

"Ich bin für meine Rose *verantwortlich* ...", wiederholte der kleine Prinz, um es sich zu merken" (zit. n. Saint-Exupéry aaO).

Über den Umgang mit Liebe und Selbstbewußtsein

Gegenseitiges *Vertrauen, Verantwortlichkeit füreinander und Liebe* sind Werte, die von vielen Menschen mit intimer Nähe in Verbindung gebracht werden. Nachdenken über Liebe ermöglicht auch eine Orientierung im Bereich der intimen *Zärtlichkeit.*

Wenn Liebe *konkret* wird, gibt es verschiedene Ansichten, weil sich Menschen in unterschiedlichen Lebenssituationen befinden und unterschiedliche gesellschaftliche und religiöse Orientierungen haben. So haben sich mit der Zeit die Ansichten verändert: Doppelbödige Moral, lieblose Sexualität und egoistische Ausbeutung nehmen gerade junge Menschen heute oft sensibler wahr und beurteilen sie kritischer als das früher teilweise geschah. Liebe ist nämlich nicht unverbindlich, und sexuelle Partnerschaft eine echte Herausforderung.

Ganz allgemein ist es wichtig, daß man einen *eigenen* Standpunkt über das Lesbischsein und Schwulsein findet. Dazu soll hier beigetragen werden, Mut zu machen, über eigene Wünsche, Träume, über Hoffnungen und Befürchtungen nachzudenken, um die Gestaltung seiner sexuellen Orientierung mit einem Menschen leben zu können.

Hier gestellte Fragen und Denkanstöße können dazu eine Hilfe sein. Sie sollen auch zum Gespräch herausfordern unter Freunden und Freundinnen, mit den Eltern, mit denen man über diese Dinge oft besser reden kann, als man zunächst meint. Manchmal brauchen Eltern allerdings eine kleine *Hilfestellung von Seiten ihrer Töchter und Söhne*, weil sie es selbst oft nicht gelernt haben, unbefangen über Themen der gleichgeschlechtlichen Liebe zu reden.

"Muß ich, darf ich, will ich attraktiv sein - und wie wichtig ist dabei das Äußere? - Es ist nicht "egal", wie ich aussehe und wirke." Das Äußere spielt immer eine Rolle im täglichen Miteinander. Die Grübchen im Gesicht, die Farbe der Augen, der Klang der Stimme, die Form der Frisur, die Art, sich zu bewegen, sich zu kleiden - das alles kann wichtig sein, damit "es funkt". Gerade der Anfang einer Freundschaft hat etwas mit allen Sinnen zu tun. *"Schönmachen"* ist nichts Verwerfliches. Es kann ausdrücken, daß ich mich mag, und mir helfen, mich selbst attraktiv zu finden. Wichtig ist, sich selbst als Lesbe oder Schwuler zu akzeptieren.

Vieles kann bewundernswert, erotisch, einfach "stark" auf andere wirken; ebenso aber auch angeberisch, lächerlich oder unbeholfen. Es kann mit dem inneren Lebensgefühl übereinstimmen, wie man sich "ausstattet", oder einfach nur eine Maske sein. Oft steckt der

Wunsch dahinter, äußerlich so zu erscheinen, wie man gerne sein möchte. Oder gerade umgekehrt: Das innere Unbehagen mit einem selbst soll nicht nach außen dringen. Es kann das Bedürfnis sein, wichtigen Freunden zu gefallen, oder einfach auch die *Freude am Ausprobieren (Spielen)* ausdrücken. All das ist in Ordnung und besonders dann wichtig, wenn man sich mit sich selbst und seinen inneren Empfindungen befreunden oder auch, wenn man sich verändern will.

Folgende Schwierigkeiten gibt es dabei natürlich auch:

- Zeitschriften, Werbung, Musik- und Filmwelt setzen *Vorbilder.* Sie laden ein zum Ausprobieren, sind bunt, sinnlich und vielfältig. Sie setzen aber auch Maßstäbe: Attraktiv ist, was jung, frisch, unkompliziert und neu ist. Meist ist es teuer, sich mit den angepriesenen Artikeln auszustatten, und oft halten sie nicht das, was sie versprechen. Auch ohne teure Marken-Kleidung, teure Uhr und schnelles Auto ist man der Liebe wert.

- Wenn man sich verliebt und dabei nur auf die "Verkleidung" hereinfällt, kann es sein, daß die Beziehung nach dem ersten Verknalltsein wieder platzt. Einen Freund bzw. eine Freundin kann man nicht wie einen Artikel aus dem Regal nehmen oder wie einen Star ansehen, der immer in Höchstform ist.

- Wenn man nur an seinem Äußeren herummodelliert oder auf der Beliebtheits-Prestige-Hitparade obenan stehen will, fällt es anderen schwer, etwas Besonderes im Sinne von Individuellem an einem zu entdecken. Man hat dann wenig, was einen von anderen unterscheidet, was aus dem Rahmen fällt und einen vielleicht auch gerade deshalb liebenswert macht (vgl. a. BZgA 1993a:3f).

Es ist hilfreich, grundsätzlich davon auszugehen, daß man *ohne eigenes Dazutun "der Liebe wert" ist".* Aber das Gefühl, liebenswert zu sein, fällt nicht von Himmel. Es hängt von *Erfahrungen* ab, die man bisher in seinem Leben meist nicht gemacht hat. Wenn man sich aber in der Familie, im Freundeskreis und später in der Schule überwiegend so zeigen konnte, wie man war und ist, hat man gelernt, daß man als Person wertvoll ist. Ein Mensch kann durch ungeheuer viele Dinge für andere liebenswert sein:

- durch Eigenschaften wie Hilfsbereitschaft, Mut, Ausdauer, Einfallsreichtum,
- durch sein Auftreten und Äußeres,
- durch Ehrlichkeit und Verläßlichkeit,
- durch Gewitztheit im Umgang mit Autoritäten,
- durch sein offensichtliches "Nicht-auf-die-Reihe-kriegen" von Anspruch, Verstand, Gefühl und Verhalten,

- durch gemeinsam Erlebtes ...
- und auch durch viele Kleinigkeiten: das verschämte Lächeln, das "Sich-daneben-Benehmen" bei Tante Friedas Silberhochzeit und das selbstgebastelte Geburtstagsgeschenk für die Freundin (aaO).

Verschiedene Personen finden Unterschiedliches liebenswert. Das hilft, nicht immer nur auf das zu starren, was man an sich selbst nicht mag. Doch man muß *genau* hinsehen und hinhören, was andere zu einem sagen.

Der *Zustand des Verliebtseins* ist für die meisten Jugendlichen recht einheitlich, auch, wenn er sich bei jeder und bei jedem einzelnen ganz unterschiedlich ausdrückt: "Es ist ein Hochgefühl, das den Alltag zum Sonnentag macht. Es ist ein Gefühl, das mich völlig in Schlag nimmt, mich vor Sehnsucht nach dem geliebten Menschen halb krank macht. Es kann Luftsprünge auslösen, wenn deutlich wird, daß mein Gefühl erwidert wird. Ich bin plötzlich wie verwandelt, ein wenig verrückt. Mein Leben bekommt (plötzlich wieder) neuen Sinn. Ich seh mich und alles um mich herum mit anderen Augen. Meine Haut wird durchlässiger, ich werde empfindsamer, verletzlicher. Zugleich spüre ich viel Energie und Kraft" (aaO). Nicht jede/r spürt dieses *innere Ergriffensein* mit derselben Intensität, nicht alle drücken es deutlich aus, aber fast immer ist es jemanden anzumerken, wenn er/sie verliebt ist. Der Zustand ist toll und gehört zu den *Höhepunkten im Leben.*

Gleichzeitig kann das intensive Gefühl aber auch den *Blick für die Realität* und das, was möglich ist, einengen. Dem Gegenüber wird ein Ideal, ein Wunschbild übergestülpt, das der wirklichen Person mit allen ihren Ecken und Kanten nicht entspricht. Es kann schön sein, in solchen Übertreibungen zu schwelgen. Es kann sich sogar positiv auswirken, wenn in einer Beziehung beide Partner bei sich etwas von dem aktivieren, was der/die jeweils andere an tollen Eigenschaften erwartet. Verliebtsein kann aber auch *blind machen* und zu Handlungen verleiten, die man später bereut.

Übrigens: Es tut auch sehr gut, mal in sich selbst verliebt zu sein. Das ist der Fall, wenn wir ganz toll drauf sind und aus vollem Herzen sagen können: "Was bin ich doch für ein toller schwuler Junge!" oder "Was bin ich doch für ein tolles lesbisches Mädchen!"

Es ist immer wichtig, ab und zu solche Phasen zu erleben und ganz bewußt etwas dafür zu tun, damit das Gefühl voll ausgekostet werden kann. Aber: Weil Verliebtsein bekanntlich auch blind machen kann, lohnt es sich, wieder genau hinzusehen, wie man *auch* ist. Man kann an sich arbeiten, sich selbst erziehen. Das gilt nicht nur für das Äußere, sondern auch für die eigenen *Werte, Einstellungen und Gefühle*.

Wie die *Liebe* erfahren werden kann, was Liebe ist, kann weniger genau beschrieben werden als das, was die meisten Menschen unter *Verliebtheit* verstehen (vgl. aaO).

Es gibt keine Liste von Merkmalen, die für alle gilt und die nur abgehakt werden muß, um eine bestimmte Beziehung mit dem Begriff *"Liebe"* zu bezeichnen. Trotzdem gibt es immer wieder Versuche auszudrücken, wie die gleichgeschlechtliche Liebe erfahren wird, und Berichte über *geglückte* Liebesbeziehungen: "Liebe erlebe ich als ein Gefühl intensiver Zuwendung, das mich ganz ergreift, das ich letztlich nicht erklären und manchmal kaum steuern kann. Es schließt auch *Dasein* für die andere oder den anderen ein. Es regt zu Unterstützung und Hilfe an." Erklären kann man es oft auch besser, was man möglicherweise einmal für Liebe gehalten hat, denn oft ist es erst im Nachhinein deutlich und vielleicht problematisch geworden:

- die Neugierde auf den tollen Körper des "heißen Typs",
- das Gefühl der Verpflichtung, eine neue Bindung einzugehen, weil ich mit ihr bzw. ihm demnächst auch schlafen möchte; weil ich nur mal wissen wollte, wie der Sex überhaupt oder mit dem gleichen Geschlecht so ist,
- der Wunsch, es meinen Eltern recht zu machen und deshalb die Beziehung aufrechtzuerhalten,
- das Bestreben, das eigene Selbstwertgefühl zu erhöhen,
- der Drang, sich den Eltern zu entziehen,
- der Wunsch, sich selbst zu ergänzen ("Gegensätze ziehen sich an"),
- das Bedürfnis nach Harmonie und Einklang ("gleich zu gleich gesellt sich gern"),
- die Macht, einen Menschen zu besitzen" (aaO).

Identität ist die Voraussetzung
für Liebe und Selbstbewußtsein

Das *Selbstbewußtsein* hängt zentral mit den vergangenen Liebeserfahrungen und der daraus resultierenden gegenwärtigen *Liebesfähigkeit* zusammen. Das Selbst kann nur stark und selbstbewußt werden, wenn das Kind sich von den Eltern und der Umwelt angenommen fühlt, ohne Einschränkung seiner Lebendigkeit aus Angst vor Liebesentzug; wenn es Erfahrungen machen kann, die Eltern ängstigen (aber nicht das Kind), wenn es mit seinen Sinnen und seinem Denken frei experimentieren kann, kurz, wenn es individuell und schöpferisch sein darf. Selbstbewußtsein kann sich nur entwickeln, wenn man die Möglichkeit erhält, sich seiner selbst bewußt zu werden, wenn man selbstbestimmt leben kann und so wenig als irgend möglich fremdbestimmt wird. Die meisten Menschen wachsen mehr fremd- als selbstbestimmt heran, und sie entwickeln deshalb nur ein schwaches autonomes Selbst. Wer sein Selbstbewußtsein, seine Freiheit zu Spielen und zu experimentieren erst einmal verloren hat, neigt später zur Depression oder zur Grandiosität, hinter der sich die verdrängte Depression verbirgt. *Aber:* die Liebesbeziehung zu einem Partner bietet sich als weites Feld an, um verspätet zu sich selbst zu finden. Die Selbstfindung erfolgt über die Spiegelung im Anderen, z.B. mit den Fragen: "Wie findest Du mich? Wer bin ich für Dich? Wer bin ich überhaupt? Wer sollte ich sein? Kannst Du mich annehmen? Was stört dich, was liebst du an mir?" Das *Kompliment* oder die *Liebeserklärung* führt zu einer kurzfristigen Beruhigung der quälenden Selbstzweifel. Das Kompliment führt aber nur zu einer Art Vitaminstoß, der den Lebensmut und die seelische Vitalität steigert, aber das Selbstwertproblem kann dadurch nicht grundlegend beseitigt werden. Eine Liebe, die aus der Problematik der *noch nicht gelungenen Selbstfindung* heraus entwickelt wird, ist keine Liebe, sondern ein verzweifelter Selbstheilungsversuch. Wir müssen erfahren, daß uns niemand fehlendes Selbstbewußtsein geben kann - *außer wir uns selbst.* Liebe erfordert im Gegenteil viel Selbstbewußtsein, damit sie sich realisieren kann, ohne etwas zu erwarten, ohne etwas zu bekommen. *Die reife Liebe erfordert ein autonomes Selbst und Individualität:* "Liebe ist voll entfaltetes Selbstbewußtsein, das keiner Bestätigung bedarf" (vgl. a. Lauster 1982:97f). Bei *jungen* Schwulen, die nach Geborgenheit und Identifikation bei ersten Gehversuchen des Schwulseins nach einer Beziehung suchen, ist es anders: *Zu zweit* kann man sich gegenseitig Halt geben, gemeinsam Ängste besprechen, sich durch das Spiegelbild bzw. Vorbild des Anderen seine Identität aufbauen. Auch wenn es manche unvollständige oder im Vergleich zum Freund noch unreife Punkte bei einem Partner in der Beziehung gibt - es sind Erfahrungswerte, die er auch erlernen kann. Insbesondere die sexuelle Komponente kann in einer Beziehung zu einem

Du erlebt werden und zur Identitätsbildung genutzt werden. Sich in einer engen Beziehung zu einem Menschen schwul oder lesbisch zu entfalten ist immer sinnvoller, als allein darzustehen und sein Schwulsein nicht voll zu akzeptieren. *Die Beziehung hilft, Schwulsein alltäglich zu leben und Identität zu festigen.* Zu zweit hat man im Coming-Out mehr Mut, die schwul-lesbische Welt zu entdecken. Ein mögliches Ungleichgewicht einer asymmetrischen Beziehung, daß ein Partner möglicherweise erfahrener und in seiner Identität und seinem Selbstbewußtsein gefestigter ist, sollte der Liebesbeziehung keinen Abbruch tun, wenn der andere Partner darin aufgeht oder daran reifen kann und ebenso selbstbewußt und selbstverständlich mit seinem Schwulsein in der Beziehung zum Partner umgehen lernt. Der Bezug (freundschaftlich oder in einer Liebesbeziehung) zu anderen Schwulen ist für den Aufbau einer selbstbewußten gleichgeschlechtlich empfindenden Identität und damit zu einer reifen Liebesfähigkeit sehr hilfreich.

Es mag ungewöhnlich sein, die oben genannten oder ähnliche Motive für intime Beziehungen überhaupt mit Liebe in Verbindung zu bringen. Mit *"wahrer Liebe"* verbinden wir doch alle ganz andere Merkmale. Wir wollen geliebt werden und lieben

- als ganze Menschen,
- weil wir Vertrauen, Wärme und Geborgenheit geben und empfangen möchten,
- weil wir verstehen und verstanden werden wollen,
- damit wir uns als eigene Persönlichkeit weiterentfalten können,
- um anderen in ihrer eigenen Entfaltung Mut zu machen,
- weil wir auch dann gehalten werden wollen, wenn wir "mal mies drauf sind", und den anderen nicht fallenlassen, wenn es ihm schlecht geht,
- um Zärtlichkeit und Lust auch körperlich durch Sexualität zu geben und zu erfahren,
- um die Grundhaltung zu vermitteln und vermittelt zu bekommen: "Ich bin für Dich da und Du bist bei mir gut aufgehoben" (aaO).

In der Realität *vermischen* sich diese Wünsche mit den zuvor genannten Motiven. Das ist bei jedem Menschen so und durchaus *nichts Problematisches*, soweit immer mehrere Gründe eine Rolle spielen. Wenn jedoch nur ein Motiv (z.B. das "Von-Zuhause-Weg-wollen", Halt an der gefestigten Identität/Persönlichkeit des Partners finden wollen etc.) ausschlaggebend ist, kann es zu Schwierigkeiten kommen. Auch das muß nichts Schlimmes sein, zumal der eigene Grund für eine Liebesbeziehung oft im Verborgenen bleibt und erst später deutlich zutage tritt: Nur so kann man *lernen* und seine Liebe reichhaltiger machen. Die eigene Liebe kann "sehender" werden: man kann den geliebten Partner bzw. die Partnerin so sehen, wie er/sie wirklich ist, man kann sich selbst ansehen, so wie man ist - mit seinen miesen und mit seinen liebenswerten Seiten. Man kann seine Liebesbeziehung mit ihren zugrundeliegenden Motiven, der momentanen Situation und ihrer Zukunft richtig wahrnehmen.

Das ist ein hoher Anspruch, der nur Stück für Stück, vielleicht nur ab und zu eingelöst werden kann. Oft hat man Angst vor dieser realistischen Sicht seiner Beziehung, weil man das *Alleinsein* oder *Alleindarstehen* fürchtet. Oder man will gar nicht genau hinsehen und nachdenken, weil das Gefühl so schön ist. Wenn man es aber wagte und dabei behutsam und nachsichtig mit sich selbst und anderen ist, kann die Beziehung gefühlsmäßig und geistig *wachsen und reifen.*

Liebe und Sexualität sind zwei Geschehnisse, die zwar viel miteinander zu tun haben, die aber nicht miteinander verwechselt werden sollten. Doch irgendwann wird dann eine konkrete Situation eintreten, in der man nicht einfach nachgeben, sondern zu seinem eigenen Empfinden stehen sollte: Vielleicht mag man das Streicheln und Kuscheln, möchte aber nicht weitergehen, während der Freund bzw. die Freundin mehr will. Es kommt dann sehr darauf an, ob man (durch Sprache) vermitteln kann, daß das Nein sich nur auf das Miteinanderschlafen bezieht und nicht auf die ganze Person.

Man kann einen Menschen sexuell begehren, ohne ihn zu lieben, und man kann einen Menschen lieben, ohne mit ihm "ins Bett zu gehen." Das kann unterschiedliche Gründe haben: Vielleicht will man einfach noch ein bißchen damit warten. Vielleicht sind andere Dinge zurzeit noch wichtiger. Vielleicht möchte man den anderen bzw. die andere noch ein bißchen kennenlernen und herausfinden, ob das wirklich gegenseitige *Liebe* ist, was einen verbindet. Vielleicht hat man über die Frage der *Kondombenutzung* noch gar nicht nachgedacht oder miteinander darüber gesprochen, wie man damit umgeht. Vielleicht möchte man grundsätzlich damit warten, bis man finanziell selbständig und unabhängig ist oder sich ein engerer Bezug zur Familie entwickelt hat.

Tausendmal berührt, tausendmal ist nichts passiert:

Romantisches Liebesideal:
Treue und gemeinsame Wohnung
"Erst *über ein Jahr lang* kennenlernen - dann erst Sex"

So lautet heute die Devise von fast der Hälfte aller Schwulen: "Tausendmal berührt, tausendmal ist nichts passiert: Wir kannten uns schon über ein Jahr lang, bevor wir auch miteinander intim wurden." Mehr als 40 Prozent - so das Ergebnis einer Studie - der Schwulen warten mit ihrem Freund *länger als ein Jahr* lang, bis es zu ersten sexuellen Intimitäten kommt - um sicherzugehen, daß sie auch den "richtigen" Freund gefunden haben und daß sie nicht enttäuscht werden und der Freund auch von den Eltern als eine Art Familienmitglied betrachtet wird (Saliba aaO). Die gleichgeschlechtliche Lebensgemeinschaft soll sich ersteinmal einspielen und etablieren, man will den Freund erst genau kennen, bis die Sexualität ungezwungen aus einer spielerischen Situation hinzukommt. Tausendmal berührt, tausendmal ist nichts passiert. Schwule haben weiterhin ein romantisches Liebesideal: Die Mehrheit der Schwulen (83 %) sagt, daß für sie Sexualität ohne Liebe nicht möglich ist (Pelau/Cochran aaO). Für sie sind weiterhin Zärtlichkeit in Wort und Gestik ebenso wichtig wie körperliche Zärtlichkeit (Ceco aaO). Drei Viertel der Schwulen streben eine feste, langjährige und monogame, treue Partnerschaft bzw. Ehe in der gemeinsamen Wohnung an: Ebenfalls 80 Prozent der Schwulen wollen eine gemeinsame Wohnung mit dem Freund (Sanders aaO). Es herrscht bei vielen ein romantisches Liebesideal vor.

Es mag noch viele andere Gründe geben, sich an Nähe und Zärtlichkeit *langsam* heranzuwagen, einen Freund erst genau kennenzulernen, um zu sehen, ob und welche *gemeinsamen Interessen* man hat. Und diese Gründe sollten in einer Liebesbeziehung geachtet und respektiert werden. Vielleicht kann man sich an eine andere Meinung annähern oder auch auf seine Interessen verzichten, denn Liebe ist dazu da, für die Erfüllung *des Partners* zu sorgen.

Liebe erfaßt den Menschen ganz, also auch seinen Körper: Wenn man - auch nur in Gedanken - in der Nähe seines Freundes ist, wird einem ganz warm, schlägt das Herz höher, wird man rot oder bekommt schwitzige Hände. Man spürt die Sehnsucht nach mehr Nähe ganz körperlich. Sexualität hat viele Ausdrucksformen: Man kann erregt sein, ohne Körperkontakt zu haben. Man kann auch zärtlich sein, streicheln, schmusen, sich anlehnen - und man kann heftig erregt sein und mit jemanden schlafen und gemeinsam aufwachen.

Sexuelle Erregung, sexuelle Erfahrungen mit *sich selbst und einem anderen* können sehr lustvoll sein, und auch *Lust hat einen Sinn!* Durch Zärtlichkeit und andere Formen der sexuellen Körpermassage kann man noch viel mehr erfahren und bewirken: *Geborgenheit* geben und empfangen, sich *anvertrauen*, schutzlos zeigen und geschützt werden, mehr noch: "*Lebensmut* gewinnen und weitergeben. Das alles sind auch *Kennzeichen von Liebe*" (vgl. a. BZgA 1993a:3f), durch die Sexualität sinnreich wird.

Liebe kann davor schützen, daß Sexualität für andere Zwecke mißbraucht wird, denn wenn Liebe fehlt, kann Gewalt, Dominanz und Rigorosität in jeder Form besonders verletzen, weil man sich schutzlos zeigt; kann man leicht ausgenutzt werden, weil man vertraute; kann Sexualität von der Industrie vermarktet werden, weil isolierte Lust und Erregung zum Kauf animieren. *Liebe* läßt daher über die Lust hinausdenken. Die meisten Schwulen und Lesben meinen (siehe auch den Kasten), daß sich Liebe am besten in einer *auf Dauer angelegten treuen Beziehung* und in einem geschützten Raum von Intimität entwickeln kann. Drei Viertel der Schwulen streben feste, langjährige und monogame Partnerschaften entsprechend dem Ehepaar-Leitbild an (vgl. Focus 12/95).

Viele Jugendliche schwören sich am Anfang einer Freundschaft *ewige Treue* und schützen sich gegenüber Eingriffen von Außen etwa durch die Eltern oder die Freundesclique. Weiterhin symbolisiert die *Ehe* für sehr viele das Ideal von der ganzheitlichen und dauerhaften Liebesbeziehung. Viele Kulturen und auch die christlichen Kirchen sehen in der dauerhaften treuen Partnerschaft die bevorzugte Lebensweise für sexuelle Liebe und Umgang. Die überwiegende Mehrheit der Schwulen und Lesben haben ein romantisches Liebesideal.

Intime Kommunikation: Laß uns miteinander reden - Liebe auf den zweiten Blick

Wird die Liebe schließlich *konkret* und kommt man sich auch zärtlich näher, muß heute im Zeitalter der Immunschwächekrankheit Aids und des HIV-Virus auch über die Verhütung von sexuell übertragbaren Krankheiten gesprochen werden: Nicht erst dann, wenn es intim wird, sondern auch schon vorher. Das *Wissen* um *Safer Sex* - der geschützten Liebe - und die *Besprechung* mit dem Partner, wie man sie gemeinsam umsetzen will, ist für sexuelle Liebes-Beziehungen unerläßlich.

Das "Laß uns miteinander reden - über sichere Zärtlichkeit" - kann in Zeiten von Aids lebenswichtig sein. Wie haben vor Jahrzehnten Jugendliche miteinander über Zärtlichkeiten geredet? Was brachte der Unterricht in der Schule? Wie sprachen die Männer und Frauen, die Eltern über Sexualität? Über die Integration von Minderheiten? Über Krankheit und Tod? - Aber auch seit es Aids gibt, reagieren wir nur unzureichend, mann / frau spricht weiterhin nicht über Seitensprünge, über gebrochene Treue. Lehrer und Lehrerinnen erklären den Jugendlichen immer noch unzureichend, daß Männer mit Männern, Frauen mit Frauen Liebe und Sexualität leben - zu Millionen, jeden Tag, und dabei ebenso glücklich oder unglücklich sind wie alle anderen auch.

Stattdessen blicken wir naiv und hoffnungsvoll auf die Institutionen. Sie sollen für uns reden, für uns arbeiten: Eine vergewaltigte Frau soll das Nottelefon wählen; ein l5jähriger mit Sorgen wegen seines schwulen Freundes kann sich an eine schwule Jugendgruppe wenden; seiner lesbischen Kollegin wird die lesbische Gruppe angeboten. Wir organisieren Selbsthilfegruppen für Spielsüchtige, für Inzestopfer, für Ledige, Geschiedene und Vereinsamte; wir richten Entwöhnungsstätten für Alkoholiker ein, Programme für Kettenraucher, für Freß- und Magersüchtige. Es gibt Hilfen und Vereinigungen für jede nur erdenklichen Fall. Häuser, Gruppen und Einrichtungen für alle, die in irgendeiner Weise vom Gewohnt-Durchschnittlichen abweichen. Wir haben uns daran gewöhnt, Zuständigkeit und Verantwortung an *Institutionen* zu delegieren. Der Glaube, die Institutionen seien in der Lage, alles in den Griff zu bekommen, ist schier unerschütterlich. Dahinter verbirgt sich jedoch der Unwille oder die Unfähigkeit zur *persönlichen Auseinandersetzung* - in diesem Falle: mit *Aids*.

Angesichts interner Kritik (vgl. Häusermann/Roggli 1993) zielen deshalb alle Diskussionen und Überlegungen bei der Aids-Hilfe in eine Richtung: Projekte, die zum Ziel oder Teilziel haben, die *zwischenmenschliche Kommunikation* - das *"Laß uns miteinander reden"* - zu fördern, werden anderen vorgezogen. Denn was dringend nottut, ist die offene und öffentliche Thematisierung bislang tabuisierter Bereiche: *Let's talk about Sex!*

In Gesprächen - sei es persönliche Beratung im privaten Umfeld oder in einem eigens dafür geschaffenen Forum (z.B. Coming-Out-Gruppe / Safer-Sex-Workshop / Fernsehaufklärung) - kann der einzelne Jugendliche *Umsetzungsstrategien* lernen, das heißt: erfahren, wie das Wissen um präventives Verhalten und sexuell übertragbare Krankheiten in die Sexualpraxis mit einem Partner kommunikativ und interaktiv umgesetzt werden kann. Die Sensibilisierung von Lehrern (sog. "Multiplikatoren" wie Dozenten, Kneipenbesitzer, Partyveranstalter, Redakteure, Online-Medien etc.), Lesben und Schwulen, die die Präventionsbotschaft weitergeben können, ist eine zentrale Aufgabe dieser Strategie.

Will man nun wissen, welche Chancen und Probleme der Praktizierung und der externen Steuerung risikoarmen sexuellen Verhaltens es für zwei Menschen gibt, so muß man die Logik dieser Handlungsformen begreifen und verstehen lernen. Ob und wie Safer Sex (geschützte Sexualität) praktiziert wird, hängt von drei unterschiedlichen Faktoren ab:

- dem kognitiven Wissen von Personen über Infizierungswege und Techniken einer Infektionsvermeidung,
- der emotionalen Betroffenheit und der "Risikokalkulation" von Personen, sich selbst infizieren zu können und
- der Kenntnis und Verfügung von Personen über soziale Handlungsmuster, die eine Umsetzung einer Verhaltensabsicht im Sinne des Safer Sex in konkrete Handlungen auch ermöglichen; entscheidend dafür ist die Frage, ob es gelingt, risikoarmes Sexualverhalten in den Sinnzusammenhang intimer Interaktion einzubetten und einzuhaken (Gerhards/Schmidt 1993:15ff).

Die drei Ebenen, die zusammen die *Rationalität sexuellen Handelns* bilden, sind in Theorie und Praxis der Aidsforschung / Aidsaufklärung in unterschiedlichem Maße thematisiert worden. Die Dominanz der Aufklärung lag und liegt auf der Ebene der Vermittlung kognitiven Wissens über Infektionsgefahren und Strategien ihrer Vermeidung. In dieser Dimension war die Aidsaufklärung erfolgreich: Die Aufklärungskampagnen der Bundeszentrale für gesundheitliche Aufklärung propagiert für Schule und Lesben folgerichtig "Safer Sex" im Sinne der Vermeidung riskanter Sexualpraktiken und versucht damit sexuelle Handlungsformen direkt durch *Information und Wissen* zu beeinflussen bzw. zu strukturieren.

Liegen damit erste Ansätze vor, die neben einer *kognitiven* Dimension die *Seelendynamik* zur Erklärung von Sexualverhalten berücksichtigen, so mangelt es bis dato völlig an einem Ansatz, der die *soziale Dimension des Sexuellen* in den Blickpunkt rückt. Es ist daher zu vermuten, daß neben *kognitiven* Faktoren *seelisch-emotionale* und drittens *soziale* Faktoren in den Blickpunkt gerückt werden müssen, will man verstehen, was Menschen daran hindert, risikoarmes Sexualverhalten zu praktizieren. Letztendlich wird Sexualität *konkret mit einem Partner* praktiziert; dabei stellt sich das Problem, ob eigene Schutzinteressen gegenüber dem Sexualpartner in irgendeiner Form *zum Ausdruck gebracht* werden können oder nicht. Diesen *interaktiven Austausch* haben Jürgen Gerhards und Bernd Schmidt als die *"soziale Dimension des Sexuellen"* bezeichnet (aaO:17).

Es muß davon ausgegangen werden, daß auch der Bereich des sexuellen Verhaltens sozial konstruiert ist und entsprechende Regelmäßigkeiten aufweist. Im Gegensatz zu einer kognitions- und tiefenpsychologischen Betrachtungsweise rückt eine soziologische Perspektive die Tatsache in den Blickpunkt, daß sexuelle Handlungsformen in der Regel aus Interaktionen zwischen zwei Partnern bestehen, aus wechselseitigen Bezugnahmen des Paares aufeinander.

Wie Menschen sexuell handeln, hängt nicht nur - und wie zu vermuten ist, nicht in erster Linie - von der Psycho-Logik (der

235

Seelendynamik) und der Kognitions-Logik (den Wissensbeständen) jedes einzelnen ab, sondern von *Sozio-Logik*, den eingelebten Interaktionsstrukturen, Rollen und Normen zwischen den beiden Partnern.

Sexuelle Verhaltensweisen sind wie alle sozialen Handlungsformen und Interaktionen auch eingebettet in sozial konstruierte Regelsysteme, die *kulturelle Deutungsmuster* für Situationen bereitstellen und dadurch Handlungen der Akteure anleiten.

Will man die Bedingungen und die Probleme der Praktizierung risikoarmen sexuellen Verhaltens verstehen, so muß man die für die Handelnden typischen sozialen Interaktionsmuster für Sexualität und Intimität verstehen. Gefragt ist also nach den sozial konstruierten Regelsystemen, die Handlungen von Intimpartnern anleiten, nach dem kulturellen Deutungsmuster für Situationen der Intimität, an dem sich Personen in ihren Handlungen orientieren, und vor allem: nach den Möglichkeiten der Veränderung von sexuellen Verhaltensweisen im Sinne einer Reduzierung des Risikos der Infektion von HIV durch Praktizierung risikoarmen Sexualverhaltens: wie Kondombenutzung.

Das wirft nun die Frage auf, auf welche Art und Weise *Safer-Sex-Praktiken* von den Intimpartnern *angesprochen, gehandhabt* und in intime Handlungsformen *integriert* werden. Die Praktizierung von Safer Sex wird unter dieser Perspektive als ein *Handlungsmuster* angesehen, das von den Akteuren im Sinnkontext der intimen Situation *ausgehandelt* werden muß.

Eine Schlüsselrolle bei den Strukturierungsmomenten von Intimität und sexuellem Verhalten kommt dem Ideal romantischer Liebe zu, das trotz allgemeiner Plausibilitätseinbußen auch weiterhin von kulturell immens wichtiger Bedeutung ist.

Ewige Treue oder "One-Night-Stand"?

Die treue, romantische Liebe stellt ein *Deutungsmuster für Intimität* dar, das Idealformen des angemessenen Verhaltens vorzeichnet und damit mögliche Handlungen strukturiert. Ein solches Deutungsmuster für Intimität läßt sich durch verschiedene Dimensionen, die wechselseitig aufeinander verweisen und zusammen das Feld intimer Kommunikation aufspannen, genauer beschreiben:

- **Der Partner wird frei gewählt:** In der Idealvorstellung romantischer Liebe gilt das Prinzip der freien Partnerwahl: Die Beziehungsstiftung erfolgt durch die Individuen selbst und nicht durch standes- und klassenspezifische Interessen z.B. der Eltern.

- **Liebe zum Partner ist wichtig:** Nicht ökonomische oder statusorientierte Interessen, sondern emotionale Zugewandtheit ist für die Partnerwahl entscheidend: Liebe ist das im Ideal romantischer Liebe entscheidende Kriterium der Wahl.

- **Die Einheit von Sexualität und Liebe:** Sexualität wird im Ideal romantischer Liebe unter die Liebe subsumiert, erst wenn man sich liebt, kann man sich körperlich lieben. Die wechselseitige Zuneigung der Partner, der "Gleichklang des Herzens" ist die Bedingung für den Gleichklang der Körper. So wie erst innerhalb eines Liebesverhältnisses Sexualität ihren Platz findet, so erreicht umgekehrt erst durch die sexuelle Vereinigung die Liebe ihre Vervollkommnung. Die sexuelle Beziehung wird zum Ausdruck der Liebe.

- **Hochwertigkeit von Intimität:** Das Ideal romantischer Liebe spricht intimen Liebesbeziehungen eine für die Lebenserfüllung und die Identitätsstiftung von Personen im Vergleich zu anderen Lebensbereichen eine besondere Bedeutung zu. Die Lebenserfüllung wird erreicht und findet ihre Vervollkommnung im wechselseitigen Sich-füreinander-Öffnen, im symmetrischen Gleichklang der Partner. Geben und Nehmen stehen in einem ausgeglichenen Verhältnis zueinander, ja das wahre Nehmen ist das Geben; der eigentliche Beweis für die Liebe ist, nicht nur die Handlungen des anderen zur Grundlage eigener Entscheidungen zu machen, sondern bereits dessen Welterleben.

- **Selbstgestaltungsmöglichkeit und -verpflichtung:** Wie sich intime sexuelle Kommunikation zwischen sich allein aus Liebe gewählten Personen gestaltet, bleibt den Personen selbst überlassen. Damit wird Liebe erst eigentlich zum Bereich der Intimität, der der Umwelt und aller Öffentlichkeit entzogen ist und das Geheimnis der Liebenden selbst bildet. Das gilt im besonderen Maße für den Bereich der Sexualität. Sexuelle Interaktion als Beweis und Ausdruck von Liebe ist eine persönliche und selbstgestaltete Angelegenheit. Das Ideal der romantischen Liebe definiert Liebe und Sexualität also als ein gemeinsames, ineinander verwobenes Handlungsfeld, das allein durch die emotionalen Präferenzen der Liebenden bestimmt ist, und verteidigt dieses Feld gerade gegenüber externen Definitionsmächten, beläßt aber die innere Strukturierung von Intimität und Sexualität den Akteuren selbst. Die Treue der romantischen Liebe verspricht den Akteuren zugleich von der Beziehung einen hohen Grad der Lebenserfüllung (vgl. aaO:23).

Die wenigen Regeln und Handlungsanleitungen für intime, sexuelle Interaktionen bedeuten aber, daß der Bereich sozial unterstrukturiert bleibt; man kann ihn als sozial regellos bezeichnen; die Partner sind in weitem Maße auf ihre *eigene* Kompetenz angewiesen, wie sie Safer-Sex aushandeln und praktizieren. In der Sprache der Kognitionspsychologie formuliert könnte man auch sagen, daß es für intime Situationen nur mangelhaft ausgefüllte "Skripte" (Abfolgen von Handlungsschritten) gibt, die mögliche Handlungsweisen in intimen Situationen vorzeichnen. Damit ist nicht gemeint, daß es keine privaten, in den einzelnen Zweierbeziehungen entwickelten Strukturen der Interaktion gäbe, diese bleiben aber privat und werden sich von Beziehung zu Beziehung unterscheiden.

Fehlt es dem Ideal romantischer Liebe auch an einem feingegliederten Muster von Intimität, so gibt es umgekehrt doch eine Reihe an *situativen Definitionshilfen* für den Bereich intimer Kommunikation. Dazu gehören gesellschaftlich definierte Orte und Zeiten für das Kennenlernen (Kneipen, Parties, Kommunikationszentren, Café's), aber auch kulturelle Definitionen für die angemessene Atmosphäre bei intimen Situationen: Entsprechende Kleidung und Musik, gedämpftes Licht oder Kerzenlicht, der Genuß eines Weines, entspannte Körperhaltung, die Doppeldeutigkeit von Nacht, Bett und Schlafen, wodurch Andeutungen möglich werden, gleichzeitig aber auch taktvolle Abweisungen eröffnet werden können - all dies sind leichte Hilfen für die Akteure zur Stukturierung ihrer Liebessituation. Vergleicht man allerdings solch dünne Situationsdefinitionshilfen mit der Eindeutigkeit der Strukturiertheit anderer Sozialwelten (z.B. beim Autofahren: dort ist das Anschnallen eines Gurtes als Sicherheitsmaßnahme so selbstverständlich wie andere Verkehrsregeln, aber auch globalere Bereiche wie Ökonomie, Politik, Wissenschaft sind strukturierter als intime Situationen), so handelt es sich beim Bereich der Intimität nicht eigentlich um Interaktionsmuster, dafür sind die kulturellen Offerten zu diffus und allein situationsspezifisch.

Zu Recht kann der Einwand erhoben werden (vgl. aaO:26), daß das dargestellte Ideal der romantischen Liebe überzeichnet und empirisch in dieser Reinform nicht anzutreffen ist. Zudem hat sich zum Ideal romantischer Liebe ein Gegenideal entwickelt, das man als *hedonistisches Liebesideal* (z.B. "One-Night-Stand") beschreiben kann (Sinn und Ziel des Hedonismus ist eine Lustorientierung).

Das *Ideal romantischer Liebe* war gekoppelt mit der Vorstellung von "der einen großen Liebe im Leben"; war diese gefunden, wurde die Suche abgebrochen, die Beziehung selbst auf Dauer eingefroren. Diese *Exklusivitätsvorstellung* hat heute an Bedeutung verloren. Eine Veränderung des Ideals der romantischen Liebe besteht darin, daß der Liebe ihre zeitlose Sinngarantie entzogen wird, die Dauer der *Beziehung von der Verständigung der Partner abhängig* gemacht wird und nicht von einem "bis daß der Tod euch scheidet". Aus dem Ideal der romantischen Liebe ist das *"Ideal der romantischen Lieben"* geworden, die sequenziell hintereinander erfolgen. Aber auch für das "temporalisierte" Muster romantischer Liebe gilt, daß es an Handlungsanweisungen und kommunikativen Erleichterungen zur Strukturierung von Intimität fehlt. Für die Handlungsstrukturierung beim Sex bedeutet das keine Verbesserung - im Gegenteil. Das Erlernen von Safer Sex ist weiterhin notwendig.

"Paß auf Dich auf" –
Wenn Eltern "Treue" empfehlen...

Letztlich müssen sich die Jugendlichen, und damit sind vor allem auch die schwulen Jungen gemeint, vor sexuell übertragbare Krankheiten wie besonders die erworbene Immunschwächekrankheit Aids *selbst* schützen - z.b. durch die stetige Anwendung von Kondomen; Eltern können sehr viel dafür tun, daß sie das auch tatsächlich schaffen. Die wichtigsten Hilfen durch die Eltern sind eine akzeptierende, offene Haltung, Gespräche und Vermittlung von Sicherheit und Solidarität dem jugendlichen Kind gegenüber. Dann wachsen das Selbstwertgefühl und die Bereitschaft, offen über eigene Wünsche zu reden. Die Jugendlichen lernen, besser "nein" zu Gefährdungen und "ja" zu ansteckungssicheren Sexualpraktiken (z.b. durch die Verwendung eines Kondoms oder nicht `eindringender´ Sexualität) zu sagen und sich ihren Partner und Freund bewußter zu suchen. Eltern können sich *Informationsmaterialien* besorgen oder das Kind darum bitten, es gemeinsam zu lesen. Dann können Verständnisfragen gemeinsam geklärt und die Hinweise auf die konkrete eigene Situation angewandt werden. Das Gespräch fällt manchen nicht leicht, aber es ist ungemein wichtig, sich darüber zu informieren. Kinder müssen auf den Tag vorbereitet werden, an dem sie erste sexuelle Erfahrungen mit einem anderen Menschen, ihrem Freund, sammeln. Dann sind sie selbstbewußter und wissen Bescheid, wie sie sich und andere schützen können. *Es hat keinen Sinn, Heranwachsenden Sexualität zu verbieten oder die eigenen Ängste auf die Kinder zu projizieren und sie zu ängstigen.* Auch dann nicht, wenn es Erwachsenen vielleicht schwerfällt, sich gleichgeschlechtliche Liebe vorzustellen. Letztlich entscheiden die Jugendlichen selbst darüber, ob sie dazu bereit sind oder nicht. Er ist also immer besser, sie über die Möglichkeiten des "Safer Sex" aufzuklären. Hier lernen die Eltern oft selbst dazu!

Quelle: vgl. auch BZgA 1995

Fragt man nun nach dem Alternativangebot zu dem dominanten Muster romantischer Liebe, so kann man dieses als *"augenblicksorientiertes, hedonistisches Liebesideal"* bezeichnen ("One-night-Stand"). Sexualität und Liebe sind in der Vorstellung eines hedonistischen Ideals in stärkerem Maße entkoppelt; Sexualität wird zum punktuellen, situativen Genuß, wechselseitige kommunikative Bezugnahme wird durch eine monologische, allein auf die eigenen Bedürfnisse orientierte Handlungsausrichtung ersetzt. Das hedonistische Ideal findet seine kulturelle Abstützung durch ein

Bedeutungsfeld, das Sexualität in Metaphern der Ekstase, des Rausches, des Weggerissen-Werdens und des Von-Sinnen-Seins lokalisiert. Auch im hedonistischen Liebesideal finden sich keine spezifischen Handlungsanleitungen für intime Situationen. Das Erlernen von Safer Sex wird umso notwendiger.

Die Intimitätsvorstellungen Jugendlicher deuten darauf hin, daß das *hedonistische Ideal auch weiterhin eher die Ausnahme* als die Regel darstellt, empirisch gesicherte Ergebnisse über den Verbreitungsgrad des hedonistischen Liebesideals in der *Gesamtbevölkerung* liegen nicht vor. *"Verstehen und Vertrauen"* wird von Jugendlichen neben *"Liebe und Zärtlichkeit und Rücksichtnahme"* als sehr wichtig für die sexuelle Beziehung zwischen zwei Menschen angesehen (vgl. Salisch aaO; die Fragestellung der hier genannten Untersuchungen zentrierte sich auf heterosexuelle Beziehungen (aaO). In verschiedenen Dimensionen kann das Muster der Annäherung an Intimität auf gleichgeschlechtliche Beziehungen übertragen werden, die Grundstruktur intimer Kommunikation ist dieselbe. Auch für Lesben und Schwule können verschiedene Liebesideale herausgestellt werden). Gerade, wenn es an einer kulturell geteilten Kommunikationsstruktur für Intimität mangelt, ist zu erwarten, daß sich das Thema Aids-Vermeidung nur mit Schwierigkeiten in das *Interaktionsmuster* einhaken lassen wird. Die Unterstrukturiertheit des Bereichs der Intimität wird nur wenige Anknüpfungspunkte zur Thematisierung der Aids-Problematik aufweisen.

Zwei Bedeutungskontexte prallen zudem beim Thema Aids aufeinander, die in ihrer Wertigkeit und emotionalen Geladenheit nur wenig zueinander passen und schwerlich miteinander zu verbinden sind:

1. Der Bedeutungskontext von Aids ist im Bereich von *Tod*, Leiden Seuche, Dahinvegetieren und Bedrohung zu lokalisieren, mit Sexualität wird hingegen Lust, Genuß und *Lebensfreude* assoziiert. Die Gegensätzlichkeit der beiden Dimensionen plausibilisiert die Schwierigkeit, das eine mit dem anderen zu verknüpfen und Aids und die Verhütung einer Infizierung während sexueller Interaktionen zu thematisieren (vgl. Lenzen 1987; Bardeleben u.a. 1985, zit. n. Gerhards / Schmidt, aaO).

2. Zu dem romantischen Ideal der Liebe gehört das *Prinzip der Einzigartigkeit.* Die Liebe kann andere Beziehungen als gleich wichtige nicht dulden; sie erhebt *Monopolanspruch,* auch wenn dieser heute zeitlich beschränkt wird. Werden Aids und Wege einer Infektionsvermeidung beim Kennenlernen sich bis dato neuer Intimitätspartner thematisiert, so klingt damit zugleich die Möglichkeit *anderer* Intimitätsbeziehungen an, das romantische Ideal der Einzigartigkeit und das *Ideal der Treue* lassen sich nicht aufrechterhalten oder werden zumindest mißtrauisch hinterfragt. Die Verwendung oder die Thematisierung der *Benutzung von Kondomen* produziert eine *paradoxe Situation:* Auf der einen Seite ist die Kondomverwendung das Mittel, eine mögliche Infizierung zu vermeiden; auf der anderen Seite wird durch die Benutzung des Kondoms ein Bedeutungshorizont in die intime Beziehung eingespielt, welcher der Ideologie der romantischen Liebe diametral entgegensteht: "An Deiner treuen Liebe könnte doch ein Virus kleben."

Die Thematisierung von Safer Sex aktualisiert die Wahrscheinlichkeit anderer Beziehungen, Untreue wird zum Thema und läßt sich nicht mehr als Geheimnis wahren. Selbst risikobewußte Menschen - so steht zu vermuten - blenden möglicherweise in der Situation des Intimwerdens das Risiko aus, weil der Transfer vom allgemeinen auf den konkreten Einzelfall durch die Ideologie der Einzigartigkeit blockiert wird. Die Notwendigkeit zu Safer Sex gilt also nicht nur für Neubeziehungen, sondern besonders auch für Lebensgemeinschaften und feste Beziehungen.

Auch in der Beziehung: Treue dem Kondom...

Treue zu einem *einzigen* Partner ist neben dem *Kondom* ein wichtiger Schutz. Trotzdem: Ein Großteil der Infektionen kann potentiell auch in der *Beziehung* passieren, falls diese nur einmal nicht treu war. Das Thema Lebensgefahr paßt nicht zum Moment absoluter Vertrautheit: "Erste Sex-Versuche habe ich nur mit Gummi gemacht. Sex ohne Gummi gibt es nicht: kein Schwanzlutschen ohne Kondom", berichtet ein schwuler Jugendlicher. Dann aber ist er in einer festen Partnerschaft gelandet. "Wir haben uns testen lassen und uns wie ein treues Hochzeitspaar gefühlt: Es wäre beinahe zum Sex ohne Kondom gekommen. Aber wenn dann jemand mal fremdgehen sollte..., wird man es dem Partner ohne Beziehungsstress nicht so leicht sagen können oder werden. Zudem deckt der Test nicht die letzten zwölf Wochen ab. Daher benutzen wir auch in der Beziehung immer Kondome. Es macht sogar viel Spaß, das Gummi spielerisch miteinzubeziehen. Die paar Euro für die Präser sind es mir als Lebensversicherung wert." Einem Beziehungsversprechen über die

"Hochzeitsschwelle" sollte also auch das Kondom folgen, denn: "Verliebte neigen zu Realitätsverlust" (vgl. Focus aaO). Entsprechende Studien (vgl. BZgA 1993) zeigen, daß der Test erst nach 4 Monaten eine Sicherheit von 95 Prozent bietet, da sich erst dann Antikörper gebildet haben. Ein erster Test sollte daher 8 Wochen nach der potentiellen Infektion erfolgen, der dann im 4. Monat wiederholt wird, um diese "diagnostische Lücke" abzusichern.

Niemals ohne ein Gummi

Die wahre Treue also gilt dem Kondom, so der Jugendliche: "Aber ich glaube auch an die ewige Treue. Es ist absolut oberste Bedingung. Mein Freund kann durchaus mal bis vier Uhr früh versacken. Ich habe grenzenloses, blindes Vertrauen in ihn - wir benutzen ja auch in der Beziehung immer ein Kondom, weil's einfach auch hygienischer ist, die Spielerei damit Spass macht und es einfach nicht so eine Sauerei ist. Ich bin auch felsenfest der Überzeugung, daß unsere "Ehe" - unsere Lebensgemeinschaft ewig hält, so lange, bis irgendeiner von uns mit der Gießkanne besucht werden muß. Wenn ihm doch mal ein Ausrutscher passieren würde, würde ich ihn zuerst erschießen. Dann könnten wir über alles reden. Ich selbst widerstehe der Versuchung ja auch: dafür habe ich keinen Nerv. Ich würde ein Riesenglück aufs Spiel setzen - und es würde mich würgen, zu lügen. Die Möglichkeit, bei einem Seitensprung mit HIV angesteckt zu werden und möglicherweise den Partner mitanzustecken ist einfach zu groß. Darum bin ich für absolute Treue und für den Kondomgebrauch auch *in der Beziehung* als notwendige Sicherheit."

Probleme der faktischen Kondomnutzung resultieren nicht allein aus individuellen Einstellungen zum Kondom und daraus resultierenden psychischen Widerständen; vielmehr ist die tatsächliche Verwendung wesentlich davon beeinflußt, ob es gelingt bzw. nicht gelingt, Schutzinteressen in der intimen Situation *sprachlich* zu *thematisieren*, sie in der geforderten Situation anzusprechen: Vor, beim und nach dem Sex muß über Sex, Schutz und Kondome *geredet* werden.

Wichtig ist also die Frage, wovon die Einbettung risikoarmen Sexualverhaltens in intime Situationen abhängt: Über welche *Verständigungstechniken* und *sozialen Kompetenzen* die Personen verfügen, wie sie die Thematisierung von Safer Sex in den Handlungsablauf einfädeln, auf *welche Muster von Interaktionen* sie zurückgreifen. Die von Jürgen Gerhards und Bernd Schmidt entwickelten Überlegungen beinhalten auch Hinweise für eine auf Verhaltensänderung gerichtete Aufklärung: *Informiertheit und*

243

Wissen stellen notwendige Bedingungen für eine Verhaltensänderung dar; darüber hinaus bedarf es einer *handlungsorientierten Aufklärung.* Diese müßte *Interaktions- und Thematisierungsformen* sowie *Kommunikationshilfen* anbieten, so daß Situationen der Intimität kommunikativ erleichtert werden und der sozial unterstrukturierte Bereich der Intimität durch Komunikationsofferten für die Akteure strukturierbar wird.

Über Sexualität reden: "Wollen wir heute kuscheln?" oder: "Hast Du Kondome da?"

Vielleicht fällt es anfangs nicht leicht, mit einem Partner bzw. einer Partnerin über Sexualität, den *Kondomgebrauch,* bzw. den Umgang mit einer "eindringenden" bzw. "nicht-eindringenden" Sexualität, über Wünsche, Ängste, über Sicherheit und Safer Sex zu sprechen. Aber das *Gespräch* ist wichtig, um *Vertrauen* aufzubauen. Um miteinander zu reden:

- wählen Sie den richtigen Zeitpunkt: Wenn Sie schon mittendrin sind im Sex, ist es viel zu aufregend, um noch viele Worte zu verlieren. Nein, Sie sollten vorher miteinander reden - auch über Safer Sex.

- ergreifen Sie die Initiative: Auch wenn Ihnen es zunächst schwierig erscheint, den Vorschlag für Safer Sex zu machen: Vielleicht hat ihre Partnerin oder Ihr Partner die gleichen Probleme wie Sie und wartet nur darauf, daß Sie die Initiative ergreifen und ist dann sehr erleichtert, wenn Sie es tun.

- reden Sie nicht darum herum: Versuchen Sie es ganz direkt: "Ich habe ein Kondom dabei und ich möchte, daß wir es benutzen"; oder: "Ich habe kein Kondom dabei, mag aber ...". Und dann vereinbaren Sie mit Ihrem Partner bzw. Ihrer Partnerin Safer Sex - entweder mit Kondom oder in Form einer nicht eindringenden sicheren Sexualität.

- machen Sie eine gemeinsame Sache daraus: Es ist nicht immer wichtig, die sexuelle Vergangenheit der Partnerin bzw. des Partners zu kennen, aber gerade deswegen ist es wichtig, sich zu schützen. Für Sie beide. Und daß dies etwas Verbindendes und Gemeinsames ist - und nicht etwa ein Ausdruck von Mißtrauen oder ein Angriff auf die Würde des anderen - versteht sich eigentlich von selbst.

- und wenn es gar zu schwierig erscheint: Auch ohne viel reden - Kondome und Gleitgel einfach benutzen - Safer Sex machen.

Quelle: BzgA 1993c

Dazu zählt auch die Überlegung, ob Aufklärungsbroschüren eine wissenschaftliche Sprache, oder die Sprache der Jugendlichen verwenden. Will sich eine Kampagne also in die Interaktions-Muster von Jugendlichen "einklinken", muß sie deren "Wellenlänge" und "Frequenz" treffen. Unverständlich ist daher auf Basis dieser Erkenntnisse, daß Aufklärungsboschüren und Aids-Präventions-Broschüren regelmäßig wieder kritisiert werden, weil die Begrifflichkeiten zu umgangssprachlich oder zu detailliert sind. Öffentliche Aufklärung steckt somit immer in einem Dilemma und bleibt rudimentär, so daß dem Jugendlichen nur bleibt, die Dinge anderswo selbst nachzulesen, sofern er überhaupt Zugang zu den benötigten Informationen hat.

Ziel wäre es, Probleme der Verständigung und *geglückte Aushandlungsformen auf der Bettkante in verschiedenen Präsentationsformen darzustellen* (man vgl. z.B. die Möglichkeiten ähnlich einer BRAVO-Foto-Love-Story, einem Comic oder die Schilderung von intimen Situationen in Romanen und Erzählungen). Zeigt sich der Verzicht auf Aids-präventives Verhalten maßgeblich auch als Ausdruck von *Kommunikationsschwierigkeiten* bzw. Unsicherheiten und Ängsten in der intimen Situation, sollte eine aufklärende Prävention Impulse zum Abbau von Kommunikationsbarrieren setzen können. Das Ziel wäre dann, den Personengruppen für die betreffenden Situationen Hilfen und Anleitungen zur Verfügung zu stellen, um ihre Schutzinteressen und Ängste ansprechen bzw. ihre Wünsche verständlich artikulieren zu können. *Kommunikationshilfen (z.B. Rollenspiele) und `vorgelebte´ Interaktionsformen* sind gefragt: "Die entscheidende Situation im Bett muß *kommunikativ* erleichtert werden, indem verschiedene Thematisierungsformen aufgezeigt und dargestellt werden", so das Fazit der Studie über intime Kommunikation (aaO:33). Es entspricht auch dem Stand der wissenschaftlichen Erkenntnisse, daß eine wirksame Aids-Aufklärung für (junge) Schwule und Lesben eingebettet sein muß in eine "*identitätsfördernde* Sexualaufklärung" (vgl. Wib 17/96:17; BTDS 13/5706; BTDS 13/5552).

In Zeiten, wo die Liebe nicht mehr sicher ist, kann Vertrauen tödlich sein: Der Schutz durch das Kondom ist unverzichtbar!

Sexualität ist für die meisten Menschen ein wichtiger Bestandteil eines erfüllten Lebens. Leider hat sie aber auch einige unerwünschte Begleiterscheinungen, wie z.b. die Gefahr von sexuell übertragbaren Krankheiten. Diese hat es immer schon gegeben, aber seit es Aids gibt, ist die Bedrohung gewachsen. Die Viruskrankheit Aids hat in den 1980er Jahren eine neue Bedrohung in das Leben und die Sexualität gebracht. Bis heute (und wohl noch auf lange Sicht) gibt es dagegen keine Schutzimpfung und kein Heilmittel (Stand: 1996/2020). Zum Glück sind die Übertragungswege und die Schutzmöglichkeiten bekannt.

Vor kaum einem Erreger kann man sich so wirksam schützen wie vor HIV! Das Risiko, sich mit dem Virus HIV zu infizieren, kann somit jeder eigenverantwortlich begrenzen. Denn die Übertragungswege sind bekannt, die Ansteckung kann also vermieden werden: *Kondome* sind ein guter Schutz. Mit einem Kondom schützt man sich und den anderen am Besten vor sexuell übertragbaren Krankheiten. Zudem ist es eine konkurrenzlos preiswerte Lebensversicherung. Es fällt nicht immer leicht mit dem Sexualpartner über Safer Sex und Kondome zu sprechen. Aber es ist notwendig.

Durch ungeschützten Geschlechtsverkehr ohne Kondom besteht die größte Infektionsgefahr. Aids geht alle an: sowohl Menschen mit heterosexuellem Geschlechtsverkehr als auch Menschen mit homosexuellem Geschlechtsverkehr. Aids geht uns also wirklich alle an: Das Virus fragt nicht nach der sexuellen Orientierung eines Menschen. Aufgrund der zahlreichen Subtypen des Virus ist ein Impfstoff in naher Zukunft wohl nicht zu erwarten.

Schwule in Deutschland infizieren sich demnach anteilsmäßig besonders häufig, a) weil sich ältere Schwule nicht stetig durch Kondome schützen, sie einfach nicht dazulernen wollen, b) weil jüngere Schwule, die ihre ersten sexuellen Erfahrungen voll

Unsicherheit und Unbedachtheit machen, sich sprachlich bei einem Partner nicht artikulieren können und nicht wissen, wie sie eine Kondomanwendung mit dem Partner "aushandeln" sollen, c) weil die staatliche Aidsprävention sich nicht auf die gleichgeschlechtliche Liebe bezieht, sondern immer in und aus heterosexuellen Kontexten berichtet, d) weil es keine Informationen und Aufklärung über die größte Infektionsgefahr gibt, den richtigen und sicheren Umgang mit (heterosexuellem, aber besonders auch homosexuellem) Analverkehr, den heterosexuelle Männer angeblich sogar öfters ausüben als homosexuelle Männer, diese sich aber besonders oft infizieren, weil sie sich nicht stetig durch Kondome schützen e) weil für eine Anerkennung gleichgeschlechtlicher Liebe in einer Kultur des öffentlichen Berichtens über gleichgeschlechtliche Lebensgemeinschaften noch zu wenig gesprochen und berichtet wird.

Wie die Zeitschrift Männer Spezial über eine empirische Studie zum Orgasmus des Mannes berichtet, finden 36% der heterosexuellen Männer, den Analverkehr von allen Sexualtechniken am erotischten und kommen am schnellsten mit ihm zum Orgasmus (Heft 10 / Juli 96:66; auch abgedruckt in "Elle Highlights des Jahres" Info-Broschüre 12/96 als Beilage zum Focus).

Dazu müssen diejenigen heterosexuellen Männer, die ihn nur gelegentlich probieren, noch hinzugerechnet werden. Damit finden Heterosexuelle Männer es wesentlich erotischer, Analverkehr zu praktizieren als sich beispielsweise einen heterosexuellen Erotikfilm aus der Videothek anzusehen, den nur 30 Prozent der Hetero-Männer für erregend halten.

Bei homosexuellen Männer bevorzugen nur ein Fünftel diese Sexualpraktik: Nur "ein Fünftel (29 %) der homosexuellen Männer haben Analverkehr oft erlebt" (Partnerstudie III aaO:254, ein Drittel lehnt diese Praktik ab, ein weiteres Drittel ist nur sehr selten daran interessiert und ein Fünftel hat gelegentliches Interesse).

Betrachtet man nur die jüngeren Schwulen - die "neuen Schwulen", die im Aidszeitalter ihre Sexualität entdecken - dann haben nur 14 % Analverkehr (aaO). Die zum Zeitpunkt der Befragung bis 25jährigen (also etwa ab den 1970er Jahrgängen) haben anteilig drei-fünftel weniger Analverkehr als alle heterosexuellen Männer. Die Partnerstudie hält daher fest: "Analverkehr, der auch bei Heterosexuellen eine Sexualtechnik ist, ist unter Schwulen weniger üblich, als angenommen wird. Gleichgeschlechtliche Lebensgemeinschaften gestalten ihre Liebes- und Sexualbeziehungen äußerst vielfältig und differenziert" (aaO 1994: 247). Schwule leben ihr Bedürfnis nach Zärtlichkeit auf viele verschiedene Arten aus: sei es gegenseitige durch Stimulation mit der Hand, mit dem Mund, durch Petting oder ähnliche Kuschelmanöver.

Insoweit haben heterosexuelle ein ausgesprochen größeres Interesse am Analverkehr mit ihrer Frau (36 %) als schwule Paare (14-20 %), dennoch bleibt besonders der Analverkehr ohne Gummi ein sehr großes Risiko zur HIV-Infektion.

Auch hierbei geht es nicht nur um Sexualität, sondern auch darum, zu zeigen, wer und wie gleichgeschlechtliche Lebensgemeinschaften sind, ministeriell geordnete Studien zu unterstützen und zu veröffentlichen, die die sozialen Dimensionen von gleichgeschlechtlichen Lebensgemeinschaften darstellen. Auch indem gleichgeschlechtliche Lebensgemeinschaften eine weitere Integration und Selbstverständlichkeit in ihren sozialen Dimensionen (z.B. kirchliches und staatliches Hochzeitsrecht) erfahren, kann erreicht werden, daß Schwule sich und ihre Sexualität nicht in einem Tabubereich der geringen gesellschaftlichen Akzeptanz erleben müssen und somit auch ihre Sexualität - respektive z.B. HIV-riskanten Analverkehr - in Unsicherheit ausprobieren müssen, sondern handlungssicher eine geschützte Sexualität ausüben und erlernen können, wie Heterosexuellen dieser Rahmen der integrierenden Sexualaufklärung auch zuteilkommt.

Diese Rahmenbdingungen, die für heterosexuelle Beziehung gelten, sollen auch für gleichgeschlechtliche Lebensgemeinschaften Bedingung ihrer Lebenslage sein und sind neben der stetigen Kondomanwendung als Rahmenbedingung für den HIV-Schutz nicht zu vernachlässigen.

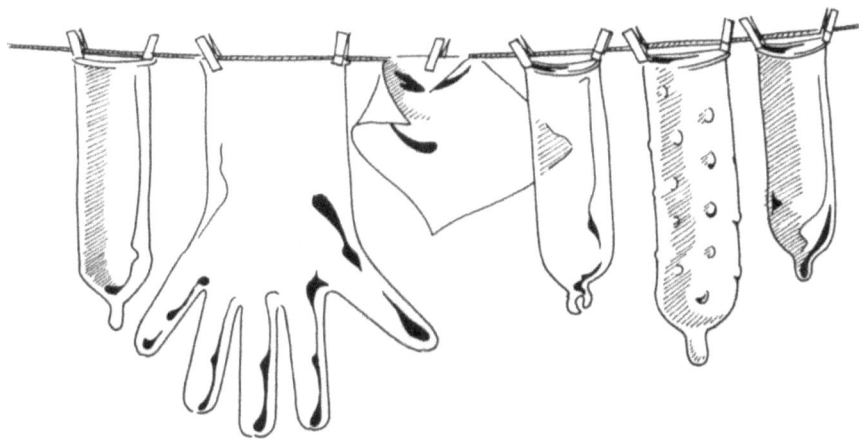

Denk dran: nicht jeder, der glaubt, negativ zu sein, ist es auch mit Sicherheit
Nicht jeder, der behauptet, negativ zu sein, ist es auch mit Sicherheit.
Aber jeder, der Safer Sex betreibt, bleibt so, wie er ist - Mit Sicherheit.
Also - niemals ohne Kondom

HIV, der Erreger von Aids, wird also vor allem beim ungeschützten Geschlechtsverkehr übertragen. Dazu muß jedoch

- ein Partner bzw. eine Partnerin das Virus bereits in sich tragen und
- virushaltige Körperflüssigkeit (Samen- und Scheidenflüssigkeit, Blutspuren) auf die Schleimhäute der Geschlechtsteile, des Mundes, des Darms gelangen oder in verletzte Haut eindringen.
- Auch durch die Aufnahme von HIV-haltiger Samenflüssigkeit in den Mund ist eine Infektion möglich (BZgA 1995b:57). Auch Scheidenflüssigkeit kann HIV enthalten. Die Aufnahme von Samenflüssigkeit (Sperma) oder Scheidenflüssigkeit in den Mund ist also zu vermeiden: empfohlen wird die Kondomverwendung (bzw. Gummitücher) beim Oralverkehr, besonders beim Mundverkehr beim Mann: Schwanzlutschen mit Kondom.

Statt Ausgrenzung lieber selbstverständlich über HIV-Infizierte sprechen und Unwissende aufklären

Über das Coming-Out von infizierten HIV-Positiven als "Positiver" und deren Motivationen, Erwartungen und Verhalten nicht in der Gesellschaft, sondern anderen Schwulen gegenüber liegen bislang besonders auf Basis narrativer Interviews nur wenige Studien vor. Marco erzählt, wie er den Umgang mit der tödlichen Infektion durch das HI-Virus in der Schwulenszene beobachtet: "Wenn sich jemand infiziert hat, wird er es vielleicht gar nicht wissen, und bis er sich zu einem Test entschlossen hat, dauert es einige Zeit, wir wissen alle, daß zu einem ersten Test zu gehen, es oft eine ebenso hohe Schwellenangst bedeutet, wie beim Coming-Out. Bis das Testergebnis wiederholt wurde, um 100prozentige Sicherheit zu haben, hat er sich vielleicht schon wieder woanders angesteckt. Wirklicher Schutz bietet nur das Kondom und Safer Sex - auch in der Beziehung, wo sich viele fälschlicherweise sicher fühlen.

Ist ein Testergebnis dann positiv, weiß der Betreffende es zwar, doch damit fangen die Umgangsstrategien und Bewältigungsversuche erst an: Die meisten werden wohl erst enttäuscht sein, hoffnungslos, ja sogar Wut und Haßgefühle gegen den oft nicht mehr aktuellen aber doch sehr geliebten und vertrauten Freund haben, der ihnen die todbringende Krankheit durch die Infektion brachte. Oft entsteht auch Angst vor dem Ausgestoßensein und das Coming-Out als Aids-Infizierter wird keiner leichtfertig erzählen. Freunde, neue Sexualpartner, Familie, Ärzte und ggf. Versicherungen bzw. Beratungspersonen in Beratungsstellen müssen auch informiert werden.

Dieses ist ein besonderes Problem: Viele, die wissen, sie sind in den HIV-Brunnen gefallen, fangen auch an, wie wild Sexualerlebnisse zu suchen, um die verbleibende Lebensjahre zu nutzen, bis die Krankheit offensichtlich ausbricht oder sie in der Schwulenszene ausgegrenzt werden. Oft haben sie auch kein Interesse am Schutz.Das weiß man nicht genau. Gerade die Infizierten, bei denen die Krankheit noch nicht ausgebrochen ist, huren in der Szene ganz schön rum. Es ist illusorisch, anzunehmen, ein Infizierter würde Zeit seines Lebens auf ungeschützte Sexualität verzichten, oder den potenziellen Partnerkreis auf ebenfalls Infizierte einschränken.

Man sollte daher viel mehr mit und über infizierte Personen gerade auch in der Schwulenszene sprechen, um es ihnen und allen leichter zu machen, damit umzugehen. Vielleicht findet die größte Ausgrenzung von Infizierten sogar durch die Schwulen selbst statt, indem sie nicht über den Umgang mit Infektionen und Infizierte sprechen und so nichtinfizierte Partner, die mit einem Infizierten anbändeln wollen, nicht darüber informieren, daß er HIV-Positiv ist. Lassen einige Schwule so Unerfahrene oder unsichere Jugendliche ins offene Messer dieser Krankheit rennen? - wenn man sie nicht über die Infektion eines neuen Partners informiert.

Schwule, die den Infekt bei einer Person nicht kennen, sollten durch Freunde über das Infektionsrisiko informiert werden. Die jungen Leute verstehen es schnell: Wenn jemand Sex ohne Gummi will, hat er sich vielleicht schon als positiv und schwul mit einem riskanten Leben geoutet. HIV-positive Menschen sollten nicht an den Rand gedrängt werden, aber vor allem in der Schwulenszene müssen Menschen mit und über infizierte Menschen sprechen. Das heißt, die Infektion eines Freundes sollte auch mit Freunden besprochen werden, die nichts davon wissen. Unwissende Freunde könnten informiert werden, damit sie durch Kondome `Oberflächlichkeit´ in der Partnerwahl vermeiden" (siehe aaO).

Es gibt Möglichkeiten, eine Ansteckung beim Sex zu vermeiden:

- Sie verfolgen eine *nicht eindringende Sexualität* (wie Petting, Befriedigung mit der Hand): Viele Lesben und besonders Schwule verfolgen daher auch eine nicht eindringende Sexualität, d.h. den Partner mit Zärtlichkeit, Körpereibung, mit Massagen und den Händen zu Höhepunkt zu bringen.
- Sie machen Safer Sex mit *Kondomen / Gummitüchern.*
- Sie und Ihr Partner bzw. Ihre Partnerin sind einander sexuell *wirklich treu* und nicht infiziert.

In dem Buch "Good Vibrations - fun and safe" geben Cathy Winks und Anne Semans daher folgenden Rat zum Gummischutz: "Ziehen sie in Betracht, Gummitücher als Schutz beim oral/vaginalen oder oral/analen Sex zu verwenden. Ziehen sie es vor, ein Kondom oder einen Latexhandschuh aufzuschneien oder größere Stücke aus einer haushaltsüblichen, doppelt gelegten Frischhaltefolie herauszuschneiden. Mit Frischhaltefolie können Sie Ihre eigene Plastikunterwäsche kreieren, wenn Sie die Folie um die Hüften und so zwischen den Beinen hindurch wickeln, daß sie Genitalien und Anus bedecken, und dann wieder um die Hüften schlingen. Ein Gleitmittel auf der Haut des Partners unter dem Gummi oder der Folie verstärkt die Empfindung. Benutzen sie beim oralen Sex (z.B. Schwanzlutschen) Kondome: Kein Schwanzlutschen ohne Kondome" (aaO:202f,487f).

Abbildung: Safer Sex mit Dental-Dam Gummitüchern

Kondome - oder Gummi, Präser, Pariser, Überzieher, Verhüterli ..., es gibt viele Namen für die "zweite Haut" - sind der einzige *wirksame Schutz* gegen Aids und andere sexuell übertragbare Krankheiten, wenn sie richtig angewendet werden. Samen- und andere Flüssigkeiten, Viren, Bakterien usw. werden von der Latexhaut gestoppt. Markenkondome haben Gütezeichen (z.B. das dlf-Gütesiegel), das die Einhaltung der Qualitätsnormen gewährleistet. Bei Markenkondomen ist ein Verfallsdatum angegeben. Markenkondome sind extrem haltbar, wenn sie richtig angewendet werden. Statistiken zeigen, daß die Sicherheit von Kondomen vor allem von den Benutzern, ihrer Übung und ihrer Vertrautheit damit abhängt.

Ein bewährter *Praxistip*: wenn der Umgang mit Kondomen ruhig erstmal alleine ausprobiert wird, geht es auch zu zweit viel einfacher. Kondome befreien vor der Angst vor Ansteckung, Kondome geben Sicherheit. Und beim gemeinsamen Ausprobieren wachsen Lust, Vertrautheit und Vergnügen.

Es ist klar: Nur wer Kondome in der Tasche oder in der Nähe des Bettes hat, kann sie auch benutzen. Wer sich darauf verläßt, daß der bzw. die andere Kondome und weitere Schutzutensilien dabei hat, ist vielleicht im entscheidenden Augenblick ziemlich verlassen. Also rechtzeitig Kondome und fettfreies Gleitgel kaufen und die Kondome beschädigungssicher einstecken oder am Bett bereithalten (dies gilt insbesondere auch auf Reisen: im Ausland findet man Kondome oft nicht in der erwarteten Qualität).

Folgende Dinge sollten bei dem Aussuchen und Benutzen der Kondome beachtet werden:

1. Nur wo Qualität draufsteht, ist auch Qualität drin. Also, nur Kondome mit Qualitätszeichen oder Gütesiegel verwenden. Es gibt auch extra dickere Kondome, die noch reißfester sind (z.B. HT-Special).
2. Nicht nur Joghurts und Dosensuppen, sondern auch Kondome, deren Haltbarkeitsdatum überschritten ist, gehören in die Mülltonne.
3. Kondome sind nur einmal zu benutzen und nicht in der Toilette, sondern im Mülleimer zu entsorgen.

Die Anwendung eines Kondoms

Viele Kondome sind mit einem Gleitmittel beschichtet. Aber manchmal ist etwas mehr Feuchtigkeit nötig. Fette, Öle, Lotionen, Cremes oder Vaseline greifen allerdings die dünne Latexhaut an und machen sie für Viren durchlässig. Oder sie führen sogar zum Zerreißen des Kondoms. Deshalb nur *wasserlösliche* Gleitmittel verwenden (z.B. Femilind, KY oder Softglide). Geeignete Gleitmittel sind nicht billig, aber zur eigenen Sicherheit sollten sie lieber großzügig angewendet werden: auf der Außenseite des Kondoms und direkt beim Partner bzw. der Partnerin. Fettfreie Gleitmittel sind zwar manchmal nicht so leicht erhältlich wie Kondome, aber auf jeden Fall können sie in Apotheken, Drogerien oder Erotikshops und im Versandhandel gekauft werden. Beachten Sie bei der Anwendung von Kondomen folgende Punkte:

- Beim Vorspiel: Reißen Sie die Packung vorsichtig auf. Dabei sollten Sie spitze Fingernägel oder spitze Gegenstände vermeiden! Rollen Sie das Kondom nicht aus und prüfen Sie es nicht auf Dichtigkeit - dadurch können Sie es beschädigen.
- Ziehen Sie die Vorhaut des Gliedes zurück.
- Drücken Sie aus der Spitze oder dem Reservoir (dem Zipfel) des Kondoms mit zwei Fingern die Luft heraus, um Platz für den Samen zu schaffen.
- Setzen Sie das Kondom auf die Spitze des steifen Gliedes. Die "Rolle" muß dabei außen liegen. Dann rollen Sie es bis ganz nach hinten über das Glied ab. Bitte ziehen Sie nicht - es sollte ganz leicht gehen. (Nehmen Sie ein neues Kondom, wenn es nicht geklappt hat.)
- Nach dem Höhepunkt: Ziehen sie das Glied vor dem Erschlaffen heraus. Damit dabei das Kondom nicht abrutscht, sollten Sie es festhalten. Achten Sie darauf, daß kein Samen herausgedrückt wird. Danach das Glied säubern, damit beim Nachspiel kein Samen mehr im Spiel ist. Verwenden Sie ein Kondom immer nur einmal. Das in Papier eingewickelte oder zugeknotete Kondom in den Abfall geben, nicht in die Toilette werfen.

Quelle: BZgA 1993c

Safer Sex bietet also Schutz vor sexuell übertragbaren Krankheiten. Es geht um Gesundheit und Verantwortung - bei beiden Partnern. Lebenswichtig ist Safer Sex besonders als Schutz vor Aids, vor allem dann, wenn einer der Partner in der letzten Zeit ungeschützten Sex hatte. Safer Sex heißt, daß Samenflüssigkeit bzw. Scheidenflüssigkeit und Blut nicht in den Körper des Partners bzw. der Partnerin gelangen. Das kann erreicht werden, indem man beim Sex nicht in den Körper des Partners oder der Partnerin "eindringt", oder, indem man beim Sexualverkehr Kondome benutzt. Sexualität - und damit auch Safer Sex - hat sehr viele Möglichkeiten, sich gegenseitig Lust und Befriedigung zu schenken. Dazu gehört zärtliches Streicheln oder Massieren ebenso wie z.B. Petting.

Übrigens: Auch beim Küssen besteht *keine* Gefahr, sich mit HIV anzustecken. Safer Sex kann also ein *Gewinn für die sexuellen Ausdruckmöglichkeiten* sein.

Safer Sex bedeutet:

- sich geschützt vor Ansteckung gemeinsam sicher zu fühlen,
- Sexualität mit gegenseitiger Rücksichtnahme, viel Zärtlichkeit und Phantasie zu erleben und zu genießen: Küssen, Schmusen, Anfassen, Streicheln und vieles mehr,
- die Phantasie zu entwickeln, den eigenen Körper und den der Partnerin bzw. des Partners zu entdecken,
- den Spaß an der Sexualität zu behalten, und sich auch am nächsten Morgen noch wohl zu fühlen, ohne Sorgen und belastende Gefühle "Hinterher".

Die Bundeszentrale für gesundheitliche Aufklärung: "Über Kondome kann überall und jederzeit geredet werden: Ob in Talkshows, in der Schule, im Werbespot oder abends in der Kneipe" (aaO). Und manche wissen einfach nicht Bescheid über diese Dinger. Wer daher nochmehr über notwendige und nicht notwendige Spielzeuge der Liebe und Handlungsstrategien für riskoarmes Sexualverhalten lesen will, sei auf den Ratgeber "Good Vibrations" von Cathy Winks und Anne Semans im Informationsteil verwiesen.

Die Folgen enttäuschter Liebe

So schön das Verliebtsein, ein sich Kennenlernen und gegenseitiges Annähern auch sein kann, so zärtlich man sich mit einem Partner in der Beziehung gegenseitig liebt, so gibt es aber auch *Krisen in der Partnerschaft*, so daß es dazu kommen kann, daß sich die beiden Liebhaber trennen (müssen) und wieder ihre eigenen Wege gehen. Nicht nur mit Stadien des Verliebtseins und dem körperlichen Kennenlernen ist umzugehen zu lernen, viel schlimmer ist es, sich nach einem Beziehungsende vom Traummann bzw. der Traumfrau identifikatorisch zu lösen und seinen Liebeskummer zu verarbeiten.

Wenn wir für unsere Liebe vom Partner z.B. dann noch Gleichgültigkeit oder gar Ablehnung zurückerhalten, sind wir schrecklich enttäuscht und erleben psychischen Schmerz. Der psychische Schmerz des Liebenden, der verschmäht wird, ist der stärkste psychische Schmerz, den man erleben kann, er trifft so heftig, daß die Reaktion darauf Haß, Zerstörung, Depression, Mord oder Selbstmord sein kann. Das Leben verliert an *Sinn*, wir fühlen uns niedergeschlagen, nutzlos, wertlos, verstoßen, verlassen, einsam.

Diese Gefühle wurden von den meisten Menschen einmal durchlebt. Wer diese Gefühle oft erlebt, wer gar von einer Enttäuschung zur anderen kommt und die eigene Liebe nur selten oder überhaupt nicht erwidert erhält, der entwickelt sich vom Freund und Liebenden des Lebens zum Feind und Hassenden des Lebens. Er öffnet sich nicht mehr, vermeidet zu geben, sucht nur noch das Bekommen, ohne zu geben, und wenn auch das nicht gelingt, entwickelt sich eine Neigung, zu drohen, zu schädigen, zu zerstören, zu vernichten.

Manche Menschen sind daher zutiefst frustriert in ihrem Bedürfnis, Liebe zu erhalten. Der Schmerz, Liebe nicht zu empfangen (oder: empfangen zu dürfen), führt zur Lust, anderen zu drohen oder zu schaden: "Wenn ich schon keine Liebe erhalte, so erhalte ich eine Zuwendung in der Form von Angst der anderen vor mir oder eine *Befriedigung durch Macht* über andere. Wenn ich jemanden erniedrigt habe, war ich mächtiger, war ich größer und besser", das ist der *fatale Trugschluß*. Sadistische und zynische Menschen sind zutiefst in ihrem Verlangen nach Liebe enttäuschte Menschen.

Wie kann man dem Weg in Zerstörung und Sadismus entgehen, wenn man Liebe gibt und keine Liebe zurückerhält? Peter Lauster gibt in seinem Buch "Die Liebe" daher folgenden Rat: "Wir müssen unsere *Einstellung* zur Liebe radikal verändern. *Wir dürfen in der Liebe nicht das kommerzielle Prinzip von Geben und Bekommen (Nehmen) anwenden.* Wir müssen den Mitmenschen so lieben, wie er ist, wir müssen ihn akzeptieren wie eine Blume, ein Tier, einen Schmetterling, einen Adler am Himmel. Gegenüber dem Tier ist das leicht, gegenüber dem Mitmenschen fällt uns das überaus schwer. Das ist das *Geheimnis der reifen Liebesfähigkeit*: Liebe zu geben ist befriedigend und erzeugt das Gefühl von Glück und Sinn - auch wenn wir *keine* Gegenliebe zurückerhalten. Wer nicht nach Gegenliebe fragt, der wird Liebesverlust und den psychischen Schmerz nicht mehr erleben – nicht, weil er hartherzig geworden ist und seine Gefühle einkapselt, sondern weil er die *Erwartung* der Gegenliebe aufgibt. Wenn jede Erwartung aufhört, kann die Liebe frei und ungehemmt fließen" (aaO:178f).

Wenn man ein Defizit an Zuwendung zu seiner Person erlebt, dann zeigt das doch nur, daß man zu große Erwartungen hat. Je höher die Erwartungen sind, um so depressiver reagiert man auf fehlende Zuwendung. Jeder kann dem anderen nur die Existenz seiner Einhelligkeit geben. Die Erwartung der Liebe geschieht aus Enttäuschung und aus Mißtrauen. Die Befürchtung, daß das eigentlich Selbstverständliche nicht eintreten könnte, baut Erwartungsspannung auf. Wir sollten unseren Mitmenschen ohne jede Erwartung gegenübertreten, die anderen sollten nichts von uns erwarten, und wir sollten nichts von ihnen erwarten. Auch die kleinste Erwartung ist bereits schädlich für meine Offenheit und den Austausch von Gefühlen. Enttäuschte Liebe ist enttäuschte Erwartung. Wenn keine Erwartungen bestehen, kann keine Enttäuschung eintreten. Liebesfähigkeit ist somit nach Peter Lauster die Fähigkeit, "Liebe zu geben - ohne vom anderen etwas zu erwarten" (aaO:180).

Das Herunterschrauben von Erwartungen und Idealen kann in der Tat manchmal helfen, den Verlust einer Liebesbeziehung nicht so dramatisch zu erleben oder an Idealen, an denen man in der Realität zuvor immer scheiterte, weil sie zu hoch angelegt waren - wie es bei Lesben und Schwulen oft der Fall ist -, jetzt nicht mehr zu scheitern, so daß man mit dem, so wie es läuft, zufrieden sein kann.

So müssen Schwule und Lesben nicht nur im Coming-Out ihr innerpsychisches System umstrukturieren, wenn sie von einer heterosexuellen Auslegung der Lebenswelt zu einer gleichgeschlechtlichen Auslegung der Lebenswelt hinübertreten, sondern auch hier in der Liebe, die oftmals *struktureller Gewalt* (Galtung aaO) ausgeliefert ist, nämlich dann, wenn sie sich nicht so entfalten kann, wie sie es möchte: Unerfüllte Erwartungen auf jeder Ebene. In dieser Hinsicht kann die strukturelle Gewalt z.B. der Kirchen ebenso für einige einen Status von unerfüllten Erwartungen und quasi Liebeskummer und dauerhafte Lebens-Depression induzieren.

Man kann die Welt als einzelner auch nicht immer revolutionieren, so daß sie den eigenen Erwartungen entspricht. Dieses geht nur Schritt für Schritt, sollte aber daher jeden einzelnen zu engagierter Mitarbeit ermuntern!

Nicht 120 Prozent erwarten, sondern für 10 Prozent dankbar sein -
Wer hohe Ideale hat, kann an ihnen scheitern
- besonders in der Liebe: Zuwendung fördert die Dynamik

Ein *Erwachsener*, der unter Menschen lebt, benötigt *liebende Zuwendung* von seinen Mitmenschen - besonders dann, wenn er sie *erwartet*. Erwartungen und Ideal-Vorstellungen sind in der Liebe ein wichtiges Moment: Eine Blume kann mich nicht enttäuschen, weil ich mich mit ihrer Gegenwart begnüge, weil ich von ihr keine Gegenliebe erwarte. Fehlt die Erfüllung der *Erwartung*, diese liebevolle Zuwendung, ist die psychische Folge die *Depression*. Ein Erwachsener, der sich Liebe erwartend öffnet, aber von anderen Menschen keine Liebe oder Anerkennung erhält, fühlt sich nutzlos, sinnlos und schwach. Dies gilt um so mehr für Menschen, die auf die Anerkennung und den Beifall anderer Menschen angewiesen sind: Solche Menschen sind *fremdbestimmt* oder *außengelenkt*, achten auf ein positives *Image*. Umso tiefer trifft es sie, wenn sie die erwartete Anerkennung nicht bekommen. Durch das Defizit der erwarteten, aber nicht bekommenen Liebe fühlt man sich niedergedrückt, schwunglos, glanzlos, mutlos, apathische, unmotiviert. Das sind die Symptome der *Depression*. (*Wenn* das Leben ohne die Liebe an Sinn verliert, darf besonders die Kirche niemanden in die Sinnlosigkeit stürzen, die zu Depression, Autoaggression und schließlich zum Suizid führen kann. Die Kirche muß durch große Unterstützung und positive Einstellung zur Liebe den Sinn eines Menschen für eine Beziehung stärken und diese firmieren.)

Nun kann man die reale Welt so verändern, daß sie den Erwartungen und Idealen entspricht, doch ist es oft *global* nicht *sofort* möglich, die "Welt" zu reformieren. Bleibt eine zweite Möglichkeit: Seine Ideale herunterschrauben, weniger erwarten, obwohl es auch hier schwerfällt, eine kognitive Umstrukturierung vorzunehmen, um nicht über die nicht erreichten 70 von Hundert traurig zu sein, sondern sich über ein zu 30 Prozent erreichtes Ideal zu freuen. Das Glas Wasser kann immer halb voll sein oder halb leer. Das *Erhalten von Zuwendung* und Liebe, in welcher Form auch immer, ist das beste Antidepressivum - neben der *Veränderung von Idealen* bzw. engagierter *Arbeit für eine reale Welt, die den eigenen Vorstellungen entspricht* sowie der *Stärkung des Selbst*, damit man nicht so abhängig (außengeleitet, fremdbestimmt) ist von der Anerkennung durch andere. Die Krankheit der Idealität (das Scheitern an zu hohen Idealen) ist bei Schwulen und Lesben oftmals besonders ausgeprägt, nicht nur weil sie hohe Ideale haben aufgrund ihrer Stigma-Kompensationsbestrebungen, sondern auch, weil ihnen die Ideale von der Gesellschaft so hoch "gelegt" werden bzw. gar nicht zugestanden werden, da ihnen nicht ein Grundmaß an den in der Gesellschaft üblichen Werten und Idealen von dieser gewährt wird: z.B. die gesellschaftliche Anerkennung durch Legalisierung und Legitimation ihrer Beziehungen durch die Kirchliche Hochzeit. Dieses Ideal war ihnen bisher verwehrt. Persönliche Zuwendung und gesellschaftliche Integration hingegen fördern Dynamik, Initiative, Lebenslust und Lebensfreude. Wer selbst liebt und Liebe erhält, dessen Energie fließt, er gibt Energie und erhält Energie, er fühlt sich gesund, stark, mutig, positiv und lebensbejahend, er entwickelt Charme, Witz und Geist. Eigenes *Engagement* für irgendwas kann dabei ein Impuls für eine aufkeimende Motivation sein: Der Körper, die Seele und der Geist werden erfrischt und belebt.

Somit sind Schwule und Lesben in ihrer Liebe oftmals in eine *strukturelle Depression* geworfen, wenn die Gesellschaft es Ihnen schwer macht, ihre Erwartungen und Idealvorstellungen umzusetzen. Es bleibt oftmals nur die kognitive Umstrukturierung von Erwartungen: Schwule und Lesben müssen lernen, mit dem, was geht, glücklich zu sein: In ihren kognitiven Prozessen müssen Lesben und Schwule lernen, das Glas Wasser immer halb voll und nicht halbleer zu sehen. Schwule und Lesben haben oftmals besonders hohe Erwartungen z.b: an ihre Beziehung, damit diese über-vorbildlich ist. Sie wollen ihr Anderssein mit besonderer Vorbildlichkeit rechtfertigen (z.b. wird die Liebe mit einem besonders treuen Eheleitbild des romantischen Ideals gerechtfertigt). Doch an diesen hohen Erwartungen und Vorstellungen an die Liebe und den Partner kann man - wie auch Heterosexuelle - hin und wieder scheitern. Weniger erwarten ist mehr. Zufriedensein mit dem, was geht und machbar ist, ist alles. Dieses läßt einen reifen und letztlich zufriedener sein mit der Lebenswelt als andere, für die das Glas Wasser immer halbleer ist.

Es ist immer ein Mittelweg, entweder die Ideale der Realität anzupassen, oder aber auch engagiert dafür einzutreten, die Realität so zu formen und strukturieren, daß sie den Idealen entgegenkommt. Ganz auf seine Ideale und Erwartungen zu verzichten, heißt auch, einen Teil seiner Person zu verändern, und wird in der Diskussion auch kritisch gesehen: Heißt keine Erwartungen zu haben, auch keine Hoffnungen zu haben? Depressionen lindert man auch dadurch, indem man sich wieder neue Ziele, Hoffungen, Beziehungspartner und - entgegengesetzt der Auffassung von Peter Lauster (s.o.) – *Erwartungen* sucht, auf die man dann engagiert hinarbeiten kann.

Unzufriedenheiten mit den Fehlern des Partners können durch die wechselseitige Koordination, Abstimmung und Veränderung von Erwartrungshaltungen über kurz oder lang in den Griff bekommen werden. Schwieriger wird es, wenn überhaupt keine Basis für eine gegenseitige Beziehung mehr vorhanden ist. In der konkreten Liebesbeziehung kann es so natürlich auch zu Streitigkeiten oder gar einem Ende der Beziehung kommen. Hier muß man lernen, auch *Schluß machen* zu können - wenn es nötig ist, bzw. damit umgehen können, wenn man plötzlich nach "der großen Enttäuschung" wieder alleine oder gar einsam ist.

Oft dauert es etwas länger, bis die Trennung vom Geliebten vollzogen ist. Kurz nach der Trennung kann es manchmal recht schmerzhaft sein, noch in der Nähe des Partners zu bleiben, vor allem, wenn die Trennung einseitig war, der Partner in eine neue

Beziehung wechselt, oder der eine noch mit der Liebe identifiziert ist.

Daher kann es vorkommen, daß man den anderen nicht sehen will, um das Verletztsein und die Enttäuschung zu verarbeiten und das eigene Selbstgefühl wiederaufzubauen. Dies kann einen derartigen Schlag für das eigene Vertrauen und Selbstbewußtsein bedeuten, daß man an der Wahrnehmung anderer Lebensbereiche zweifelt.

Aber auch die umgekehrte Konstellation ist denkbar: Man will den anderen sehen und sich aussprechen und dieser gibt einem nicht die Gelegenheit dazu, weil er sich z.b. telefonisch nicht (mehr) erreichen läßt oder lassen will. Aussprache muß jedoch immer gewährt werden. Ein Abbrechen der Kommunikation, z.B. durch Einschalten eines Anrufbeantworters oder der Sprachbox am Handy kann im Verlustfall besonders schmerzhaft sein.

Die schmerzhafte Erfahrung des Verletztseins muß durch *aktive Trauerarbeit* verarbeitet werden. Gute Freunde helfen dabei - sofern man sich einen Freundeskreis neben dem festen Freund aufgebaut hat oder diesen gehalten hat.

Eine (nicht zu empfehlende) Form der Verarbeitung ist der *Zynismus*. Zynisch ist jemand, der andere (z.B. durch Tratsch und Intrigen) durch den "Kakao" zieht, um selbst noch eine weiße Weste zu haben. Auf Dauer wirkt Zynismus jedoch isolierend. Zynismus ist ein Zeichen dafür, daß man mit der Verletzung noch nicht klargekommen und unausgeglichen ist. Man muß sich stattdessen die Trauer über den Verlust der Beziehung eingestehen, dann wird man auch der *Möglichkeit einer neuen Beziehung* offen gegenüberstehen. Der *Freundeskreis*, der zu einem steht, wird auch von der Trauer ablenken. Man sollte mit jemandem sprechen, dem man die Schwierigkeiten in allen Einzelheiten schildern kann (hier sei daher nochmals betont, wie wichtig ein Coming-Out bei Menschen ist, die einem später bei Liebeskummer zuhören können. Eine Trennung allein verarbeiten zu müssen, wie es bei einem Doppelleben der Fall wäre, würde Enttäuschungen einer Liebe potenzieren.).

Wenn Jugendliche bei Erfahreneren im Rahmen einer persönlichen, festen Freundschaft / Beziehung eine Identifikation und Halt suchen, wird der Ältere oft mit dem Begriff des Mentors

("Coming-Out-Mütterchen") bezeichnet; es ist oft so, daß sich gerade jüngere Schwule einen wenige Jahre älteren bzw. erfahreneren Freund suchen, um so Halt zu finden und eine Identifikation an einem Modell zu haben, an dem sie und mit dem sie gemeinsam lernen können.

Die Übernahme von Identifikationen bezieht sich dabei auf die Kognition, Ästhetik, den Habitus (wie man sich gibt) etc. - es bezieht sich nicht nicht auf die sexuelle Orientierung, die (ja) schon vorgegeben ist. Es geht um das sich-vertraut-machen eines Paares, um das Austauschen von Erwartungen an den Beziehungspartner, um das Einspielen von Beziehungsritualien. Die sexuelle Orientierung hingegen ist wie gesehen eine Konstante, die nicht imitiert werden kann oder durch Identifikation erworben wird, sie ist unabänderbar vorgegeben.

Bei sich annähernden Beziehungspartnern ist oft festzustellen, daß sie den gleichen Habitus entfalten (bzw. der jüngere Identitätssuchende sich angleicht), nicht nur in den Werthaltungen und dem ästhetischen Geschmack, beispielsweise des Kleidungsstils oder von Redewendungen, sondern auch in den kognitiven Denkschemata (Einstellungen, Vorbildern, Motivationen, Handlungsschemata, Identitätspräsentationen) besteht oftmals eine Übernahme durch Identifikation und Imitation.

Die Übernahme von kognitiven Denk-Strategien bedingt, daß sich irgendwann nach einigen Jahren die Denkschemata ähneln, so daß dieses Paar z.B. in gegenseitige Machtspiele verfallen kann, was dann der Beziehung nicht unbedingt zuträglich ist, wenn der andere gelernt hat, wie der eine denkt und argumentiert, wenn er bereits vorher weiß, wie der andere strategisch operiert, so daß man die taktischen Züge voraussieht und sich ein schachähnliches Machtspiel entwickelt. Oder es ist einfach auch nur so, daß diese (ein paar Jahre ältere) Identifikationsfigur keine neuen Impulse für den Jüngeren mehr gibt.

Das Totleben einer Beziehung, das "Ausgereiztsein des Partners", daß man den Partner sehr genau kennt, geschieht aber ebenso bei heterosexuellen Paaren, die sich über Jahre kennen. In der Coming-Out-Beziehung zu einem erfahreneren Freund, der mit dem

Schwulsein umzugehen gelernt hat, lernt der Jüngere nur etwas existentieller, nämlich seine dringend benötigten Identifikationen aufzubauen für die Stabilisierung des Umgangs mit dem Schwulsein, um eine Krise zu vermeiden:

Wird ein Jugendlicher von einem Freund, mit dem er sich sehr identifiziert, sodann alleingelassen, verliert er sein "Coming-Out-Mütterchen", was dann oftmals zu schwerwiegenden Identifikationslücken und einem sinnleeren Vakuum (möglicherweise Suizidgefahr) kommen kann, was wesentlich ernsthafter beurteilt werden muß, als mit den Worten: "Er hat ein wenig Liebeskummer".

Suizidgefahr besteht nach dem Ende einer Beziehung besonders bei Jugendlichen, die in ihrer Freizeit keine anderen Sinnwelten (z.B. Hobbies) haben, als auf schwul-lesbische Parties zu gehen. Bricht dann auch noch eine Beziehung zusammen, kann das Leben schnell sinnlos geworden sein, depressiver Liebeskummer muß bewältigt werden. Etwa ein Drittel der Selbstmorde männlicher Jugendlicher erfolgt aufgrund von Problemen mit der gleichgeschlechtlichen Orientierung, die sich sowohl auf ein nicht gelingendes Coming-Out beziehen, als auch auf Liebeskummer nach (der ersten) gescheiterten Beziehung(en) (vgl. Bundesstudie der USA von 1989, zit. n. Hofsäss 1995:17).

Also auch während der ersten Beziehung ist eine Coming-Out-Gruppe als Rückhalt noch ratsam. Menschen mit zahlreichen Interessen und Hobbies neben der "Szene" (wie Reiten, Sport, Kellnern und anderen "familiären Ersatz-Sinnwelten") und heterosexuellen Freunden, die Bescheid wissen und bei Liebeskummer trösten, haben oftmals mehr Ablenkung und somit vielfältigere Bewältigungsstrategien für Liebeskummer - die entstehende Partner-Lücke kann schneller mit anderen vorhandenen Interessen gefüllt werden.

Traurigkeit am Ende einer Beziehung - sei es nun eine *Freundschaft, Lebensgemeinschaft* oder *Ehe* - ist eine natürliche Reaktion auf Enttäuschung und Verlust. Zu *weinen* und die ganze Tiefe des Verletztseins zu spüren, wirkt lindernd. Es geht darum, *weiterzumachen:* z.B. irgend etwas in der Wohnung zu verändern,

Möbel umzustellen, und einige Gegenstände entfernen, die einen zu stark an den Ex-Freund erinnern. So eine *Reinigungsaktion* (Katharsis) kann ein Symbol für einen *Neuanfang* sein.

Eine andere Möglichkeit zwischen zwei reifen Partnern ist die *verstandesmäßige Trennung*, indem sich beide sagen: "Wir verstehen einander nicht mehr". Man dankt sich für die schönen Stunden in der Beziehung und verspricht Freunde zu bleiben, damit man sich ggf. immer wieder mal anrufen kann. Es bringt nichts - außer falscher Genugtuung - den anderen in seinem Selbstwertgefühl zu verletzen, ihm nochmals einen "Reinwürgen" zu wollen. Stattdessen muß man sich selbst durch seinen Kummer hindurcharbeiten.

Wunden heilt die Zeit, aber auch man selbst, indem man sich aktiv von der geliebten Person *de-identifiziert* und versucht, sein Herz noch einmal, einen weiteren Fühling lang, zu öffnen.

Es wurde bereits betont, daß es wichtig ist, bevor man eine Beziehung eingeht, seine eigene Identität gefunden zu haben, sich von anderen abgegrenzt zu haben.

Trennungen sind besonders dann schwierig, langwierig und manchmal sogar suizid-gefährdend, wenn man sich im anderen *verloren* hat, der Partner zur eigenen Identitätsstütze gebraucht wird. Fällt diese weg, fällt manchmal auch der ganze Lebenssinn, ein Teil des eigenen Lebensentwurfs weg.

Trotz einer Trennungserfahrung sollte man daher soweit eine stabile Identität haben, daß man sein *Schwulsein* nicht in Frage stellt, einen wichtigen Identitätspfeiler seiner Selbst nicht verliert - wenn man den Freund verliert. Dieses trifft oft auf Jugendliche im Coming-Out zu, die nach der Trennung vom Partner wieder ganz allein ohne Freundeskreis darstehen und sich dann allein nicht auf eine schwule Party trauen, um jemand anderen kennenzulernen, weil der Freundeskreis des Exfreundes dort sein könnte oder weil man sich nicht nur vom ehemaligen Freund aus Enttäuschung zurückzieht, sondern auch weil man sich vom Schwulsein generell zurückziehen möchte, eine zeitlang keusch und asexuell lebt oder gar wider seiner Orientierung es mit einer Frau versucht.

Eine *gefestigte* Identität zu haben heißt jedoch, auch dann noch derselbe zu sein, wenn ein wesentlicher äußerer Teil weggebrochen ist. Wer ein Bein verliert ist immer noch derselbe, ebenso wie derjenige, der seinen Freund verloren hat. Man muß fähig sein, notfalls auch allein weiterleben zu können und in seinem Leben einen Sinn zu finden.

Ein Beispiel gibt ein Star-Trek-Film: Kirk - Captain des Raumschiffes Enterprise - fragte, nachdem er seinen Sohn verloren hatte und auch aus einer aussichtslosen Notlage "sein" Raumschiff Enterprise in die Luft sprengen mußte: "Mein Gott, was habe ich getan?" - und zweifelte so an seiner Identität als starker Captain, der ein Raumschiff führen kann, dessen Identität als Captain ja geradezu durch das Raumschiff geprägt war, denn sonst wäre er ja kein Captain. Spock zerstreute seine Identitätszweifel. Auf die Frage, "Mein Gott, was habe ich getan?" antwortete er: "Das, was Du tun mußtest. Was du immer tatest, was Dir entspricht - weiterkämpfen, auch bei Verlusten." Die Identitätsfrage des Captains ohne Raumschiff war beantwortet: er *ist* Captain.

Schwulsein besteht also auch dann fort, wenn man das, was das Schwulsein sehr geprägt hat - wie der geliebte Freund - nicht mehr vorhanden ist. Die Empfindung und der Lebenssinn gehen weiter, auch nach einer Trennung von einer Beziehung, sie sind das, was in der Beziehung die Identität ausmachte und sie sind auch das, was die Zukunft ausmachen wird. Auch wenn eine Beziehung zu Ende ist, Kontinuität und Identität der schwulen Person sollten gewahrt bleiben.

Treue als Wert in schwulen Paarbeziehungen

Viele Männer bleiben mit ihren ehemaligen Liebhabern aber auch nach Trennungen weiterhin freundschaftlich verbunden: Das, was man einmal gefunden hat, das kennt man, wer weiß´, was man anderwo findet - es wird in jedem Falle nicht besser, sondern nur *anders* sein, denn jeder Mensch hat nicht nur ein individuelles Profil an Stärken, sondern auch an Schwächen.

Vielleicht muß man lernen, auch mit den Schwächen des Freundes zu leben. *Treue* und ein harmonisches Miteinander mit dem Partner sind Werte, die - ähnlich dem Glauben - *täglich* Anforderungen an uns stellen: Treue zum Partner - trotz seiner Schwächen - wird jeden Tag aufs Neue geprüft. Für die Beziehungs- und Familienforschung von gleichgeschlechtlichen Lebensgemeinschaften ist die Bedeutung des Begriffes *Treue als Zentralbegriff* unabweisbar, doch ist Treue hier meist ein Sachverhalt, der implizit mitinbegriffen ist.

Eine *Soziologie von Paaren* ist daher notwendig: Überlegungen zur "Treue" finden sich bei Georg Simmel in seinem "Exkurs über Treue und Dankbarkeit". Simmel sagt, Treue sei eine der "allgemeinsten Verhaltensweisen", die für alle Wechselwirkungen unter Menschen bedeutsam werden können, sei dies in hierarchischen Beziehungen (Vasallen-Treue), dem Staat gegenüber oder in der Liebe. In diesem Sinn der Loyalität oder "Vasallen-Treue" findet man den Begriff natürlich auch bei Max Weber (aaO:650).

Das Thema wird z.B. in dem Werk "Die postmoderne Familie" von Kurt Lüscher u.a. lediglich in drei Beiträgen kurz gestreift. Auch in Niklas Luhmanns "Liebe als Passion" kommt "Treue" nicht ausdrücklich vor. "Liebe" ist für Luhmann ein vertrauensbildender Mechanismus, ein Medium, das ermutigt, Gefühle zu bilden; ein Code, der Sicherheit gibt, an sich unwahrscheinliche, nämlich ganz persönliche Kommunikation erfolgreich zu verwirklichen (vgl. aaO).

Liebe impliziert Vertrauen, Sicherheit, Sichverlassenkönnen. Aus dem ergibt sich - auch wenn Niklas Luhmann das Wort nicht verwendet - "Treue" als Implikation von Liebe: umfassende persönliche Achtung, exklusive Kooperation mit und exklusive Beachtung der Besonderheit einer Person, die man liebt und der man dadurch treu ist (in einem weit umfassenderen Sinn als der sexuellen Treue). Treue wird also in der Soziologie von Paaren meist als selbstverständliche Implikation behandelt.

Die mit *"Untreue"* verbundene Assoziation zu "Treue" verweisen auf Vertrauen, Verläßlichkeit, Zuverlässigkeit und Vertrauenswürdigkeit: Wer treu und verläßlich ist, von dem kann man annehmen, daß er seinen Verpflichtungen nachkommt, daß er sich an Vereinbarungen hält: *Man kann ihm vertrauen, er ist vertrauenswürdig.* In dieselbe Richtung gehen die verwandten Begriffe Loyalität und Illoyalität, Solidarität, Zueinanderstehen, Zueinanderhalten.

Aber auch Mutter- und Elternliebe (wie jede Liebe) enthält ein Element von Treue im Sinne: Zu dir halte ich, dich beschütze ich, dich warne ich vor Gefahren; zu dir halte ich auch dann, wenn du im Unrecht bist, sogar, wenn du etwas Böses getan hast. Es sind daher im Wesentlichen folgende Aspekte, die eine soziologische Definition des Treue-Begriffes umfassen sollte:

1.) Was ist "Treue" eigentlich genau?

Es ist eine aus besonderer Wertschätzung, Achtung und Vertrauen, letztlich aus Liebe, erwachsende *Folge- und Hilfsbereitschaft* ("Loyalität") gegenüber einer Person - eine Bereitschaft zur Unterstützung in jeglicher Hinsicht, auch wenn dies "unvernünftig" wäre; eine Bereitschaft zur Akzeptanz auch anderer Eigenschaften und Haltungen. Weil nicht Macht oder Vertrag, sondern *Liebe die Quelle der Treue* ist, kann diese "bedingungslos", "blind" und "irrational" sein - *eine Solidarität, die unabhängig vom Tauschwert ist.* "(Folge-)Bereitschaft" ist nicht nur eine psychische Disposition, sondern Treue ist eine soziale Institution, weil sie ein "Gelöbnis" oder ein *"Versprechen"* impliziert, also Verläßlichkeit und Vertrauenswürdigkeit gewährleistet - denn ein Versprechen muß man ja immer einhalten!

2.) Die Exklusivität des Freundes:

Aus der Treue in Beziehungen folgt die *Exklusivität der Person*: Sie allein hat privilegierten und ausschließlichen Anspruch auf Treue. Der Partner ist zu Recht derjenige, den man allen anderen vorzieht *(monogame, treue Beziehung)*; derjenige, mit dem man bestimmte Erlebensbereiche ausschließlich teilt.

Die Exklusivität hat zwei Dimensionen: *Sexuelle Treue* und umfassende *persönliche Loyalität.* Treue ist zwar stets mit dem sexuellen Erleben verknüpft, reicht jedoch darüber hinaus: Es wäre für den Partner unerträglich, daß man über längere Zeit hinweg zwar sexuell treu, jedoch in anderen Beziehungsbereichen (etwa Abends ausgehen, Alltagssorgen besprechen, die Wohnungseinrichtung umgestalten, den Kindergarten aussuchen) an anderen Partnern orientiert wäre. Es geht in der übersexuellen Dimension der Treue, der symbolischen Ebene, die auf "Liebe" verweist, nicht nur um Ausschließlichkeit (wie bei der Sexualität), sondern um Bevorzugung, um Vorrechte und Prioritäten, die der Partner, dem man treu ist, beanspruchen kann. Von "Untreue" wird in der Regel jedoch immer nur gesprochen, wenn es um das Sexuelle geht.

3.) Dauerhaftigkeit durch: Beständigkeit, Kontinuität und Identität:

Treue hat schließlich auch den Bedeutungshorizont von Beständigkeit, Kontinuität und Identität. Sie enthält den Anspruch auf Dauerhaftigkeit und Zeitlosigkeit, ist grundsätzlich unbefristet: "Ewige Treue". *Treue meint also auch Folge (1) und Hilfsbereitschaft (2) mit Ausschließlichkeitscharakter (3) auf Dauer.* Sie bedeutet:

- "Du sollst in allen Lebenslagen zu mir stehen und zu mir halten",
- "Du sollst keinen anderen außer mir haben" und
- "Du sollst mich ewig lieben".

Das ist der Kern einer Definition und in diesem Sinn ist Treue ein institutionalisierter Anspruch an den Partner in jeder Paarbeziehung (auch wenn empirisch manches so strikt nicht haltbar ist, vgl. a. Burkart 1991:499ff).

Warum ist der Schwule heute treuer denn je?

Warum ist man treu oder untreu? - Zum einen gibt es das schwule Treue-Gelöbnis: Mit dem *Treuebund* ist ein gegenseitiges Treue-Gelöbnis verbunden. Die Treue-Norm soll für Beziehungspartner fraglos sein. Der sog. Beziehungsbruch oder "Ehebruch" war und ist zweifellos ein schweres Vergehen, das signalisierte schon das harte Wort. Man kann auch von einem Bedürfniskonflikt ausgehen, der qua Sozialisation gemildert wird: Eine entsprechende Sozialisation setzt die monogame, treue Orientierung durch und stützt sie durch moralische Imperative und institutionelle Regelungen ab. Die

Motivation zur Treue kann *moralisch* ("Pflicht", Ethos), eher affektiv durch Macht und Besitzanspruch (Rücksicht auf den Partner und dessen Eifersucht) oder eher *kognitiv-rational* ("Vertrag") begründet sein:

- Macht und Besitzanspruch und der daraus ableitbare Anspruch auf einseitige und absolute Treue ist sicher kein ernsthafter Legitimitätsgrund. Im Gegenteil gilt der "Besitzanspruch" als weitverbreitete neurotische Disposition zur "krankhaften" Eifersucht. "Normale" (gesunde) Eifersucht wird oft durch ihre Schutzfunktion beschrieben: Die Betreffenden sehen dadurch die Gefahr des Liebesverlustes und können Energie dagegen entwickeln. Da Treue auf der psychischen Ebene mit Eifersucht verknüpft ist, d.h. die Forderung an den Partner, treu zu sein, mit dem Wissen um die Kränkbarkeit im Verletzungsfall erhoben wird, läßt sich die Eifersucht auch als Steuerungsinstrument der Monogamie begreifen.

- Treue kann aber auch im Interesse der Aufrechterhaltung einer Beziehung aufgrund der mit Untreue verbundenen Probleme oder aus anderen "vernünftigen" Gründen vereinbart werden: Aus Rücksicht auf den Partner oder weil Untreue ziemlich anstrengend ist, wird entweder auf Untreue verzichtet oder sie wird dem Partner - in Zeiten von Aids gefährlicherweise - verheimlicht. Untreue ist dann nicht Vertrauensbruch in einem moralischen Sinn, sondern Vertragsbruch. Sie ist nicht unmoralisch, man erkennt ein Bedürfnis danach als menschlich - es muß aber kontrolliert werden, daß niemand fremdgeht, im Interesse der Partnerschaft.

- Auf einer höheren Moralstufe beruht die Motivation zur Treue auf dem Prinzip der Gegenseitigkeit (Reziprozität): "Du hast denselben Anspruch auf Exklusivität wie ich, was ich von dir erwarte, muß auch du von mir erwarten können." Als solches kann Treue zu Recht - und ohne weitere Begründung - vom Partner erwartet werden. Die Bereitschaft zur Treue ist dann in der Regel verinnerlicht: Man will treu sein und benötigt keine ausgesprochene Sanktionsdrohung. Treue kann also moralisches Prinzip sein - im Sinne einer "Pflicht", eines Beziehungs-Ethos oder eines "letzten Wertes": Untreue ist Vertrauensbruch und moralisch "verwerflich" (vgl. aaO).

Prinzipiell in Frage kommen also: der Machtanspruch auf den Partner; die Moral, daß man nicht fremdgeht sowie drittens vertragliche Grundlagen: "Wir führen eine Beziehung und kein Sex-Verhältnis".

Allgemein hat in der individualisierten Welt eine Bedeutungsverschiebung eingesetzt: Von der *Treue als moralisches Prinzip* zur *Treue aus Vernunft* - allerdings gibt es auch eine gegenläufige Tendenz der Remoralisierung: In erster Linie bedeutet aber "*Remoralisierung* von Treue" (aaO:504) jedoch nicht eine Rückkehr zu rigiden Moralvorstellungen insbesondere von sexueller Ausschließlichkeit, sondern die Integration des Treue-Anspruchs in einen *übergreifenden Wert-Komplex*. Gelegentliche Untreue scheint zwar toleriert - aber: sie gefährdet im Grunde die Beziehung stärker als früher, weil diese anspruchsvoller geworden sind. Es gibt Ansprüche auf Offenheit, Vertrauen, Wahrhaftigkeit, Gleichwertigkeit, Kommunikation usw.. Das bedeutet, daß der umfassende *Treue-Anspruch gestiegen* ist, weil er integriert wurde in einen Wertkomplex von Aufrichtigkeit, Offenheit, Vertrauen und Gegenseitigkeit. Untreue kann zwar nicht mehr prinzipiell verboten werden, noch weniger legitim erscheint in dieser Perspektive jedoch Heimlichkeit und Verheimlichung. Gefordert ist *Offenheit von Untreue*. Aber Beziehungsstreß ist damit vorprogrammiert.

Auch ein anderes Argument spricht dafür, daß Treue heutzutage stark an Bedeutung gewinnt: gerade in der individualisierten Welt scheint die *schwule Paarbeziehung* wichtiger zu werden, weil sie immer mehr zum einzigen Hort intensiver emotionaler Bindung im Erwachsenenalter wird (oder, wie Niklas Luhmann sagt: Das Subsystem der intimen Beziehung übernimmt die Funktion von Vergemeinschaftung und Identitätssicherung). Ohne stabile Beziehung ist man sozial ortlos und einsam. Damit steigt der Anspruch an den Partner: Man ist treu, um den Partner nicht zu verlieren, um nicht allein und einsam zu sein (dieses umso stärker, sofern Einsamkeitserfahrungen gemacht wurden).

Alles in allem: Treue wird eher pragmatisch gehandhabt. Allmählich setzt sich ein auf Nützlichkeit bedachtes (utilitaristisches) Verständnis von Treue durch: Es ist *zweckmäßig* - im Interesse der *Stabilität der Beziehung* - auf fragwürdige Abenteuer zu verzichten. Ohne bisher in diesem Zusammenhang auf eine potenzielle *Aids-Gefährdung bei Untreue* ausführlicher eingegangen zu sein, ist klar: Man erkauft sich letztlich mehr Nachteile als Vorteile, wenn man untreu ist.

Eine treue Beziehung zu einem festen Sexualpartner hilft wesentlich neben der Beachtung von Safer-Sex-Regeln sich vor einer HIV-Infektion zu schützen. Besonders für jüngere Schwule ist der Wunsch nach einer festen, treuen und monogamen Beziehung und Lebensgemeinschaft auf Dauer ein besonders wichtiger Wert für die Paarbeziehung.

Forderungen nach weiterer Gleichstellung der gesellschaftlichen Rahmenbedingungen wie die Möglichkeiten zur kirchlichen Hochzeit sind daher auch Symbole dafür, daß Treue und dauerhafte schwule bzw. lesbische Beziehungen geführt werden.

Wird die kirchliche Trauung nur zögerlich umgesetzt, ist dies auch ein Hemmnis für die *Aids-Prävention durch Treue* und gesellschaftlich anerkannte gleichgeschlechtliche Lebensgemeinschaften: Welche Möglichkeiten der Unterstützung der Aids-Prävention werden denn bezüglich einer *"Prävention durch Treue"* von Kirche und Staat umgesetzt?

Aids-Prevention durch

* *"Treue"* und/oder
* *"Kondome"* (Safer Sex);

Die Kirchen z.B. entscheiden sich für keines von beidem: Das Kondom wird "verteufelt" und die Rahmenbedingungen der kirchlichen Anerkennung von Treue durch Kirchliche Trauung werden nur zögerlich umgesetzt. Was soll ein schwules Paar von solch einer Kirche halten?

Zudem ist es ein doppelter Schlag ins Gesicht aller bereits Aids-Infizierten, daß ihnen die gesellschaftlichen Rahmenbedingungen für eine treue und gesellschaftlich anerkannte Beziehung damals und heute trotz des Wissens um die Notwendigkeit für "Treuepolitik im Aidszeitalter" (schwule Kirchenhochzeit) noch nicht gewährt wurden. Was wird für eine Aidsprävention getan? Auf dem Gebiet der *Aidspräventon durch Treue* versagen auf der Makroebene die kirchlichen Institutionen durch Schaffung von Rahmenbedingungen zur Stabilitätssicherung von gleichgeschlechtlichen Lebensgemeinschaften durch gesellschaftliche Anerkennung erheblich. Die Präsidentin des Zentralkomitees der Deutschen Katholiken, Rita Waschbüsch, hat daher Darstellungs-Defizite der Kirche bei der Haltung zur Sexualität beklagt: Die Sprache der Jugend sei gefordert (ap 19.8.96).

Auf der individuellen Ebene des einzelnen Schwulen ist wie beschrieben der umfassende Treue-Anspruch im Interesse des HIV-Schutzes und der Stabilität der Beziehung erheblich gestiegen, um in der individualisierten Welt nicht einsam zu sein. Diese *"neuen" Schwulen* sind einmal die jungen Schwulen, die mit anderen Vorstellungen an das Schwulsein und der Führung einer Lebensgemeinschaft auf Dauer aufgrund des Aids-Zeitalters herangehen und zweitens sind es aber auch die älteren Schwulen, die sich diesem Treue-Wert der "schwulen Familie" (vgl. a. Kap. 7) mit monogam-treuer Lebensgemeinschaft zu einem festen Partner verschreiben.

Die *"neuen Schwulen"* der 90er Jahre sind in ihren Paarbeziehungen auf wirkliche Treue aus und wollen eine feste, auf Dauer angelegt Beziehung zu ihrem Freund führen. Dieser Anspruch an eine Lebensgemeinschaft bedeutet natürlich auch ein anderes Miteinander-Umgehen in der Beziehung und mit Treue: Schwule wollen ihren Freund nicht verlieren und gehen daher sehr freundschaftlich und partnerschaftlich mit ihrem Lebensgefährten um.

Es scheint, als sei die Kommunikation in gleichgeschlechtlichen Beziehungen mehr auf Harmonie hin geprägt, als bei verschiedengeschlechtlichen Beziehungen - wie es auch der folgende Abschnitt betrachtet zur empirischen Bestätigung des Treue-Wertes bei gleichgeschlechtlichen Lebensgemeinschaften (und hier werden in Zukunft wiederum mehr die im Alltag integrierten Lebensgemeinschaften fern der Szene zu betrachten sein, als die (einfacher sichtbaren) Single-Yuppie-Schwulen, die die "Szene" oder die "Medien" abbilden).

Gleichgeschlechtliche Lebensgemeinschaften und Ehen sind oft auf Dauer angelegt

82 Prozent aller Schwulen wollen eine *gemeinsame* Wohnung mit dem Freund und ebenso viele wollen *Treue* halten.

Die Mehrheit, nämlich **62 Prozent**, der Schwulen lebt in einer festen, auf Dauer angelegten *ehegleichen* Beziehung als gleichgeschlechtliche Lebensgemeinschaft zusammen.

Bei **38 Prozent** der Schwulen besteht die *ehegleiche* Beziehung zum Lebensgefährten sogar seit mehr als 10 Jahren.

Quellen – empirische Studien: Starke 1994:389;
Wickert Institute für Wiener 6/89:34; Sanders aaO.

Führen gleichgeschlechtliche Lebensgemeinschaften die bessere Ehe? Viele Schwule (wie auch Lesben-Paare) haben auf Dauer angelegte *Langzeitpartnerschaften* (Dailey aaO; Peplau/Gordon aaO): Die Partnerschaften sind nicht bloß Wohn- und Wirtschaftsgemeinschaften, sondern Lebensgemeinschaften, die auf Dauer angelegt sind, daneben keine weitere Beziehung zulassen und sich durch innere Bindungen auszeichnen, die ein gegenseitiges Einstehen der Partner füreinander begründen.

So führten beispielsweise Jean Cocteau und Jean Marais ihre "Ehe" über 20 Jahre lang, Benjamin Britten und Peter Pears führten ihre Ehe über 40 Jahre lang. Ebenso hat der an einem Hirntumor verstorbene allen bekannte deutsche Tagesschau-Nachrichtensprecher Werner Veigel mit seinem Freund über 40 Jahre lang wie in einer Ehe zusammengelebt.

Folgende Forschungsergebnisse zur gleichgeschlechtlichen Ehe gelten weiterhin als gesichert:

- In verschiedengeschlechtlichen Ehen kommt es wesentlich häufiger zu Streitigkeiten als in gleichgeschlechtlichen Ehen (Dailey aaO; Jones aaO; Duffy aaO).

- Stärker als in verschiedengeschlechtlichen Ehen werden in gleichgeschlechtlichen Ehen von beiden Partnern folgende Punkte hervorgehoben: möglichst viel gemeinsam verbrachte Zeit mit vielen Gesprächen und gemeinsamen Freizeitaktivitäten; Gleichberechtigung in der Beziehung, d.h. auch bei Geldentscheidungen, Hausarbeit u.a. Rollenverteilungen etc. (Kurdeck/Schmitt 1987; Peplau/Cochran aaO).

- Über Schwierigkeiten wird wesentlich offener in einer gleichgeschlechtlichen Ehe gesprochen, dabei wird versucht, auf den anderen einzugehen und ...

- ... gegenseitige Kameradschaft und Freundschaft spielen zusätzlich zur Liebe und Zärtlichkeit bei gleichgeschlechtlichen Ehen eine wichtige Rolle (Blumstein aaO; McWhirter aaO).

- Schwule erleben den Lebensgefährten als freundlicher und hilfreicher als man es sonst in anderen, verschiedengeschlechtlichen Ehen findet (Schullo/Alperson 1984).

Viele Menschen, Priester, Freunde, Arbeitskollegen, Standesbeamten und Familienmitglieder sind erstaunt über die tiefe Liebe, gegenseitige Unterstützung und selbstlose Hilfe, die die ehelichen Beziehungen von zahlreichen schwulen bzw. lesbischen Paaren kennzeichnen.

273

Informationsteil 6
Erstes Gebot: "Handle so, dass Du zärtlich bist!"
Über Freundschaft, Liebe, Beziehungen und Intimität

Bücher zum weiterlesen:

BOSMANS, PHIL: Leben lebt von Zärtlichkeit, Freiburg 1995

BRAUN, SABINE / PROSKE, CHRISTINE: Frauenliebe - Freundschaft, Lust und Zärtlichkeit, München 1990

BUNDESZENTRALE FÜR GESUNDHEITLICHE AUFKLÄRUNG (HG): Über den Umgang mit Liebe, Nr. 1302/3, Köln 1993a

BUNDESZENTRALE FÜR GESUNDHEITLICHE AUFKLÄRUNG: Beziehungsweise(n) - Über Liebe, Sex und sonst noch was, Nr. 7044, Köln 1993b

☒BUNDESZENTRALE FÜR GESUNDHEITLICHE AUFKLÄRUNG: Safer Sex, Nr. 7042, Köln 1993c

BUNDESZENTRALE FÜR GESUNDHEITLICHE AUFKLÄRUNG (HG): Über Sexualität reden - Eine Broschüre für Mütter und Väter, Köln 1994

☒BUNDESZENTRALE FÜR GESUNDHEITLICHE AUFKLÄRUNG (HG): Unser Kind fällt aus der Rolle - Über den Umgang mit sexuellen Orientierungen, Köln 1995

BURKART, GÜNTER: Treue als Wert in Paarbeziehungen, in: Soziale Welt, Heft 4 / 1991, S. 489ff.

CAVIEZEL, OLIVER / U.A.: Safer Sex - Infos für Jungs, die auch Jungs lieben, Schweiz 1992

DEUTSCHER BUNDESJUGENDRING (HG): Aids-Mappe - Materialien, Hinweise, praktische Tips zum Umgang mit Aids in der Jugendarbeit, DBR, Haager Weg 44, 53127 Bonn 1992

DUNDE, SIEGFRIED (HG): Handbuch Sexualität, Weinheim 1992

FALCO, KRISTINE: Lesbische Frauen, Lebenswelt - Beziehungen - Psychotherapie, 1993

FROMM, ERICH: Die Kunst des Liebens, Frankfurt am Main 1956

FURIAN, MARTIN: Das Buch vom Liebhaben, Quelle & Meyer Verlag o.J.

☒GERHARDS, JÜRGEN / SCHMIDT, BERND: Intime Kommunikation - Eine empirische Studie über Wege der Annäherung und Hindernisse für „Safer Sex", Nomos Verlag 1992

HUSMANN, GABRIELA: Getrennt vereint - vereint getrennt / Sexualität und Symbiose in lesbischen Beziehungen, Pfaffenweiler 1995

JAHN, ANGELIKA: Soziologie der Zärtlichkeit, Gesellschaft für erfahrungswiss. Sozialforschung, Hamburg 1994

JOACHIM, FRANK: Treue - Die brisante Seite der Liebe, Hamburg 1996

JONAS, HANS: Das Prinzip Verantwortung, Frankfurt am Main 1979

KLETT VERLAG: Aids- Unterrichtsmaterial für die 9. und 10. Klassen, 1987

☒KLUGE, NORBERT (HG): Der Liebe auf der Spur - Ein Lesebuch, Düsseldorf 1989, mit Videofim im Albanus Verlag 1994

LAUSTER, PETER: Die Liebe, Reinbek 1982

LOULAN, JOANN U.A.: Lesben, Liebe, Leidenschaft, 1992

LÜTZEN, KARIN: Was das Herz begehrt - Liebe und Freundschaft zwischen Frauen, Hamburg 1990

MÜLLER, WUNIBALD: Intimität - Vom Reichtum ganzheitlicher Begegnung, Grünewald Verlag 1990

MÜLLER, K. / STAHL, C.: Sexuelle Skripts junger Erwachsener, Diplomarbeit (Psychologie), Bamberg 1992

ROBINSON, JO / LOVE, PATRICIA: Heiße Liebe in festen Partnerschaften, München 1995

SAINT-EXUPÉRY, ANTOINE DE: Der kleine Prinz, Düsseldorf 1956

SCHANK, ROGER / ABELSON, ROBERT: Scripts, Plans, Goals and Understanding - An Inquiry into Human Knowledge Structures, Hillsdale / New Jersey, 1977

SCHILLING., JÜRGEN: Das Wunder der Zärtlichkeit, Tramontane Verlag 1994

SCHELLENBAUM, PETER: Tanz der Freundschaft, München 1993
⚏SCHMIDBAUER, WOLFGANG: Die Angst vor Nähe, Reinbek 1985
SIELERT, UWE: Sexualpädagogik / Sexualpädagogische Materialien, Kapitel: Homosexualität als Thema der Sexualerziehung mit Jugendlichen, Weinheim 1993, S. 163ff
SIMON, W. / GAGNON, J.: A Sexual Scripts Approach, in: Geer, J. / Donohue, W. (HG): Theories of Human Sexuality, New York 1987, S. 363-384
STICKELMANN, B.: Sexualaufklärung als Aids-Prävention, München 1991
⚏WINKS, CATHY / SEMANS, ANNE: Good Vibrations - Sex: fun and safe, Goldmann 13907, München 1996

Weiterhin verwendete Literatur:
siehe Anhang.

Didaktische Fragestellungen 6:

a) Beschreiben Sie einmal, wie Sie es sich ganz konkret vorstellen, eine gleichgeschlechtliche Lebensgemeinschaft zu führen. Beschreiben Sie dabei besonders die Aspekte: Wohnsituation, das erste Mal, Zärtlichkeit, miteinander reden können, Treue und Romantik, Eifersucht, Seitensprung, Haushaltsführung, Automobil, Einsamkeit, Kinderwunsch, Freundschaften zu Lesben (Schwulen), Kaffetafel bei Schwiegereltern etc.

b) Wie ist zu handeln, wenn sich ein Mensch, den Sie kennenlernen wollen, nach dem ersten Date nur noch zögerlich bei Ihnen meldet? Wie reagieren Sie? Begründen Sie, warum dieses sinnvoll ist.

c) Welche Rolle spielt die Sexualität im Kennenlernprozeß für eine Beziehung?

d) Was sind für Sie die Voraussetzungen und Kennzeichen von Vertrauen? Woran erkennen Sie, ob ein Partner es ehrlich meint und wirklich versuchen will, mit Ihnen zusammenzuleben?

e) Treue zu einem einzigen Partner ist neben dem Kondom und Safer Sex ein wichtiger Schutz gegen Infektionskrankheiten. Was bedeutet Treue und was bedeutet Safer Sex? Was ändert eine Beziehung daran?

f) Ziel in der Präventionsarbeit ist es, Probleme der Verständigung und geglückte Aushandlungsformen von Schwulen auf der Bettkante über Safer Sex in verschiedenen Präsentationsformen darzustellen. Wie könnte ein Dialog aussehen, indem zwei Schwule miteinander aushandeln, daß es für beide selbstverständlich ist, Kondome zu benutzen?

g) Wie sieht eine Anleitung aus, nach der Schwule bzw. Lesben ihre Schutzinteressen und Ängste bei der Sexualität ansprechen bzw. ihre Wünsche verständlich artikulieren können? Bedeutet eine Anleitung zur Kommunikation über Sexualität auch das Aufstellen eines Leitfadens über die Sexualität selbst?

h) Eine aufklärende Prävention muß auf den Abbau von Kommunikationsschwierigkeiten bzw. Unsicherheiten und Ängsten in der intimen Situation setzen. Was in der gleichgeschlechtlichen Sexualität ist es, daß unsicher macht? Wie kann man diese Unsicherheiten beseitigen?

i) Was sind die Rahmenbedingungen einer staatlichen Aids-Prävention?

j) Was ist der Unterschied zwischen Sexualität und Geschlechtsverkehr?

k) Wo kaufen Sie Kondome und wo Gleitgel? Wo könnten Sie es außerdem noch bekommen?

l) Mit welchem Satz sagen Sie Ihrem Freund beim Vorspiel, daß es er Ihnen ein Kondom überstülpen soll?

m) Hebt Treue Safer Sex auf?

n) Was müssen Schwule aufgrund von Aids für ihre Beziehungsarbeit bei Untreue und Eifersucht beachten?

o) Sexualität muß auch als konkretes Verhalten eingeübt werden. Wie kann der Staat dazu beitragen?

p) Warum sind Schwule und Lesben treuer denn je?

q) Was sind die Kennzeichen des romantischen Liebesideals von Schwulen?

r) Welche zentralen Aspekte muß ein staatlicher Leitfaden für gleichgeschlechtliche Sexualität beinhalten?

s) Versuchen Sie, nach einer Trennung den Kontakt zum Ex-Freund noch zu halten oder schießen Sie ihn in den Wind? Begründen Sie, warum Sie sich so verhalten und zeigen Sie Wege auf, wie eine (ganz konkrete) Trennung hätte ablaufen können, so daß Sie nicht so verletzt worden wären.

t) Recherchieren Sie im Internet über HIV-PrEP („Präexpositionsprophylaxe") und besprechen Sie diese mögliche Behandlung mit einem Familienmitglied.

u) Welche Forschungsergebnisse über gleichgeschlechtliche Ehen kennen Sie?

Kapitel 7

7. Verliebt, verlobt, verheiratet: Ehe-, Kinder- und Familien-Politik für gleichgeschlechtliche Paare und ihre Kinder

Handbuch `Engagierte Zärtlichkeit'

Gleichgeschlechtliche Lebensgemeinschaften: z.B. Männerpaare

Verliebt, Verlobt, Verheiratet –
Hochzeit und Scheidung für Lesben und Schwule

Schwiegereltern und andere Freunde als Familie

Eigene oder adoptierte Kinder
mit in die gleichgeschlechtliche Partnerschaft bringen

Sorgerecht für Kinder wird homosexuellen Lebensgemeinschaften erteilt

Schwule Väter

Ganz normale Mütter - Lesbische Frauen und ihre Kinder

Papa, Papa, Kind –
Eine Familie ist eine Familie ist eine Familie ...

Informationsteil

Gleichgeschlechtliche Lebensgemeinschaften: z.B. Männerpaare

Die *Verbindung zweier Menschen* zu einem Paar hat schon immer und überall Aufmerksamkeit erregt. Wie früher in Dichtung und Wissenschaft, kann man sich heute auch im öffentlichen Alltag und durch die Medien davon überzeugen, daß ein echtes Interesse für Männerpaare herrscht: Zwei Menschen lernen sich kennen. Es passiert etwas zwischen Ihnen, sie wollen mehr übereinander erfahren und sich mehr von dem *Wohlgefühl* verschaffen, das dabei entsteht.

Vieles von dem *Drang zum anderen* hin - wenn wir den "Paarungstanz" mal so nennen - spielt sich unbewußt ab. Ineinander Aufgehen bedeutet, daß zwei Kräfte sich zu einer Dritten verbinden. Kein anderes Wort beschreibt die Erfahrungen vieler Schwule besser. Schon ehe das schwule Paar dann zusammenzieht, haben die Gegensätze und Gemeinsamkeiten der Partner begonnen, in der *aufkeimenden Beziehung* zu verschmelzen. Aus zwei werden eins.

An der Beendigung des *einsamen* Lebens entwickelt sich ein Gefühl von Wohlbehagen und Zufriedenheit: Es ist, als würde man zu einer Person. Alles scheint so friedlich. Man verständigt sich mit Blicken. Sogar an der Arbeit fühlt man den Freund tief in seinem *inneren Herzen*. Es ist, als ginge man auf Wolken - eine ruhige und beruhigende Erfahrung. Man fühlt sich vervollständigt.

Hält dieses Zusammenspiel an, so werden zwei Männer trotz möglicher bestehender Unterschiede ein Paar. Die Saat ist gelegt, die `Befruchtung´ hat stattgefunden. Es folgt eine Zeit der `Schwangerschaft´, während der beide den wertvollen `Embryo´, die aufkeimende Beziehung, behüten. Für gewöhnlich wird er an einem bestimmten Punkt seiner Entwicklung wahrgenommen und `getauft´. Freunde und Eltern gratulieren, und schon sind Wachstum und weitere Ausformung der Beziehung im Gange.

Meistens ist es der Moment, an dem sich das schwule Paar entschließt, unter einem Dach, in seinem ersten gemeinsamen Zuhause, zu wohnen. Aus der Verschmelzung zweier schwuler Männer entsteht scheinbar wie von selbst eine natürliche Harmonie.

Die Entdeckung vielfältiger Ähnlichkeiten - bis hin zu kleinsten Einzelheiten, etwa dem gemeinsamen Leibgericht oder der gemeinsamen Lieblingsseife - steigert die *Vertraulichkeit eines Paares* sogar unter Partnern von sehr gegensätzlicher regionaler Herkunft oder Altersklasse.

Es ist, als fände man sich im anderen wieder, und hat Freude an diesem Fund. Diesen Moment der Beziehungsbildung durch eine gemeinsame Wohnung haben z.b. auch David McWhirter und Andrew Mattison für ihre empirische Untersuchung über Männerpaare gewählt: zwei schwule Männer, die zusammenleben und sich als Paar verstehen.

David McWhirter und Andrew Mattison stellten bei den Beziehungen fest, daß sie sich von heterosexuellen *qualitativ nicht unterscheiden* (aaO:10). Solche Merkmale einer Deckungsgleichheit der Partner wie bei heterosexuellen Beziehungen war damals ein wichtiges Ergebnis. (Ebenso wurden die Beziehngen von Frauenpaaren untersucht, vgl. Meixner aaO).

Eines der deutlichsten Anzeichen für die gegenseitige Freundschaft in der gleichgeschlechtlichen Lebensgemeinschaft ist dabei ein Umzug in ein neues, gemeinsames Heim. Man macht es sich gemütlich: Zwei schöne neue Eßgeschirre sind vielleicht ein Anfang. Schon bald wird aus dem neuen Heim eine vorbildliche Vorzeige-Wohnung: Mag der hübsche Schnickschnack womöglich auch vom Flohmarkt stammen, wird er doch von zwei Männern nach sorgfältiger Abstimmung ausgesucht und aufgestellt.

Es ist ihr *offenes Bekenntnis zur Zusammengehörigkeit*, ihre öffentliche Erklärung, daß sie auf Gedeih und Verderb zusammengetan haben, um hart an einer gedeihlichen Zukunft zu arbeiten: Sie kaufen Stühle oder Putzlumpen, arrangieren die Möbel und machen aus Wildkraut einen Blumengarten. Das Männer-Paar lädt Freunde ein, Arbeitskollegen oder die Familienangehörigen und zeigt einiges Geschick dabei, die Feiern ansprechend herzurichten.

Einige Männer finden zu ihrer Familie jetzt ein umso engeres Verhältnis: Oft wissen die Eltern guten Rat in praktischen Dingen, und ihre Briefe richten sie jetzt an beide: "Wir haben auch ein Photoalbum angelegt - als Dokumentation unserer Beziehung. Ich glaube, das war in unserem zweiten oder dritten Jahr. Es gehört zu unseren regelmäßigen Gewohnheiten, die Bilder hervorzuholen und sie nach diesen acht Jahren gleichgeschlechtlicher Lebensgemeinschaft anzuschauen", weiß Patrick stolz zu berichten (aaO:37).

Gewöhnlich gebraucht man für derartiges den Ausdruck *Tradition* in Zusammenhang mit generationenalten Sitten und Gebräuchen. Bei schwulen Paaren bestehen neben den familiären Gewohnheiten Traditionen auch in den Gewohnheiten, die jeder Partner in die Beziehung einbringt und denen, die das Paar entwickelt. So werden die Gewohnheiten des täglichen Lebens zu Traditionen. Unter Traditionen verstehen wir aber auch alle Gepflogenheiten, die ähnliche Funktionen erfüllen. Sie zu entwickeln, kennzeichnet das Leben einer Beziehung wie kein anderes Charakteristikum. Sitten und Gebräuche aus den ersten paaren Jahren werden zu sichtbaren Meilensteinen in der Geschichte eines Männer-Paares. Sie sind das äußerliche Kennzeichen einer ganz besonderen Partnerschaft:

"Wir werden demnächst bei einer Trauung im Gottesdienst vor der Gemeinde die *Kirche* um ihren Segen für unsere Hochzeit fragen, bisher hatten wir noch nicht ein richtiges Hochzeitsjubiläum. Wir haben es an verschiedenen Tagen gefeiert; nach den ersten drei Jahren einigten wir uns dann auf ein Datum - den Tag, als wir zusammenzogen. Es gibt da ein richtiges *Ritual*. Wir nehmen uns Urlaub, fahren z.B. nach Venedig oder zum Camping nach Gran Canaria und machen einmal all das, wozu wir im täglichen Leben niemals kommen: Lange Ausflüge, am Lagerfeuer kochen, zusammen auf dem Boden schlafen, den ganzen Rummel der Stadt hinter uns lassen, dazu beitragen, uns selbst und *unsere Beziehung* aufzufrischen"(aaO:63).

Wenn sich Traditionen, Sitten und Gewohnheiten bilden, schenken sie *Zutrauen*. Traditionen formen eine Grundstruktur, die die Fundamente früherer Jahre ergänzt, die gegenseitige Hingabe stützt, das Gefühl der Sicherheit steigert und zum Wohlbehagen mit dem Gefühl der Stabilität beiträgt. Gemeinsam entwickelte Traditionen und Rituale werden ein wichtiger, stabilisierender Ausgleich zu der Unsicherheit, die sich mit dem Wiedererscheinen individueller Züge und der Risikobereitschaft einstellt. Indem beide die Grundstruktur und Sicherheit erkennen, die gemeinsame Traditionen und Gewohnheiten gewährleisten, beginnt das Paar, sich als eine *Familie* zu empfinden. Der Staat stellt dabei diesen Familien*sinn* einer Gemeinschaftsorientierung unter seinen Schutz.

Verliebt, Verlobt, Verheiratet - Hochzeit und Scheidung für Lesben und Schwule

> *All I wanna say is that they don't really care about us."*
> Michael Jackson

In der Zwischenzeit wurde gleichgeschlechtlichen Lebensgemeinschaften in vielen Ländern durch das Rechtsinstitut der Ehe der gleiche Status und Schutz gewährt.

In Ländern, in denen dies noch nicht der Fall ist, fordern gleichgeschlechtliche Paare häufig weiteren staatlichen Schutz für ihre Lebensgemeinschaft, einschließlich ihrer Familien mit Kindern. Hier ist der Mangel an der Möglchkeit, heiraten zu können, immer noch eine sehr unzureichende Form der Integration und eine schwerwiegende Diskriminierung, die rechtlich behoben werden kann, indem lesbischen und schwulen Paaren die Möglichkeit gegeben wird, sich um ihre Ehepartner zu kümmern - nicht nur privat (wie sie es bereits defacto tun), sondern auch vom Staat legitimiert - eine einfache Blaupause aus den Ländern, die diesen rechtlichen Diskussionsweg bereits eingeschlagen haben, ist erforderlich.

Die *gegenseitige Verantwortung füreinander* durch rechtliche Anerkennung der Partnerschaft sollte daher in diesen Ländern weiterhin umgesetzt werden.

Bei der "Ehe für alle" geht es keineswegs nur um die Beseitigung finanzieller Nachteile, sondern es gibt auch Situationen, in denen das Zusammenleben als solches von der Ehe abhängt. Es geht um die gegenseitige Unterstützung der Partner, die soziale Anerkennung der

Ehe und die Gleichstellung mit heterosexuellen Paaren. Kurzum: Es geht darum, Diskriminierung zu beseitigen.

Dänemark war das erste Land, in dem lesbische und schwule Paare seit 1989 - aus Gründen der rechtlichen Gleichstellung und Anerkennung gleichgeschlechtlicher Paare - heiraten und eine legitime Partnerschaft vor dem Staat eingehen konnten.

Viele andere Länder folgten dieser Entwicklung. Diese staatliche Rechtsinstitution für "gleichgeschlechtliche Ehe" hatte "im Grunde *die gleichen rechtlichen Auswirkungen* wie das Eingehen einer heterosexuellen Ehe" zwischen einem Mann und einer Frau.

Aber auch in anderen Ländern fanden schon Diskussionen und Demonstrationen für gleichgeschlechtliche Ehen statt, bevor das dänische Gesetz über gleichgeschlechtliche Ehen am 1. Oktober 1989 in Kraft trat*.

* Analog beispielsweise dem "Weltfrauentag" wird für das Datum des **1. Oktobers** angesichts der Wichtigkeit der Familienorientierung von gleichgeschlechtlichen Lebensgemeinschaften diskutiert und demonstriert für einen "**weltweiten** `Familien-Tag´ **für Lesben und Schwule**", da an diesem Datum erstmalig in Dänemark in den 1980er Jahren die Eheschließung für gleichgeschlechtliche Lebensgemeinschaften eingeführt wurde. Während der 1. Oktober der (formale und medienträchtige) "Familientag" ist, findet die (von Lesben und Schwulen organisierte und besuchte) *"Parade"* im **Sommer** statt. Seit mehreren Jahrzehnten arbeiten Lesben mit Schwulen Hand in Hand. In den Goßstädten treffen sich Lesben und Schwule zu einem großartigen Stadtfest in der Fußgängerzone. In Berlin oder Köln und vielen andern deutschen Städten kommen eine halbe Million Menschen zum solch einem Innenstadtfest jedes Jahr.

Lesbische & Schwule Hochzeiten -
Auszüge aus dem "Ehegesetz" für gleichgeschlechtliche Lebensgemeinschaften in Dänemark

In Dänemark trat 1989 das Gesetz in Kraft, wonach zwei Personen gleichen Geschlechts die Möglichkeit haben, ihre Partnerschaft staatlich zu legitimieren. Eine solche Legitimierung hat *grundsätzlich die gleiche Rechtsstellung wie ein Ehepaar*, die einzelnen Partner sind also mit den gleichen Rechten und Pflichten ausgestattet wie Ehegatten. Es besteht im Wesentlichen aus Verweisen auf die Gesetzesregelungen zur Ehe.

§ **Zwei Personen gleichen Geschlechts können ihre Partnerschaft staatlich legitimieren lassen.** Als Voraussetzung wurde bewußt auf zwei Personen gleichen Geschlechts und nicht auf eine (homo-)sexuelle Beziehung abgestellt. Damit sollte - entsprechend dem Eherecht - keine bestehende sexuelle Relation zur Bedingung gemacht werden. Eine "Intimgemeinschaft" ist bereits nach geltendem Recht nicht Voraussetzung für eine Ehe.

§ **Aus dem Ehegesetz finden die Vorschriften entsprechende Anwendung.**

§ **Die Partnerschaftsregistrierung hat dieselben Rechtswirkungen wie die Eingehung einer Ehe.**

§ **Die Auflösung der Partnerschaft findet aus dem Ehegesetz entsprechende Anwendung.**

§ **Das Gesetz tritt am 1. Oktober 1989 in Kraft.**

Quelle: Grib 1993

Für Deutschland war es daher selbstverständlich, dass der Lesben- und Schwulenverband in Deutschland (LSVD) die Forderungen nach einer „Ehe für gleichgeschlechtliche Paare" aufgreift und energisch vertritt. Die Forderung, dass die Ehe für lesbische und schwule Paare offen sein sollte, hatte hauptsächlich folgende Gründe:

- *Abbau von Diskriminierung:* Das Eheverbot für Lesben und Schwule stellt eine schwerwiegende Diskriminierung dar; die Möglichkeit der Eheschließung bedeutet einen Meilenstein der Integration.

- *Rechtliche Absicherung:* Die Einbeziehung der Lesben und Schwulen in das Rechtsinstitut der Ehe ist politisch einfacher durchzusetzen als der Abbau der sich aus dem Eheverbot ergebenden vielfachen und schwerwiegenden Rechtsnachteile durch Einzelregelungen und schließlich.

- *Soziale Anerkennung / Integrationsauswirkungen:* Die gesetzliche Anerkennung gleichgeschlechtlicher Lebensgemeinschaften wird sich auf die Emanzipations- und Integrationsbemühungen der Lesben und Schwulen ähnlich segensreich auswirken wie andere Reformen in diesem Bereich.

- *Gleichstellung mit einem verschiedengeschlechtlichen Paar:* Daß soziale Elternschaft nicht mit biologischer Elternschaft übereinstimmen muß, bedeutet, daß man den verschiedengeschlechtlichen Partner nur zur Zeugung benötigt, das soziale Elternhaus aber auch durch andere Menschen bestimmt wird (z.B. Oma oder Lebensgefährte als neuer Vater). Es zeigt, daß beide, gleich- und verschiedengeschlechtliche Paare einen Ehe- und Familie-Haushalt gleichwertig führen können und zwischen gleichgeschlechtlichen Paaren und verschiedengeschlechtlichen Paaren kein Unterschied in der Liebe zu ihren Kindern besteht. Somit muß bei beiden die Anerkennung als

Haushalts- und Wirtschaftsgemeinschaft mit dem Ziel des Wohles für Kinder anerkannt werden und unter dem üblichen staatlichen Schutz stehen.

Das Thema der Ehe für gleichgeschlechtliche Paare beherrschte schließlich längere Zeit die Medien aufgrund eines Interviews, das die Präsidentin des Deutschen Bundestages Prof. Dr. Rita Süssmuth einer Zeitschrift gab. Sie hatte dort erklärt: "Ich sage es ganz bewußt: Es gibt in dem Bereich der Eheschließung für homosexuelle Paare Dinge, die neu zu regeln sind: Wenn ein gleichgeschlechtliches Paar ein Leben lang füreinander sorgt, dann muß der Staat dies entsprechend berücksichtigen - hier müssen wir uns gesellschaftspolitisch für die gleichgeschlechtliche Ehe öffnen!" (Süssmuth 1991).

Der *Schwulenverband in Deutschland* (SVD), später der Lesben und Schwulen Verband (LSVD), hat sich an dieser öffentlichen Diskussion durch Presseerklärungen und Interviews sowie durch Mitwirkung an Rundfunk- und Fernsehdiskussionen intensiv und erfolgreich beteiligt. Viel beachtet wurden auch die konzeptionellen Vorschläge und Gesetzesentwürfe zur Reform. Diese Gesetzesentwürfe hatten die `Schwulen Juristen´ erarbeitet. Diese arbeiten mit dem LSVD bei allen Fragen der Politik für gleichgeschlechtliche Lebensgemeinschaften eng zusammen und ernten stets allgemeine Zustimmung, wenn sie es als unhaltbar bezeichneten, daß gleichgeschlechtliche Paare rechtlich nicht als Angehörige galten und deshalb z.B. kein gegenseitiges Besuchsrecht im Krankenhaus oder Zeugnisverweigerungsrecht haben.

Selbst äußerst konservative Politiker haben zugestanden, daß hier durch die *Einführung der gleichgeschlechtlichen Ehe* äußerster Handlungsbedarf besteht: Fast alle Politiker in Regierung und Opposition räumen ein - wenn sie darauf angesprochen werden -, daß gleichgeschlechtliche Lebensgemeinschaften diskriminiert werden, weil vieles rechtlich nicht geregelt ist. Eine Integration musste daher gefördert werden: so wurde im Bundestag z.B. entsprechend gehandelt durch einen Antrag zur Gleichstellung durch die gleichgeschlechtliche Ehe (vgl. Bundestagdrucksache 13/2728).

Sie verwendeten die Rechtsprechung der höheren Bundesgerichte, um zu zeigen, dass sich die Bewertung gleichgeschlechtlicher Partnerschaften in den letzten zwanzig Jahren grundlegend geändert hatte, um zu dem Schluss zu gelangen, dass das Versäumnis, lesbischen oder schwulen Paaren eine Ehe zu gewähren, das Grund- und Freiheitsrecht der Ehe verletzt.

Schließlich riefen dann der Lesben- und Schwulenverband in Deutschland (LSVD) und die `Schwulen Juristen´ im August 1992 dazu auf, auf den regionalen Standesämtern die Ehe zu fordern. Dieser Aufruf löste ein ungeheures Medienecho aus, das Interesse der Medien und der Lesben und Schwulen selbst war sehr groß. Es wurden für heiratswillige Paare Musteranträge zur Ehe vorbereitet. Diese wurden in großer Zahl angefordert, kopiert und weitergegeben.

Das Medienecho wurde nochmals gesteigert, als sich dann über 250 gleichgeschlechtliche Lebensgemeinschaften auf den Standesämtern im Symbol dieser Aktion die Ehe beantragten. Noch nie hatte eine Aktion von Lesben und Schwulen so viel Aufsehen erregt. Die gleichgeschlechtlichen Lebensgemeinschaften, die das Aufgebot bestellt hatten, waren in allen Medien präsent.

"Ehe ist Menschenrecht. Sie kann nicht mit der Begründung verweigert werden, daß die Lebenspartner demselben Geschlecht angehören. Die Rechtsprechung muß ihnen die Möglichkeit zur Ehe geben."
Abgeordnete des Deutschen Bundestag Margot von Renesse
im RTL-Pressetext zu Lind de Mols Sendung "Schwule Traumhochzeit".

Die Rechtsprechung hat die fehlende rechtliche Absicherung für gleichgeschlechtliche Beziehungen durch eine Ehe in der Regel bisher nur unzureichend berücksichtigt - ohne sich darüber weiter Gedanken zu machen, ohne in die Frage der Ehe für gleichgeschlechtliche Lebensgemeinschaften einzusteigen, aber auch ohne dies weiter zu begründen.

Bei der Begründung der Zulässigkeit der gleichgeschlechtlichen Eheschließung kann man nun einmal sozial bzw. rechtlich argumentieren. Beide Argumentationen greifen aber ineinander und hier liegt genau die Begründungskunst, (gewandelte) soziale Sachverhalte in eine rechtliche Form zu bringen, so daß sie als gesetzliche Notwendigkeit und/oder als Reformbedarf einleuchtend sind.

In der postmodernen Gesellschaft der gleichgerechtigt nebenherstehenden Vielfalt kommt mit dem Verbot der Diskriminierung das Gebot der Gleichheit: So hat - für andere Länder, die die Menschen vor dem Gesetz als gleich betrachten, vorbildlich - das Bundesverfassungsgericht in Ungarn die Erkenntnisse der Humanwissenschaften über die Gleichheit in der rechtlichen Absicherung von Paarbeziehungen umgesetzt.

Dem Budapester Parlament wurde vom Verfassungsgericht zur Auflage gemacht hat, gleichgeschlechtliche Lebensgemeinschaften offiziell anzuerkennen: So stimmten die Parlamentarier mit 207 zu 73 Stimmen bei fünf Enthaltungen für die schwule Ehe. Die Gleichstellung stellt sie mit heterosexuellen Paaren völlig gleich. Die Gesetzesänderung war nötig geworden, nachdem das ungarische Verfassungsgericht im März 1995 festgestellt hatte, daß *"die Anerkennung heterosexueller Lebensgemeinschaften nicht ohne die Anerkennung homosexueller Lebensgemeinschaften zulässig ist."*

In vielen Ländern, einschließlich Deutschland, wo die Ehe für gleichgeschlechtliche Paare geöffnet wurde, ging der Ehe die Einführung eingetragener Partnerschaften voraus. Je nach Region oder Land, in der Paare eingetragene Partnerschaften eingehen können, sind diese im Vergleich zur Ehe entweder unterschiedlich oder völlig identisch.

Dänemark, Island, Norwegen, Schweden und die Bundesrepublik Deutschland haben ihre Partnerschaftsgesetze geändert, um die Ehe mit gleichgeschlechtlichen Paaren zu eröffnen, sodass die Partnerschaftsregister für Neuanmeldungen geschlossen wurden. Bestehende eingetragene Partnerschaften werden weiterhin als solche anerkannt und können auf Wunsch in eine Ehe umgewandelt werden.

Gleichgeschlechtliche Ehe ist eine standesamtliche Trauung, bei der beide Partner das gleiche Geschlecht haben. Das zivilrechtliche Konzept der Ehe umfasst eine Vielzahl verwandter Rechte und Pflichten, wie Erbrecht, Vertragsrecht und rechtliche Vertretung, Sorgerecht und (gemeinsame) Adoption, Aufenthaltsrecht, Steuerrecht, Versicherung und nicht zuletzt das Recht auf Namen, für die Partner selbst und ihre Kinder.

"Ehe für alle" oder die "Öffnung der Ehe", wie die Einführung des Rechts auf Eheschließung für gleichgeschlechtliche Paare häufig genannt wird, bedeutet die Gewährung gleicher Rechte und die uneingeschränkte rechtliche Anerkennung gleichgeschlechtlicher Partnerschaften durch den Staat. Es ist mit der Erwartung verbunden, dass dieses auch dazu beitragen wird, die Diskriminierung von Homosexuellen in der Gesellschaft zu verringern.

Im Jahr 2001 waren die Niederlande das erste Land, das gleichgeschlechtlichen Paaren die vollständige rechtliche Gleichstellung mit der Ehe ermöglichten.

Zum Beispiel könnten schwule und lesbische Paare in Deutschland aufgrund der Änderung des Gesetzes über gleichgeschlechtliche Ehen voneinander erben und sich in der Sozialversicherung gegenseitig unterstützen und sich besser schützen, so wie es auch Beziehungen zwischen verschiedenen Geschlechtern können. Weitere Forderungen sind jedoch Verbesserungen bei der Adoption von Kindern und der Familienorganisation.

Ein aktueller Status ist in der Wikipedia zu finden, in welchen Ländern heute eine homosexuelle Ehe geschlossen wird: Die in der folgenden Grafik hervorgehobenen Länder haben eine entsprechende Regelung für die Ehe homosexueller Paare.

Die westliche Welt, einschließlich Australien, hat die Ehe gleichgesetzt, auf dem afrikanischen und russischen Kontinent fehlen noch Vorschriften, und in einigen asiatischen Ländern hat sogar China die Anerkennung von Partnerschaften durch Partnerschaftszertifikate im Sinne einer eingetragenen Lebenspartnerschaft. Die Zeit wird zeigen, wie die Aktivisten in den anderen Ländern Verbesserungen bewirken und die rechtliche Einrichtung einer Ehe der anderen Länder als Blaupause verwenden.

Abbildung: Weltkarte mit Ländern gleichgeschlechtlicher Ehe

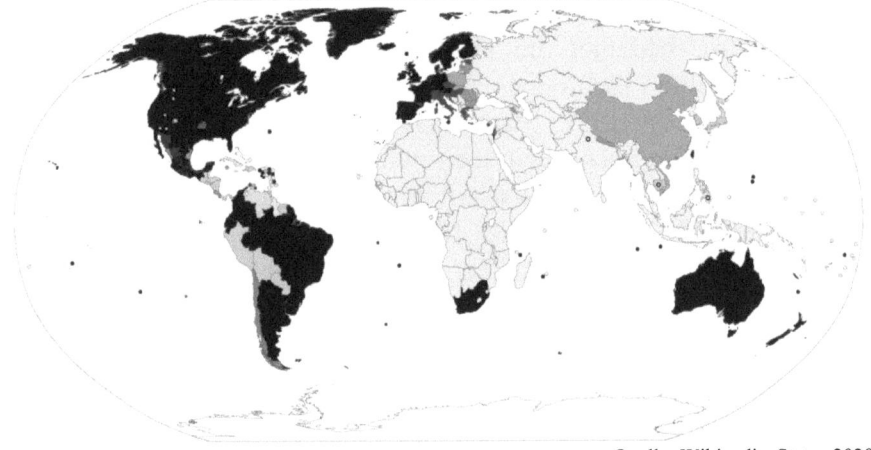

Quelle: Wikipedia, Status 2020

https://de.wikipedia.org/wiki/Gleichgeschlechtliche_Ehe#
/media/Datei:World_marriage-equality_laws_(up_to_date).svg

Schwiegereltern und weitere Freunde als Familie

Ebenso wie bei den eigenen Eltern ist es auch bei den *Schwieger-Eltern* die Frage, ob der Freund es ihnen ebenso offen mitgeteilt hat, daß er eine gleichgeschlechtliche Lebensgemeinschaft führt (oder führen möchte). Ist das der Fall, ist es an der Zeit, daß die Eltern des Freundes ihren Schwiegersohn kennenlernen. Wenn der Freund das Verhältnis zu seinen Eltern offen gestaltet, werden die Schwiegereltern die gleichgeschlechtliche Beziehung ebenfalls offenherzig begleiten.

Gleich wie die Situation jedoch ist, sollte man Auseinandersetzungen mit dem Freund bzw. der Lebensgefährtin über die Schwiegereltern vermeiden, denn niemand kann verlangen, daß der Lebensgefährte mit den Eltern des anderen Lebensgefährten auskommen muß. Aber man kann versuchen, sich öfters gegenseitig zu besuchen und sich so nach und nach näher kennenzulernen - man muß ja nicht gleich mit den Schwiegereltern zusammenziehen oder über längere Strecken miteinander leben. Meistens entwickelt sich aber nach näherem Kennenlernen ein harmonisches Familienleben

288

zwischen Eltern, Schwiegereltern und lesbischem bzw. schwulem Paar.

So kommt es, daß sich die Beziehungen selbstverständlich einspielen: Heiligabend feiert das schwule Paar zusammen, am ersten Weihnachtsfeiertag fährt man gemeinsam zu den eigenen Eltern, am zweiten Weihnachtsfeiertag zu den Schwiegereltern oder umgekehrt. Bei Familienfeiern bietet sich ebenso gute Gelegenheit, den Lebensgefährten bzw. die Lebensgefährtin mitzubringen. Dieses muß engagiert von dem schwulen Sohn oder der lesbischen Tochter organisiert werden, die Familie gemeinsam mit dem Freund / der Freundin aufzusuchen, um anfängliche Schwierigkeiten und Mißverständnisse auszubügeln, um sich aneinander zu gewöhnen: denn ein Rückzug aus falsch verstandenem Trotz des Kindes von den Schwiegereltern oder gar den eigenen Eltern aus noch nicht sofort erfolgter Annahme der Lebensgemeinschaft durch die Eltern wirkt nur isolierend.

Das Paar sollte den Schwiegereltern auch eine *Chance zum Dialog* geben, so daß festzustellen ist, daß diese es nach und nach kennenlernen und den neu gewonnenen schwulen Sohn (oder die lesbische Tochter) in ihr Herz schließen werden. Eltern, Schwiegereltern, die Schwäger und Schwägerinnen stellen für gleichgeschlechtliche Lebensgemeinschaften, neben der Möglichkeit, daß eigene oder angenommene Kinder vorhanden sind und so eine eigenständige Familie gebildet wird, einen wichtigen Familienrückhalt dar.

Zudem ist es für gleichgeschlechtliche Lebensgemeinschaften wesentlich, neben der eigenen stammesgeschichtlich vorgegebenen Familie und der des Freundes, ein unterstützendes freundschaftliches *Netzwerk* mit anderen schwulen und lesbischen sowie heterosexuellen Freunden aufzubauen. Oftmals geben Paare alte Freundschaften auf, nachdem sie sich einmal gefunden haben, und leben fortan distanziert von der schwul-lesbischen Gemeinschaft um sie herum. Wenn eine solche Beziehung dann plötzlich zu Ende gehen würde, das Paar Probleme hätte oder Rat bräuchte, könnten sich die Beteiligten an niemanden um Unterstützung wenden.

Der Grund für die Vermeidung anderer Freundschaften zu Gleichgesinnten liegt aber auch in der Furcht vor Eifersucht. So sinnvoll es ist, sich als Paar z.B. von schwul-lesbischen Kommunikations-Veranstaltungen zurückzuziehen, so muß aber auch ein Netz von wenigen, aber guten schwulen bzw. lesbischen Freunden, zu denen ein asexuelles Verhältnis besteht, für jeden Partner geben, damit diese einen Gesprächsaustausch auch bei anderen suchen können.

Sinnvoll ist es daher, sich schwul-lesbischen Vereinen, z.B. Sportvereinen, einem Chor oder politischen bzw. ehrenamtlichen Gruppierungen anzuschließen, in denen die Lebensgemeinschaft des/der Betreffenden bekannt ist, akzeptiert und respektiert wird (zumal das Ziel dieser regelmäßigen Gruppen ja nicht primär ist, jemanden zur Untreue zu verführen, sondern Gemeinschaftserfahrung durch gemeinsame Ziele zu vermitteln).

Die Lösung für das Dilemma, daß schwule Freunde Anlaß zu Eifersucht geben könnten, liegt in der Entwicklung von Vertrauen und Verantwortlichkeit in der intimen Beziehung und einer exakten Begrenzung dessen, wie weit eine Freundschaften geht darf und wieweit nicht. Diese Abmachung muß eingehalten werden, da dieses sonst die wertvolle Beziehung zum Lebensgefährten aufs Spiel setzen würde, man wieder einsam wäre.

Viel zu wenig für ein soziales Unterstützungssystem wird die Kooperation zwischen Lesben und Schwulen genutzt: Das schwule Paar kann eine Reihe lesbischer Freundinnen haben, und das lesbische Paar eine Reihe schwuler Freunde, mit denen es etwas unternimmt und die Freizeit gestaltet. Mögliche Eifersüchteleien sind so wohl auch stark gemindert. Jeder Schwule mag sich selbst fragen, wieviel Lesben er zur Freundin hat (und umgekehrt).

Schließlich hat jeder Schwule und jede Lesbe auch noch heterosexuelle Freunde, die in die Freundschaften zu anderen integriert werden können. Die Verbindung von schwulem Freundeskreis und Hetero-Freundeskreis ist ein wichtiges Anliegen (z.B. auf der eigenen Geburtstagsparty), denn wie gesagt können Freunde oder Freundinnen, denen man vertraut - seien sie nun homosexuell oder heterosexuell - Stress verringern, der entsteht, wenn man glaubt, die ganze Zeit mit seinem Lebensgefährten oder seiner Geliebten verbringen zu müssen oder sich allein fühlt. Echte Freunde können zum Leben eines Paares eine Unmenge an Liebe, Wärme und Humor beisteuern. Besonders dann, wenn man keine Familie mehr hat, können Freunde oder Freundinnen Ferien und Urlaube verschönern. Freunde, mit denen man lernen und wachsen und Erfahrungen und Erlebnisse teilen kann, bringen mehr Spaß ins Leben und in die gegenseitige Beziehung. Freunde sind auch eine Art Familie, die einem Geborgenheit und Rückhalt gibt.

Die Einbindung in die Familie ist eine große Stärke der gleichgeschlechtlichen Lebensgemeinschaften, denn sie gestattet, der realen Welt fest verhaftet zu bleiben und sich emotional mit den Werthaltungen zu verknüpfen, die wesentlich wichtiger sind als Surrogate der Selbstbestätigung durch Konsumkonkurrenz um Schönheit, Anspruch und Neuigkeiten.

Wenn wir also bei gleichgeschlechtlich empfindenden Menschen von einer *Familienorientierung* sprechen, so bezieht sich diese auf zwei Bereiche, zum einen den im Abschnitt weiter oben beschriebenen, nämlich der Integration der eigenen Empfindungen beim Coming-Out in das bestehende Familienleben der Eltern und Geschwister. Aber eine Familienorientierung des schwulen (und des lesbischen) Paares bezieht sich auch auf die Gründung einer *eigenen Familie*, indem man sich eine(n) Freund(in) sucht und eine gleichgeschlechtliche Lebensgemeinschaft führt.

Ein Familienbegriff muß sich somit auch auf gleichgeschlechtliche Lebensgemeinschaften beziehen, die möglicherweise noch um eigene oder adoptierte bzw. sorgerechtlich angenommene Kinder erweitert wird. Weiterhin können drittens auch platonische Freundschaften zu anderen lesbischen, schwulen Freunden, aber auch Freundschaften zu heterosexuellen Freunden betrachtet werden als ein Netzwerk und soziales Unterstützungssystem, das familiale Funktionen übernimmt, wie die des Rückhalts und der Geborgenheit.

Das Idealbild einer *Familienorientierung* ist schließlich die Verbindung von

- eigener Familie (gleichgeschlechtlicher Lebensgemeinschaft, möglicherweise mit Kindern)
- und Freunden als soziales Unterstützungssystem ("lesbian-gay-community" als Familie: Für ältere lesbische und schwule Singles werden z.b. für diesen Zweck Häuser als Wohngemeinschaften gebaut, um so im Alter nicht allein zu sein und auf diese Weise einen Familienbezug zu etablieren, ein Konzept, das man sicherlich als förderungsbedürftig bewerten kann),
- sowie mit der stammesgeschichtlich vorgegebenen Familie, also den eigenen Eltern und den Schwiegereltern, sowie den Geschwistern und Verwandten zu sehen.

Die Betrachtung einer Familienorientierung von gleichgeschlechtlichen Paaren durch Ehepolitik, Familienpolitik und Sorgerecht/Adoption von Kindern mag *das* entscheidendste in der Geschichte der Schwulen- und Lesbenbewegung, ja gar das Zentrale für gleichgeschlechtliche Lebensgemeinschaften in der Geschichte der Homosexualität sein. Ehe- und Familienpolitik für gleichgeschlechtliche Lebensgemeinschaften ist ein Thema der *Sozialpolitik*.

Familie muß somit in den individualisierten Generationen anhand der Personen definiert werden, die mit dem Individuum eine *Gemeinschaft* bilden. Widmen wir uns nun dem Familienbegriff im engeren Sinne zu, also den gleichgeschlechtlichen Lebensgemeinschaften mit Kindern: neben sorgerechtlich angenommenen Kindern bringen besonders schwule Väter und lesbische Mütter oftmals Kinder in eine gleichgeschlechtliche Beziehung mit ein.

Eigene oder adoptierte Kinder mit in die gleichgeschlechtliche Lebensgemeinschaft bringen

Ein grundlegendes Werk zur Einbringung eigener oder adoptierter Kinder in die gleichgeschlechtliche Lebensgemeinschaft wurde bereits 1985 von Joy Schulenburg in New York unter dem Titel

"*Schwule Elternschaft* - Ein ausführlicher Leitfaden für schwule Männer und Lesben mit Kindern" veröffentlicht.

Die Verfasserin behandelt besonders die Belange gleichgeschlechtlich orientierter verheirateter Mütter und Väter, vor allem gegenüber den eigenen Kinder und dem Ehepartner; Möglichkeiten unverheirateter Lesben und Schwuler, ihren Kinderwusch zu erfüllen (Pflegekindschaftsverhältnisse, Adoption, Co-Elternschaft bei Eltern, die Hilfe brauchen, Co-Elternschaft zwischen einer lesbischen Frau und einem schwulen Mann oder auch mit alleinerziehenden heterosexuellen Menschen); Regelungen nach einer Scheidung (Sorgerecht, Besuchsrecht); Übernahme von Vormundschaften; das Zusammenleben mit dem neuen Lebensgefährten, wenn Kinder da sind etc..

Die Verfasserin wertete bereits vorhandene wissenschaftliche Untersuchungen aus und hat auch eigene Befragungen und Interviews durchgeführt. Ausführlich wird behandelt, welche Folgen die Gesellschaft befürchtet und welche Folgen tatsächlich festzustellen sind, wenn ein Elternteil (oder beide) gleichgeschlechtlich orientiert ist (sind) und die Kinder das wissen.

Die Frage, ob sich dieses - wie oft von vielen Unwissenden vermutet - ungünstig auf die Kinder auswirke, muß aufgrund der vorliegenden Untersuchungsergebnisse im Gegenteil so beantwortet werden: Die Folgen sind - jedenfalls auf Dauer - eher *positiv*.

Jugendliche, die bei schwulen oder lesbischen Elternteilen aufwachsen und zu dieser Problematik befragt werden, antworten im allgemeinen ungefähr so: "Ich habe früh gelernt, Vorurteile zu erkennen und zu überwinden; ich kann den Charakter anderer Menschen besser beurteilen, ich wähle meine Freunde nicht nach ihrem äußeren Erscheinungsbild aus, sondern ich achte auf ihre Intelligenz und Urteilsfähigkeit, und darum habe ich meist sehr stabile Freundschaften".

Zu berücksichtigen ist in diesem Zusammenhang auch, daß sehr viele Jugendliche, denen Mutter oder Vater ihre sexuelle Orientierung bekanntgegeben haben, sich dahingehend äußern, sie hätten "viel mehr Verständnis" für ihre Eltern bekommen, ihre Eltern seien ihnen "nähergekommen", sie würden sie "mehr achten und lieben", und sie könnten selbst zu ihnen "offener sein" (Schulenburg 1985:42).

Es wird darauf hingewiesen, daß *sämtliche* Untersuchungsergebnisse darauf hinauslaufen, daß Kinder schwuler Väter und lesbischer Mütter dieselbe Chance haben, heterosexuell zu werden wie die Kinder heterosexueller Eltern.

Als Beispiele für die gängige Adoptionspraxis in den 1970er Jahren wird genannt:

A) Bereits in den 70er Jahren adoptierte ein offen schwul lebender Mann in Kalifornien einen 17jährigen Jungen, der bereits zwei Jahre lang als Pflegekind bei ihm gelebt hatte. Es war nicht das erste Mal, daß ein Schwuler ein Kind adoptierte, nur daß bekannt war, daß der Antragsteller in einer gleichgeschlechtlichen Lebensgemeinschaft lebt.

B) 1977 übertrug ein Gericht in Colorado das Sorgerecht für ein 7jähriges Mädchen der Freundin ihrer verstorbenen Mutter. Auch in diesem Fall wußte das Gericht, daß die Frau lesbisch ist – *entscheidend* war für das Gericht, daß zwischen dem Kind und dieser Frau bereits eine starke Mutter-Kind-Beziehung bestand. In der Begründung seiner Entscheidung stellte das Gericht schon 1977 u.a. fest: "Die gleichgeschlechtliche Lebensgemeinschaft der Mutter und ihre sexuelle Vorliebe hatte das Kind in der Vergangenheit keinen Einfluß, und sie beeinflußt nicht ihre Fähigkeit, das Kind aufzuziehen. Die besonderen Stärken ihrer Elternschaft sind ihre Empfindsamkeit, ihr Einfühlungsvermögen, ihre Wärme und ihre Zuverlässigkeit. Wenn die sexuelle Vorliebe eine Bedeutung bekommt, dann ist Donna - so der Name des Kindes - in der Lage, damit intelligent, offen und gewissenhaft umzugehen. Sie legt Wert darauf, daß das Kind ein Leben hat, das die Gesellschaft als normal ansieht: ein Leben mit Freunden, Verabredungen mit Jungen, Heirat und - später dann - mit Kindern" (vgl. Schulenburg 1985:128).

So kommt es in den 1980er Jahren regelmäßig vor, daß gleichgeschlechtliche Lebensgemeinschaften Kinder adoptieren oder daß ihnen ein Pflegekind offiziell zugesprochen wird. Die Nationale Vereinigung der Sozialarbeiter und die Amerikanische Vereinigung der Psychologen haben sich dafür ausgesprochen, daß Lesben und Schwule überall das volle Adoptionsrecht rechtlich vereinfacht bekommen sollen (für Europa vgl. Bundestagdrucksache 12/7069).

In einigen Staaten von Amerika ist auch eine private Adoption zugelassen: Man schließt dabei einen Vertrag mit der schwangeren Frau, die das Kind nicht behalten will oder mit dem Vormund, wenn die Frau noch minderjährig ist. Die staatlichen Stellen mischen sich so gut wie nie ein. In anderen Staaten wiederum wird nicht nach der sexuellen Orientierung der Bewerber um Pflegestellen gefragt. Es werden einfach zu viele Pflegestellen für Wegläufer und von zu Hause Hinausgeworfene gebraucht, und so achten die staatlichen Stellen vor allem darauf, ob die Bewerber ein dauerhaftes Arbeitsverhältnis haben, ob sie gesund sind und in ordentlichen Verhältnissen leben und ob das Kind bei ihnen genügend Wohnraum findet und angemessen versorgt werden kann (vgl. Schulenburg aaO::96,100ff).

Wenn schwule Paare Kinder erziehen - Positive Folgen für die Kinder bei Adoption und Pflege...

Die folgenden Aussagen wurden in so vielen wissenschaftlichen Untersuchungen als richtig bestätigt, daß sie als gesicherte wissenschaftliche Ergebnisse gelten:

1) Die Untersuchungen weisen nach, daß gleichgeschlechtlich Orientierte *genauso zufrieden* und integriert leben wie die Heterosexuellen.

2) Es gibt *keinerlei* Hinweise dafür, daß Schwule und Lesben die sexuelle Orientierung von Kindern beeinflussen. In der gesamten wissenschaftlichen Literatur sowie im Recht gibt es keinen Hinweis, daß jemand lesbisch oder schwul geworden wäre durch die sexuelle Orientierung der Eltern.

3) Unterstellte Fehlentwicklungen, die auf den Lebensstil oder das sexuelle Selbstverständnis einer lesbischen Mutter oder eines schwulen Vaters zurückgeführt werden könnten, wurden bei *keinem* Kind gefunden.

4) Es lassen sich *keine* negativen Folgen feststellen, wenn Kinder wissen, daß ihre Eltern gleichgeschlechtlich orientiert sind.

Quellen: vgl. a. die Ausführungen und zusammenfassenden Forschungen bei Schulenburg aaO u. Kentler aaO:113ff.

Da Schwule *mit* Lesben oft auch zusammenwohnen, kommt es denn auch vor, daß ein gemeinsamer Kinderwunsch auf natürlichem Wege durch Geschlechtsverkehr oder durch private künstliche Befruchtung erfüllt wird. Die Elternrechte dieser "Coparents" werden vertraglich geregelt.

In Holland ist es bereits seit Jahrzehnten üblich, daß Pflegekindschaftsverhältnisse und Pflegestellen bei gleichgeschlechtlichen Lebensgemeinschaften eingerichtet werden, die auch in der Bevölkerung akzeptiert sind: Es gibt keine Schwierigkeiten. Die Kriterien, nach denen die Pflegestellen ausgewählt werden, sind dieselben wie bei heterosexuellen Familien und Lebensgemeinschaften.

Ebenso unkompliziert ist die Einrichtung von Pflegestellen bei gleichgeschlechtlichen Lebensgemeinschaften in Dänemark. Das Buch "Mette bor hos Morten og Erik" (Kopenhagen 1981) zeigt, daß gleichgeschlechtliche Lebensgemeinschaften ohne Komplikationen auch das Sorgerecht für ihre Kinder bekommen können. Es wird beschrieben, wie ein fünfjähriges Mädchen bei seinem schwulen Vater und dessen Freund lebt. Auch zur Mutter, die in der Nähe wohnt, besteht eine gute Beziehung. Das Buch berichtet aus dem alltäglichen Leben der beiden schwulen Freunde als Lebensgemeinschaft mit dem Mädchen.

Es wird bei der "Auswertung der wissenschaftlichen Literatur und bei den eigenen Recherchen immer wieder festgestellt, daß lesbische und schwule Paare und Einzelpersonen genausogut geeignet sind, Kinder großzuziehen, wie Heterosexuelle" (Schulenburg aaO:83, vgl. a. Kentler aaO:165)). Darum gehört zu Zielen der Lesben- und Schwulen-Bewegung, ein *Recht auf Kinder überall durchzusetzen* - seien es Adoptivkinder, Pflegekinder oder die eigenen Kinder.

Sorgerecht für Kinder wird homosexuellen Lebensgemeinschaften erteilt

Folgendes deutsches Fallbeispiel (Amtsgericht Mettmann Urteil vom 16.11.1984 - 41 F62/84) zeigt, wie die Erkenntnisse in der Rechtsprechung bereits in den 1980er Jahren umgesetzt werden: Die Eltern des Sohnes sind geschieden. Die antragstellende Mutter beantragte (gemäß § 1671 II BGB) das Sorgerecht für ihr Kind. Der Vater, Antragsgegner, leitete seine Bedenken hiergegen daraus ab,

296

daß die Mutter mit ihrer gleichgeschlechtlichen Partnerin zusammenlebt. Das Gericht sprach der Mutter das Sorgerecht zu und begründete dies unter anderem wie folgt:

"... insbesondere läßt sich ein solcher Grund nicht daraus herleiten, daß die gleichgeschlechtlich-orientiert veranlagte Mutter mit ihrer Freundin eine Haushaltsgemeinschaft bildet. Das Gericht ist entgegen der Ansicht des Antraggegners der Auffassung, daß die gleichgeschlechtliche Veranlagung eines Elternteils und die Tatsache, daß dieser Elternteil mit seinem gleichgeschlechtlichen Lebensgefährten zusammenlebt, für sich allein diesen Elternteil nicht als Sorgerechtsinhaber disqualifiziert.

Eine solche mit Blick auf das Kindeswohl zu treffende Aussage wäre nur dann gerechtfertigt, wenn die gleichgeschlechtliche Veranlagung eines Elternteils einen Mangel an persönlicher, erzieherischer oder allgemein sozialer Qualifikation darstellen würde. Eine derartige Qualifikation läßt sich aber auch nach dem heutigen Erkenntnisstand der Wissenschaft weder aus der homosexuellen noch aus der heterosexuellen Orientierung eines Menschen herleiten.

Vielmehr haben eine Reihe von Forschern - es ist u.a. schon auf Bell/Weinberg 1970 verwiesen worden - bei gleichgeschlechtlich orientierten Frauen wie Männern zum Teil sogar geringere Werte für Neurotizismus und ein höheres Ausmaß interpersonaler, pädagogischer und sozialer Kompetenz festgestellt.

"Das mit Blick auf das Kindeswohl entscheidende Kriterium kann daher nicht die sexuelle Orientierung des Elternteils sein, sondern allein die Beurteilung der Gesamtpersönlichkeit des Elternteils sowie die Beziehung des Kindes zu diesem Elternteil und dessen Lebenspartner."

In diesem Zusammenhang läßt sich feststellen, daß die lesbische Mutter sich jetzt wie schon in der Vergangenheit auch nach außen hin zu ihrer gleichgeschlechtlichen Veranlagung bekennt und dazu steht. Die Beziehung zu ihrer Lebensgefährtin hat sich seit April des Jahres als tragbar erwiesen. Beide Frauen betreuen das Kind anstandslos in wechselseitiger Abstimmung. Der Minderjährige hat - was auch aus dem Jugendamtsbericht deutlich wird - eine gute emotionale Beziehung zu beiden Frauen. Aufgrund der Normalität, in der die Mutter und deren Lebensgefährtin ihre Lebensgemeinschaft unterhalten und dem Kind vorleben, steht *nicht* zu befürchten, daß das Kind in eine soziale Außenseiterrolle gedrängt wird" (aaO).

Schwule Väter

So hat das Europäische Parlament auch in seinem Beschluß vom Februar 1994 seine Mitgliedstaaten dazu aufgefordert, das *Adoptionsrecht von gleichgeschlechtlichen Lebensgemeinschaften wesentlich zu vereinfachen* (vgl. Bundestagdrucksache 12/7069). Denn der Wunsch nach *eigenen* Kindern kommt fast bei jedem Menschen irgendwann im Laufe seines Lebens auf - also auch bei Schwulen oder Lesben.

Viele Schwule oder Lesben haben, als sie sich über ihre Orientierung noch nicht im Klaren waren, die Vater- oder Mutterrolle ja bereits mit Hingabe ausgefüllt: Eine andere Motivation schließt also keinesfalls fortpflanzungsträchtiges Handeln aus, dies gilt aber auch, wenn die Unklarheiten über die sexuelle Orientierung ersteinmal beseitigt sind.

Für schwule Väter, die für viele Jahre in ihrer Rolle als Familienvater aufgegangen sind, ist es selbstverständlich, daß Kinder dazugehören. Sie hatten, wie Erfahrungsberichte zeigen, später auch wenig Schwierigkeiten, ihren Kindern von ihrer gleichgeschlechtlichen Orientierung zu erzählen.

Für Schwule oder Lesben, die gerne ein oder mehrere Kinder innerhalb ihrer gleichgeschlechtlichen Lebensgemeinschaft aufziehen wollen, scheint der Pflegeweg über das Sorgerecht neben dem Adoptionsrecht ein praktikabler Weg zu sein. Aber es steht wie beschrieben auch der Weg offen, sich vorübergehend auf einen toleranten anderen, verschiedengeschlechtlichen Partner sexuell einzulassen, um ein Kind zu zeugen oder aber auch die *selbstbestimmte Befruchtung*: Eine Methode, die im Prinzip auch von medizinischen Laien praktiziert werden kann und bei genügender Vorbereitung weder peinlich sein muß, noch technisch unpersönlich abzulaufen braucht.

Ein schwuler Vater berichtet über seine Erfahrung mit seiner Frau, seinem Sohn und seiner Tochter folgendes:

"Das sind schon *unglaubliche Erlebnisse*, wenn man Vater wird! Plötzlich ist da ein drittes Wesen, nimmt den Alltag total in Anspruch, nichts gibt es mehr, das nicht auf das Baby gerichtet ist. Nur noch sein Atmen und Schreien, Trinken und Schlafen, Windeln und Versorgen. Ich erinnere mich an die winzigen Hände in meiner Hand, als ich zum ersten Mal die Fingernägel schneiden mußte. Dieses hilflose Würmchen. Es ist fast unmöglich, es allein zu lassen, zu schlafen, ohne daß sein Leben ganz nahe ist. Und dann mit dem zweiten! Ich erinnere mich, wie ich mit dem einjährigen Sohn sprach, als die Tochter geboren war!

Die Kinder waren mir wichtig, und ich glaubte, daß sie mich als Vater mochten und brauchten. So kam das Bewußtsein, daß ich eigentlich *schwul* bin, erst im Laufe der Zeit, erst als die Familie existierte und die Kinder schon älter waren. Dann veränderten sich meine Träume: immer mehr waren es Traumgeschichten mit einem Mann, der ein großes Haus bewohnte und den ich besuchte, mit dem ich zusammenlebte und zusammen schlief. Aus den unklaren Gefühlen der Jugend wurden immer klarere Bilder, die mir sagten: *Ich bin schwul!*

Eigenartiger Weise habe ich überwiegend verheiratete Männer als Freund gehabt. Mir ist damals deutlich geworden, wie viele mit einer Frau verheiratete Männer schwul sind. Ich habe bei diesen Freunden bald gemerkt, daß das Doppelleben, das die meisten vor ihrer Frau führten, wirklich *krank* macht. Ich habe mir dann überlegt, wie fange ich an mit dem Coming-Out? Ich mußte also alle selbst und schnell und in der richtigen Reihenfolge informieren: erst meine Frau, dann die Bekannten und Arbeits-Kollegen. Diese Reihenfolge habe ich auch eingehalten. Nun war es raus - nun wurde ich freier!

Nach langer Ehe ist das sicherlich keine angenehme Information für die Frau. Ich glaube, meine Frau und ich sind schonend miteinander umgegangen, auch wenn es zu tiefgreifenden Veränderungen kam. Trennungsjahr und Scheidung von meiner Frau - erleichtert durch doppelte Berufstätigkeit, erwachsene Kinder und keinen Hausbesitz. Mein Leben hat sich seit dem Coming-Out sehr verändert. Ich erinnere mich, wie sehr ich es genossen habe, mich unmittelbar danach ohne Angst in einer rappelvollen schwulen Kneipe zu drängen: stolz, zu wissen, du bist jetzt einer von ihnen. *Ich bin ich.* Ich empfinde jetzt die Einheit mit mir selbst.

Das Verhältnis zu meinen Kindern ist neu entstanden. Wir können sehr offen miteinander umgehen. So hat sich meine Tochter auch Literatur über gleichgeschlechtliche Lebensgemeinschaften ausgeliehen und ist einmal in eine schwule Gruppe mitgegangen. Beide Kinder kennen und mögen meinen Freund und Lebensgefährten Peter. Die Voraussetzung für den menschlichen Umgang miteinander ist unsere *uneingeschränkte Offenheit.* Die Kinder haben eine wesentliche neue Erfahrung machen können: Sie haben erlebt, daß ihr Vater so lebt, wie es ihm entspricht. Darüber hinaus beobachten sie den schwulen Alltag unserer Partnerschaft und müssen feststellen, daß dieser Alltag lebens- und liebenswert ist" (zit. n. vgl. Büntzly 1988:14f).

Ganz normale Mütter -
Lesbische Frauen und ihre Kinder

Auch Lesben haben oft ein Heterobild verinnerlicht und bemühen sich besonders als Mutter in einer Beziehung zu einem Mann, so zu sein, wie die anderen und wie es allgemein erwartet wird - andererseits spüren sie aber auch Ihre Gefühle für und Neigungen zu Frauen und wollen als Individuum gelten, das sich in den eigenen Bedürfnissen verwirklicht und sich über die *Zwangsheterosexualität* in der Gesellschaft hinwegsetzt.

Viele Mütter machen es sich daher oft schwer, bis sie sich als lesbische Mutter verstehen: Sie machen es *sich* oft schwer, obwohl dies dabei falsch ausgedrückt ist: Es *ist* in der Tat auch schwer, wenn ungünstige Entwicklungspotentiale bestehen - nicht nur in der Familie, den Erwartungen der Eltern, sondern auch in der sozialen Umgebung, bei der Rechtsprechung, aufgrund des Vaters des Kindes, aufgrund fehlender Kontakte zu Frauen in der gleichen Situation, aufgrund fehlender Vorbilder, aufgrund fehlender Literatur, aufgrund fehlender Beratungsstellen ... .

Besonders in Dörfern oder Kleinstädten kann der Druck von Eltern, Geschwistern, Verwandten, Freund/inn/en, Nachbarn oder Arbeitgebern massiv sein und zu einer Verdrängung der lesbischen Gefühle führen, die eine Mutter aufgrund des Kindes als "Beweis" ihrer Heterosexualität besonders schwer zulassen darf und kann. So kommt es zu vielen Hochzeiten, Ehen und Kindern innerhalb eines heterosexuellen Alltags.

Wenn die Kinder dann aus dem Hause sind, ist die Mutter meist wieder mehr auf sich zurückgeworfen und stellt möglicherweise erst dann fest, daß sie all die Jahre die Rolle der Frau an der Seite ihres Mannes zwar ausgefüllt hat – aber *gegen* ihre eigenen Sehnsüchte und Bedürfnisse. Sie erkennt als Mutter, deren Rolle sie ausgefüllt hat und es auch weiterhin tun will, daß sie eine *lesbische* Mutter ist und lieber in einer gleichgeschlechtlichen Lebensgemeinschaft mit einer Frau leben möchte.

Birgit Sasse berichtet von ihrem befreiten Leben in der lesbischen Familie folgendes: "Meine Freundin hatte ein *selbstbewußtes Naturell*. Sie fand es geradezu gefährlich, vor unseren drei Mädchen ein Versteckspiel zu spielen, was mir aus der Seele sprach. Sie fühlte sich stark genug, mit den dreien über unsere Beziehung zu sprechen, was mich einerseits sehr erleichterte, mich andererseits verunsicherte. Die Kinder, zwölf, zehn und neun Jahre alt, nahmen es aber ganz anders auf, als ich vermutet hatte: Sie freuten sich, deklarierten und solidarisierten sich als Geschwister und mokierten sich darüber, daß wir noch nicht heiraten!

Für mich war diese Situation ein großer Durchbruch. Es war herrlich, in den eigenen Wänden frei leben zu können, umgeben von einem Freundeskreis, der uns als *Familie* betrachtete. Es wurde alles selbstverständlich und das übertrug sich auf die Kinder. Selbstbewußt luden sie andere in ihr Zuhause ein, und keiner fragte danach, was für eine Familie-Konstellation sie vorfanden" (vgl. aaO:12f).

Wenn Mütter diesen Weg geschafft haben, überträgt sich das Lebensgefühl auf die Kinder, denn die Eltern sind, ob zusammenlebend oder alleinerziehend, zunächsteinmal Bezugspersonen, die einen gewissen Wahrheitsanspruch erfüllen müssen. Wird z.B. ein Kind in eine Frauenbeziehung hineingeboren und diese Beziehung selbstverständlich vor ihm gelebt, so wird diese Partnerschaft ganz natürlich für das Kind sein, denn es hat ja noch nichts anderes bewußt gesehen oder anderes erlebt.

Wächst das Kind in einer Atmosphäre auf, in der es sich geborgen und angenommen fühlt, entwickelt es das gleiche *"Urvertrauen"* (eine der wesentlichen Errungenschaften, die der Mensch im Rahmen seiner Identitätsentwicklung erwerben muß) wie andere auch. Wichtig vor allem ist nämlich die Zuverlässigkeit der Zuwendung, Liebe, Annahme und Geborgenheit des Kindes während der ersten Lebensphasen, dieses gilt für gleichgeschlechtliche wie verschiedengeschlechtliche Lebensgemeinschaften ebenso, also für die Kindererziehung generell.

Der Begriff "lesbische Mutter" läßt sich daher wie folgt definieren:
Die Rede ist von lesbischen Müttern, wenn Frauen
- emotional, sozial und körperlich vorwiegend die Nähe zu Frauen suchen
- Mütter von wenigstes einem Kind sind,
- diese/s Kind/er im eigenen Haushalt versorgen und
- diese beiden Rollen aktiv ausfüllen.

Unter den Begriff der *"lesbische Mit-Mütter"* fallen die Frauen, die in der lesbischen Familie leben und "mit"erziehen. Sie sind nicht die leiblichen Mütter, und oft kennen sie die Kinder nicht von Anfang an. Die Kinder treten durch die Beziehung zu deren Mutter in ihr Leben, und sie tritt in das ihre. Vor allem hier in Deutschland ist das der häufigste Fall.

Es gibt auch Frauen, die sich bewußt gemeinsam für ein Kind oder für mehrere Kinder entscheiden - durch eine selbstbestimmte Befruchtung durch einen Mann außerhalb der Beziehung. In diesem Fall erlebt die Mitmutter die Geburt mit, und Mitmutter und Kind kennen sich von Anfang an.

Das hier interessierende sind nicht nur die Belange von schwulen Vätern (s.o.) oder analog von lesbischen Mütter, sondern besonders die *Mitmütter bzw. Mitväter* erzählen, daß sie keine Rechte haben, sondern eigentlich nur Pflichten eingehen durch ihre Mit-Elternschaft: Eine Mitmutter darf zwar, laut Sozialamt, die Brötchen für das Kind ihrer Freundin verdienen, der Staat aber (genausowenig wie die Kirche) sorgt außerhalb der Ehe nicht dafür, daß sie auch als Ernährerin der Familie anerkannt wird.

Es gleicht einem Berufsverbot, dem man aufgrund seiner sexuellen Orientierung unterläge. Wäre eine Mit-Mutter die leibliche Mutter des Kindes, wäre es vielleicht einfacher. Als Mitmutter hingegen, die sich voll verantwortlich engagiert, hat sie außerhalb der gleichgeschlechtlichen Ehe keine Rechte, sondern im Gegenteil sogar persönliche Nachteile.

Man mag meinen, es wäre ein private Entscheidung, wenn zwei Frauen zusammenleben (was es nicht ist, siehe oben die diskriminierenden Benachteiligungen), aber es wird dann noch mehr zu einer öffentlich und kollektiven (also gemeinschaftlichen und staatlichen Angelegenheit), wenn Schwule bzw. Lesben Kinder in eine Beziehung einbringen und besonders wenn die Mit-Mutter (oder der Mitvater) sogenannte `Reproduktionstätigkeiten´ übernimmt, d.h. die Kinder erzieht, den Familien-Haushalt macht, ihre Rolle der Erziehung für das Gedeihen der *"Keimzelle Familie"* übernimmt.

Wie sieht es also aus bei einer *Politikfeldanalyse* beispielsweise bei der Anrechnung der Erziehungsjahre der lesbischen Mit-Mutter in der Rentenversicherung oder bei dem Erziehungsurlaub im Betrieb für den schwulen Mit-Vater?

Würde man den Ausländeranteil gegenüber dem Anteil von Lesben und Schwulen (13-15 %) an der Bevölkerung vergleichen, würde sich zeigen, daß (z.B. Familien-)Politik für gleichgeschlechtliche Lebensgemeinschaften gegenüber Ausländerintegrationspolitik ein bisher unterentwickeltes Politikfeld ist?

Wir brauchen nicht nur ein Ausländeramt, sondern zwei Fachbereiche für gleichgeschlechtliche Lebensgemeinschaften, je eine Behörde für Schwule und ein Referat für Lesben im Familienministerium.

Papa, Papa, Kind –
Eine Familie ist eine Familie ist eine Familie...

In der heutigen Zeit, in der viele verschiedengeschlechtliche Ehen kinderlos bleiben, streben gleichgeschlechtliche Lebensgemeinschaften nach dem *Idyll der Kleinfamilie*: Papa, Papa, Kind - Heim und Familie. Die Gesellschafts- und Sozialpolitik muß die familiäre Situation von eigenen oder angenommenen Kindern in gleichgeschlechtlichen Lebensgemeinschaften und Ehen berücksichtigen.

- Valeska war zehn, als sie ihren Vater in Verlegenheit brachte: Ohne anzuklopfen stürmte sie ins Schlafzimmer und begrüßte den Mann, der im Bett neben Papa lag: "Guten Morgen, ich bin Valeska, und wer bist Du?" Valeska, die nach der Trennung ihrer Eltern anfangs bei der Mutter wohnte, wollte unbedingt beim Vater leben, obwohl der bereits mit dem Lebensgefährten

Peter zusammen war. "Ich könnte monatelang auf Anrufe von Freunden und Familie verzichten", sagt das blonde Kind, das inzwischen eine erwachsene Frau von 23 Jahren ist und selbst ein Baby hat. "Aber ohne meinen Papa, das würde ich nicht lange aushalten."

- Daniela erfuhr es mit sechs. "Hast Du denn einen Papa?", fragte ein Mädchen im Kindergarten. "Wir brauchen keinen Papa", antwortete die Kleine, als sich herumgesprochen hatte, daß Daniela mit zwei Müttern lebte, "den hat Mama weggeschickt, weil er ein Dummi war."

- Connor mangelt es weder an Mutter noch an Vater. Als der Kleine vor zwei Jahren in einem Hospital zur Welt kam, heulten gleich zwei Mamis und zwei Daddies vor Rührung. Neun Monate zuvor hatten die lesbischen Frauen den Sperma-Mix ihrer schwulen Freunde eingeführt, bis der Schwangerschaftstest bei einer von ihnen positiv ausfiel. Wer die biologischen Eltern waren, kümmerte keinen von ihnen: vier Eltern und ein Baby (vgl. die Fallbeispiele in: Der Spiegel Nr. 37/93:97f).

Valeska und Daniela mit ihren Eltern in einer gleichgeschlechtlichen Lebensgemeinschaft stehen für einen sozialen Sachverhalt, der noch zu wenig von der Statistik oder den Sozialforschern erfaßt wird: Die Familienorientierung von gleichgeschlechtlichen Ehen und Lebensgemeinschaften.

Die Zeugung und die Geburt von Kindern symbolisiert auch das Selbstbewußtsein von Millionen Lesben und Schwulen, daß sie als gleichgeschlechtliche Lebensgemeinschaft alle Rechte der verschiedengeschlechtlichen (Ehe-)Paare beanspruchen - auch das Recht auf Gründung einer Familie: Kinder werden von Eltern betreut und erzogen, die sich ihre Lebenspartner beim eigenen Geschlecht suchen. Es gibt sie längst, die Familien von gleichgeschlechtlichen Ehen und Lebensgemeinschaften.

Und es sind so rasch so viele geworden, daß Nachbarn und Freunde, Politiker und Juristen, Verwandte und Pastoren sich darauf einstellen müssen. Gleichgeschlechtliche Lebensgemeinschaften fordern sozialpolitische Besserungen bei Gründung einer Familie: lesbische Frauen lassen sich selbstbestimmt befruchten, schwule Väter erleben ihr Coming-Out und ziehen ihren Nachwuchs auf, schwule Paare adoptieren Kinder.

Staat und Gesellschaft stellen sich ein auf Kinder, die zwei Väter oder zwei Mütter haben - wichtig allein ist, ob das Kind gut aufgehoben ist.

Es liegt somit ein *dynamischer Familienbegriff* vor: Die Liebe und das Interesse am gegenseitigen "Wohl" bestimmt, was eine Familie ist - und nicht das (gesellschaftliche oder rechtliche) Gesetz. So stehen in Amerika bereits Lesebücher auf dem Lehrplan der Schulen, die vom Leben mit schwulen Vätern und lesbischen Müttern berichten. Ebenso reagieren Verlage und TV-Stationen auf den neuen *"Gayby-Boom"* mit Ratgebern und Dokumentationen.

"Wenn ich groß bin ... ": Was sagen Kinder zu der gleichgeschlechtlichen Ehen ihrer Eltern

- Warum nicht? Ich finde es einfach okay. Für mich ist es nur eine Variante des Lebens, (Siebzehn Jahre, männlich).
- Wenn meine Mutter nicht lesbisch wäre, hätte ich vermutlich nie ihre Freundin kennengelernt, und dann wäre mir ganz schön viel abgegangen. Ich freue mich, daß die beiden sich jetzt haben, wenn ich aus dem Haus geh, (Neunzehn Jahre, weiblich).
- Ich beschäftigte mich letztens mit den unterschiedlich hohen Steuern und Versicherungen, (fünfzehn Jahre, männlich).
- Wenn es meiner Mutter gutgeht, geht es mir auch gut, wenn es ihr schlechtgeht, dann mir auch. Also besser, sie hat eine Freundin und ist nicht allein, sondern glücklich, und dann bin ich´s auch, (siebzehn Jahre, männlich).
- Seitdem wir uns alle zusammengetan haben, geht es uns allen besser zu Hause. Besser als mit meinem Vater zusammen, da war immer Streit und Kampf, (vierzehn Jahre, weiblich).
- Wenn ich groß bin, werde ich Politiker, und dann räume ich auf. Dann kommen neue Gesetze, und die verbieten allen Vätern, schlecht über zusammenlebende Mütter zu reden. Das Doofste an allem ist nämlich, daß immer Männer mit Frauen zusammen sein sollen. Dabei braucht man das doch nur zum Kinderkriegen, (dreizehn Jahre, weiblich).

Quelle: vgl. Sasse 1995

Gleichgeschlechtliche Lebensgemeinschaften bemühen sich vor allem um jenen Wert, den zu definieren sich jeder zutraut, vom Gesetzgeber bis zum Nachbarn gegenüber: Das *Kindeswohl*. Rechtlich gesehen gibt es aber nicht "*das* Kindeswohl", wie Dieter Schwab, Familienrechtler an der Universität Regensburg herausstellt, und ebenso darauf hinweist, daß "Familie heute ein diffuser Zustand ist": Ob eine *Gruppe als Familie* anzusehen ist, hängt immer weniger von rechtlichen Faktoren ab, etwa der Ehe oder der biologischen Elternschaft. Entscheidend ist die soziale Wirklichkeit und *Liebe* in einer Lebensgemeinschaft: "*Wichtig allein ist, ob das Kind gut aufgehoben ist*", so die Bestimmung des Begriffes "Kindeswohl" - "Daher kann einem gleichgeschlechtlichen Paar voll und ganz die Fähigkeit zugesprochen werden, adoptierte Kinder aufzuziehen", so der Jurist (vgl. Schwab aaO). Alle neuen Untersuchungen beweisen, daß wichtiger als die sexuellen Vorlieben der Eltern die eigenen frühen Empfindungen der Kinder sind - ob beispielsweise Jungen in der Pubertät heftiger von anderen Jungen als von Mädchen erregt werden.

In einer Tiefenstudie der Universität Virginia hat die Verhaltensforscherin Charlotte Patterson Kinder von lesbischen Müttern mit denen verschiedengeschlechtlicher Eltern verglichen (aaO). Die vier- bis neunjährigen Kinder von Lesben erklärten zwar häufiger als die Sprößlinge von Hetero-Paaren, sie seien gestreßt, ängstlich, aufgeregt oder wütend: Ausdrücklich bekundeten dieselben Kinder aber, sie fühlten sich besonders wohl, seien heiter und mit sich selbst zufrieden - "nur scheinbar ein Widerspruch", sagt die Forscherin Patterson.

Die Psychologin fand heraus, daß die Kinder in gleichgeschlechtlichen Lebensgemeinschaften "insgesamt *bereitwilliger* über *ihre Empfindungen sprechen*, egal ob es positive oder negative sind". Der Unterschied zu den Kindern aus verschiedengeschlechtlichen Lebensgemeinschaften: "Nicht ihr Streß ist größer, sondern ihre Offenheit, Gefühle auszudrücken". Kinder in gleichgeschlechtlichen Lebensgemeinschaften und Ehen wachsen also weniger mit "Masken" auf und neigen weniger zu psychischer Abkapselung, sie sind *"offenherziger und zeigen mehr Gefühle"* als Kinder von verschiedengeschlechtlichen Eltern.

Die New York Times faßt den Sachverhalt folgendermaßen zusammen: "In einem schwulen Haushalt aufzuwachsen bringt *keinerlei* Benachteiligung für die Kinder" (aaO) - sondern im Gegenteil: gefühlsbetonte und offenherzigere Kinder hervor.

Informationsteil 7
Verliebt, verlobt, verheiratet: Ehe-, Kinder- und Familien-Politik für gleichgeschlechtliche Paare und ihre Kinder

Bücher zum weiterlesen:

⊠**AUGSTEIN, MARIA SABINE:** Ehe und Scheidung für Lesben und Schwule, in: Referat für gleichgeschlechtliche Lebensweisen: Lesben, Schwule - Partnerschaften, Sanatsverwaltung für Jugend und Familie, Dokumente Nr. 9, Berlin 1994, S. 50-62

BECH, HENNING: Recht fertigen - Über die Einführung gleichgeschlechtlicher Ehen; in: Zeitschrift für Sexualforschung, 4. Jg., Heft 3 / 1991, S. 213-224

BECK, VOLKER / BRUNS, MANFRED: Eheverbot bei Gleichgeschlechtlichkeit?, in: Monatsschrift für Deutsches Recht, 1991, S. 832-835; sowie in: Zeitschrift für Sexualforschung 1991, 192-204; sowie in: Laabs, Klaus (HG): Lesben, Schwule, Standesamt, Berlin, 1991

BEHRMANN, KATRIN / TRAMPENAU, BEA: Mit der Doppelaxt durch den Paragraphen-Dschungel - Rechtsratgeberin für Lesben und Schwule, 1991

BINNE, WOLFGANG: Kinderzahlabhängige Beiträge zur gesetzlichen Rentenversicherung? , in: DRV, 5, 1994, S. 309-321

BOBINGER, ELISABETH: Wir adoptieren ein Kind, München 1994

BRUNS, MANFRED: Die „Aktion Standesamt" des SVD und der Bundeasarbeitsgemeinschaft schwuler Juristen, in: Referat für gleichgeschlechtliche Lebensweisen: Lesben, Schwule - Partnerschaften, Dokumente Nr. 9, Berlin 1994, S. 63-75

⊠**BUNDESTAGSDRUCKSACHE 13/2728:** Gleichgeschlechtlichen Lebensgemeinschaften die Rechte von Familienangehörigen (Verlobten-Status) einräumen: Ehe auch für gleichgeschlechtliche Paare - Entwurf zur Änderung des Paragraphen 1353 des Bürgerlichen Gesetzbuches (BGB), Bonn November 1995

BUNDESTAGSDRUCKSACHE 12/7069: Europa-Beschluß - Adoptionen und Sorgerecht für gleichgeschlechtliche Lebensgemeinschaften vereinfachen

⊠**BUNDESVERBAND D. PFLEGE- U. ADOPTIVELTERN E.V.** (HG): Handbuch für Pflege- und Adoptiveltern - Ein Führer von A - Z durch psychologische, pädagogische und rechtliche Fragen, 1992

BÜNTZLY, GERD: Schwule Väter, Berlin 1988

CALIFIA, PAT: Rituale schwuler Hochzeiten; in: dies., Das schwule Einmaleins, S. 87ff, Berlin 1994

DIE SCHWULEN JURISTEN: Schwule im Recht - Rechtsratgeber für homosexuelle Menschen, Bamberg 1992

ERNST, HEIKO: Psycho Trends - Das Ich im 21. Jahrhundert, München 1996

⊠**FACHBEREICH FÜR GLEICHGESCHL. LEBENSGEMEINSCHAFTEN:** Lesbische Mütter, Schwule Väter und ihre Kinder, Berliner Senat für Familie (Bezug kostenlos: Alte Jakobstr. 12), Berlin 1996

FACHBEREICH FÜR GLEICHGESCHL. LEBENSGEMEINSCHAFTEN: Lesben, Schwule - Partnerschaften, Dokumente Nr. 9, Berliner Senat für Familie, Berlin 1994

GRIB, SUSANNE: Die gleichgeschlechtliche Partnerschaft im nordischen und deutschen Recht, 1996

HEGNAUER, C. / BREITSCHMID, P.: Grundriß des Eherechts, Bern 1993

HOFFMAN, ANNE: Lesben in der Ehe, 1995

HUK, ANDREA: Lesbe kriegt Retortenbaby, 1997

ISENSEE, RICK: Männer lieben Männer, Berlin 1992

KÖNIG, SYBILLE / THIEL, ANGELIKA / WAGNER, GABRIELE: Und auf einmal lebte ich so, wie ich immer leben wollte - Lesbische Mütter - Soziale Mütter, in: Piper, Marianne (HG): Beziehungskisten und Kinderkram - Neue Formen der Elternschaft, Frankfurt am Main 1994

KONIETZKA: DIRK: Lebensstile im sozialstrukturellen Kontext, Westdeutscher Verlag 1995

MCWHIRTER, DAVID / MATTISON, ANDREW: Männerpaare - Ihr Leben und ihre Liebe, Berlin 1986

MEIXNER, GABRIELE: Frauenpaare - In kulturgeschichtlichen Zeugnissen, München 1995

RAMSAUER, ADRIAN / MÜLLER, GERTRUD: Rechtstips für die gleichgeschlechtliche Partnerschaft, Pink Cross Verlag Schweiz 1995

RIMMELE, HARALD: Schwule Biedermänner? - Die Karriere der „schwulen Ehe" als Forderung der Schwulenbewegung - Eine politikwissenschaftliche Untersuchung, Hamburg 1993

⊠RECHTSPRECHUNG: Die Zulässigkeit der gleichgeschlechtlichen Eheschließung, Amtsgericht Frankfurt am Main, Beschluß vom 21.12.1992 (40 UR III E 166 / 92)

RECHTSPRECHUNG: Sorgerecht wird homosexuellen Lebensgemeinschaften erteilt, Amtsgericht Mettmann, Urteil vom 16.11.1984 (41 F 62 / 84), auch abgedruckt in: Beiträge zur feministischen Theorie und Praxis, Band 25-26: Lesben - überall und nirgendwo, 12, 2, Köln 1989, S. 209

⊠SASSE, BIRGIT: Ganz normale Mütter - Lesbische Frauen und ihre Kinder, Frankfurt am Main 1995

⊠SCHINS, MARIE-THÉRÈSE: 2 X Papa - oder: Zwischenfall auf dem Pausenhof, Ein Lesebuch für Kinder in der 4.-8. Schulklasse, rororo rotfuchs (773), Reinbek 1995

SCHIMMEL, ROLAND: Eheschliessung gleichgeschlechtlicher Paare - Schriften zum Bürgerlichen Recht, Duncker & Humblot Verlag, Berlin 1996

SCHULENBURG, J.A.: Gay Parenting - A complete Guide for Gay Men and Lesbians with Children, Anchor Books, Anchor Press, Doubleday, Garden City, New York 1985

⊠SPIEGEL: Papa, Papa, Kind: Vier Eltern und ein Baby: Two Moms are better than one: Staat und Gesellschaft müssen sich einstellen auf Kinder, die zwei Väter oder zwei Mütter haben. Wie Studien belegen bringe in einer schwulen Familie aufzuwachsen keinerlei Benachteiligung: Wichtig ist allein, ob das Kind gut aufgehoben ist, in: Der Spiegel, 37 / 1993, S. 97-101

STEINER, ANTON: Ohne Ehe - ohne Rechte? Die Rechtsprobleme der nichtehelichen Lebensgemeinschaft, 1993

⊠STREIB, ULI (HG): Das lesbisch-schwule Babybuch - Ein Rechtsratgeber zu Kinderwunsch und Elternschaft, Berlin 1996

⊠SÜSSMUTH, RITA: Homosexuelle Paare der Ehe gleichstellen!, Interview mit der Präsidentin des deutschen Bundestages; in: Bunte, Heft 29, 1991

⊠TESSINA, TINA: In guten wie in schlechten Tagen - Anregungen für homosexuelle Paare, bes. Kapitel: Soziale Unterstützungssysteme, S. 259ff, Reinbek (rororo 8782) 1991

⊠THIEL, ANGELIKA: Kinder? - Ja, klar! - Das Handbuch für Lesben und Schwule, Frankfurt am Main / New York 1996

VERSCHIEDENE AUTOREN: Adoption zwischen gesellschaftlicher Regelung und individuellen Erfahrungen, 5 Bände, o.J.

⊠VERSCHRAEGEN, BEA: Gleichgeschlechtliche Ehen, Verlag Medien und Recht, Wien 1994 (hrsg. v. Heinrich Neisser, Focus Bd. 9: mit Gesetzestexten, Literaturverzeichnis S. 265-276)

WAHNER, U. (HG): Adoption und Pflegekindschaft - Eine Spezialbibliographie deutschsprachiger psychologischer Literatur, 1992

WILLHOITE, MICHAEL: Papas Freund - Ratgeber für Kinder Homosexueller, Berlin 1994

Weiterhin verwendete Literatur:
siehe Anhang.

Didaktische Fragestellungen 7:
a) Beschreiben Sie das Leben eines gleichgeschlechtlichen Paares, das Sie aus eigener Erfahrung oder z.B. aus einer Roman- oder Filmvorlage kennen.

b) Es gibt in den sozialen Dimensionen und der Beziehungsqualität zwischen gleichgeschlechtlichen und verschiedengeschlechtlichen Paaren keinen qualitativen Unterschied. Was läßt sich über schwule Ehegemeinschaften inhaltlich sagen? Welche Auswirkungen hat die lebische bzw. schwule Ehe auf die rechtliche Adoption von Kindern allgemein?

c) Inhaltlich führen manche schwule Paare sogar eine vorbildlichere Ehe als Hetero-Paare. Wie gehen diese Schwulen miteinander um, damit die Beziehung auch auf Dauer hält?

d) Was sind die Vorteile, in einer festen und stabilen Beziehung zu leben?

e) Eine erste Eheschließung eines gleichgeschlechtlichen Paares hat es bereits 1969 in Holland gegeben. Doch für wann genau wird die alljährliche Gedenk-Feier des schwul-lesbische Familientags ausgemacht?

f) Listen Sie im folgenden Fall einmal auf, welche Aspekte mit welchen Ausprägungen hier denkbar sind: Die Verhältnisse können derart sein, daß ein genetisch männliches Wesen die innere Identität einer Frau hat, deren Triebe (sexuelle Orientierung) auf das gleiche, in diesem Fall das weibliche Geschlecht gerichtet sind, so daß scheinbar ein Hetero-Paar zusammenkommt. Was bedeutet es für die Zulässigkeit der gleichgeschlechtlichen und verschiedengeschlechtlichen Eheschließung in Ländern, die die Ehe für Alle noch nicht kennen?

g) Warum beurteilen Gerichte Menschenrechtsfragen in Ländern unterschiedlich? Was kann den Richtern auf dem Gebiet des homosexuellen Eherechts gesagt werden, damit sie besser über gleichgeschlechtliche Beziehungen informiert sind?

h) Welche rechtlichen Absicherungen würden gleichgeschlechtlichen Lebensgemeinschaften ohne das Eherecht fehlen?

i) Wie sieht das Idealbild einer Familienorientierung von lesbischen und schwulen Paaren aus?

j) Gleichgeschlechtliche Lebensgemeinschaften haben oft Kinder aus anderen Beziehungen oder adoptieren Kinder. Erklären Sie die Formel "Schwulsein = Kinder und Familie haben"!

k) Was läßt sich zur Adoption und Pflegeschaft von Kindern durch gleichgeschlechtliche Ehen sagen?

l) Gleichgeschlechtlichen Lebensgemeinschaften kann voll und ganz die Fähigkeit zugesprochen werden, Kinder zu adoptieren und erziehen. Was ist das Ausschlaggebende für das Kindeswohl, was nicht?

m) Warum sind die Kinder aus gleichgeschlechtlichen Lebensgemeinschaften oftmals offenherziger und gefühlvoller als die Kinder aus verschiedengeschlechtlichen Lebensgemeinschaften?

n) Was sind die sozialpolitischen Aspekte einer Familienpolitik für gleichgeschlechtliche Lebensgemeinschaften sowie Ehen und ihrer Kinder?

o) Warum ist Familienpolitik, Ehepolitik und Kinderpolitik für Lesben, Schwule und gleichgeschlechtliche Lebensgemeinschaften die wichtigste Angelegenheit in der Geschichte der Homosexualität?

Kapitel 8

8. Hochzeitspaare: Mit Gottes Segen -
Lesbische und schwule Paare in unserer Gemeinde

Handbuch `Engagierte Zärtlichkeit'

Daß wir Zärtlichkeit nicht gottlos nennen - denn die Liebe ist aus Gott

Homosexuelle Kleriker: "Es tut einfach nur gut, beieinander zu kuscheln!"
- Studie: Jeder vierte Priester (25 - 40 %) ist schwul

Das abgespaltene Frausein der Bräute Christi: "Ich selbst bin das Zentrum der
Offenbarung!"- Als lesbische Nonne ein spirituelles Zuhause finden

"Wer sich selbst verleugnet, betrügt Gott!" -
In der Gemeinde engagierte homosexuelle Geistliche

Pluralität des Menschseins als konstitutives Element der Gemeinschaft -
Entwurf einer neuzeitlichen schwulen Theologie

Kirchliche Hochzeit im Gottesdienst für gleichgeschlechtliche Paare -
Partnerschaftsegnungen bei der Trauung in der Kirche

Die Kirchliche Hochzeit und Trauung von schwulen bzw. lesbischen Paaren

Zehn-Punkte-Plan als Diskussionsgrundlage

Kann sie beides sein, schwul und lesbisch zur gleichen Zeit?

Informationsteil

Daß wir Zärtlichkeit nicht gottlos nennen - denn die Liebe ist aus Gott

Die Kirche und die Erziehung nach kirchlicher Moral entfremdet die Christen von ihrer Körperlichkeit und Geschlechtlichkeit. Im Namen Gottes wird Sexualität von der Kirche klein gehalten, beschnitten und geächtet, bis mit ihr manchmal gar der ganze Mensch ausgelöscht wird. Dabei gehört die *Sehnsucht nach Zärtlichkeit* zu ihrer - des Menschen und des Christen - Natur.

Gott steht dem bei, was er geschaffen hat. Es muß betont werden, daß menschliche Wesen ihre eigene sexuelle Orientierung nicht selbst auswählen; vielmehr entdecken sie diese als etwas Gegebenes. Für eine Änderung der eigenen sexuellen Orientierung zu beten ist, ist etwa ebenso unsinnig, als würde man um Änderung der eigenen Augenfarbe bitten.

Darüber hinaus gibt es keine gesunde Möglichkeit, die sexuelle Orientierung umzukehren oder zu ändern, nachdem sie einmal etabliert ist. Deshalb ist der einzige Weg zu geistiger Gesundheit, seine eigene sexuelle Orientierung akzeptieren lernen und sie in einer positiven Art und Weise zu leben (vgl. McNeill aaO:14).

Daher müssen sich lesbische und schwule Christen besinnen, ihre Sehnsucht nach Zärtlichkeit und Begabung zur Sexualität um so mehr zu entwickeln und aufblühen zu lassen, sie muß zum "Heil" werden. Sexualität trägt zum Ganzsein des Menschen bei - doch dieses lernen wir nicht in Kirche, Schule und Elternhaus.

Heinrich Dickerhoff tritt daher dafür an, Glauben und Zärtlichkeit zusammenzubringen und der Gegenwart Gottes innezuwerden in der menschlichen Zärtlichkeit: "Dies wird freilich nur einer Theologie möglich sein, die sich nicht als eine Form der Moral, sondern als eine *Ausdrucksweise der Religion* versteht. Und dazwischen liegen Welten: *Religion ist nicht Moral*. Moral lehrt und fordert, wie der Mensch sein soll, damit er sein darf. Religion hingegen beschwört, wer der Mensch *ist*, damit er entdeckt, wie er sein könnte" (Dickerhoff aaO:15).

Läßt sich Kirche nicht vom neuzeitlichen Nützlichkeitsdenken in die Rolle der moralischen Besserungsinstanz drängen, dann muß sie deutlich machen, daß es ihr immer mehr um die Erlösung als um die Erziehung des Menschen geht, daß ihr die Frohe Botschaft wichtiger ist als das Belehren und der Friedenskuß wichtiger als der erhobene Zeigefinger. Und dies gilt gerade im Bereich der Sexualität:

Im *Sakrament der Zärtlichkeit* entdecken wir *Gott*: Wenn wir lernen, Gott unmittelbar zusammenzusehen mit den Erfahrungen der Zärtlichkeit, dann werden wir diese entdecken als ein Sakrament, als einen Ausdruck Seiner Gnade, Seiner Großen Zuneigung zu allem Leben; sie wird zum Zeichen, das uns unendliche und uneingeschränkte Liebe als Grund und Ziel allen Lebens bezeugt, verheißt und vergegenwärtigt. In unserer Sehnsucht nach und Fähigkeit zur Zärtlichkeit, kurz: "im Eros - gab Gott den Menschen ein Mittel der Erlösung und sich selbst ein Mittel der Offenbarung an die Hand" (Schubart aaO:84).

Diese Grundthese Walter Schubarts mag angesichts der traditionellen Beurteilung der Sexualität wie der gängigen Gottesvorstellung in der Christenheit noch fremd klingen. Aber liegt das nicht vor allem an der Erfahrungsarmut und Leidenschafts-, ja Lieblosigkeit unseres religiösen Denkens und Empfindens? Ist nicht die *Liebe* für ungezählte Menschen die ´himmlischte´ Erfahrung und Hoffnung ihres Lebens trotz der offenkundigen Begrenztheit menschlicher Liebesgeschichten? Und ist ´Liebe´ nicht auch das Schlüsselwort, das denen, die bei Jesus in die Schule gehen, die *Wirklichkeit Gottes* erschließt? So ist es Andrew Greeley´s Hauptanliegen, Christen "aufzuklären" und zu mehr "erotischer Phantasie" zu bewegen (aaO). Anton Grabner-Haider ruft zu einer grundsätzlichen Emanzipation von den überkommenen sexuellen Vorstellungen und Verhaltensweisen auf (aaO).

"Freunde, laßt uns einander lieben! *Denn die Liebe ist aus Gott*" heißt es im 1. Johannesbrief. "Und jeder, der liebt, ist aus Gott geboren und erkennt Gott. Wer nicht liebt, hat Gott nicht erkannt, denn Gott ist die Liebe" (4,7f). Liebe ist demnach nicht nur der uns aufgetragene Wille Gottes, sondern Sein *Wesen*, Seine Wirklichkeit; und "gotterkennend" ist nicht nur die Liebe des Menschen zu Gott, sondern alles zwischenmenschliche Lieben: "*Gott begegnet in jeder Form menschlicher Liebe*, und er begegnet nicht außerhalb von ihr" (Grabner-Haider aaO:69).

Die Liebe auch nur eines Menschen kann uns verwandeln, weil und indem sie die Welt verwandelt, in der wir leben. Der Stein ist weggewälzt vom *Grab der Einsamkeit*, die Seele kann auferstehen durch Liebe und zur Liebe. Wer diese Befreiung erfahren hat, der kennt auch das Gefühl, die ganze Welt umarmen zu wollen. Dies Gefühl zeigt an, wie echte, verläßliche Liebe Lebenssicht, Sinn und Bewußtsein verändern kann, wie sie, an einem Menschen entzündet, dazu drängt, sich auch anderen mitzuteilen. Sie weitet sich zur Nächstenliebe, zur All- und Gottesliebe. Das ist der *Kreislauf der Erotik*. Sie zieht nur dann von Gott ab, wenn sie ihren Kreis nicht rundet (Schubart aaO:231).

Wo aber wird Liebe entflammt und entfesselt, wo entzündet sich der Funken, was sprengt die Mauern unserer Ichbezogenheit? Nicht eine *Idee* - denn Liebe ist immer mehr als Idealismus, sie braucht ein *körperliches* "Du", sie "braucht die Gegenwart und das Einbeziehen eines anderen Wesens; Liebe kann ohne ein Gegenüber nicht bestehen" (Sölle aaO:29), nicht einmal wirklich entstehen. Denn wo sie nur ideell und allgemein gedacht wird und nicht zumindest ein geliebtes "Du" kennt, da ist sie in Gefahr, zur ideologisch oder religiös überhöhten Eigenliebe zu werden, zu einer zur Gottgefälligkeit hochstilisierten Selbstgefälligkeit.

Liebe wird erst "dadurch zur eigentlichen Liebe, daß sie sich nicht auf - im eigenen Gehirn entstandene - Ideen beschränkt, sondern auf wirkliche, körperliche Menschen übergeht. Die Liebe zur Menschheit bleibt so lang eine kalte philosophische Abstraktion, bis der Mensch imstande ist, einen oder einige wirklich mit ihm lebende Menschen zu lieben und mit ihnen *gemeinsame Welten* zu bilden" (Caruso aaO:253 / Dostojewski aaO:79f). Nicht aus Grundsatzerklärungen wächst Liebe, sondern aus und in den leibhaftigen (körperlichen) Liebes-Erfahrungen: "Miteinander schlafen hat den doppelten Sinn voneinander lieben und beieinander ruhen" (Sölle aaO:178).

Mit solcher Wieder-*Entdeckung Gottes in Liebe und Zärtlichkeit* ist freilich das gängige *Gottesbild* in Frage gestellt.

Wenn für viele Christen "Gott" zunächst verbunden war mit Gefühlen der Angst, dann auch deshalb, weil ihre eigene Geschlechtlichkeit ihnen Angst machte.

Heute ist in der westlichen Welt, bei fallenden äußeren Stützen und wachsenden inneren Ansprüchen, die Frage nach der Lebendigkeit, nach der "*Qualität der Liebesgeschichte*" (Zulehner aaO:63), immer wichtiger geworden.

Und damit scheinen auch die herkömmlichen Ehevorstellungen der katholischen Kirche bedenkenswert: "Es wird sich auch das kirchliche Interesse an der Ehe verändern müssen. In früheren Zeiten hatte die Kirche sich vor allem gesorgt um die äußeren Bedingungen und Formen des Zusammenlebens, und sie hatte allen Grund dazu. Denn die Einführung der `Formpflicht´, der kirchlich beglaubigten Veröffentlichung der Eheschließung, diente dem Schutz der schwächeren Frau; diese konnte, in einer nicht-öffentlichen Ehe lebend, ja jederzeit von ihrem Mann verlassen werden, sie war seiner Willkür ausgeliefert und rechtlich nicht geschützt, wenn der Mann das Bestehen einer Ehe leugnete - ein im Mittelalter häufig vorkommender Fall.

Doch heute umgreifen staatliche Regelungen alle Lebensbereiche, selbstverständlich auch die Ehe, ja zunehmend auch die nicht-ehelichen Lebensgemeinschaften. Die Kirche sollte und könnte dies auch als Chance begreifen, frei zu werden für die Frage nach der Qualität von Liebesgeschichten. Auch Jesus hatte kaum Interessan an den Rahmenbedingungen der Ehe (vgl. Drewermann 1984:13f).

Und damit sind wir bei der Fragestellung, in dem es ja weder um Kritik noch Verteidigung der gesellschaftlichen - und m. E. durchaus notwendigen - staatlichen `Institution´ Ehe gehen soll: Es kann nicht die erste und wichtigste Frage kirchlicher Ehelehre sein, in welcher Form wir zusammenleben oder zusammenleben sollten im Interesse von Sozial- und Bevölkerungspolitik, aus juristischen oder moralischen Gründen.

Sie sollte vielmehr danach fragen, was die Liebenden in ihrem Zusammensein entdecken und was sie erhoffen, ob und wie sie miteinander eine Ahnung bekommen von *unzerstörbarem* Sinn, ob und wie ihnen das *Geheimnis Gottes* zum Vorschein kommt in ihrer

Liebe, die dann zum Sakrament wird, zum Anfang und Hinweis und Zeugnis einer größeren Liebe und Geborgenheit und zur tragenden Kraft auch an bösen Tagen" (Dickerhoff aaO:107).

Wir sind in die Geschichte dieser Welt gestellt, um Licht zu sein, sie zu erleuchten, und nicht, um sie zu *ver*leugnen. Zum Salz der Erde sind wir bestimmt, nicht um das Leben zu versalzen, sondern damit wir und andere Geschmack daran finden, den Geschmack des Himmels. Heinrich Dickerhoff spricht daher den Kirchengelehrten die Aufgabe, Liebes- und Lebensgeschichten zu formen oder gar zu bewerten, ab; diejenigen, die selbst *körperlich* Lieben sind zu ihrer eigenen Spiritualität aufgerufen mit dem Ziel, diese in der Gemeinschaft umzusetzen und zu leben: "Eine neue Zusammenschau und Zusammenbindung von Glauben und Zärtlichkeit kann nicht allein und nicht zuerst Aufgabe der zölibatär lebenden Vordenker und Verantwortlichen in der Kirche sein.

Ein tatsächliches religiöses Verstehen menschlicher Zärtlichkeit, menschlichen Strebens nach Vereinigung und des darin begründeten Heils und Elends ist in erster Linie denen aufgegeben, die den Weg dieses Miteinanders durchlebt und wohl auch durchlitten haben: Nur in der *eigenen* Liebesgeschichte - und hier sind Liebes- und Leiderfahrung eng verwandt - ist Paradies und Sündenfall zu entdecken, Heil und Verantwortung und Erlösung, Kreuz und Auferstehung.

So scheint hier eine Chance und zugleich eine Verpflichtung gegeben für die Liebenden in der Kirche, zu einer besonderen Form des geistlichen Lebens zu finden, zu einer `Spiritualität der Laien´, die in und aus der Spannung wie Verbindung zwischen Glauben und Zärtlichkeit lebt" (Dickerhoff aaO:19).

Somit werden es die schwulen und lesbischen Gläubigen selbst sein, die sich aktiv für ihre Liebe engagieren müssen. An wichtigster Stelle sind hier die gleichgeschlechtlich empfindenden Nonnen, Priester und Pfarrer zu nennen, die sich im kirchlichen Fachzusammenhang auskennen, Empfehlungen, Konzepte und Handlungsanweisungen für die kirchliche Praxis und den religiös-theoretischen Überbau erarbeiten können: Schwule Priester - und aber auch Laien - müssen schwul-lesbische Theologie und Kirchenpolitik machen.

Homosexuelle Kleriker: "Es tut einfach nur gut, beieinander zu kuscheln!" - Studie: Jeder vierte Priester (25 - 40 %) ist schwul

Eugen Drewermann kritisiert daher in der Kirchenpolitik besonders den theoretischen Überbau in Form der Moraltheologie, die vorschreiben will, wie der Mensch zu sein hat: "Vor allem die Weigerung der Moraltheologie, ihre Regeln und Normen *aus dem Erleben der Menschen* selber zu entwickeln, stellt die Quelle des Unrechts gegenüber den jeweils Empfindenden dar.

Diese Moraltheologie und -lehre, die mit ihren Aufspaltungen und Äußerlichkeiten eine ständige Entfremdung des Bewußtseins gegenüber den eigenen Gefühlen begründet und voraussetzt, ist wesentlich daran mitbeteiligt, daß Menschen aus lauter Angst, zunächst vor sich selbst, dann vor dem `anderen´ Geschlecht, dann wieder vor den eigenen Empfindungen, schließlich wirklich nicht mehr ein noch aus wissen.

Die Priester der katholischen Kirche vertreten in ihrem ganzen *Gehabe* eine Mentalität und Moral, die mit der *Alltagswirklichkeit* nur schwer zurechtkommt - wirklich ist die Welt der Bücher und der Bibliotheken, die einzige Form der Realität, in der dieser Stand von Schriftgelehrten zu Hause ist. Die Männer die hier herrschen, wollen keine Männer sein, doch es ist gerade ihr latent homosexuelles *Fluidum*, das sie vielen Frauen gewissermaßen als die besseren, kultivierteren, sensibleren und rücksichtsvolleren Männer *erscheinen* läßt.

Allem Anschein nach (.) bietet dieser Schamanismus einen Weg, das gleichgeschlechtliche Empfinden zu integrieren, in dem die `mittlere´ Stellung der so Berufenen zwischen den Geschlechtern als Mittlertum auch zwischen Göttlichem und Menschlichem, zwischen Himmel und Erde, zwischen Traum und Tag betrachtet wird.

Dabei zeichnet nicht nur der häufige pädagogische und künstlerische Eros von schwulen Menschen in hervorragender Weise

317

aus; das europäische Abendland wäre kulturell entschieden ärmer ohne die Vielzahl genialer schwuler Menschen, von Platon angefangen über Leonardo da Vinci, Peter Tschaikowsky, André Gide, Thomas Mann, Ludwig Wittgenstein u.v.m..

Es ist die Zeit gekommen, da man endgültig damit aufhören wird, den *Sinn der Sexualität* in der Fortpflanzung zu sehen, sondern sich ganz einfach fragen wird, was jemand aus seinen Möglichkeiten, ob hetero- oder homosexuell, zur Bereicherung der *Kultur des menschlichen Zusammenlebens* zu machen verstanden hat.

Es hat buchstäblich egal zu sein, ob jemand am Ende sich bi-, hetero-, homo- oder sonstwie sexuell fühlt, wenn er sich nur überhaupt wirklich selber fühlt: Es tut nur einfach gut, sich in den Arm zu nehmen und zu streicheln; es ist schön, beieinander zu kuscheln, so daß alles zu der bejahenden Antwort drängt: `Ich liebe Dich !'", soweit Eugen Drewermann (1989:582,590,601) in seinem Aufruf, sein Handeln an seinem eigenen individuellen Empfinden auszurichten und nicht an den von der Amtskirche niedergeschriebenen und althergebrachten Moral-Katechismen: Das erste Gebot lautet: "Lerne zu handeln. Und: Handle so, daß Du *zärtlich* bist!"

Die Sexualmoral ist ein wichtiger Verkündigungsinhalt des kirchlichen Lehramtes und damit der christlichen Botschaft. Es soll hier für die christliche Glaubensperspektive die Sexualität in ihrer leiblich-seelischen Ganzheit und ihre Notwendigkeit für den Aufbau und das Wachstum tiefer personaler Beziehungen betont werden: Die Auslebung von Sexualität ist die "Sprache der Liebe", sie muß also gelebt werden können.

Diese Empfehlung gilt dabei nicht nur für den gläubigen Menschen, sondern besonders auch für die Amtsträger der Kirchen selbst: Und in der Tat ist das zölibatäre Leben der Priester eine Illusion; zudem: besonders viele Priester empfinden auch gleichgeschlechtlich: Der Spiegel vom 5. November 1990 hat es konkret veröffentlicht: Bei einem Priesterkurs im Rhein-Main-Gebiet stellte der Leiter fest, daß von den Teilnehmenden 20 Priestern 18 sexuell aktiv waren. Die heterosexuelle Einhaltung des Zölibatgesetzes ist die Ausnahme (vgl. Spiegel 5.11.90).

> *"Sie selber tun gar nicht, was sie lehren!"*
> *Jesus über die Theologen, Mt, 23,3.*

Aber auch besonders viele Priester sind schwul - doppelt so viele wie in der Bevölkerung (wie es Alfred Kinsey belegte, s.o.): Eine in Boston veröffentliche Studie, die auf Befragungen von 1500 geistlichen Personen im Zeitraum von 1960 bis 1985 beruht, belegt, daß *"ein Viertel, also 25 Prozent, der Geistlichen schwul sind"*: "Wenn zwölf von Euch zusammenkommen, sind Dreie unter Euch!"
(vgl. Bostoner Studie zit. n. Hermann 1992:52).

Die Liberalisierung der gleichgeschlechtlichen Lebensgemeinschaften von Priestern hat aufgrund der gesellschaftlichen Liberalisierung seit Ende der 1970er Jahre noch wesentlich mehr Öffentlichkeit erfahren, so daß sich viel mehr Priester zu ihrer Lebensgemeinmschaft bekennen können: "Legt man in der Langzeitstudie über das Sexualverhalten von Priestern die Zahlen von 1978 bis 1985 zugrunde, so äußern sich inzwischen fast 40 Prozent der Priester darüber, daß sie schwul sind" (Sipe aaO, vgl. a. Rice aaO:230).

Die Kombination: Pfarrer/Pastor und Schwulsein hat dabei sich wesentlich ergänzende gegenseitige Qualitäten: Die Fähigkeit von Schwulen, sich gastfreundschaftlich zu verhalten, feinfühlig und mitfühlend zu sein, kommt dabei dem sozialen Aspekt der Gemeindearbeit zugute: Ihre Empathie ist ja auch gerade etwas, was sie für den seelsorgerischen Beruf qualifiziert, wie John McNeill herausstellt. "Positiver Stolz eines gleichgeschlechtlich empfindenden Menschen ist Stolz auf ein Verständnis von *Gastfreundschaft* und *Mitgefühl*. Im Kern aller wahren Kreativität steckt *Freisein zum Spielen*. Es geht um die Voraussetzungen, die ein als Spiel gelebtes Leben ermöglichen. Sexualität ist das wichtigste Feld für menschliches Spielverhalten - von Gott geschaffen. Jedoch gehen besondere Gaben von Schwulen unter, weil sie sich größtenteils im öffentlichen Leben völlig bedeckt halten" (vgl. McNeill aaO:109f).

Es kann aber nicht unterschieden werden zwischen den Sehnsüchten nach Sexualität und der Verwirklichung dieser Empfindungen. *Enthaltsamkeit ist keine Lösung*, wie wir oben gesehen haben und wie es die Kirchen mittlerweile auch selbst vertreten (aaO). Die Empfindung gleichgeschlechtlicher Zuneigung und liebevolles Handeln sind dasselbe. Das (gleichgeschlechtliche) Empfinden ist die Voraussetzung für eine (gleichgeschlechtlich orientierte) Liebe. Die verstärkte oder besondere Anerkennung von Menschen durch die Kirche, die ihre (Homo-)Sexualität nicht leben, wäre eine *Heuchelei mit Zuckerbrot und Peitsche*, da es eine strukturelle Gewalt darstellt, sich nicht frei entfalten zu können in seinen Sehnsüchten nach Zweisamkeit (vgl. auch das Recht auf freie Entfaltung im Grundgesetz).

Nicht gelebte Empfindungen zu tolerieren durch ein Angebot des Verschweigens ist eine erzwungene Isolation durch die Kirche, auf die sich besonders gleichgeschlechtlich empfindende Menschen nicht einlassen können: Um Liebe geben und nehmen zu können, um verantwortungsvolle und tiefe personale Beziehungen zu einem Menschen aufnehmen zu können, muß Zärtlichkeit gelebt werden (können). Das Ausleben von Zärtlichkeit ist folgerichtiges Handeln und muß selbstverständlich sein, da nur dann die Ganzheit des Menschen erreicht wird. Die Liebe braucht ein körperliches Du.

Das Angebot der Kirche: "Lebe deine Sexualität nicht aus, verschweige dein Schwulsein, dann tolerieren wir es", ist ein Angebot zur Heuchelei: "Jesus hat diejenigen, die anders reden als handeln, `Heuchler´ genannt" (vgl. Alt aaO:127). Zygmunt Baumann ermuntert daher, daß man seine Empfindungen bzw. die Bedrohung der Lebenswelt zum zentralen Thema seines Lebens macht: "Die Bedeutung des liberalen Angebots (der Herrschenden) ist nur die Bestätigung der Dominanz jener, von der das Angebot ausging: Wenn du etwas tust, verlierst Du. Wenn du Nichts tust, gewinnen sie. *Die Ablehnung (des Angebots) hingegen bedeutet schließlich Freiheit von Verpflichtungen.* Um Goffman zu paraphrasieren, `statt sich auf seine Krücke zu lehnen, fängt er damit an, Golf zu spielen´" (Baumann aaO:89f).

Viele schwule Geistliche leben also in einer gleichgeschlechtlichen Lebensgemeinschaft, die sie allerdings nicht absolut offen in der Gemeinde zu leben wagen, aufgrund der Macht- und Hierarchiestrukturen sowie der offiziellen Morallehre der

Kirchen. Es ist eine unhaltbare Diskriminierung, daß der Lebensgefährte des Geistlichen nicht in seine Wohnung einziehen soll, denn dadurch wird die Lebensgemeinschaft bzw. eine schwule Ehe überhaupt nicht lebbar.

Das abgespaltene Frausein der Bräute Christi: "Ich selbst bin das Zentrum der Offenbarung!"- Als lesbische Nonne ein spirituelles Zuhause finden

Die Gruppendynamiken in religiösen und kirchlichen Gemeinschaften sowie der kirchlichen Macht- und Hierarchiestrukturen sind für gleichgeschlechtlich empfindende Menschen oft derart, daß sie den Weg der lesbischen bzw. schwulen Erkenntnis sehr stark unterdrücken müssen, ja allein der Gedanke daran, sich seinen Gefühlen zu stellen, kann sehr schmerzhaft sein und wird immer wieder verdrängt. Ein *Klima der Entfaltung* kann dann daher nur durch eine *Befreiung aus den kirchlichen Zusammenhängen* erfahren werden. Mab Maher beschreibt, wie sie die kirchliche Indoktrination als externen Faktor wahrnehmen konnte und stattdessen die Offenbarung Gottes in sich selbst und ihrem Lesbischsein erkannte und aus der religiös-kirchlichen Gemeinschaft des Klosters *ausgetreten* ist, um sich so einen Schonraum (Moratorium) zur Entwicklung ihrer eigenen Empfindungen und Identität zu schaffen:

"Als ich vor acht Jahren das Kloster verließ, versuchte ich, die Wahrheit über die Trennung zwischen meiner *Spiritualität* und meiner *Sexualität* herauszustammeln. Meine Spiritualität hatte sich abgespalten, weiterentwickelt, während meine Sexualität und Kreativität nicht zu folgen vermochte. Ich wollte, daß mir jemand außerhalb der Kirche half, als in meinem Unbewußten Angst und Wut gärten. Die *Lösung vom Katholizismus* war bald geschehen. *Ich ging einfach nicht mehr zur Kirche.* Die Lösung von den Vorstellungen, die dieser Unterbau des Katholizismus einimpfte, war viel schwerer. Ich begann eine transpersonale Therapie: nach und nach erkannte ich, daß ich *selbst* das *Zentrum der Offenbarung* war.

Das war für mich ein enormer Schritt, viel radikaler als das Verlassen der Kirche: Mit großem Zögern wurde mir qualvoll bewußt, daß die sexuelle Wahl, die meinen tiefsten Bedürfnissen entsprach, sich auf *Frauen* bezog. Ich legte all die inneren *Manipulationsmuster* ab, die ich mir selbst eingebleut hatte, um in der religiösen Gemeinschaft des Klosters zu überleben. Als Ordensschwester entwickelte ich so erst langsam ein lesbisches Bewußtsein. Ich ersuchte Rom um *ewige* Dispens von meinen Gelübten. An einem kalten Wintermorgen, fünf Monate später, fuhr ich, um meine Austrittspapiere zu unterzeichnen. Es war mein Geburtstag. Ich habe nie ein so überwältigendes Gefühl von *Daheimsein* empfunden. In diesem Augenblick sagte die ganze Erde zu meiner lesbischen *Identität* ja. Manchmal bereue ich die verlorene Zeit in der kirchlichen Gemeinschaft des Klosters. In meinen langen Jahren des Christseins war ich von meinem Frausein abgespalten. Ich lebte mit einer logischen Entfremdung zu meinem inneren Rhythmus. Das tiefste Versteck, aus dem ich hervorgekommen bin, ist mein Herz gewesen. ˋLesbeˊ ist sowohl ein seelischer Begriff, als auch ein Weg des Verhaltens in dieser Welt. Es ist genauso ein Geschenk wie warum und wieso ich atme - Es ist mein spirituelles Zuhause: *Ich selbst bin das Zentrum der Offenbarung Gottes!*" (Maher aaO:299f).

Dem eigenen Herzen zu vertrauen, den eigenen Empfindungen zu folgen ist somit ein übergeordnetes Ziel der persönlichen Entwicklung, so daß eine normierte und kollektiv gewünschte Morallehre nicht verinnerlicht werden muß. Wenn es aber nicht gelingt, sich von übergeordneten, repressiven Strukturen zu emanzipieren, ist wie gesehen ein *Verlassen der Strukturen der Kirche*, die eine Entwicklung der eigenen Reife behindern, ratsam.

Sofern aber eine Emanzipation von hemmenden, externen Faktoren erfolgt ist und der einzelne Gläubige reif und stark genug geworden ist, ist eine Weitergabe der Erfahrung in die Glaubensgemeinschaft möglich und notwendig: Ohne Gott und die Gemeinde ist die Welt einsam. Schwule und lesbische Gläubige müssen sich - sofern sie sich in ihrer Identität des gleichgeschlechtlichen Empfindens gestärkt haben, stärken konnten oder gestärkt worden sind - für ihren Lebenszusammenhang in den Kreisen der Gemeinde engagieren, wie John McNeill aufzeigt:

"Es sind auch spezifische Fragen, die lesbische Frauen und schwule Männer der Realität stellen und sie vermögen von einer Hermeneutik des gleichgeschlechtlichen Empfindens auch unterschiedliche Beiträge zu Theologie und Spiritualität zu leisten. Grundlegenden ist: Es gibt eine einzigartige schwule und lesbische Gotteserfahrung: Lesben und schwule Männer sollten dreist genug sein, der Kirche in ihrer Gesamtheit eine neue Einsicht in das Evangelium zu vermitteln! Schwule und Lesben können einen bedeutenden Beitrag zur Bildung (Lehre) einer Beziehungsethik leisten. Dies beinhaltet zwei der vielen Gaben, die die schwul-lesbische Gemeinschaft der menschlichen Gesellschaft anzubieten hat. Die erste ist die "Entwicklung einer Beziehungsethik". Die Fortpflanzungsethik der Vergangenheit ist nun definitiv schädlich geworden.

Das zweite Geschenk der gleichgeschlechtlichen Lebensgemeinschaften an die Kirchen besteht in der Herausforderung, sich allen zu öffnen, insbesondere jenen, die anders sind. Ihre Spiritualität hat eine besondere Qualität.

Weiter muß dafür engagiert eingestanden werden, sich selbst als Menschen mit göttlicher Würde und Verantwortungsbewußtsein und das Schwulsein als eine Segnung Gottes anzusehen. Gleichgeschlechtliche empfindende Menschen müssen lernen, ihre Existenz zu feiern und zu bejahen und auf Gott zu setzen, indem man sich bewußt ist, daß auch Gott sehr wohl Anstoß nimmt an der Kirche! Schließlich war auch Jesus während seiner Lebenszeit in ernsten Konflikten mit seiner "Kirche" und deren Machthaber.

Jeder muß sich selbst fragen, welche der kirchlichen Werte beibehalten werden sollen und ob man sie weiterhin respektieren und schätzen will, und was die neuen Werte etc. sein sollen. In anderen Worten: Welche kirchlichen Werte, Lehrinhalte und Ordnungsstrukturen sind kompatibel mit dem, was gleichgeschlechtliche Lebensgemeinschaften sind, und welche Werte nicht destruktiv in Bezug auf die persönliche Würde von Lesben und

Schwulen sind. Alles was destruktiv ist und die freie Entfaltung einschränkt, ist auch schlechte Theologie!"; (vgl. McNeill aaO:188f).

Entwürfe von neuen, sexuellen Theologien benötigen aber auch das aktive Engagement durch die Spiritualität der Laien, die ihre Liebe leben. Für gläubige Schwule und Lesben gilt es nicht auszutreten, sondern *aufzutreten* - vehement und mit Widerspruch, wo die Amts-Kirchenleitung sie in ihren Entfaltungsmöglichkeiten beschneidet und "verkrüppelt" (aaO).

Die Gemeinschaft konstituiert sich aus der Verschiedenheit der sexuell liebenden Menschen, die Offenbarung Gottes in jedem Menschen selbst läßt erst eine Gemeinschaft entstehen. In diesem Sinne müssen auch Priester/Pfarrer und Nonnen, kurz: alle Ordensleute im Amt nicht als übergeordnete Instanz betrachtet, sondern als Mensch mit all ihren Bedürfnissen erkannt werden - denn auch ein schwuler Priester oder eine lesbische Nonne kann sich und die ureigensten Gefühle nicht verleugnen, sonst betrügt man nicht nur sich selbst:

"Wer sich selbst verleugnet, betrügt Gott!" - *In der Gemeinde engagierte homosexuelle Geistliche*

Den Priester von Nebenan müssen wir daher erkennen als einen Menschen, wie Du und ich - mit all den Bedürfnissen, die auch andere Menschen haben. Priestersein und Schwulsein ist wie gesehen eine besonders häufige Kombination: Jeder 3. Priester ist schwul. Doch die Geistlichen werden allein gelassen, man fragt sie nicht nach ihren Sehnsüchten, Wünschen und Empfindungen - aus guter Erziehung und Ehrfurcht wird das Thema der Zärtlichkeit von kirchlichen Amtsträgern nicht angeschnitten.

Dabei leiden viele Geistliche unter der Einsamkeit, die sie vor allem abends beim Heimkommen empfängt - und Alleinsein heißt: ohne körperliche Nähe zu einem anderen Menschen, ohne die Erfahrung oder gar *Möglichkeit von Intimität und Vertrautheit* zu einem Partner. Bei jedem Ausdruck von Zärtlichkeit, den sie in ihrer Umgebung beobachten oder bei einer Hochzeit sogar begleiten und firmieren, entsteht bei Ihnen immer wieder das Gefühl: "Das hast du nicht - Diese Zärtlichkeit, das `in jemanden verliebt sein´ wie bei anderen schwulen Paaren, das hast Du noch nie erlebt!" Die Erfahrungen und Sehnsüchte schwuler Geistlicher hat Thomas Migge in seinem Buch "Kann denn Liebe Sünde sein?" dokumentiert, aus dem folgende Aussagen hier zitiert seien:

"Ich werde nie vergessen, wie ich einmal in einer Firmlingsrunde von einem besonders aufgeweckten Jungen gefragt wurde, ob ich mich nicht nach Liebe und Sexualität sehnen würde. Ich hätte am liebsten `Oh ja! Und wie!´ geschrien. Aber nein, ich erklärte dem Jungen etwas, was er nie glauben konnte, denn wie soll ich etwas vertreten, woran ich selbst nicht glaube. Das war eine *dumme* Sache.

Heute glaube ich, irgend etwas in dieser *kirchlichen Morallehre zerstört* im Menschen etwas, bevor es sich überhaupt entwickeln kann. Dieses Etwas bekommt sonst gar keine Chance, *reifen* zu können. Es wird von Anfang an ausgemerzt, mit Schuldgefühlen besetzt und belastet, bis es seinen Weg nur noch im Dunkeln und Versteckten finden kann. Es erscheint mir unehrlich, daß ich auf etwas verzichten sollte, was ich gar nicht kennenlernen durfte. Es ist falsch, Menschen zu verbieten, bestimmte Erfahrungen zu machen. Ich kann mir beim besten Willen und Glauben nicht vorstellen, daß dieses *Reduzieren und Vorentscheiden* im Sinne Jesu gewesen sein soll!

Ich will die Möglichkeit haben, mich frei zu entscheiden, dieses oder jenes oder auch etwas ganz anderes leben zu können. Das, was eine *Quelle vollkommenen Glückes* sein kann, die menschliche Sexualität, hat so gar keine Chance, sich voll und ganz bemerkbar zu machen. Da wird zuviel kaputtgemacht. Hinzu kommt, daß eigentlich im Neuen Testament nichts geschrieben steht, was die Sexualität so verteufelt.

Ich suchte mir daher einen hervorragenden Mentor in einem Professor für *Philosophie*. Ihm konnte ich mein Leben erzählen, so daß ich langsam aus der *verqueren Welt des Katholizismus* herauskam und zu meinem wirklichen Leben und auch zu meiner Sexualität fand.

Und damit begann wirklich die Zeit meines Coming-Out. Es wurde mir klar, daß es mir unmöglich sein würde, zwei Leben zu leben, und daß ich versuchen mußte, beide Teile von mir zu verbinden, um nicht innerlich zu zerbrechen, denn ich spürte, daß ein Doppelleben nicht in Frage kommen würde. Es leuchtete mir ein, daß die Sexualität gleich welcher Orientierung etwas sehr zu Bejahendes ist, wenn sie mit *Verantwortung gelebt* wird. Schwul-lesbische (queere) Theologie war wie eine *doppelte Berufung*!

Meine *Vorstellung von Gott* hat sich verändert, meine Vorstellung von gleichgeschlechtlicher Sexualität auch. Ich kann als Geistlicher nur *Schönes und Konstruktives an der gleichgeschlechtlichen Sexualität* entdecken, wenn sie ehrlich und verantwortungsvoll gelebt wird. *Homosexualität ist ein Geschenk - ein Geschenk unseres Gottes!* Wie die Heterosexualität auch: Überhaupt ist jede Sexualität ein Geschenk des Herrn, unser Leben reicher und wertvoller machen kann, wenn wir richtig, und das heißt verantwortungsvoll, damit umgehen können: verantwortungsvoll dem anderen gegenüber mit dessen Gefühlen und mit dessen Gesundheit. Man darf nicht vergessen, daß die *Beziehung des Menschen mit Gott auch sexueller Natur* ist, weil wir in einer großen umfassenden Liebensgeschichte mit einem Menschen leben, Christus und Gott. Zwar ohne konkrete Sexualität zu Gott, aber mit starken Gefühlen.

Ich sagte mir: Ich muß alles geben, um mir gegenüber ehrlich zu sein und diesen Mann - den ich dann kennenlernte - nicht zu verlieren. Später fragte er mich, ob ich mit ihm schlafen wolle, mein Herz schlug hoch, und ich sagte: *Ja!* - so zärtlich war noch nie jemand in meinem Leben zu mir gewesen. Er ist der erste Mann, den ich wirklich geküßt habe, der erste, bei dem ich keine Angst vor Aids hatte.

Meine Kirche weiß sehr gut, daß viele geistliche Amtsträger wie ich in einer gleichgeschlechtlichen Lebensgemeinschaft leben. Es ist in der *offiziellen* Moraltheologie mit ihrem provozierenden Texten, in denen es vor Homophobie nur so trieft, eben nicht alles Gold, was glänzt. So habe ich mit mir gehadert, ob ich diese Kirche *verlassen* sollte. *Nie!* und warum auch? Der Grund, Priester und Ordensmann zu werden, hatte nichts mit meiner Sexualität zu tun, denn ich bin ja nicht in den Orden eingetreten, um Männer kennenzulernen!

Ich kann mir nicht vorstellen, daß es im Sinne gelebten Christentums sein soll, sich derart zu *minimieren*, daß ich durch die nichtgelebte Erfahrung krank und seelisch verkrüppelt werde oder leide. Ein Pfarrer, ein Geistlicher kann sich nicht selbst betrügen, denn sonst ist er nicht mehr *glaubwürdig vor Gott*, vor sich selbst und seiner ihm anvertrauten Gemeinde. Er würde damit seiner *Existenz* den Boden entziehen. Jemand, der sich in diesem Punkt selbst betrügt, betrügt nicht nur die anderen, die Gläubigen, die ihm Anvertrauten, sondern vor allem *Gott*.

Ich denke mir, daß ein Geistlicher, egal ob er Mönch oder Priester ist, viel überzeugender in einer Gemeinde, unter den Menschen wirken kann, wenn er aus *eigener Erfahrung* zu den Menschen spricht und *lehrt*.

Heute lebe ich als Dominikaner in meiner Arbeit und mit meinen gleichgeschlechtlichen Gefühlen. Ich bin oft in der Stadt bei meinem Freund, aber ich kann mich auch hier bei uns in der Gemeinde *sehr frei* bewegen - manchmal schläft Rolf sogar hier..." (vgl. aaO: versch. Seiten).

Pluralität des Menschseins als konstitutives Element der Gemeinschaft - Entwurf einer neuzeitlichen Queer-Theologie

Die Vielfalt des Menschseins ist gerade die Grundlage der religiösen Gemeinschaft. Die Kirche hat sich also mit den Menschen der Gesellschaft auseinanderzusetzen, nicht als etwas ihr Äußerliches, sondern als ein *konstituives Element* ihrer *Existenz*: Als Kirche der Gesellschaft - der Menschheit. Somit ist eine Theologie auch immer ein Stück *Laien-Theologie*.

Der Theologe Ruedi Weber hat eine *schwule Theologie* entworfen: "Ich bin ein schwuler Theologe" umreißt danach vielmehr ein Programm als ein Copming-Out-Satz. Es ist ein Bekenntnis zu einem *Selbstbewußtsein*, das in der Kirche als schwuler Theologe seit einigen Jahrzehnten möglich ist.

Gewöhnlich zementieren wissenschaftliche Abhandlungen zu gleichgeschlechtlichen Lebensgemeinschaften die Vorurteilsstrukturen, anstatt über diese aufzuklären. Eine dem aufklärerischen Anspruch gerechtwerdende Forschung muß meistens von schwulen oder lesbischen Forschern oder Forscherinnen (z.B. Theologen oder Sozialwissenschaftlern) *selbst* ausgehen.

Die Bedingung der Möglichkeit, ein ernst genommener *schwuler* Theologe zu sein, war lange Zeit den schwulen Teil seines Lebens vor dem Klerus und damit auch der Gemeinde zu verheimlichen, und hier ist mit schwul wiederum weniger die private Sphäre als vielmehr die politische Komponente gemeint. Gegen die geforderte Anpassung an die heterosexuelle Norm ohne Widerspruch muß also gekämpft werden: Heute wird schwul-lesbische Theologie geschrieben, es soll offen gelebt werden können.

Ruedi Weber hat nun trotz oder gerade aufgrund der damaligen Einschüchterungsversuche Theologie studiert als offen schwuler Theologe und eine schwul-lesbische Theologie entworfen: "Ich liebe gleichgeschlechtlich" entspricht dabei weder dem Erkenntnisstand der Bibel noch der Zeit des Leipziger Thomas-Kantors. Aber es entspricht unserem!

Genau wie sich ein jugendlicher Deutscher nicht mehr für die Geschichte des Nazi-Deutschlands *verantwortlich* fühlen kann, fühlen sich heute Lesben und Schwule den Urteilen der Bibel - dem überlieferten Menschenwort von vor 2000 Jahren - im Bereich der Homosexualität nicht verpflichtet, da sie dem heutigen und ihrem Verständnis von gleichgeschlechtlicher Liebes- und Lebensgemeinschaften nicht entsprechen.

Die biblischen Aussagen zur Homosexualität müssen als veraltet hingenommen werden und eine *neue Theologie* der *heutigen* Zeit, die den zeitgemäßen Lebenszusammenhängen und gleichgeschlechtlichen Ehen entspricht, soll betrachtet werden.

In seinen "Reflexionen", den Minima Moralia, sagt Thoedor W. Adorno, daß es der Politik nicht darum gehen dürfe, eine abstrakte Gleichheit der Menschheit als Idee zu propagieren, sondern vielmehr darum, "den besseren Zustand (zu) denken als einen, in dem man *ohne Angst verschieden sein* kann." Genau an dieser Forderung, die

Pluralität des Menschseins ohne Angst ernst zu nehmen, scheitert bislang auch immer wieder die Theologie.

Hermeneutik:
Interpretation und Herangehensweise an die Bibel

Hermeneutik (von griech. hermeneuein = erklären, auslegen, übersetzen) ist die Lehre von der Auslegung und Interpretation von Schriften, Texten und Lebenswelten. Besonders die feministische sowie schwul-lesbische Bibelauslegung betrachtet unterschiedliche Herangehensweisen an die Bibel: Eine *Hermeneutik der kreativen Aktualisierung* zielt beispielsweise darauf ab, die biblischen Texte im Kontext der Lesben (bzw. Schwulen)- und Frauen-Kirche *neu zu erzählen*, Visionen neu zu formulieren und neue Kompentenzen zu vergeben (vgl z.b. Scherzberg aaO). Dabei soll die Bibel und andere Texte neu interpretiert werden. Eine andere Position ist es, einen zeitlichen Einschnitt erfolgen zu lassen und die Geschichte neu zu schreiben in dem heutigen Lebenskontext, anstatt sie lediglich nur neu zu deuten, weil dabei am Alten festgehalten wird: Das Alte soll dabei in den Schrank, das *Neue* soll formuliert und geschrieben werden: Braucht die Bibel eine redigierte, zeitgemäße Neuschreibung als aktualisierte und überarbeitete Neuausgabe? Muß die Bibel neu geschrieben werden, damit sie den Ansprüchen einer postmodernen (= vielfältigen) Internet-Gesellschaft mit individualisierten und pluralisierten Lebensstilen genügt?

Bei der schwul-lesbischen Hermeneutik (Interpretation der Bibel) gibt es also vier Positionen:

- **Die fundamentale Positon:** Danach ist der Inhalt von Texten wörtlich zu verstehen und unverrückbar auch heute noch gültig.
- **Die historische Position:** Danach wird die getroffene Aussage des Textes anerkannt, aber als zeitgebunden und veraltet angesehen. Eine Überprüfung des Textes, ob er heute noch Gültigkeit besitzt, muß jederzeit erfolgen. Ist das nicht der Fall, ist der Text für die heutige Zeit ungültig.
- **Die interpretierende Position:** Die Bibelstellen werden als Metaphern verstanden und sind so zu interpretieren und umzudeuten, daß sie in den heutigen Kontext passen. Es wird nach Konstanten gesucht, die immerwährende Gültigkeit besitzen.
- **Die zeitgemäße-adäquate Position:** danach sollen die Textstellen, die nicht mehr zeitgemäß sind, durch andere ersetzt werden und eine Aktualisierung bzw. Neuschreibung muß erfolgen.

Aus der Bibel entspringt nicht die *Einsicht in die Pluralität des Menschseins*, eine Einsieht, zu der die Aufklärung erst die ideelle Freiheit eröffnet hatte. Aber auch die Aufklärung versagte vor den Minderheiten. Die *Theologie* stellt dem wenig entgegen.

Ist es überhaupt möglich, und wenn ja, ist es sinnvoll, die Schöpfungslehre *neu zu deuten oder zu interpretieren*? Nicht die mißbrauchte Erzählung Adams und Evas aus dem archetypisch aufeinander bezogenen Paar, sondern die Erschaffung von zwei verschiedenen Menschen, von Schöpfungsvarianten. *Denn wesentlich ist doch nur, daß wir nicht allein sind!* Das Feld der Diskussion um die gleichgeschlechtliche Liebe wird auch widerspruchslos Fundamentalisten überlassen. Wer aber hat nun recht? Die *Fundamentalisten* oder die *Vertreter der historischen Position*?

Will die historisierende Position auf die Zeitgebundenheit der Urteile über Homosexualität in biblischer Zeit aufmerksam machen und damit die Verantwortung aufzeigen, *heute unserem Wissen* entsprechende *neue* Antworten zu finden, so versuchen die Fundamentalisten diesen Prozeß der *Relativierung biblischer Aussagen* mit aller Kraft zu verhindern.

Ruedi Weber kann sich nun weder dem Urteil der Bibel über Homosexualität anschließen noch überzeugen ihn die Versuche, die diese (durch Umdeutung) entkräften wollen. Es überzeugt ihn vielmehr die historische Position, weil sie die Freiheit wie die Verantwortung in sich birgt, schwule Identität *gegen* diese Tradition zu verteidigen. Zu dieser historischen Position hat er vertrauen: "Man kann sich innerhalb ihrer Voraussetzungen darin ernst nehmen, daß man *heute* einen anderen schwulen Lebensentwurf hat als die Menschen der Antike. So romantisch man die freundschaftliche Beziehung zwischen David und Jonathan im Alten Testament beschreiben kann, so süß die zärtliche Zuneigung des Lieblingsjüngers zu Jesus gemalt werden kann, sie taugen nichts zur Beschreibung dessen, was *heute* unter Liebe zwischen Männern verstanden wird. Die historische Position, die die antiken und neuzeitlichen Bedingungen nicht vermischt, ist aber auch die einzige

Position, die theologisches Denken mit dem Hintergrund einer schwulen Biografie im 20. Jahrhundert ermöglicht.

===

Mit der in der *Bibel* erwähnten Homosexualität haben heutige gleichgeschlechtliche Lebensgemeinschaften wenig, wenn nicht sogar *nichts* zu tun (Weber aaO).

===

Die meist gutgemeinten Versuche einer homosexuellen Auslegung und Deutung der Bibel geschehen sicher zur Relativierung der sich einseitig auf die Antihomosexualität biblischer Autoren berufenden Argumentation." Nach Ruedi Weber wagen "sich die am mutigsten gebenden Auslegerinnen und Ausleger sogar vor bis zur Frage, ob nicht gar *Jesus oder Paulus selbst schwul* gewesen seien" (Weber aaO:195f).

Jürgen Fliege, TV-Talkmaster und Pfarrer, schreibt in seinem Buch "Man spricht nur mit dem Herzen gut": "*Viele, viele Männer lieben Männer. Es ist einfach so. Homosexualität ist Gottes Schöpfung, die wir lieben. Was ist mit Homosexualität und Jesus? Seine Sexualitätsauffassung war nie ein Thema. Da hat er kein Wort drüber verloren - zumindest hat niemand darüber eines aufgeschnappt. Wiewohl war das Thema Homosexualität unter zwölf Männer ein Thema!"* (1995).

Sind wir nicht überzeugt, daß die Arbeit mit Menschen, gerade an den und außerhalb der Grenzen unserer Kirche, nur hilfreich ist, wenn wir der *Vielgestaltigkeit des menschlichen Lebens* vorurteilslos und wertfrei begegnen lernen? „Diversity pur" ist das Programm des Evangeliums: Das heißt, daß wir gewisse Urteile der Bibel als *zeitgebunden* und einem begrenzten Erkenntnisstand verpflichtet *nicht mehr wiederholen* dürfen! Diese Vielgestaltigkeit ist dann als ein Ausdruck des Reichtums von Gottes Schöpfung zu interpretieren!

Die *Irritation durch das Fremde* nicht als persönliche Krise zu erleben, sondern als Anstoß zur *Reflexion über unsere eigene Identität* kreativ aufzunehmen, ist die grundsätzlich geforderte Entscheidung nach der schul-lesbischen Theologie. Dann gewinnt die Diskussion um gleichgeschlechtliche Liebe und ihre

Lebensgemeinschaften und Ehen in Verbindung mit Theologie einen viel weiteren Horizont.

"Bibelwort ist Menschenwort":

Nicht umdeuten und auch nicht am Alten festhalten,
sondern eine neue Theologie entwerfen -

Zeitgemäße Bibel: Neuübersetzung & Neuschreibung
für die heutigen Lebenszusammenhänge

(FR) Die Oxford University Press veröffentlicht in den USA eine mit tiefgreifenden Änderungen versehene neue Verschriftlichung des Neuen Testaments. Alles, was rassistisch, antisemitisch, frauenfeindlich oder sonstwie diskriminierend mißdeutet werden könnte, ist in dieser Ausgabe der Bibel *gestrichen* und neu entworfen bzw. be- (ge)schrieben worden. Aus "Herrgott" wurde "die/der Allerhöchste", das Gebet der Gebete beginnt mit "Mutter-Vater im Himmel ...". Gott wird nicht nur als Vater, sondern entsprechend der feministischen Theologie (auch) als Mutter - und damit zweigeschlechtlich orientiert - gesehen. Heterosexualität ist eine der Homosexualität gleichwertige Beziehungsform und Ausprägung der Liebe. Schwule und lesbische Liebesepisoden sollen eingefügt werden; genau wie Schulbücher durch Integration von sozialen Themen gleichgeschlechtlicher Lebensgemeinschaften aktualisiert werden, werde auch das Lehrbuch der Kirchen neu und zeitgemäß geschrieben. Auch "Gottes Rechte" soll es nicht mehr geben, um die vielen Linkshänderinnen und Linkshänder nicht zu kränken. Andere Neuschreibungen der Bibel mit einer Integration von lesbischen und schwulen Lebensgemeinschaften und ihren Liebesgeschichten sind auch im Internet veröffentlicht (vgl. Internet-Übersicht). So stellt Gert Lüdemann (aaO) heraus, daß die Bibel die *menschliche* Niederschreibung der tradierten *Erzählungen* von *Menschen* ist: die Bibel ist daher als *"Menschenwort"* zu charakterisieren. Diese Erzählungen sind einer bestimmten Zeitepoche und Kultur zuzurechnen. Bei der Edierung der Schrift für eine heutige Kulturepoche geht es um eine neue, zeitgemäße Auslegung und Hermeneutik: Überkommene Traditionsbestände sollten nicht akzeptiert, sondern überprüft und revidiert werden: *"Denken ohne Geländer"* nannte Hannah Arendt dieses Reflexions- und Lebensziel *autonomer* Subjekte. Erste Bibelstellen, die revidiert und neu niedergeschrieben werden müssen, wurden auf verschiedenen Tagungen und Workshops besprochen, so z.B. auf einer Tagung in Bad Boll: "Die Bibel muß im Blick auf die Sexualität um- und weitergeschrieben werden. Gott hat die Menschen nicht nur in Frauen und Männer geschaffen, sondern er hat auch hetero-, bi- und homosexuelle Menschen geschaffen. Die Bibel muß hier fortgeschrieben werden", so die Theologie-Professorin Dr. Luise Schottroff aus Kassel auf einer Kirchentagung der Akademie Bad Boll (zit.n. First 93:7). Ferner dikutiert ein Bischof im Nachrichtenmagazin Der Spiegel: "Die Berufung auf die Bibel ist eine Ausrede, um die Vorurteile zu verfestigen, die in Teilen der Kirchenleitung vorhanden sind. Es ist zu bestreiten, daß das biblische Zeugnis eindeutig ist - zudem ist es veraltet in dem Sinne, daß es in einem anderen gesellschaftlichen Zusammenhang vor 2000 Jahren interpretiert wurde. Bei Jesus finden wir gar nichts zur Ehe und Sexualität. Im Alten Testament hingegen gibt es Stellen: z.b. eine, in der David davon spricht, daß ihm seine Liebe zu Johnathan wichtiger ist als die Frauenliebe. Das ist die gleiche *Verschmelzungsmetapher* wie sie sonst in der Bibel mit "ein Fleisch" zwischen Mann und Frau interpretiert wird!" (aaO 1995).

Was steht nicht alles in der Bibel! Daß Gott in sieben Tagen die Erde schuf und daß Haare abschneiden verboten ist und was weiß ich alles. Ob etwas in der Bibel steht oder nicht - ist doch kein Maßstab!
Jürgen Fliege, TV-Talkmaster und Pfarrer in seinem Buch:
Man spricht nur mit dem Herzen gut, 1995.

Das sind in der Bibel alles so Sachen - darum sage ich inzwischen: Das Wort Gottes gibt es nicht. Menschenwort als Gotteswort zu bezeichnen, kann empfindliche Folgen haben!"
Theologie-Professorin Uta Ranke-Heinemann
am 23.8.96 in der WDR-Talkshow "Betrifft".

Theologie ist immer auch Bibel*auslegung*: Origenes hat als erster die Auslegung der Schrift auf fünf verschiedene Arten beschrieben: buchstäblich / psychisch-moralisch / historisch / allegorisch und schließlich auch mystisch. Seit René Descartes und Baruch de Spinoza steht jedoch nicht Gott (das zu bedenkende Objekt) im Mittelpunkt, sondern vielmehr das denkende Subjekt, der *Mensch* mit seinen Bedürfnissen: Der *"Universale Zweifel"* wird in der Schriftauslegung zum Prinzip erhoben. Die Bibelauslegung fängt zu dieser Zeit an, als Bibel*kritik* zu arbeiten. Seit Schleiermacher stellt sich schließlich die Betrachtungsweise der zeitgemäßen und damit sachgemäßen Auslegung biblischer Schriften in den Vordergrund.

Der Text der Bibel wird z.B. unter historischer Zeit-Perspektive, unter redaktionsgeschichtlicher Perspektive und gesellschaftlicher Perspektiven, unter den materiellen Hintergründen und somit auch sozialpolitischer Perspektive in die damalige Zeit eingeordnet. Das Verständnis einer göttlich-inspirierten Bibelschrift wandelt sich in ein historisch-kritisches Textverständnis. Fundamentalisten halten hingegen an der wörtlichen Bibelauslegung fest.

Der Papst spricht dem *Bibelfundamentalismus* - also einem *wörtlichen* Bibelverständnis - eine ausdrückliche Warnung aus. Papst Johannes Paul betrachtet die wörtliche Bibelauslegung mit Unbehagen und warnt: "Die Bibel hält nicht unbedingt sofortige und direkte Antworten auf jedes Lebensproblem bereit." Erst durch den Bibelfundamentalismus würden im Gegenteil "viele Personen mit Lebensproblemen angezogen." Die wörtliche Auslegung der Bibel böte keine "direkte" Interpretation an - der Bibelfundamentalismus sei daher auch eine "*illusorische Interpretation:* Die Bibel gibt nicht direkte Antworten" (zit. n. Focus 52/96:144).

Die Leitlinie aus Rom ist also unmißverständlich: Das Bibelwort bedarf der Interpretation, und ist nicht wörtlich zu verstehen. Doch wie interpretiert man einen Text? Tut dies nicht - wie bei einem Gedicht - jeder auch aus seinem bisherigen Erfahrungshorizont, sucht nicht jeder nach Antworten, die auf seine jeweiligen Lebensverhältnisse zugeschnitten sind?

In der Schule Rudolf Bultmanns entwickelten Theologen wie Ernst Fuchs, Gerhard Ebeling oder auch Eugen Drewermann eine *Theologie als Hermeneutik*: Es ist heute somit klar, daß die Bibel einer Auslegung bedarf, um sie auf die Aktualität beziehen zu können - die Bibel kann also demnach niemals wörtlich verstanden werden: Das Aussortieren, was heute nicht mehr gültig und aktuell ist, der Vergleich damals-heute, bezeichnet man als *"Hermeneutischen Zirkel"* (vgl. Kirste aaO:77). Nach Ansicht vieler Theologen wird auf Grundlage der Methode des Hermeneutischen Zirkels erschlossen, daß heute auf die in der Bibel erwähnten Homosexualität kein Bezug mehr für gleichgeschlechtliche Lebensgemeinschaften genommen werden kann.

Seit vielen Jahren gibt es in der Bibelauslegung aber noch radikalere Perspektiven, Luise Schottroff, Dorothee Sölle, Gerd Theißen und Wolfgang Stegemann begreifen die Bibel viel stärker, wie die Schriftdeutung eine *"ökumenische* Weite" (aaO) erreichen kann. Dies wird sich auf eine Bibelrevision wesentlich auswirken werden. Auch denke man beispielsweise an die *Feministische und Queere Theologie*, die sich in ihrer Blüte seit der Frauenforschung immer mehr entfaltet. Hier bieten sich zahlreiche Ansatzpunkte, sich auch selbst Gedanken zu machen und diese in eine öffentliche Diskussion einzubringen.

Die wichtigste Erkenntnis vieler Theologiestudenten nach ihrem Studium lautet daher oft: "Alle Texte der Bibel sind, so wie sie uns heute überliefert sind, eigentlich nicht für uns, die Menschen des 20 Jahrhunderts, bestimmt. Sie waren immer an die Menschen gerichtet, an die der Verfasser oder die nachträglichen Redakteure dachten, wenn sie die Texte verfaßten oder veränderten." Es ist also absolut unzulässig, einen Bibeltext ohne wissenschaftlich- historische Kritik auf Situationen und Probleme von heute anzuwenden. Dafür muß ein Pfarrer ja schließlich Theologie studieren, damit es in der Gemeinde nicht zu fatalen, unchristlichen Mißverständnissen kommt und mehr noch damit der eigentliche Schriftsinn aus den vielfach abgewandelten Texten für unser heutiges Gesellschaftsverständnis herausgespürt werden kann. Laien sollten also keine Bibel lesen?!

Das ist ein Weg, ein Dialog mit vielen Müttern und Vätern im Glauben, die vor uns mit ihrem, mit unserem Gott Erfahrungen gemacht haben. Diese Erfahrungen haben sie niedergeschrieben und immer wieder korrigiert, d.h. ihrem aktuellen Gottesbild gemäß aktualisiert. In diesen später Schrift gewordenen Erfahrungen dürfen wir aber nicht die absolute göttliche Offenbarung sehen! Gott hat sich uns in den Texten der Bibel "nur" relativ wenig offenbart. Weil sein Wort sich mit dem Denken und Fühlen des Menschen verbunden hat, also aus der Beziehung zwischen Gott und Mensch entstanden ist, ist die Bibel ein Wort, das in der Beziehung (Relation) zu Gott gehört, aufgenommen und vor dem Hintergrund der gesellschaftlichen, historischen und ganz persönlichen Erfahrungen verstanden wurde.

Die Menschen des vergangenen Zeitalters haben versucht, mit ihren Möglichkeiten das zu verstehen und auszudrücken, was sie von Gottes Seite vernahmen. Aber sie haben sich mit eingebracht, so wie sie eben waren und haben natürlich auch die damals gängigen

Vorurteile gegenüber homosexuellem Leben mit göttlichen Gesetzen verbunden. Die Stellen in der Bibel haben samt und sonders auch nur den sexuellen Aspekt im Auge. Sie rechnen überhaupt nicht mit der Möglichkeit der Liebe zwischen Menschen gleichen Geschlechtes. Heute gibt es gleichgeschlechtliche und verschiedengeschlechtliche Ehen und Familien in einem ganz anderen Gesellschaftsverständnis.

Das kann man den Menschen von damals auch nicht übelnehmen, damals manche Dinge für ihre Zeit anders gesehen und in der Überlieferung weitergegeben zu haben. Bibel outdated.

Aber heute, da wir wissen, daß es Liebe zwischen Menschen gleichen Geschlechts genauso gibt wie zwischen Menschen verschiedenen Geschlechts, diese beiden Beziehung gleichwertige Formen der Liebe sind und qualitativ keinen Unterschied in ihrer Liebe und Zuneigung ausmachen, müssen wir sagen, daß diese Bibelstellen mittlerweile nicht die geringste Gültigkeit mehr haben. Sie sind vor ihrem historischen zeitgebundenen Kontext von vor 2000 Jahren nachvollziehbar, für uns heute aber "nicht mehr akzeptabel. Sie sind ein geschichtliches Dokument, nicht mehr und nicht weniger", zu diesen Ergebnissen kommen die Untersuchungen von Prof. Weiskopf (aaO): "Entgegen der schöpfungsgemässen Ausrichtung der eigenen Sexualitaet zu handeln, nur das behauptet der biblische Befund als Sünde - nichts anderes. Für den seelsorgerlichen Bereich folgt hieraus: Wir müssen jedem Menschen - soweit er es wünscht, und bei der Forderung nach Hochzeit wünscht man es - beistehen, sorgfältig mit sich selbst und seiner Geschöpflichkeit und seinem Lebenspartner umzugehen, seine sexuelle Orientierung zu erkennen, so wie sie einem selbst entspricht und es in der Gemeinde als Gottes Gabe dankbar anzunehmen!"

Beim Thema gleichgeschlechtliche Lebensgemeinschaften ist es also weniger die Aufgabe der Theologie, Antworten zu geben, als den Menschen und Paaren *zuzuhören*: "Das heißt, Abschied zu nehmen von einem Superioritätskomplex, der in der Maske des Anspruchs auf Konventionalität daherkommt, ein Abschiednehmen auch von einer Theologie als Ideologie, nämlich als Blindheit vor der Wirklichkeit, ein Abschiednehmen von der zeitgebundenen Bibel.

Es wird dabei das Recht in Anspruch genommen *anders* zu sein, oder mit Dorothee Sölle gesprochen, auch ein anderer *zu werden.* Denn zu fördern gilt es erstens, daß schwule und lesbische Menschen den Mut haben, ihr 'anders sein' zu leben und zu gestalten. Zu fördern ist aber auch zweitens der Mut der heterosexuell lebenden Menschen, 'anders zu werden' und neben dem eigenen Erleben, fremde Möglichkeiten jeder sexuellen Orientierung in sich und bei anderen zu integrieren.

Diese *Flexibilität,* die sich in einer immer pluralistischer und individualisierter werdenden Welt bewährt, ist die Fähigkeit in die Einsicht der Unregelmäßigkeit des Menschlichen und der Verzicht darauf, diese Unregelmäßigkeit gleich während der Analyse mittels eines Normalitätsbegriffes zu neutralisieren. Der bessere Zustand dieser Welt wäre dann erreicht, wenn man ohne Angst vom anderen verschieden sein kann," wie Ruedi Weber in der schwul-lesbischen Theologie herausarbeitet (aaO:204).

Kirchliche Hochzeit im Gottesdienst für gleichgeschlechtliche Paare - Partnerschaftsegnungen bei der Trauung in der Kirche

"Das Leben ist weiter als die kirchlichen Beschlüsse. Es ist unbarmherzig, wie wir mit einigen Menschen umgehen. Ich will für eine offene, zeitgemäße Kirche werben. Wir fordern den Traugottesdienst für lesbische bzw. schwule Paare und Lebensgemeinschaften. Es gilt das zu tun, was zu tun ist: Kirchliche Hochzeit für gleichgeschlechtliche Paare!"
Elisabeth Lingner, Präsidentin der Synode nordelbischer Kirchen in der `Zeit' (43/95).

"Du hast mich lieb, ich hab dich lieb - wo ist da ein Problem?" - Seit Mitte der sechziger Jahre etabliert sich in den Humanwissenschaften und der Gesellschaft die Erkenntnis, daß die sexuelle Orientierung - wie z.b. Heterosexualität - konstitutionell zum Menschsein der Betreffenden gehört, wie für Homosexuelle die Orientierung zum gleichen Geschlecht.
Schwule und Lesben haben sich zu politischen Gruppen zusammengeschlossen, um gemeinsam ihr Ziel der Anerkennung ihrer Lebensgemeinschaften zu erstreiten. Im kirchlichen Raum hat sich die ökumenische Arbeitsgruppe Homosexuelle und Kirche e.V. (HuK) gebildet. Schwul-lesbische Arbeitsgemeinschaften beauftragen die beiden konventionelle Kirchen, die der Öffentlichkeit einer Partnerschaft den Vorrang geben, mit dem Wunsch, auch für gleichgeschlechtliche Partnerschaften eine gottesdienstliche Hochzeits-Feier zu ermöglichen, denn "das ausdrückliche und öffentlich gesprochene Ja vor Gott und der Gemeinde zum gemeinsamen Leben ist eine Hilfe zur Dauer der Liebe in den wechselnden Situationen der Gemeinschaft" (EKD 1985:25).

Beim Eheverständnis ist die kirchliche Ehe von der staatlichen zu trennen:
Kann man also in grundsätzlichen Bemerkungen zum Eheverständnis von *dem* Eheverständnis sprechen? Haben die theologischen Differenzen keine Auswirkungen? Hat nicht jeder Theologe, jede Theologin ein anderes Eheverständnis? So findet sich für das biblische Eheverständnis auch im ganzen Alten Testament keine

ausführliche Beschreibung der Ehe: "Wenn man von einigen wenigen, wahrscheinlich relativ späten Geboten und Gebotsreihen absieht, findet sich an keiner Stelle des Alten Testaments eine ausführliche Darstellung einer Eheschließung oder gar eine Lehre von der Ehe. Dies ist erklärbar, "zumal der Begriff Ehe in unserem Sinn für die hebräische Sprache gar nicht besteht" (Niebergall aaO:43).

Im Alten Testament gibt es keine Präferenz für die Monogamie: Der Erzvater Jakob hatte zwei Frauen, Lea und Rahel, und der König Israels, David, mit Michal, Batseba und Abigajil mindestens drei. Auch außereheliche Kinder haben im Alten Testament einen ganz anderen Stellenwert als im bürgerlichen Eheverständnis des zwanzigsten Jahrhunderts. Sie werden selbstverständlich in die Familie integriert. Als Beispiel sei hier Jakob erwähnt, von dessen zwölf Söhnen, die gleichrangig die Stammesväter Israels bilden, vier aus nebenehelichen Verbindungen stammen.

Für das Neue Testament kommt Alfred Niebergall zu einem ähnlichen Ergebnis: "Das Neue Testament kennt ebenso wenig eine Lehre von der Ehe oder verbindliche Anweisungen für die Eheschließung wie das Alte Testament. In den synoptischen Evangelien hat das Thema Ehe eher sekundären Charakter. Auch Monogamie wird hier der Polygamie nicht vorgezogen" (Niebergall aaO:53,77f, zit. n. Beckmann aaO). Das geschieht erst in den Pastoralbriefen bei der Beschreibung des Bischofamtes (z.B. 1. Tim 3,2).

Im Matthäusevangelium geht es, wenn Ehe erwähnt wird, lediglich um die Ehescheidung und die Möglichkeit der Ehelosigkeit (Mt 19,11f). Es wirkt befremdlich, wenn als einziges Zitat aus den Evangelien zur Ehe in der ev. Agende ein Zitat aus der Genesis übernommen wird. Offensichtlich mangelt es an positiven Aussagen zur Ehe aus dem Munde Jesu. Alfred Niebergall bestreitet zu dem, daß "Jesus, bzw. die Urgemeinde die Stellen Gen 3 und 2 `sachgemäß´ ausgelegt" (aaO, S. 78) haben. Damit relativiert sich auch die Aussage: "Was Gott zusammen gefügt hat ..." (Mt 19,6). Der Satz wird in der Agende nicht in den Zusammenhang von Stiftung und Ordnung *der Ehe* gebracht, findet aber zwischen

Ringtausch und Segensgebet seinen Ort. Bei Matthäus wird also nicht ausgeführt, *wer* die Ehe geschlossen hat und *wie* sie gelebt wird. Faßt man die Untersuchung der Bibelstellen, die in der Trauordnung und der Trauagende zitiert werden, zusammen, so ergibt sich, daß anhand der Bibel die Institution *Ehe als Stiftung Gottes* nach heutigem exegetischem Verständnis *nicht belegt* werden kann.

Frage an die Beratungseite einer Zeitschrift:
Wie gestalten wir unsere Kirchliche Hochzeit?

Ich bin mit meinem Lebensgefährten schon seit zweieinhalb Jahren zusammen, und wir lieben uns sehr. Wir planen, im nächsten Herbst unsere Beziehung im Gottesdienst durch eine Trauung kirchlich segnen zu lassen. Gerade wegen der Einstellung des Vatikans zu gleichgeschlechtlichen Lebensgemeinschaften sind wir beide überzeugte Katholiken und schwule Christen. Wir leben in einer kleinen Stadt, in der mein Lebensgefährte Geschäftsmann und Politiker ist. Wir kennen keinen Priester näher und wissen nicht, was wir bei solch einem Anlaß tragen sollen. Wir möchten die Wörter Heirat, Ehe oder Verlobung verwenden. Die Gästeliste ist endlos, und es soll eine schlichte und nicht kostspielige Feier werden. Mich ärgert es immer, wenn ich in der Lokalzeitung irgendeine Heiratsanzeige lese und bedenke, daß Heteros in solchen Fällen seitens der Kirche unterstützt werden, um eine tolle Hochzeit auszurichten. Ich wäre für Hilfe bei der Planung dieser Zeremonie dankbar, aber ich weiß nicht, an wen ich mich wenden soll. Was sollen wir tun?

Ohne auf das gesamte biblische Verständnis von Partnerschaft einzugehen, läßt sich wohl zeigen, daß die *Liebe die maßgebende Größe* innerhalb einer Beziehung sein soll und daß *Scheidung* einer Beziehung nicht vorkommen soll. Ehe ist auch nach neutestamentlichem Verständnis nicht die allein mögliche oder bessere Lebensform.

Nach welchen ethischen Maximen die Partnerschaft gelebt wird, sei hier nicht näher erörtert, da diese wiederum für homo- und heterosexuelle Partnerschaften *gleich* sind: Hetero-Paare und Homo-Paare kommen vom gleichen Ufer, in den sozialen Dimensionen bestehen keinerlei Unterschiede, auch beim sexuellen Erleben gilt: Verliebtsein ist Verliebtsein.

Die Stiftung Gottes durch den Traugottesdienst ist die angelegte Möglichkeit, einen Lebensbund schließen zu können. In welchen institutionellen Rahmen er gestellt wird, ist eine Frage der gesellschaftlichen Strukturen: "Weil diese im Entstehungskontext der Bibel anders waren als heute, läßt sich das Eheverständnis der Bibel *nicht* ohne weiteres in unseren *heutigen* Lebenszusammenhang projizieren" (Beckmann aaO).

Und selbst wenn es projiziert wird und in unserer heutigen Zeit zelebriert wird, gilt, wie wir sahen: Liebe ist Liebe: Der partnerschaftliche Bund vor Gott kennt also keine Unterschiede zwischen gleichgeschlechtlicher und verschiedengeschlechtlicher Zärtlichkeit. Das, was die Kirchliche Trauung ausmacht, ist der *Statusübergang von der Einsamkeit zur Gemeinsamkeit* - nichts anderes.

Sollte die kirchliche Trauung von gleichgeschlechtlichen Paaren nicht bald gewährt werden, macht sich die Kirche Schuld an der Einsamkeit und somit den seelischen Leiden von Menschen. Das Verbot von legitimierter Gemeinschaft und Zärtlichkeit wäre eine "seelische Verküppelung von Menschen" (Neill aaO / Zimmermann aaO). Die Devise lautet daher: Volle Integration durch Kirchliche Trauung in der Gemeinschaft statt Kerker der Einsamkeit.

Die Kirchliche Hochzeit und Trauung von schwulen bzw. lesbischen Paaren:

Irgendwann kommt also in *jeder* Beziehung der Zeitpunkt, diese zu veröffentlichen, wenn nicht kirchenrechtliche Bestimmungen oder gesellschaftliche Sanktionen die Beziehung dazu drängen, daß sie deshalb noch nicht veröffentlicht werden kann. Innerhalb der Gesellschaft und Gemeinde hat jeder Mensch einen bestimmten Platz. Er lebt in einem bestimmten Status. Er wird als Kind in die Gesellschaft hineingeboren, ändert aber irgendwann seinen Status. Er wird meistens irgendwann als vollgültiges Mitglied anerkannt, ändert sein Beziehungsumfeld und scheidet irgendwann wieder aus der Gruppe aus. Damit kommt es zu *Statusübergängen*.

Helmut Fischer geht in seinem Buch "Trauung aktuell" darauf ein: "Jeder Statusübergang ist mit Verunsicherung, Angst und Krise verbunden, weil der Überwechselnde aus der Identität, die er in seinem bisherigen Status hatte, heraustreten muß, die Identität im neuen Status aber noch nicht hat" (aaO:110). Fischer fügt an, daß das Umfeld des Überwechselnden an diesem Statuswechsel Teil hat. Um die Krise des Übergangs bewältigen zu können, hat die Gesellschaft *Rituale* entwickelt, die zunächst den meist fließenden Übergang auf einen Punkt fixieren. Der Übergang wird damit greifbar. Er wird in Form einer *Feier* begangen.

Da diese Statusübergänge tief in das Leben des Betroffenen einschneiden, sich also mit seinem Leben an sich beschäftigen, haben sie auch einen *religiösen Aspekt*. Deshalb ist es naheliegend, daß auch die christlichen Kirchen diese Statusübergänge bedenken und entsprechende Gottesdienste feiern. In der kirchlichen Praxis werden diese Gottesdienste als *Kasualien* bezeichnet. Statuswechsel werden oft auch staatlich registriert, meist auf dem Standesamt durch Geburtsurkunde, Bürgerrechte, Hochzeit oder Sterbeurkunde. Gesellschaftlich werden diese Ereignisse in Form von *Festen* gefeiert. Auch hier fällt die Hochzeit besonders durch den lautstarken Polterabend auf.

Charakteristisch für diese Statusübergänge ist auch, daß sie durch größere oder kleinere Gedächtnisfeiern immer wieder in Erinnerung gerufen werden. Als Beispiele seien genannt: Geburtstag, Goldene Konfirmation, Hochzeitstag, Silber- und Goldhochzeit und Todestag. Um Nutzen aus Riten ziehen zu können, müssen sie nicht von der Gruppe rational verstanden werden. Sie haben ihren Stellenwert als emotionale Größe und werden tradiert. Das geschieht auch heute noch. Die durch die *Identitätskrisen bei den Statusübergängen* frei werdenden Affekte müssen in jeder Gruppe und Gesellschaft aufgefangen und kanalisiert werden (vgl. Beckmann aaO).

Yorick Spiegel stellt den *Ablauf eines Statuswechsels* auf. Ziel des Statusübergangs ist, sich von der alten Gruppe zu lösen und von der neuen aufgenommen zu werden. Das bedeutet eine Identitätskrise und eine neue *Sinnsuche* für den Einzelnen. Fängt die Gruppe die persönliche Umorientierung auf, so behält sie ihre Stabilität. Den

Statusübergang begleiten starke Emotionen, die im Ritus frei werden dürfen und kanalisiert werden können. Der Ritus fängt die Ängste der Personen auf, weil diese die Möglichkeit hatten, Statusübergänge anderer Gruppenmitglieder zu erleben und mitzubegehen. Der neue Status wird *zugesprochen*, das erleichtert den Einstieg in diesen neuen Status (aaO:115f).

Der Statuswechsel ist damit nicht mehr der Entschluß des Einzelnen, sondern wird von außen an ihn herangetragen und damit auch von der Gruppe getragen. So beinhaltet der Übergangsritus auch den *Aspekt der Öffentlichkeit*. Der wechselnde Mensch wird aus der Gruppe hervorgehoben und besonders geehrt. Die Gruppe (die Gemeinde) wird von seinem Wechsel in Kenntnis gesetzt. Damit hat sie die Möglichkeit, ihn in seinem neuen Status anzunehmen und zu integrieren (vgl. Beckmann aaO).

Wenn ein Paar den Entschluß einer Eheschließung faßt, hat es in der Regel bereits eine gewisse Zeit innerhalb dieser Partnerschaft gelebt. Dazu gehört der *Sexualkontakt* als besondere Form des miteinander Umgehens. Dabei ist es unerheblich, ob das Paar im Sexualkontakt eigene Grenzen gesetzt hat, die erst mit der Eheschließung aufgehoben werden oder nicht. Oft lebt es bereits vor der Trauung in einer Lebensgemeinschaft. Das verschiebt das Ritual aber nur auf einen späteren Zeitpunkt, ohne es aufzuheben.

Im Ritual werden dann Fakten, die längst *vom Paar selbst* geschaffen sind, nachträglich legitimiert. Z.B. in der Bemerkung in Hochzeitsanzeigen: "Wir legitimieren unser Verhältnis." Legalisierung ist ein Begriff der Rechtswissenschaft, Legitimisierung hingegen bezeichnet den gesellschaftswissenschaftlichen Begriff der Akzeptanz von sozialen Praktiken und Normen in der Gemeinschaft. Das Ritual ist somit eine *Legitimierung und keine Legalisierung*, somit ist die Eheschließung vor Gott auch ohne Zivilehe möglich.

Entscheidend sind oft auch *nichttheologischer* Faktoren bei einer kirchlichen Trauung aus der Sicht des verschiedengeschlechtlichen Brautpaares (vgl. Thilo aaO:233f): Im Trauengespräch wird gerade nach solchen Ritualen in der Kirche, aber weniger nach dem *Gottesdienst* gefragt. Das Brautpaar scheint sich mehr für die Sitzordnung in der Kirche oder Kleidungsfragen zu interessieren als für die theologischen Aspekte der Trauung. Solche Äußerungen müssen ernst genommen werden und zeigen deutlich den *gewandelten sozialen Stellenwert der Trauung*: Erst nachdem diese sozial-organisatorischen Fragen geklärt sind, ist es möglich, Ohren für ein theologisches Gespräch zur Trauung zu finden.

Ebenso hat die Kirchliche Trauung für gleichgeschlechtliche Lebensgemeinschaften diese wichtige soziale, besonders aber religiöse Bedeutung: Für *gläubige* Schwule und Lesben haben die religiösen Bedeutungen oft einen besonders hohen Stellenwert, da die Trauung ihnen bisher nicht voll zugestanden wurde. Oftmals scheint es, daß ein gläubiger Schwuler seinen Glauben wesentlich bedeutungsvoller lebt als die breite Masse der heterosexuellen Gläubigen.

Innerhalb des *Traugottesdienstes* tauchen Riten auf, die der Charakteristik des Übergangsritus entsprechen. Im Traugottesdienstes werden die Öffentlichkeit, die Gemeinde und die Familie sowie die Freunde des Paares mit einbezogen. Schon die Glocken laden die ganze Gemeinde in die Kirche ein. Durch Lieder und Gebete beteiligt sich die Gemeinde am Gottesdienst. Er wird zusammen gefeiert und nicht allein von dem Pastor zelebriert. Nur wenn sich die Gemeinde im Namen des dreieinigen Gottes versammelt hat, ist mit Matthäus 18,20 Gott mitten unter ihnen. Das Paar wird hervorgehoben, schon weil es nach der Gemeinde in die Kirche einzieht und während des Gottesdienstes allein vor die Gemeinde tritt (vgl. Beckmann aaO). Eine schwule Trauung und Kirchliche Hochzeit mit Segnung findet im Gottesdienst mit der Gemeinde statt.

In den Äußerungen des Geistlichen, besonders in der Ansprache wird der neue Lebensstatus beschrieben. Das Paar hat durch die Antworten auf die Traufrage die Möglichkeit, vor Gott und der Gemeinde den Wunsch nach dem Statuswechsel anzuzeigen. Durch den *Ringwechsel* und die Geste, sich die rechte Hand zu geben, demonstrieren sie, daß sie beide zusammengehören. Die darauf aufgelegte Hand des Geistlichen symbolisiert, daß ihre Verbindung nicht nur durch eigenen Entschluß hält, sondern auch von außen geschützt wird.

Außerdem wird die Verbindung unter den Segen Gottes gestellt. Damit finden sich die wesentlichen Elemente des Übergangsritus auch in der kirchlichen Trauung. Natürlich hat die Trauagende gerade aus der Sicht der Kirche ihre theologische Bedeutung. Diese wird aber nicht geschmälert, wenn man erkennt, was ein solcher Gottesdienst neben seiner theologischen Bedeutung außerdem für soziologische Funktionen beinhaltet.

Es kommt heute hinzu, daß das partnerschaftliche Zusammenleben nicht mehr selbstverständlich mit dem Leben in der Ehe gleichgesetzt wird (vgl. Beckmann aaO). Damit verbindet sich, daß oft eine staatliche Ehe aus rechtlichen und finanziellen Gründen geschlossen wird, ohne sich wirklich mit ihr zu identifizieren.

Abbildung: Kirchliche Segnung & Trauung eines schwulen Paares

Eine Studie des Taunus Instituts für Kultursoziologie (aaO) ergab, daß heterosexuelle Männer zu 74 Prozent als Begründung des Wunsches zur Eheschließung die Steuer auf Platz eins nennen. Auf Platz zwei ist das Bekenntnis: "weil die Partnerin es will". Die Liebe rangiert mit 10 Prozent erst auf Rang 18! Wenn sich aber ein gleichgeschlechtliches Paar für das *kirchliche* Ritual entschließt, wodurch es ja keine gesetzlichen Rechte und Pflichten bekommt,

345

will es hier die soziale Gleichstellung und vor allem wird es ein Entschluß sein, der wesentlich stärker aus wahrer Liebe und Religiösität gefaßt sein wird!

Gegenüber einer Staatlichen Hochzeit hingegen wird man eine kirchliche Trauung aus gegenseitiger Verbundenheit in Liebe und mit Gott schließen - dies gilt um so mehr für schwule und lesbische Gläubige. Die allgemeine gesellschaftliche Ablösung in der gesamten Gesellschaft von den Kirchen verringert die Zahl der kirchlichen Trauungen. Trotzdem behält der Ritus seine Funktionen zumindest für diejenigen, die sich nicht gegen ihn sperren - und gleichgeschlechtliche Paare wollen zunehmend ihre Ehe und Liebe auch im Gottesdienst mit der Gemeinde firmieren: Aus einer anderen Perspektive aber hat also der Ritus der Eheschließung auch wieder an sozialer Bedeutung gewonnen: Ein neues Klientel der Kirchen sind die gleichgeschlechtlichen Paare, die eine Kirchliche Hochzeit feiern wollen: Pervertiert ist, wenn gesellschaftliche Anerkennung durch den Staat bei der Ehe garantiert ist, bei der Kirchlichen Trauung aber nicht!

Der Schalom für die Familie ist der theologische Aspekt der Trauung:

Wir haben gesehen, daß Statusübergänge mit Ängsten, Ablösungsprozessen und neuen Bindungen verbunden sind. Dadurch entsteht Unruhe in den gesellschaftlichen Strukturen, besonders in den betroffenen Familien. Diese Unruhe ist theologisch als Unfriede zu bezeichnen. Der rituell begangene Statusübergang stellt den *Frieden* wieder her. Die Kasualie, hier die Kirchliche Ehe-Trauung, ist ein Teil dieses Rituals. Um den Frieden wieder zu erlangen, wird die Trauung gefeiert. Vordergründig kann eine solche Feier auch Anlaß zu heftigen Auseinandersetzungen werden.

Auf Dauer gesehen ist die *Feier* aber hilfreich für den familiären Friedensschluß. Mit Frieden ist hier der umfassende alttestamentliche *Schalomgedanke* gemeint. Ferdinand Ahuis unterscheidet ihn vom Segen durch die Interaktion innerhalb der Gemeinschaft: "Wenn in der Gemeinschaft ungehindert *Interaktion* möglich ist, dann herrscht in ihr Friede" (Ahuis aaO:149).

Bei einer ev. Trauung wird ein Gottesdienst anläßlich einer Schließung eines auf Dauer angelegten Bundes gefeiert. Der Sinn dieser Traufrage ist durch die neuzeitliche Entwicklung der Trauung folgender: Der Ort der Frage nach der *Bereitschaft* zur Ehe ist der Wunsch nach dem Aufgebot durch das Paar *selbst*. Frieden schaffen und erhalten ist eine der ethischen Grundforderungen des Alten und des Neuen Testaments. Der Schalom umfaßt, nicht nur den Weltfrieden, sondern auch den familiären Frieden. Ein alltägliches Beispiel für die Friedensherstellung in einer kleinen Gruppe ist der *Gruß*. Tritt jemand in eine Gemeinschaft ein, oder scheidet er aus ihr aus, entsteht Unfriede. Durch einen *Gruß* wird der Friede wiederhergestellt. Die kirchliche Trauung dient somit dem Schalom.

Die Kooperation der Kirche: Die Kirche selbst will Buße tun und schwule Paare durch Trauung im Gottesdienst integrieren:

Schwule und Lesben müssen wie alle Minderheiten mit Diskriminierungen umgehen. Ihre Menschlichkeit wird angegriffen. Wenn sie nicht allein oder in Gruppen, wie der HuK, diese Schwierigkeiten verarbeiten können, werden sie zu Klienten der Seelsorge. Die Seelsorge hat dann die Aufgabe, sie in ihrem Coming-Out - also Unterstützung der Hinwendung zur Sexualität und nicht des Abhaltens davon - zu unterstützen. Sie müssen lernen, sich zu erkennen und sich in ihrer ihnen eigenen Geschöpflichkeit als von Gott geliebte Menschen zu begreifen.

Das ist - weicht man nicht auf spirituelle Konzepte aus - nur im Zuspruch von Seiten der Seelsorgenden und der Kirche möglich, sofern man nicht auf die legitimierende Rolle der Kirche verzichten kann - aber gerade dieses können *gläubige* Lesben und Schwule nicht: Sie müssen daher eine Legitimation ihrer Interessen einfordern. Wenn die Gemeinde gleichgeschlechtlich liebende Menschen annehmen und integrieren will, dann reicht es nicht, sie nur als Individuen anzunehmen.

Thomas Beckmann kommt zu dem Ergebnis: "Dann muß sie auch ihre Lebensgemeinschaften akzeptieren." Dazu gehört gerade auch eine auf Dauer angelegte Partnerschaft, auch die eines Geistlichen. Wir haben oben gesehen, welche Bedeutung das öffentlich im

Gottesdienst gefeierte Ritual für die Anerkennung und Festigung einer Partnerschaft hat.

Der Familienfriede der Partner bzw. der Partnerinnen ist durch ihr Coming-Out zeitweilig verstört, zumindest in einer heterosexuell geprägten Gesellschaft wie der unsrigen. Der kirchliche Ehe-Gottesdienst ist eine Möglichkeit, zur Wiederherstellung dieses Friedens beizutragen. Unter anderem aus diesen Gründen bezeichnet Wiedemann bereits 1988 das kirchliche Zögern bei Durchführungen von Kirchlichen Trauungen mit Partnerschaftssegnungen als einen "seelsorgerlichen *Skandal*" (aaO:311).

In der Rheinischen Kirche z.B. beschäftigt sich die Kirchenleitung mit gleichgeschlechtlicher Liebe und lesbischen bzw. schwulen Partnerschaften und der Durchführung von Partnerschaftssegnungen in der Hochzeitszeremonie der Kirchlichen Trauung seit 1987. Es ist erforderlich, sich mit einem zentralen Dokument dieser Zeit und Entwicklung vor Jahrzehnten auf der Evangelischen Synode ausführlicher zu beschäftigen (Düsseldorf 1992:103f):

In ihm sind Zeugnisse von Schwulen und Lesben und ihren Eltern abgedruckt. Unter anderem ist auch der Wunsch nach einer Eheschließung mit Partnerschaftsegnung vor Gott im Gottesdienst abgedruckt. In diesem Brief wird der Beweggrund des Paares deutlich, der sie veranlaßt, dieses Hochzeits-Ritual im Rahmen eines Gottesdienstes zu beantragen: "Dies bedeutet für uns: mit seinem Freund einen *Bund fürs Leben* geschlossen zu haben, der das Gefühl der Verbundenheit und ein nicht in Worten zu beschreibendes Gefühl auslöst." Hier wird von demselben *Bundesgedanken* gesprochen, der dem Verständnis der Ehe zukommt. Die fehlende Fähigkeit, die Gefühle auszudrücken, die mit solch einem Gottesdienstritual verbunden sind, sprechen für die schlecht artikulierbare Bedeutung des rituellen Statuswechsels.

Zusammenfassend stellt der kirchliche Beschluß fest: "Heterosexualität und Homosexualität sind gleichwertige Ausprägungen der *einen* vielgestaltigen menschlichen Sexualität! Die menschliche Sexualität gehört zu seiner Geschöpflichkeit" (aaO:33).

Die Hochzeitstage als Ritual

Rituale haben nicht nur einen religiösen, sondern auch einen sozialen Aspekt. Man sollte keinen Anlaß zum Feiern ungenutzt lassen. Mit einem guten Essen und gemeinsam mit Freunden aus der Wiederkehr des Hochzeitstages ein Fest zu machen, gibt der Liebe frischen Wind. Und wir sehen, daß dem Anlaß von Mal zu Mal eine Wertsteigerung zukommt. Den Hochzeitstag kann man also selbst auch ohne staatliche Ehe als soziales Ritual feiern:

Pergament-Hochzeit nach 1/2 Jahr gleichgeschlechtlicher Lebensgemeinschaft
Papierene Hochzeit nach 1 Jahr gleichgeschlechtlicher Lebensgemeinschaft
Baumwollene Hochzeit nach 2 Jahren gleichgeschlechtlicher Lebensgemeinschaft
Lederne Hochzeit nach 3 Jahren gleichgeschlechtlicher Lebensgemeinschaft
Hölzerne Hochzeit nach 5 Jahren gleichgeschlechtlicher Lebensgemeinschaft
Zinnerne Hochzeit nach 6,5 Jahren gleichgeschlechtlicher Lebensgemeinschaft
Kupferne Hochzeit nach 7 Jahren gleichgeschlechtlicher Lebensgemeinschaft
Blecherne Hochzeit nach 8 Jahren gleichgeschlechtlicher Lebensgemeinschaft
Rosenhochzeit nach 10 Jahren gleichgeschlechtlicher Lebensgemeinschaft
Petersilienhochzeit nach 12,5 Jahren gleichgeschlechtlicher Lebensgemeinschaft
Gläserne / Kristallene Hochzeit nach 15 Jahren gleichgeschl. Lebensgemeinschaft
Porzellanhochzeit nach 20 Jahren gleichgeschlechtlicher Lebensgemeinschaft
Silberne Hochzeit nach 25 Jahren gleichgeschlechtlicher Lebensgemeinschaft
Perlenhochzeit nach 30 Jahren gleichgeschlechtlicher Lebensgemeinschaft
Leinwandhochzeit nach 35 Jahren gleichgeschlechtlicher Lebensgemeinschaft
Alluminiumhochzeit nach 37,5 Jahren gleichgeschlechtlicher Lebensgemeinschaft
Rubinhochzeit nach 40 Jahren gleichgeschlechtlicher Lebensgemeinschaft
Platinhochzeit nach 45 Jahren gleichgeschlechtlicher Lebensgemeinschaft
Goldene Hochzeit nach 50 Jahren gleichgeschlechtlicher Lebensgemeinschaft
Diamantene Hochzeit nach 60 Jahren gleichgeschlechtlicher Lebensgemeinschaft
Eiserne Hochzeit nach 65 Jahren gleichgeschlechtlicher Lebensgemeinschaft
Steinere Hochzeit nach 67,5 Jahren gleichgeschlechtlicher Lebensgemeinschaft
Gnadenhochzeit nach 70 Jahren gleichgeschlechtlicher Lebensgemeinschaft
Kronjuwelenhochzeit nach 75 Jahren gleichgeschlechtlicher Lebensgemeinschaft

Für Thomas Beckmann ist auf Grundlage des Beschlusses entscheidend, daß "jeder Mensch seine eigene, ihm durch die Gnade des Herrn verliehenen Charismen erkennt und nach ihnen lebt (1. Kor 7,17)". Das hat nicht nur Auswirkungen auf das individuelle Leben, sondern auch auf die Gemeinschaft (1. Kor 7,15). Darin sieht der Beschluß der Rheinischen Kirche eine Berufung zum Schalom, zur versöhnenden Verschiedenheit, zur *Gemeinschaft der Verschiedenen* als gegenseitige Bereicherung in der Gemeinde (aaO:50f).

Schwule und Lesben leben genauso vollständig, wie z.B. Heterosexuelle. Die Liebe der Heterosexuellen kann genauso herzerwärmend ausdrucksreich sein wie die von lesbischen oder schwulen Paaren. Für das sexuelle und soziale Zusammenleben bedeutet das, daß für Schwule und Lesben die gleichen Regeln und Rituale gelten wie Heterosexuelle. Prinzipien von verschiedengeschlechtlichen Lebensgemeinschaften können analog auf gleichgeschlechtliche Lebensgemeinschaften angewandt werden. Das "Umschalten" müsste also gar nicht erfolgen, das meint nur der, der vor dem oder im Coming-Out steckt.

Die "Andersheit" der gleichgeschlechtlichen Liebe ist grundsätzlich zu bestreiten und besteht nur, solange sie nicht für alle selbstverständlich ist oder im sozialen Dialog bzw. sozialen Prozessen als etwas Selbstverständliches angesehen wird. In Kapitel eins und zwei ist deutlich geworden: Man liebt Menschen - und nicht Geschlechter (oder sexuelle Orientierungen). Es gibt keinen Unterschied zwischen der Kirchlichen Trauung eines gleich- oder verschiedengeschlechtlichen Paares: Beide Paare wollen Ihre Liebe durch dieses Ritual stärken (firmieren) lassen und mit ihren Kindern vor der Gemeinde und gesellschaftlichen Öffentlichkeit kirchlich-gesellschaftlich anerkannt sein.

Für die kirchliche Praxis stellt der genannte Synoden-Beschluß der Kirchenleitung drei weiterreichende Forderungen auf:

- Zum einen wird vor der Bildung von Klientel-Kirchen gewarnt, die bei einem vorurteilsfreien Umgang von beiden Seiten vermieden werden könnten und an sich für beide ein Verlust am Reichtum von Gnadengaben bedeutet.
- Zum zweiten fordert sich die Kirche selbst zur Umkehr im Umgang mit gleichgeschlechtlichen Lebensgemeinschaften auf, der öffentlich sichtbar sein muß:

"Nach fast zwei Jahrtausenden schlimmster - manchmal sehr sublimer - Demütigung und (z.T. blutiger) Verfolgung gleichgeschlechtlich liebender Menschen *durch die Kirche* - bis in unsere Gegenwart - ist ein deutlicher *Bußakt der Kirche* nötig, der eine Praxis im Zusammenleben mit gleichgeschlechtlich liebenden Menschen eröffnet!" (ebd.).

- Zum dritten wird der Wunsch nach einer Ehe-Trauung im Gottesdienst mit Partnerschaftssegnung gleichgeschlechtlicher Ehe-Paare genau in diesen Zusammenhang gestellt und darf nicht abgelehnt werden, so die Kirchenleitung in ihrem Beschluß Anfang der 90er Jahre selbst (aaO:56; vgl. a. Beckmann aaO).

Das Dokument wird von der Landessynode unterstützt. Heute geht es darum, die Kirchliche Hochzeit auch tatsächlich durchzuführen. Als solche ist diese Verkündigung ganz ohne Zweifel die Äußerung einer Landeskirche, die sich in ihrer Ausführlichkeit für die *größte* Öffnung der Kirche für Lesben, Schwule und gleichgeschlechtliche Lebensgemeinschaften und Ehen ausspricht. Mehr noch gesteht sie als erste kirchliche Verlautbarung eine schwerwiegende kirchliche Diskriminierung und Benachteiligung als strukturelle Gewalt von gleichgeschlechtlichen Lebensgemeinschaften ein (vgl. Beckmann aaO), die es seitens der Kirchen wieder gutzumachen gilt, z.B. durch die besonders engagierte Umsetzung von Kirchlichen Hochzeiten für gleichgeschlechtliche Lebensgemeinschaften im Gottesdienst.

Die ethische Grundlegung hat ergeben, daß Homosexualität und Heterosexualität gleichwertig als verschiedene Ausprägungen der *einen* menschlichen Geschöpflichkeit zu sehen sind. Daraus ergeben sich praktische Konsequenzen für den Umgang von Schwulen, Lesben und Heterosexuellen in der Gemeinde. Die christliche Gemeinschaft ist (z.B. nach dem oben genannten Dokument) durch die Kirchenleitung aufgefordert, an der Verschiedenheit ihrer Glieder zu wachsen: So muß sich die Kirche den gleichgeschlechtlichen Lebensgemeinschaften öffnen. Ein Schritt in diese Richtung ist der Weg, den der Beschluß fordert, wenn die Gemeinde sowie Schwule und Lesben einen deutlichen *Akt der Buße von der Kirche* erwarten, aufgrund der geschichtlichen und aktuellen Diskriminierung von gleichgeschlechtlichen Lebensgemeinschaften: Inzwischen haben Landeskirchen erklärt, daß sie offen schwul (also in einer Beziehung) lebende Ordensleute ins Amt übernehmen. Kirchliche Trauungen von schwulen und lesbischen Paaren sollen nun umgestzt werden.

So hat beispielsweise die Kirchenleitung einer schwulen Familie mit Kind ihre volle Akzeptanz ausgesprochen:

Die schwule Familie in der Kirchengemeinde: Die Kinder des schwulen Paares sind von der Kirchenleitung akzeptiert

Kinder in gleichgeschlechtlichen Lebensgemeinschaften werden durch die Amtskirche ausdrücklich begrüßt, denn ob sich die Kleinen gut entwickeln, liegt wie bei allen Kindern am Verantwortungsgefühl der Eltern und am Zusammenhalt der Lebensgemeinschaft (vgl. auch Kap. 7). Diese Einsicht hat auch die Kirchenleitung in Bitterfeld konsequent auf die Familie Klebe angewandt: Der Organist Joachim Klebe, 41, wußte, daß er schwul war, heiratete trotzdem eine Frau aus Liebe und Zugeneigtheit und lebte mit ihr und Tochter Rebekka, bis die junge Mutter vor neun Jahren an Krebs starb. Als Klebe sich dann in einen Mann verliebte, bewarben sich die zwei als gleichgeschlechtliche Lebensgemeinschaft und homosexuelles Paar um eine Kantorenstelle in der Kirche - mit Erfolg. Gemeinsam leiten sie nun in der Gemeinde den Kirchenchor, Rebekka, 14, singt und spielt Akkordeon: zwei Väter für ein Halleluja.

Quelle: Der Spiegel 37/93:101

So gehört zur kirchlichen Akzeptanz auch die öffentliche Anerkennung der gleichgeschlechtlichen Partnerschaften von Lesben und Schwulen durch die Kirchen. Wenn sich ein Paar einen Gottesdienst anläßlich der Gründung seiner Partnerschaft wünscht, erwartet es diese öffentliche Anerkennung durch eine Hochzeitstrauung im Gottesdienst mit der Gemeinde - genauso wie ein heterosexuelles Paar. Es ist oben deutlich geworden, daß die Bibel nicht Heterosexualität, sondern verantwortlichen partnerschaftlichen Umgang fordert: Und dieser soll in er Kirchlichen Hochzeit gestärkt werden.

Die Traufrage - "Wollt ihr Euch lieben und ehren...":

Die Traufrage ist unter dem Aspekt des Ritus bereits als wichtiges Element genannt worden, weil sich hier das Paar *öffentlich* vor Gott und der Gemeinde im Gottesdienst zur Partnerschaft bekennen kann. So sieht Theophil Müller die Möglichkeit, daß es hier nicht um eine persönliche Stellungnahme zum christlichen Eheverständnisses geht, sondern um die rituelle Vollständigkeit der Trauung: "Unter Umständen jedoch geht es hier gar nicht vor allem um ein

Versprechen mit bestimmtem Inhalt, sondern allein um einen *rituellen Sprechakt* überhaupt, der den Ehewillen vor Gott anzeigt" (aaO:113).

Wie bei allen Kasualgottesdiensten, hat auch bei einer Hochzeitstrauung die darin integrierte Segnung eine besondere Bedeutung. Neben der Segensbitte für die ganze Gottesdienstgemeinde wird speziell um den Segen für die die Kasualie Betreffenden gebeten. Die Ausnahme stellt in der ev. Kirche die Bestattung dar, weil in der ev. Kirche nur für Lebende um Segen gebeten wird. Anstelle einer Aussegnung des Verstorbenen wird er mit einem Friedensgruß aus der Gemeinschaft entlassen.

Deshalb ist es erforderlich, sich etwas ausführlicher mit der Bedeutung des Segens und einer Segnung im Rahmen der Kirchlichen Trauung zu beschäftigen. Das Buch von Claus Westermann über den Segen (aaO) gilt als einen Durchbruch in der theologischen Diskussion um Heil- und Segensverständnis. Es wird zwischen *Heil und Segen* unterschieden.

Die Heilsgeschichte ist in der Bibel nichts gleichbleibendes, sondern wird unterschieden in einen *rettenden* und einen *segnenden* Teil. Die Rettung durch Gott wird als Ereignis erfahren, der Segen aber als *stetiges* Handeln Gottes. Westermann vergleicht den Prozeß des segnenden Begleitens Gottes mit dem *Prozeß des Wachsens*, das auch nicht punktuell erfahrbar ist (zit. n. Beckmann aaO:11,25, 61).

Im Alten Testament wird das segnende Handeln Gottes vor allem in den Büchern Genesis und Deuteronomium thematisiert (Gen 1, 22 und 28). Im Rückbezug auf den Segen im ersten Schöpfungsbericht - beide Texte werden der Priesterschrift zugeordnet - wird die Spannweite des Segensbegriffs deutlich. Er reicht von der allgemeinen Segnung des Lebewesens über die Segnung und Heiligung des Sabbats bis zu dieser gottesdienstlichen Segensformel anläßlich einer Trauung.

In Num 6 des aaronitischen Segens (Num 6, 24-26) drückt der Segen Gottes *Zuwendung zum Menschen* aus. Die beiden gesegneten Menschen sind behütet, begnadet und leben in Frieden Gottes. In den synoptischen Evangelien wird beschrieben, daß Jesus selbst gesegnet hat. Mit der Kindersegnung (Mk 10,13-16) oder der Segnung von

Brot und Wein im letzten Abendmahl (Mk 14,22-24; par.) hat er die Sitte und damit den Segensbegriff aus der altisraelitischen Zeit übernommen. Damit gibt es nach Meinung Westermanns keinen rein christlichen Segen, der im Christusgeschen aufgeht. So fördert gerade der Segenszuspruch in den Kasualien das "Heil sein und den Frieden des familiären Bereichs" (zit. n. aaO:83f, 114f).

Selbstverständlich segnet die Kirche bzw. die Amtsperson (nach ev. Verständnis) nicht selbst den Menschen, sondern bittet um den Segen Gottes, wenn sie ihn zuspricht! Kirchliche Segenssprüche sind voluntativ nie als Indikativ formuliert (vgl. Beckmann aaO).

Damit wird nicht direkt ein Handeln Gottes erbeten, sondern die Situation des Gesegneten und des Segnenden inklusive ihrer Beziehung allein durch den *Ausspruch* (vgl. Müller aaO:67) dieses Wunsches vor Gott verändert. Diese reformiert geprägte Auffassung wehrt ein magisches Mißverständnis von Segen ab: Die Amtsperson erbittet den Segen Gottes für einen Menschen *stellvertretend* für die Gemeinde, aus deren Mitte sie dazu beauftragt ist. Nach CA 13 gehört der Segenszuspruch, wie Westermann gezeigt hat, zum Verkündigungs-*Auftrag* der Kirche.

Thomas Beckmann zeigt als Religionswissenschaftler und Theologe auf, daß das Argument, der Staat lasse eine gleichgeschlechtliche Ehe zu, auf *kirchlichem* Hintergrund *eine besondere Grundlage* haben müsse: Die Kirche steht schon lange in erheblichem Zugzwang, da der Staat die gleichgeschlechtliche Ehe schon lange zugelassen hat: "Auf die Fragestellung bezüglich der kirchlichen Hochzeitstrauung mit Segnung von gleichgeschlechtlichen Lebensgemeinschaften im Gottesdienst mit der Gemeinde, muß gesagt werden, daß die Kirche - bereits vor der staatlichen Zivil-Ehe - die Möglichkeit gehabt hätte, ein gleichgeschlechtliches Paar nicht nur zu segnen, sondern sogar zu trauen" (aaO).

Wenn die Kirche wirklich die hochzeitliche Trauung gleichgeschlechtlicher Paare wollte, könnte sie diese schon seit vielen Jahren durchführen, so das Fazit des Theologen Thomas Beckmann.

Die Hochzeit im Gottesdienst mit der Gemeinde anläßlich der "Firmierung" einer schwulen Partnerschaft hat dieselbe übliche Form der Kirchlichen Trauung:

Eine getraute gleichgeschlechtliche Ehe-Partnerschaft wird als eine mögliche Form des *menschlichen Zusammenlebens* verstanden. Wie für verschiedengeschlechtliche Lebensgemeinschaften ist die gottesdienstliche Feier anläßlich eines Partnerschaftsbeginns als Angebot der Hilfe für diejenigen zu verstehen, die damit eine Stärkung ihrer Persönlichkeit und einen Angstabbau beim Statuswechsel verbinden. So entspricht die theologische Bedeutung dieses Gottesdienstes der einer kirchlichen Trauung!

Auch gleichgeschlechtliche Paare haben das Recht, vor Gott und der Gemeinde ihre Partnerschaft zu erklären und unter den Zuspruch und Anspruch Gottes zu stellen. Liturgisch muß sich dieser Gottesdienst in seinen Grundelementen nicht von einer sonst üblichen kirchlichen Trauung unterscheiden, da sich oben ergeben hat, daß theologisch die kirchliche Trauung nichts anderes ist als eine gottesdienstliche Feier anläßlich eines Partnerschaftsbeginns. Somit ist die genaue Ausformulierung der Liturgie der Amtsperson und dem Paar zu überlassen, solange es ein *Gottesdienst* in der Gemeinde bleibt.

Der Religionswissenschaftler und Theologe Thomas Beckmann kommt daher zu dem Fazit (aaO): Theologisch gesehen ist es also möglich, dem Wunsch nach einer Partnerschaftssegnung als Trauungsritual im kirchlichen Gottesdienst für gleichgeschlechtliche Lebensgemeinschaft nachzukommen - selbst bevor der Staat eine Zivilehe in manchen Ländern noch anerkennen muss!

Die Erkenntnisse der heutigen Kirchen-, Schwulen-, Religions- und Bibel-Forschung hat z.B. die ev. Kirche schließlich 1995 in einem Konzeptpapier für die notwendigen Veränderungen der Zukunft aufgegriffen: Die Landessynode der Ev. Kirche im Rheinland hat auf ihrer Tagung in Bad Neuenahr ein Vorlagen-Konzept zur Weiterleitung an die Gemeinden verfaßt und fordert: "Nach zeitgemäßer Auslegung der Bibel ist die Ehe keine `göttliche Schöpfung´. Deswegen müssen ebenso anderen *Formen des*

Zusammenlebens und deren Liebe ein *geschützter Raum durch die Kirche* gewährt werden. *Die Hochzeitsrituale für gleichgeschlechtliche Lebensgemeinschaften müssen gewährt werden*" (EK 1995).

Es wird erwartet, daß sich die katholische Kirche der Entwicklung der evangelischen Kirchenleitung anschließt. Die Hochzeitsrituale für gleichgeschlechtliche Ehen im Gottesdienst mit der Gemeinde müssen somit analog zu verschiedengeschlechtlichen Ehen umgesetzt werden.

So hat auch ein 1996 veröffentlichtes Papier (vgl. Tagespresse vom 14.3.96) der Ev. Kirche mit empfehlendem Charakter für Gemeindepfarrer die Segnung gleichgeschlechtlicher Lebensgemeinschaften im Trauungsritual der Kirchlichen Hochzeit zur Eheschließung ausdrücklich *befürwortet*: "Die Evangelische Kirche in Deutschland hat die Segnung als Traungsritual gleichgeschlechtlicher Lebensgemeinschaften *befürwortet*." Auch für den individuell lebenden gleichgeschlechtlich empfindenden Menschen stellt sie fest, daß *Enthaltsamkeit keine Lösung* ist und fordert alle lesbischen und schwulen Menschen und Pfarrer auf, "eine vom Liebesgebot her gestaltete und damit ethisch verantwortete gleichgeschlechtliche Lebensgemeinschaft zu führen" und die Sexualität zu leben. Für Amtspersonen sei dies grundsätzlich vereinbar: "die Öffnung des Pfarramtes für gleichgeschlechtlich orientierte Theologen ist möglich" (aaO) und muß auch für schwul verheiratete Theologen gelten.

Hochzeitsrituale und Traumhochzeiten für gleichgeschlechtliche Partnerschaften: Ja, wir trauen uns ...

Am Samstag, dem 11.03.1995 hielt der Geistliche Heinz der Schalom-Kirchengemeinde Dortmund-Scharnhorst in der Gemeinde einen Gottesdienst, in der die Gemeindemitglieder Eugen und sein Lebensgefährte und Freund Maximilian als gleichgeschlechtliches Paar getraut wurden. Im Gemeindebrief der Kirche - tpz Nr. 13 - heißt es dazu: "Eugen und Maximilian haben beschlossen, Gemeinsames zu leben. Und sie wollen das nicht nur privat tun, sondern öffentlich. Aber wo? Es gibt für sie dazu im Grunde keine Möglichkeit. Im gottesdienstlichen Rahmen ging das. Es war eine Trauung als Vergewisserung: es ist unser Weg, den wir gehen. In unserem Rahmen. Mit unseren Möglichkeiten. "Wir wollen unseren gemeinsamen Weg unter den Segen Gottes stellen", das war ihr Wunsch an eine Trauung und kirchlichen Hochzeit vor Gott. Natürlich löst ein solcher Gottesdienst zunächst Diskusionen aus. Und das ist auch gut so. Natürlich ist es für viele etwas Neues, mit dem - nämlich der Liebe des Paares - aber sehr einfühlsam umgegangen werden muß. Der Gottesdienst für gleichgeschlechtliche Paare ist ein erster Schritt dazu! Zu lange ist das Thema liegen gelassen worden, dorthin wo es niemand hört und niemand sieht.

In der kirchlichen Diskussion ist das Thema nun, um endlich aufzuhören mit der Diskriminierung: Die Kirchliche Hochzeit von lesbischen bzw. schwulen Paaren soll ihre Integration sein. Das Presbyterium hat im Mai 1993 gefragt: "Wie haben gleichgeschlechtlich empfindende Menschen innerhalb einer gleichgeschlechtlichen Lebensgemeinschaft einen Ort in der Gemeinde?" - Die Kirchliche Trauung im Gottesdienst für Eugen und Maximilian ist die Antwort auf diese Frage!

Dem Gottesdienst vorausgegangen waren Beratungen des Presbyteriums und ein Beschluß mit folgendem Wortlaut: "Nach seinen Beratungen und seiner Beschlußfassung zum Thema `gleichgeschlechtliche Lebensgemeinschaften´, die im Zusammenhang mit der Vorlage `Gemeinschaft durch persönliche Liebesbeziehungen in der Kirche´ als Schwerpunktthema der Synode 1993 erfolgten, begrüßt das Presbyterium den kirchlichen Gottesdienst als Hochzeitszeremonie der Kirchlichen Trauung gleichgeschlechtlich zusammenlebender Paare! Eine erste Segnung als Hochzeitszeremonie von schwulen und lesbischen Paaren findet alsbald statt."

Der Gottesdienst verlief nach einem entsprechend erstellten Programm und hatte z.B. im einzelnen folgenden Verlauf: Beide Partner sind in Begleitung zweier Personen vor den Traualtar getreten. Der Pfarrer hat sie dann mit folgenden Worten angeredet: "Lieber Maximilian, lieber Eugen, Ihr habt Euch entschlossen, ich weiß nicht wann, aber Ihr wißt es - Gemeinsames zu leben. Einander zu vertrauen. Aufeinander zu bauen. Euren Weg zu gehen. Ihr wollt das nicht nur privat tun. Ihr wollt das auch öffentlich tun. Und Gottes schützende Hand, die ihr erbittet, ist öffentliche Gemeinschaft. Und darum sind wir hier vor der Gemeinde versammelt. Und darum feiern wir miteinander diesen Traugottesdienst."

Die beiden Trauzeugen haben den schwulen Ehegatten daraufhin die Ringe übergeben, die sie sich gegenseitig überreicht haben. Danach ist mit der trinitanischen Formel der Gottesdienst vor Gott beschlossen worden."

Aber nicht nur in Kirchen werden Trauungen und Hochzeitszeremonien für gleichgeschlechtliche Lebensgemeinschaften zelebriert. Auch in die Fernsehsendungen werden die *sozialen* Rituale zur Offenkundigmachung der Liebe in bestehende Sendungen über Hochzeiten (z.B. Traumhochzeit, RTL) und Beziehungen integriert. Linda des Mols Sendung mit der Trauung von einem lesbischen Paar ist ein aktuelles Beispiel - von dem die Gemeindepastoren sogar konzeptionell noch lernen können, wie eine kirchliche Trauung von lesbischen und schwulen Paaren organisiert und ausgerichtet werden können, um ihnen den schönsten Tag in ihrem Leben zu gestalten. Die Trauung hat neben der religiösen also auch eine soziale Dimension.

Zehn-Punkte-Plan als Diskussionsgrundlage

und als Perspektiven der Lesben- und Schwulenbewegung

Aus der Zusammenstellung der zuvor herausgestellten inhaltlichen Punkte ergeben sich für den Religions- und Konfirmanden-Unterricht folgende Perspektiven:

(1)Gleichberechtigung und Gleichwertigkeit als demokratisches Prinzip durch Dialog:

Die Kluft zwischen Gemeinde und Rom, zwischen Klerus und Laien wird überwunden, es besteht eine Gleichwertigkeit aller Gläubigen; Lesben und Schwule werden in der Kirche nicht sozial sanktioniert, sondern besonders integrierend in die Gemeinschaft aufgenommen. Schwule und Lesben bzw. gleichgeschlechtliche Lebensgemeinschaften sind gleichberechtigte Mitglieder in der Kirchengemeinde. Die Basis mit ihren gleichwertigen Mitgliedern erhält Mitsprache und Mitentscheidung in kirchlichen Gremien. Das beinhaltet auch eine Zulassung und Gleichberechtigung von Arbeitskreisen von Schwulen und Lesben in den Gremien der Kirche auf den entsprechenden Ebenen, auf denen das Demokratieprinzip umgesetzt wird. Es muß in einer Befreiungstheologie der gleichwertigen Menschlichkeit auf *Dialog* gesetzt werden. "Bezogen auf die schwule und lesbische *Befreiungsbewegung* müssen die drei Hauptthemen einer befreienden Theologie angewandt werden: *Humanisierung, Bewußtseinsbildung, Dialog und Gemeinschaft*: Wir brauchen eine *sexuelle Theologie*" (vgl. McNeill aaO:13f).

(2)Positive Bewertung der Sexualität und ihrer Ausgestaltung:

Sexualität wird verstanden als wichtiger Teil des von Gott geschaffenen und bejahten Menschen. Sexualität ist nicht nur in der Ehe möglich: Voreheliche Beziehungen werden anerkannt. Sexualität erschöpft sich nicht in der Fortpflanzungsfunktion, sondern hat in der heutigen Zeit primär eine kommunikative, spielerische, entspannende und zärtlichkeits- und lust-bejahende Funktion.

Wer die Sexualität nur in ihrer biologischen Fortpflanzungsfunktion sehen will, hat die Biologie selbst nicht verstanden: Allein aus einem biologistischen Verständnis wird deutlich, daß Sexualität nicht nur dazu da ist, um "einen Penis in der Vagina ejakulieren zu lassen", sondern allein vom biologischen Konzept her hat Sexualität auch schon z.B. eine Entspannungsfunktion, eine Abfuhr von `Stress´ zur (auch psychologischen) Entspannung zu liefern. Das Lustprinzip ist mit dem Triebprinzip in der biologistischen Perspektive unmittelbar miteinander verbunden - und Sexualität dann nur auf ein funktionelles Prinzip (Ejakulieren in der Vagina zur Empfängnis) zu reduzieren, läßt nicht nur ein

359

ganzheitliches soziales Verständnis des Menschen außen vor, sondern auch eine ganzheitliche biologistische Perspektive. Doch Sexualität ist mehr als eine körperliche, biologische Angelegenheit. Sie hat psychische, soziale, kommunikative und gesellschaftliche Aspekte, die für die Menschen wesentlich wichtiger, ja sogar das Zentrale sind (z.b. dann, wenn sie mit den Sexual- und Lebenspartner menschliche Probleme haben) im Vergleich zu den kirchlichen Vorgaben, Sexualität auf eine "Ejakulation zur Kindererzeugung" zu reduzieren. Ein Orgasmus bedeutet allein aus der biologischen Perspektive mehr als Samenproduktion oder Empfängnis. Wer Sexualität so reduziert, hat die Liebe in ihren sozial-kommunikativen, zärtlichen Aspekten des Teilens von Gemeinsamkeit nicht verstanden. Man macht sich selten klar, daß kirchliche Sexuallehre basierend auf dem Fortpflanzungsgedanken auch z.B. heterosexuellen Oralverkehr ebenso verbietet wie Sex während der Schwangerschaft, da ja auch hier kein Kind gezeugt werden kann. Eine grundlegende Reform des Verständnisses von Sexualität und Zärtlichkeit ist im kirchlichen Verständnis gefordert.

Heterosexualität wird entsprechend der langjährig sexualwissenschaftlich wie sozialwissenschaftlich gesicherten Erkenntnis als eine, anderen sexuellen Orientierungen gleichwertige Form der Sexualität selbstverständlich anerkannt. Künstliche Befruchtung sowie Empfängnisregelung wird nicht mit Abtreibung gleichgesetzt. Die Kinder von schwulen Vätern und lesbischen Müttern aus heterosexuellen Beziehungen finden besondere Beachtung. Der Wunsch von gleichgeschlechtlichen Lebensgemeinschaften, Kinder in Pflege und Adoption zu nehmen wird ausdrücklich unterstützt, um eine Familienorientierung als Gemeinschaft zu erreichen, auf deren Anerkennung durch die Kirche nicht verzichtet wird. Gerade die Kirchen sollen das Prinzip Gemeinschaft und nicht das oft grausame Prinzip der Einsamkeit umsetzen und propagieren - Kirche darf ihre Gläubigen, besonders lesbische und schwule sowie Waisen und Pflegekinder in ihrem Individuellsein nicht allein oder zurück lassen in Isolation und Gefühlen von Einsamkeit und Verlassenheit. Die künstliche Befruchtung z.B. einer Lesbe durch den Samen eines Schwulen, um den Kinderwunsch einer lesbischen Lebensgemeinschaft zu erfüllen, wird als soziale Praxis zur Kenntnis genommen. Die Verurteilung von gelebter Sexualität und das Drängen auf eine Enthaltsamkeit wird verstanden als Schaffung von sexuellen und "seelischen Krüppeln" (McNeill aaO / Zimmermann aaO), an der sich die Kirche schuldig macht, wenn Menschen in psychische, moralische und soziale Bedrängnis gestürzt werden, niemals in ihrem Leben Zärtlichkeit und Gefühle des Verliebtseins erleben zu sollen: "Für viele Christen, und insbesondere für katholische Schwule und Lesben ist ein großer Teil dieses *verkrüppelnden Selbsthasses* bedingt durch deren Bemühung, die Mutter Kirche bei Laune zu halten" (McNeill aaO:54).

Die Kirche anerkennt daher, daß das Austauschen von Zärtlichkeit - ganz gleich zwischen Menschen welchen Geschlechts - Grundbestandteil des menschlichen Wohlfühlens und psychischer Gesundheit ist, das nicht vorenthalten werden kann, sondern das positiv unterstützt und im christlichen Rahmen geradezu gefordert wird.

(3) *Integration von Lesben und Schwulen in der Gemeinde:*

Kirche bemüht sich um aktive Integration von gleichgeschlechtlichen Lebensgemeinschaften in die Gemeindearbeit: Rituale, Zeremonien und Kasualien werden für Lesben, Schwule und gleichgeschlechtliche Lebensgemeinschaften offen in der und mit der Gemeinde gefeiert. Auf Ebene der Gemeinde haben hierzu die örtlichen Priester, Pfarrer und Pfarrerinnen entsprechende Maßnahmen zu entwickeln und umzusetzen: wie z.B. regelmäßig gleichgeschlechtliche Lebensgemeinschaften in den Fürbitten, Predigten und Ansprachen in der Gemeinde zu berücksichtigen oder im Religions-, Konfirmanden- und Firmungsunterricht auf das gewandelte soziale Verständnis der Kirchenleitung Schwulen und Lesben gegenüber in Unterrichtseinheiten aufmerksam zu machen. Hierzu wird eine Lehr-Konzeption der neuen Inhalte benötigt.

(4) *Akzeptanz des vom Priester/Pfarrer gewählten Sexuallebens durch aktive Unterstützung von z.B. lesbischen Pfarrerinnen und schwulen Bischöfen:*

Die Bindung des Amtes des Geistlichen an die ehelose Lebensform ist biblisch und dogmatisch nicht zwingend, so daß schwulen Amtsträgern die Sexualität vor der Ehe zu verweigern, realitätsfremd ist. Das Pflicht-Zölibat der kath. Kirche muß aufgehoben werden. Beide Kirchen ermöglichen also eine aktive Unterstützung und Bejahung von schwulen (lesbischen) Geistlichen und kirchlichen Ordensträgern im Amt, die offen in einer von der Gemeinde unterstützten gleichgeschlechtlichen Lebensgemeinschaft gemeinsam in einer Wohnung leben wollen. Ebenso werden in höheren Ämtern schwule (lesbische) Menschen im Amt gefördert, da bei deren Amtsausübung deren Geschlecht oder sexuelle Orientierung zu ihrer Persönlichkeit gehört und oftmals ihr Charisma bestimmt, was sie für die berufene Arbeit besonders qualifizieren kann (wie z.B. besonders einfühlsam mit Menschen umgehen zu können). Geschlecht und sexuelle Orientierung spielen keine Rolle in der Gewährung von kirchlichen Ämtern, sind aber in der Ausübung der Ämter oftmals ganz individuelle Qualitätsmerkmale der jeweiligen Persönlichkeit, die sie gerade zu dieser Tätigkeit befähigen. In der kath. Kirche soll zur Aufhebung des Pflichtzölibates ähnliches diskutiert werden. Da Schwule im geistlichen Amt nicht nur von der Gemeinde, sondern auch von der Institution Kirche zunehmend akzeptiert sind, kann ihnen - sofern sie nicht dem kath. Pflichtzölibat verpflichtet sind - auch nicht verwehrt werden, ihre Lebensgemeinschaft mit ihrem Lebensgefährten in dem Haus zu führen, in dem sie leben: z.B. dem Pfarrhaus.

(5) Beschlossener "Bußakt" der Kirche wird umgesetzt:

Die Kirche hat mit ihren Lehren und Dogmen gleichgeschlechtlich Liebende oftmals schlimm verfolgt und gedemütigt. Dieses wurde von der o.g. kirchlichen Konferenz (Synode EKiR) kritisiert und es wurde von der Kirche selbst ein Bußakt gleichgeschlechtlichen Lebensgemeinschaften gegenüber beschlossen. Beide Kirchen erklären sich hierin solidarisch. Dieser Bußakt muß in Handlungen und durch Regeländerungen der Kirche umgesetzt werden. Das bedeutet eine besonders offene Haltung gegenüber gleichgeschlechtlichen Lebensgemeinschaften, bedeutet deren Integration in das Gemeindeleben; weiterhin bedeutet dieser beschlossene Bußakt der Kirche die volle Unterstützung schwuler Priester und lesbischer Amtsträgerinnen in ihrem Amt, damit sie offen leben können in einer gleichgeschlechtlichen Lebensgemeinschaft. Weiterhin heißt eine Integration und eine besondere Öffnung gleichgeschlechtlichen Lebensgemeinschaften als *Bußakt der Kirche* ihnen gegenüber eine Umsetzung der kirchlichen Hochzeit und Trauung im Gottesdienst mit seinen üblichen Ritualen für gleichgeschlechtliche Lebensgemeinschaften. Auch bedeutet ein Bußakt auch die Frage nach dem Umgang mit Bibelzitaten, die einem verjährten und gewandelten sozialen Kontext niedergeschrieben wurden als Überlieferung und Verschriftlichung durch Dritte in einem oftmals ganz anderen sozialen Verständnis des Zusammenlebens als heute zweitausend Jahre danach in der *Internet-Gesellschaft.* Hierzu gilt es, weitere Überlegungen der Integration zu erarbeiten: Die Frage der Hermeneutik muß beantwortet werden (vgl. (7.)).

(6) Die Kirchliche Hochzeit, Ehe und Trauung für gleichgeschlechtliche Lebensgemeinschaften wird zeremoniell umgesetzt:

Der Kirchenkodex wird geändert und schließt gleichgeschlechtliche Paare ausdrücklich in den Status der Ehe mit ein. Die Kirchliche Hochzeit und Ehe von gleichgeschlechtlichen Lebensgemeinschaften wird in ihren Zeremonien uneingeschränkt anerkannt und rituell in der Gemeinde gefeiert. Für die Umsetzbarkeit wird auf die theologischen und religionswissenschaftlichen Ausführungen zuvor verwiesen. Man soll den heiraten, den man liebt!

(7) Anerkennung anderer Herangehensweisen an die Bibel:

Eine neue Interpretation, Hermeneutik oder Auslegung bestimmter Bibelstellen ist schwer möglich, um gleichgeschlechtliche Lebensgemeinschaften in der heutigen Zeit von kirchlicher Seite als Selbstverständlich anzuerkennen, wie es der heutigen Zeit entspricht. Die Bibel ist vor mehreren Jahrtausenden geschrieben worden. Sie sozialen Lebenslagen und Zusammenhänge sind oftmals ganz andere als die heutigen, so daß ein direkter, konkreter und auch abstrakter Bezug auf die heutige Zeit bei einigen Bibelstellen überprüft werden muß, ob sie noch auf die heutigen Verhältnisse und sozialen Kontexte einer modernen Gesellschaft zutreffen. Die Bibel ist daher in Projekten neuübersetzt worden und soll in dieser zeitgemäßen Form als Lesart anerkannt werden, in der besonders die gleichgeschlechtliche Lebensgemeinschaft adäquat als selbstverständliche Form des sozialen Zusammenlebens unter einer Fülle von Lebensstilen und Lebensgemeinschaften dargestellt ist: Derartige Bibelstellen sind in Projekte genau zu analysieren und zu überprüfen.

(8)Frohe Botschaft statt eine Drohbotschaft - Entwicklung eines neuen Gottesbildes:

Es ist konzeptionell eine frohe Botschaft statt eine Drohbotschaft zu entwickeln und umzusetzen: das bedeutet helfende und ermutigende Begleitung und Solidarität zu Lesben, Schwulen und gleichgeschlechtlichen Lebensgemeinschaften; ebenso mehr Verständnis und Versöhnungsbereitschaft im Umgang mit gleichgeschlechtlich empfindenden Menschen, die sich auf ihrem Weg befinden: "Die Kirche hat homophobe Sinnbedeutungen in Passagen der Schrift hineingelesen, wo diese nicht gerechtfertigt sind; ihre Sexualmoral basiert auf homophoben Prämissen; und die pastorale Praxis ist in gravierender Weise *destruktiv* bezüglich der geistigen Gesundheit und des Wohls von Tausenden von Menschen. Jedes menschliche Wesen hat ein *gottgegebenes Recht auf sexuelle Liebe und Intimität.* Die größte Freude und Erleichterung war jedoch die Entdeckung, daß Gott nichts Unmögliches verlangt, sondern daß er den gleichgeschlechtlich empfindenden Menschen akzeptiert und liebt, gerade so, wie er ist. Es muß gelernt werden, daß *Schwulsein als eine Gabe Gottes* zu akzeptieren und es in einer freudigen Art auszuleben, die den Geboten Gottes angemessen ist. Gott gibt seine/ihre Geschenke ohne Rückforderung und die einzige vernünftige Reaktion darauf ist Dankbarkeit. Viele Kirchen gebrauchen hingegen die Idee eines Gottes der Furcht, um ihre Mitglieder zu kontrollieren." Es muß nach McNeill auch ein "*neues Gottesbild*" entworfen werden: Ein Gottesbild der allumfassenden Liebe (vgl. McNeill aaO:54,9,63).

(9)Neue, zeitgemäße Lehre, Forschung und Publikation der Kirche über gleichgeschlechtliche Lebensgemeinschaften als Hilfestellungen für sich entwickelnde gleichgeschlechtlich empfindende Menschen:

Die Umsetzung der frohen Botschaft für gleichgeschlechtliche Ehen bedeutet auch eine aktive Unterstützung sich lesbisch oder schwul entwickelnder Jugendlicher. Hier ist eine besondere Zusammenarbeit der Kirchen mit Jugendgruppen (schwul/lesbisch, aber auch Jugendarbeit generell) erforderlich. Zur Forschung, Lehre und Publikation über gleichgeschlechtliche Lebensgemeinschaften im sozialen Kontext der Kirche, Gemeinde etc. sowie für schwul-lesbische Arbeitsgruppen (z.B. HuK) werden neben der dialogischen Beteiligung an den Gremien ausreichende finanzielle Mittel zur Verfügung gestellt. Die Integration von gleichgeschlechtlichen Lebensgemeinschaften z.B. in den Religionsunterricht oder in Bücher über Religion ist umzusetzen. Das "Neue" an der Lehre ist zu formulieren. Jeder Religionslehrer und Theologe wird an zu konzipierenden Weiterbildungsmaßnahmen im kirchlichen Bereich über soziale Dimensionen von lesbischem und schwulem Leben sowie dem Familienleben von gleichgeschlechtlichen Lebensgemeinschaften in die Lage versetzt, dieses Wissen als Multiplikator an andere weiterzugeben. Es wird jährlich ein Punkte-Plan aufgestellt, was im nächsten Jahr umgesetzt werden soll, im darauffolgenden Jahr wird überprüft, was davon geschehen ist. Eine Umsetzung setzt eine enge Kooperation mit den schwulen und lesbischen Arbeitsgruppen voraus. Nicht die Kirchenleitung schreibt Hilfen für Lesben und Schwule, sondern schwul-lesbische Arbeitsgruppen schreiben und veröffentlichen jährlich Orientierungskonzepte für die Kirchen, um ihnen zu helfen, den selbst erkannten notwendigen Bußakt umzusetzen. Die Kirchenleitung selbst muß an das "Lernziel: Solidarität" erinnert werden!

(10) Arbeitsgruppen Beteiligter (wie z.B. `HuK´) werden von der Kirchenleitung unterstützt und dialogisch beteiligt:
Lesben und Schwule, die der Kirche nicht den Rücken gekehrt haben, sondern sich engagiert in ihr mit ihrem Schwulsein und Lesbischsein sowie mit der Integration von gleichgeschlechtlichen Lebensgemeinschaften und ihren grundlegenden Erwartungen und Forderungen der Gleichstellung an die Kirchenleitung auseinandersetzen, werden am Entwicklungsprozeß der Kirche besonders beteiligt und dialogisch integriert. Dies trifft besonders z.B. auf die eingetragene Arbeitsgemeinschaft `Homosexuelle und Kirche HuK e.V.´ von lesbischen und schwulen Gläubigen zu, die sehr engagiert für ihren Lebensweg in Kirche, Gemeinde und Gemeinschaft vor Gott eintreten.

"Wir brauchen frischen Wind in der Kirche!"
Papst Johannes XXIII (Amtszeit von 1958-1963).

Es soll nach den oben genannten Autoren ein Einschnitt erfolgen, ein neuer Anfang soll geschaffen werden (gar eine neue Genesis gestartet werden), eine neue Theologie soll entworfen werden: eine aktuelle/moderne Theologie, eine Laien-Theologie, eine sexuelle Theologie, eine realitätsgerechte und demokratische Theologie, eine schwule Theologie, eine feministische Theologie - kurzum: eine *menschliche Theologie!*

Neue Theologie heißt dabei nicht nur ein neues gemeinschaftliches Selbstverständnis, sondern Theologie ist auch *Lehre:* Das Kirchenvolksbegehren stellte dabei im Zusammenhang von Macht, Kontrolle und auch Manipulation durch das "*Wissen* der Gesalbten" für die notwendigen Reformen fest: "Besonders die katholische Kirche hat im Bereich der Sexualität ihre gesellschaftliche Glaubwürdigkeit verloren. (.) Es muß ein *neues Lehramt* her, das sich wieder in den Dienst dieser Glaubens- und Lebenserfahrung seiner Mitschwestern und Mitbrüder stellt, um in einem langen und mühsamen Prozeß wieder einiges von der Glaubwürdigkeit der Kirche zurückgewinnen zu können" (vgl. Publik-Forum 2/96:25; "Die Forderungen des Kirchenvolksbegehren sind *absolute Minimalforderungen"*, vgl. Wir sind Kirche 1995:205).

Kirchengebot versus Gottesgebot?

Das Gottesbild der allumfassenden Liebe:
Wer zu Gott kommt, wird gewiß nicht abgewiesen!

"Kann man wirklich einem Gott vertrauen, der ein strafender, ein strenger, ein richtender Gott ist, dem man erst einmal gefallen muß, um von ihm überhaupt angenommen zu werden? Eine Religion, in der die Beziehung zu Gott ebenso voller Angst ist wie diese ganze Welt, die muß es so aussehen lassen, als sei Gott eher so eine Art Feind der Menschen, nicht wahr ?" Der Priester hat mich traurig angesehen: "Sie glauben nicht an Gott, nicht wahr?" "Oh doch", habe ich beteuert. "Nur ist Gott für mich ein anderer. Ich will und kann nicht glauben, daß er so ist, wie ihn Ihre Kirche uns Menschen seit Jahrhunderten verkaufen will. Sehen Sie: Wenn meine Eltern mir das Gefühl geben, daß sie mich gar nicht um meiner selbst willen lieben, sondern daß ich mir ihre Liebe erst verdienen muß, dann kann ich mir niemals sicher sein, daß sie wirklich mich lieben und nicht nur mein Wohlverhalten. Ständig muß ich fürchten, daß meine Geschwister oder andere sich noch besser verhalten als ich und deshalb noch mehr geliebt werden. Und schon sind wir bei Kain und Abel angelangt - und beim Konkurrenzdenken. Gott wird von Ihrer Kirche als so eine Art Übervater dargestellt, der mich mit dem Paradies belohnt, wenn ich brav gewesen bin, und mich in die Hölle verstößt, wenn ich gesündigt habe. Und dadurch sind die *Kirchen* mit *schuld* daran, daß unzählige Menschen in Angst leben und sich deshalb völlig verrückt verhalten."

Quelle: Körner 1994:29f

Kann Sie beides sein, schwul und lesbisch zur gleichen Zeit?

Die Akzeptanz von gleichgeschlechtlichen Lebensgemeinschaften ergibt sich immer auch wie in anderen Kulturkreisen aus der Religion. Kirche, Glaube und Religion und Moraltheologie sind die zentralen Elemente in einer Gesellschaft, gleichgeschlechtliche Liebe zu einer Akzeptanz zu führen. Auf welches *Gottesbild* stützen sich die moraltheologischen Überlegungen? Ist Gott immer männlich oder - wie es die feministische Theologie untersucht - nicht auch weiblich? Oder ist Gott zweigeschlechtlich oder eine allumfassende Liebe zu allen Menschen und Geschlechtern?

So wird Gott in anderen Kulturen als zweigeschlechtlich gesehen: Zweigeschlechtlich wurden der syrische Gott Baal, der persische Gott Mithras, die Isis der Ägypter, der hinduistische Brahma und die indische Gottheit Schiwa abgebildet. Auch die nordische Göttin Freya wurde ebenso wie ihr männliches Seitenstück Friggo mit den männlichen wie weiblichen Geschlechtsteilen und somit zwei sexuellen Orientierungen dargestellt. Und was die griechische Religion anbetrifft, so heißt es schon in den orphischen Hymnen: "Höre mich Adonis, du vielnamige und beste der Gottheiten, du mit deinem anmutigen Haar, der du Jungfrau bist und Jüngling zugleich" - und nach der Legende holte sich der Gott Zeus den Jüngling Ganymed als Bettgenossen in den Olymp (vgl. Kaplan aaO). Kann somit auch ein Gottesbild eines gleichgeschlechtlich empfindenden Gottes - das Bild eines allumfassend liebenden Gottes - betrachtet werden?

In seinem Manuskript schrieb Klaus Dede: „Jesus war schwul" (Oldenburg 1990) - dann als Buch unter dem Titel „Jesus - schwul? - Die Kirche, die Christen und die Liebe - Eine Antwort (ISBN 9783932429170 / Schutter Verlag) – und löste die Überlegung aus, ob das Verhalten und die ethischen Werte Jesu nicht auch unter dem Aspekt der Reflexionen betrachtet werden können, wie sie Homosexuelle - gleichgeschlechtlich empfindende und sensible Menschen - durchlaufen. Das Buch ist in zahlreichen Bibliotheken über eine Fernleihe erhältlich und lesenswert.

Der Manuskripttext löste damals in Oldenburg eine Reflexion aus. In seinen Überlegungen ging er von der These aus, dass Jesus nach christlichem Dogma sowohl Gott als auch Mensch ist - und als Solcher sexuelle Bedürfnisse gehabt haben muss. Da er jedoch sowohl in einer jüdischen als auch in einer griechischen Umgebung lebte - er reiste an beiden Ufern des Sees von Galiläa -, kann davon ausgegangen werden, dass er beide Kulturen vereint hatte, was auch durch den Text des Neuen Testaments bestätigt wird. Eine Diskussion darüber wurde von der lutherischen Staatskirche verzögert: Die damaligen professionellen Christen zeigten, dass sie das Thema Homosexualität keineswegs für sich integriert haben. Eine Übertragung des Buches von Klaus Dedes in die englische Sprache steht noch aus und muss von theologischen Forschern vorangetrieben werden, die mutig genug sind, nicht nur ein solches Buch zu lesen, sondern auch das Patriarchat und das Gleichgeschlechtliche mitten im Christentum zu respektieren.

Geht es in diesem zentralen Manuskript um Jesus? Nein. Es geht darum, ob die Kirchen selbstbestimmte Sexualität zulassen können. Wenn dies nicht der Fall ist, müssen sie natürlich behaupten, dass Jesus ein Lebewesen war, aber keine Sexualität hatte. Ist das möglich? Nein! Jesus - schwul? Klaus Dede gibt uns eine klare Antwort. Eines ist jedoch vor allem sehr sicher: Jesus war eine Person, die selbstbestimmt lebte, selbstbestimmt starb und in jeder Person auferstanden ist, die sich selbst und ihr Leben bestimmt...

Pier Paolo Pasolini zeigte "Outing" vor 2000 Jahren:
Empfand Jesus gleichgeschlechtlich? War er einfühlsam, liebevoll und altruistisch zu anderen Menschen aus seinen eigenen Leidenserfahrungen heraus, seine gleichgeschlechtlichen Gefühle nicht umsetzen zu können? Ein Nichtseßhafter, immer auf der Flucht vor der eigenen Heimat und Identität als Schwuler? Das zeigt ein Szenenbild der Verfilmung "Matthäus Evangelium" des schwulen Regisseurs Pier Paolo Pasolini, der "autobiographische Motive in die Beschwörung eines engagierten Christus hat einfließen lassen: die Sanftmut im Herzen und die Andersartigkeit" (Loretan aaO:65f; vgl. a. Alt 1991: "Die verborgene Intention seiner Botschaft muß erkannt und gelebt werden. Der neue Jesus - der anima-integrierte Jesus - ist der neue Prophet eines neuen Zeitalters. Jesus hat nicht die Fortsetzung des Althergebrachten gemeint - auch nicht die Harmonisierung mit dem Testament, der Bibel.") - "Jesu wird zu einem Vorbild für eine geglückte

Identität *oder* zu einem Modell für eine soziale Befreiung von gesellschaftlichen Zwängen" (Loretan aaO)). Angenommen man würde in der Hermeneutik des Jesusbildes von einem "schwulen Jesus" ausgehen: Was würde es für die kirchliche Position und ihrem Handeln gleichgeschlechtlichen Lebensgemeinschaften gegenüber bedeuten? Matthias Loretan schreibt: "Pasolini suchte die Möglichkeit einer neuen Annäherung an die Dinge - die seiner Leidenschaft entspricht - für das Leben, für die Realität um ihn herum, für die körperliche, sexuelle und existenzielle Realität" (aaO:65f).

Auch wenn es die bisherige Hierarchie nicht will, ein neues Lehramt ist auch immer ein "Gegen-Lehramt" - denn schließlich soll ja etwas geändert werden: Es soll verhindert werden, daß sich viele Menschen von der Kirche abwenden. "Es geht jedoch nicht um gegenseitige Befürchtungen, sondern um den gemeinsamen Glauben, an dem jeder als gleichberechtigter Bruder und Schwester in den Dialog treten soll, zumal vieles sich nicht nur um Glaubens-Lehre, sondern um die Kirchen-Ordnung dreht" (vgl. die Aussprache des Papstes vor der Glaubenskongregation im Zusammenhang mit dem Kirchenvolksbegehren am 27.11.95 laut Katholischer Presseagentur Wien, zit. n. Publik-Forum aaO).

"Radikale Reformen stehen in der Krichenlehre bevor":

82 Prozent der Katholiken lehnen die Sexual-Lehre ab - Schwule und Lesben sollen integriert werden, z.B. bei der Kirchlichen Hochzeit.

Glauben ohne Kirche - Viele Deutsche schustern sich ihr Bild von Gott selbst zusammen - ohne Papst und Pastor. Den Kirchen stehen *radikale* Reformen bevor: 26% der Katholiken haben schon einmal ernsthaft an Austritt gedacht (ebenso Protestanten), nur 25% der Deutschen beten täglich. Nur 14 % erwünschen sich politischen Rat von der Kirche, aber 93% wollen, daß sich die Kirche für Minderheiten einsetzt. Wie z.B. für Lesben und Schwule: Als wichtigstes Ziel der Schwulen- und Lesben-Bewegung gilt die Kirchliche Hochzeit von gleichgeschlechtlichen Paaren in beiden Kirchen, sowie daß schwule Geistliche mit ihrem Freund zusammenleben dürfen. 78 % lehnen die Unfehlbarkeit des Papstes ab und sehen ihn als gleichberechtigten Bruder und Mensch, wie Du und ich: Die Hierachiespitze wird "nicht anerkannt, ihr wird noch nicht einmal widersprochen": Es herrscht Ignoranz, Apathie und "Abwanderung" statt "Widerspruch durch Konzeption eines Gegenlehramtes" vor (vgl. Tagespresse von Ostern 1996, die über eine Studie berichtet, die der Focus zum Titel-Thema hatte, vgl. a. Focus 15/96:52f).

"Abwanderung oder Widerspruch" lautet der Titel des Beitrags von Albert Hirschman (aaO): Die Kirchenleitung sollte sich für die Gemeinde und ihren heftigen, engagierten Wider-(Gegen-)Spruch seitens engagierter Gläubiger entscheiden - und nicht für die stille Abwanderung von Menschen aus der Kirche und Gemeinde.

Nur noch jeder Zweite geht selbst an Weihnachten in die Kirche, in zehn Jahren, wenn die jungen Frauen sich mehr und mehr für eine eigenständige Erwerbstätigkeit entschieden haben, wird wochentags die Andacht möglicherweise mangels Zulauf ausbleiben, weil die typische Haufrauengeneration, die dafür Zeit und Muße hat, nicht nachgewachsen ist. Die Analyse von Kirchen-Austritten als ultima ratio ist also ein sehr unzuverlässiges Instrument - viel wichtiger sind die inhaltlichen Haltungen und Erwartungen der jungen Generation an die Einstellungen und Rituale der Kirchen. Viele junge Mütter wollen z.b. ihre Kinde auch bewußt und entschieden nicht mehr dem veralteten und in ihren Augen gefährlichen Erziehungseinfluß der Kirche derart aussetzen, wie sie selbst es waren, auch Rituale wie die Taufe haben einen anderen Stellenwert.

Z.B. die Fernsehmoderatorin Linda de Mol, die die Traumhochzeitshow moderiert, betont immer wieder öffentlich, daß sie wegen ihres Kindes weder kirchlich heiraten wolle, noch ihr Kind taufen lassen wird: "Es ist ausgeschlossen, daß ich anläßlich meiner Schwangerschaft heirate oder das Kind taufen lasse: Ausgeschlossen - mein Kind wird nicht getauft. Ich bin zwar katholisch, aber eine Kirche, die gleichgeschlechtliche Lebensgemeinschaften und Verhütungsmittel nicht positiv begrüßt und akzeptiert - ist nicht mehr zeitgemäß" (Das neue Blatt 3/97:63).

Norbert Greinacher empfiehlt in dem Buch "Radikale Veränderungen" daher für die Reformbestrebungen als Minimalforderung eine "*fundamentale* Erneuerung, unermüdliches *Engagement*, immerwährende Darlegung der Argumente und für neue Konzeptpapiere eine Hoffnung auf die Macht der Geisteskraft, die bekanntlich weht, wann und wo sie will" (aaO:43): Es geht nicht nur um Reformation, sondern um entscheidende Kursveränderungen: Vielleicht schreibt ja z.B. ein Student mal ein neues, von alten Zitatquellen losgelöstes Konzept oder Lehramt (á la Katechismus nach oder mit integrierter schwul-lesbischer Lebensweise) für die Kirchen und veröffentlicht seine Visionen in seiner Examensarbeit, ohne allzusehr auf dem bisherigen aufzubauen.

Das Engagement wird dabei weiterhin auch von schwulen und lesbischen Laien und besonders lesbischen Theologinnen und schwulen Theologen kommen, die sich nicht wissenschaftlich, sondern zeitgemäß-erzählerisch zu Wort melden und ihren Lebenszusammenhang, ihre Erwartungen und Wünsche darlegen und so der Hierarchiespitze, der Lehre, der Kirche, der Theologie und der Religion *neue Impulse* geben können, die diese selber gerade brauchen: Rom ist bei dem generellen Strukturwandel der Kirchen gerade auf die Ideen innovativer und kreativer - auch lesbischer und schwuler – *gemeinschaftsorientierter* Menschen angewiesen: Es kann kein Zweifel bestehen, daß sie mit ihren neu entworfenen Lehrkonzepten - auch wenn es möglicherweise ein Gegenlehramt ist - zum Gelingen der Gemeinschaft und im Sinne der Gemeinschaft engagiert beitragen wollen!

Der neue Diskurs für die Basis lautet: nachdenken (empfinden), erarbeiten und sprechen (veröffentlichen). Der neue Diskurs für die Hierarchiespitze heißt: "zuhören, verarbeiten, kooperieren" (wir sind Kirche aaO:88). Es gilt, viel voneinander zu lernen: Gleichheit und Brüderlichkeit ist der Schlachtruf der Moderne. Freiheit, Verschiedenheit, Anerkennung und Solidarität ist frei nach Zygmunt Bauman die Formel der Postmoderne: Die Kirche ist dazu bestimmt, an der *Verschiedenheit* ihrer Glieder zu wachsen, sie muß die unauslöschliche Pluralität der Welt (und Pluralität der Paarbeziehungen) akzeptieren - nicht mehr, aber auch nicht weniger: so lautet diese grundlegende Position der schwul-lesbischen Theologie.

John McNeill gibt für die nötigen Reformen folgende Devise mit auf den Weg: "*Alles was destruktiv ist und keine freie Entfaltung ermöglicht, ist auch schlechte Theologie!"* (aaO:37).

Informationsteil 8
Hochzeit und Kirchliche Trauung von gleichgeschlechtlichen Lebensgemeinschaften in der Kirchengemeinde - Rituale zur Offenkundigmachung der Ehe im Gottesdienst

Bücher zum weiterlesen:

⊠ARNDT, SUSANNE: Hochzeitsfeiern - planen und gestalten: Mit Tips für Verlobung und Polterabend, Falken Verlag 1994

⊠BARZ, MONIKA U.A.: Lesbische Frauen in der Kirche, 1993

⊠BECKMANN, THOMAS: Hochzeitsrituale - Partnerschaftsegnungen in der Kirche; in: Homosexualität im Horizont theologischer Reflexion und kirchlichen Handelns, Dokumentation einer Blockveranstaltung in der ESG im Juni und Oktober, 1994, S. 190-238

BENSBERGER KREIS (HG): Kirche - Macht - Sexualität - Kritische Auseinandersetzung mit der katholischen Sexualmoral und ihrer Herrschaftswirkung, 1994

BERG, KONRAD: Das Jawort geben - Schöne und phantasievolle Hochzeitsrituale, Reinbek 1995

BISCHÖFLICHES ORDINARIAT (HG): Ja, Wir trauen uns - Wegbegleitung in die Ehe, 1994

BIRTHLER, MARIANNE: Lebensfragen, Schule und Pluralität - Ethikunterricht (LER) als Hilfe zur Entwicklung der eigenen Position, in: Klein, Ansgar (HG): Wertediskussion im vereinigten Deutschland, Köln 1995, S. 164-166

BITTLER, ANTON (HG): Frommer Mißbrauch? - Zur Problematik katholoisch-klerikaler Hilfen und Helfer, Kimmerle Verlag 1993

⊠CLARK, MICHAEL U.A.: Constructing Gay Theology, Monument Press 1991

⊠COMSTOCK, GARY: Gay Theology Without Apology, The United Church Press 1993

⊠CURB, ROSEMARY / MANNAHAN, NANCY: Die ungehorsamen Bräute Christi - Lesbische Nonnen brechen ihr Schweigen, München 1986

⊠DEDE, KLAUS: Jesus war schwul / Jesus was gay - Die Kirche, die Christen und die Liebe - Eine Antwort, Lahr, Schutter Verlag, ISBN 9783932429170, 2006

DICKERHOFF, HEINRICH: Daß wir Zärtlichkeit nicht gottlos nennen - Zur Aussöhnung von Christentum und Sexualität, Würzburg 1989

EVANGELISCHE KIRCHE (HG): Gleichgeschlechtliche Liebe, Arbeitspapier für Gemeinden und Kirchenkreise, Evangelische Kirche Landessynode im Rheinland, Düsseldorf 1992

EVANGELISCHE KIRCHE (HG): Gleichgeschlechtliche Liebe und Segnung gleichgeschlechtlicher Paare, Drucksache 2, in: Verhandlungen der 40. ordentlichen rheinischen Landessynode, Düsseldorf 1992, S. 41* - 107*;

EKD (HG): Gemeinsame ökumenische Kommission der EKD und der Deutschen Bischofskonferenz „Ja zur Ehe", Köln / Hannover 1980, in: EKD Texte 12, Hannover 1985

GALTUNG, JOHAN: Strukturelle Gewalt, Reinbek 1976

GAEDT, RAINER: Freundschaft, Liebe, Sexualität - Arbeitshilfen für den Religions- und Ethikunterricht in der Sekundarstufe I, Göttingen 1995

HIRSCHMANN, ALBERT O.: Abwanderung oder Widerspruch als Reaktionen, in: ders.: Engagement und Enttäuschung, Frankfurt am Main 1988, S. 69-80.

HÖFFNER, JOSEPH / LOHSE, DETLEV EDUARD: Gemeinsames Wort der Deutschen Bischofskonferenz und des Rates der Evangelischen Kirche in Deutschland zur Ehe, Bonn / Hannover, 1.1.1995

KEUPP, H.: Psychische Krankheit als hergestellte Wirklichkeit - eine Grenzbestimmung des Ettiketierungsparadigmas; S. 199-212 in: Keupp, Heiner (HG): Normalität und Abweichung, München 1978/9

KOCH, KURT: Erfahrungen der Zärtlichkeit Gottes, Benziger Verlag 1992

KUBACH-REUTTER, U.: Rituale zur Offenkundigmachung der Ehe, in: Vögler, G. / Welck, K.V. (HG): Die Braut, Band 1, Köln 1985, S. 294-299

LAPIDE, PINCHAS: Ist die Bibel richtig übersetzt?, Bd. 1+2, o.J.

LÜDEMANN, GERD: Das Unheilige in der Heiligen Schrift - Die andere Seite der Bibel, Stuttgart 1996

⊠**MCNEILL, JOHN:** Sie küssten sich ... - Homosexuelle Frauen und Männer gehen ihren spirituellen Weg, Kösel Verlag 1993

MIETH, DIETMAR: Sexualität und Kirche - Eine theologisch-ethische Perspektive, in: Herder Verlag (HG): Wir sind Kirche - Das Kirchenvolksbegehren, Freiburg 1995, S. 70-90

⊠**MIGGE, THOMAS:** Kann denn Liebe Sünde sein? Gespräche mit homosexuellen Geistlichen, Köln 1993

MOL, LINDA DE: Hochzeitsrituale und Traumhochzeiten für gleichgeschlechtliche Lebensgemeinschaften - Interview zur Gestaltung von Fernsehspielshows über Liebe, Trauung und Hochzeit mit gleichgeschlechtlichen Paaren, in: Magnus 11/95

NAVE-HERZ, ROSEMARIE: Warum noch Heirat?, 1994

PLATTFORM „WIR SIND KIRCHE": Liebe - Eros - Sexualität - Herdenbrief der Plattform "Wir sind Kirche" mit 12 Kommentaren, Kulturverlag 1996

RANKE-HEINEMANN, UTA: Eunuchen für ein Himmelreich, München 1994

REICHERTZ, JO: Ich liebe, liebe, liebe Dich - Zum Gebrauch der Fernsehsendung „Traumhochzeit", in: Soziale Welt 1/ 94, S. 99-113

RICHTER, FRANZ: Handbuch Kirchenaustritt, 1993

RICHTER, HORST-EBERHARD: Lernziel Solidarität, Reinbek 1974

REELING-BROUWER, RINSE / HIRS, FRANZ: Die Erlösung unseres Leibes - Schwul-theologische Überlegungen, 1995

ROLAND, CHRISTIAN: Die Jesus-Alternative: Hoffnung für Homosexuelle, 1983

⊠**SCHILK, BRIGITTA:** Handeln für uns selbst in unserem eigenen Namen - Verzerrungen lesbischer Existenz in der Kirche: Lesbische Ethik - Ein Gegenentwurf, 1993

SCHWEIZER, DORIS: LESBEN AUF HOCHZEITSREISE, 1997

SENFTLEBEN, MARTIN: Hochzeit in der Kirche - Die kirchliche Trauung, 1991

THIELE, JOHANNES (HG): Jesus - Auf der Suche nach einem neuen Gottesbild, Düsseldorf 1993

⊠**WEBER, RUEDI:** There is more to love than boy meets girl - Die Antihomosexualität der Theologie aus persönlicher Sicht, in: Puff, Helmut (HG): Lust, Angst, Provokation, Göttingen 1993, S. 195-204

WIEDEMANN, HANS-GEORG: „Sexualität ist mehr" - Sexualerziehung in Religions- und Konfirmandenunterricht; in: Der Evangelische Erzieher, Zeitschrift für Pädagogik und Theologie, Heft Juli-August 1989

WIEDEMANN, HANS-GEORG: Partnerschaftssegnungen; in: DtPfBl, 88Jg., 1988, S. 310f.

WRIGHT, EZEKIEL / INESSE, DANIEL: God is Gay - An evolutionary spiritual work, San Francisco 1979

ZIMMERMANN, JÜRGEN: Verbot von Zärtlichkeit ... = So schafft man sexuelle Krüppel ...; in: Pro Familia Magazin, Sexualpädagogik und Familienplanung, Heft 1 / 89, S. 15-17

Weiterhin verwendete Literatur:
siehe Anhang.

Didaktische Fragestellungen 8:

a) Charakterisieren Sie das Dreiecksverhältnis von Gott zur Liebe und zum Menschen.

b) Wie liebt Gott?

c) Körper, Geist (= Emotion und Kognition) und Seele bilden eine Einheit. In welchen Bereichen der Kirchlichen Lehre wird ein Aspekt vernachlässigt, gibt es philosophische Ansätze, die alle drei Aspekte zu erfüllen versucht und können diese Ansätze als Alternative verstanden werden?

d) Für was stehen ihrer Meinung nach die Begriffe Gemeinde und Gemeinschaft? Welche Aufgaben, Rechte und Pflichten kommen dem einzelnen Individuum dabei zu?

e) Besonders viele Priester sind schwul: Jeder Dritte (25-40 %) - mehr als doppelt so viele wie in der Bevölkerung nach Kinsey: Wenn zwölf Geistliche zusammenkommen, sind drei bis vier von ihnen homosexuell orientiert. Was bedeutet das für den praktischen Umgang der Kirche mit gleichgeschlechtlichen Lebensgemeinschaften?

f) Was ist zu der Emanzipation von schwulen Priestern / Pfarrer und lesbischen Nonnen zu sagen ? Wie können sie sich selbst in der Gemeinde umsetzen? Wie kann die Gemeinde ihnen dazu helfen?

g) Sollten Schwule / Lesben das Sinnsystem Kirche verlassen, wenn sie meinen, es deformiere ihre Psyche? Oder sollten sie versuchen, es zu verändern und dabei ein Stück Resignation in Kauf nehmen? Welche Aufgaben kommen dabei schwulen Theologen / lesbischen Theologinnen zu?

h) Wie können Sie als Geistlicher, Priester, Theologe oder Laie in den Kirchen mitarbeiten, um auf gleichgeschlechtliche Lebensgemeinschaften aufmerksam zu machen? Welche Erkenntnispunkte würden Sie auswählen, um kurze Textabschnitte, den Hinweis auf diese Studie oder Zitate daraus in loser Folge online auf der Webseite oder im Kirchenblättchen abzudrucken?

i) Welche verschiedenen Arten gibt es, die Bibel zu deuten?

j) Diskutieren Sie die Aussage "Die Bibel ist Menschenwort".

k) Mit der in der Bibel erwähnten Homosexualität haben heutige gleichgeschlechtliche Lebensgemeinschaften wenig, wenn nicht sogar gar nichts zu tun. Warum?

l) Warum lohnt es sich heute noch, die Bibel zu lesen?

m) Die Kirche selbst will Buße tun, um gleichgeschlechtliche Lebensgemeinschaften besser zu integrieren? Was konkret hat die Kirche bislang falsch gemacht und welche Maßnahmen hat sie selbst aufgezeigt, um die Diskriminierung von Lesben und Schwulen abzustellen?

n) Nach fast zwei Jahrtausenden schlimmster - manchmal sehr sublimer - Demütigung und Verfolgung gleichgeschlechtlich liebender Menschen durch die Kirche - bis in unsere Gegenwart - ist ein deutlicher Bußakt der Kirche nötig, der eine Praxis im Zusammenleben mit gleichgeschlechtlich liebenden Menschen eröffnet. Was wird von den Kirchen erwartet?

o) Theologische Abhandlungen belegen, daß es in der Kirche möglich ist, dem Wunsch nach einer Partnerschaftssegnungen als Trauungsritual im kirchlichen Gottesdienst für gleichgeschlechtliche Lebensgemeinschaft nachzukommen - selbst bevor der Staat eine Zivilehe anerkennt. Wie sieht der Ablauf einer Kirchlichen Ehe und Hochzeitstrauungen mit der Gemeinde aus? Welche Elemente im Gottesdienst anläßlich einer gleichgeschlechtlichen kirchlichen Hochzeit gibt es und welche sind wohl für das zu trauende Paar (nicht für Sie als Leser) besonders wichtig und warum?

p) Über die Sexualität von Jesus und Gott wissen wir wenig - doch wer ist der Schöpfer des Schöpfers? Jesus war Mensch, Gott ist Gott - in der menschlichen Vorstellung oft ein alter Mensch. Nehmen wir die Sexualität des Menschen als (uns einzig bekannten) Referenzrahmen: Diskutieren Sie theoretische Überlegungen mit Verweisen - vor dem Hintergrund der für Menschen möglichen Ausdrucksvielfalt.

q) Welcher der 10 Diskussionspunkte zur Integration von Lesben und Schwulen ist Ihnen persönlich am wichtigsten?

r) Wie sieht ein schwul-lesbisches Konzept für die Kirchen aus? Was sind die zentralen Aspekte?

s) Was sind die Kennzeichen einer schwul-lesbischen Theologie, einer feministischen Theologie, einer menschlichen Theologie? Einer queeren Bibel?

t) Treue ist ein weiterer wichtiger Schutz gegen eine HIV-Infektion - Was kann die Kirche tun, um die Treue einer gleichgeschlechtlichen Beziehung zu stärken?

u) Nach wieviel Jahren Beziehung hat ein schwules Paar „Lederne Hochzeit"?

Kapitel 9

9. Makro-Perspektive:
Sozio-politische Aspekte von Sexualität

Handbuch `Engagierte Zärtlichkeit'

Der seelische Konflikt durch verdrängte Sexualität ist ein Konflikt zwischen dem Individuum und der Gesellschaft mit ihren Institutionen

Sexualität in der Lehre: Eigentlich ist es etwas Zärtliches - Die Auseinandersetzung mit Sexualität in der dritten Schulklasse

"Für Homosexuelle ist das Private politisch!" Lesben- und Schwulenpolitik durch Parlamentsdebatten und das queere Programm "Emanzipation und Gleichberechtigung"

Kommunale Gleichstellungsstellen und Gleichstellungspolitik für Lesben und Schwule

Coming-Out am Arbeitsplatz: Gar nicht so fremd - Gleichgeschlechtliche Lebensgemeinschaften in der Chef-Etage

Marketing und Werbung für schwule Paare: "Nie waren sie so wertvoll wie heute" - Gleichgeschlechtliche Lebensgemeinschaften als Traummarkt

25 oder sogar über 50 Jahre und mehr: Lesbische und schwule Bewegung

Informationsteil

Epilog: "Gott, hilf die sexuelle Existenz zu zelebrieren!"

375

Der seelische Konflikt durch verdrängte Sexualität ist ein Konflikt zwischen dem Individuum und der Gesellschaft mit ihren Institutionen

Gesellschaftliche Repressionen behindern die freie Entfaltung der Anlagen des Menschen nur zu oft. Herbert Marcuse beschreibt in seinem Werk *Triebstruktur und Gesellschaft,* daß der seelische Konflikt durch verdrängte Sexualität ein Konflikt zwischen dem Individuum und der Gesellschaft mit ihren Institutionen ist (Marcuse 1979:195f). Ein nicht vollzogenes Coming-Out eines gleichgeschlechtlich empfindenden Menschen darf also nicht als persönliches Problem individualisiert werden, sondern bedeutet eine Form der *strukturellen Gewalt,* die nach Johan Galtung (aaO) ganau dann vorliegt, wenn die gesellschaftliche Situation die Freiheit und Entfaltungsmöglichkeit des Individuums einschränkt. Somit bedeutet eine Emanzipation des Individuums auch immer die Pflicht für den Menschen, sich auf gesellschaftspolitischer Ebene zu engagieren, um die Faktoren und Institutionen, die es lange an der Entwicklung gehindert und gehemmt haben, zu verändern.

Die Durchsetzung von Freiheit kann dabei durch eine aktive, politische Öffentlichkeitsarbeit auf gesamtgesellschaftlicher Ebene erreicht werden.

Auch ist dies durch eine integrierte *selbstverständliche Lehre* über gleichgeschlechtliche Lebensgemeinschaften für die heranwachsende Generation als Aufklärungsanspruch eines gesamtgesellschaftlichen Engagements erreichbar.

Die Themen von gleichgeschlechtlichen Lebensgemeinschaften sollen daher in die Schullehre (aber auch: Schulfernsehen), in Weiterbildungsangebote für Berufsgruppen sowie in Konzepte der pädagogischen Aufklärungsarbeit integriert werden - der "*Baum der Erkenntnis*", von dem Herbert Marcuse unter Verweis auf Kleist und Schiller spricht, muß von unseren Pädagogen und Lehrern zunächst überhaupt gepflanzt werden.

Sexualität in der Lehre:
Eigentlich ist es etwas Zärtliches -
Die Auseinandersetzung mit Sexualität
in der dritten Schulklasse

Daß gleichgeschlechtliche Gefühle beglückend sein können, daß gleichgeschlechtliche Lebensgemeinschaften in positivem Licht dargestellt werden, kommt nun zaghaft in der gesellschaftlichen Wahrnehmung zum Ausdruck. Die Frage ist: Wie können wir sich lesbisch oder schwul entfaltende Kinder und Jugendliche in dieser Gesellschaft in ihrem Erwachsen werden positiv unterstützen? Wie erfüllt die *Schule* ihre Aufgabe nach §1 des Schulgesetzes, "alle wertvollen Anlagen der Kinder und Jugendlichen zur *vollen Entfaltung* zubringen?" (vgl. z.B. die Schulordnung von Berlin oder Hilgers 1995).

Detlef Mücke kommt zu dem nüchternen, aber Engagement und Motivation provozierendem Ergebnis: "Für Jugendliche, die ihr lesbisches und schwules Coming-Out haben, gibt die Schule *unzureichend* Hilfestellungen und versagt *total*, die `wertvollen Anlagen von Kindern und Jugendlichen´, nämlich das Suchen, Bejahen und Leben der eigenen Sexualität und der damit verbundenen gleichgeschlechtlichen Lebensweise `zur vollen Entfaltung zu bringen´" (aaO:79).

Im Prozeß des Ahnens, des Entwickelns und Akzeptierens ihrer sexuellen Orientierung, ihrer Persönlichkeit und Identität, fühlen sich junge Lesben und Schwule von Pädagogen, Lehrern, aber auch Eltern und Freunden alleingelassen: Die Bewältigung ihrer Entwicklungsaufgaben, ihre Integration und Umsetzung der gleichgeschlechtlichen Lebensweise im Elternhaus und Freundeskreis werden in der Schule kaum angesprochen, es sei denn, sie haben zufällig einen aufgeschlossenen Lehrer, der sie stärkt und ihnen Mut macht.

Schulgesetze sind oft sehr allgemein gehalten. Sie regeln nicht so sehr alle Details des Lebens, sondern legen viel eher *Rahmenbedingungen* fest. So wie die Bibel einer Auslegung bedarf;

es eine breite Diskussion und viel Literatur über den Verfassungsanspruch und die Verfassungswirklichkeit des Grundgesetzes gibt; es Gesetzeskommentare gibt - so sind auch Schulgesetze interpretierbar.

Schulgesetze müssen dahingehend geändert und interpretiert werden, daß auch die sexuelle Orientierung und soziale Lebensorganisation sich lesbisch oder schwul entfaltender Kinder und Jugendlicher als eine wertvolle Anlage zur Entfaltung zu bringen ist - durch die Schule und ihre Pädagoginnen und Pädagogen.

In das staatliche und gesellschaftliche Leben auf der Grundlage der Demokratie, des Friedens, der Freiheit, der Menschenwürde und der Gleichberechtigung der Geschlechter sind alle Menschen, unabhängig von ihrer sexuellen Orientierung und ihrer Lebensweise, einzubeziehen. Die Anerkennung einer grundsätzlichen Gleichheit aller Menschen, die Achtung vor jeder ehrlichen Überzeugung und die Anerkennung der Notwendigkeit einer fortschrittlichen Gestaltung der gesellschaftlichen Verhältnisse gilt auch für gleichgeschlechtlich empfindende Menschen und Paare. Dabei sollte die Entwicklung zum Humanismus, zur Freiheit und zur Demokratie nach wesentlichen gesellschaftlichen Bewegungen, d.h. auch nach der Lesben- und Schwulenbewegung, ihren Platz in der Lehre finden.

Basierend auf dem Gleichheitsartikel des Grundgesetzes ist für die Schule ein Beschluß "Gleichberechtigung in der Schule" wie folgt umzusetzen:

a) Im *Unterricht* ist zu vermitteln, daß Menschen nicht nach ihrem Geschlecht, ihrer Lebensweise, ihrer Nationalität oder Herkunft zu bewerten sind. Unter Lebensweise verstehen wir z.B. alleinerziehende Elternteile, Leben in Wohngemeinschaften, unverheiratet zusammenlebende Paare und auch gleichgeschlechtliche Lebensgemeinschaften etc., die nicht wertend dargestellt werden sollen. In Deutschland ist dies im Gleichbehandlungsgesetz (AGG) rechtlich vorbildlich gesetzlich definiert, inwieweit es in der Schule angewendet und integriert wird, muss bewertet werden.

b) Insbesondere *Schulbücher* müssen darüberhinaus der Vielfalt von Lebensentwürfen und Lebensweisen Rechnung tragen.

Neben der wertfreien, positiven Sach-Aufklärung der Kinder durch die Lehrer/innen ist es insbesondere den Pädagogen *selbst* durch die

Bereitstellung von Schulbüchern und Aufklärungsmaterialien zu ermöglichen, eine Realitätsbeschreibung durch den Lehrstoff geben zu können, die gleichgeschlechtliche Paare selbstverständlich berücksichtigt. Die Darstellung von gleichgeschlechtlichen Lebensgemeinschaften und ihrer sozialen Dimensionen müssen daher in *Rahmenplänen, Schulbüchern und Medien* integriert werden.

Nordrhein-Westfalen forderte z.B. bereits schon 1974 auf der Kultusministerkonferenz, daß bei der Behandlung der gleichgeschlechtlichen Liebe und deren Sozialaspekte die veränderte soziale Lage zu beachten sei. Insbesondere seien auch die neueren Erkenntnisse der Sozial- und Sexual-Wissenschaft zu berücksichtigen. Der Abbau von Vorurteilen und die Achtung der Sexualität von Menschen sei auch dann erforderlich, wenn sich diese vom eigenen und gewohnten Sexualleben unterscheidet. Gleichgeschlechtlich orientierte Sexualität sei als "*Zuneigungs- und Lebensform* darzustellen" wurde allerdings erst 1987 verschriftlicht. In den folgenden Jahren schließlich finden wir aber beispielsweise in dem brandenburgischen Rahmenplan "Politische Bildung" folgende Ausführung: "Thema: Freundschaft und Liebe - Formen und Probleme individueller Lebensgestaltung" mit den inhaltlichen Unterpunkten: "Die erste Liebe, heterosexuelle und homosexuelle Lebensgemeinschaften, Treue, etc. ... ."

Die sozialen Aspekte von gleichgeschlechtlichen Lebensgemeinschaften sind in der Schule also nicht mehr nur auf den Biologieunterricht und die Sexualaufklärung beschränkt. Gleichgeschlechtliche Lebensgemeinschaften sollen in *jedes* Schulfach integriert werden. Hierzu sind entsprechende Konzepte zu erarbeiten - die bei den Rahmenplänen der Schulordnungen ansetzen: denn auch hier ist es eine "strukturelle Dimension", daß Lesben, Schwule, ihr Leben und ihre Beziehungen im Schulbereich zu wenig vorkommen.

Neben den Gesetzen sind aber natürlich auch engagierte Lehrerinnen und Lehrer gefordert, die Rahmenpläne ändern und einen zeitgemäßen Unterricht gestalten, um die Entwicklungschancen "ihrer" Kinder und Jugendlichen und letztlich der Gesellschaft positiv zu beeinflussen. Aufgrund dessen, daß Rahmenpläne bisher so allgemein gehalten sind, kann jede/r Lehrer/in im Rahmen der Eigenverantwortlichkeit für den Unterricht auch zeitgemäße und emanzipatorische Ansichten und Texte in den einzelnen Unterrichtsfächern behandeln.

So ist es auch zulässig und notwendig,

- *im Deutschunterricht:* gleichgeschlechtliche Liebe zu thematisieren,
- *im Englischunterricht:* z.B. lesbian und gay movement als Bürgerrechtsbewegung zu diskutieren,
- *im Sozialkundeunterricht:* Vorurteile nicht nur Ausländern, sondern auch anderen Minderheiten gegenüber wie gleichgeschlechtlichen Lebensgemeinschaften zu diskutieren, die Schwulenbewegung als "soziale Bewegung" oder die Integrationsfrage als Systemintegration von Minderheiten zu diskutieren,
- *im Religionsunterricht:* Hochzeitsrituale in der Kirche zur Trauung von gleichgeschlechtlichen Lebensgemeinschaften zur Diskussion zu stellen.
- *im Geschichtsunterricht:* ist nicht die Frage: Wie behandelte die "Geschichte" gleichgeschlechtliche Lebensgemeinschaften, sondern was ist (und sind) die Geschichte(n) der gleichgeschlechtlichen Lebensgemeinschaften (z.B. Geschichte der Schwulenbewegung) die zentrale Fragestellung im Geschichtsunterricht. Es kann Wissen über die Geschichte männlicher und weiblicher Homosexualität erworben werden, ohne dabei gleichgeschlechtliche Liebe immer im Kontext von "Verfolgung" und "Diskriminierung" o.ä. zu stellen, sondern sie kann z.B. als Selbstverständlichkeit bei den Griechen der Antike dargestellt werden. Der geschichtliche Zugang ist somit auch ein gefahrenreicher, da Jugendlichen hier erstmals der Zugang zur kognitiven Kategorie "Homosexualität" meist mit einer negativen assoziativen Kopplung vermittelt wird. Dieses sollte jedoch mit einer positiven Konnotation im Mikrobereich der persönlichen Entwicklung (wie schön die Zärtlichkeit zu zweit ist) geschehen, und nicht durch eine Makroperspektive der historischen Gesellschaftssanktionen gegen die Liebe. Die Behandlung im Fach Geschichte sollte daher erst dann erfolgen, wenn in anderen Fächern die gleichgeschlechtliche Liebe ausführlich behandelt wurde mit positiven assoziativen Besetzungen. Die Integration in das Geschichtsfach ist daher erst für Oberstufenschüler geeignet. Es sollten also die Geschichten der gleichgeschlechtlichen Lebensgemeinschaften erzählt werden, nicht wie "die Geschichte" mit Schwulen und Lesben verfahren ist. Zukunfts-Perspektiven der Integration von gleichgeschlechtlichen Lebensgemeinschaften sind wichtiger als Diskriminierungen der Vergangenheit: Homosexualität ist als Thema für den Geschichtsunterricht daher eher ungeeignet,

- *im Kunstunterricht:* homoerotische Aspekte z.B. bei Michelangelo hervorzuheben.

Neben neuen Rahmenplänen, engagierten Pädagogen werden aber auch *neue Schulbücher* benötigt. Klaus Schreiner kommentiert: "Was Schulbücher über gleichgeschlechtliche Lebensgemeinschaften zum Besten geben sind lediglich Unwissen und Vorurteile" (aaO).

Nur wenige Biologiebücher - geschweige denn Schulbücher im allgemeinen - versuchen in einer toleranten, verständnisvollen und positiven Weise die sozialen Thematiken der gleichgeschlechtlichen Lebensgemeinschaften zu erörtern und auf das mitschwingende Problem des Verständnisses in der Bevölkerung und den hieraus folgenden Schwierigkeiten in vielen Bereichen des Lebens Auskunft zu geben. Detlef Mücke kommt zu dem vernichtenden Urteil über Biologiebücher: "Gemessen an den Erkenntnissen der Sozial- und Sexualwissenschaft und den Forderungen einer emanzipatorischen Sexualerziehung und -aufklärung ist *keines* der derzeit zugelassenen Schul-, besonders aber Biologiebücher als geeignet anzusehen" (aaO:86).

Eine wesentliche Ursache für die fortwährende Tabuisierung von gleichgeschlechtlichen Lebensgemeinschaften ist in der Tatsache zu sehen, daß es eine Wechselwirkung zwischen den Rahmenplänen und der Zulassung von Schulbüchern gibt. Schulbücher werden von den Kultusbehörden nur dann in einem ganz genau geregelten Verfahren zugelassen, wenn sie den Anforderungen der Rahmenpläne genügen.

Da aber gleichgeschlechtliche Lebensgemeinschaften und Homosexualität in keinem Rahmenplan - außer im Fach Biologie als Sexualkundeunterricht - auftaucht, wagen auch fortschrittliche Schulbuchautor/innen und -verlage es nicht, Homosexualität und gleichgeschlechtliche Lebensgemeinschaften zu thematisieren, da sie dann eine Nichtzulassung befürchten.

In einem Schriftwechsel zwischen der Gewerkschaft Erziehung und Wissen (Berlin), vielen Schulbuchverlagen und der Senatsschulverwaltung wurde deutlich, daß jede Seite die Verantwortung für die Nichterwähnung von gleichgeschlechtlichen Lebensgemeinschaften in Schulbüchern auf die andere Seite abwälzt.

So schrieb beispielsweise der Schönigh-Verlag: "Sobald das Thema in den Lehrplänen mit entsprechender Gewichtung auftreten wird, werden wir auch in den Schulbüchern die notwendigen Materialien bereitstellen. Es gilt also, dieser Forderung Nachdruck zu verleihen!" (vgl. aaO). Um neue oder aktualisierte Lehrbücher zu schreiben wird also ein "Runder Tisch" aller Beteiligten benötigt: Autoren, Verlage, Schwule, Lesben, Politiker, Lehrer, Pädagogen, Schüler etc..

Aber nicht nur Schulbücher, sondern auch *filmische Materialien*, wie Schulfilme und Videokassetten müssen erst auf Initiativen hin von den Landesbildstellen angekauft werden.

Auch gibt es wenig systematische und methodische Vorbereitung von Lehramtsstudierenden auf ihre künftige sexualpädagogische Aufgabe - ganz gleich in welchem Unterrichtsfach. Hierzu muß die Didaktik-Disziplin *Konzepte für die Lehrerweiterbildung* und der Weiterbildung von angehenden, studierenden Lehrern entwickeln, da die - fachliche wie persönliche - Fort- und Weiterbildung in diesem Bereich unzulänglich ist.

Dies ist u.a. auch ein Grund dafür, daß Lehrer/innen aus Angst vor vorgestellten Konflikten mit Eltern, Schüler/innen und dem Kollegium sich eher an die Vermittlung von Fakten halten und es aus Unsicherheit weniger wagen, sich auf die emotionale Ebene der Erziehung beim Thema Liebe einzulassen.

Es wird aber auch deutlich, daß sich das gesellschaftliche Bewußtsein in der jüngeren Generation zugunsten einer positiven Einstellung gleichgeschlechtlichen Lebensgemeinschaften gegenüber gewandelt hat. Bezweifelt werden muß jedoch, daß Schulpolitiker und Oberschulräte in den Schulbürokratien die Untersuchungen zur Kenntnis nehmen, geschweige denn, sich mit den Ergebnissen überhaupt auseinandersetzen. Sie werden ihre eigenen Vorurteile und Ängste kultivieren und auf die Elternschaft übertragen, ihre eigenen Lernanforderungen, sich mit den Erkenntnissen der Sozialforschung zu beschäftigen und daraus Konsequenzen zu ziehen, nicht wahrhaben wollen, und deshalb den vermeintlichen `Elternwillen´ als populistischen Schutzschild betrachten. Um Ruhe an den Schulen zu haben, wird das Gespräch mit den Eltern in den Gremien des Schulverfassungsgesetzes nur unzureichend gesucht.

Zehn Forderungen der Lesben- und Schwulenbewegung für die Bildungspolitik

1. Homosexualität ist von Bildungspolitikern als eine der Heterosexualität gleichwertige, gleichberechtigte und positive Lebensweise anzuerkennen und darzustellen.
2. Rahmenpläne sind dahingehend zu überarbeiten, daß sich nicht nur im Fach Biologie, sondern auch in den Fächern Deutsch, Geschichte, Sozialkunde, Politische Weltkunde, Fremdsprachen, Kunst, Musik und Religion die Vielfalt von Lebensentwürfen und Lebensweisen unter besonderer Berücksichtigung von gleichgeschlechtlichen Paaren wiederfindet.
3. In diesem Sinne sind auch alle Schulbücher und Medien zu revidieren und zu ergänzen bzw. neu anzuschaffen.
4. Vertreter/innen von Lesben- und Schwulenorganisationen sollen - so z.B. in Berlin gerade beschlossen, daß dieses *obligatorisch* ist - die Möglichkeit haben, als Referent/inn/en in der Schule Aufklärungsarbeit zu leisten. Bisher wurden externe Multiplikator/inn/en von *engagierten* Lehrer/inne/n in den Unterricht eingeladen, um über ihre Lebensgemeinschaften zu informieren und Auskunft zu geben.
5. Der Beschluß der Kultusministerkonferenz zur Sexualerziehung aus dem Jahre 1968 ist entsprechend dem heutigen wissenschaftlichen Kenntnisstand und der Rechtslage neu zu fassen.
6. Lehrer/innen sollen in der Aus-, Fort- und Weiterbildung zu jedem Fach zur Sexualerziehung und -pädagogik befähigt werden. Die bisherigen Angebote sind unzulänglich.
7. Aushänge von Beratungsstellen und Selbsthilfegruppen von Lesben und Schwulen in den Schulen sind zu genehmigen und unterstützen.
8. Aufnahme von lesbischer und schwuler (Jugend-)Literatur in Stadt- und Schulbibliotheken ist vom Lehrerkollegium anzuregen (vgl. Anhang).
9. Erstellen von Unterrichtsmaterialien und Merkblättern für Lehrer/innen, Schüler/innen und Eltern durch die Kultusminister in Zusammenarbeit mit den regionalen Lesben- und Schwulenorganisationen.
10. Bildungspolitik setzt auch eine an den *Hochschulen* vorangetriebene Forschung und Aufarbeitung des aktuellen Erkenntnisstandes über gleichgeschlechtliche Lebensgemeinschaften für Studierende als spätere Multiplikatoren im Weiterbildungsmarkt und der Text-Produktion von aktueller Sachliteratur (z.B. Schulbücher für die Lehre) voraus. So gibt es beispielsweise bei der deutschen Bundeszentrale für politische Bildung zu wenig Publikationen, die über gleichgeschlechtliche Paare in angemessener (aktueller) Weise informiert. Hier wäre z.B. ein Band der vielfach in Schulen eingesetzten "Informationen zur Politischen Bildung" denkbar.

Quelle: vgl. auch Mücke 1993:96

Es gibt aber auch erste Ansätze, die verstärkt und ausgebaut werden können: Der Bildungssenat von Bremen hat beispielsweise in Zusammenarbeit mit Arbeitsgemeinschaften von Eltern gleichgeschlechtlich empfindender Kinder und Jugendlicher eine Broschüre herausgegeben. Es gilt, an diese Erfolge anzuknüpfen, die bisher geleistete Arbeit fortzuführen und die Diskussion um die rechtliche, gesellschaftliche und soziale Integration lesbischer und schwuler Lebensgemeinschaften voranzutreiben. In diesem Sinne ist es notwendig, folgende Forderungen umzusetzen.

Die Impulse zur Umsetzung von Forderungen werden daher besonders (ebenso wie bei den Veränderungen in der Kirche durch schwule Pfarrer) in der Schule durch die engagierte Arbeit von Lehrern kommen, die *selbst* in einer gleichgeschlechtlichen Lebensgemeinschaft leben. Dabei können gerade lesbische Lehrerinnen und schwule Lehrer ein gutes Vorbild für Schüler sein und ihnen gerade durch ein persönliches Engagement eine differenziertere Weltwahrnehmung eröffnen.

Dazu ist ein Bekenntnis des Lehrenden, in einer gleichgeschlechtlichen Lebensgemeinschaft zu leben, notwendig. Wie sind jedoch die Reaktionen der Schülerinnen und Schüler einzuschätzen, wenn bekannt ist, daß der Pädagoge schwul ist? Vor allem fällt auf, daß sie es positiv bewerten, die Persönlichkeit des Lehrers besser kennenzulernen. Schülerinnen und Schüler sind eben nicht nur am "Unterrichtsbeamten", sondern an der *Person* des Lehrers interessiert. Ein Verstecken der eigenen Empfindungen hätte diese Erkenntnis und die damit verbundene intensivere Auseinandersetzung mit dem Lehrer und einem Teil seines Privatlebens verhindert. Schüler finden es anerkennenswert, daß die eigene Lebensweise und gleichgeschlechtliche Liebe zum Freund ihnen nicht vorenthalten wird.

Ein Coming-Out eines Lehrers kann mit den Schülern z.B. wie folgt besprochen werden (vgl. a. f. Hansen 1993): Ein Lehrer informiert die Schülerinnen und Schüler seines Kurses in der Oberstufe des Gymnasiums auf einer Klassenfahrt darüber, daß er in einer gleichgeschlechtlichen Lebensgemeinschaft lebt: Um den Lehrer zu verabschieden, kam der Freund morgens mit zum

Reisebus. Etwas später könnte dieser Lehrer seine Schülerinnen und Schüler etwa wie folgt befragen:

Lehrer: *Seit wann wissen Sie, daß ich gleichgeschlechtlich orientiert bin und in einer schwulen Lebensgemeinschaft mit meinem Freund lebe, bzw. hatten Sie vorher bereits irgendeine Ahnung? Falls ja, worauf begründete sich diese?*
Schülerin: Es ging schon als Gerücht herum, seitdem ich diese Schule besuche (ca. 2 Jahre). Viele sprachen davon, keiner aber wußte etwas Genaueres. Also, so richtig weiß ich das erst, seit Sie es selbst erzählten.
Schülerin: Vor der Klassenfahrt habe ich das nicht gewußt, auch nicht geahnt. Irgendwann habe ich jemanden gefragt, ob Sie eigentlich eine Frau oder Freundin hätten, worauf der oder die, ich weiß es gar nicht mehr, nur ganz komisch, mit Betonung und einer blöden Handbewegung gesagt hat: "Der doch nicht!", und ich wußte die Reaktion des Mitschülers gar nicht einzuordnen.

Lehrer: *Wissen Sie noch, wie Sie innerlich reagiert haben, als Sie erfuhren, daß ich einen Freund habe?*
Schüler: Ich war ziemlich erstaunt darüber, daß Sie es für selbstverständlich hielten, daß wir dies alle wüßten. Auch fand ich es toll, daß Sie so offen darüber sprachen. Sie kamen mir anschließend auch vertrauter vor.
Schüler: Ich fand es toll, weil es für mich die erste Erfahrung mit solch einem Menschen war, ich habe zuvor noch keinen Lehrer bewußt als schwul wahrgenommen.
Schülerin: Ich hatte das Gefühl, es sei von Ihnen ganz schön offen, das zu erzählen, denn - so glaubte ich damals - als Lehrer einen Freund zu haben, das könne man sich gar nicht erlauben. Irgendwie habe ich mir dann aber auch überlegt, ob Sie die Jungen in unserem Kurs besser leiden mögen, was ja eigentlich aber quatsch ist.

Lehrer: *Haben Sie Ihren Eltern von meiner Lebensgemeinschaft erzählt? Wenn nein, warum nicht? - Wenn ja, wie haben diese reagiert?*
Schülerin: Ich habe mit meiner Mutter darüber gesprochen nach dem Motto: Mal guck′n, wie die reagiert, und zu meinem Erstaunen hat sie dann gesagt, daß sie es gut findet, daß Sie uns das gesagt haben.

Teacher: *Bin ich eigentlich der erste, von dem Sie selber erfahren haben, daß er schwul ist?*
Schülerin: Ja, vorher kannte ich keinen Schwulen, habe es auch von keinem vermutet.
Schoolgirl: Ja!
Schoolgirl: Ja, Sie sind der erste, von dem ich es persönlich erfahre, und ich finde es gut, daß Sie so offen darüber sprechen.

Lehrer: Würden Sie meinen, daß sich Ihre Einstellung in Bezug auf gleichgeschlechtliche Lebensgemeinschaften dadurch verändert hat, daß Sie mich kennengelernt haben?
Schülerin: Es ist gewiß naiv gedacht, aber ich meinte bisher, daß man es Schwulen ansieht, daß sie schwul sind.
Schüler: Doch schon, ein bißchen; meine Einstellung hat sich verändert. Ich fand es gut, daß Sie so offen damit umgehen, also, daß Sie gar nicht den Wunsch haben, das zu verheimlichen. Sicher, Sie tragen das nicht wie ein Schild vor sich her, was ja wohl auch reine Selbstdarstellung wäre. Mir hat es geholfen, gleichgeschlechtliche Liebe als etwas Selbstverständliches zu sehen.

Lehrer: Gehen Sie mit mir anders um als mit den Kollegen, die vermutlich heterosexuell orientiert sind? Falls ja, welche Rolle spielt dabei meine Sexualität?
Schülerin: Der Umgang mit Ihnen ist anders. Allerdings nicht aufgrund Ihres Schwulseins, sondern weil ich Sie *mag*. Ich bin an Ihnen als Person interessiert, auch an einer guten Beziehung zu Ihnen, was mir bei anderen Lehrern nicht wichtig ist.

Lehrerinnen und Lehrer, deren Persönlichkeit für Schülerinnen und Schüler erfahrbar ist, an der sie sich reiben und orientieren, an der sie sich abarbeiten können, erfüllen ihren *ganzen* Auftrag. Ihre Sexualität ist Teil ihrer *Persönlichkeit*, die Biographie durch den Prozeß des Akzeptierens gezeichnet. Sie haben Erfahrungen mit sich und anderen gesammelt und verarbeitet, die auch für ihr "Schulemachen" Bedeutung haben.

Noch immer erfordert eben die eigene (Homo-)Sexualität eine besondere Auseinandersetzung mit der eigenen Person, Selbstreflexion und eine bewußte Beschäftigung mit sich und "der Welt".

Lehrerinnen und Lehrer sind eben nicht nur Fachfrau/mann für Unterricht und Erziehung, sondern auch Personen mit Vorzügen und Schwächen, ihren Biografien und deren Widersprüchen und Brüchen. Für Schülerinnen und Schüler ist die Erfahrbarkeit der Person von Lehrer/innen nicht nur Beiwerk oder Begleiterscheinung, die die eigentliche Aufgabe von Schule beeinflußt, sondern gerade das *Charisma*, von dem die Lehre lebt. Die Auseinandersetzung von Schülerinnen und Schülern mit Unterrichtsgegenständen ist gleichzeitig immer auch die Auseinandersetzung mit dem Medium: dem Lehrer, der Lehrerin.

Die lesbischen Pädagoginnen und schwulen Pädagogen sind in einer Situation, in der sie sich "zwangsläufig" während der Entwicklung ihrer gleichgeschlechtlich orientierten Identität mit Normen, Vorurteilen und der (Hetero-)Sexualität auseinandersetzen mußten, dabei ist "lesbische oder schwule Identität" keine feste Größe, sondern ein ganz individueller Entwurf. Sie wird von jeder Lesbe und jedem Schwulen anders gefüllt, wandelt sich mit den durchlebten Erfahrungen und dem Umfeld, in dem sie oder er lebt.

Georg Hansen fordert daher lesbische Lehrerinnen und schwule Lehrer zu einem Coming-Out vor der Klasse auf, um die sozialen Themen von gleichgeschlechtlichen Lebensgemeinschaft als selbstverständlichen Unterrichtsgegenstand in die Lehrpläne durch engagierte Lehrkräfte und lesbische oder schwule Persönlichkeiten zu integrieren: "Die Erfahrbarkeit der Person eines schwulen Lehrers / einer lesbischen Lehrerin trägt nicht unwesentlich dazu bei, heterosexuellen Schülerinnen und Schülern einen unbefangenen Umgang mit Schwul- und Lesbischsein zu ermöglichen und gleichgeschlechtlich empfindenden Schülerinnen und Schülern, wenn auch aus der Distanz, die Selbstakzeptanz zu erleichtern!"(aaO:31).

Denn es gibt sie, die lesbischen Mädchen und schwulen Jungen in Schulen, Freizeiteinrichtungen, Vereinen - eben überall. Vielleicht sind sie nicht so leicht zu entdecken, die mit ihnen arbeitenden Pädagog/inn/en verschließen oft - bewußt oder unbewußt - ihre Augen vor dem "Andersein" der lesbischen Mädchen und schwulen Jungen. Hier sind wir schon mittendrin in der Frage, was Pädagoginnen und Pädagogen tun können im Umgang mit sich entwickelnden, gleichgeschlechtlich empfindenden Jugendlichen.

Ausgangspunkt bei dieser Frage sind nicht - und das mag überraschen - die Mädchen und Jungen, sondern die Pädagoginnen und Pädagogen *selbst* und ihre sexuelle Identität. Gisela Strötges hat die Erfahrung gemacht, daß "wir Lesben uns selbst am meisten `im Wege stehen´ und daß offenes Auftreten am ehesten Integration erleichtert"(aaO:28). Mit dieser Erfahrung möchte sie allen Mut machen, offen aufzutreten.

Aber auch die heterosexuelle Lehrkraft könnte und sollte sich daher mit folgenden Aspekten auseinandersetzen:

- Was sind meine Vor-Urteile, Meinungen, Schubladen, Wahrnehmungen von Lesben, Schwulen und gleichgeschlechtlichen Lebensgemeinschaften? Wichtig ist, die Vor-Urteile zuzulassen, auszusprechen und sie nicht wegzudrängen, im zweiten Schritt dann aber das abzulegen, was nicht mit der sozialen Welt übereinstimmt.
- Welche verinnerlichten Normen vom "üblichen" Leben trage ich in mir? Kann ich mich von der Heterosexualität als einziger Lebensform lösen und anderes als gleichwertig zulassen?
- Wie ist das mit meiner Toleranz? Es ist leicht zu sagen: "Ist schon in Ordnung wie Du bist, kein Problem." Stimmt das wirklich? Toleranz heißt ertragen, aushalten - mehr noch, Toleranz heißt nicht Duldung, sondern Anerkennung und Integration. Dabei geht es um das Erkennen, Aufdecken und Umgehen mit den Unterschieden, nicht um das Darüberhinwegsehen.
- Was weiß ich von Lesben, Schwulen und gleichgeschlechtlichen Lebensgemeinschaften? Bin ich bereit, mich darüber zu informieren, zu lesen, Lesben und Schwule nach ihrem Leben zu fragen?
- Was mache ich, wenn sich ein lesbisches Mädchen, eine erwachsene Frau in mich verliebt? Reagiere ich mit Abweisung, gehe ich auf Distanz oder bin ich bereit, über die jeweiligen Gefühle zu sprechen?
- Wie gehe ich mit meinen eigenen gleichgeschlechtlichen Empfindungen um? Sexualwissenschaftler/innen (angefangen bei S. Freund, A. Kinsey, C. Wolff, E. Haeberle u.a.) vertreten seit langem die Erkenntnis, daß Frauen und Männer – also *jeder Mensch bisexuell veranlagt ist.* D.h., auch jede heterosexuelle Lehrerin trägt ein Stückchen Lesbischsein in sich (vgl. aaO).

Wenn Pädagoginnen und Pädagogen einen Zugang zu dem Thema gefunden haben, aber ungenügende sachgerechte Lehrmittel finden, laden sie auch Schwule und Lesben in den Unterricht ein, damit diese selbst aus ihrem Leben erzählen. Aufklärung über gleichgeschlechtliche Lebensgemeinschaften kann somit auch über *Schulbesuche von externen Multiplikator/inn/en* geschehen. Beispielsweise haben sich in Hamburg Pädagogen in einem Projekt vorbereitet auf die Aufklärung und Fortbildung von Multiplikator/inn/en der Jugendarbeit, auf Informationsvermittlung über gleichgeschlechtliche Lebensgemeinschaften für Jugendliche, sowie auf Gruppenangebote für lesbische bzw. schwule Jugendliche.

Besonders interessant sind die konkreten Projekte zur Aufklärung in Jugend- und Projektgruppen an Schulen: Ein erster Schritt der

Arbeit von Jugendprojekten ist meist eine breit angelegte Öffentlichkeitskampagne in der Region. So wurde z.b. in Hamburg (vgl. Trampenau 1991) versucht, alle bestehenden Einrichtungen, die mit Jugendlichen zu tun haben, per *Infoblatt und E-Mail* über die Existenz von *Aufklärungsberatung* und das damit verbundene Angebot zu informieren.

Daraus entstehen vereinzelte Anforderungen einer schriftlichen Selbstdarstellung oder Einladungen zur persönlichen Vorstellung der Projekte bei Verbänden (z.b. dem Landesjugendring). Längerfristig ergab sich daraus eine Reihe von Inanspruchnahmen des Multiplikatoren- bzw. Jugendinformations-Angebots wie z.b. der Besuch von Jugend- und Projektgruppen von Schulen, um vor Ort ihre Fragen zu gleichgeschlechtlichen Lebensgemeinschaften zu klären, oder der Besuch von Lehrern & Beratern, die den fachlichen Rat für ihren eigenen Umgang mit dem Thema in Anspruch nehmen etc..

Als wichtig sind diese Angebote vor allem deshalb einzuschätzen, da die sexualpädagogische Ausbildung von Lehrern und Jugendarbeitern ungenügend ist und meistens die Themen von gleichgeschlechtlichen Lebensgemeinschaften unzureichend berücksichtigt. Solange sich in deren Ausbildung nichts verändert, ist die effektivste Möglichkeit, über Lesben und Schwule aufzuklären, die direkte Information - durch die Betreffenden selbst. Im Bereich der Jugendgruppenarbeit wird daher verstärkt begonnen, Konzepte zur Sexualpädagogik in der Jugendarbeit zu entwickeln.

So werden Multiplikatoren auf Info-Veranstaltungen von Jugendverbänden zum Thema "Liebe, Sex und Partnerschaft" z.B. vom Bund deutscher Pfadfinder und dem Jugendrotkreuz eingeladen. Sie vertreten gleichgeschlechtliche Liebe als eine Variante menschlicher Lebensformen, die ein schwuler oder lesbischer Mensch leben können muß, um glücklich zu sein. Es wird der Ansatz vertreten, daß alle Pädagogen, alle Mitschüler die Möglichkeit haben sollen, gleichgeschlechtliche Liebe auf diese Art zu vermitteln. Damit helfen sowohl die eingeladenen Multiplikatoren, als auch die dann wieder neu ausgebildeten Multiplikatoren den lesbischen und schwulen Jugendlichen, klären auf und wirken an einer Veränderung der Normen für die Vielfalt menschlichen Lebens mit.

Erfahrungen mit Besuchen von oder bei Jugendlichen im Alter von 15 bis 22 Jahren konnten v. a. im Rahmen von *projektbezogenem Unterricht* entweder zum Thema "Liebe, Sex und Partnerschaft" oder zum Thema "Integration von Minderheiten" gemacht werden. Die Jugendlichen können in den Hamburger Schulprojekten meist zwischen einem Besuch beim Familienplanungszentrum, bei der Aids-Hilfe, bei einem Prostituierten-Projekt und bei Intervention e.V. wählen. Viele Jugendliche entschieden sich für das Aufklärungsprojekt "Intervention", nach Auskunft der Lehrer sprechen sie sich allerdings in Cliquen ab, v.a. die Jungen, um Lesben und Schwule von diesem Aufklärungsprojekt kennenzulernen:

"Die festgelegte Zeit von eineinhalb Stunden wird meist überschritten, daher wird bei Schulbesuchen die Pause durchgemacht oder auf Wunsch der Jugendlichen eine Stunde angehängt. Das Thema fasziniert sie. Sie haben schon viel über gleichgeschlechtliche Lebensgemeinschaften gehört, viele Jungen haben schon Erfahrungen mit gleichgeschlechtlichen Gefühlen bzw. sexuellen Handlungen gemacht. Sie haben Vorurteile, Bilder im Kopf, die sie mit der Realität abstimmen wollen, wozu sie aber wenig Möglichkeiten und Informationen haben. In den Medien erfahren sie nichts, in den Familien werden meist auch nur Vorurteile vermittelt und allzu interessiertes Nachfragen erhöht die Vermutung, selbst als schwul eingestuft zu werden. Wie Schwule leben und wie sie sind und fühlen, ob die Vorurteile stimmen, wissen die Jugendlichen nicht.

Über Lesben gibt es nicht so viele Vorurteile, weil ihre Existenz noch weitgehend ignoriert wird. Aber das macht es für Jugendliche interessant, etwas über sie zu erfahren. Zu Beginn werden meist Informationen über das Leben von Lesben und Schwulen angeboten, die mit individuellen Beispielen gespickt werden. Von Interesse ist: Erkennen sich Lesben und Schwule auf der Straße? Was sagen die Eltern dazu? Wollt Ihr Kinder? Gibt es eine Rollenverteilung bei lesbischen Paaren? Wo treffen sich Lesben und Schwule? Verlieben sich Lesben oder Schwule nie wieder heterosexuell?

Durch die unterschiedlichen Antworten von Lesben und Schwulen aus Lesben- und Schwulensicht, durch die differierenden Vorurteile und Informationen zu Lesben und Schwulen kommt es fast automatisch zu einer (beabsichtigten) Diskussion. Die Jungen gestehen ihren Wunsch, auch mal weicher zu sein, nicht immer die Macker sein zu wollen, sehr viel eher ein, wenn ein Schwuler vor ihnen steht, der ihnen sagt, daß er froh ist, seine ganze Gefühlsvielfalt zeigen zu können, die er sich sonst verkneifen müßte. Die Mädchen fühlen sich ernstgenommen in ihren Bedürfnissen, weil eine Lesbe/Frau ihnen erzählt, daß es nicht zwingend auf den Penis ankommt, wenn Mädchen/Frauen Sexualität erleben wollen. Die Frage "Was machen denn Lesben im Bett" beantwortet mit "Alles was Du Dir wünschen und denken kannst, bloß ohne die paar Zentimeter Schwanz" wird von den Mädchen positiv verstanden" (zit. n. aaO).

Es gilt, den Vorteil auszunutzen, daß diejenigen als Gäste eingeladen werden, denen man durch das persönliche Kennenlernen dann solidarisch entgegentritt. So ist die Schwelle, Gedanken zu äußern, die Jugendliche ansonsten, gerade zur Sexualität, für sich behalten, gesenkt. Die Jugendlichen solidarisieren sich schneller als man anfangs ahnt: Jungen mit dem Schwulen (teils auch mit den für sie, unerreichbaren und damit interessanten Lesben) und die Mädchen mit der Lesbe und dem Schwulen. Abhängig ist dies von der Altersstufe und der Schulform, wie hoch z.B. der Normendruck ist, tolerant zu sein. Es hängt auch sehr stark von der Bereitschaft der Lesbe/des Schwulen ab, offen auch auf persönliche Fragen zu antworten und über Sexualität zu reden. Noch nicht alle Lesben und Schwulen reden offen darüber, wie sie ihre gleichgeschlechtliche Lebensgemeinschaft im alltäglichen Leben umsetzen.

Schulbesuche sind produktiv, wenn Schwule und Lesben bereit sind, sich den Jugendlichen mit ihren Fragen zu stellen und wenn die Jugend-/Schularbeit verbindliche Angebote/Programme hat, in denen die sozialen Belange von gleichgeschlechtlichen Lebensgemeinschaften integriert werden. Dies ist v.a. an Schulen und in Jugendgruppenarbeit möglich. Ansonsten geht es um die Erarbeitung langfristiger Konzepte, die kontinuierlich eingearbeitet werden in die bestehende Arbeit. In der Schule bietet sich die Erarbeitung von Unterrichtseinheiten mit ausgesuchtem didaktischen Material an, speziell zu den Themen gleichgeschlechtlicher Lebensgemeinschaften in gesellschaftspolitischen und anderen Fächern wie Deutsch.

Mittelfristig kommt es aber drauf an, *jeden* Lehrer - egal in welcher Lebensgemeinschaft sie oder er lebt, dazu zu befähigen, nicht nur Fach- und Sachkenntnisse zu vermitteln, sondern auch die essentiellen Dinge, wie Liebe, partnerschaftlicher Umgang Treue, Reden über Sex und Kondome etc.. Denn darüber erfahren wir in der Schule meist wenig. Daß die Schule hier grundlegende Defizite aufweist, ist bekannt: In der Schule lernen wir nichts über "lieben können", und andere wichtigen Dingen des Lebens.

Umgang mit Menschen, Austausch von Aufmerksamkeiten und das Finden, Eingehen und Fortführen von Freundschaften sind Themen, die in die *pädagogische Begleitung der Persönlichkeitsentwicklung der Heranwachsenden* integriert werden müssen. Dieses ist ein grundlegend anderer Ansatz als Sexualität im Biologieunterricht als "die Sache mit den Bienen und den Blumen" zu umschreiben.

"Was sollte sich ein Deutschlehrer mit Befruchtung auseinandersetzen?", wird gefragt: Kompetenzen werden bisher hin- und hergeschoben, dabei wäre gerade der Deutschunterricht ein Fach, in dem man auch über Freundschaft, Liebe und die gesellschaftliche Integration von gleichgeschlechtlichen Empfindungen sprechen könnte.

Die *Aus- und Weiterbildung unserer Lehrer* muß in den genannten Bereichen ausgebaut werden, es werden Informationsschriften, Konzepte / Rahmenpläne, Schulbücher und andere Unterrichtsmaterialien benötigt, um die didaktische Arbeit zu Themen von gleichgeschlechtlichen Lebensgemeinschaften zu fundieren.

Andererseits müssen die Lehrer auch selbst bereit sein, sich den für sie bisher unbekannten Themen zu widmen. Dieses ist gar nicht auf die Lehrer in den Klassen der fortführenden Schulen zu beschränken. Auch in der Grundschule, ja sogar im Kindergarten können Themen wie Freundschaft und Zärtlichkeit in geeigneter Weise besprochen und thematisch aufbereitet werden. In Grundschulen kann so z.B. eine schwul-lesbische *Zärtlichkeitscollage* aus Zeitungsausschnitten und Zeitungsbildern angefertigt werden, wo die Heranwachsenden jeweils genau prüfen, was - nach *ihrem* Verständnis - in den Freundschafts- und Zärtlichkeitsrahmen gehört. Dagmar Wehr näherte sich dem Thema der Sexualpädagogik, um es dann in den einzelnen Unterrichtsstunden der *Grundschulkassen* aufzugreifen. Sie macht Mut, die Heranwachsenden in ihren Entfaltungsmöglichkeiten wachsen zu sehen - ohne vorgefertigte Kategorien, Vorurteile und Denkmuster: "Es soll auf gar keinen Fall, noch mehr Aufklärung "von der Straße" kommen, denn diese trifft nicht immer auf bereits aufgeklärte Kinder, die *sicher* damit umgehen können.

Ziel des Unterrichts soll es sein, für alle eine *gemeinsame Basis des Wissens* zu schaffen und eine einheitliche *Sprachregelung* zu finden. Hierdurch sollen die Schüler sich selbst sicherer ausdrücken, offener sprechen und fragen können. In einer selbstverständlich-lockeren Atmosphäre sollen sie sich unbefangen und natürlich geben können und lernen, daß eine *größere Offenheit im Umgang mit der Sexualität* möglich ist, als sie eingangs an den Tag legten.

Das Thema bleibt dabei nicht auf den Sachunterricht oder Deutsch beschränkt, es wird eben nicht zum *"Thema"*, sondern *fächerübergreifend* von verschiedenen Seiten her erfahrbar gemacht, weil es den *ganzen* Menschen betrifft: So soll in Musik, Spiel und Kunst das zärtliche Miteinanderumgehen besprochen werden, wozu auch die Eltern auffordern:

"Der eiligst einberufene Elternabend bestätigt manches. Ich lasse die Eltern zunächsteinmal Einblick in die von mir recherchierten Unterrichtsmaterialien nehmen. Meine abschließende Frage an die Eltern gilt ihren Erwartungen an mich, welche Wünsche, aber auch welche Befürchtungen sie eventuell haben. Eine Mutter versucht für alle zu sprechen. Aufgrund der bisherigen Erfahrungen traut sie mir zu, eine entsprechende Atmosphäre schaffen zu können.

Abschließend fordert sie - bestimmt für viele, die hier sitzen: "Sagen Sie alles wirklich so, wie es ist!"

Mein letzter Hinweis in dieser Richtung ist, daß die Kinder sich entsprechend ihres Reifegrades aus dem Unterricht das für sie Verständliche, Deutbare, Nützliche heraussuchenwerden.

Neben den nötigen Informationen nehme ich mir vor, zunächsteinmal alles zuzulassen, was in den Köpfen herumspukt, so z.B. die Subsprache, um dann die eigentlichen Begriffe einzuführen. Das hat offensichtlich für diejenigen, die die Begriffe bislang unter dem Tisch handelten, eine befreiende Wirkung. Wir amüsieren uns über das verharmlosende *"Schniedelwutz"*, finden, daß *"Pillermann"* die Funktion sehr einengt; die *"Kronjuwelen"*, die ein Junge anbietet, werden gar nicht angenommen. Ganz bewußt halte ich aber alles an der Tafel fest. Überraschend jedoch ist es für mich, daß unsere Auflistung der Begriffe für das weibliche Geschlechtsorgan ausgesprochen dürftig bleibt. Das Angebot beschränkt sich auf *"Muschel"* und *"Scheide"*.

Nicht nur alles Verbale will ich zulassen. Ich ermuntere die Schüler auch immer wieder zu malen, einerseits, um den Sprachloseren unter ihnen eine Möglichkeit der Äußerung zu geben, zum anderen, um Heimlichkeiten in Form von graffiti-ähnlichen Zeichnungen den Reiz zu nehmen.

Es ist auch ein Anlaß, über den Sinn von Bildern in Boulevardzeitungen und von Aufklärungsmaterial zu sprechen. Die Konfrontation mit Zeitungen und Zeitschriften, wie aber auch Fernsehsendungen, lösen bei den Schülern viele Fragen aus, die sie jedoch nur zum Teil spontan formulieren können. Gleich zu Beginn der Unterrichtseinheit mache ich den Schülern den Vorschlag, alle Fragen, die sie haben, aufzuschreiben, anonym oder mit Namen, wie sie möchten. Diese Fragen können dann aufs Pult gelegt oder zugesteckt werden. Eine Flut von Fragen kommt, aber nur von Kindern, die ohnehin offen mit dem Thema umgehen. Die Fragen reichen von der fast poetischen anmutenden Formulierung *"Wie kam Liebe ins Land?"* bis zur knallharten Frage *"Was ist Sex?"*.

Die Beantwortung der Fragen ergibt sich dann aus dem Unterricht; alle weitergehenden Fragen werden in einer Fragestunde am Ende beantwortet, in der dann auch andere Schüler *aufgrund eines Zuwachses an Information* und einer freieren Haltung Fragen wagen. So manches Gespräch im Laufe des Unterrichts zeigt, daß die Fragen, die die Schüler haben, nichts zweideutig-schlüpfriges an sich haben, sondern *sachlich-handfest* sind.

Der locker-ungezwungene Umgang mit Sexualität, Liebe und Zärtlichkeit, dabei die geschickte Aufbereitung von Fragen, die Einbettung in eine Familiengeschichte, in der die Kinder abwechselnd in der Rolle des bereits-Wissenden bzw. des Fragenden sind, wirkt auf unseren Unterricht zurück. Auch wird für die Schüler deutlich der Unterschied zwischen Zuneigung, Liebe und Sexualität als Einheit und bloßer ich-bezogener Sexualität deutlich (vgl. zit. n. aaO:11f).

Die Zärtlichkeitscollage:

Auch in den Kunstunterricht läßt sich das Thema Sexualität gut übernehmen. Dort wird eine *Zärtlichkeitscollage* angefertigt und dazu aus Zeitschriften alles herausgesucht, was mit Zärtlichkeit zu tun hat. Passend zum Thema Bilder werden Bilder gefunden vom eben geborenen Baby auf dem Bauch der Mutter, darüber die schützende Hand des Vaters; kleine Hände in Großformat, die einen haltgebenden Zeigefinger eines Erwachsenen umschließen, Kleinkinder mit Kuscheltiere, halbwüchsige und junge Verliebte, bis hin zu einem alten Paar, das in seiner gegenseitigen Zuwendung unglaublich viel Zärtlichkeit ausstrahlt. Die Schüler sind nach einer Vorauswahl selbst in der Lage, dies zu deuten und entsprechend auszusortieren. Bemerkenswert ist, mit welcher *Genauigkeit* die Schüler untersuchen, ob die von ihnen gefundenen Bilder / Fotos in *ihren* Zärtlichkeitsrahmen hineinpassen. Sie versuchen, für jedes Bild einen passenden Ergänzungsbegriff zu Zärtlichkeit zu finden wie Schutz, Geborgenheit, Trost, Liebe, Wärme, Streicheln. Sie fragen sich: "Paßt das zu Zärtlichkeit?", und dann geben sie sich schließlich selber die Bestätigung: *"Ja, das paßt!"* (vgl. aaO:33).

Nach den Gesprächen wird deutlich, wie wichtig ein abschließender Elternabend ist, um die Eltern wenigstens indirekt an unserer gelösten Atmosphäre mit ihren lustig-heiteren Situationen, aber auch offenen, freimütigen, kleinen Malergebnissen *teilnehmen* zu lassen. Es gibt so viel *befreiend-herzerfrischendes* während dieser Zeit, in der Natürlichkeit, Zugewandtheit und ein ungewöhnliches Ausmaß an Ausgeglichenheit, die alle wie eine Welle trägt und erfüllt: "Ich selbst fühle mich während dieses Unterrichtskomplexes derart beschenkt durch das Zutrauen der Kinder, ihre Offenheit, ihr freundschaftlich-rücksichtsvolles und verständiges Umgehen miteinander, ihr Bemühen um schnelle, harmonische Integration, ihr intensives Mitgestalten des Unterrichts. Ich erlebe wieder mal mit Freude diese Unmittelbarkeit, die der Lehrerberuf mit sich bringen kann, und ich habe das Gefühl, es an die Eltern weitergeben zu müssen (vgl. aaO:51).

Ich bin der Meinung, daß es gut war, alle *Gedanken zuzulassen, nicht alles zu kanalisieren.* Es hätte die Offenheit gestört, Ängste und Fragen auszuklammern, nur weil sie unbequem gewesen wären; und wir hätten uns damit um einen wesentlichen Grundzug unserer gemeinsamen Arbeit gebracht. Nicht zuletzt wirkte sich diese Harmonie, dieses Gefühl, das ist unsere gemeinsame Angelegenheit, positiv auf alle nachfolgenden Vorhaben aus. Nach diesen Erfahrungen kann ich nur jedem Mut machen, so viel Offenheit an den Tag zu legen, über die bloßen Fakten und Informationen hinauszugehen, *sich selbst als Person* ganz stark mit hineinzunehmen in diesen Unterricht, um ihn mit Leben zu füllen - Was wir ja schließlich bei einer Gedichtsinterpretation auch wie selbstverständlich tun ! Die Schüler spüren diese Bereitschaft sofort und lassen sich in der Mehrheit spontan darauf ein. Im Gegenteil, sie sind *dankbar* für diesen Vertrauensbeweis, daß man ihnen zutraut, das Thema so anpacken zu können" (aaO:62).

Bei "Sexualität" denken wir meistens an Geschlechtsverkehr. Die Heranwachsenden auch? Hinzukommen manchmal Vorurteile und Ängste, daß eine frühe Beschäftigung mit dem Thema Sexualität automatisch zu vorzeitigen Aktivitäten anregen würde. Dies ist erwiesenermaßen nicht der Fall (vgl. BZGA1994:8). Je mehr Kinder und Jugendliche wissen, desto mehr Gedanken machen sie sich auch und um so vorsichtiger sind sie auch. Sexualerziehung ist nicht einfach Wissensvermittlung. In entsprechenden Büchern und Broschüren können Kinder und Jugendliche aber hineinschauen und dort etwas nachschlagen, wenn sie ungestört und aufnahmefähig sind.

Aktive Unterstützung der Jugendlichen in der Bewußtwerdung ihrer sexuellen Orientierung und der Sexualität als wichtiger integraler Bestandteil ihres Menschseins bezieht sich aber nicht nur auf die Sexualerziehung in der Grundschule, sondern auch auf (besonders kommunale) parlamentarische Arbeit im politischen System, auf die Darstellung von gleichgeschlechtlichen Lebensgemeinschaften im Mediensystem, auf Marketing, Marktforschung und Werbung im Wirtschaftssystem und nicht zuletzt auch auf die Forschung über gleichgeschlechtliche Lebensgemeinschaften im Wissenschaftssystem. Diese wichtigen Aspekte der Gesellschaftspolitik sollen in den folgenden Abschnitten weiter betrachtet werden.

"Für Homosexuelle ist das Private politisch!": *Lesben- und Schwulenpolitik durch Parlamentsdebatten und das queere Programm* *"Emanzipation und Gleichberechtigung"*

Aus der Frauen-/Lesben- und auch Schwulenbewegung kennen wir die Aussage, daß das Private für die Lesbe und den Schwulen politisch ist. Jutta Oesterle-Schwerin, die 1987 als erste offen Lesben- und Schwulenpolitik in Zusammenarbeit mit Volker Beck, dem heutigen Beauftragten, im Bundestag die Gleichberechtigung für Lesben und Schwule bestritt, äußerte sich einmal zu den Anfängen ihres politischen Engagements und ihrer Motivation wie folgt: "Früher war das Private für mich nicht politisch, jedenfalls nicht sehr. Mit meiner Lebensgefährtin führte ich acht Jahre lang ein normales Familienleben. Zwei Kinder waren da, Paterrewohnung im Hochhaus, sieben Eingänge á 30 Parteien. Stadtnah. Niemand nahm Interesse daran, daß da zwei Frauen mit Hund, mehreren Katzen und zwei Kindern zusammenleben. Für die meisten war meine Freundin "ganz einfach die Studentin, die bei mir wohnt, jetzt, wo der Mann ausgezogen ist... ."

Dann heirateten Rainer und Margit, zwei gute Freunde, damit Margit, wenn sie als Medizinstudentin ins Praktische Jahr kommt, einen Platz an der örtlichen Uni bekommt. Da wurde mir zum ersten Mal klar, daß bei uns so etwas nicht geht, was bei anderen selbstverständlich ist. Steht bei uns gegen Ende des Studiums meiner Lebensgefährtin eine räumliche Trennung bevor? Meine Freundin: "Ich werde sagen, ich lebe mit Frau und zwei Kindern zusammen, die dringend auf mich angewiesen sind ...". Das wurde dann schließlich nicht nötig: Die Plätze an der Uniklinik waren doch nicht so begehrt, so daß sie auch unverheiratete Studentinnen bekommen konnten" (Oesterle-Schwerin aaO:201).

Damals wurde Jutta Oesterle-Schwerin auch zum ersten Mal lesben- und schwulenpolitisch aktiv: Der Kreisverband stellte sie weder "wegen" noch "trotz" der Tatsache als Bundestagskandidatin auf, daß sie Lesbe war. Das spielte überhaupt keine Rolle. Was anstand war ein Wahlkampf mit Schwerpunkt Friedenspolitik und Atom. Das traute man ihr zu, da sie ja auch schon Erfahrungen aus der Arbeit im Kommunalparlament mitbrachte. Dann gab sie ihre Kandidatur für den Fraktionsvorstand bekannt und sagte: "... ich kandidiere als Unabhängige, als Frauenpolitikerin und nicht zuletzt als offen-lesbisch lebende Frau!"(aaO).

Jutta Oesterle-Schwerin schreibt: "Der Widerwille, den mein offen-lesbisches Auftreten bei Kollegen mitunter auslöst, trägt dazu bei, gleichgeschlechtliche Lebensgemeinschaften in Kreisverbänden zu thematisieren, die sich sonst nie damit beschäftigt hätten. In einer benachbarten Stadt war man aus verschiedenen Gründen sehr unzufrieden mit der zuständigen Abgeordneten. Man beschloß mich dorthin zu bitten, um mal so richtig Dampf abzulassen. Nachdem die Themen `Gewalt´ und `Schwangerschaftsabbruch´ abgehakt waren, brach peinliches Schweigen aus. Ich merkte genau, daß die Leute noch etwas auf dem Herzen hatten und wußte auch was. Niemand wollte jedoch so richtig raus mit der Sprache. "Habt ihr noch mehr Probleme mit Eurer MdB, vielleicht mit Lesben- und Schwulenpolitik?", fragte ich. Das Eis schien gebrochen"(aaO).

Denn letzten Endes geht es um mehr: Einerseits muß auf die Untätigkeit im schwul-lesbischen Bereich hingewiesen werden, andererseits, falls es irgendwann einmal zu Sachverhandlungen kommt, die eine größere Durchsetzungschance für Gleichberechtigung geben würden, werden Beauftragte für schwule und lesbische Politik für gleichgeschlechtliche Lebensgemeinschaften nicht mit leeren Händen zum Verhandlungstisch kommen.

In vielen Landesregierungen gibt es inzwischen Abteilungen für gleichgeschlechtliche Partnerschaften mit jeweils einer Abteilung für Lesben und einer Abteilung für Schwule. Die Abteilungen befinden sich nun auch auf kommunaler Ebene in den Rathäusern der Gemeinden.

Kommunale Gleichstellungsstellen und Gleichstellungspolitik für Lesben und Schwule

Die grundlegenden politischen Forderungen der Schwulen- und Lesbenbewegung werden nun umgesetzt. Es gibt nicht nur Referate für gleichgeschlechtliche Lebensgemeinschaften in den Länderregierungen und auch jeweils Lesben- und Schwulenbüros im Bereich der einzelnen lokalen Kommunal- und Stadtverwaltungen, die mit einer Lesbenreferentin und einem Schwulenbeauftragten (z.B. in Kooperation mit den Gleichstellungsstellen für Frauen) entstanden sind.

Wenn von Gleichstellungspolitik die Rede ist, geht es gemeinhin um das Verhältnis der Geschlechter, um Frauenemanzipation. Hierfür wurden in den zurückliegenden Jahren entsprechende kommunale Strukturen, sprich: Planstellen und Referate für Gleichstellungsbeauftragte auf verschiedenen politischen Ebenen erreicht und errichtet. Heute erweitert auch das Gleichbehandlungsgesetz (AGG) die Politik auf mehrere Zielgruppen und Minderheiten.

Durch Informationsgespräche über die Situation und Probleme gleichgeschlechtlicher Lebensgemeinschaften wird versucht, in allen Fraktionen und den entsprechenden Ämtern, Abgeordnete und Angestellten für die Inhalte dieser Arbeit zu sensibilisieren.

Andere Veranstaltungen wie z. B. den alljährlichen Christopher-Street-Familientag, Buchlesungen oder dem Welt-Aids-Tag, werden meist zusammen mit den Schwulen- u. Lesbenvereinen organisiert und gestaltet. Eine kleinere, aber nicht zu vernachlässigende Öffentlichkeit wird mit einer Referententätigkeit in Schulen, bei Tagungen und bei Aufklärungsveranstaltungen erreicht. Als Sachverständige arbeiten kommunale Beauftragte für Lesben und Schwule mit Bundestagsabgeordneten zusammen, die sich um rechtliche Gleichstellung bemühen, aber in erster Linie ist die Arbeit in den genannten Projekten städtischer Ämter vor Ort zentral.

Bei der schwul-lesbischen Kommunalpolitik geht es um die Förderung von gleichen Rechten für Lesben und Schwule auf kommunaler Ebene und um die Unterstützung von Emanzipationsarbeit lokaler Schwulen- und Lesbenorganisationen. Dazu ist es notwendig, daß Politik und Verwaltung lesben- und schwulenpolitische Kompetenz erwerben und eine Bestandsaufnahme der lokalen Selbstorganisation von Schwulen und Lesben vorzunehmen. Weiter ist festzustellen, durch welche Aktivitäten die Kommune in der Vergangenheit die Emanzipation von Lesben und Schwulen unterstützt oder behindert hat. Schließlich sind Leitlinien für eine kommunale Antidiskriminierungspolitik zu erarbeiten und zu beschließen. Eine mögliche Organisationsform dieser Kooperation ist ein Runder Tisch von Rat, Verwaltung sowie Lesben- und Schwulenbewegung.

Coming-Out am Arbeitsplatz: Gar nicht so fremd - Gleichgeschlechtliche Lebensgemeinschaften in der Chef-Etage

Norbert Zillich hat auf Grundlage der Figurationssoziologie von Norbert Elias die Situation von schwulen Männern in der Arbeitswelt untersucht, insbesondere das Beziehungs-Verhältnis (die Figuration) zu den Arbeitskollegen wurde betrachtet. Für die 1980er Jahre kommt er zu vier verschiedenen Typen von Figurationen, wie sich der lesbische bzw. schwule Mensch in den Kollegenkreis integriert:

- **Erste Figuration - Der Unschlüssige:** Der Unschlüssige führt nicht im Privaten, aber im Berufsleben noch ein Doppelleben vor den Arbeitskollegen und versucht, eine heterosexuelle Existenz aufrechtzuerhalten, da er Angst hat, daß er bei seinen Arbeitskollegen nicht angenommen wird.

- **Zweite Figuration - Der Vorsichtige:** Der Vorsichtige will wohl seine gleichgeschlechtliche Orientierung als integralen Bestandteil seiner eigenen Existenz präsentieren, ist jedoch vorsichtig. Trotzdem trifft der Vorsichtige eine klare Abrenzung gegenüber der dauerhaften Inszenierung eines heterosexuellen Mannes wie beim Unschlüssigen. Der Vorsichtige will nach Möglichkeit nicht lügen und würde niemals sagen, daß er verheiratet sei oder eine Freundin hätte: "Ich sage, daß ich ledig bin, und sage nicht, daß ich eine Frau habe, sondern ich sage, daß ich `versorgt bin´, die anderen können sich dann was denken, jedenfalls möchte ich so wenig wie möglich lügen müssen", könnte die Einstellung des Vorsichtigen lauten. Es fällt dem Vorsichtigen jedoch schwer, von seinem Lebenszusammenhang vor den Kollegen zu sprechen. Das unflexible Handeln heterosexueller Kollegen wird mit eigenem unflexiblem Handeln beantwortet. So erreicht der Vorsichtige durch seinen Rückzug aber nur, Verständigungsmöglichkeiten zu blockieren und Kommunikationsbarrieren zu verfestigen.

- **Dritte Figuration - Der Gelassene:** Der Gelassene hat die Einsicht, daß das Leben in einer gleichgeschlechtlichen Lebensgemeinschaft nicht als ein privates oder individuelles Phänomen zu betrachten ist. Das Leben in einer Lebensgemeinschaft ist ein Produkt, das aus Prozessen der sozialen Interaktion verstanden werden muß, an der auch die Arbeitskollegen beteiligt sind: (Homo)sexualität bzw. das Leben in einer gleichgeschlechtlichen Lebensgemeinschaft wird damit zu einem gesellschaftlichen Phänomen. Die Sozialisation und Entwicklung, die der Typus des Gelassenen im Laufe seines Lebens durchlaufen hat, läßt ihn zu einem Selbstverständnis kommen, daß auch den Arbeitskollegen nicht vorenthalten werden darf, daß er in einer gleichgeschlechtlichen Lebensgemeinschaft lebt. Die Unterscheidung in gleichgeschlechtliche oder verschiedengeschlechtliche Lebensgemeinschaften stellt für den Typus des Gelassenen eine Nebensächlichkeit dar. Das potentielle Unverständnis bei Kollegen, die diese Erkenntnis möglicherweise nicht so haben, berührt sein Selbstwertgefühl nicht. Durch das gelassene Auftreten ist es für den Kollegenkreis meistens auch nichts ungewöhnliches mehr, daß der Kollege in einer gleichgeschlechtlichen Lebensgemeinschaft lebt: Der Gelassene hat ihnen bereits die Möglichkeit gegeben, ihre Neugier zu stillen.

- **Vierte Figuration - Der Entschiedene:** Der Entschiedene tritt vor seinen Arbeitskollegen gezielt und bewußt als jemand auf, der in einer gleichgeschlechtlichen Lebensgemeinschaft lebt. Seine Beziehung nicht zu erwähnen, würde er als persönliche Einschränkung erleben. Sein soziales Umfeld ist oft durch Engagement in schwulen Arbeitsgruppen gekennzeichnet, so daß dieses ein Gedankengebäude zur Verfügung stellt, daß seine Selbstbejahung bestärkt. Im Hinblick auf einen Sichtbarmachungsprozeß am Arbeitsplatz ist das Engagement in Arbeitsgruppen für Schwule und Lesben eine maßgebliche Ressource sozialer Unterstützung. Ebenso kann er dem Aspekt schwuler oder lesbischer Arbeitskollegen im Arbeitsbereich großer Unternehmen gesonderte Aufmerksamkeit schenken, da es sich dabei nicht um einen Ausnahmefall handelt, sondern um eine allgemeine Erscheinung: Man freundet sich mit ebenfalls schwulen Arbeitskollegen an (vgl. aaO).

Heute in den 1990er Jahren läßt sich die Tendenz feststellen, daß sich nicht nur die bisher "Vorsichtigen" bei den Arbeitskollegen offen verhalten und mit den Kollegen über ihre Liebes- und Lebensgemeinschaften sprechen. Sie treten als Paar auf Betriebsfeiern gemeinsam auf oder unternehmen mit den Arbeitskollegen am Wochenende etwas gemeinsam.

Aber auch besonders in den Führungsetagen ist eine offenere Haltung zur eigenen gleichgeschlechtlichen Lebensgemeinschaft festzustellen: Der Chef will mit seiner Beziehung vorbildlich bei seinen Kollegen vorangehen. Ein Tabu in der Chefetage gibt es nicht mehr - die Integration hat auch hier stattgefunden.

US-Unternehmen gehen mit Schwulen und Lesben längst gelassen um, und deutsche Manager lernen von ihren US-Kollegen: So stellte es die Deutsche Lufthansa den Mitarbeitern frei, einen gleichgeschlechtlichen Partner als Nutznießer von vergünstigten Tickets anzugeben. Weiter setzt sich auch die ÖTV bei evtl. Schwierigkeiten für eine stärkere Integration im Arbeitsleben ein.

Die Wirtschaft wird sich der gesellschaftlichen und politischen Liberalisierung nicht entziehen können - im Gegenteil, kein Unternehmen kann auf den *"tüchtigen und überdurchschnittlich gebildeten Mitarbeiter"* genausowenig verzichten wie auf den *"überdurchschnittlich wohlhabenden und konsumfreudigen"* schwulen Kunden (aaO). Gerade die Wirtschaft wird es sein, die durch Werbung, Marktforschung und Marketing für gleichgeschlechtliche Lebensgemeinschaften Motor für ihre Integration sein wird.

**Immer mehr schwule Mitarbeiter
haben die Heimlichtuerei satt:**

Was macht Jens-Uwe, wenn Sven Tagungen besucht? Er nimmt, witzelt Jens-Uwe über sich selbst, am "Damenprogramm" teil. Sven ist Abteilungsleiter der deutschen Niederlassung des amerikanischen Softwareunternehmens Novell, Jens-Uwe Freiberufler. Und beide sind ein schwules Paar. Sie leben zusammen in einer eleganten Altbauwohnung in Düsseldorfer Edel-Viertel Oberkassel und schätzen sich selbst als wertkonservativ und sehr bürgerlich ein. Von Anfang an hat der 30jährige Sven weder die Vorgesetzten noch seine 17 Mitarbeiter im unklaren gelassen: Wenn sie von ihren Frauen erzählen, dann berichtete der Jungmanager von seinem Freund. Kommen die Kollegen mit Partnerinnen zum Betriebsfest, bringt er Jens-Uwe mit. Es ist in der Düsseldorfer Dependance des 3600-Mitarbeiter-Unternehmens Novell eine Selbstverständlichkeit.
Novell, ein in den USA als konservativ geltendes Unternehmen hat mit dem unverkrampften Auftreten seines deutschen Marketingleiters kein Problem. Der Marketingmanager Sven und sein Freund Jens-Uwe sind überzeugt, daß "die eigene Schere im Kopf den Schwulen größere Probleme bereitet, als es tatsächliche Diskriminierung tut". Sven nimmt verblüffte Reaktionen auch niemandem übel: "Man muß den Heteros eine Chance lassen. Die erwarten auf einem Empfang halt nicht zwei Männer als Paar" (Wirtschaftswoche 15/93:36).

Gleichgeschlechtliche Lebensgemeinschaften sind eine kaufkräftige Zielgruppe: das Jahreseinkommen ist fast doppelt so hoch wie das des Durchschnittbürgers, fast 50 Prozent arbeiten in einer Führungsposition, 60 Prozent haben einen höheren Bildungsabschluß: "Es ist der stille Triumph, als Minderheit zur Elite zu gehören", so der Soziologe Martin Dannecker in der Wirtschaftwoche (aaO).

Der US-Präsident Bill Clinton machte es der Wirtschaft vor: Seine inzwischen verwirklichte Ankündigung, qualifizierten Lesben und Schwulen hohe Regierungsämter zu geben, verschafften dem neuen Präsidenten 80 Prozent der Gay-Stimmen. Jeder Partei weiss heutzutage, dass Schwule und Lesben bei Wahlentscheidungen hervorragende Multiplikatoren der öffentlichen Meinung und Zünglein an der Waage sein können.

Wie auch immer: Unternehmen mit einem verklemmten Klima hingegen sind nach US-Erkenntnissen weniger produktiv.

Aufgeklärte Personalchefs wissen, daß Schwule in allem, was mit sozialer Interaktion zu tun hat, oftmals bestens geschult sind. Das macht sie zu hervorragenden Verkäufern, Beratern und Dienstleistern etwa in Banken und Versicherungen, im Hotelgewerbe und im Einzelhandel.

"Schwule und Lesben sind die besseren Chefs"?

Nicht nur wer sein eigener Chef ist, kann die Unternehmenskultur selbst bestimmen, auch große Unternehmen schätzen schwule und lesbische Mitarbeiter als wertvolles Potential: "Wenn jeder schwule oder lesbische Arbeitnehmer bzw. -geber einen Tag lang rot anlaufen würde", meint Robert Bray von der National Gay and Lesbian Task Force, "dann sähe die Wirtschaft wie ein Kirschbaum in voller Tracht und Blüte aus." Ein Gedanke, mit dem sich viele Unternehmen identifizieren können: Denn seit das prüde Amerika mit missionarischem Eifer seine Homophobie in Unternehmen bekämpft, nähern sich viele Manager bei der Personal-Einstellung gerade schwulen und lesbischen Mitarbeitern. Hunderte von Konzernen veranstalten regelmäßige Homophobie-Workshops. Der Unternehmensberater hat allein beim Telefon-Riesen AT&T seit 1987 rund 4000 Manager über den Umgang mit Schwulen und Lesben "gebrieft": "Homophobie vermindert die Produktivität eines Unternehmens um zehn Prozent". Von den 500 größten US-Unternehmen haben bereits mehr als 100 daher Bestimmungen gegen Diskriminierung aufgrund sexueller Präferenzen erlassen.
Die Integration macht es möglich, daß Gays etwa bei Apple Computer, AT&T, Boeing, Hewlett-Packard, Lockheed, Polaroid, Xerox und Levi Strauss Interessengruppen bilden. In firmeneigenen Computernetzen existieren Nachrichtenbörsen für Schwule und Lesben: Das schwule Schwarze Brett Xerox´ riet z.B. kürzlich zu behutsamen Umgang mit den als homophob geltenden europäischen Xerox-Kollegen. Aber auch im Silicon Valley gibt es die "High-Tech-Gays": Personalmanager wie Russ Campanello vom Softwareunternehmen Lotus Development sehen den Ruf der Toleranz längst als Wettbewerbsvorteil. Dadurch habe er bereits "einige anerkannte lesbische und schwule Spitzentechniker" engagieren können. Auch der Niederlassungsleiter eines großen deutschen Pharmaunternehmens im europäischen Ausland genießt ein offenes Leben: Die Kollegen wissen Bescheid über seine gleichgeschlechtliche Lebensgemeinschaft. Kokett gibt der Mittdreißiger zu: "Wenn ich als Personalchef zwischen zwei gleichqualifizierten Bewerbern entscheiden muß, dann nehme ich den netteren" (Wirtschaftswoche 15/93:43).

Vom schwulentypischen Hang zur *Ästhetisierung* leben kreative Branchen wie Mode, Marketing, Werbung oder Raumgestaltung. Schwule sind Trendsetter, haben im Arbeitsalltag besondere Führungsqualitäten, da sie geschickter sind in klimatischen Dingen und im Umgang mit den Mitarbeitern. Weiterhin sind Lesben und Schwule "erprobte Grenzüberschreiter" und in der Lage über Konventionelles hinwegzudenken. Sie haben einen flexiblen Perspektivenwechsel, der ihnen eine gute Fähigkeit zur Analyse gibt, die z.B. im Management dringend benötigt wird.

Ausgestattet mit neuem Selbstverständnis und gewachsenem Selbstbewußtsein gehen Schwule und Lesben in die Offensive. In der Wirtschaft zeigen auch Selbständige Flagge: In Köln organisiert der Chef des Unternehmens Toolbox einen "Arbeitskreis lesbische und schwule Unternehmer". Zahlreiche kleine und mittelständische Unternehmen gehören mittlerweile dazu, die einen Jahresumsatz von 135 Millionen Mark repräsentieren. Auch in München bündeln rund 100 schwule Chefs ihre Kräfte: Über 200 Gay-Betriebe aus der bayerischen Landeshauptstadt führt ein herausgegebener Branchenführer auf. Ebenso in anderen Ländern: Modezarin Jil Sander steht die mit Presserummel begleitete Eröffnung ihres Geschäftes in Paris selbstverständlich gemeinsam mit ihrer Partnerin Dickie Mommsen durch (aaO). Und viele schwule und lesbischen Manager sind Trendsetter im schwul-lesbischen Marketing, um einerseits Schwule und Lesben zu umwerben, andererseits aber auch, um den Zeitgeist zu treffen!

Marketing und Werbung für schwule Paare: "Nie waren sie so wertvoll" - Gleichgeschlechtliche Lebensgemeinschaften als Traummarkt

Gleichgeschlechtliche Lebensgemeinschaften sind eine attraktive Zielgruppe: Immer häufiger sprechen *auch konventionelle Groß-Unternehmen* die (lesbischen und) schwulen Luxuskonsumenten direkt an: Ein gleichgeschlechtliches Paar schlendert durch das Kaufhaus mit dem Elch und sucht Möbel für die gemeinsame

Wohnung aus: Diese Szene aus einem IKEA-Werbespot im US-Fernsehen ist auf deutschen Schirmen auch vorstellbar, denn allmählich entdeckt die Werbung wie auch die Politik gleichgeschlechtliche Lebensgemeinschaften als Zielgruppe für Marketing. Midway Airlines, Remy Martin und viele andere schalten regelmäßig ganzseitige Anzeigen in der (schwul-lesbischen) Presse und entwickeln schwule Anzeigenkampagnen für die konventionelle, überregionale Werbung. Coca-Cola und Philip Morris sponsern schwule CD's oder schwule Partyveranstaltungen, ein männliches Pärchen mit Hund wirbt kess für "Toyota - das Familienauto".

Gleichgeschlechtliche Lebensgemeinschaften waren nie so wertvoll wie heute: Das Jahreseinkommen des amerikanischen Schwulen liegt, so errechnete das Marktforschungsinstitut Simmons Market Research und der US Census 1991, fast doppelt so hoch wie das des Durchschnittsamerikaners. Knapp 60 Prozent der Schwulen haben einen College-Abschluß (US-Durchschnitt: nur 18 Prozent) und fast 50 Prozent arbeiten in einer Führungsposition, im US-Durchschnitt sind es nur 16 Prozent (vgl. Wirtschaftswoche 15/93:38 sowie Spiegel Special 5/95:99).

Ähnliche Trends ermittelten deutsche Forscher: Die Koblenzer Werbeagentur Remy & Marcuse hat über 2000 Leser der Berliner Schwulen-Zeitschriften "Männer aktuell" und "Magnus" befragt und 3000 deutschen Werbemanagern die Ergebnisse der Studien vorgelegt: Schwule Männer sind demnach "überdurchschnittlich gebildet, wohlhabend, markentreu und konsumfreudig" (aaO). Nicht nur für den Reisemarkt sind die Schwulen in Deutschland daher eine attraktive Zielgruppe.

Das Freizeitverhalten der gleichgeschlechtlichen Lebensgemeinschaften ist eher luxuriös: Sie reisen öfter und weiter als andere. Remy & Marcuse-Geschäftsführer Volker Remy erwartet einen *grundlegenden Wandel* in der Haltung von Markenartikelherstellern gegenüber gleichgeschlechtlich Liebenden. Inzwischen sei Produzenten, wie auch Werbern bewußt, daß die Schwulen-Szene Trendsetter ist und vor allen Dingen, daß sie markentreu sind: *Ein Traummarkt* (vgl. Remy/Marcuse-Study 1995;

ebenso Berichte in: Focus 14/95:226; Spiegel Special 5/95:99; Focus12/96:205f).

In Amerika ist die Lufthansa Mitglied in der International Gay Travel Association (IGTA), und die wirbt zusammen mit starken Hotelpartnern wie Hilton, Hyatt oder der US-Fluggesellschaft American Airlines um gleichgeschlechtliche Lebensgemeinschaften. Während die deutsche Reisebranche den gleichgeschlechtlichen Travelmarkt entdeckt, hat Nachbar Holland bereits seit längerem Erfolg. Bereits anfang der 1990er Jahre warb der Marketing-Manager für Nordamerika Cees Bosselaar im Niederländischen Büro für Tourismus (NBT) mit einer Gay-Anzeigenkampagne erfolgreich auf dem US-Markt: Es konnte in einer Marktnische mit wenig Aufwand enormer Erfolg verzeichnen werden. So bietet der amerikanische Veranstalter `Atlantis´ sogar schwulen Erlebniscluburlaub an. Die Atlantis-Ressorts sind allesamt Club-Med-Anlagen, die zu bestimmten Terminen dem Männerpaar zur Verfügung stehen. So hat sich unter der Klientel das mexikanische Cancún als beliebtes Reiseziel für den Urlaub gleichgeschlechtlicher Lebensgemeinschaften etabliert.

Aber nicht nur die Werbeindustrie, auch Hollywood bringt eine Welle schwul-lesbischer Gesellschaftspolitik in die Kinos: Das Bild, das die Filmindustrie und Hollywood von gleichgeschlechtlichen Lebensgemeinschaften in den Medien vermittelt, hat sich grundlegend geändert, ist ein neues: Eine schwul-lesbische Ästhetik beherrscht mittlerweile auch Filme, die mit Schwulen gar nichts zu tun haben. Tom Cruise´ zärtlicher Biß in Brad Pitts Hals in "Interview mit einem Vampir" ist mehr als zweideutig. Auch Hollywoods neue Helden Johnny Depp und Leonardo DiCaprio geben sich androgyn - Schwulsein ist im Spielfilm gesellschaftsfähig.

Viele schwul-lesbische Filme führten in den USA die Kinohitparade an. Das breite amerikanische und deutsche Publikum begeistert sich für schwul-lesbische Filme. Die Unterhaltungsindustrie schwimmt geradezu auf einer Welle der schwul-lesbischen Kultur.

Kaum eine Woche vergeht, ohne daß ein Spielfilm mit Thematiken von gleichgeschlechtlichen Lebensgemeinschaften in die

Kinos kommen wie "The incredible adventure of two girls in love", der von der ersten große Liebe zwischen zwei Mädchen erzählt, oder "Jeffrey", die Love-Story zweier Männer, "Wigstock", "Philadelphia", Schlafes Bruder", "Vier Hochzeiten und ein Todesfall" etc. Auch in TV-Serien, wie "NYPD Blue", "Rosanne", "Frasier" oder "Melrose Place", tauchen immer häufiger Schwule, Lesben und gleichgeschlechtliche Lebensgemeinschaften auf. Sogar auf Familienunterhaltung ausgerichtete Konzerne wie Disney produzieren Gay-Filme wie "The priest".

Filme über die Kultur und die Themen von gleichgeschlechtlichen Lebensgemeinschaften sind Kassenschlager: Die Film- und Fernsehindustrie hat erkannt, daß mit "Gay movies" Geld verdient werden kann - z.B. "Birdcage": weil Lesben und Schwule ins Kino gehen, um sich einen Film über sie betreffende Thematiken anzuschauen, spielte der Film ein Surplus im Gewinn von bislang über 100 Millionen Dollar ein (vgl. Die Welt 22.9.95). Ähnlich die deutschen erfolgreichen Spielfilme "Echte Kerle" oder "Stadtgespräch". Die Integration der Darstellung von gleichgeschlechtlichen Lebensgemeinschaften in Filmen und Serien macht das Medienangebot zum Quoten-Renner.

Aber auch in Wirklichkeit bekennen sich schwule Schauspieler, Produzenten, Regisseure, Drehbuchautoren und vor allem auch Sänger öffentlich zu ihrer Liebe, ohne daß es ihre Karriere beeinflußt. In einer vom Magazin "Entertainment Weekly" durchgeführten Umfrage stimmen die Zuschauer für das Coming-Out von Regisseuren, Drehbuchautoren und Schauspielern: Die überwiegende Mehrheit der Amerikaner stört es nicht, daß der jugendliche Held im Liebesfilm privat gar nichts mit Frauen im Sinn hat und in einer gleichgeschlechtlichen Lebensgemeinschaft lebt.

Der Kreativität von Schwulen verdanken TV-Redakteure und Werbeagenturen einen großen Prozentsatz aller Ideen. In den USA nämlich hat die Film-, Fernseh- und Werbeindustrie die Gay-Lesbian-Community schon lange als eine der lukrativsten Zielgruppen entdeckt.

Kann das Medien- und Wirtschaftssystem dabei über die dem Markt eigene Charakteristik, wie der Transparenz und der schnellen

Zusammenführung von Nachfrage (nach positiven Identifikationen) und Angebot (von neuen Schwulenbildern), eine gesellschaftliche Integration von gleichgeschlechtlichen Lebensgemeinschaften wesentlich schneller leisten, als das (träge) politische System oder die alltägliche soziale Praxis der Bürger?

Nachbarschaftliches Miteinander ist zwar auch zentral, aber die gesellschaftliche Integration wird über die globalen Medien (Öffentlichkeitsarbeit) mit ihrem Marketing bzw. Öffentlichkeitsarbeit für schwule und lesbische Lebensgemeinschaften führen, denn hinter dem schwulen Marketing stehen auch gesellschaftliche Inhalte und dabei kann man sicher sein, daß diese nicht im geringsten eine Diskriminierung beinhalten, sondern auf eine sehr positive Integration setzen: Marketing setzt das Paradies auf Erden um.

Nicht das Marketing für Schwule, sondern das Karrierestreben von Schwulen wird von manchen Schwulen jedoch kritisch gesehen, denn es gibt nicht nur den Yuppie-Schwulen, sondern auch den schwulen Sozialhilfeempfänger oder schwulen Familienvater.

Gegen das Motto "Nie waren sie so wertvoll wie heute" wenden sich besonders ältere Schwule, die ein neues Schwulenbild nicht akzeptieren können, da sie noch eines kennengelernt und verinnerlicht haben, bei dem sie noch mit Engagement gegen Diskriminierung kämpfen mußten. Schwule und Lesben klagen seitjeher, daß es keine öffentlichen Bilder über sie gibt. Da werden diese nunmal durch die gesellschaftliche Veränderung hin zur Integration modifiziert und jeder ältere Schwule sieht gleich seine mühsam an den alten Bildern aufgebaute Identität zusammenbrechen. Ein Marketingbild von glücklichen schwulen Paaren läßt für sie daher auch einen Teil ihres Lebens*sinns* sterben, der in aktivem Engagement gegen Diskriminierung bestand.

Das Engagement für eine Integration ist aber auch heute noch wichtig und notwendig, da noch zu wenig in der Öffentlichkeit für Toleranz statt Konsum geworben wird. Schließlich muß man auch betrachten, welche Wirkungen Öffentlichkeitsarbeit auf die bürgerliche Gesellschaft hat und zweitens welche Bilder sich bei den Schwulen selbst verändern. Und der jugendliche Schwule? Mit welchem Schwulenbild mag er sich wohl lieber oder eher identifizieren: Mit einem Menschen, der für Ehe, Treue und Safer Sex bereit ist, oder einem, der wegen Aids im Vollstadium gepflegt werden muß? Mit einem erfolgreichen, aber konsumorientierten lebensfrohen Yuppie-Manager oder einem diskriminierten, damals als krank bezeichneten Schwulen, der unter Hitler verschleppt wurde?

Die empirischen Forschungen sind nicht von der Hand zu weisen, da die Forschung sowohl in Amerika als auch in Deutschland zu ähnlichen Ergebnissen kommt. Wie immer man sie bewerten mag, diese Ergebnisse gehören zu den einigen wenigen empirisch-statistischen Forschungen, die zunächst einmal dokumentiert werden. Neue Bilder von gleichgeschlechtlichen Lebensgemeinschaften können zu Kenntnis genommen werden, damit man sie reflektieren kann, aus denen man sich das heraussuchen kann, was einem selbst entspricht. Öffentliche Vorbilder werden benötigt - die Medien werden sie liefern.

Wenn Schwule sowieso ins Kino gehen, warum sollen Sie sich dann nicht Kinofilme mit den sozialen Thematiken und Belangen von gleichgeschlechtlichen Lebensgemeinschaften anschauen? Schwule wollen auf der Leinwand den Casablanca-Satz "Schau mir in die Augen" auch von zwei sich im Arm haltenden Männern wahrnehmen. Die Kulturindustrie, wie z.B. Walt Disney, umwirbt daher die gleichgeschlechtlichen Lebensgemeinschaften in Amerika: Filmproduktionen für Gay's sowie großangelegte Aktionen in den Freizeitparks für Lesben und Schwule. Marketing, Werbung und Merchandising für Lesben und Schwule - vom T-Shirt über Mickey-Mouse-Masken und Butterfahrten mit dem Reisebus für Lesben und Schwule aus anderen Städten zu den schwul-lesbisch-orientierten Tagen in den Freizeitparks. War Donald Duck nun ein schwuler Onkel oder nicht?

Unlängst fragte das New Yorker `Wall Street Journal´: "Wie nennt man 24 Millionen schwule Männer und Lesben?" und lieferte die Antwort gleich mit: *"Einen Traummarkt. "* Schließlich, so die Zeitung weiter, sei diese typische schwule Familie - nicht immer, aber oftmals mit Kindern - ein Haushalt von Doppelverdienern.

410

25 oder sogar über 50 Jahre und mehr: Lesbische und schwule Bewegung

Nicht nur die Marketingbranche setzt auf Public Relations, auch die Schwulenbewegung selbst bedient sich der *Mittel der Öffentlichkeitsarbeit*, um sich ihren selbstverständlichen Anspruch auf *Gleichberechtigung* und *Integration* Gehör zu verschaffen. Die Schwulenbewegung ist dabei noch gar nicht so alt: In Deutschland gibt es eine Schwulen- und Lesbenbewegung in den 90er Jahren seit etwa 25 Jahren, heute ist sie viele Jahrzehnte und mehr als doppelt so alt. Es gingen Jahre der Lockerung der sexualen Sitten voraus, denn die Akzeptanz von Schwulen war immer eng mit der allgemeinen Akzeptanz von Sexualität verbunden.

Bewegungs-Power kam aber zuerst aus den USA: Dort hatten in New York im Juni 1969 Schwule und Lesben sich gegen Schikanen zur Wehr gesetzt. Hauptort war die New Yorker Schwulenkneipe "Stonewall" - "Pride Day" ein Name, der zum Inbegriff für Schwulenemanzipation werden sollte. Nach einiger Zeit waren Tausende von Menschen aus Solidarität hinzugekommen. Die Bewegung nahm ihren Anfang. Das Aufbegehren in Amerika beflügelte sodann viele Länder:

Anfang der Siebziger Jahre entstanden in Deutschland erste Zeitschriften und kleinere Verbände. Die Voraufführungen von Filmen, einige Jahre später dann auch im Fernsehen, erbrachten zahlreiche vorwiegend studentische Gruppengründungen. Die Aktionsgruppen boten bereits Selbsterfahrungsgruppen an. Typisch war allerdings deren fließender Übergang zu inhaltlichen Arbeitsgruppen. Diese bereiteten Medienkampagnen vor und widmeten sich der schwulen Öffentlichkeitsarbeit. Eine erste Demo fand 1972 in Münster statt. Eine organisierte Bewegung entstand einige Jahre später. In einigen Großstädten wurden zum jeweiligen Jahrestag Demonstrationen organisiert. Heute gehen zum "Pride Day" in den Großstädten, wie z.B. in Berlin, Köln, Hamburg, Ruhrgebiet oder München ca. zehntausend Menschen auf die Straße. In New York waren es zum 25jährigen Jubiläum (1994) über eine Million.

Seit Beginn Mitte der Siebziger Jahre wurden zahlreiche Projekte gegründet. Eine Projektkultur sollte entstehen: schwule und lesbische Verlage, Theater, Zeitschriften, Buchläden und Cafés. Zahlreiche Aktivisten warben in den großen gesellschaftlichen Institutionen um Solidarität. Kirchliche, gewerkschaftliche und parteigebundene Gruppen entstanden. Schon Mitte der Siebziger forderten einige ein Antidiskriminierungsgesetz, mit dem die Ungleichbehandlung von gleichgeschlechtlichen Lebensgemeinschaften abgebaut werden soll. Bis Mitte der Achtziger gründeten sich in der Bundesrepublik Deutschland über vierhundert Gruppen - heute sind sie fast unzählig (Winiarski 1995:164; Eckert/Salmen aaO).

Wären Schwule damals nicht aktiv geworden, wäre eine Aufklärung und Förderung, wie wir sie heute kennen, undenkbar gewesen. Dabei sind auch die eigentlichen schwulenpolitischen Ziele stärker in dem Blick geraten: Es konnten in Bundesländern Schwulenbeauftragte durchgesetzt werden, die in zumeist enger Regierungsanbindung für Lesben und Schwule unzureichende Vorschriften, Gesetze und Amtshandlungen von Behörden beobachten und auf Änderung drängen. Dazu zählt auch das Herausgeben von Broschüren zur Aufklärung, Information und Weiterbildung über gleichgeschlechtliche Lebensgemeinschaften. Darüber hinaus gibt es in vielen Städten Polizeibeauftragte, die sich als Weiterbildungsbeauftragte um Integration kümmern.

Wenn Schwule ihre Interessen nicht selbst in die Hand genommen hätten und sachlich und fachlich - aber auch mal schrill - in die Öffentlichkeit getreten wären, hätte es keine Integration gegeben! Es gäbe keine Coming-Out-Gruppen, keine Beratungsstellen, keine Zentren, von Infoläden ganz zu schweigen. Es gäbe auch keine Diskussion auf breiter Front über schwule Gleichstellung im Ehe-, Familien-, Arbeits- und Sozialrecht.

An den Universitäten konnte in einigen Großstädten die Wissenschaft von nicht mehr zeitgemäßen Lehrinhalten entrümpelt werden. Schwule Studierendengruppen bewirken eine Bewußtseinsbildung darüber, daß Schwulsein als Lebensweise und gleichgeschlechtliche Lebensgemeinschaften anderen Lebensgemeinschaften gleichzustellen sind.

Das Hohelied "Ach, wir sind ja so diskriminiert" ist vorbei, heute lauten die Forderungen: Integration, Partizipation, Gleichstellung. Nicht die Ungleichbehandlung wird betont, sondern *die* Bereiche und Perspektiven, wo und wie eine Integration umzusetzen bzw. umsetzbar ist. Dafür ist die Erarbeitung von Konzepten (*Visionen*), wie der bessere Zustand zu denken wäre oder aussehen könnte, wichtig - und nicht die Herausstellung des Zustandes, mit dem man unzufrieden ist.

Dafür lohnt es sich auch weiterhin, ein Netzwerk aufzubauen und Öffentlichkeitsarbeit zu betreiben.

Die regionalen Vereine *vernetzten* sich an Runden Tischen und in Arbeitskreisen durch regelmäßige Treffen und sind in den Räten der Stadtverwaltung präsent, um ihre Anliegen vorzutragen. Und es lohnt auch weiterhin politisch in der *Kommune* aktiv zu werden. Zu alledem gehört auch, queere Kultur zu pflegen. Auch dafür gibt es Gruppen, die ihre Angelegenheiten in Hand nehmen: Wer sonst sollte schwule Literatur für die Nachwelt schreiben, bewahren, archivieren und verleihen?

Mach´ mit: Einige Erfolge
der Lesben- und Schwulenbewegung

Es gilt, sich der bisherigen Erfolge bewußt zu werden, sie zu bündeln und sich im Erfahrungsaustausch aller Interessierten - auch unter Einbeziehung Europas gegenseitig zu unterstützen. Als Erfolge der Lesben- und Schwulenbewegung können angeführt werden:

- Die gesellschaftliche Diskussion um den Abbau der rechtlichen Benachteiligung von Lesben und Schwulen in den Parteien, den Gewerkschaften, Parlamenten und Unternehmen.
- Die Diskussion in der Kirche, die zum Ziel hat, daß Homosexualität als gleichberechtigte Ausdrucksform menschlicher Sexualität anzusehen ist. Gleichgeschlechtliche Lebensgemeinschaften betreffen die selben sozialen Dimensionen wie verschiedengeschlechtliche Lebensgemeinschaften. Daher ist die Umsetzung von kirchlichen Hochzeitsritualen zur Eheschließung das Ziel.
- Beschlüsse zur "Gleichberechtigung in der Schule", die u.a. fordern, daß in Rahmenplänen und Schulbüchern sich die Vielfalt von Lebensentwürfen

---

und besonders gleichgeschlechtlichen Lebensgemeinschaften wiederfinden muß.

- Beschlüsse, Vertreter und Vertreterinnen von Lesben- und Schwulenorganisation die Möglichkeit zu eröffnen, als Referent/inn/en in Schulklassen Aufklärung zu leisten.
- Die Arbeit der Jugendnetzwerke, die überwiegend in den Schulklassen Gespräche durchführen.
- Die Arbeit von Fachbereichen für gleichgeschlechtliche Lebensweisen in Ministerien und Stadtverwaltungen, die u.a. durch Vortragsreihen, Fortbildungsveranstaltungen, Studientage, Erstellen von Broschüren Aufklärungsarbeit über gleichgeschlechtliche Lebensgemeinschaften in Jugendfreizeitheimen, Schulklassen und Weiterbildungseinrichtungen fördern.
- Sensibilisierung der medialen Landesbildstellen und Bibliotheken für das Thema der gleichgeschlechtlichen Lebensgemeinschaften mit dem Erfolg. daß Bücher und Filme für den Unterricht angekauft wurden.
- Erstellung von Elternmerkblättern für Sexualerziehung in Zusammenarbeit zwischen Lesben- und Schwulenorganisationen und dem Staat.
- Umsetzung der Forderungen zur Gleichberechtigung durch die vollständige Übertragung des Eherechts auf gleichgeschlechtliche Lebensgemeinschaften in Ländern, in denen dieses noch nicht erfolgt ist – dieses ist also auch eine Frage der grenzüberschreitenden, internationalen Unterstützung.
- …und vieles, vieles mehr. Lesben- und Schwulenbewegung fängt im Kleinen, im persönlichen Gespräch an und muß aber auch durch die übergreifende Publizistik mit Marketing, Öffentlichkeitsarbeit, Dokumentation, Verschriftlichung und durch das Schreiben von Konzeptpapieren fortgeführt und auf eine gesamtgesellschaftliche Ebene transformiert (veröffentlicht) werden.

Lesben und Schwule selbst mussten immer viel beitragen, es gab immer schwule und lesbische Vereinigungen, die sich gegen unzureichende Politik für gleichgeschlechtliche Partnerschaften mit politischer Bildung einsetzten.

Projektarbeit in Arbeitsgemeinschaften und die Öffentlichkeitsdarstellung sowie bundesweite Kooperation in einen Netzwerkverband mit anderen Gruppen und Kontaktpersonen setzt aber das Engagement von einzelnen Personen voraus, die institutionelle Strukturen mit ihrem persönlichen Engagement ausbauen.

Doch ist es ein lohnendes Ziel, immer wieder - nicht schrill, sondern sachlich und mit beharrlichem Nachdruck auf die Forderungen der einzelnen Verbände aufmerksam zu machen: Vor allem *sachliche Beharrlichkeit* führt schließlich nach dem Minderheitenforscher Moscovici (aaO) zu Veränderungen. Dazu ist das Engagement von jedem einzelnen gefragt: Für die Lesbe und den Schwulen ist das Private *politisch*!

Je normaler Schwulsein in aller Öffentlichkeit ist, umso wahrscheinlicher wird die Anerkennung schwuler und lesbischer Rechte. Je mehr Lesben und Schwule sich offen auf der Straße zeigen, um so weniger wird noch jemand Grund haben, das unmöglich zu finden. Bekenntnisse und Stellungnahmen von Prominenten tragen sicher auch dazu bei. Wichtig sind aber auch die gleichgeschlechtlichen Lebensgemeinschaften von nebenan: Veränderung kommt nicht von allein. Sie wird gemacht. Rolf Winiarski fordert dazu auf: "Trage dazu bei: Durch Flugblätter, durch öffentliche Küsse in der U-Bahn, durch Parteiarbeit, durch schwule Vereine, durch aktive Öffentlichkeit(sarbeit). Mach irgendwo mit - dann geht's etwas schneller!" (aaO 1995:168).

Informationsteil 9
Makro-Perspective - aktive soziale Politik:
- *Erziehung zur Zärtlichkeit in Grundschulen,*
- *(Lokale) Parlaments-Arbeit im politischen System,*
- *Die Darstellung von gleichgeschlechtlichen Paaren in den Medien,*
- *Marketing, Markt-Forschung und Werbung im Wirtschaftssystem*
- *Forschung über soziale Bewegungen in der Wissenschaft.*

Bücher zum weiterlesen:

BANNING, THOMAS: Lebensstilorientierte Marketing-Theorie, Heidelberg 1987

BERGER, MANFRED: Sexualerziehung im Kindergarten, Berlin 1990

BRAVO: Bravo-Report - Lesbisch und Schwul mit 17."Wir sind lesbisch ... schwul!" - Eine Jugendgruppe stellt sich vor, in: Bravo, Nr. 50 /1995, S. 16ff.

BRUGGER, WINFRIED: Persönlichkeitsentfaltung als Grundwert der amerikanischen Verfassung - dargestellt am Beispiel Homosexualität, C.F. Müller Verlag 1994

BULLA, VOLKER / EBEL, JÖRG: Landesarbeitsgemeinschaft Schwulenpolitik NRW für die LDK 16.-18. Mai 1996, Gleiche Rechte für Lesben und Schwule auf kommunaler Ebene fördern, Antrag Die Grünen NRW.

BUNDESTAGSDRUCKSACHE 11/5003: Programm zur Einrichtung von Schwulen- und Lesbenreferaten zur Gleichberechtigung.

BUNDESTAGSDRUCKSACHE 12/7069: Entschließung des Europäischen Parlaments vom 8.2.94 zur Gleichgerechtigung von Schwulen und Lesben: „Die Nichtzulassung von homosexuellen Paaren zur Eheschließung ist ein zu beseitigender Mißstand"

⊠BUNDESTAGSDRUCKSACHE 13/2728: Gleichgeschlechtlichen Lebensgemeinschaften die Rechte von Familienangehörigen (Verlobten-Status) einräumen: Ehe auch für gleichgeschlechtliche Paare - Entwurf zur Änderung des Paragraphen 1353 des Bürgerlichen Gesetzbuches (BGB), Bonn November 1995

⊠BUNDESZENTRALE FÜR GESUNDHEITLICHE AUFKLÄRUNG (HG): Sexualpädagogische Materialien - Ein kommentierte Literatur- und Medienauswahl, hrsg. v. d. Behörde für Schule, Jugend und Berufsbildung Hamburg - Amt für Schule / Institut für Lehrerfortbildung / Beratungsstelle für Sexualerziehung und Aids-Prävention, Nr. 13003000, Köln 1995

DANGSCHAT, JENS / BLASIUS, JÖRG (HG): Lebensstile in den Städten - Konzepte und Methoden, Opladen 1994

ECKERT, A. / SALMEN, A.: 20 Jahre bundesdeutsche Schwulenbewegung 1969-1989, Bundesverband Homosexualität (BVH Materialien 1), Köln 1989

FACHBEREICH FÜR GLEICHGESCHLECHTLICHE LEBENSWEISEN: Gründung gemeinütziger Vereine für Schwule und Lesben, Dokumente Nr. 5, Berlin 1992

⊠**FACHBEREICH FÜR GLEICHGESCHLECHTLICHE LEBENSWEISEN:** Homosexuelle Aufklärung in Schulklassen und Jugendfreizeitheimen: Information und Integration, Dokumente Nr. 1, Berlin 1992

FACHBEREICH FÜR GLEICHGESCHLECHTLICHE LEBENSWEISEN: Lesben, Schwule - Partnerschaften, Dokumente Nr. 9, Senat für Familie, Berlin 1994

⊠**FOCUS:** „Nie waren sie so wertvoll wie heute" - Gleichgeschlechtliche Lebensgemeinschaften als Wirtschaftsfaktor: Marketing und Werbung für schwule Paare, in: Focus, Heft 15/ 1993, S. 226-228

FRAUENBUCHLADEN HAGAZUSSA E.V.: ... die Welt neu erfinden. Über das Lesen und Schreiben von Lesbenliteratur, 1990

HABERMAS, JÜRGEN: Können komplexe Gesellschaften eine vernünftige Identität ausbilden ?, in: ders.: Zur Rekonstruktion des historischen Materialismus, Frankfurt am Main 1976

HAGEMANN, STEFAN: Der Finanz- und Rechtsplaner für Schwule, Frankfurt am Main 1995

HANSEN, GEORG: Coming Out - Schwule Lehrer und lesbische Lehrerinnen, in: Pädagogik, Heft 7-8 / 93

HUBER, HERMANN: Leben - Laster - Leidenschaft, Weitere 60 schillernde Kultstars der Schwulen, 1991

KLUGE, NORBERT (HG): Der Liebe auf der Spur - Ein Lesebuch, Düsseldorf 1989, mit Videofilm für den Schulunterricht im Albanus Verlag 1994

LAMBDA / HOSI WIEN: Schreiben für einen schwul-lesbischen Journalismus, ausgewählte Essays aus der Schwulenzeitung „HOSI: Lambda-Nachrichten" der vergangenen Jahre, herausgegeben in einem Band, Lambda-Hosi, Wien 1996

LOOCKWOOD, DAVID: Soziale Integration und Systemintegration, in: Zapf, Wolfgang (HG): Theorien des sozialen Wandels, Köln 1979, S. 124-137

MANAGER MAGAZIN: Schwul und Spitze: Schwule Manager, Heft 10 / 1995

MÖRTH, INGO / FRÖHLICH, GERHARD (HG): Das symbolische Kapital der Lebensstile nach Pierre Bourdieu - Zur Kultursoziologie der Moderne, Frankfurt am Main 1994

MÜLLER, U.: Neue Männerforschung braucht das Land!, in: Hagemann-White / Rerrich (HG): „FrauenMännerBilder", Bielefeld 1988

MÜCKE, DETLEV: Über da (Nicht-) Vorkommen von Homosexualität im Schulbereich, in: Berliner Senat für Familie / Fachbereich für gleichgeschlechtliche Lebensgemeinschaften, Pädagogischer Kongreß „Sexualität und Lebensform", Bd. 8, Berlin 1993, S. 79ff.

RAMSAUER, ADRIAN / MÜLLER, GERTRUD: Rechtstips für die gleichgeschlechtliche Partnerschaft, Pink Cross Verlag Schweiz 1995

RIMMELE, HARALD: Schwule Biedermänner? Die Karriere der „schwulen Ehe" als Forderung der Schwulenbewegung - Eine politikwissenschaftliche Untersuchung, Hamburg 1993

RUNDBRIEF FILM: Filme in lesbisch-schwulem Kontext - Die schwullesbische Filmzeitschrift, Berlin vierteljährlich

SCHIMMEL, ROLAND: Eheschliessung gleichgeschlechtlicher Paare - Schriften zum Bürgerlichen Recht, Duncker & Humblot Verlag, Berlin 1996

⊠**SCHINS, MARIE-THÉRÈSE:** 2 X Papa - oder: Zwischenfall auf dem Pausenhof, Ein Lesebuch für Kinder in der 4.-8. Schulklasse, rororo rotfuchs (773), Reinbek 1995

SIEMEN, INGRID: Lesbische Lehrerin, 1997

SPIEGEL: Papa, Papa, Kind: Vier Eltern und ein Baby: Two Moms are better than one: Staat und Gesellschaft müssen sich einstellen auf Kinder, die zwei Väter oder zwei Mütter haben. Wie Studien belegen bringe in einer schwulen Familie aufzuwachsen keinerlei Benachteiligung: Wichtig ist allein, ob das Kind gut aufgehoben ist, in: Der Spiegel, 37 / 1993, S. 97-101

SPIEGEL SPECIAL: Schwule Elite: Werbung, Marketing und Marktforschung für gleichgeschlechtliche Lebensgemeinschaften: „Deutsche schwule Männer sind überdurchschnittlich gebildet, wohlhabend und konsumfreudig", Spiegel Special, Heft 5 (Die Liebe) / 1995, S. 99.

SOHRE, KATRIN: Kommunale Gleichstellungsstellen und kommunale Gleichstellungspolitik für Lesben, Schwule und gleichgeschlechtliche Lebensgemeinschaften, in: Pro Familia Magazin, Heft 5 / 1993

STRÖTGES, GISELA: Sexualität in der Lehre - Wie Pädagog/inn/en mit den Thema Sexualität umgehen können, in: Berliner Senat für Familie / Fachbereich gleichgeschlechtliche Lebensgemeinschaften: Lesbische Mädchen als Thema für die Jugendarbeit, Bd. 7, Berlin 1993, S. 25-28

THOMANSKY, I.: Lernziel Zärtlichkeit - Emotionale Aspekte der Sexualerziehung in der Grundschule, Weinheim / Basel 1978

TRAMPENAU, BEATRICE: Schulbesuche - Homosexuelle Aufklärung in Jugend- und Projektgruppen an Schulen, in: Berliner Senat für Familie / Fachbereich für gleichgeschlechtliche Lebensgemeinschaften: Information und Integration - Homosexualle Aufklärung in Jugendfreizeitheimen und Schulklassen, Bd. 1, Berlin 1993, S. 5f.

VERSCHRAEGEN, BEA: Gleichgeschlechtliche Ehen, Verlag Medien und Recht, Wien 1994 (hrsg. v. Heinrich Neisser, Focus Bd. 9: mit Gesetzestexten, Literaturverzeichnis S. 265-276)

VIDEOFILM: Echte Kerle, Videofilm 1996

VIDEOFILM: Stadtgespräch, Beziehungs-Komödie um das Kennenlernen über eine Freundschaftsanzeige, ZDF 1996

VIDEOFILM: Das Hochzeitsbankett, Liebesfilm um ein schwules Paar, das auf allen Hochzeiten der heterosexuellen Familie tanzt, ARD 1996

VIDEOFILM: Der Liebe auf der Spur, hg. v. Norbert Kluge, 1994

VÖLKLINGER KREIS E.V.: Bundesverband Gay Manager: Informationsmaterial-Mappe über schwul-lesbisches Marketing, Werbung und Marktforschung, (Bezug: Bundesgeschäftsstelle, Leyendecker Str.1, 50825 Köln) Köln 1995

WIRTSCHAFTSWOCHE: Gar nicht so fremd - Homosexualität in der Chefetage, Editorial, Nr. 15 vom 9.4.1993

☒**WIENER:** Verliebte Jungs - Erste Meinungsumfrage der Wickert-Institute unter deutschen Schwulen im Auftrag der Zeitschrift Wiener, Heft 6 / 1989, S. 28-39

WEBER, MAX: Der Sinn der Wertfreiheit der Wissenschaften, 1917

WEHR, DAGMAR: Eigentlich ist es etwas zärtliches - Die Auseinandersetzung mit Sexualität in der dritten Grundschulklasse, Weinheim 1992

☒**WERBEAGENTUR REMY & MARCUSE:** Schwule Marketing-Studie - Leserbefragung schwuler Printmedien 1994, Mainzer Str. 59, 56068 Koblenz 1995

ZAPF, WOLFGANG U.A.: Die Pluralisierung der Lebensstile - Gutachten für die Bundesregierung, 1985

Weiterhin verwendete Literatur:
siehe Anhang.

Didaktische Fragestellungen 9:

a) Warum ist das Private für den (die) Homosexuelle(n) politisch?

b) Was ist unter den "Sozialen Dimensionen von gleichgeschlechtlichen Lebensgemeinschaften" zu verstehen?

c) Zur aktiven Gesellschaftspolitik muß jeder Schwule und jede Lesbe - und ebenso andere - aber auch selbst beitragen: In welchen Bereichen könnten Sie sich demnächst mehr engagieren?

d) Je früher Kinder von Sexualität erfahren, desto weniger unsicher sind sie und desto verantwortungsvoller können sie damit umgehen. Wie kann man Kinder in der Grundschule über gleichgeschlechtliche Lebensgemeinschaften unterrichten?

e) Welche Rahmenbedingungen sind zu schaffen, um die sozialen Dimensionen von Lesben und Schwulen in der Schule verstärkt zu thematisieren? Was kann der einzelne Lehrer tun, um gleichgeschlechtliche Lebensgemeinschaften in seinem jeweiligen Fachbereich stärker zu thematisieren?

f) Welche Themen dieses Buches könnten Sie sich vorstellen, ausführlicher zu bearbeiten? Als Sprecher oder schriftlich?

g) Welchen Beitrag können Unternehmer in der freien Wirtschaft bei Marketing, Marktforschung und Werbung im Wirtschaftssystem zur Darstellung von gleichgeschlechtlichen Lebensgemeinschaften leisten? Warum ist ein Marketing für gleichgeschlechtliche Lebensgemeinschaften so wichtig?

h) Welcher Arbeitskollegin würden Sie von ihrer Lebensgemeinschaft erzählen? Was meinen Sie, wie würde diese Person reagieren?

i) Meinen Sie, nur weil sie schwul (lesbisch) seien, müßten sie im Beruf besonderen Erfolg bringen? Wenn ja, warum?

j) Welche Punkte sind für einen Bürgervertreter bei der kommunalen parlamentarischen Arbeit im politischen System Ihrer Stadt besonders wichtig?

k) In welchen Bereichen sind kommunale Gleichstellungsbeauftrage für Lesben und Schwule tätig. Erwirken Sie eine Stellungnahme der Frauengleichstellungsstelle in ihrer Stadt, inwieweit sie sich mit schwul-lesbischer Gleichstellung beschäftigen: Schreiben Sie ihr einen Brief.

l) Wie sieht eine Bildungspolitik aus, die schwul-lesbische Belange beachtet? Welche Rolle spielen dabei der Staat, Schulbuchverlage, Schüler, Lehrer und die Schule ((Volks-)Hochschule, Medien, Fernsehen, Stadtmarketing)?

m) Wie kann erreicht werden, daß Bibliotheken mehr Bücher über gleichgeschlechtliche Lebensgemeinschaften katalogisieren? Welche Möglichkeiten bietet die Bereitstellung von Informationen über gleichgeschlechtliche Paare in der globalen Bibliothek "Internet"?

n) Journalisten und Redakteure stellen in letzter Zeit zahlreiche Portraits von glücklichen gleichgeschlechtlichen Lebensgemeinschaften im Mediensystem dar. In welchen Formaten bzw. redaktionellen Stilen ist dies möglich? Wie sieht das Exposé beispielsweise zu einer Reportage über den

Verwandtenbesuch eines schwulen Paars aus, das sich demnächst verloben will?

o) Welches Medienereignis vor kurzem meinen Sie, hat gleichgeschlechtliche Lebensgemeinschaften besonders gut dargestellt, daß es dafür Anerkennung verdient hätte?

p) Welcher Methoden der Öffentlichkeitsarbeit kann sich die schwul-lesbische Bewegung bedienen?

q) Was sind die Forderungen der schwul-lesbischen Bewegung für den Staat und für das Individuum?

Epilog / Fürbitte:

"Gott, hilf, die sexuelle Existenz zu zelebrieren!"

Gott, unsere Mutter und unser Vater: Freiheit ist eine der kostbarsten Gaben, die Du uns gibst. Hilf schwulen Männern und lesbischen Frauen, all die Ängste zu überwinden, die uns alle daran hindern, uns selbst zu akzeptieren, unser Versteck zu verlassen und mutig füreinander da zu sein. Lehre uns, unser Leben furchtlos zu genießen und hinauszugehen, um dieses Fest mit all unseren Brüdern und Schwestern zu teilen.
Hilf uns und Deinen lesbischen Töchtern und schwulen Söhnen, im Glauben zu wachsen und zu reifen. Befreie uns von dem Geist der Furcht und der Feigheit.
Gott, unser Vater und unsere Mutter im Himmel, danke für unseren Körper und die Sexualität. Hilf uns, die sexuelle Existenz zu zelebrieren. Gib uns, unsere Sexualität einzubringen in unser Streben nach Gemeinschaft mit Dir und untereinander.
Danke Dame, Danke Herr, Danke Crossgender, für die Gabe der Gemeinschaft! Hilf uns, Dein Werkzeug zu sein, um diese Basis der integrativen Haltungen gleichgeschlechtlichen Lebensgemeinschaften gegenüber in Deiner Kirche weiter fortzuführen und auszubauen; nicht besonderes, sondern grundlegendes Ziel ist dabei die Kirchliche Hochzeit und Trauung von gleichgeschlechtlichen Paaren im Gottesdienst.
Sende Deinen Geist der Liebe, damit Lesben und Schwule und wir alle unterscheiden lernen, was gesund und was zerstörerisch wirkt in dem Glaubenssystem der Kirche und in unserem persönlichen Glaubenssystem. Hilf uns, unsere Kirche mutig zur Rede zu stellen, wann immer sie in einer Weise handelt, die unser Wohlbefinden und unsere psychische Gesundheit beeinträchtigt (vgl. McNeill aaO).

Amen!

- Matthäus 22, 37-40: "Jesus aber antwortete ihm: "Du sollst den Herrn, deinen Gott, lieben von ganzem Herzen, von ganzer Seele und von ganzem Gemüt" (vgl. 5. Mose 6,5). Dies ist das höchste und größte Gebot. Das andere aber ist dem gleich: "Du sollst deinen Nächsten lieben wie dich selbst" (vgl. 3. Mose 19,18). In diesen beiden Geboten hängt das ganze Gesetz und die Propheten." (Dasselbe in grün steht noch mal bei Markus 12, 28-31 und Lukas 10, 25-28).
- Johannes 13, 34: "Ein neues Gebot gebe ich euch, daß ihr euch untereinander liebt, wie ich euch geliebt habe, damit auch ihr einander lieb habt."
- Römer 13, 8-10: Seid niemand etwas schuldig, außer, daß ihr euch untereinander liebt; denn wer den andern liebt, der hat das Gesetz erfüllt. Denn was da gesagt ist (2. Mose 20,13- 17): 'Du sollst nicht ehebrechen; du sollst nicht töten; du sollst nicht stehlen; du sollst nicht begehren', und was da sonst an Geboten ist, das wird in diesem Wort zusammengefaßt (3. Mose 19,18): 'Du sollst deinen Nächsten lieben wie dich selbst.' Die Liebe tut dem Nächsten nichts Böses.

So ist die *Liebe* des Gesetzes Erfüllung.

Anhang: *Weiterhin verwendete Literatur & Sekundär-Literatur*

Weiterhin verwendete Literatur für Kapitel 1:

BECKER-SCHMIDT, REGINA / AXELI-KNAPP, GUDRUN: Geschlechtertrennung - Geschlechterdifferenz, Suchbewegungen sozialen Lernens, Bonn 1987; **BEER, URSULA (HG):** Klasse Geschlecht, Bielefeld 1987; **BEER, URSULA:** Geschlecht, Struktur, Geschichte - Soziale Konstituierung des Geschlechterverhältnisses, Frankfurt am Main 1990; **BERNARD, CHERYL / SCHLAFFER, EDITH:** Mütter machen Männer - Wie Söhne erwachsen werden, München 1994; **BLEIBTREU-EHRENBERG, GISELA:** Rollenspezifisch oder geschlechtsneutral ? - Sozialisation zwischen Tradition und Werten, in: Jugend und Gesellschaft, Heft 2-3 / Mai 1991; **BÖHNISCH, LOTHAR / WINTER, REINHARD:** Männliche Sozialisation - Bewältigungsprobleme männlicher Geschlechtsidentität im Lebenslauf, Juventa Verlag 1993; **BONGERS, D.:** Männerselbstbilder - Eine explorative Studie über Auffassungen von Männlichkeit im Selbstbild junger Männer, unveröff. Dissertation 1985; **BRENNER, GERD / GRUBAUER, FRANZ:** Typisch Mädchen ? Typisch Junge ? - Persönlichkeitsentwicklung und Wandel der Geschlechterrollen, München 1991; **BRUNKE, MICHAEL:** Zur geschlechtsspezifischen Arbeit mit Jungen, in: Neuer Rundbrief - Informationen über Familie, Jugend und Sport, 2-3, Berlin 1981; **BUNDESZENTRALE FÜR GESUNDHEITLICHE AUFKLÄRUNG (HG):** Starke Mädchen, (vgl. Zweiwochendienst 103 / 1995, S. 13) Bonn 1995; **BUTLER, JUDITH:** Das Unbehagen der Geschlechter, Frankfurt am Main; **BUTLER, JUDITH / BRAIDOTTI, ROSI U.A.:** Zur Krise der Kategorien: Frau - Lesbe - Geschlecht, Vorträge aus der Frankfurter Frauenschule, Facetten feministischer Theoriebildung, Materialienbände Bd. 14, 1994; **CROISSIER, S.:** Kognitive und soziale Faktoren in der Entwicklung kindlicher Geschlechtsrolleneinstellung, Weinheim 1979; **FALCONNET, GEORGES / LEFAUCHEUR, NADINE:** Wie ein Mann gemacht wird, Berlin 1977; **GRABRUCKER, MARIANNE:** „Typisch Mädchen ...“ - Prägung in den ersten drei Lebensjahren, Tagebuch, Frankfurt am Main; **GERNGROSS, MARGARETE:** Das Konzept der Androgynität und seine Relevanz für eine neue Beziehung zwischen den Geschlechtern, Hinze Verlag 1990; **GEULEN, DIETER / HURRELMANN, KLAUS:** Zur Programmatik einer umfassenden Sozialisationstheorie, in: Hurrelmann, K. / Ulich, D. (HG): Handbuch der Sozialisationsforschung, Weinheim 1982, S. 51-70; **GIDDENS, ANTHONY:** Die Konstitution der Gesellschaft, Frankfurt am Main 1988; **GIDDENS, ANTHONY:** Wandel der Inimität - Sexualität, Liebe und Erotik in modernen Gesellschaften, Frankfurt am Main 1993; **HAGEMANN-WHITE, CAROL / RERRICH, M.S. (HG.):** FrauenMännerBilder - Männer und Männlichkeit in der feministischen Diskussion, AJZ Verlag, Bielefeld 1988; **HAGEMANN-WHITE, CAROL:** Sozialisation: Weiblich - männlich ?, Opladen 1984; **HAINDORF, GÖTZ:** Soziologische Imagination - Männliche und weibliche Identität im Forschungsprozeß, Männerbüro Göttingen 1990; **HIRSCHAUER, STEFAN:** Die interaktive Konstruktion von Geschlechtszugehörigkeit, in: Zeitschrift für Soziologie 18, 2, 1989, S. 100-118; **HIRSCHAUER, STEFAN:** Die soziale Konstruktion der Transsexualität, Frankfurt am Main 1993; **JOKISCH (HG):** Mann-Sein - Identitätskrise und Rollenfindung des Mannes in der heutigen Zeit, Reinbek 1982; **JUNG, EMMA:** Animus und Anima, Fellbach-Oeffingen 1988; **KAMERMANS, JOHANNA:** Künstliche Geschlechter - Nirwana oder Götterdämmerung? 1995; **KLEIN, GABRIELE / TREIBEL, ANNETTE:** Begehren und Entbehren - Beiträge zur Geschlechterforschung, Pfaffenweiler 1993; **KNEGENDORF, PETRA:** Das Bild des Mannes in der Zeitschriftenwerbung, Schriftenreihe des FB Wirtschaft Hochschule Bremen, Bd. 40, Bremen 1989; **KOHLBERG, LAWRENCE:** A cognitive-developmental analysis of children´s sex role concepts and attitudes, in: Maccoby, E.E. (HG): The development of sex differences, Stanford Univ. Press 1966, S. 82-173; **KOHLBERG, LAWRENCE:** Analyse der Geschlechtskonzepte und -Attitüden bei Kindern unter dem Aspekt der kognitiven Entwicklung, in: Kohlberg. L.: Zur kognitiven Entwicklung des Kindes, Frankfurt am Main 1974, S. 334-461; **KRAPPMANN, L.:** Neuere Rollenkonzepte als Erklärungsmöglichkeit für Sozialisationsprozesse, in: Auwächter u.a. (HG): Kommunikation, Interaktion, Identität, Frankfurt am Main 1976, S. 307-330; **KÜRTHY, TAMAS:** Geschlechtsspezifische Sozialisation, Bd. 1 & 2, Paderborn 1978; **LANG, SABINE:** Männer als Frauen, Frauen als Männer - Geschlechtsrollenwechsel bei Indianern Nordamerikas, 1990; **LENZ, ILSE U.A. (HG):** Geschlecht und Gesellschaft, Opladen 1995; **LEWONTIN, RICHARD / ROSE, STEVEN / KAMIN, LEON:** Die Gene sind es nicht - Biologie, Ideologie und menschliche Natur, München & Weinheim 1987; **LIDIZ, THEODORE / LIDIZ, RUTH:** Weibliches in Männliches verwandeln - Männlichkeits-Rituale in Papua Neuguinea, in: Friedman, R.M. / Lerner, L. (HG): Zur Psychoanalyse des Mannes, Springer Verlag, Berlin 1986, S. 115-134; **MCINTOSH, M.:** Der Begriff „Gender“, in: Das Argument, Jg. 33, 1991, S. 845-861; **MERZ, FERDINAND:** Geschlechterunterschiede und ihre Entwicklung - Ergebnisse und Theorien der Psychologie, Göttingen, Toronto, Zürich 1979; **MEULENBELT, ANJA:** Wie Schalen einer Zwiebel oder wie wir zu Frauen und Männern gemacht werden, München 1985; **NITZSCHKE, BERND:** Der Mann als Frau, in: Die Zeit 6 / 1984; **PFENNING, JÖRN:** Abschied von der Männlichkeit, München 1991; **PROJEKT FÜR HISTORISCHE GECHLECHTERFORSCHUNG (HG):** Was sind Frauen ? Was sind Männer ?, Frankfurt am Main 1996; **RONNEBERGER, F. (HG):** Sozialisation durch Massenkommunikation, Stuttgart 1971; **SCHÜTZ, ALFRED:** Der strukturale Aufbau der sozialen Welt, Frankfurt am Main 1981; **SOBIECH, GABRIELE:** Grenzüberschreitungen - Körperstrategien von Frauen in modernen Gesellschaften, Wiesbaden 1994; **SOMMER, CARLO / WIND, THOMAS:** Mode - Über die Hüllen des Ich, Weinheim 1988; **STARKE, KURT / U.A.:** Lexikon der Erotik - Stichwort: Geschlecht, München 1996; **TRAUTNER, HANNS MARTIN:** Geschlecht, Sozialisation, Identität, in: Frey, H.P. / Haußer, K. (HG): Identitätsforschung - Entwicklungen in Psychologie und Soziologie, 1987; **TREIBEL, ANNETTE:** Einführung in die soziologischen Theorien der Gegenwart, Opladen 1993; **TSCHOPP-ALLEMANN, ANNEMARIE:** Geschlechtsrollen - Eine interdisziplinäre Synthese, Huber Verlag, Bern Stuttgart Wien; **TYRELL, HARTMANN:** Geschlechtliche Differenzierung und Geschlechterklassifikation, in: Kölner Zeitschrift für Soziologie und Sozialpsychologie, 1986, Jg. 38, S. 450-489; **WAHL, PETER:** Einige Aspekte männlicher Sozialisation, in: Willems, Horst / Winter, Reinhard (HG): „... damit du groß und stark wirst“ - Beiträge zur männlichen Sozialisation, Tübingen 1990, S. 9-28; **WATZLAWICK, PAUL:** Wie wirklich ist die Wirklichkeit ? - Wahn, Täuschung, Verstehen, München 1981; **WEILER, GERDA:** Der enteignete Mythos - Eine feministische Revision der Archetypenlehre C.G. Jungs und Erich Neumanns, Frankfurt am Main 1991; **WESLEY, FRANK / WESLEY, CLAIRE:** Das Rollendiktat - Zur Psychologie der Geschlechter, Frankfurt am Main 1978; **WILSON-SCHAEF, ANNE:** Weibliche Wirklichkeit - Männer in der Frauenwelt, München 1991; **WINTER, REINHARD (HG):** Stehversuche - Sexuelle Jungensozialisation und männliche Lebensbewältigung durch Sexualität, Männermaterial Band 3, Tübingen 1993; **WURZBACHER, G. (HG):** Die Familie als Sozialisationsfaktor, Stuttgart 1974; **ZIELKE, BRIGITTE:** Deviante Jugendliche - Individualisierung, Geschlecht und soziale Kontrolle, 1993.

Weiterhin verwendete Literatur für Kapitel 2:

ACHTERBERG, JEANNE: Rituale sind die Wegweiser, in: Psychologie heute, Titel, September 1993, S. 35-40; **ALTENDORF, MARION:** Bisexualität - Zweigeschlechtliches Begehren und zweigeteiltes Denken, 1993; **AMENDT, GERHARD:** Wie Mütter ihre Söhne sehen, Frankfurt am Main; **APPERSON, L.B. / MCADOO, W.G.:** Parental factors in the childhood of homosexuals, Journal of abnormal Psychology, bd. 73, 1968, S. 201-206; **ARGELANDER, H.:** Das Erstinterview in der Psychotherapie, Darmstadt 1972;

BÄREND, HARTMUT / BÖHM, HANS (HG): Ich mag mich - Selbstfindung und Selbstannahme, 1984; **BARZ, HELMUT:** Blaubart - Wenn einer vernichtet, was er liebt - Weisheit im Märchen, Zürich 1987; **BAUMANN, HERMANN:** Das doppelte Geschlecht - Ethnologische Studien zur Bisexualität in Ritus und Mythos, 1986; **BAUMAN, ZYGMUNT:** Moderne und Ambivalenz - Das Ende der Eindeutigkeit, Frankfurt am Main, 1995; **BECK, A. T.:** Wahrnehmung der Wirklichkeit und Neurose - Kognitive Psychotherapie emotionaler Störungen, München 1979; **BECK, AARON U. A.:** Kognitive Therapie der Depression, Psychologie Verlags Union 1985; **BELLEBAUM, ALFRED:** Schweigen und Verschweigen - Bedeutung und Erscheinungsvielfalt einer Kommunikationsform, Wiesbaden 1992; **BENARD, CHERYL / SCHLAFFER, EDIT:** Sagt mir, wo die Väter sind, Reinbek 1991; **BENARD, CHERYL / SCHLAFFER, EDITH:** Papas Alibi - Der abwesende Vater als Täter in der Entwicklung des Kindes, Psychologie Heute 1992, Nr.2, S. 20-25; **BENE, E.:** On the genesis of male homosexuality - An attempt at claryfing the role of the parents, Brit. Journal Psychiatry, Bd. 111, 1965, S. 803-813; **BENJAMIN, JESSICA:** Die Fesseln der Liebe - Zur Bedeutung der Unterwerfung in erotischen Beziehungen, in: Feministische Studien, 4. Jg., November 1985; **BERGER, PETER / LUCKMANN, THOMAS:** Die gesellschaftliche Konstruktion der Wirklichkeit, Frankfurt am Main 1969; **BERGMANN, JÖRG:** Klatsch - Zur Sozialform der diskreten Indiskretion, Berlin 1987; **BETTELHEIM, BRUNO:** Die symbolischen Wunden - Pubertätsriten und der Neid des Mannes, Frankfurt am Main 1982; **BIENEWALD, E.:** „Die Jungs sind gar nicht cool, die tun nur so ..." - Wie männliche Arbeiterjugendliche untereinander Zärtlichkeiten austauschen, in: Deutsche Jugend, Nr. 1 / 1983; **BIRNMEYER, JOACHIM:** Subjekt, Identität und Krise - Begründung und Entwicklung kommunikativer Kompetenz als pädagogisches Problem, Bd 1: Subjekttheoretische Annahmen der Sozialphilosophie und Entwicklungspsychologie, Haag und Herchen 1991; **BITTER, MONIKA (HG):** Lesbische und schwule Perspektiven in der Psychologie, Profil Verlag, München 1995; **BLEIBTREU-EHRENBERG, GISELA (HG):** Mädchen dürfen stark sein - Jungen dürfen schwach sein, Reinbek 1985; **BOLDT, RENATE / KRAHL, GISELA (HG):** Mädchen dürfen stark sein - Jungen dürfen schwach sein, Reinbek 1985; **BONGERS, D.:** Männerselbstbilder - Eine explorative Studie über Auffassungen von Männlichkeit im Selbstbild junger Männer, Unveröff. Dissertation 1985; **BONORDEN, H. (HG):** Was ist los mit den Männern ? - Stichworte zu einem neuen Selbstverständnis, München 1985; **BOPP, J.:** Die Mammis und die Mappis - Zur Abschaffung der Vaterrolle, in: Kursbuch 76, Berlin 1984, S. 53-74; **BOURDIEU, PIERRE:** Sozialer Sinn, Frankfurt am Main 1987; **BRICKENKAMP, R.:** Kreativität und Kreativitätstraining in der Schule, in: Nickel, H. / Langenhorst, E. (HG): Brennpunkte der Pädagogischen Psychologie, Bern 1973; **BRUGGER, WINFRIED:** Persönlichkeitsentfaltung als Grundwert der amerikanischen Verfassung - Dargestellt am Beispiel Homosexualität, C.F. Müller Verlag 1994; **BUCHMANN, MARLIS:** Konformität und Abweichung im Jugendalter - Eine empirische Untersuchung zur Biographie- und Identitätsentwicklung und abweichendem Verhalten Jugendlicher, 1983; **BUGGLE, F.:** Die Entwicklungspsychologie Jean Piagets, Stuttgart 1985; **BUSCAGLIA, LEO:** Ganz Mensch sein - Die Kunst, mit sich selbst Freundschaft zu schliessen, Goldmann Verlag 1992; **CARTER, STEVEN / SOKOL, JULIA:** Die Angst vor der ewigen Liebe - Bindungsphobien der Männer, Glattbrugg 1989; **CÄSAR, S.G.:** Über Kreativitätsforschung, Psychologische Rundschau, Nr. 32, 1981, S. 83-102; **CHASSEGUET-SMIRGEL, JANINE:** Das Ich-Ideal - Psychoanalytischer Essay über die „Krankheit der Idealität", Frankfurt am Main 1987; **CHEEK, JONATHAN:** Warum so schüchtern? Mehr Selbstbewusstsein in Beruf, Freundschaft und Liebe, Kösel Verlag 1993; **CHMIELORZ, MARKUS:** Schritt für Schritt: Das Coming-Out Schwuler - Ein Handbuch für Betreuer, Hamburg 1993; **CHODOROW, NANCY:** Das Erbe der Mütter, München 1985; **CLEMTENT, ULRICH:** Sexualität im sozialen Wandel - Eine empirische Vergleichsstudie an Studenten 1966 und 1981, Stuttgart 1986; **COHEN, RUTH:** Von der Psychoanalyse zur themenzentrierten Interaktion, Stuttgart 1988; **COHEN, SHERRY:** Zärtlichkeit heilt - Berühren, Streicheln, Massieren, 1994; **COLE, EDWIN:** Total Mann sein - Das Buch für den modernen Mann, Aßlar-Berghausen 1992; **COLMAN, ARTHUR / COLMAN, LIBBY:** Der Vater - Veränderungen einer männlichen Rolle, München 1991; **COMISKEY, ANDREW:** Unterwegs zur Ganzheitlichkeit - Hilfen für Menschen mit homosexuellen Empfindungen, Seelsorger und Berater, Projekion Verlag 1993; **CORNEAU, GUY:** Abwesende Väter - Verlorene Söhne, Die Suche nach der männlichen Identität, Walter Olten 1993; **CORSTEN, MICHAEL:** Das Ich und die Liebe - Subjektivität, Intimität, Vergesellschaftung, Opladen 1993; **DANOWSKI, MAREK:** War Chopin bisexuell ? 1995; **DANOWSKI, MAREK:** Sigmund Freuds Sexualtheorie ist falsch, 1996; **DELAURETIS, TERESA:** Die andere Szene - Psychoanalyse und lesbische Sexualität, Berlin 1996; **DELEUZE, GILLES / GUATTARI, FELIX:** Anti-Ödipus, Frankfurt am Main 1974; **DER SPIEGEL:** Die Leute wissen nichts - Interview mit den schwulen TV-Moderatoren Matthias Frings und Ernie Reinhardt (Lilo Wanders) über Aufklärung im Fernsehen, Heft 44/94, S. 94ff; **DOGS, WILFRIED:** Der erotische Identifikationskonflikt - Eine psychotherapeutische Führung durch die abenteuerlichen Irrgärten der Gefühle, Haug Verlag 1988; **DRÖSE, PETER:** Kommunikative Kompetenz und Persönlichkeit, Hayit Verlag 1982; **DÖRING, HEINRICH, KAUFMANN, FRANZ-XAVER:** Kontingenzerfahrung und Sinnfrage, Freiburg 1987; **DUERR, HANS-PETER:** Der Mythos vom Zivilisationsprozess - Bd. II: Intimität, Frankfurt am Main 1994; **DYER, WAYNE:** Der wunde Punkt - Die Kunst, nicht unglücklich zu sein, Reinbek 1977; **EDELSTEIN, WOLFGANG / KELLER, MONIKA (HG):** Soziale Kognition - Zur Entwicklung des Verständnisses der sozialen Welt, Frankfurt am Main 1981; **EIBL-EIBESFELDT, IRENÄUS:** Liebe und Haß, München 1970; **ELIADE, MIRCEA:** Rites and Symbols of Initiation, New York: Harper & Row, 1958; **ELIAS, NORBERT / SCOTSON, JOHN:** Etablierte und Außenseiter, Frankfurt am Main 1993; **ELIAS, NORBERT:** Die Gesellschaft der Individuen, Frankfurt am Main 1991; **ELIAS, NORBERT:** Engagement und Distanzierung, Frankfurt am Main 1987; **ELIAS, NORBERT:** Über den Prozeß der Zivilisation, München 1979; **ELIUM, JEANNE / ELIUM, DON:** Söhne erziehen - Wie Väter und Mütter Jungen zu selbstbewussten Männern machen können, München 1994; **ENGELKE, K.:** ... und habe nichts als Angst, in: Gerspach, M. / Hafenegger, B.: Das Vaterbuch, Frankfurt am Main 1982, S. 32-36; **ENZENSBERGER, H.M.:** Mittelmaß und Wahn, Frankfurt am Main 1991; **ERATH, PETER:** Wieviel Mutter braucht der Mensch ? Ariston Verlag 1995; **FAST, IRENE:** Von der Einheit zur Differenz - Psychoanalyse der Geschlechtsidentität, Springer Verlag 1991; **FIEDLER, KLAUS:** Kognitive Strukturierung und Prozesse sozialen Umwelt - Untersuchungen zur Wahrnehmung kontingenter Ereignisse, Hogrefe Verlag 1985; **FINK-EITEL, HINRICH:** Rezension zu Fritz Morgenthaler, Homosexualität, Heterosexualität, Perversion, Frankfurt am Main / Paris 1984, in: Psyche 1 / 1985, S. 75; **FOUCAULT, MICHEL:** Sexualität und Wahrheit, Bd. 1: Der Wille zum Wissen (1983), Bd. 2: Der Gebrauch der Lüste (1989), Bd. 3: Die Sorge um sich (1989), Frankfurt am Main; **FRANKL, VIKTOR E.:** Der Mensch vor der Frage nach dem Sinn - Eine Auswahl aus dem Gesamtwerk, München 1979; **FREUD, ANNA:** Das Ich und die Abwehrmechanismen (1936), München o.J.; **FREUD, SIGMUND:** Gesammelte Schriften, Wien 1919, vgl. a. Bieber, I. et al: Homosexuality - A psychoanalytic study, New York, 1962, vgl. a. Bieber, I. / Bieber, T.: Male homosexuality, canadian Journal of Psychiatry, Bd. 24, 1979, S. 409-421, vgl. a. Evans, R.B.: Childhood parental relationships of homosexual men, Journal of Consulting and Clinical Psychology, Bd. 33, 1969, S. 129-135, vgl. a. Storr, A.: Sexual deviation, Baltimore 1964, vgl. a. West, D. J.: Parental figures in the genesis of real homosexuality, Intern. J. of Social Psychiatry, Bd. 5, S. 85-97, 1959, vgl. a. Green, R.: The Sissyboy Syndrome and the Development of Homosexuality, New Haven 1987; **FREUD, SIEGMUND:** Der Dichter und das Phantasieren, Ges. Werke, Bd. 7, 6. Aufl., Frankfurt am Main 1908 / 1976; **FREUD, SIGMUND:** Der Witz und seine Beziehung zum Unterbewußten / Der Humor, Frankfurt am Main 1992; **FREUD, SIGMUND:** Eine Kindheitserinnerung des Leonardo da Vinci (1920), in: Studienausgabe, Bd. X; **FRICKE, ARMIN:** Die Angst vor der Öffentlichkeit und die vor der eigenen Courage - Die Auseinandersetzung mit Homosexuellen in den evangelischen Landeskirchen, in: Eckstein, Forum für Theologie und Politik am FB 02, hg. v. FSR Katholische Theologie Münster, November 1992, S. 20-26; **FRIDAY, NANCY:** Die sexuellen Phantasien der Frauen, Reinbek 1980; **FRIDAY, NANCY:** Die sexuellen Phantasien der Männer, Reinbek 1983; **FRIEDMAN, ROBERT M. /**

LERNER, L.: Zur Psychoanalyse des Mannes, Berlin 1986; **FRIEDMAN, ROBERT:** Zur historischen und theoretischen Kritik am psychoalalytischen Modell der Homosexualität, in: Friedman, R.M. / Lerner, L. (HG): Zur Psychoanalyse des Mannes, Berlin 1986, S. 77-114; **FRINGS, MATHIAS / KRAUSHAAR, ELMAR (HG):** Heiße Jahre - Das Ding mit der Pubertät, Reinbek 1983; **FRÜH, WERNER:** Realitätsvermittlung durch Massenmedien, Wiesbaden 1994; **FTHENAKIS, W.E.:** Väter, Bd. 1: Zur Psychologie der Vater-Kind-Beziehung, Bd. 2: Zur Vater-Kind-Beziehung in verschieden Familienstrukturen, Wien 1985; **GARZ, DETLEF:** Sozialpsychologische Entwicklungstheorien von Mead, Piaget und Kohlberg bis zur Gegenwart, Opladen 1994; **GEISSLER, SINA-ALINE:** Doppelte Lust - Bisexualität heute: Erfahrungen und Bekenntnisse, München 1995; **GEKLE; HANNA:** Tod im Spiegel - zu Lacans Theorie des Imaginären, Frankfurt am Main 1996; **GENNEP, ARNOLD VAN:** Übergangsriten (Les rites de passage), Frankfurt am Main 1986; **GERBERT, FRANK:** Rituale - Stützmauern der Seele, in: Focus13/96, S. 198ff; **GIORGI, COLIN DE:** Somewhere - Schrei nach Liebe, Rita Fischer Verlag 1993; **GLÖTZNER, JOHANNES:** Der Vater - Über die Beziehung von Söhnen zu ihren Vätern, Frankfurt am Main 1983; **GOFFMAN, ERVING:** Interaktionsrituale - Über Verhalten in direkter Kommunikation, Frankfurt am Main 1986; **GOFFMAN, ERVING:** Stigma – Über Techniken der Bewältigung beschädigter Identität, Frankfurt am Main 1967; **GOFFMAN, ERVING:** Wir alle spielen Theater - Die Selbstdarstellung im Alltag, München 1993; **GOLDBERG, HERB:** Der verunsicherte Mann - Wege zu einer neuen Identität aus psychotherapeutischer Sicht, Reinbek 1996; **GÖRDEN, MICHAEL (HG):** Das Buch vom wilden Mann - Der uralte Mythos neu betrachtet, München 1992; **GREENSTEIN, J.M.:** Father characteristics ans sex-typing, J. Personal. Soc. Psychol., Bd. 3, 1966, S. 271-277;**GROMUS, BEATRIX:** Weibliche Phantasien und Sexualität, München 1993; **GROSS, HENKIN ZENITH:** Und Du dachtest schon es ist vorbei - Mütter und ihre erwachsenen Kinder, München 1988; **HALDANE, SEAN:** Erste Hilfe für die Seele - Wie man Partnern, Freunden, Kindern und Kollegen in akuten emotionalen Krisensituationen beistehen und ihnen helfen kann, Knaur Verlag 1992; **HALLER, DIETER:** Machismo und Homosexualität - Zur Geschlechtsrollenkonzeption des Mannes in Andalusien, Diss., Heidelberg 1991; **HANISCH, LOTHAR:** Männlich und weiblich identifizierte Homosexuelle - Eine vergleichende Untersuchung, Diss., Hamburg 1974; **HÄRLE, GERHARD (HG):** Erkenntniswunsch und Diskretion - Erotik in biographischer und autobiographischer Literatur - 3. Kolloquium Homosexualität und Literatur, 1992; **HARRIS, AMY / HARRIS, THOMAS:** Einmal o.k. - immer o.k., Reinbek 1990; **HARTMANN, U.:** Inhalte und Funktionen sexueller Phantasien, Stuttgart 1989; **HAUER, GERHARD:** Sehnsucht nach Zärtlichkeit - Liebe und Sexualität bei Jugendlichen und Unverheirateten, 1981; **HEINTEL, P. / KRAINZ, E.:** Was bedeutet „Systemabwehr" ?, in: Götz, K. (HG): Theoretische Zumutungen, Heidelberg 1994, S. 160-193; **HELFERICH, CORNELIA:** Jugend, Körper und Geschlecht - Die Suche nach sexueller Identität, Opladen 1993; **HELSPER, WERNER (HG):** Jugend zwischen Moderne und Postmoderne, Opladen 1991; **HERMS-BONHOFF, ELKE:** Hotel Mama - Warum erwachsene Kinder heute nicht mehr ausziehen, München 1995; **HITE, SHERE:** Erotik und Sexualität in der Familie, München 1996; **HOAGLAND, SARAH:** Die Revolution der Moral - Neue lesbisch-feministische Perspektiven, 1991; **HOCQUENGHEM, GUY:** Das homosexuelle Verlangen, München 1974; **HOFMANN, MARTIN:** Innerlich fremd - Wer will schon schwul sein... 1995; **HOFSÄSS, THOMAS:** Homosexualität und Erziehung - Pädagogische Betrachtung eines Spannungsfeldes in Familie, Schule und Gesellschaft, 1995; **HÖKEL, CHRISTIAN:** Das Coming Out schwuler Jugendlicher - Was macht es so schwierig? Sozialpädagogische Hilfen, Mikrofiche, 1995; **HOLLSTEIN, WALTER:** Nicht Herrscher, aber kräftig - Die Zukunft der Männer, Reinbek 1991; **HOLZ, KARIN / ZAHN, CARMEN:** Rituale und Psychotherapie, Berlin 1996; **HONER, ANNE:** Bodybuilding als [Ersatz-] Sinnsystem, in: Sportwissenschaft, 1985, S. 155-169; **HÜLSEMANN, IRMGARD / WIECK, WILFRIED:** Die geheimen Verbote - Moralische Konflikte in der Therapie, Frankfurt am Main 1992; **JOHNSON, ROBERT A.:** Vom Weiblichen im Mann - Die femininen Archetypen im männlichen Leben, München 1996; **JOOP, WOLFGANG:** Menschliche Dimensionen sind attraktiver als sexuelle, in: Der Spiegel, Heft 5/96, S. 107f; **JUNG, C.G.:** Die psychologischen Aspekte des Mutterarchetypus (1938), in: Jung, C.G.: Archetypen, München 1990, S. 75-106; **JUNG, CARL GUSTAV:** Die Archetypen und das kollektive Unbewußte, in: Gesammelte Werke, Bd. 9/1, Olten 1976; **JUNG, EMMA:** Animus und Anima, Fellbach-Oeffingen 1988; **KAISER, HEIDI:** So sag ich's meinem Kinde, Reinbek 1990; **KANNICHT, ANDREAS:** Selbstwerden des Jugendlichen - Der psychoanalytische Beitrag zu einer pädagogische Anthropologie des Jugendalters, Königshausen und Neumann Verlag 1985; **KELSEN, HANS:** Die Platonische Liebe, in: Aufsätze zur Ideologiekritik (Soz. Texte 16), Neuwied 1964; **KEUPP, H.:** Psychische Krankheit als hergestellte Wirklichkeit - eine Grenzbestimmung des Ettikettierungsparadigmas, S. 199-212 in: Keupp, Heiner (HG): Normalität und Abweichung, München 1978/9; **KINDLER, HEINZ:** Maske(r)ade - Jungen- und Männerarbeit für die Praxis, Schwäbisch Gmünd 1993; **KIRCHENKANZLEI DER EV. KIRCHE IN DEUTSCHLAND (HG):** Denkschrift zu Fragen der Sexualethik, Gütersloh 1984; **KLEIN, GABRIELE / TREIBEL, ANNETTE:** Begehren und Entbehren - Beiträge zur Geschlechterforschung, Pfaffenweiler 1993; **KLINGER, DOMINIK:** Die menschliche Sexualität mit historischen Bilddokumenten - Die männliche und weibliche Homosexualität und ihre Varianten, 1992; **KRÖHN, WOLFGANG:** Untersuchung zum Vaterdefizit bei 50 Schwulen, Diss., Heidelberg 1979; **KUNTZ-BRUNNER, RUTH:** Bisexualität, Reinbek 1994; **KUNZ, H.:** Die anthropologische Bedeutung der Phantasie, Basel 1946; **LÄHNEMANN, MAGDALENE:** Information, Integration, Konfrontation - Homosexuelle Aufklärung in Schulklassen und Jugendfreizeitheimen, Hrsg. von der Senatsverwaltung für Jugend und Familie, Referat für Gleichgeschlechtliche Lebensweisen, Berlin 1991; **LANDAU, E.:** Kreatives Erleben, München 1984; **LANG, SABINE:** Männer als Frauen, Frauen als Männer - Geschlechtsrollenwechsel bei Indianern Nordamerikas, 1990; **LAZARUS, RICHARD:** Streß und Streßbewältigung - Ein Paradigma, in: Filipp, S. H. (HG): Kritische Lebensereignisse, München 1981, S. 198-232; **LEE, JOHN:** Auf der Suche nach dem Vater - Wie Männer wieder Zugang zu ihren Gefühlen finden, München 1993; **LEHR, URSULA:** Die Rolle der Mutter in der Sozialisation des Kindes, Darmstadt 1978; **LÉVINAS, E.:** Die Spur des Anderen, Freiburg und München 1983; **LEWALD, KUNO:** Unser täglicher „Heterorismus" - Oder wer schläft mit wem ? Überlegungen zu einem Problem, das keines sein müsste. Aufsätze, Berichte, Glossen, 1990; **LIDIZ, THEODORE / LIDIZ, RUTH:** Weibliches in Männliches verwandeln - Männlichkeits-Rituale in Papua Neuguinea, in: Friedman, R.M. / Lerner, L. (HG): Zur Psychoanalyse des Mannes, Berlin 1986, S. 115-134; **LOOCKWOOD, DAVID:** Soziale Integration und Systemintegration, in: Zapf, Wolfgang (HG): Theorien des sozialen Wandels, Köln 1979, S. 124-137; **LOWEN, ALEXANDER:** Depression - Ursachen und Wege der Heilung, München 1978; **LUHMANN, NIKLAS:** Kontingenz als Eigenwert der modernen Gesellschaft, in: ders.: Beobachtungen der Moderne, Opladen 1992, S. 93-128; **LUHMANN, NIKLAS:** Vertrauen - Ein Mechanismus zur Reduktion sozialer Komplexität, Stuttgart 1973; **MAHLER, M.S.:** Symbiose und Individuatuion, Stuttgart 1972; **MARCUSE, HERBERT:** Der eindimensionale Mensch, 1967; **MARTI, MADELEINE:** Hinterlegte Botschaften - Die Darstellung lesbischer Frauen in der deutschsprachigen Literatur seit 1945, Metzler Verlag 1992; **MARTIN, R.:** Wieviel Vater braucht der Mensch ?, Frankfurt am Main 1989; **MATEJOVSKI, DIRK:** Das Motiv des Wahnsinns, Frankfurt am Main 1996; **MCDOUGALL, JOYCE:** Pladoyer für eine gewisse Anormalität, Frankfurt am Main 1985 (1978); **MC CORD, W. ET AL:** Effects of parental absence on male children, in: Journal of Abnorm. Social Psychology, Bd. 64, 1962, S. 361-369; **MEAD, GEORGE HERBERT:** Geist, Identität und Gesellschaft, Frankfurt am Main 1968; **MEADE, MICHAEL:** Die Männer und das Wasser des Lebens - Wege zur wahren Männlichkeit, München 1996; **MECKE, GÜNTER:** Franz Kafkas offenbares Geheimnis, München 1982; **MERTENS, WOLFGANG:** Entwicklung der Psychosexualität und Geschlechtsidentität, Kohlhammer Verlag 1992; **MEYER-WILLNER, GERHARD:** Differenzieren und Individualisieren, 1979; **MILLER, ALICE:** Das verbannte Wissen, Frankfurt am Main 1988; **MITSCHERLICH, ALEXANDER:** Auf dem Weg zur vaterlosen Gesellschaft - Ideen zur Sozialpsychologie, München 1989;

MITSCHERLICH, M.: Müssen wir hassen ? Über den Konflikt zwischen innerer und äußerer Realität, München 1976; **MITSCHERLICH, MARGARETE:** Patriarchale Strukturen in einer vaterlosen Gesellschaft, Frankfurt am Main 1982; **MITSCHERLICH, MARGARETE:** Über die Mühsahl der Emanzipation, Frankfurt am Main 1990; **NEUMANN, ERICH:** Die Große Mutter, Olten 1989; **NEUMANN, ERICH:** Ursprungsgeschichte des Bewußtseins, München 1968; **NITSCHKE, BERND:** Sexualität und Männlichkeit, Reinbek 1988; **NUTT, HARRY / NUTT, WOLFGANG (HG):** Brüderlein fein - Geschichten über ein schwieriges Verhältnis zwischen Männern, Reinbek 1991; **OHNE AUTOR:** Lesbische Liebe Exlibris: Sexuelle Phantasie, 1996; **OPP, KARL-DIETER:** Theorie sozialer Krisen - Apathie, Protest und kollektives Handeln, Hamburg 1978; **OSHERSON, S.:** Die ersehnte Begegnung - Männer entdecken ihre Väter, EHP Verlag, Köln 1990; **OSTNER, ANNEMARIE:** Bekenntnisse einer Rabenmutter, München 1994; **OTTMANN, H.:** Der Mensch als Phantasiewesen, in: Schöpf, A. (HG): Phantasie als antroholgisches Problem, Würzburg 1981, S. 159-175; **PACKARD, VANCE:** Verlust der Geborgenheit, München 1985; **PARKE, ROSS:** Erziehung durch den Vater, Stuttgart 1982; **PARKER, ALICE C.:** The exploration of the secret smile: the language of art and of homosexuality in Frank O'Hara's poetry, 1985; **PARSONS, TALCOT:** Das Über-Ich und die Theorie der sozialen Systeme (1952), in: ders.: Sozialstruktur und Persönlichkeit, Frankfurt / M. 1986, S. 25-45; **PARSONS, TALCOT:** Das Vater-Symbol - Im Lichte der psychoanalytischen und soziologischen Theorie, in: ders.: Sozialstruktur und Persönlichkeit, Frankfurt am Main 1986, S. 46-72; **PETZOLD, H. (HG):** Wege zum Menschen, Paderborn 1994; **PHILLIPS, ANGELA:** Warum Jungen nicht weinen - Von der Schwierigkeit, Jungen zu erziehen, Kap. 7: Die Befreiung der mütterlichen Macht, München 1995; **PILGRIM, VOLKER ELIS:** Muttersöhne, Reinbek 1990; **PILGRIM, VOLKER ELIS:** Elternaustreibung - Roman, Reinbek 1991; **PLEGER, WOLFGANG:** Differenz und Identität, 1988; **POPP, V. (HG):** Initiation - Zeremonien der Statusänderung und des Rollenwechsels, Frankfurt am Main 1969; **PROTO, LOUIS:** Leben oder gelebt werden - Von der Fremdbestimmung zur Selbstbestimmung, Noriam Verlag 1991; **PUFF, HELMUT:** Lust, Angst und Provokation - Homosexualität in der Gesellschaft, Göttingen 1993; **RAAB, PETER:** Heilkraft des Lesens - Erfahrungen mit der Bibliotherapie, Freiburg im Breisgau 1988; **RAPHAEL, RAY:** Vom Mannwerden - Übergangsrituale in der Welt der Männer, 1993; **RAUSCHENBACH, BRIGITTE:** Nicht ohne mich - Vom Eigensinn des Subjekts im Erkenntnisprozeß, Frankfurt am Main 1991; **REBSTOCK, DIETRICH:** Grosse Männer / Kleine Männer - Zum Funktionswandel und Funktionsverlust des Vaters und zur Bedeutung der Väter für die geschlechtsspezifische Sozialisation von Jungen, Neuling Verlag 1993; **RICHTER, HORST-EBERHARD:** Umgang mit Angst, Düsseldorf 1993; **RICOEUR, PAUL:** Soi-même comme un autre (Man selbst als ein anderer), München 1996; **RIESMAN, DAVID:** Die einsame Masse, Neuwied 1967; **RIGDON, BOB:** Erkenne dich selbst - der Schlüssel, andere zu verstehen, Edition Trobisch 1990; **ROGERS, C.R. / ROSENBERG, R.L.:** Die Person als Mittelpunkt der Wirklichkeit, Stuttgart 1980; **ROHR, RICHARD:** Der wilde Mann - Geistliche Reden zur Männerbefreiung, München 1994; **ROHRMANN, TIM:** Junge, Junge, Mann, o Mann - Über die Entwicklung zur Männlichkeit, Reinbek 1994; **ROLF, ECKARD:** Sagen und Meinen, Wiesbaden 1994; **ROTH, ERWIN (HG):** Denken und Fühlen - Aspekte kognitiv-emotionaler Wechselwirkung, Berlin 1989; **ROTMANN, M.:** Die Rolle des Vaters im Leben des kleinen Kindes, in: Schultz, H.J. (HG): Vatersein, München 1984, S. 150-159; **ROTMANN, M.:** Über die Bedeutung des Vaters in der „Wiederannäherungs-Phase", in: Psyche 322 (1978), S. 1105-1147; **RUIJTER, JAN:** Aids als Ursprung neuer Riten, in: Concilium 3/1993, S. 212-217; **RUMPF, MECHTHILD:** Spuren des Mütterlichen - Die widersprüchliche Bedeutung der Mutterrolle für die männliche Identitätsbildung, Frankfurt am Main 1989; **SCHAFFER, ULRICH:** Liebendes Wahrnehmen, Kreuz Verlag 1993; **SCHELLENBAUM, PETER:** Die Wunde der Ungeliebten - Blockierung und Verlebendigung der Liebe, München 1991; **SCHELLENBAUM, PETER:** Wir sehen uns im Andern - Identifikation - Projektion - Leitbild-Spiegelung, Metanoia Verlag 1992; **SCHILK, BRIGITTA:** Handeln für uns selbst in unserem eigenen Namen - Verzerrungen lesbischer Existenz in Gesellschaft und Kirche, Lesbische Ethik - Ein Gegenentwurf, 1993; **SCHLEGEL, WILLHART:** Die Bisexualität des Mannes - Die unterschiedlichen Menschentypen, 1994; **SCHMIDBAUER, WOLFGANG:** Die Angst vor Nähe, Reinbek 1985; **SCHMIDT, G.:** Gibt es Heterosexualität ? Vortrag im Rahmen der Vorlesung: Männliche Homosexualität in Kultur und Wissenschaft, Universität Hamburg, 1990/91, Kurzfassung in: Gay Express 3/91; **SCHNACK, DIETER / NEUTZLING, RAINER:** Kleine Helden in Not - Jungen auf der Suche nach Männlichkeit, Reinbek 1990; **SCHNEIDER, PETER:** Die Sache mit der „Männlichkeit" - Gibt es eine Emanzipation der Männlichkeit ?, in: Kursbuch 35, Berlin 1974; **SCHOTTLÄNDER, F.:** Die Mutter als Schicksal, Stuttgart 1961; **SCHRAM, DICK H.:** Norm und Normbrechung, Braunschweig 1991; **SCHULT, HANS JÜRGEN (HG):** Einsamkeit, Stuttgart 1980; **SCHULZ VON THUN, FIEDEMANN:** Miteinander Reden - Störungen und Klärungen, Psychologie der Kommunikation, Reinbek 1981; **SCHÜTZ, ALFRED:** Der sinnhafte Aufbau der sozialen Welt, Frankfurt am Main 1981; **SCHÜTZE, YVONNE:** Die gute Mutter - Zur Geschichte des normativen Musters „Mutterliebe", Schriftenreihe des Instituts Frau und Gesellschaft, Hannover 1986; **SCHWESINGER, HEIDRUN:** Selbstbestimmung contra Fremdbestimmung - Psychotherapeutische Utopie oder psychosoziale Chance ?, Reinhardt Verlag 1980; **SEGALEN, VICTOR:** Die Ästhetik des Diversen, Frankfurt am Main 1983; **SHARP, DARYL:** Zur eigenen Tiefe finden - Eine Psychologie der Lebensmitte des Mannes (Jungsche Psychologie: über Persona, Anima / Animus, Komplexe, Projektion und Individuation), Interlaken 1990; **SIEBENSCHÖN, LEONA:** Der Mama-Mann: Mutter und Sohn - Eine Beziehung ändert sich, Frankfurt am Main 1989; **SIELERT, UWE:** Jungenarbeit, München 1989; **SIELERT, UWE:** Sexualpädagogik, Kapitel: Homosexualität als Thema der Sexualerziehung mit Jugendlichen, Weinheim 1993, S. 163ff; **SIEGELMANN, M.:** Parental background of male homosexuals, Arch. Sex. behaviour, Bd. 3, 1974, S. 3-17; **SOLLMANN, ULRICH:** Worte sind Maske - Szenen menschlicher Intimität, Reinbek 1993; **STANGE, HELMUT:** Jugend - Identität - Sexualität - Zur Ambivalenz von Individualisierungsprozessen unter erschwerten Lern- und Lebensbedingungen, 1993; **STECHHAMMER, BRIGITTE:** Der Vater als Interaktionspartner, Frankfurt am Main 1981; **STEINER, CLAUDE:** Wie man Lebenspläne verändert - Das Script-Konzept in der Transaktionsanalyse, München 1982; **SULLIVAN, ANDREW:** Völlig normal - Ein Diskurs über Homosexualität, München 1996; **SÜSSMUTH, RITA:** Aids - Wege aus der Angst, Hamburg 1987; **THELEWEIT, KLAUS:** Männerphantasien, Bd. 1 u. Bd. 2, Frankfurt am Main 1986; **TIETZE, HENRY:** Blockierte Liebe - Wie seelische Konflikte unsere Sexualität beeinflussen, München 1992; **TURNER, VICTOR:** Das Ritual, Struktur und Antistruktur, Theorie und Gesellschaft, Frankfurt am Main 1988; **TURNER, VICTOR:** Vom Ritual zum Theater, der Ernst menschlichen Spiels, Frankfurt am Main 1989; **VAGINE, HONORÉ DE ST.:** Der Penis-Kult, München 1980; **VANGARD, TORKIL:** Phallos - Symbol und Kult in Europa, München 1971; **VAN WYK, P.H. / GEIST, C.S.:** Psychosocial development of heterosexual, bisexual and homosexual behaviour, Arch. Sexual Behaviour, Bd. 13, 1984, S. 505-542; **VOL, DON DE:** Selbstbezogene Kognitionen Jugendlicher in Abhängigkeit von der bereichsspezifischen Selbstwertrelevanz, Bochum 1982; **VOLLHABER, T.:** Das Nichts - Die Angst - Die Erfahrung, Untersuchung zur zeitgenössischen schwulen Literatur, Berlin 1987; **WAHL, ROLF:** Kognitive Therapie und interpersonale Psychotherapie bei depressiven Erkrankungen - Ergebnisse einer vergleichenden Psychotherapiestudie, Westdeutscher Verlag 1993; **WATZLAWICK, P. U.A.:** Lösungen - zur Theorie und Praxis menschlichen Wandels, Stuttgart 1974; **WATZLAWICK, P. U.A.:** Menschliche Kommunikation - Formen, Störungen, Paradoxien, Stuttgart 1969; **WATZLAWICK, PAUL:** Die Möglichkeit des Anderseins, Bern 1991; **WATZLAWICK, PAUL:** Wie wirklich ist die Wirklichkeit ? Wahn, Täuschung, Verstehen, München 1981; **WEBER, MAX:** Der Sinn der Wertfreiheit der soziologischen und ökonomischen Wissenschaften, 1917; **WEIKERT, M.:** Die Vaterbeziehung homosexueller Männer aus psychoanalytischer Sicht, Diplomarbeit, Hamburg 1984; **WEILER, GERDA:** Der enteignete Mythos - Eine feministische Revision der Archetypenlehre C.G. Jungs und Erich Neumanns, Frankfurt am Main 1991; **WEISS, VOLKER:** Wissbegierde und Geständniszwang -

Die Formierung sexueller Identität, 1993; **WIECK, WILFRIED:** Söhne wollen Väter - Wider die weibliche Umklammerung, Hamburg 1992; **WINCKELSESSER, THOMAS:** Hautkrankheit und Sexualverhalten - Eine empirische Untersuchung zum Sexualverhalten von Patienten mit Psoriasis vulgaris und atopischer Dermatitis mit Hautgesunden, Mikrofiche 1994; **WINIARSKI, ROLF:** Psychodynamische Theorien zur Homosexualität und Gay Counseling - Entwicklung und Systematik Wissenschaftstheoretischer Diskurs, Lang Verlag, 1993; **WINNICOTT, D.W.:** Vom Spiel zur Kreativität, Stuttgart 1985 (1971); **WOITITZ, JANET:** Heilen der Sexualität. Partnerschaft, Intimität, Vertrauen, Liebe, 1993; **WOLF, DORIS:** Einsamkeit überwinden - Von innerer Leere zu sich und anderen finden, Mannheim 1986; **WOLFF, CHARLOTTE:** Bisexualität, Frankfurt am Main 1979; **ZIELKE, BRIGITTE:** Deviante Jugendliche - Individualisierung, Geschlecht und soziale Kontrolle, 1993; **ZURNIEDEN, SABINE / KOLLE, OSWALD:** Nach beiden Seiten offen - Lust und Last der Bisexuellen, München 1996.

Weiterhin verwendete Literatur für Kapitel 3:

ANGLOWSKI, DIRK: Psychosoziale und pädagogische Aspekte im Coming-Out Jugendlicher - Eine Studie zu Einstellungen zur Homosexualität und Ansatzpunkte zum Einsatz von Jugendliteratur im Kontext der sexuellen Identitätsfindung, Mikrofiche 1995; **BECK, ELKE:** Identität der Person - Sozialphilosophische Studien zu Kierkegaard, Adorno und Mead, Königshausen u. Neumann Verlag 1991; **BIRNMEYER, JOACHIM:** Subjekt, Identität und Krise - Begründung und Entwicklung kommunikativer Kompetenz als pädagogisches Problem, Bd 1: Subjekttheoretische Annahmen der Sozialphilosophie und Entwicklungspsychologie, Haag und Herchen 1991; **BÖHM, THOMAS:** Verinnerlichung des Anderen - Der strukturelle Konnex von Moral, Identität und Herrschaft, Frankfurt am Main 1983; **BRADY, S. / BUSSE, W. J.:** The Gay Identity Questionnaire: A Brief Measure of Homosexual Identity Formation, in: Journal of Homosexuality 1994, Vol. 26, Nr. 4, S. 1; **BUCHMANN, MARLIS:** Konformität und Abweichung im Jugendalter - Eine empirische Untersuchung zur Biographie- und Identitätsentwicklung und abweichendem Verhalten Jugendlicher, 1983; **BUNDESZENTRALE FÜR GESUNDHEITLICHE AUFKLÄRUNG:** Unser Kind fällt aus der Rolle - Über den Umgang mit sexuellen Orientierungen, Köln 1994; **CASS, V.C.:** Homosexual identity formation: Testing a theoretical model, in: The Journal of Sex Research, Vol. 20, No. 2, 1984, 143-167; **DANIEL, CLAUS:** Theorien der Subjektivität, Einführung in die Soziologie des Individuums, Frankfurt am Main 1981; **DÜSING, EDITH:** Intersubjektivität und Selbstbewußtsein, Behavioristische, phänomenologische und idealistische Begründungstheorien bei Mead, Schütz, Fichte und Hegel, Verlag für Philosophie 1986; **FAST, IRENE:** Von der Einheit zur Differenz - Psychoanalyse der Geschlechtsidentität, Springer Verlag 1991; **FEIN, HUBERT / SCHWAB, REINHOLD:** Der Mensch auf der Suche nach seiner Identität - Textauswahl für die Oberstufe der Gymnasien, Paderborn 1979; **FEND, HELMUT:** Identitätsentwicklung in der Adoleszenz - Lebensentwürfe, Selbstfindung und Weltaneignung in beruflichen und familiären und politisch-weltanschaulichen Bereichen, Huber Verlag 1991; **FRANKL, VICTOR:** Ärztliche Seelsorge - Grundlagen der Logotherapie und Existenzanalyse, Deutike Verlag, Wien 1979; **FREY, H. P. / HAUBER, K. (HG):** Identitätsforschung - Entwicklungen in Psychologie und Soziologie, 1987; **FREY, HANS-PETER / HAUBER, KARL (HG):** Identität - Entwicklungen psychologischer und soziologischer Forschung, Stuttgart 1987; **FREY, HANS-PETER:** Identität - Eine empirische Untersuchung zur Genese und Änderung krimineller Identität bei Jugendlichen, Beltz Verlag 1983; **GOLLWITZER, P.M.:** Suchen, Finden und Festigen der eigenen Identität: Unstillbare Zielintention, in: Heckhausen, H. u.a. (HG): Jenseits des Rubikon - Der Wille in den Humanwissenschaften, Berlin 1987, S. 176-189; **HABERMAS, JÜRGEN:** Moralentwicklung und Ich-Identität (1974), in: ders.: Zur Rekonstruktion des historischen Materialismus, Frankfurt am Main 1976; **HARK, SABINE (HG):** Grenzen lesbischer Identitäten - Aufsätze, Berlin 1996; **HEITMEYER, WILHELM / OLK, THOMAS (HG):** Individualisierung von Jugend, Gesellschaftliche Prozesse, subjektive Verarbeitungsformen, jugendpolitische Konsequenzen, 1990; **HITZLER, RONALD:** Sinnwelten - Ein Beitrag zum Verstehen von Kultur, Opladen 1988; **HITZLER, RONALD:** Sinnbasteln - Zur subjektiven Aneignung von Lebensstilen, in: Mörth, I. / Fröhlich, G. (HG): Kultur und soziale Ungleichheit, Frankfurt am Main 1994; **HÖKEL, CHRISTIAN:** Das Coming Out schwuler Jugendlicher - Was macht es so schwierig ? Sozialpädagogische Hilfen, Mikrofiche, 1995; **HONER, ANNE:** Bodybuilding als [Ersatz-]Sinnsystem, in: Sportwissenschaft, 1985, S. 155-169; **JAIDE, WALTER:** Jugend und Identität - Betrachtungen, Radius Verlag 1993; **JOKISCH (HG):** Mann-Sein - Identitätskrise und Rollenfindung des Mannes in der heutigen Zeit, Reinbek 1982; **KANNICHT, ANDREAS:** Selbstwerden des Jugendlichen - Der psychoanalytische Beitrag zu einer pädagogischen Anthropologie des Jugendalters, Königshausen und Neumann Verlag 1985; **KERSTEN, ANNE:** Homosexuelle Identitätsentwicklung - Lebenswelt und Erfahrungen von jugendlichen Mädchen, in: Referat für gleichgeschlechtliche Lebensweisen: Lesbische Mädchen - ein Thema für die Jugendarbeit, Berlin 1993, S. 9ff; **KEUPP, HEINER:** Auf der Suche nach der verlorenen Identität, in: Keupp, Heiner / Bilden, Helga (HG): Verunsicherungen - Das Subjekt in gesellschaftlichen Wandel, Göttingen 1989, S. 48-69; **KOHLBERG, LAWRENCE:** Zur kognitiven Entwicklung des Kindes, Frankfurt am Main 1974; **KOLIP, PETRA:** Freundschaften im Jugendalter - Der Beitrag sozialer Netzwerke zur Problembewältigung, Juventa Verlag 1993; **KRÜGER, HEINZ-HERMANN (HG):** Handbuch der Jugendforschung, Opladen 1993; **LAMMERTZ, N.:** Gay Counseling - Homosexuelle helfen Homosexuellen, in: Psychologie Heute-Sonderband: Die Harten und die Zarten, Weinheim / Basel: Beltz, 1982, S. 181-182; **LAUFER, MOSES / LAUFER, EGLÉ:** Adoleszenz und Entwicklungskrise, 1989; **LAUSTER, PETER:** Stärkung des Ich-Düsseldorf 1993; **LAUTE, J.:** Die Selbstakzeptanz homosexueller Menschen und Möglichkeiten ihrer Förderung durch Einzel- oder Gruppengespräche in einer Beratungsstelle, Diplom-Arbeit (Psychologie), Hamburg 1986; **LEITNER, HARTMANN:** Lebenslauf und Identität, Frankfurt am Main 1982; **LEUZINGER-BOHLEBER, MARIANNE / MAHLER, ERWIN (HG):** Phantasie und Realität in der Spätadoleszenz, Opladen 1993; **LEVIN, ANNA:** Verstecken ist Out, Wien 1994; **LÉVINAS, E.:** Die Spur des Anderen, Freiburg und München 1983; **LEVITTA, D.J. DE:** Der Begriff der Identität, Frankfurt am Main 1971; **LOOCKWOOD, DAVID:** Soziale Integration und Systemintegration, in: Zapf, Wolfgang (HG): Theorien des sozialen Wandels, Köln 1979, S. 124-137; **MAHLER, M.S.:** Symbiose und Individuation, Stuttgart 1972; **MALLMANN, H.:** Identitätsprobleme und Anpassungsstrategien von homosexuellen Männern in Hamburg, Diplom-Arbeit, Institut für Soziologie, Hamburg 1986; **MARKEFKA, MANFRED / NAVE-HERZ, ROSEMARIE (HG):** Handbuch der Familien- und Jugendforschung, Bd. 2: Jugendforschung, Neuwied 1989; **MERTENS, WOLFGANG:** Entwicklung der Psychosexualität und Geschlechtsidentität, Kohlhammer Verlag 1992; **MEYER-WILLNER, GERHARD:** Differenzieren und Individualisieren, 1979; **MÜLLER, KLAUS:** Das magische Universum der Identität - Elementarformen sozialen Verhaltens, Ein ethnologischer Grundriss, Frankfurt am Main 1987; **MÜLLER, LUTZ:** Suche nach dem Zauberwort - Identität und schöpferisches Leben, Stuttgart 1986; **MÜLLER, MAX:** Der Kompromiss oder Vom Unsinn und Sinn menschlichen Lebens - Vier Abhandlungen zur historischen Daseinsstruktur zwischen Differenz und Identität, 1980; **NEUBAUER, WALTER:** Selbstkonzept und Identität im Kindes- und Jugendalter, Reinhardt Verlag 1976; **PALZKILL, BIRGIT:** Zwischen Turn- und Stöckelschuh, in: sozialwissenschaftliche Forschung und Praxis für Frauen, e.V. (HG): Beiträge zur feministischen Theorie und Praxis, Nr. 25-26: Nirgendwo und überall - Lesben, Köln 1989, S. 151-159; **PALZKILL, BIRGIT:** Zwischen Turnschuh und Stöckelschuh - Die Entwicklung lesbischer Identität im Sport, 1990; **PLEGER, WOLFGANG:** Der Standpunkt der Moral - Die einsame Masse, Neuwied 1967; **RIESMAN, DAVID:** Die einsame Masse, Neuwied 1967; **SANDERS, STEPHANIE U.A. (HG):** Homosexuality / Heterosexuality: An Overview, in: McWhirter, David u.a. (Hg): Kinsey Institut: Homosexuality / Heterosexuality - Concepts of sexual Orientation, Oxford University Press, New York, Oxford 1990; **SANDERS, S.:** 80 Prozent der Schwulen wollen eine gemeinsame Wohnung mit ihrem Freund, zit. n. Straver aaO; **SCHELLENBAUM, PETER:** Wir sehen uns im Andern, Identifikation - Projektion - Leitbild-Spiegelung, Metanoia Verlag 1992; **SCHÜTZ, JUTTA:** Ihr habt mein Weinen nicht gehört - Hilfen für suizidgefährdete Jugendliche, Frankfurt am Main 1994; **SPRINGER, ALFRED:** Pathologie der geschlechtlichen Identität, Springer Verlag, Wien New York 1981; **STANGE, HELMUT:** Jugend - Identität - Sexualität, Zur Ambivalenz von Individualisierungsprozessen unter erschwerten Lern- und Lebensbedingungen, 1993; **STORK, JOCHEN (HG):** Das menschliche Schicksal zwischen Individuation und Identifizierung - Ein psychoanalytischer Versuch, Frommann-Holzboog Verlag 1988; **TAYLOR, CHARLES:** Quellen des Selbst, Frankfurt am Main 1996; **THIEL, MANFRED:** Versuch einer Ontologie der Persönlichkeit, Bd II: Philosophie der Unmittelbarkeit - Die Sinnlichkeit oder die Sexualität, IV: Wesen und Schicksal der Homophilie, Elpis Verlag 1990; **TILL, WOLFGANG:** Das Coming Out Schwuler - Gesellschaftliche Bedingungen und individuelle Gestaltungsmöglichkeiten, in: Stromberger, Christine (HG): Lebenskrisen - Abschied vom Mythos der Sicherheit, Verlag für Gesellschaftskritik, Wien 1990; **TRAUTNER, HANNS MARTIN:** Geschlecht, Sozialisation, Identität, in: Frey, H.P. / Haußer, K. (HG): Identitätsforschung - Entwicklungen in Psychologie und Soziologie, 1987; **TSELIKAS, ELEKTRA:** Minderheit und soziale Identität - Soziale Wahrnehmung und Realitätskonstruktion (bei Schweizer- und Ausländerkindern), Frankfurt am Main 1986; **VOL, DON DE:** Selbstbezogene Kognitionen Jugendlicher in Abhängigkeit von der bereichsspezifischen Selbstwertrelevanz, Brockmeyer Verlag 1982; **WEEKS, JEFFREY:** Lebensstil, Sexualität und Emanzipation - Die Kontroverse um die lesbische und schwule Identität, 1997; **WILLEMS, HORST / WINTER, REINHARD (HG):** „ ... damit Du groß und stark wirst" - Beiträge zur männlichen Sozialisation, Tübingen 1990; **WINTER, REINHARD (HG):** Stehversuche - Sexuelle Jungensozialisation und männliche Lebensbewältigung durch Sexualität, Männermaterial Band 3, Tübingen 1993.

Weiterhin verwendete Literatur für Kapitel 4:

BARTELS, ANKE: Mein Kind ist so und nicht anders - Erfahrungen und Auseinandersetzungen einer Mutter mit der homosexuellen Lebensweise ihres Kindes, Düsseldorf 1995; **BÄUERLE, SIEGFRIED / MOLL-STROBEL, HELGARD:** Ich bin, ich kann, ich mag Aufbau von Selbstwert bei Kindern, o.J.; **BRANDEN, NATHANIEL:** Die sechs Säulen des Selbstwertgefühls - Erfolgreich und zufrieden durch ein starkes Selbst, 1995; **BRAVO:** Bravo-Report - Liebevoll schwul mit 17: „Wir sind lesbisch ... schwul !" - Eine Jugendgruppe stellt sich vor, in: Bravo, Nr. 50/95, S. 16ff.; **BUNDESZENTRALE FÜR GESUNDHEITLICHE AUFKLÄRUNG (HG):** Über Sexualität reden - Eine Broschüre für Mütter und Väter, Köln 1994; **BURWICK, RAY:** Du bist besser, als du denkst - Wege zu einem gesunden Selbstwertgefühl, 1995; **CHMIELORZ, MARKUS:** Schritt für Schritt - Das Coming-Out Schwuler, Ein Handbuch für Betreuer, Verlag Männerschwarmskript Wissenschaft, Hamburg 1993; **CHRISTOFT, NORBERT / GROSSMANN THOMAS:** Coming-Out der Homosexualität, in: Pro Familia (HG), Sexualität in Deutschland, Holtzmeyer Verlag 1991, S.170-191; **CLEMES, HARRIS / BEAN, REYNOLD:** Selbstbewußte Kinder - Wie Pädagogen und Eltern zum Selbstwertgefühl des Kindes beitragen können, Reinbek 1991; **DEW, ROBB:** Mitten ins Herz - Eine Mutter erzählt vom Coming-Out ihres Sohnes, Kabel Verlag 1995; **FINKE, JOBST:** Empathie und Interaktion - Methodik und Praxis der Gesprächspsychotherapie, Stuttgart 1994; **FOSSUM, MERLE / MASON, MARILYN:** Aber keiner darf's erfahren - Scham und Selbstwertgefühl in Familien, 1992; **GORDON, THOMAS:** Die (neue) Familienkonferenz, Hamburg 1972; **GROSS, PETER:** Bastelmentalität (der Biographie) - Ein "postmoderner" Schwebezustand, in: Schmid, Th. (HG): Das pfeifende Schwein, Berlin 1985, S. 63-84; **GROSSMANN, THOMAS:** Eine Liebe wie jede andere - Mit homosexuellen Jugendlichen leben und umgehen, Reinbek 1988; **HARTLEY-BREWER, ELIZABETH:** Positive Erziehung - So schenken Sie Ihrem Kind ein gesundes Selbstwertgefühl, 1997; **HIRSCHMANN, CLAUDINE / RÜHLMANN, MICHAEL:** Nenn' es Zuneigung - Toleranz im Alltag bei Homosexualität, Leipzig 1995; **HOFSÄSS, THOMAS:** Homosexualität und Erziehung - Pädagogische Betrachtung eines Spannungsfeldes in Familie, Schule und Gesellschaft, Hamburg 1995; **HÖKEL, CHRISTIAN:** Das Coming-Out schwuler Jugendlicher - Was macht es so schwierig? Sozialpädagogische Hilfen, Mikrofiche, 1995; **JACOBY, MARIO:** Scham-Angst und Selbstwertgefühl - Ihre Bedeutung in der Psychotherapie, 1993; **KÖNIG, RALF:** Beach Boys, Reinbek 1989; **KÖNIG, RALF:** Der bewegte Mann - Das Buch zum Film, Reinbek 1995; **LEMKE, JÜRGEN:** Verloren am anderen Ufer - Schwule und lesbische Jugendliche und ihre Eltern, Berlin 1994; **MCGEE, ROBERT:** Du bist Du - Die Grundlage für ein gesundes Selbstwertgefühl, 1994; **MICUS, ANDREA:** „.... und auf einmal weisst du, dein Kind ist anders" - Mütter von homosexuellen Söhnen und Töchtern berichten, Lübbe Verlag 1992; **MILLER, ALICE:** Das Drama des begabten Kindes und die Suche nach dem wahren Selbst, Frankfurt am Main 1979; **PASSON, ORTWIN / SAUSEN, KARIN:** Coming-Out und dessen Probleme durch AIDS - Eine empir. Untersuchung, Schwulenreferat im AStA / FU Berlin 1986; **PETZOLD, HARALD / UEBERSCHÄR, BEATE (HG):** Jugend und Homosexualität - Eine Aufklärung für Eltern - Abschlussdokumentation des Projektes an der Volkshochschule, 1996; **RICHTER, HORST-EBERHARD:** Die Gruppe - Hoffnung auf einen neuen Weg, sich selbst und andere zu befreien, Psychoanalyse in Kooperation mit Gruppeninitiativen, Reinbek 1972; **SATIR, VIRGINIA:** Kommunikation, Selbstwert, Kongruenz - Konzepte und Perspektiven familientherapeutischer Praxis, 1990; **SATIR, VIRGINIA:** Selbstwert und Kommunikation - Familientherapie für Berater und zur Selbsthilfe, 1996; **SCHLEGEL, WILLHART:** Goethe und andere Schwule, Frankfurt am Main 1996; **SCHULT, HANS JÜRGEN:** Einsamkeit, Stuttgart 1980; **SCHULZ VON THUN, FIEDEMANN:** Miteinander Reden - Störungen und Klärungen, Psychologie der Kommunikation, Reinbek 1981; **SCHOCK, AXEL (Bearb.):** I'm crazy for das Holzfällerhemd - Ein Kompendium unnötiger Sprüche, Berlin 1995; **SMALLEY, GARY / TRENT, JOHN:** Das Geschenk der Ehre - Wie wir unseren Kindern ein gesundes Selbstwertgefühl vermitteln können, 1992; **TILI, WOLFGANG:** Das Coming Out Schwuler - Gesellschaftliche Bedingungen und individuelle Gestaltungsmöglichkeiten, in: Stromberger, Christine (HG): Lebenskrisen - Abschied vom Mythos der Sicherheit, Wien 1990; **VOL, DON DE:** Selbstbezogene Kognitionen Jugendlicher in Abhängigkeit von der bereichsspezifischen Selbstwertrelevanz, 1982; **WAIBEL, EVA:** Erziehung zum Selbstwert - Persönlichkeitsförderung als zentrales pädagogisches Anliegen, 1994; **WATZLAWICK, PAUL:** Die Möglichkeit des Andersseins, Bern 1991.

Weiterhin verwendete Literatur für Kapitel 5:

AMMANN, MONIKA: Lesben und ihre Umgebung, 1996; **BANDURA, A. (HG):** Lernen am Modell, Stuttgart 1976; **BANDURA, A.:** Sozialkognitive Lerntheorien, Stuttgart 1979; **BERGER, PETER / LUCKMANN, THOMAS:** Die gesellschaftliche Konstruktion der Wirklichkeit, Frankfurt am Main 1969; **BERNE, ERIC:** Was sage ich, nachdem ich „Guten Tag" gesagt habe ?, Frankfurt am Main o.J.; **BÖHNER, STEFAN:** Lebensformen homosexueller Kultur, 1994; **BÖNNEN, RALF:** Flirten - Aber wie ?, München 1989; **BUTTGEREIT, SILKE / GRONEBERG, MICHAEL:** EuroGames IV 1996 - Die Dokumentation, Berlin 1996; **CASTRO, SEBASTIAN:** Das schwule Lexikon - Szene, Alltag, Sex, Personen, Frankfurt am Main 1995; **ELIAS, NORBERT / SCOTSON, JOHN:** Etablierte und Außenseiter, Frankfurt am Main 1993; **ELIAS, NORBERT:** Die Gesellschaft der Individuen, Frankfurt am Main 1991; **ELIAS, NORBERT:** Engagement und Distanzierung, Frankfurt am Main 1987; **FISCHLE-CARL, HILDEGUND:** Zwischen Anpassung und Verweigerung - Das Ich in seiner Umwelt, Stuttgart 1982; **FOCUS:** Leben Schwule besser ? - Lifestyl, Elite, Karriere, Medien, Werbung und Lebensglück von gleichgeschlechtlichen Lebensgemeinschaften, Heft 12/96 (Titel), S. 205-214; **GAGNÉ, ROBERT:** Die Bedingungen des menschlichen Lernens, 1980; **GOFFMAN, ERVING:** Interaktionsrituale - Über Verhalten in direkter

Kommunikation, Frankfurt am Main 1986; **GOFFMAN, ERVING:** Wir alle spielen Theater - Die Selbstdarstellung im Alltag, München 1993; **GRABIG, JENS:** Erotik im Internet, Düsseldorf (Sybex) 1995; **GROMUS, B.:** Freundschaftssuche durch Zeitungsanzeigen - Erhebungen zum Partnermarkt, Diplomarbeit, Psychologie, Kiel 1975; **HAARD, PETER:** Erotica - Online, Düsseldorf (data becker, auch mit schwul-lesbischen Internetadressen) 1995; **HIRSCHMAN, ALBERT O.:** Engagement und Enttäuschung, Frankfurt am Main 1988; **HONER, ANNE:** Bodybuilding als [Ersatz-]Sinnsystem, in: Sportwissenschaft, 1985, S. 155-169; **HUBER, HERMANN:** Leben - Laster - Leidenschaft, Weitere 60 schillernde Kultstars der Schwulen, 1991; **HUBER, HERMANN:** Leben - Lieben - Legenden, Die 60 schillerndsten Kultstars der Schwulen, 1988; **HÜLSMANN, STEFAN:** Schwule und Lesben auf dem Datenhighway Internet, Vortrag der Konferenz „Informationsgesellschaft - Medien - Demokratie", Universität Hamburg, 19.-21. Januar 1996; **KOKULA, ILSE:** Formen lesbischer Kultur, Berlin 1983; **KÖLLNER, ERHARDT:** Selbstbewußt schwul, Reinbek 1993; **KRING, STEPHAN:** Perfekt Schwul! - Für Anfänger und Fortgeschrittene, Berlin 1996; **LAHUSEN, KATHRIN / SCHAEFER, ANKE (HG):** Lesbenjahrbuch 1995, Fem. Buchverlag, Wiesbaden 1995; **LAUTMANN, RÜDIGER:** Der Homosexuelle und sein Publikum, Hamburg 1996; **LOOCKWOOD, DAVID:** Soziale Integration und Systemintegration, in: Zapf, Wolfgang (HG): Theorien des sozialen Wandels, Köln 1979, S. 124-137; **MEIGER, MICHAEL / ROGLER, MARIANNE (HG):** Das andere Städtepaar - Lesben und Schwule in Köln, Köln 1996; **MERTEN, KLAUS / GIEGLER, HELMUT:** Kontakt per Annonce - Empirische Analyse von Inseraten, Anzeigen und Respondenten, Wiesbaden 1995; **MEYHÖFER, ANNETTE:** Lesben und lesben lassen - Über die Lust von Showstars und Intellektuellen am Spiel mit der Bisexualität, in: Der Spiegel, Heft 5 / 1996, S. 112-115; **MOLLENHAUER, KLAUS:** Erziehung und Emanzipation, München 1971; **MÜLLER-POZZI, HEINZ:** Identifikation und Verzicht auf Individualität, in: Psyche, Oktober 1985; **OHNE AUTOR:** 10 Jahre Lesben- & Schwulenhaus Rosa Lila Villa „Weil drauf steht, was drin ist!", 1992; **PRINZ:** Frauen & Schwule - Titelthema: Von tiefer Freundschaft bis doch noch rumkriegen: Sieben Thesen, in: Magazin Prinz, Heft 5/1996, S. 40-49; **RAUCHFLEISCH, UDO:** Die stille und die schrille Szene - Erfahrungen von Schwulen im Alltag, Freiburg 1995; **REICHWEIN, S. / FREUND, T.:** Von der „Sozialisationsagentur" zum „Lebensraum", in: Böhnisch, L. / Rauschenbach, T. (HG): Handbuch Jugendverbände, München 1991, S. 353-361; **REINBERG, BRIGITTE / ROSSBACH, EDITH:** Stichprobe: Lesben - Erfahrungen lesbischer Frauen mit ihrer heterosexuellen Umwelt, 3. Aufl. 1995; **RIESMAN, DAVID:** Die einsame Masse, Neuwied 1967; **SCHOCK, AXEL (HG):** I'm crazy for das Holzfällerhemd ! - Ein schwules Kompendium unnötigen Wissens, wahrer Worte und unglaublicher Dummheiten, Berlin 1995; **SCHULZE, MICHA:** Homopolis - Das schwule Berlin, 1996; **STEINBERGER, HARM:** Wie man(n) Jungs anmacht, 1994; **STORK, JOCHEN (HG):** Das menschliche Schicksal zwischen Individuation und Identifizierung - Ein psychoanalytischer Versuch, Frommann-Holzboog Verlag 1988; **STRAVER, CORNELIUS:** Lernziel: Partnersuche, München 1984; **WATZLAWICK, P. U.A.:** Menschliche Kommunikation - Formen, Störungen, Paradoxien, Stuttgart 1969; **WEISS, VOLKER:** Wissbegierde und Geständniszwang - Die Formierung sexueller Identität, Centaurus Verlag 1993; **WELTER, RÜDIGER:** Der Begriff der Lebenswelt, München 1986.

Weiterhin verwendete Literatur für Kapitel 6:

AMENDT, GÜNTER: Das Sex Buch, Reinbek 1996; **BACH, GEORGE / WYDEN; PETER:** Streiten verbindet - Für eine faire Partnerschaft in Liebe, Gütersloh 1970; **BARZ, HELMUT:** Blaubart - Wenn einer vernichtet, was er liebt - Weisheit im Märchen, Zürich 1987; **BZGA:** Handbuch HIV-Test, Köln 1993d; **BZGA:** Aids hat viel Gesichter, 1995b; **BECK, ULRICH:** Risikogesellschaft - Auf dem Weg in eine andere Moderne, Frankfurt am Main 1986; **BECKER, WILHARD:** Intim - Ein freies Wort zur Sexualität, Stuttgart 1989; **BIERHOFF, HANS-WERNER / BERND KÖHLER, U.A. (HG):** Attraktion und Liebe - Formen und Grundlagen partnerschaftlicher Beziehungen, Göttingen 1991; **BLUMSTEIN, P. / SCHWARTZ, P.:** American Couples, New York 1983; **BOCHOW, MICHAEL:** Schwuler Sex und die Bedrohung durch AIDS, Berlin 1994; **BÖHNER, STEFAN:** Alltagsprobleme Schwuler in Deutschland, Mikrofiche, 1994; **BOPP, ANNETTE:** Sex ohne Angst, anerkannt als Lehrbuch für Schulen, 1994; **BÖTTCHER, HANS:** Integrierte Sexualität - Lehr- und Lernhilfen für eine Pädagogik der Intimität, 1990; **BRIGHT, SUSIE:** Susie Sexperts Sexwelt für Lesben, 1993; **BROCHER, TOBIAS:** Allein - aber nicht einsam, Quell Verlag 1991; **BRUCK, ANDREAS:** Eifersucht bewältigen - Wege aus einem Interessenkonflikt, Wiesbaden 1992; **BÜCHER, GERTRUDE:** Wie Lesben erkennen, ob es sich lohnt, an der Beziehung festzuhalten, 1995; **CALIFIA, PAT:** Sapphistrie - Über lesbische Sexualität, Berlin 1989; **CANZIANI, WILLY:** Was Sie ihrem Kinde schon immer über Liebe und Sex sagen wollten ... Sexualerziehung in der Familie, Pro Juventute Verlag 1989; **CECO, J. DE:** Research on the aspekts and dimensions of sexual orientation, Journal of Homosexuality, Bd. 15, 1988, S. 63; **COHEN, SHERRY:** Zärtlichkeit heilt - Berühren, Streicheln, Massieren, 1994; **CORSTEN, MICHAEL:** Das Ich und die Liebe - Subjektivität, Intimität, Vergesellschaftung, 1993; **DAILEY, D.M.:** Adjustment of heterosexual and homosexual couples in pairing relationships, Journal of Sex Research, Bd. 15, 1979, S. 143-157; **DEUTSCHER BUNDESJUGENDRING (HG):** AIDS-Mappe, Verlag Jugend und Politik, Frankfurt am Main 1996; **DODSON, BETTY:** Sex for one - Die Lust am eigenen Körper, Goldmann Verlag 1993; **EDER, ANSELM:** Risikofaktor Einsamkeit - Theorien und Materialien zu einem systemischen Gesundheitsbegriff, Springer Verlag 1990; **ELBING, EBERHARD:** Einsamkeit - Psychologische Konzepte, Forschungsbefunde und Treatmentansätze, Verlag für Psychologie Hogrefe 1991; **ELIAS, NORBERT:** Engagement und Distanzierung, Frankfurt am Main 1987; **ELLINGER, KATHARINA / HAAG, HERBERT:** Stört die Liebe nicht, Freiburg im Breisgau 1986; **FISCHLE-CARL, HILDEGUND:** Vom Glück der Zärtlichkeit - Alle Liebe sucht Nähe, Freiburg 1990; **FOUCAULT, MICHEL:** Von der Freundschaft als Lebensweise - Michel Foucault im Gespräch, S. 85-93, Berlin 1985; **FRINGS, MATTHIAS:** Liebesdinge - Bemerkungen zur männlichen Sexualität, Reinbek 1986; **GAL, IRIS:** Lesbisches Leben in der Zeit von AIDS, 1995; **GERHARDS, JÜRGEN:** Intimitätsmuster, risikoarmes Sexualverhalten und die Chancen aufklärender Steuerung, in: Kölner Zeitschrift für Soziologie und Sozialpsychologie, 41. Jg., 1989, S. 544ff; **GETTY, GISELA / WINKELMANN, JUTTA:** Future Sex - Die Zukunft von Liebe und Erotik; München 1996; **GIDDENS, ANTHONY:** Wandel der Inimität - Sexualität, Liebe und Erotik in modernen Gesellschaften, Frankfurt am Main 1993; **GRIESBECK, JOSEF:** Wenn dein Atem mich berührt - Ein Buch über die Zärtlichkeit, 1989; **HANSWILLE, R.:** Liebe und Sexualität - Ein Buch für junge Menschen, München 1986; **HÄUSERMANN, MICHAEL / ROGGLI, CARLO:** Laß uns miteinander reden - Schwule und Aids in der Schweiz, in: Puff, Helmut (HG): Lust, Angst, Provokation, Göttingen 1993, S. 15-33; **HAUSMANN, ALBERT:** Keine Angst vor der Liebe - Für ein bewußtes Sexualleben, Ullstein Verlag 1993; **HIRSCHMAN, ALBERT O.:** Engagement und Enttäuschung, Frankfurt am Main 1988; **HITE, SHERE:** Frauen und Liebe, Kapitel: Liebe zwischen Frauen, München 1991, S. 579-676; **HITE, SHERE:** Hite-Report II - Die Vorlieben und Praktiken des männlichen Geschlechts, München 1991, **HITE, SHERE:** Sexualität in der Familie, München 1996; **HÖKEL, CHRISTIAN:** Darstellung und Reflexion der Safer-Sex-Workshops für homo- oder bisexuelle Männer, Mikrofiche 1995; **HÜRLIMANN, CHRISTIANE:** Lesbische Schlagfertigkeit, 1995; **JONES, R.W. / BATES, S.E.:** Satisfaction in male homosexuals, J. of Homosexuality, Bd. 3, 1978, S. 217-224; Duffy, S.M. / Rusbult, C.E.: Satisfaction and commitment in homosexual and heterosexual relationshhips, J. of Homosex., Bd. 12, 1986, S. 1-23; **KLEIN, MARTY:** Über Sex reden - Heimliche Wünsche, verschwiegene Ängste, Reinbek 1991; **KLINGER, DOMINIK:** Die menschliche Sexualität mit historischem Bilddokumenten - Die sexuelle und weibliche Homosexualität und ihre Varianten, 1992; **KOLIP, PETRA:** Freundschaften im Jugendalter - Der Beitrag sozialer Netzwerke zur Problembewältigung, Juventa Verlag 1993; **KRACAUER, SIEGFRIED:** Über die Freundschaft, Essays, Frankfurt am Main 1986; **KREISMAN, JEROLD / STRAUS, HAL:** Ich hasse dich - verlass' mich nicht, Die schwarzweisse Welt der Borderline-Persönlichkeit, Kösel Verlag 1993; **KRENZER, ROLF:** Wir zwei - Wie Freundschaften entstehen und sich bewähren können, Lahn Verlag 1991; **LACROIX, NITYA:** Erotische Partnermassage, Bassermann Verlag 1995; **LANDESINSTITUT FÜR SCHULE UND WEITERBILDUNG (HG):** Leben in Beziehungen und Partnerschaften - unter besonderer Berücksichtigung der Homosexualität, Arbeitshilfe für Pädagogen, vorgelegt von der Entwicklungsgruppe (Bearb.: U. Schneider / S. Koerner) im LSW - NRW, Paradieser Weg 64, Soest 1996; **LISCHKE, GOTTFRIED / TRAMITZ, ANGELIKA:** Weltgeschichte der Erotik 4 - Von Marylin bis Madonna, München 1994; **LOEWIT, K.:** Der kommunikative Aspekt der Sexualität, Sex. Med, 12, 1978, 971-975; **LUHMANN, NIKLAS:** Liebe als Passion - Zur Codierung von Intimität, Frankfurt am Main 1994; **LÜSCHER KURT U.A. (HG):** Die Postmoderne Familie, 1988; **LÜTZEN, KARIN:** Frauen lieben Frauen - Freundschaft und Begehren, Piper Verlag 1992; **MCWHIRTER, DAVID / MATTISON, ANDREW:** Männerpaare - Ihr Leben und ihre Liebe, Berlin 1986; **MANN, KLAUS:** Männerfreundschaften - Die schönsten homosexuellen Liebesgeschichten der vergangenen siebzig Jahre, Berlin 1986; **MÄNNER SPEZIAL:** Lust und Gefühle - Was Männer beim Orgasmus empfinden, Heft 10, Juli 1996, S. 66, auch abgedruckt in: „Elle Highlights des Jahres" Info-Broschüre 12/96 (Beilage zum Focus); **MARTSCHINKE, DIETER / EGGERS, ULRICH:** Lieben lernen - Zum Thema Freundschaft und Liebe, Brockhaus Verlag 1988; **MASTERS, WILLIAM / JOHNSON; VIRGINIA:** Liebe und Sexualität, Kapitel 14, Berlin 1990; **MEAD, GEORGE HERBERT:** Geist, Identität und Gesellschaft, Frankfurt am Main 1968; **MEISER, HANS:** Das erste Mal, Köln 1994; **MEYER, HEINZ:** Sexualität und Bindung, Weinheim 1994; **MICHAEL, ROBERT U.A.:** Sexwende - Liebe in den 90ern, Der Report, München 1994; **MÜLLER, PETRA:** Liebe als Gegenstand erfahrungswissenschaftlicher Erhebungen, Hamburg 1994; **MÜLLER-WELSER, WOLFGANG:** Über die Freundschaft, Herder Verlag 1989; **NORRETRANDERS, TOR:** Hingabe - Über den Orgasmus des Mannes, Reinbek 1983; **NÖTZOLD-LINDEN, URSULA:** Freundschaft - Zur Thematisierung einer vernachlässigten soziologischen Kategorie, Opladen 1994; **NUSSBAUM, MARTHA:** Einsichten der Liebe - Essays zu Philosophie und Literatur, Fischer Verlag 1994; **O´CONNOR, DAGMAR:** Lust auf Sex - Spass an der Treue - Für ein erfülltes Sexualleben mit einem einzigen Partner, Ullstein Verlag 1990; **ODETTE:** Pleasures - Wenn Frauen lieben: Hundert Protokolle erotischer Phantasien, Berlin 1988; **OHNE AUTOR:** Total verknallt - Ein Liebeslesebuch, Reinbek 1994; **PARTNERSTUDIE III:** zit. Starke, aaO:1994;**PASINI, WILLY:** Lust auf Nähe - Die neue Sehnsucht nach Zweisamkeit, Düsseldorf 1992; **PEPLAU, L.A. / COCHRAN, S. D.:** Value Orientation in the intimate Relationship of Gay Men, J. of Homosexuality, Bd. 6, 1981, S. 1-19; **PEPLAU, L.A. / GORDON, S.L.:** The intimate relationships of lesbians and gay men, in: Allgeir, E.R. / McCormick, N.B. (Eds) Changing boundaries - Gender roles and sexual behaviour, Palo Alto, Mayfield 1983; **POLLAK, M.:** Homosexual Rituals and Safer Sex, in: Journal of Homosexuality, 1993, Vol.25, Nr.3, S. 307; **POTT, ELISABETH:** Aufklärung als Auftrag - Emnid Studie: Deutlicher Wandel im Sexualverhalten von Jugendlichen, in: Das Parlament, 12.01.1996, Heft 2; **PRESTON, JOHN / SWANN, GLENN:** Safer Sex: Das Handbuch - Ein lustvolles Programm für aktive Männer, Berlin 1987; **RAYMOND, JANICE:** Frauenfreundschaft - Philosophie der Zuneigung, München 1987; **REDAKTIONSGRUPPE ORLANDA (HG):** Lesben Liebe Leidenschaft, Berlin 1992; **RICHTER, HORST-EBERHARD:** Lernziel Solidarität, Reinbek 1974; **RODEN, RÜDIGER VON:** Aus DIR mach WIR - Von der Einsamkeit zur Gemeinsamkeit, Herder Verlag 1984; **ROSEMEIER, HANS / HOEFERT, HANS / GÖPFERT, WINFRIED:** Intimität und Sexualität, München 1993; **RUDOLPH, IRIS:** Die Sex-Arbeit - Hetero macht auch nicht froh, 1996; **SAINT-EXUPÉRY, ANTOINE DE:** Bekenntnis einer Freundschaft, Düsseldorf 1989; **SALIBA, P.:** Variability in sexual orientation, Diss., San Francisco, 1980; **SALISCH, MARIA VON / OSWALD, HANS:** Sexualverhalten und Umgang mit dem Aids-Ansteckungsrisiko von Berliner Jugendlichen, Berlin 1989, zit. n. Gerhards / Schmidt, aaO; **SANDERS:** zit. n. Straver, C.: Perspektiven der Identität - Die soziosexuelle Entwicklung im Vergleich zwischen homo- und heterosexuellen Jungen und Mädchen, in: Gindorf, Rolf / Haeberle, Erwin (HG), Sexualitäten in unserer Gesellschaft, Berlin / New York 1989; **SCHELLENBAUM, PETER:** Das Nein in der Liebe - Abgrenzung und Hingabe in der erotischen Beziehung, München; **SCHELLENBAUM, PETER:** Die Wunde der Ungeliebten - Blockierung und Verlebendigung der Liebe, München 1991; **SCHELZKY, HELMUT:** Soziologie der Sexualität, Reinbeck 1955; **SCHULZE, GERHARD:** Die Erlebnisgesellschaft - Kultursoziologie der Gegenwart, Frankfurt am Main 1993; **SOLLMANN, ULRICH:** Worte und Maske - Szenen männlicher Intimität, Reinbek 1993; **STARR, B. / WEINER, M.:** Liebe im Alter - Zärtlichkeit und Sexualität in reiferen Jahren, München 1994; **STARKE, KURT:** Sex hoch drei, 1995; **STÜBEN, OLAF (HG):** Verdammte Zärtlichkeit - Freundschaft, Liebe, Sexualität im Film, Trifolium Verlag Berlin 1985; **THEWELEIT, KLAUS:** Männerphantasien, Bd. 1 u. Bd. 2, Frankfurt am Main 1986; **TIETZE, HENRY:** Blockierte Liebe - Wie seelische Konflikte unsere Sexualität beeinflussen, München 1992; **VOELLER B.:** AIDS und heterosexual anal intercourse, Archives of Sexual Behavior, 20, Heft 3/1991:233-276; **WEBER, MAX:** Wirtschaft und Gesellschaft, 1972; **WEIGAND, WOLFGANG:** Solidarität durch Konflikt - Zu einer Theorieentwicklung von Solidarität, Münster 1979; **WEIß, RUDOLF U.A.:** Buch gegen die Panik - Leben mit der HIV-Infektion, Berlin 1996; **WOITITZ, JANET:** Heilen der Sexualität - Partnerschaft, Intimität, Vertrauen, Liebe, 1993; **WOLF, DORIS:** Einsamkeit überwinden - Von innerer Leere zu sich und anderen finden, Mannheim 1996; **ZILBERGELD, BERNIE:** Männliche Sexualität - Was (nicht) alle schon immer über Männer wußten, Tübingen 1991; **ZIMMERMANN, JÜRGEN:** Verbot von Zärtlichkeit ... = So schafft man sexuelle Krüppel ..., in: Pro Familia Magazin, Sexualpädagogik und Familienplanung, Heft 1 / 89, S. 15-17.

Weiterhin verwendete Literatur für Kapitel 7:

BECK, ULRICH / BECK-GERNSHEIM, ELISABETH: Das ganz normale Chaos der Liebe, Frankfurt am Main 1990; **BECK, ULRICH / BECK-GERNSHEIM, ELISABETH (HG):** Riskante Freiheiten - Zur Individualisierung von Lebensformen in der Moderne, 1994; **BELL / WEINBERG:** Der Kinsey-Institut-Report über männliche und weibliche Homosexualität, München 1978; **BERGER, PETER / HRADIL, STEFAN (HG):** Lebenslagen, Lebensläufe, Lebensstile, Göttingen 1990; **BIERHOFF, HANS-WERNER, BERND KÖHLER, U.A. (HG.):** Attraktion und Liebe - Formen und Grundlagen partnerschaftlicher Beziehungen, Göttingen 1991; **BINKERT, DÖRTHE:** Frauen, die mit Frauen leben - Freundinnen, Paare, Schwestern, Mütter und Töchter, Hamburg 1993; **BRAUCKMANN, JUTTA:** Weiblichkeit, Männlichkeit und Antihomosexualität - Zur Situation der lesbischen Frau - Reihe Sozialwissenschaftliche Studien zur Sexualität, Berlin 1981; **BINKERT, DÖRTHE:** Frauen, die mit Frauen leben, Hamburg 1992; **BRUNS, MANFRED:** Ehe im Grundgesetz (Art. 6 I GG) und rechtliche Regelungen für gleichgeschlechtliche Lebensgemeinschaften, in: Zeitschrift für Rechtspolitik, 28, Nr.1., 1996, S. 6-10; **BRUNS, MANFRED / BECK, VOLKER:** Die Ehe für Gleichgeschlechtlichkeit, in: Monatsschrift für Deutsches Recht (MDR), 1991, S. 832-835, Der Aufsatz ist in geänderter Form außerdem erschienen in der Zeitschrift für Sexualforschung 1991, S. 192-204, sowie in dem von Klaus Laabs herausgegebenen Buch: Lesben, Schwule, Standesamt - Die Debatte um die Homo-Ehe, Berlin 1991, S. 112-129; **BÜCHER, GERTRUDE:** Wie Lesben erkennen, ob es sich lohnt, an der Beziehung festzuhalten, 1995; **BUNDESMINISTERIUM FÜR FRAUEN UND JUGEND:** Gemeinsam leben ohne Trauschein - auch für Lebensgemeinschaften zwischen gleichgeschlechtlichen Partnern, Mai 1993; **BUNDESTAGDRUCKSACHE 11/3387:** Entschließungsantrag das Steuer- und Sozialrecht neutral gegenüber allen Formen des Zusammenlebens zu gestalten, Bonn 7.3.88; **BUNDESTAGSDRUCKSACHE 11/1955 & 11/6876:** Gesetz zur Öffnung des Sozialen Wohnungsbaus für homosexuelle Lebensgemeinschaften; **BUNDESTAGSDRUCKSACHE 11/7275:** Europa-Rechte für Homosexuelle umsetzen, Bonn 1994; **BUNDESTAGSDRUCKSACHE 13/847:** „Dem Ehegatten steht der Partner einer gleich- oder verschiedengeschlechtlichen nichtehelichen Lebensgemeinschaft gleich", Antrag auf einen Gesetzesentwurf, daß im Tode eines Partners Mietverhältnisse weiter bestehen sollen, Bonn 4.4.95; **BUNDESTAGSDRUCKSACHE 13/3431:** Wahlfreiheit und gleichberechtigte Anerkennung für alle Lebensformen, Bonn 1996; **BUNDESTAGDRUCKSACHE 13/5120:** Antidiskriminierungsgesetz muß umgesetzt werden: Klarstellung in der Verfassung: Keine Person darf aufgrund ihrer sexuellen Identität benachteiligt oder bevorzugt werden - Auch gleichgeschlechtliche, auf Dauer angelegte Lebensgemeinschaften müssen als Ehe und Familie von der staatlichen Ordnung geachtet werden, Bonn 1996; **BUNDESTAGDRUCKSACHE 13/4849:** Unter Hinweis auf eine Reihe nicht mehr zeitgemäß erscheinender Vorschriften will die Bundesregierung das Eheschließungsrecht neu fassen: Überholte Vorschriften sollen aus dem Eheschließungsrecht verschwinden, Bonn 1996; **BURHOFF, DETLEF:** Die nichteheliche Lebensgemeinschaft von A -Z, 1994; **BURKART, GÜNTER:** Treue in Paarbeziehungen, in: Soziale Welt - Zeitschrift für sozialwissenschaftliche Forschung und Praxis, Göttingen Heft 4/1991, S. 489-509; **BURKART, GÜNTER / KOHLI, MARTIN:** Liebe, Ehe, Elternschaft, München 1992; **BURKE, PHYLLIS:** Eine Familie ist eine Familie ist ... Roman einer homosexuellen Familie, Glattbrugg 1989; **CLUNIS, MERILEE / GREEN, DARSEY:** Geliebte Freundin Partnerin - Eine Ratgeberin für Lesben 1995; **DANGSCHAT, JENS / BLASIUS, JÖRG (HG):** Lebensstile in den Städten - Konzepte und Methoden, Opladen 1994; **DELDEN, GERRIT VAN:** Elterliche Sorge, Adoption, Vormundschaft und Pflegschaft, München 1992; **DETHLOFF, C.:** Jungenpaare, Mädchenpaare, 1995; **DIE SCHWULEN JURISTEN:** Recht schwul - Rechtsratgeber für Schwule, 1983; **DODSON, FITZHUGH:** Väter sind die besseren Mütter - Die neue Rolle der Väter, Düsseldorf 1991; **ECKERT, ROLAND / HAHN, ALOIS / WOLF, MARIANNE:** Die ersten Jahre junger Ehen, Frankfurt am Main 1989; **ELLINGER, KATHARINA / HAAG, HERBERT:** Stört die Liebe nicht, Freiburg im Breisgau 1986; **FAMILIENMINISTERIUM / BERTRAM, HANS (HG):** „Alleinlebende müssen nicht einsam sein" - Das Individuum und seine Familie, Bonn 1995; **FINOCCHI, MATILDE:** Ihre Mutter ist übrigens Malerin - Gespräche italienischer Lesben, 1983; **FROMM, ERICH:** Die Kunst des Liebens, Frankfurt am Main 1956; **FROMM, ERICH:** Über die Liebe zum Leben, München (DTV Nr. 15018); **FTHENAKIS, W.E.:** Väter, Bd 1: Zur Psychologie der Vater-Kind-Beziehung, Bd. 2: Zur Vater-Kind-Beziehung in verschieden Familienstrukturen, Wien 1985; **GERBER, UWE (HG):** Ja zum angenommenen Kind - Orientierungshilfen für Adoptiv- und Pflegeeltern, 1986; **GORDON, THOMAS:** Die (neue) Familienkonferenz, Hamburg 1972; **GRIB, SUSANNE:** Regelungen für lesbische und schwule Partnerschaften in Dänemark, in: Berliner Senat für Familie, Referat für gleichgeschlechtliche Lebensgemeinschaften, Dokumente Nr. 9: Lesben, Schwule, Partnerschaften, Berlin 1993, S. 91-98; **HEPTING, REINHARD:** Ehevereinbarungen, Beck Verlag 1984; **GRIB, SUSANNE:** Regelungen für lesbische und schwule Partnerschaften in Dänemark, in: Referat für gleichgeschlechtliche Lebensweisen: Lesben, Schwule - Partnerschaften, Dokumente Nr. 9, Berlin 1994; **HAGEMANN, STEFAN:** Der Finanz- und Rechtsplaner für Schwule, Frankfurt am Main 1995; **HAGER, FRITHJOF / SCHWENGEL, HERMANN:** Wer inszeniert das Leben ? - Modelle zukünftiger Vergesellschaftung, Frankfurt am Main 1996; **HÖCKER, KATHARINA:** Schwesternehe - Eine Erzählung, 1993; **HOFFMANN, ANNE:** Lesben in der Ehe, 1995; **HOFFMANN-RIEM, CHRISTA:** Das adoptierte Kind - Familienleben mit doppelter Elternschaft, 1989; **HOFSÄSS, THOMAS:** Homosexualität und Erziehung - Pädagogische Betrachtung eines Spannungsfeldes in Familie, Schule und Gesellschaft, 1994; **HOFSÄSS, THOMAS:** Zur Ungleichheit erziehen ! Homosexuelle im Erziehungsprozess, Eine pädagogische Bestandsaufnahme, Hamburg 1994; **HÖLSCHER, THOMAS:** Mann liebt Mann - Berichte schwuler Ehemänner und Väter, Berlin 1994; **HOLZ, WINFRIED:** Rechtsgutachten zur Gleichstellung von schwulen und lesbischen Lebensgemeinschaften mit der Ehe, Referat für gleichgeschlechtliche Lebensweisen, Senat für Familie, Berlin 1992; **HUSMANN, GABRIELE:** Getrennt vereint - vereint getrennt, Sexualität und Symbiose in lesbischen Beziehungen, 1994; **KENTLER, HELMUT:** Leihväter - Homosexuelle Paare als Pflegeeltern, Reinbek 1989; **KERSTEN, A.:** Identitätsentwicklung, Lebenswelt und Erfahrungen von jugendlichen Mädchen; in: Berliner Senat für Familie, Referat für gleichgeschlechtliche Lebensweisen, Dokumente Nr. 7, Berlin 1993, S. 9f.; **KNOCHE, JOACHIM:** Die Partner einer nichtehelichen Lebensgemeinschaft als „Familienangehörige" - Das privatrechtliche Aussenverhältnis, 1987; **KOKULA, ILSE:** Jahre des Glücks, Jahre des Leids - Gespräche mit älteren lesbischen Frauen, 1990; **KRAUSHAAR, ELMAR / GRIMME, MATTHIAS (HG):** Die ungleichen Brüder - Zum Verhältnis zwischen schwulen und heterosexuellen Männern, Reinbek 1986; **LAABS, KLAUS:** Lesben, Schwule, Standesamt - Forderungen zur Homoehe, Berlin 1991; **LAMPRECHT, ROLF:** Kampf ums Kind - Wie Richter und Gutachter das Sorgerecht anwenden, Hamburg 1982; **LANDESINSTITUT FÜR SCHULE UND WEITERBILDUNG (HG):** Leben in Beziehungen und Partnerschaften - unter besonderer Berücksichtigung der Homosexualität, Arbeitshilfe für Pädagogen, vorgelegt von der Entwicklungsgruppe (Bearb.: U. Schneider / S. Koerner) im LSW - NRW, Paradieser Weg 64, Soest 1996; **LANDTAG INTERN:** Europa-Rechte für Homosexuelle umsetzen, Stellungnahmen der Parteien, Düsseldorf 23.8.94; **LEMKE, JÜRGEN:** Hochzeit auf Dänisch - Man(n) und Männer, Berlin 1992; **LIMBACH, JUTTA:** Die Entwicklung des Familienrechts seit 1949, in: Nave-Herz, Rosemarie (Hg.): Wandel und Kontinuität der Familie, Stuttgart 1988, S. 11-33; **LOULAN, JOANN U.A.:** Lesben, Leidenschaft, 1992; **LUHMANN, NIKLAS:** Sozialsystem Familie, in: Soziologische Aufklärung, Bd. 5, 1990, S. 196-217; **LÜDTKE, HARTMUT:** Expressive Ungleichheit - Zur Soziologie der Lebensstile, Opladen 1989; **LÜSCHER, KURT U.A. (HG):** Die postmoderne Familie, 1988; **LÜSCHER, KURT:** Bedeutung von Familie, in: Vaskovics, Laszlo (HG): Familienleitbilder und Familienrealität, Opladen 1995; **LÜTZEN, KARIN:** Frauen lieben Frauen - Freundschaft und Begehren, 1992; **MANN, KLAUS U.A.:** Männerfreundschaften - Die schönsten homosexuellen Liebesgeschichten der vergangenen siebzig Jahre, Foerster Verlag 1979; **MARKEFKA, MANFRED / NAVE-HERZ, ROSEMARIE (Hg):** Handbuch der Familien- und Jugendforschung, Bd. 1: Familienforschung, Neuwied 1989; **MEY, JÜRGEN:** Beziehungsprozesse homosexueller Menschen - Fallbeispiele schwuler und lesbischer partnerschaftlicher Probleme und möglicher Lösungen, Haag und Herchen Verlag 1991; **MEY, JÜRGEN:** Lebensform Homosexualität - Der homophile Mensch im partnerschaftlichen und beruflichen Leben, Haag und Herchen Verlag 1990; **MILLER, STUART:** Männerfreundschaft, München 1996; **MOR, ROMY:** Lesbische Frauen - Ratgeber, 1994; **MURI, DORIS:** Homo-Ehe / Schwulen-Lesben-Szene, Theaterstück, 1995; **NEYER, FRANZ JOSEF / BIEN, WALTER:** Wer gehört zur Familie ? Psychologie heute 1993, Nr.3, S. 26-29; **OBERLOSKAMP, HELGA:** Wie adoptiere ich ein Kind? / Wie bekomme ich ein Pflegekind?, München 1993; **PAGENSTECHER, LISING / JAECKEL, MONIKA / BRAUCKMANN, JUTTA:** Mädchen und Frauen unter sich, in: Kavemann, Barbara u.a. (HG): Sexualität - Unterdrückung statt Entfaltung, Opladen 1985; **PANKRATZ, HELGA:** Lesbische Beziehungen in einer Entwicklungs- und sozialen Einbettungsperspektive, in: Referat für gleichgeschlechtliche Lebensweisen: Lesben, Schwule - Partnerschaften, Dokumente Nr. 9, Berlin 1994; **PATTERSON, CHARLOTTE:** Kinder von schwulen Paaren sind offenherziger und zeigen mehr Gefühle, zit. n.: Der Spiegel, 37/93, S. 97f; **PAUL, CHRIS (HG):** Beziehungs-Weise - Lesbische Liebesgeschichten, 1991; **PINGEL, ROLF / TRAUTVETTER, WOLFGANG:** Homosexuelle Partnerschaften - Eine empirische Untersuchung, Berlin 1987; **PIPER, MARIANNE:** Auf dem Weg zu neuen Familienformen; in: Gewerkschaftliche Monatshefte, 3/95, S. 142-155; **POST, WOLFGANG (HG):** Adoption und Adoptionsvermittlung im gewandelten Aufgabenverständnis, 1992; **REICHENBERG, PHILIPP:** Schwulenscheidung, 1995; **RERRICH, M.S.:** Balanceakt Familie - Zwischen neuen Ansprüchen und alten Lebensformen, Freiburg 1988; **RIEDER, INES:** Wer mit Wem ? Hundert Jahre Lesbischer Liebe, 1994; **SANDLAND, R.:** Adoption, Law and Homosexuality: Can Gay People Adopt a Child?, in: Journal of social welfare and family law 1993, Nr.5, S. 321 ff; **SCHILDGE, GEORG:** Die nichteheliche Lebensgemeinschaft im Mietrecht, 1985; **SCHREURS, KARLEIN:** Sozialwissenschaftliche Forschung zum Thema lesbische Identität und lesbische Partnerschaften, in: Referat für gleichgeschlechtliche Lebensweisen: Lesben, Schwule - Partnerschaften, Dokumente Nr. 9, Berlin 1994; **SCHÜTT-BAESCHLIN,**

ANNEMARIE: Das Adoptivkind und seine Familie, 1990; **STEINMEISTER, INGRID:** „Eingetragene gleichgeschlechtliche Lebensgemeinschaft" - Eine nicht akzeptable Hülle ohne Rechte, Analyse des Niedersächsischen Gesetzentwurfes zur Einführung eines neuen Rechtsinstituts, in: Zeitschrift für Rechtspolitik, Jg. 29, Nr. 6 / 1996, S. 214-219; **STERN:** Freunde sind die neue Familie der 90er Jahre - Kinder sind nicht mehr das Kriterium, um von „Familie" zu sprechen, Stern-Titel 39/ 95; **STREIB, ULI (HG):** Von nun an nannten sie sich Mütter - Lesben und Kinder, 1995; **SCHULZE, MICHA (HG):** Das Grosse Kochbuch für Schwule, Berlin 1996; **SCHWAB, DIETER:** Einem gleichgeschlechtlichen Paar kann voll und ganz die Fähigkeit zugesprochen werden, Kinder zu erziehen, in: Der Spiegel, 37/93, S. 97f; **SCHWEIZER, DORIS:** Lesben auf Hochzeitsreise, 1997; **TESSINA, TINA:** In guten wie in schlechten Zeiten - Anregungen für homosexuelle Paare: Vom ersten Flirt bis zur goldenen Hochzeit, Kapitel: Schwiegereltern, Reinbek (rororo 8782) 1991; **WACKE:** Dänisches Gesetz vom 1.10.1989 über die eingetragene gleichgeschlechtliche Lebensgemeinschaft, Gesetzestext und ausführliche Kommentierung; in: FamRZ 1990, S. 348ff; **WEISS, MARIELLA:** Mutter: Lesbe - Vater: Schwul, Wer bin ich? 1995; **WEST, CELESTE:** Lesben-Knigge, Ein Ratgeber für alle Liebeslagen - Wie Frau eine Beziehung anfängt, aufbaut, fortführt und notfalls wieder beenden kann, Frankfurt am Main 1992; **WIEMANN, IRMELA:** Pflege- und Adoptivkinder - Familienbeispiele, Informationen, Konfliktlösungen, Reihe: Mit Kindern leben, Reinbek 1991; **WIEMANN, IRMELA:** Ratgeber Adoptivkinder - Erfahrungen, Hilfen, Perspektiven, Reihe: Mit Kindern leben, 1994; **WINGEN, MAX:** Familienpolitik, 1994; **WINTER, ELIZABETH:** Wir Lesben ohne Kinder, 1995; **WOCHE IM BUNDESTAG:** Petition wegen bestehende Ungleichbehandlung von nichtehelichen (heterosexuellen) Wohngemeinschaften gegenüber Familienhaushalten bei der Wohngeldbemessung, Wib 6/95, S. 71; **WÜRZBACH, NATASCHA / KANNEN, MARION:** Herzdame - Freundschaft und Liebe zwischen Frauen, Autobiographische Geschichten, Köln 1993; **ZAPF, WOLFGANG U.A.:** Die Pluralisierung der Lebensstile - Gutachten für das Bundeskanzleramt, 1985; **ZSCHOKKE, REGINA:** Lesben suchen eine Wohnung, 1996; **ZUCK, RÜDIGER:** Die schwule Braut, Neue Juristische Wochenschrift NJW, 1995, Heft 3, S. 174f.

Weiterhin verwendete Literatur für Kapitel 8:

AHUIS, FERDINAND: Der Kausalgottesdienst - zwischen Übergangsritus und Amtshandlung, Stuttgart 1985; **AKADEMIE BAD BOLL (HG):** Eine Liebe wie jede andere - Gleichgeschlechtliche Partnerschaften im Blickfeld der Kirche, Tagung vom 27. bis 29. Mai 1994 im der Evangelischen Akademie Bad Boll, Bad Boll 1994; **ALT, FRANZ:** Jesus - der erste neue Mann, 1991; **ALT, FRANZ:** Fünf Gründe, in: Herder Verlag (HG): Wir sind Kirche - Das Kirchenvolksbegehren in der Diskussion, Freiburg 1995; **ARNTZ, ERNST U.A. (HG):** Kirche - und die Frage der Homosexualität, 1995; **AUST, MARKUS U.A. (HG):** Christlicher Glaube und Homosexualität - Argumente aus Bibel, Theologie und Seelsorge, 1994; **BADE, ROLF U.A.:** Menschenbilder - ein Arbeitsbuch für den Unterricht im Fach Ethik / Werte und Normen in den Klassen 9 und 10, Göttingen 1989; **BARYLAK, CHRISTIAN:** Bibliographie Homosexualität und Theologie, in: Brinkschröder, Michael (HG): Schwule Theologie, Bestandsaufnahme und Perspektiven, Dokumentation eines Seminars, (Bezug: AG Schwule Theologie, Herwarthstr. 2, 48143 Münster) Münster 1994, S. 88 - 108; **BARZ, HEINER:** Religion ohne Institution ?, Opladen 1995; **BAUMANN, URS:** Die Ehe - ein Sakrament ?, Zürich 1988; **BAUMMAN, ZYGMUNT:** Moderne und Ambivalenz - Das Ende der Eindeutigkeit, Frankfurt am Main 1995, S. 73-131; **BISCHÖFLICHES ORDINARIAT / KARL LEHMANN (HG):** Pastorale Richtlinien, Nr. 7: Ehevorbereitung, Mainz 1994; **BOHLEN, BERNHARD:** Täuschung über die Eherecht der katholischen Kirche, 1994; **BRANTSCHEN, JOHANNES:** Gott ist größer als unser Herz, Freiburg 1993; **BRAUN, PETER (HG):** Unternehmen Kirche - Organisationshandbuch Marketing für Pfarrer und Gemeinde, Kognos Verlag 1994; **BRINCKSCHRÖDER, MICHAEL:** Postmoderne und Theologie, in: Eckstein, Forum für Theologie und Politik am FB 02, hg. v. FSR Katholische Theologie Münster, November 1992, S. 9-16; **BRINKSCHRÖDER, MICHAEL (HG):** Schwule Theologie, Bestandsaufnahme und Perspektiven, Dokumentation eines Seminars, (Bezug: AG Schwule Theologie, Herwarthstr. 2, 48143 Münster) Münster 1994; **BRUNS, MANFRED:** Selbstbewußt schwul in der Kirche !, in: Rauchfleich, U. (HG): Homosexuelle Männer in Kirche und Gesellschaft, Düsseldorf 1993, S. 109-132; **BRUNST, KLAUDIA:** Heirat - Geschichten aus einem gleichgeschlechtlichen Paradies, Berlin 1996; **BÜHRIG, MARGA:** Die unsichtbare Frau und der Gott der Väter - Eine Einführung in die feministische Theologie, Stuttgart o.J.; **BURKETT, ELINOR / BRUNI, FRANK:** Das Buch der Schande - Kinder und sexueller Missbrauch in der katholischen Kirche, 1997; **BUSS, STEFAN (HG):** Homosexualität in der kirchlich-diakonischen Beratungsarbeit, 1988; **CAJIO, LINDA:** Nur ein paar Tage Zärtlichkeit, Bergisch Gladbach 1994; **CARUSO, IGOR:** Die Trennung der Liebenden - Eine Phänomenologie des Todes, Stuttgart 1968; **CHRISTENRECHTE IN DER KIRCHE E.V. (HG):** Homosexualität und Glaube - Zum Segen berufen, Ein Pastoralbrief, Arbeitsgruppe katholischer homosexueller Seelsorger, Neuß 1989; **DENGER, ALFRED:** Das Alte und Neue Testament - Neu erzählt, Frankfurt am Main 1989; **DESCHNER, KARL-HEINZ:** Das Kreuz mit der Kirche, München 1992; **DIÖZESE WÜRZBURG:** Sex-Splitter - Ein Positionspapier der AG Sexualität des BDKJ Würzburg, Würzburg 1996; **DOSTOJEWSKI, F.:** Die Brüder Karamasow, Gütersloh o.J.; **DÖRING, HEINRICH / KAUFMANN, FRANZ-XAVER:** Kontingenzerfahrung und Sinnfrage, Freiburg 1981; **DREWERMANN, EUGEN:** Kleriker, Psychogramm eines Ideals, Olten 1989; **DREWERMANN, EUGEN:** Das Individuelle verteidigen - Zwei Aufsätze zu Hermann Hesse, Frankfurt am Main 1995; **DREWERMANN, EUGEN:** Psychoanalyse und Moraltheologie, Bd. 3: An den Grenzen des Lebens, Mainz 1984; **DUNDE, SIEGFRIED (HG):** Müssen wir an der katholischen Kirche verzweifeln ? 1993; **EIBACH, ULRICH U.A.:** Betrifft: Kirche und Homosexualität, 1995; **EK 1995** - Evangelischen Kirche im Rheinland - Landessynode: Vorlagen-Konzept-Papier zu Fragen der zeitgemäßen Auslegung, der Sexualität und von Hochzeitsritualen für gleichgeschlechtliche Lebensgemeinschaften, Bad Neuenahr 1995, zit. nach Tagesspresse v. 12.1.1996: "Der Liebe einen geschützten Raum gewähren"; **ELIAS, NORBERT:** Engagement und Distanzierung, Frankfurt am Main 1987; **ERHARD, BODO:** Frau - Gott - Mann, Die zweigeschlechtliche Welt - Abbildung des dreipersönlichen Gottes, Eine Studie, Vallendar 1988; **FINKE, JOBST:** Empathie und Interaktion, Stuttgart 1994; **FISCHER, HELMUT:** Trauung aktuell, München 1976; **FRANKFURTER RUNDSCHAU (FR):** „Zeitgemäße Bibel", wiederabgedruckt in Rosige Zeiten, Magazin aus Oldenburg für Lesben und Schwule, Nr. 39, 10-11/1995; **FRICKE, ARMIN:** Die Angst vor der Öffentlichkeit und der neu gefundene Courage - Die Auseinandersetzung mit Homosexuellen in den evangelischen Landeskirchen, in: Eckstein, Forum für Theologie und Politik am FB 02, hg. v. FSR Katholische Theologie Münster, November 1992, S. 20-26; **FSR KATHOLISCHE THEOLOGIE:** Eckstein Nov. 1992 - schwule Theologie, Fachschafsrat der Kath.-theolo. Fakultät der Universität Münster, Johannisstr. 8-10, Münster 1992; **FSR KATHOLISCHE THEOLOGIE:** Schwule Theologie, Fachschaftsrat der Kath.-theolo. Fakultät der Universität Münster, Johannisstr. 8-10, Münster 1994; **FUCHS U.A. (HG):** Das Neue wächst - Ist die Kirche noch offen für das Neue, Kösel Verlag 1995; **GEMEINSAME ÖKUMENISCHE KOMMISSION DER EKD UND DER DEUTSCHEN BISCHOFSKONFERENZ:** Ja zur Ehe !, Köln / Hannover 1980, in: Ehe und nichteheliche Lebensgemeinschaften, EKD Texte 12, HG: Kirchenamt der EKD, Hannover 1985, S. 24-27; **GREELEY, ANDREW:** Erotische Kultur - Partnerschaft und Intimität, Graz 1977; **GREINACHER, NORBERT:** Ist die Katholische Kirche noch zu retten ? in: Fuchs, Ottmar u.a. (HG): Das Neue wächst - Radikale Veränderungen in der Kirche, München 1995; **GROSSMANN, SIGRID:** Gottesbilder, in: Kassel, Maria (HG): Feministische Theologie, Kassel 1988; **GRÜN, ANSELM / MÜLLER, WUNIBALD (HG):** Intimität und zölibatäres Leben - Erfahrungsfelder von Priestern und Ordensleuten, Echter Verlag, 1995; **HASENBERG, PETER (HG):** Religion im Film, Köln 1993; **HARTFELD, HERMANN:** Homosexualität im Kontext von Bibel, Theologie und Seelsorge, 1991; **HEFFT, GESINE:** Ehe, nichteheliche Lebensgemeinschaft und der Segen der Kirche, in: WzM 39. Jg, 1987, S. 310 - 326; **HERMANN, HORST:** Kirchenaustritt jetzt ! - Argumente für Unentschlossene, München 1994; **HERMANN, HORST:** Die sieben

Todsünden der Kirche - Ein Plädoyer gegen die Menschenverachtung, München 1992; **HERZ, CHRISTIAN:** Ikaros - Wohin fliegst du? Homosexualität - ein Theologie-Student durchleuchtet, 1995; **HIRSCHLER, HORST:** Homosexualität und Pfarrerberuf, 1985; **HORST, GUIDO:** Kirche & Sex - Mein Körper gehört mir, Aachen 1994; **JOSUTTIS, MANFRED:** Gottesliebe und Lebenslust - Beziehungsstörungen zwischen Religion und Sexualität, Gütersloh 1994; **JUNG, C.G:** Die Ehe als psychologische Beziehung, in: Keyserling, Graf Hermann: Das Ehebuch, o.J.; **KARRER, LEO:** Schubkraft für die Kirche - Der Langstreckenlauf der Laien, in: Fuchs, Ottmar u.a. (HG): Das Neue wächst - Radikale Veränderungen in der Kirche, München 1995, S. 115ff, **KIRRTE, R.:** Bibelauslegung im 20 Jahrhundert, in: Tworuschka, U.: Religionen der Welt, München 1996; **KITTELBERGER, BARBARA / HEILIG-ACHNECK, WOLFGANG / SCHÜRGER, WOLFGANG (HG):** Was auf dem Spiel steht - Diskussionsbeiträge zu Homosexualität und Kirche, München 1993; **KÖRNER, HEINZ:** Sarah, Fellbach 1994, S. 29; **KOHLER-SPIEGEL, HELGA U.A.:** Wut und Mut - Feministisches Materialbuch für Religionsunterricht und Gemeindearbeit, München (Kösel), o.J.; **KUCKERTZ, BEATE (HG):** Kreuzfeuer - Die Kritik an der Kirche, München 1991; **LAABS, KLAUS:** Lesben, Schwule, Standesamt - Forderungen zur Homoehe, Berlin 1991; **LAURITZEN, JOHN:** Religiöse Wurzeln des Tabus der Homosexualität, Frühlingserwachen, Textreihe, Nr. 5, München 1994; **LENZ, JOHANNES:** Lebensgemeinschaft und Trauung - Das Sakrament der Ehe, Urachhaus Verlag 1993; **LÉVINAS, E.:** Die Spur des Anderen, Freiburg und München 1983; **LORETAN, MATTHIAS:** Pier Paolo Pasolini, in: Hasenberg, Peter (Hg.): Spuren des Religiösen im Film, Mainz 1995, S. 65ff; **MAHER, MAB:** Heilung im Dunkeln, in: Curb, R. / Mannahan, N. (HG): Die ungehorsamen Bräute Christi - Lesbische Nonnen brechen ihr Schweigen, München 1986, S. 299f; **MARSHALL, BETTINA:** Lesbische und schwule Lebensformen als Thema im Religionsunterricht, in: Homosexualität im Horizont theologischer Reflexion und kirchlichen Handelns, Dokumentation einer Blockveranstaltung in der ESG Bochum im Juni und Oktober, Bochum 1994, S. 163-168; **MCWHIRTER, DAVID / MATTISON, ANDREW:** Männerpaare - Ihr Leben und ihre Liebe, Berlin 1986; **MERTENS, F.:** Ich wollte Liebe und lernte hassen, Zürich 1984; **MEY, JÜRGEN:** Kirchen für Homosexuelle ? Die Homosexuellen erstreiten ihre Menschenrechte, Haag und Herchen Verlag 1993; **MEY, JÜRGEN:** Liebe achtet sexuelles Leben - Homosexuelle Liebe verlangt nach gesellschaftlicher Anerkennung, Haag und Herchen Verlag 1992; **MOLLENKOTT, VIRGINIA:** Gott eine Frau ?, München 1985; **MULACK, CHRISTA:** Die Weiblichkeit Gottes, Stuttgart 1983; **MÜLLER, THEOPHIL:** Konfirmation - Hochzeit - Taufe - Bestattung, Stuttgart/Berlin/Köln/Mainz, 1988; **NIEBERGALL, ALFRED:** Die Ehe und Eheschließung in der Bibel und in der Geschichte der Alten Kirche, hg.: Ratschow, a.M., Marburg 1985; **OVERATH, JOSEPH:** Des Papstes neuer Freund? Maria aktuell Verlag 1989; **PESCHKE, K.-H.:** Homosexualität, in: Rotter, H. / Virt, G. (HG): Neues Lexikon der christlichen Moral, Tyrolia-Verlag, Innsbruck 1990, S. 340-348; **PETZOLD, H. (HG):** Wege zum Menschen, Bd. 1, Paderborn 1984; **PUBLIK-FORUM:** Sonderhefte Liebe / Sexualität - Nackter als heute kann ich zu dir, Oberursel 1994; **RESSEL, HILDEGARD:** Die Macht der Gewohnheit - Von der heilsamen Kraft unserer täglichen Rituale, München 1996; **SCHOTTROFF, LUISE / GÖSSMANN, ELISABETH U.A. (HG):** Wörterbuch der Feministischen Theologie, Gütersloh 1991; **SCHOTTROFF, LUISE / SCHROER, SILVIA / WACKER, MARIE:** Feministische Exegese - Forschungserträge zur Bibel aus der Perspektive von Frauen, Darmstadt 1995; **SCHOTTROFF, LUISE / SÖLLE, DOROTHEE:** Den Himmel erden - Eine ökofeministische Annäherung an die Bibel, München 1996; **SCHUBART, WALTER:** Religion und Eros, München 1944; **STEIN, ALBERT:** Ehe / Eherecht / Eheschließung, IX Praktisch-Theologisch, TRE, hrsg. v. Krause, G. / Müller, G., Berlin / New York, S. 355 - 362; **PARRINDER, GEOFFREY:** Sexualität in den Religionen der Welt, Olten 1991; **PFABIGAN: ALFRED:** Die andere Bibel, Frankfurt am Main 1991; **POPP, V. (HG):** Initiation - Zeremonien der Statusänderung und des Rollenwechsels, Frankfurt am Main 1969; **PUBLIK-FORUM:** Zeitung kritischer Christen - Sonderausgabe mit Dossier Kirchenvolksbegehren: Kirche in Bewegung, Jg. 25, Heft 2, Oberursel 1996; **RANKE-HEINEMANN, UTA:** Nein und Amen, München 1993; **RAUCHFLEISCH, UDO (HG):** Homosexuelle Männer in Kirche und Gesellschaft, Patmos Verlag 1993; **RICE, D.:** Kirche ohne Priester, München 1991; **RICHTER, HORST-EBERHARD:** Die Gruppe - Hoffnung auf einen neuen Weg, sich selbst und andere zu befreien, Psychoanalyse in Kooperation mit Gruppeninitiativen, Reinbek 1972; **RINGELING, HERMANN:** Homosexualität, Teil 1: Zum Ansatz der Problemstellung in der Theologischen Ethik, Teil 2: Zur ethischen Urteilsfindung, in: Zeitschrift für evangelische Ethik 31, 1987, S. 6-35 u. S. 82-102; **ROHR, RICHARD:** Der Wilde Mann - Geistliche Reden zur Männerbefreiung, München 1991; **SCHAVAN, ANNETTE:** Dialog statt Dialogverweigerung- Impulse für eine zukunftsfähige Kirche, 1994; **SCHERZBERG, LUCIA:** Grundkurs Feministische Theologie - Leitfaden durch die vielfältigen Themen, Denkrichtungen und Entwicklungen, Mainz 1995; **SCHLEINZER, A.:** Die Liebe ist unsere einzige Aufgabe - Das Lebenszeugnis von Madeleine Delbrel, Stuttgart 1994; **SCHMITZ, EMIL:** Skandalöse Kirche - Seelenfang und Klingelbeutel, Gelka Verlag 1992; **SIPE, RICHARD:** The Search of Celibacy - Practice, Process and Achivement, Brunner-Mazel Verlag, New York 1990; **SÖLLE, DOROTHEE:** Lieben und arbeiten - Eine Theologie der Schöpfung, Stuttgart 1995; **SOEFFNER, H.G.:** Die Inszenierung von Gesellschaft - Wählen als Freizeitgestaltung, in: ders.: Die Ordnung der Rituale, Frankfurt am Main 1993, S. 157-176; **SPIEGEL, YORICK:** Der Prozeß des Trauerns, München 1973; **STEINACKER, PETER:** Homosexualität und kirchenleitendes Handeln, 1996; **TAUNUS INSTITUT FÜR KULTURSOZIOOLOGIE:** Studie über die Gründe einer Eheschließung, zit. n. Tagespresse v. 28.9.1995; **THILO, HANS-JOACHIM:** Nichttheologische Faktoren bei einer kirchlichen Trauung, in: Wissenschaft und Praxis in Kirche und Gesellschaft, 62. Jg, Göttingen 1973, S. 233-241; **TURNER, VICTOR:** Das Ritual, Struktur und Antistruktur, Theorie und Gesellschaft, Frankfurt am Main 1988; **VONDERBERG, KARL-HEINZ:** Neue Psalmen für Jugendliche, München 1996; **WEBER, HARTWIG:** Religion - Lexikon der Grundbegriffe in Christentum und anderen Religionen, Reinbek 1995; **WEISKOPF, RICHARD:** Manuskript zum Vortrag „Authentisch leben - Sünde nach dem Bibelverständnis nur, nicht gemäß seiner sexuellen Orientierung zu leben" am 3.2.1992 in der Augustana Hochschule in Neuendettelsau; **WEISNER, CHRISTIAN:** Wir sind Kirche - Dokumentation und Materialien zum Kirchenvolksbegehren in Deutschland, Eigenverlag (Hildesheimer Str. 103), Hannover 1996; **WEIZER, JENS:** Vom andern Ufer - Schwule fordern Heimat in der Kirche, 1995; **WERNER, ROLAND (HG):** Homosexualität und Seelsorge, 1993; **WESTERMANN, CLAUS:** Der Segen in der Bibel und im Handeln der Kirche, München 1968; **WESTHEIMER, RUTH:** Himmlische Lust, [Die Bibel als Sexratgeber], Frankfurt am Main 1996; **WIR SIND KIRCHE:** Herdenbrief „Liebe - Eros - Sexualität", Hannover 1996; **WOLF, DORIS:** Einsamkeit überwinden - Von innerer Leere zu sich und anderen finden, Mannheim 1986; **WOLF, HANS:** Sünden der Kirche - Vermarktete Illusionen: Das Geschäft mit dem Glauben, Historia Verlag 1996; **ZIEBERTZ, HANS:** Sexualpädagogik - Kath. Sexualerziehung, 1993; **ZINK, JÖRG:** Neue Zehn Gebote, München 1995; **ZINSER, HARTMUT:** Herausforderung: Ethikunterricht - als Ersatzfach in der Schule, 1991; **ZULEHNER, PAUL MICHAEL:** Übergänge im Leben, Freising 1980; **ZUNHAMMER, NICOLE:** Gibt es eine feministische Hermeneutik ?, in: Jenetzky, Birgit u.a. (HG): Aufbruch der Frauen, Münster 1989, 37-48.

Weiterhin verwendete Literatur für Kapitel 9:

AG FRAUENUNITOPIA (HG): Frauen- / Lesbenkulturforum - Frauen /Lesben leisten Widerstand, Bonn 1992; **ANGLOWSKI, DIRK:** Psychosoziale und pädagogische Aspekte im Coming-Out Jugendlicher - Eine Studie zu Einstellungen zur Homosexualität und Ansatzpunkte zum Einsatz von Jugendliteratur im Kontext der sexuellen Identitätsfindung, 1995; **BAER, DOROTHEE:** Lesbe am Arbeitsplatz, 1996; **BARTHOLOMAE, JOACHIM (HG):** Die Engel sind echt - Beiträge zum Literaturpreis der Schwulen Buchläden, Hamburg 1994; **BAUER, CHRISTIAN:** Als Schwuler im Militär? 1995; **BAER, DOROTHEE:** Lesbe am Arbeitsplatz, 1996; **BAUER, CHRISTIAN:** Als Schwuler ins Militär?, Schweiz 1995; **BECK, ULRICH:** Die Erfindung des Politischen, Frankfurt am Main 1993;

BELA: Schwule in der Bundeswehr, in: Pro Familia Magazin, Sexualpädagogik und Familienplanung, Heft 1 / 89, S. 15-17 (Original: Antimilitarismus-Information 2/93, sowie Frankfurter Allgemeine Zeitung, 28.1.93); **BELLEBAUM, ALFRED:** Schweigen und Verschweigen - Bedeutung und Erscheinungsvielfalt einer Kommunikationsform, Wiesbaden 1992; **BERGER, PETER / HRADIL, STEFAN (HG):** Lebenslagen, Lebensläufe, Lebensstile, Göttingen 1990; **BERGER, PETER / LUCKMANN, THOMAS:** Die gesellschaftliche Konstruktion der Wirklichkeit, Frankfurt am Main 1969; **BISCHOFF, SUSANNE (HG):** ... auf Bäume klettern ist politisch: Lesben, Politik & Sport, Hamburg 1994; **BOPP, ANNETTE:** Sex ohne Angst, anerkannt als Lehrbuch für Schulen, 1994; **BOURDIEU, PIERRE:** Die feinen Unterschiede - Kritik der gesellschaftlichen Urteilskraft, Frankfurt am Main 1987; **BRAUN, HANS-JOACHIM:** Homosexualität in der Polizei, GdP, Hilden 1995; **BRUCKER, SILKE U.A.:** ... eigentlich hab' ich es schon immer gewusst... - Lesbisch-feministische Arbeit mit Mädchen und jungen Lesben, Berlin 1996; **BUNDESTAGDRUCKSACHE 11/3387:** Entschließungsantrag das Steuer- und Sozialrecht neutral gegenüber allen Formen des Zusammenlebens zu gestalten, Bonn 1988; **BUNDESTAGSDRUCKSACHE 11/1955 & 11/6876:** Gesetz zur Öffnung des Sozialen Wohnungsbaus für homosexuelle Lebensgemeinschaften; **BUNDESTAGSDRUCKSACHE 11/7275:** Europa-Rechte für Homosexuelle umsetzen, Bonn 1994; **BUNDESTAGSDRUCKSACHE 13/847:** „Dem Ehegatten seit der Partner einer gleich- oder verschiedengeschlechtlichen nichtehelichen Lebensgemeinschaft gleich", Antrag auf einen Gesetzesentwurf, daß im Tode eines Partners Mietverhältnisse weiter bestehen sollen, Bonn 1995; **BÜLTMANN, G. U.A.:** Geschlechtsspezifische Sexualpädagogik in der außerschulischen Jugendarbeit in NRW, Sozialministerium, Düsseldorf 1992; **BÜRER, BARBARA / WYSS, NIKOLAUS:** Der letzte Abend, die letzte Nacht - Das Buch zum 7. Europäischen Schwulesbischen Chorspektakel in Zürich, 1993; **COLEMAN, JAMES:** Grundlagen der Sozialtheorie, München 1991/2; **CORDES, MECHTHILD:** Gleichstellung oder Gesellschaftsveränderung - Ziele Institutionen, Strategien, Opladen 1995; **DANNECKER, MARTIN / PUFF, HELMUT (HG):** Lust, Angst und Provokation - Homosexualität in unserer Gesellschaft, Vandenhoeck und Ruprecht Verlag 1993; **DER SPIEGEL:** Die Leute wissen nichts - Interview mit den schwulen TV-Moderatoren Matthias Frings und Ernie Reinhardt (Lilo Wanders) über Aufklärung im Fernsehen, in: Der Spiegel, 44/94, S. 94ff; **DIE SCHWULEN JURISTEN:** Schwule im Recht - Rechtsratgeber für homosexuelle Menschen, Bamberg 1992; **DIEWALD, MARTIN:** Von Klassen und Schichten zu Lebensstilen - Ein neues Paradigma für die empirische Sozialforschung, WZB P 90-105, Berlin 1990; **DOUGLAS, MARY:** Wie Institutionen denken, Frankfurt am Main 1991; **ECKERT, A. / SALMEN, A.:** 20 Jahre bundesdeutsche Schwulenbewegung 1969-1989, Bundesverband Homosexualität (BVH Materialien 1), Köln 1989; **EDELMAN, MAURRAY:** Politik als Ritual, Die symbolische Funktion staatlicher Institution und politischen Handelns, Frankfurt am Main 1990; **EDITION EBERSBACH:** Querfeldein - Beiträge zur Lesbenforschung, eFeF-Verlag, Dortmund 1994; **FACHBEREICH FÜR GLEICHGESCHLECHTLICHE LEBENSGEMEINSCHAFTEN:** Geschichte und Perspektiven von Lesben und Schwulen in den neuen Bundesländern, von Ilse Kokula, Dokumente Nr. 4, Berlin 1992; **FACHBEREICH FÜR GLEICHGESCHLECHTLICHE LEBENSGEMEINSCHAFTEN:** Homosexualität als politischer Asylgrund ?, Dokumente Nr. 11, Berlin 1994; **FACHBEREICH FÜR GLEICHGESCHLECHTLICHE LEBENSGEMEINSCHAFTEN:** Lesben und Schwule im Gesundheitswesen, Dokumente Nr. 10, Berlin 1994; **FACHBEREICH FÜR GLEICHGESCHLECHTLICHE LEBENSGEMEINSCHAFTEN:** Lesbische Mädchen - ein Thema für die Jugendarbeit, Dokumente Nr. 7, Berlin 1992; **FACHBEREICH FÜR GLEICHGESCHLECHTLICHE LEBENSGEMEINSCHAFTEN:** Pädagogischer Kongreß „Lebensformen und Sexualität", Dokumente Nr. 8, Berlin 1993; **FACHBEREICH FÜR GLEICHGESCHLECHTLICHE LEBENSGEMEINSCHAFTEN:** Perspektiven für vertrauensbildende Maßnahmen zwischen Schwulen und Polizei, Dokumente Nr. 3, Berlin 1992; **FACHBEREICH FÜR GLEICHGESCHLECHTLICHE LEBENSGEMEINSCHAFTEN:** Ursachenformen und Handlungsperspektiven von Gewalt gegen Lesben und Schwule im internationalen Vergleich, Dokumente Nr. 6, Berlin 1993; **FOCUS:** Coming-Out im Reisebüro - Auf der Suche nach neuen Zielgruppen tasten sich die Reiseveranstalter an die schwulen Urlaubspaare heran: Schwule sind ein nicht zu unterschätzender Markt, da über 30 Prozent der schwulen Paare mit mehr als 6000 DM netto ein überdurchschnittliches Monatseinkommen haben, in: Focus, Heft 14/1995, S. 226f.; **FOCUS:** Schwule in der Politik - Schwule Paare auf dem Presseball, Heft 29 / 95, S. 32-37; **FOCUS:** Leben Schwule besser ? - Lifestyl, Elite, Karriere, Medien, Werbung und Lebensglück von gleichgeschlechtlichen Lebensgemeinschaften, Heft 12/96 (Titel), S. 205-214; **FOUCAULT, MICHEL:** Sexualität und Wahrheit, Bd. 1: Der Wille zum Wissen (1983), Bd. 2: Der Gebrauch der Lüste (1989), Bd. 3: Die Sorge um sich (1989), Frankfurt am Main; **FOUCAULT, MICHEL:** Überwachen und Strafen, Frankfurt am Main 1976; **FOURNIER, JOSEF:** Verzeichnis der Schwulen und schwul-lesbischen Bibliotheken, Archive und Geschichtswerkstätten / Hrsg.: Bundesverband Homosexualität e.V. in Zusammenarb. mit: Gemeinnütziger Verein zur Förderung der Wissenschaftlichen Forschung zur Gleichstellung von Männern und Frauen, Schwulenkultur e.V., Hamburg und dem Verein zur Förderung der Erforschung der Geschichte der Homosexuellen in Nordrhein-Westfalen e.V., Köln 1991; **FUGATE, D. L.:** Evaluating the US Male Homosexual and Lesbian Population as a Viable Target Market Segment: A Review with Implications, in: Journal of consumer marketing 1993, Vol.10, Nr.4, S. 46; **GIRTLER, ROLAND:** Die feinen Leute, Frankfurt am Main ca. 1990; **GÖRLITZ, AXEL:** Politische Steuerung, Opladen 1995; **GRUMBACH, DETLEF (HG):** Die Linke und das Laster - Homosexualität und Arbeiterbewegung, 1995; **GRUPPE LESBENLEBEN (HG):** LesbenLeben - Lesbisches Leben im Spiegel deutschsprachiger Veröffentlichungen, Katalog zur Lesbenliteraturausstellung, 1994; **HAMER, DIANE / BUDGE, BELINDA (HG):** Von Madonna bis Martina - Die Romanze der Massenkultur mit den Lesben, Berlin 1996; **HARRIS, ROBBIE / EMBERLEY, M.:** Total normal - Was Du schon immer über Sex wissen wolltest, Sexualerziehung, Alibaba Verlag 1995; **HAUS DER GEWERKSCHAFTSJUGEND (HG):** Schwule und Gewerkschaften - Protokoll eines Seminares im Haus der Gewerkschaftsjugend / Lesben und Schwule in der Gewerkschaft, zu bestellen bei: Haus der Gewerkschaftsjugend, Koenigsteiner Str. 29, 61440 Oberursel; **HETZE, STEFANIE:** Happy-end für wen ? Kino und lesbische Frauen, Tende Verlag 1985; **HILGERS, ANDREA:** Richtlinien und Lehrpläne zur Sexualerziehung in den 16 Ländern der BRD - eine vergleichende Analyse, Köln (BZgA) 1995; **HIRSCHMAN, ALBERT O.:** Leidenschaften und Interessen, Frankfurt am Main 1980 (1977); **HOAGLAND, SARAH:** Die Revolution der Moral - Neue lesbisch-feministische Perspektiven, 1991; **HOLLSTEIN, WALTER:** Nicht Herrscher, aber kräftig - Die Zukunft der Männer, Reinbike 1991; **HOLZ, WINFRIED:** Rechtsgutachten zur Gleichstellung von schwulen und lesbischen Lebensgemeinschaften mit der Ehe, Referat für gleichgeschlechtliche Lebensweisen, zur Familie, Berlin 1992; **HRADIL, STEFAN:** Die Ungleichheit der sozialen Lage, in: Kreckel, Reinhard (HG): Soziale Ungleichheiten, Göttingen 1983, S. 101-120; **HUBER, HERMANN:** Das Lexikon Homosexualität in Film u. Video, Berlin 1987; **HUBER, HERMANN:** Leben - Lieben - Legenden, Die 60 schillerndsten Kultstars der Schwulen, 1988; **IPTS (HG):** Ganzheitliche Sexualpädagogik in der Schule, Landesinstitut Schleswig-Holstein für Praxis und Theorie der Schule (ITPS), Schreberweg 5, 24119 Kronshagen 1995; **JONAS, H.:** Das Prinzip Verantwortung, Frankfurt am Main 1979; **KARRENBERG, BETTINA:** Die Darstellungsweise der Frau in der Werbung und ihre Bedeutung für den Sozialisationseinfluß auf Frauen, Universität Frankfurt am Main 1990; **KARSTÄDT, CHRISTINA / ZITZEWITZ, ANNETTE VON:** ... viel zuviel verschwiegen - Eine historische Dokumentation von Lebensgeschichten lesbischer Frauen in der DDR. 1995; **KEUPP, H.:** Psychische Krankheit als hergestellte Wirklichkeit - eine Grenzbestimmung des Ettikettierungsparadigmas, S. 199-212 in: Keupp, Heiner (HG): Normalität und Abweichung, München 1978/9; **KEUPP, HEINER (HG):** Lust an der Erkenntnis - Der Mensch als soziales Wesen, Sozialpsychologisches Denken im 20. Jahrhundert, Ein Lesebuch, München 1995; **KILBER, DANIELA:** Schwuler sucht Asyl, 1995; **KIRCHENKANZLEI DER EV. KIRCHE IN DEUTSCHLAND (HG):** Denkschrift zu Fragen der Sexualethik, Gütersloh 1984; **KLEINSCHMIDT, LOTHAR / PRO**

FAMILIA U.A.: Lieben, kuscheln, schmusen - Hilfen für den Umgang mit kindlicher Sexualität, Münster 1994; **KLUGE, NORBERT** (HG)**: Medien als Sexualaufklärer, Dipa Verlag 1988; **KNOLL / EDINGER / REISBECK**: Lesben und Schwule in der Arbeitswelt, München 1996; **KOKULA, ILSE / BÖHMER, ULRIKE**: Die Welt gehört uns doch - Zusammenschluss lesbischer Frauen in der Schweiz der 30er Jahre, 1991; **KOKULA, ILSE**: Arbeits- und Berufssituation lesbischer Frauen - eine Bestandsaufnahme und Analyse der bisherigen Wissenschaft, Ergebnisse und Thesen / Arbeitskreis Homosexualität in der ÖTV Berlin, 1986; **KÖPFER, ANNE /** **STEDEFELDT, EIKE**: Zuviel DDR zuwenig homosexuell - Kurzgeschichten und Glossen, herausgegeben vom Schwul-lesbischen Informations- u. Presseservice (Schlips e.V.), 1994; **KÜCHLER, KATRIN**: Die Darstellung von Lesben-Paaren in den Medien, in: Puff, Helmut (HG): Lust, Angst, Provokation, Göttingen 1993, S. 147ff; **LAABS, KLAUS**: Lesben, Schwule, Standesamt - Forderungen zur Homoehe, Berlin 1991; **LÄHNEMANN, MAGDALENE**: Information, Integration, Konfrontation - Homosexuelle Aufklärung in Schulklassen und Jugendfreizeitheimen, Hrsg. von der Senatsverwaltung für Jugend und Familie, Referat für Gleichgeschlechtliche Lebensweisen Berlin 1991; **LANDESINSTITUT FÜR SCHULE UND WEITERBILDUNG** (HG)**: Leben in Beziehungen und Partnerschaften - unter besonderer Berücksichtigung der Homosexualität, Arbeitshilfe für Pädagogen, vorgelegt von der Entwicklungsgruppe (Bearb.: U. Schneider / S. Koerner) im LSW - NRW, Paradieser Weg 64, Soest 1996; **LANDESINSTITUT FÜR SCHULE UND WEITERBILDUNG NRW**: Man und Frau in Gesellschaft und Weiterbildung, Dokumentation XIV, Soester Weiterbildungsforum, Soest 1988; **LANDTAG INTERN**: Europa-Rechte für Homosexuelle umsetzen, Stellungnahmen der Parteien, Düsseldorf 23.8.94; **LEWALD, KUNO**: Unser täglicher „Heterrorismus" - Oder wer schläft mit wem ? Überlegungen zu einem Problem, das keines sein müsste. Aufsätze, Berichte, Glossen, Rita Fischer Verlag 1990; **LISSNER, K.**: Die Entspannung von Bedürfnissen durch Ersatzhandlungen, Psychologische Forschung, 18, 1933, S. 218-250; **LIPPS, T.**: Das Wissen von fremden Ideen, Psychologische Untersuchungen, 1, 1906, 694-722; **LITERATUSSI**: 3 Jahre schwule Literaturkritik, 1993; **LUCKE, DORIS**: Akzeptanz - Legitimität in der Abstimmungsgesellschaft, Opladen 1995; **LÜDTKE, HARTMUT**: Expressive Ungleichheit - Zur Soziologie der Lebensstile, Opladen 1989; **LUHMANN, NIKLAS**: Soziale Systeme, Frankfurt am Main 1988; **MAAS, A. / CLARK, R.B.**: Hidden impact of minoroties: 15 years of minority influence research, Psychological Bulletin 95, 428-450, 1984; **MAGNUS**: Das Coming-Out der schwulen Manager - Der Völklinger Kreis, Heft 3 / 1995; **MALT, MANUELA**: Ist unstreitig homosexuell - Lesben und Schwulen im Arbeits- und Zivilrecht, 1991; **MARCUSE, HERBERT**: Triebstruktur und Gesellschaft, Frankfurt am Main 1979; **MARCUSE, HERBERT**: Der eindimensionale Mensch, 1967; **MARCUSE, HERBERT**: Die Verwandlung der Sexualität in den Eros, S. 195f, in: ders.: Triebstruktur und Gesellschaft, Frankfurt am Main 1970; **MEY, JÜRGEN**: Liebe achtet sexuelles Leben. - Homosexuelle Liebe verlangt nach gesellschaftlicher Anerkennung, Haag und Herchen Verlag 1992; **MEYER-FAJE, ARNOLD**: Identitätsorientierte Menschenführung - Ein Beitrag zum Paradigmenwechsel in der Führungspraxis, 1990; **MOSCOVICI, S.**: Sozialer Wandel durch Minoritäten, München: Urban & Schwarzenberg 1979; **MÜCKE, DETLEF**: Lesbische und schwule Jugendliche in der Schule, in: Berliner LehrerInnenzeitung, Juli 1991; **MUG, CHRISTIANE**: Lesbische Ausländerin sucht Arbeit, 1996; **MÜLLER, PETRA**: Liebe als Gegenstand erfahrungswissenschaftlicher Erhebungen, Hamburg 1994; **NILHOFFER, PETRA / MAIER, BRIGITTE**: Sexualerziehung zwischen Elternhaus und Grundschule, Textsammlung zur Sexualerziehung der Grundschule, o.O., o.J.; **OESTERLE-SCHWERIN, JUTTA**: „Zwei Jahre Lesben/Schwulen-Politik im Bundestag - Wie alles anfing und wie es weitergehen könnte", in: Beiträge zur feministischen Theorie und Praxis, Bd 25/26, Köln 1989; **OHNE AUTOR**: 10 Jahre Lesben- & Schwulenhaus Rosa Lila Villa - „Weil drauf steht, was drin ist!", 1992; **OHNE AUTOR**: Rosa Liebe unterm Roten Stern - Zur Lage der Lesben und Schwulen in Osteuropa, Kiel Frühlingserwachen 1986; **OPP, KARL-DIETER**: Theorie sozialer Kriesen - Apathie, Protest und kollektives Handeln, Hamburg 1978; **PARSONS, TALCOT**: Das Über-Ich und die Theorie der sozialen Systeme (1952), in: ders.: Sozialstruktur und Persönlichkeit, Frankfurt / M. 1986, S. 25-45; **PETZOLD, HARALD / UEBERSCHÄR, BEATE** (HG)**: Jugend und Homosexualität - Eine Aufklärung für Eltern - Abschlussdokumentation des Projektes an der Volkshochschule, 1996; **POTT, ELISABETH**: Aufklärung als Auftrag - Dutlicher Wandel im Sexualverhalten von Jugendlichen, in: Das Parlament, 12.01.1996; **PRINZ**: Mehr als Kaschmir und Seinde - Schwule Manager, Prinz Frankfurt, Heft 9 / 1994; **PUFF, HELMUT**: Lust, Angst und Provokation - Homosexualität in der Gesellschaft, Vandenhoeck und Ruprecht Verlag 1993; **RASTETTER, ERICH U.A.** (HG)**: Spurensicherung, Publikationen ausgewählter Seminararbeiten der geisteswissenschaftlich / sozialwissenschaftlichen Fakultäten der Universität Karlsruhe, 1994; **RAUSCHENBACH, BRIGITTE**: Nicht ohne mich - Vom Eigensinn des Subjekts im Erkenntnisprozeß, Frankfurt am Main 1991; **RECHTSPRECHUNG BUNDESARBEITSGERICHT KASSEL**: Homosexualität kein Kündigungsgrund, BAG 2 AZR 617/93 (München) vom 23.6.1994 (NJW 1995, 275); **RENESSE, MARGOT VON**: Die gleichgeschlechtliche Ehe darf niemand verweigern, in: Verhandlungen des Deutschen Bundestages, Mitschrift der Reden, Bonn 10 / 95; **RICHTER, HORST-EBERHARD**: Lernziel Solidarität, Reinbek 1974; **RIEDER, INES**: Wer mit Wem? Hundert Jahre lesbischer Liebe, Wien 1994; **RIESMAN, DAVID**: Die einsame Masse, Neuwied 1967; **RIGIOTTI, FRANCESCA**: Die Macht der Metaphern - Über die sprachlichen Bilder der Politik, Frankfurt am Main 1993; **RONNEBERGER, F.** (HG)**: Sozialisation durch Massenkommunikation, Stuttgart 1971; **ROSENBERG, MARTIN**: Homosexuelle Partizipation und partizipative Homosexualität - Das schwul-lesbische Radio Programm homo laber, Dipl.-Arbeit Dortmund 1995; **ROTH, R. / RUCHT, D.** (HG)**: Neue soziale Bewegungen in der BRD, Bundeszentrale für politische Bildung, Bd. 252, Bonn 1987; **RUFF, THOMAS**: Verzeichnis laufender schwuler Zeitschriften, Bibliothek für Internat. Schwule Zeitschriften, Nürnberg 1987; **RUSSO, VITO**: Schwule Traumfabrik - Film und Video, Berlin 1990; **SANDERS, PETER / SURINDEN, LIZ**: Lieben, Lernen, Lachen - Sexualerziehung ab 6 Jahre, Verlag an der Ruhr 1992; **SCHÄFERS, BERNHARD**: Gesellschaftlicher Wandel in Deutschland, Stuttgart 1990; **SCHILK, BRIGITTA**: Handeln für uns selbst in unserem eigenen Namen - Verzerrungen lesbischer Existenz in Gesellschaft und Kirche, Lesbische Ethik - ein Gegenentwurf, 1993; **SCHMITT, ARNO**: Bio-Bibliography of Male-male Sexuality and Eroticism in Muslim Societies, 1995; **SCHNEIDER, M.**: Educating the public about homosexuality, in: Annals of sex research, 1993, Vol.6, Nr.1, S. 57; **SCHNETTLER, RENA**: Lesben in/und Bewegung - Materialien zur Lesbenbewegung, 1996; **SCHRAM, DICK H.**: Norm und Normbrechung, Braunschweig 1991; **SCHREINER, KLAUS**: Kommentar zur Darstellung von gleichgeschlechtlichen Lebensgemeinschaften in den Schulbüchern, in: Berliner Lehrerzeitung 12/1979, S. 25; **SCHULZE, MICHA**: Schwule und Lesben an den Universitäten, in: Unicum, 3/95, S. 8ff; **SCHWULES NETZWERK NRW E.V.** (HG)**: Broschüre zum Treffen lesbischer und schwuler Polizist/inn/en, Köln 1994; **SENNETT, RICHARD**: Verfall und Ende des öffentlichen Lebens - Die Tyrannei der Intimität, Fischer Verlag 1993; **SIELERT, UWE**: Sexualpädagogik / Sexualpädagogische Materialien, Kapitel: Homosexualität als Thema der Sexualerziehung mit Jugendlichen, Weinheim 1993, S. 163ff; **SILLGE, URSULA**: Un-Sichtbare Frauen, Lesben in einer Emanzipation in der DDR, 1991; **SOCIETY**: Homosexuality and the Military Culture, Themenausgabe, in: Social Science And Modern Society, Volume Thirty-one, Number one, November / Dezember 1993; **SOHRE, KATRIN**: Gleichstellungsstellen und Gleichstellungspolitik für Lesben und Schwule, in: Pro Familia Magazin, Sexualpädagogik und Familienplanung, Heft 5 / 93, S. 12 ff; **SOUKUP, JEAN**: Die DDR, die Schwulen, der Aufbruch - Versuch einer Bestandsaufnahme, Verein f. soziale u. päd. Arbeit 1990; **SPELLERBERG, ANNETTE**: Lebensstile - Verteilung und Differenzierung nach sozialstrukturellen Merkmalen, WZB P 94-105, Berlin 1994; **STADTFÜHRER**: Gay German Guide - Der schwule Deutschlandführer, Pink Rose Press (ISBN 3-927307-06-3), Hamburg 1995; **STERN**: Sprecher des Deutschen Schwulenverbandes im Bundes-Parlament - Interview mit dem schwulen Bundestagsabgeordneten Volker Beck, in: Stern 13/95, S. 111f; **STERN**: Schwule Manager, Heft Oktober 1995; **SÜSSMUTH, RITA**: Mehr Rechte für Homosexuelle, in: Saarbrücker

Zeitung / Mannheimer Morgen, 8.7.91; **TEMPO:** Die schwule Star-Elite in den Medien, Titel, Heft 2 / 1996, S. 33-41; **TRAMPENAU, BEA:** Ein Platz für lesbische Mädchen - Möglichkeiten für Konzepte lesbischer Mädchenarbeit, Hamburg 1988; **TRAMPNAU, WOLFGANG:** Die Videoliste - Schwules in Spielfilm, Dokumentation, Unterhaltung, 1991; **TSELIKAS, ELEKTRA:** Minderheit und soziale Identität - Soziale Wahrnehmung und Realitätskonstruktion (bei Schweizer- und Ausländerkindern), Frankfurt am Main 1986; **VETTER, HANS-ROLF (HG):** Muster moderner Lebensführung - Ansätze und Perspektiven, München 1991; **VIDEOFILM** für den Unterricht: Bundesministerium für Jugend (HG): Der Liebe auf der Spur - Video Aufklärungsserie mit Begleitbuch, Bonn 1988; **VIDEOFILM** für den Unterricht: Faszinierend schwul oder was ?, 45 min., Allg. Homos. Arbeitsgemeinschaft, Berlin 1988; **VIDEOFILM** für den Unterricht: Liebe kann so schön sein, 20 min, Vertrieb: Ch. Spoden, Zossener Str. 31, 10961 Berlin; **VIDEOFILM** für den Unterricht: Mein Kind ist homosexuell, ZDF, erhältlich über die Landesbildstelle Berlin; **VIDEOFILM** für den Unterricht: Möller, L.: Sex - eine Gebrauchsanweisung für Jugendliche, 18 min., Dänemark 1987, Verleih, Landesbildstelle Berlin; **VIDEOFILM** für den Unterricht: Schauerneigung - ein dokumentarisches Spiel, Medienoperative Berlin 1988, 29 min.; **VIDEOFILM** für den Unterricht: So ein Tierleben - Ein Video von Lutz Gregor, Medienoperative Berlin, 1990, 31 min.; **VIDEOFILM** für den Unterricht: Vom Grau zum Lila - Über die Lebenssituation junger Lesben, Bezug: Lesbenberatung, Kulmer Str. 20a, 10783 Berlin, Landesbildstelle Berlin, Wikingufer 7, **VIDEOFILM** für den Unterricht: Was heißt denn hier Liebe, Berlin; **WARTELSTEINER, MAXI:** Rückkehr unerwünscht - Schwul-Sein und das ewig gesunde Volksempfinden, 1995; **WEIGAND, WOLFGANG:** Solidarität durch Konflikt - Zu einer Theorieentwicklung von Solidarität, Münster 1979; **WESTDEUTSCHER VERLAG:** Neue soziale Bewegungen, Forschungsjournal, Opladen 1994ff; **WILBUR J. / STANLEY, SANDRA:** Gays and Lesbians in the Military - Issues, Concerns, and Contrasts, (Social Problems and Social Issues), 1994; **WINIARSKI, ROLF:** Coming-Out total, Berlin 1995; **WOCHE IM BUNDESTAG:** Petition wegen bestehende Ungleichbehandlung von nichtehelichen (heterosexuellen) Wohngemeinschaften gegenüber Familienhaushalten bei der Wohngeldbemessung, Wib, 6/95, S. 71; **ZAPF, WOLFGANG (HG):** Die Modernisierung moderner Gesellschaften, Verhandlungen des Deutschen Soziologentages, Frankfurt am Main 1991; **ZAPF, WOLFGANG U.A.:** Individualisierung und Sicherheit. Untersuchungen zur Lebensqualität in der Bundesrepublik Deutschland, München 1987; **ZILLICH, NORBERT:** Homosexuelle Männer im Arbeitsleben, Campus Forschung, Bd. 580, zugl.: Dissertation Universität Bremen, Frankfurt am Main / New York 1988; **ZIMMERMANN, JÜRGEN:** Verbot von Zärtlichkeit...: So schafft man sexuelle Krüppel ..., in: Pro Familia Magazin, Sexualpädagogik und Familienplanung, Heft 1 / 89, S. 15-17; **ZSCHOKKE, REGINA:** Lesben suchen eine Wohnung, 1996; **ZWICK, MICHAEL:** Neue soziale Bewegungen als politische Subkultur, Zielsetzungen, Anhängerschaft und Mobilisierung, Frankfurt am Main 1990.

Danksagungen:

Danksagung an alle zitierten Autoren für ihre Arbeit und Zeit, ihre Erkenntnisse öffentlich zu machen.

Bildnachweise: Kapitel 6: Rubber laundry / Lesbian safe sex: The act up including: Women & Aids, 1994:59,309 (M. Wagner & LATEX Lesben Aids Texts); Kapitel 8: Schwule Kirchenhochzeit: Jung, S.; in: Du&Ich, Brochure 9/95:86; Kapitel 9 / Titel: Bleistiftzeichnung nach einem Motiv von: Boys in love: R. Wiedemeier, in: Kaminski, R. / et. al.: Eigentlich logisch: schwul! - Eine Coming-Out Broschüre für junge Schwule, Initiative Schwule Jugend Suisse, ohne Jahr und Verlag. Cover: Fotolia Bild.

Die folgenden Doppelseiten können als Kopiervorlage für den Unterricht und für Referate an Schulen dienen.

Seit vielen Jahren feststehende wissenschaftliche Erkenntnisse über gleichgeschlechtliche Lebensgemeinschaften - Eine Kopiervorlage für den Unterricht

a) Sexualität ist etwas anderes als Geschlechtsverkehr. Sexualität, Zärtlichkiet und Geschlechtsverkehr sollten nicht miteinander verwechselt werden. Sexualität ist nicht Geschlechtsverkehr. Sexualität ist viel umfassender, sie ist Zärtlichkeit.

b) Heterosexualität ist eine der Homosexualität gleichwertige Form des (sexuellen) Empfindens, Erlebens und der Liebe. Bei Menschen, die sich vorwiegend für das gleiche Geschlecht interessieren, sprechen wir von gleichgeschlechtlicher Orientierung (oder homosexueller Orientierung).

c) Das gelebte Sexualverhalten ist unverzichtbarer und integraler Bestandteil des Gesamtverhaltens einer Persönlichkeit, der aber nicht überbewertet werden muß. Verhinderung, Bekämpfung, Restriktion des Persönlichkeitselements stellen einen tiefen, schwerwiegenden Eingriff in die Persönlichkeit und Privatsphäre des Menschen dar.

d) Die sexuelle Orientierung ist nicht änderbar. Die sexuelle Orientierung selbst kann nicht geändert werden: Niemand käme bei einem Zebra auf die Idee, diese Streifen ändern zu wollen, oder zu fragen, warum ein Zebra gestreift ist. Die Erziehung der Eltern hat keinen Einfluß auf die sexuelle Orientierung, sie ist vorgegeben und kann sich durch das Klima im Elternhaus lediglich schneller oder langsamer entfalten. Die sexuelle Orientierung ist also unabänderbar vorgegeben, es kommt darauf an, sie zu erkennen, sie zu entfalten und sie zu leben. Niemand kann von seiner sexuellen Orientierung "umgepolt" werden, auch nicht durch homosexuelle bzw. heterosexuelle Handlungen.

436

Da niemand über seine sexuelle Orientierung selbst bestimmen kann - entfallen damit auch alle moralischen Bewertungen an sich. Soziosexuelle Entfaltung meint also, seine ganz individuelle und vorgegebene sexuelle Dimension leben zu lernen. Über das Entstehen der Heterosexualität liegt bisher keine Theorie oder Ursachenforschung vor. Ursachenforschung der Sexualität wird heute nicht mehr betrieben, da es so viele Entstehungstheorien gibt, wie es Forscher gibt, die sich damit beschäftigt haben. Sexualität und erotisches Begehren ist einfach da und ist bei jedem Menschen vorhanden. Stattdessen interessiert man sich heute für die Ausgestaltung des Alltags von Paaren, die eine sexuelle Verbindung eingehen.

e) Es hat sich ein Betrachtungswandel vollzogen. Einfacher gesagt: Wir interessieren uns heute weniger dafür, wie jemand schwul oder hetero wird, als vielmehr dafür, wie Schwule als Individuen, als Paare oder Gruppen sind. Der Sexualitätsaspekt ist nicht mehr der entscheidende, sondern schwule bzw. lesbische Paare sind eine Liebes- und Lebens-Gemeinschaft mit all ihren Sozial-Dimensionen: So interessiert man sich in der heutigen Forschung nicht mehr für die Entstehung zur einen oder anderen sexuellen Orientierung, sondern für die sozialen Lebensumstände, in denen sie wie verwirklicht werden: wie Schwule und Lesben leben, wie sie heiraten, eine Familie gründen und in die Kirche und die Politik gehen.

f) Das Geschlecht ist sozial konstruiert. Während die deutsche Sprache nur das Wort "Geschlecht" kennt, hat sich in der englisch-amerikanischen Sprache die Unterscheidung "sex" und "gender" herausgebildet: Unter "sex" wird das biologische, körperliche Geschlecht verstanden, unter "gender" das soziale, kulturelle Geschlecht. Die Geschlechtsrole wird also durch den Dialog und interaktiven Austausch von Menschen hergestellt und geschaffen.

g) Die Verhältnisse können also derart sein, daß ein genetisch männliches Wesen die innere Identität einer Frau hat, deren Triebe (sexuelle Orientierung) auf das gleiche, in diesem Fall das weibliche Geschlecht gerichtet sind, so daß scheinbar ein Hetero-Paar zusammenkommt. Würde dieses Paar heiraten, dann würden in Wirklichkeit zwei Lesben heiraten: Die Ehe zweier (in diesem Fall weiblicher) Homosexueller ist also jederzeit möglich: In diesem Falle würden zwei Lesben (ganz legal) heiraten.

h) Die Forschung kommt daher zu dem bahnbrechenden Ergebnis: die drei Variablen der sexuellen Identität - anatomisches (biologisches) Geschlecht, soziokulturelle Geschlechterrolle und sexuelle Orientierung - nicht miteinander verwechselt werden dürfen. Die Ausprägungen der sexuellen Orientierung (homo, hetero, bi, Zwischenstufen) sind nicht zwangsläufig mit den Ausprägungen der Variablen Geschlecht (männlich, weiblich, Mischanteile) verknüpft: Schwule sind keine Frauen oder feminine Wesen, sondern ganz normal männlich.

i) Nach Sigmund Freud ist jeder Mensch bei Geburt potentiell bisexuell: Er entfaltet dann die ihm unabänderbar vorgegebene sexuelle Orientierung im Rahmen seiner Möglichkeiteten.

j) Nach Kinsey haben 13 Prozent der gesamten männlichen Bevölkerung viele homosexuelle Erfahrungen und diese Schwulen gehen `meistens mit Männern´ ins Bett. Bisexuell sind 37 Prozent der gesamten männlichen Bevölkerung diese gehen `auch mit Männern´ ins Bett (bzw. "auch" mit Frauen). Nur 50 Prozent aller Männer haben keine homosexuellen Erfahrungen mit einem anderen Mann" und haben stattdessen heterosexuellen Geschlechtsverkehr; sie gehen `nur mit Frauen´ ins Bett. Lediglich jeder zweite Mann ist also ausschließlich heterosexuell.

k) Schwule lernen sich auf vielfältige Weise kennen: In schwul-lesbische Kneipen, Cafés, Diskotheken und Tanzveranstaltungen in eigenen Kommunikationszentren, die es fast in jeder größeren Stadt gibt. Es gibt aber auch noch viel anderes: spezielle Partnerschaftsagenturen für Schwule, Reisebüros, Reiseführer, Buchläden, Shops aller Art, und an den meisten größeren Kiosken finden sich auch schwule Zeitschriften und Magazine. Es gibt Online-Dating-Apps wie Planetromeo oder Grindr, mit denen interagiert werden kann, und es gibt natürlich auch die Möglichkeit, eine Profilanzeige selbst zu (online) veröffentlichen. Es gibt viele Männer, die auf diese Weise ihren Lebensgefährten gefunden haben. Außerdem werden eine ganze Reihe kultureller Veranstaltungen von Lesben und Schwulen gemeinsam organisiert: Seien das nun Ausstellungen, Theater, Konzerte, Lesungen etc..

l) Bei gleichgeschlechtlichen Lebensgemeinschaften wurde immer wieder festgestellt, daß sie sich von heterosexuellen qualitativ nicht unterscheiden. 82 Prozent aller Schwulen wollen eine gemeinsame Wohnung mit dem Freund und ebenso viele wollen Treue halten. Die Mehrheit, nämlich 62 Prozent, der Schwulen lebt in einer festen, auf Dauer angelegten eheähnlichen Beziehung als gleichgeschlechtliche Lebensgemeinschaft zusammen. Bei 38 Prozent der Schwulen besteht die ehegleiche Beziehung zum Lebensgefährten sogar seit mehr als 10 Jahren. Inhaltlich führen manche schwule Paare sogar eine vorbildlichere Ehe als Hetero-Paare.

m) Die Anerkennung heterosexueller Lebensgemeinschaften ist laut Bundesverfassungsgericht ohne die Anerkennung homosexueller Lebensgemeinschaften nicht zulässig. Die Ehe für gleichgeschlechtliche Paare muß daher und aus zahlreichen anderen Gründen ermöglicht werden in den Ländern der Welt, in denen dieses Rechtsinstitut noch nicht besteht.

n) Gleichgeschlechtliche Lebensgemeinschaften haben oft Kinder aus anderen Beziehungen oder adoptieren Kinder. Das mit Blick auf das Kindeswohl entscheidende Kriterium ist nicht die sexuelle Orientierung der Eltern, sondern allein die Beurteilung der Gesamtpersönlichkeiten im Elternhaus - sowie: die Beziehung des Kindes zu dem Elternteil und dessen Lebenspartner ist entscheidend für das Kindeswohl. Gleichgeschlechtlichen Lebensgemeinschaften kann voll und ganz die Fähigkeit zugesprochen werden, Kinder zu adoptieren und erziehen. Die Kinder aus gleichgeschlechtlichen Lebensgemeinschaften sind oftmals offenherziger als die Kinder verschiedengeschlechtlicher Lebensgemeinschaften.

o) Mit der in der Bibel erwähnten Homosexualität haben heutige gleichgeschlechtliche Lebensgemeinschaften wenig, wenn nicht sogar gar nichts zu tun. Nach fast zwei Jahrtausenden schlimmster - manchmal sehr sublimer - Demütigung und Verfolgung gleichgeschlechtlich liebender Menschen durch die Kirche - bis in unsere Gegenwart - ist ein deutlicher Bußakt der Kirche nötig, der eine Praxis im Zusammenleben mit gleichgeschlechtlich liebenden Menschen eröffnet. Paradoxer Weise sind besonders viele Priester schwul - doppelt so viele wie in der Bevölkerung (13%, s.o.): Eine in Boston veröffentliche Langzeit-Studie belegt, daß ein Drittel (25-40%) der Geistlichen schwul sind: Wenn zwölf Geistliche zusammenkommen, sind drei bis vier von ihnen homosexuell orientiert.

p) Theologische Abhandlungen belegen, daß es in der Kirche möglich ist, dem Wunsch nach einer Partnerschaftssegnungen als Trauungsritual im kirchlichen Gottesdienst für gleichgeschlechtliche Lebensgemeinschaft nachzukommen - selbst bevor der Staat eine Zivilehe anerkennt. Kirchliche Ehe und Hochzeitstrauungen sind mit denselben Ritualen in der Kirche umzusetzen wie für verschiedengeschlechtliche Paare.

q) Treue zu einem einzigen Partner ist neben dem Kondom und Safer Sex ein wichtiger Schutz gegen Infektionskrankheiten - auch für Lesben und Schwule. Ziel in der Präventionsarbeit ist es, Probleme der Verständigung und geglückte Aushandlungsformen von Schwulen auf der Bettkante über Safer Sex in verschiedenen Präsentationsformen darzustellen. Eine aufklärende Prävention muß auf den Abbau von Kommunikationsschwierigkeiten bzw. Unsicherheiten und Ängsten in der intimen Situation setzen. Das Ziel ist, den Menschen für die betreffenden Situationen Hilfen und Anleitungen zur Verfügung zu stellen, um ihre Schutzinteressen und Ängste ansprechen bzw. ihre Wünsche verständlich artikulieren zu können. HIV/AIDS geht uns alle an.

r) zur aktiven Gesellschaftspolitik muß jeder Schwule und jede Lesbe aber auch selbst beitragen, als (Religions-, Deutsch-, etc.-)Lehrer durch Zärtlichkeitserziehung in der Schule, als Bürgervertreter durch (kommunale) parlamentarische Arbeit im politischen System, als Journalist und Redakteur durch die Darstellung von Portraits gleichgeschlechtlicher Lebensgemeinschaften im Mediensystem, als Unternehmer in der freien Wirtschaft bei Marketing, Marktforschung und Werbung im Wirtschaftssystem, als Autor bei der Forschung über soziale Bewegungen im Wissenschaftssystem, sowie als Geistliche, Priester und Theologe in den Kirchen.

Informationsteil: Quintessenz - Bücher die man noch lesen könnte:

Die folgenden Bücher über die sozialen Aspekte von schwulen bzw. lesbischen Paaren, Coming-Out und Homosexualität sind interessant zu lesen und sollen hier noch einmal als Quintessenz für weiteres Lesen empfohlen werden:

⊠**BLY, ROBERT:** Eisenhans - Ein Buch über Männer, München (Knaur) 1993

⊠**BUNDESZENTRALE FÜR GESUNDHEITLICHE AUFKLÄRUNG:** Unser Kind fällt aus der Rolle - Über den Umgang mit sexuellen Orientierungen, Köln 1994

⊠**BÜNTZLY, GERD:** Schwule Väter, Berlin 1988

⊠**CALIFIA, PAT:** Das schwule 1 x 1 - Tips & Tricks für alle Lebenslagen, Berlin 1994

⊠**DATING APPS:** www.gayromeo.com & www.grindr.com & www.gayroyal.com

⊠**HOPCKE, ROBERT:** Carl Gustav Jung, Jungianer und Homosexualität, Olten 1993

⊠**HURTON, ANDREA:** Kultobjekt Mann, Frankfurt am Main 1995

⊠**HÜSERS, FRANCIS / KÖNIG, ALMUT:** Bisexualität, Stuttgart 1995

⊠**ISENSEE, RICK:** Männer lieben Männer, Berlin 1992

⊠**KAMINSKI, RALF / U.A.:** Eigentlich logisch: schwul! - Eine Coming-Out-Broschüre für junge Schwule, Initiative Schwule Jugend Schweiz, (ISBN 3-905035-02-2), o.J.

⊠**KÖRNER, HEINZ:** Johannes, Fellbach 1978

⊠**PUFF, HELMUT (HG):** Lust, Angst, Provokation, Göttingen 1993

⊠**SAINT-EXUPÉRY, ANTOINE DE:** Der kleine Prinz, Düsseldorf 1956

⊠**SASSE, BIRGIT:** Ganz normale Mütter - Lesbische Frauen und ihre Kinder, Frankfurt am Main 1995

⊠**SCHINS, MARIE-THÉRÈSE:** 2 X Papa - oder: Zwischenfall auf dem Pausenhof, Ein Lesebuch für Kinder in der 4.-8. Schulklasse, rororo rotfuchs (773), Reinbek 1995

⊠**STREIB, ULI (HG):** Das lesbisch-schwule Babybuch - Ein Rechtsratgeber zu Kinderwunsch und Elternschaft, Berlin 1996

⊠**TESSINA, TINA:** In guten wie in schlechten Tagen - Anregungen für homosexuelle Paare, rororo 8782, Reinbek 1991

⊠**THIEL, ANGELIKA:** Kinder? - Ja, klar! - Das Handbuch für Lesben und Schwule, Frankfurt am Main / New York 1996

⊠**WEST, CELESTE:** Lesben-Knigge, Frankfurt am Main 1992

⊠**WINIARSKI, ROLF:** Coming Out Total - Der Ratgeber, Berlin 1995

⊠**WINKS, CATHY / SEMANS, ANNE:** Good Vibrations - Sex: fun and safe, Goldmann 13907, München 1996

⊠**ZINN, DORIT:** Mein Sohn liebt Männer, Frankfurt am Main 1992

Weitere Bücher können frei für jeden recherchiert werden unter Stichworten wie Homosexualität auf der Webseite www.worldcat.org oder im KVK (Karlsruher Virtueller Katalog) - über 150,000 Bücher dazu in der Zeit von 1996 – 2021, den folgenden 25 Jahren nach erster Auflage dieses Buches. Die Forschung und Dokumentation des lesbisch-schwulen Lebens bietet also daher und darüber hinaus genügend Material, um eine weitere nähere Betrachtung vorzunehmen:

⊠**https://kvk.bibliothek.kit.edu/**
⊠https://**www.worldcat.org**/search?q=Homosexualität

Engagierte Zärtlichkeit

Das *schwul-lesbische* Handbuch
über Coming-Out, gleichgeschlechtliche Partnerschaften
und Homosexualität

Gebundene Ausgabe: ISBN 9783752610628

FSC
www.fsc.org
MIX
Papier aus ver-
antwortungsvollen
Quellen
Paper from
responsible sources
FSC® C105338